HARMS HANDBUCH DER GEOGRAPHIE

D1671801

HARMS Handbuch der Geographie

Begründet von   Heinrich Harms 1897

Fortgeführt von Dr. Willy Eggers
                 Dr. Elisabeth List
                 Prof. Dr. Julius Wagner

Autoren der Handbuch-Reihe

Prof. Dr. Ludwig Bauer
Prof. Dr. Herfried Berger
Prof. Dr. Oskar Brendl
Prof. Dr. Dirk Bronger
Dr. Friedemann Corvinus
Prof. Dr. Manfred Domrös
Dr. Heiner Dürr
Prof. Dr. Karl E. Fick
Dr. Winfried Flüchter
Prof. Dr. Franz Fresle
Prof. Dr. Wolf Gaebe
Dr. Dietmar Gohl
Prof. Dr. Erwin Grötzbach
Dr. Jürgen Hagel
Dr. Wolf Dietrich Heckendorff
Prof. Dr. Burkhard Hofmeister
Prof. Dr. Ralph Jätzold
Dr. Ernst Klimm
Prof. Dr. Arthur Kühn
Dr. Ewald Kurowski
Prof. Dr. Jörg Maier
Prof. Dr. Roy Mellor

Prof. Dr. Jörg Negendank
Prof. Dr. Irmgard Pohl
Dr. Klaus A. Pretzell
StR Hartmut Redmer
Prof. Dr. Gerold Richter
Prof. Dr. Wigand Ritter
Prof. Dr. Werner Röll
Prof. Dr. Lothar Rother
Prof. Dr. Hans-Jörg Sander
Prof. Dr. Ludwig Schätzl
Dr. Heinrich Schiffers
Dr. Konrad Schliephake
Prof. Dr. Josef Schmithüsen
StD Eckart Schmitt
Dr. Karl-Günther Schneider
Prof. Dr. Theo Schreiber
Prof. Dr. Hellmut Schroeder-Lanz
Prof. Dr. Jürgen Schultz
Dr. Peter Simons
Prof. Dr. Josef Zepp
Prof. Dr. Heinz-Gerhard Zimpel

HARMS Handbuch der Geographie

Sozial- und Wirtschaftsgeographie 3

Studienausgabe

Einführung in die Wirtschaftsgeographie
Agrargeographie
Industriegeographie
Politische Geographie

Unter didaktischer Beratung von Prof. Dr. Ludwig Bauer

1. Auflage bearbeitet von

Prof. Dr. Wolf Gaebe · Dr. Jürgen Hagel · Prof. Dr. Jörg Maier
Prof. Dr. Ludwig Schätzl

Geographische Redaktion:
Gottfried Große · Dr. Heinrich Kötter

℥ Paul List Verlag München

© by Paul List Verlag München, 1. Auflage 1984

Best.-Nr. 812

ISBN 3 471 18812-6

Paul List Verlag, Goethestraße 43, 8000 München 2

Inhaltsverzeichnis

Verzeichnis der Abbildungen auf Farbtafeln

Verzeichnis der Abbildungen im Text

B Industriegeographie

C Politische Geographie

Einführung in die Wirtschaftsgeographie

Ludwig Schätzl

Die Reihe Harms Handbuch der Geographie stellt die Sozial- und Wirtschaftsgeographie in drei Bänden vor. Die Schwerpunkte sind:
Band 1 die Bevölkerungs- und Sozialgeographie;
Band 2 die Verkehrsgeographie, die Geographie des Freizeitverhaltens sowie die Raumordnung/Landesentwicklung;
der vorliegende **Band 3** die Agrar- und Industriegeographie sowie die Politische Geographie.
Im zweiten Band wurde einführend die Entwicklung der Sozialgeographie dargestellt. In Ergänzung hierzu setzt sich nachfolgender Beitrag das Ziel, den raumwirtschaftlichen Ansatz der Wirtschaftsgeographie vorzustellen und die Notwendigkeit der Verknüpfung theoretischer, empirischer und normativer Fragestellungen zu begründen.

1. Ökonomische Raumsysteme als Objekt der Wirtschaftsgeographie

Objekt der Wirtschaftsgeographie sind ökonomische Raumsysteme unterschiedlicher Maßstabsgrößen. Ein ökonomisches Raumsystem besteht aus drei Systemelementen:
1. Die Verteilung wirtschaftlicher Aktivitäten (Produktion, Konsum) innerhalb eines Raumsystems auf Standorte bzw. Regionen = **Struktur.** Die Verteilung wirtschaftlicher Aktivitäten auf bestimmte Raumpunkte (Standorte) wird als **Standortstruktur,** ihre Verteilung auf flächendeckende Teilgebiete des Gesamtraums (Regionen) als **Regionalstruktur** bezeichnet.
2. Die Bewegungen von mobilen Produktionsfaktoren (Arbeit, Kapital, technisches Wissen) sowie von Gütern und Dienstleistungen zwischen den Standorten bzw. Regionen nennt man **Interaktion.** *(Ökonomisches Raumsystem)*
3. Die Dynamik von Standortstruktur und Regionalstruktur als Folge standort- bzw. regionsinterner Wachstumsdeterminanten sowie der Wirkung räumlicher Interaktionen (externe Wachstumsdeterminanten) bezeichnet man als **Prozeß.**
Die Verteilung wirtschaftlicher Aktivitäten im Raum, die Verflechtungsbeziehungen zwischen Standorten und Regionen sowie die Veränderungen der Raumstruktur sind als *interdependentes System* zu verstehen. Zwischen den einzelnen Teilelementen des Systems bestehen wechselseitige Abhängigkeiten, d. h. die Veränderung einer Variablen hat Auswirkungen auf andere Systemelemente. Ausgehend von diesen *(Definition)* Charakteristika ökonomischer Raumsysteme läßt sich die Wirtschaftsgeographie definieren als die *Wissenschaft von den räumlichen Strukturen,* den *räumlichen Interaktionen und den räumlichen Entwicklungsprozessen der Wirtschaft.* *(Wirtschaftsgeographie)*
Ökonomische Raumsysteme haben einen unterschiedlichen räumlichen Aggregationsgrad. Das Spektrum reicht vom weltweiten bis zum lokalen Größenmaßstab. Die Welt stellt ein untereinander verflochtenes Raumsystem höchster hierarchischer Ordnung dar. Die Maßstabsebene der Kontinente bietet sich als erste Stufe der Gliederung der Welt in räumliche Subsysteme an. Eine weitere Unterteilung führt zu nationalen Raumsystemen (z. B. nationalen Siedlungssystemen) und abhängig von der Größe und Problemlage eines Landes zu regionalen Raumsystemen verschiedener Größe (z. B. Stadt-Umland-Systeme, intra-urbane Systeme). Dabei ist zu beachten, daß gegenseitige Abhängigkeiten zwischen den Systemen mit unterschiedlichem Raummaß bestehen, die allerdings noch unzureichend erforscht sind. *(Maßstabsebenen)*

		Raumwirtschafts-theorie	Empirische Raum-wirtschaftsforschung	Raumwirtschafts-politik
Ökonomisches Raumsystem	Interdependenz von Struktur, Interaktion und Prozeß	Standorttheorie	Empirische Standort-forschung	Standortpolitik
		Regionale Wachstums- und Entwicklungs-theorie	Empirische Regional-forschung	Regionale Wachstums- und Entwicklungs-politik (Regionalpolitik)
		Räumliche Mobilitäts-theorie	Empirische Mobilitäts-forschung	Räumliche Mobilitäts-politik

Abb. 1: Ökonomisches Raumsystem. Interdependenz von Theorie, Empirie und Politik

Eine raumwirtschaftlich orientierte Wirtschaftsgeographie hat die Aufgabe, ökonomische Raumsysteme zu erklären, zu beschreiben und zu gestalten. Die wirtschaftsgeographische Wissenschaft läßt sich folglich in die Teilbereiche **Theorie, Empirie** und **Politik** gliedern. Im folgenden wird der Versuch unternommen, aus obiger Definition der Wirtschaftsgeographie für diese drei Teilbereiche ein einheitliches Begriffssystem zu entwickeln (vgl. Abb. 1).

Theorie   Die Beiträge der **Raumwirtschaftstheorie** zur Erklärung von ökonomischen Raumsystemen bzw. von Systemelementen lassen sich zu drei Komplexen zusammenfassen:

– Standorttheorien

Sie befassen sich mit einzelwirtschaftlichen und gesamtwirtschaftlichen Lokalisationsproblemen. Die Theorien der unternehmerischen Standortwahl ermitteln den optimalen Standort für einen zusätzlichen Einzelbetrieb der Landwirtschaft, der Industrie oder des Dienstleistungssektors. Beispielhaft hierfür ist die Industriestandorttheorie von *A. Weber* und ihre Weiterentwicklung durch *D. M. Smith*. Die Standortstrukturtheorien fragen nach der optimalen Verteilung aller Standorte innerhalb eines Raumsystems sowie der Veränderung der Standortstruktur in der Zeit. Räumliche Gleichgewichtsmodelle für den primären, sekundären und tertiären Sektor erstellten *J. H. von Thünen, A. Lösch* und *W. Christaller*. Um die Integration und Dynamisierung dieser sektoralen Theorien bemühte sich u. a. *E. von Böventer*.

– Regionale Wachstums- und Entwicklungstheorien

Sie befassen sich mit der Darstellung und Erklärung der sozioökonomischen Entwicklung einer einzelnen Region (z. B. durch die Exportbasis-Theorie von *D. C. North*), sowie mit interregionalen Unterschieden im Entwicklungsstand und in der Entwicklungsdynamik aller Regionen eines Raumsystems (z. B. durch neoklassische, polarisationstheoretische, stufentheoretische Ansätze).

– Räumliche Mobilitätstheorien

Sie untersuchen Ursachen und Wirkungen der räumlichen Mobilität von Produktionsfaktoren (Arbeitskräfte, Kapital, technisches Wissen) sowie von Gütern und Dienstleistungen.

Die notwendige Integration dieser drei ursprünglich unabhängig voneinander erstellten Teilansätze zu einer umfassenden Theorie zur Erklärung ökonomischer Raumsysteme ist bislang noch nicht vollzogen.

Die empirische Raumwirtschaftsforschung stellt ein unverzichtbares Bindeglied zwischen Raumwirtschaftstheorie und Raumwirtschaftspolitik dar. Sie ist notwendig, um deduktive Theorien zu überprüfen, bzw. um auf induktivem Weg zusätzliche theoretische Erkenntnisse zu gewinnen. Die Ergebnisse der Untersuchung von räumlichen Strukturen, Interaktionen und Prozesse in Vergangenheit und Gegenwart dienen aber auch als wesentliche Grundlage für raumwirtschaftspolitische Entscheidungen. Die empirische Raumwirtschaftsforschung läßt sich, entsprechend ihrer Hauptaufgabenfelder, wie folgt unterteilen (vgl. Abb. 1): *[Empirie]*
- empirische **Standortforschung,**
- empirische **Regionalforschung** und
- empirische **Mobilitätsforschung.**

Die Empirie stellt das Schwergewicht wirtschaftsgeographischer Forschungsbemühungen dar. Dabei scheinen sich in zunehmendem Maß quantitative Methoden der Struktur-, Verflechtungs- und Wachstumsanalyse durchzusetzen.

Die **Raumwirtschaftspolitik** befaßt sich mit der gezielten Gestaltung ökonomischer Raumsysteme durch den Staat bzw. durch öffentliche Institutionen. Sie läßt sich gliedern in: *[Politik]*

a) **Standortpolitik.** Hierbei ist zu differenzieren in die Förderung einzelner Standorte und in die zielbezogene Gestaltung aller Standorte eines Raumsystems *(Standortstrukturpolitik).*

b) **Regionale Wachstums- und Entwicklungspolitik (Regionalpolitik).** Sie beschäftigt sich mit der Förderung einzelner Regionen und mit der zielbezogenen Gestaltung aller Regionen eines Raumsystems *(regionale Strukturpolitik).*

c) **Räumliche Mobilitätspolitik.** Ihre Aufgabe ist die Beeinflussung der räumlichen Mobilität von Produktionsfaktoren, Gütern und Dienstleistungen.

Die Integration von Standort-, Regional- und Mobilitätspolitik zu einer umfassenden Politik der Gestaltung ökonomischer Raumsysteme gehört zu den zentralen Aufgaben angewandter Raumwirtschaftsforschung.

Die Kernaussagen des vom Verfasser vertretenen raumwirtschaftlichen Ansatzes lauten:

1. die Raumwirtschaftstheorie, die empirische Raumwirtschaftsforschung und die Raumwirtschaftspolitik sind Teilbereiche der Wirtschaftsgeographie und von grundsätzlich vergleichbarer Bedeutung. *[Raumwirtschaftlicher Ansatz]*

2. Theoretische, empirische und normative Fragestellungen sind auf allen wichtigen lebensräumlichen Größenmaßstäben (z. B. weltweit, auf kontinentaler, nationaler, lokaler Ebene) zu behandeln.

Diese Position ist in der Geographie allerdings nicht unumstritten. So findet sich in der Literatur die Meinung, daß die Geographie eine empirische Wissenschaft ist. Theoretische Erkenntnisse werden allenfalls von Nachbarwissenschaften (z. B. den Sozial- und Wirtschaftswissenschaften) übernommen und normative Fragestellungen, unter Verweis etwa auf *Max Weber* („Eine empirische Wissenschaft vermag niemanden zu lehren, was er soll, . . .") nur zögernd aufgegriffen. Nun mag für Teilgebiete der Geographie zutreffen, daß sich aus den Ergebnissen der empirischen Forschung weder theoretische Aussagen noch Empfehlungen für die künftige Raumgestaltung ableiten lassen. Für zentrale Bereiche der Wirtschafts- und Sozialgeographie gilt dies jedoch nicht.

Es wird auch die Auffassung vertreten, daß bei kleinräumigen Analysen die komparativen Vorteile der Geographie gegenüber anderen Disziplinen am größten sind. Tatsächlich stellt diese Maßstabsebene heute einen Schwerpunkt der anthropogeographischen Forschung dar. Es gehört jedoch zu den Aufgaben der Geographie, auch zu aktuellen raumwissenschaftlichen Problemen im nationalen, kontinentalen und weltweiten Größenmaßstab durch eigene Forschungsbeiträge Lösungsvorschläge zu erarbeiten. Schließlich liegt es in der Tradition des Faches, großräumige und weltweite Zusammenhänge aufzuzeigen.

Nicht zuletzt ist darauf hinzuweisen, daß die Lehrpläne der Schulen die Erörterung normativer Fragen (z. B. Neue Weltwirtschaftsordnung, Erweiterung der Europäischen Gemeinschaft, Raumordnungspolitik in wachsenden, stagnierenden und schrumpfenden Volkswirtschaften) vorsehen und daß die potentiellen Arbeitgeber von Diplom-Geographen (private Wirtschaft, öffentliche Verwaltung) fundierte theoretische, methodische und planungsrelevante Kenntnisse fordern.

Im folgenden Abschnitt wird der Versuch unternommen, am Beispiel der Raumentwicklung auf nationaler Maßstabsebene die Verzahnung von Empirie, Theorie und Politik darzustellen und bestehende Forschungslücken in diesen drei Teilbereichen aufzuzeigen.

2. Verflechtung von empirischer Raumwirtschaftsforschung, Raumwirtschaftstheorie und Raumwirtschaftspolitik

Räumliche
Disparitäten,
Entwicklungsstand

Es gibt zahlreiche Fallstudien, die im nationalen Maßstab räumliche Disparitäten in der sozioökonomischen Entwicklung beschreiben. Einige wesentliche Ergebnisse sollen kurz zusammengefaßt werden. In vielen Entwicklungsländern konzentrieren sich die wirtschaftlichen Aktivitäten auf wenige Zentren mit hoher Standortgunst. Diese räumliche Konzentration der Produktivkräfte führt zu Einkommensungleichgewichten zwischen den zumeist industriell geprägten Zentren und der weitgehend agrarisch strukturierten Peripherie (= interregionale Disparitäten). Eine der Folgen dieser Entwicklung ist ein Ansteigen der Migration aus der Peripherie in die industriellen Zentren. Der geringe Beschäftigungseffekt der vorwiegend kapitalintensiven Industrie und die Tatsache, daß sich die Zuwanderung an den erwarteten, nicht aber an den realen Beschäftigungs- und Einkommensmöglichkeiten orientiert, bewirkt auch innerhalb der Zentralregionen eine Verschlechterung der materiellen Lebensbedingungen eines großen Teils der Bevölkerung (intraregionale und intraurbane Disparitäten). Am größten scheinen die räumlichen Disparitäten in sog. Schwellenländern zu sein. Allerdings liegen für einige dieser Länder Untersuchungsergebnisse vor, die als erste Anzeichen für eine Umkehr des räumlichen Konzentrationsprozesses angesehen werden können. Dagegen sind in den Industrieländern in der Regel geringere räumliche Ungleichgewichte in der sozioökonomischen Entwicklung zu verzeichnen. Hier ist langfristig eine Abnahme räumlicher Disparitäten, d. h. ein Prozeß intra- und interregionaler Dezentralisation, zu beobachten.

Ein Staat, in dem die Entwicklung der Wirtschaft nicht mit den Planungszielen übereinstimmt, kann den Versuch unternehmen, den räumlichen Differenzierungsprozeß zu beeinflussen. Dies geschieht indirekt über Veränderungen ordnungspolitischer Rahmenbedingungen, Globalsteuerung des Wirtschaftsprozesses und sektorale Wirtschaftspolitik (z. B. Agrar-, Industriepolitik) sowie direkt durch Raumwirtschaftspolitik. Letzteren Weg verfolgen die meisten Regierungen in Entwicklungs-, Schwellen- und Industrieländern. Dadurch sollen entwicklungsschwache Regionen langfristig an das Niveau höher entwickelter Regionen herangeführt werden, damit alle Teilgebiete eines nationalen Raumsystems ausreichende Lebensbedingungen erhalten. Unverzichtbare Voraussetzung für die Erstellung von Entwicklungsstrategien ist die Kenntnis der Ursachen räumlicher Disparitäten. Nur dann läßt sich eine Therapie für ihre Überwindung entwickeln. Zur Erklärung räumlicher Ungleichgewichte gibt es in der Raumwirtschaftslehre verschiedene Theorien. Daraus folgt zwangsläufig, daß auch die Diskussion über die Wirksamkeit raumwirtschaftspolitischer Strategien kontrovers geführt wird. Dies soll an Beispielen der alternativen **Integrations-** und **Abkopplungsstrategie** verdeutlicht werden. Dabei geht es im wesentlichen um die Frage, ob zur Überwindung bestehender interregionaler Disparitäten in der sozioökonomischen Entwicklung die Mobilität von Produktionsfaktoren, Gütern und Dienstleistungen gefördert (= *Integration*) oder unterbunden (= *Abkoppelung*) werden soll. Die Antwort hängt entscheidend von dem jeweils vertretenen theoretischen Erklärungsansatz ab.

Integrationsstrategie

Die neoklassische Grundhypothese besagt, daß unter marktwirtschaftlichen Bedingungen interregionale Interaktionen einen Abbau vorhandener regionaler Einkommensunterschiede bewirken. Faktorwanderungen vermindern interregionale Unterschiede der Faktorentgelte, und auch Handel führt zu einer Angleichung der Preise der Produktionsfaktoren sowie zu Wohlfahrtsgewinnen für alle beteiligten Regionen. Als Ursachen für die Existenz interregionaler Ungleichgewichte gelten u. a. räumliche Mobilitätshemmnisse und unzureichende interregionale Integration. Zur Überwindung disparitärer Raumstrukturen tragen daher der Abbau von Mobilitätshemmnissen und die Intensivierung der Verflechtungsbeziehungen bei. Dazu gehören z. B. der Ausbau eines interregionalen Kommunikations- und Infrastruktursystems, die Förderung des interregionalen Handels sowie die Erleichterung des Transfers von Investitionsmitteln und technischem Wissen von den Zentralregionen in periphere Regionen.

Im Gegensatz zur neoklassischen Lehrmeinung lautet die polarisationstheoretische Grundhypothese, daß unter marktwirtschaftlichen Bedingungen Interaktionen zwischen Regionen mit fundamentalen Entwicklungsunterschieden Wachstums- und Schrumpfungsprozesse in Gang setzen. Dadurch verstärken sie noch das räumliche Ungleichgewicht und zementieren Zentrum-Peripherie-Raumstrukturen. Asymmetrisch wirkende interregionale Verflechtungsbeziehungen führen in der Peripherie zu einem Abfluß von Ressourcen und tragen langfristig zur Deformation ihrer Wirtschafts- und Gesellschaftsstruktur bei. Zur Abschwächung der von den Zentren ausgehenden Entzugseffekte wird eine temporäre und selektive *Abkopplung der Peripherie* empfohlen.

Die Strategie der Abkopplung, die ursprünglich für den weltweiten Maßstab (Dissoziation der Entwicklungsländer von den Industrieländern) entwickelt wurde, haben *W. Stöhr* und *F. Tödtling*[1] auf die nationale Maßstabsebene („selective spatial closure" weniger entwickelter Gebiete von den nationalen Kernregionen) übertragen. Die Abkopplungsstrategie fordert eine an den Interessen der Peripherie orientierten Einschränkung und Kontrolle interregionaler Interaktionen, z. B. durch Begrenzung des Zuflusses von Kapital und technischem Wissen. Dies soll den Aufbau eines integrierten Binnenmarktes ermöglichen. Angestrebt wird die Mobilisierung des regionsinternen Entwicklungspotentials, die Ausrichtung der Produktion an den materiellen und immateriellen Bedürfnissen breiter Bevölkerungsschichten und der Ausbau eines an die Angebots- und Nachfragebedingungen angepaßten intraregionalen Kommunikations- und Infrastruktursystems. Ziel ist es also, durch Abkopplung von nationalen Metropolen eine intraregionale Integration zu erreichen.

Abkopplungsstrategie

---

[1] *W. Stöhr u. F. Tödtling*, 1977

Stufentheorien erwarten, daß der langfristige räumliche Entwicklungsprozeß zunächst eine Phase zunehmender Polaristion durchläuft (polarisationstheoretische Argumentation); danach kommt es zu einem Wendepunkt, und im weiteren Verlauf tragen Ausgleichsmechanismen zum Abbau von Ungleichheiten bei (neoklassische Argumentation). Aus dieser Theorie folgt, daß phasenspezifische, d. h. an den jeweiligen Entwicklungsstand angepaßte Strategien der Raumgestaltung aufgestellt werden müssen. In der *Polarisationsphase* könnten Elemente der Strategie temponär selektiver Abkopplung eine extreme räumliche Konzentration verhindern und Voraussetzungen für eine Trendwende schaffen. In der *Dezentralisationsphase* hingegen könnte eine Strategie der Intensivierung intra- und interregionaler Verflechtungsbeziehungen nach neoklassischem Muster den Abbau räumlicher Ungleichgewichte beschleunigen.

Die beiden oben vorgestellten Strategien beschäftigen sich mit der staatlichen Steuerung interregionaler Interaktionen. In Ergänzung hierzu wird häufig diskutiert, ob zum Abbau räumlicher Disparitäten die Entwicklungsimpulse von den Zentren („von oben") oder von der Peripherie („von unten") ausgehen sollen.

Das Konzept der *Raumentwicklung „von oben"* geht von der Annahme aus, daß sozioökonomische Entwicklung in wenigen dynamischen Kernregionen beginnt und sich im Laufe der Zeit auf den Rest des Raumsystems ausdehnt. *N. M. Hansen*[1] spricht von einem „centre-down" Entwicklungsparadigma. Eine Strategie „von oben" zielt demnach darauf ab, die räumliche Ausbreitung positiver Effekte zu beschleunigen. Dies könnte erreicht werden durch Förderung von ökonomischen Aktivitäten des Zentrums in peripheren Regionen, durch Umverteilung von Ressourcen aus hochentwickelten Kernräumen in entwicklungsschwache Gebiete und durch Ausbau eines hierarchisch strukturierten Standortsystems (z. B. des Systems der zentralen Orte).

Beim Konzept der *Raumentwicklung „von unten"* geht die Entwicklung von den peripheren Regionen aus. Um eine an den Grundbedürfnissen der Bevölkerung orientierte Mobilisierung endogener Ressourcen zu erreichen, fordert dieses Konzept eine selektive Abkopplung der Peripherie vom Zentrum mit dem Ziel, negative Entzugseffekte abzuwehren. Gleichzeitig sollen intraregionale Interaktionen intensiviert werden. Diese Entwicklungsstrategie fordert eine territoriale anstelle einer funktionalen Organisation von Wirtschaft und Gesellschaft. Sie setzt ein hohes Maß an territorialer Selbstbestimmung voraus; hierzu gehören Verfügungsmacht über endogene Ressourcen und weitreichende politische Entscheidungsbefugnisse.

Die bislang vorgestellten Konzepte beschäftigen sich mehr mit strategischen Grundsatzentscheidungen, die langfristige Leitlinien der Raumgestaltung festlegen. Im folgenden Abschnitt werden raumstrukturelle Einzelstrategien behandelt. Auch hier zeigt sich die enge Verzahnung von Theorie, Empirie und Politik.

Bei der Erstellung raumstruktureller Einzelstrategien sind vier Entscheidungen von besonderer Bedeutung:

1. Die Größe der zu fördernden Standorte.
2. Die Funktion, die ein Standort zu erfüllen hat.
3. Die Lage der Standorte im Raumsystem.
4. Der zeitliche Einsatz der Strategien.

Zu allen vier Fragenkomplexen liegen bislang nur unzureichende theoretische Erkenntnisse und empirische Befunde vor.

Zu 1: In der raumwissenschaftlichen Literatur besteht Konsens, daß sich mit zunehmender **Standortgröße** (Stadtgröße) die Kosten und der Nutzen, jeweils pro Kopf der

Marginal notes:
Raumentwicklung „von oben"

Raumentwicklung „von unten"

Standortgröße

---

[1] *N. M. Hansen,* 1981

Bevölkerung, verändern. Weitgehend ungeklärt ist der Verlauf der Kosten- und Nutzenkurven und damit die Bestimmung von minimalen, maximalen bzw. optimalen Stadtgrößen. In der Regel wird mit U-förmigen Kostenkurven und S-förmigen Nutzenkurven gearbeitet, wie sie in Abb. 2 dargestellt sind.

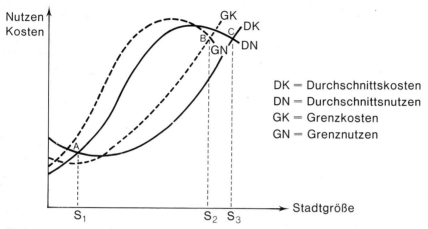

DK = Durchschnittskosten
DN = Durchschnittsnutzen
GK = Grenzkosten
GN = Grenznutzen

Abb. 2: Kosten und Nutzen unterschiedlicher Stadtgrößen

Der Punkt A (erster Schnittpunkt der Durchschnittskosten- und der Durchschnittsnutzenkurve, DK = DN) stellt die minimale Stadtgröße dar. Bei kleineren Stadtgrößen liegen die Kosten/Einwohner über dem Nutzen/Einwohner. Städte dieser Größenordnung gelten als nicht lebensfähig. Die optimale Stadtgröße S_2 kennzeichnet den Schnittpunkt der Grenzkosten- und der Grenznutzenkurven B (GK = GN); bei S_2 wird der von einer Stadt erreichbare Netto-Gesamtnutzen maximiert. Schließlich repräsentiert der Punkt C (zweiter Schnittpunkt der Durchschnittskosten- und der Durchschnittsnutzenkurve, DK = DN) die maximale Stadtgröße S_3. Bei einem Städtewachstum über S_3 hinaus übersteigen die Kosten/Einwohner den Nutzen/Einwohner; urbane Funktionen können nicht mehr effizient erfüllt werden[1]. Diese theoretischen Überlegungen lassen für die staatliche Standortpolitik zumindest den Schluß zu, daß bei der Auswahl der zu fördernden Standorte Ballungsmindestgrößen erreicht sein müssen und Ballungsmaxima nicht überschritten werden sollten. Welche konkrete Standortgröße zwischen den beiden Schwellenwerten (S_1, S_3) anzustreben ist, hängt u. a. von der Funktion und der Lage der Standorte im Raumsystem ab. Es wird erwartet, daß bei Unterschieden in der Funktion und Lage von Städten sich ihre optimale Größe verändert.

Zu 2: Die Beziehungen zwischen Größe und Funktion von Städten untersuchten *F. Lo* und *K. Salih*[2]. Für unterschiedliche Stadtgrößen nehmen sie die in Abb. 3 dargestellten sektoralen Effizienkurven an (Effizienz = Produktivität pro beanspruchter Flächeneinheit). Demnach besteht zwischen Stadtgröße und Effizienz des tertiären Sektors eine positive Korrelation; je größer die zu versorgende Bevölkerung ist, desto effizienter arbeitet der tertiäre Sektor. Die Kurve des sekundären Sektors entspricht einem umgekehrten U; ab einer urbanen Mindestgröße steigt die Effizienz industrieller Aktivitäten zunächst an, um bei fortschreitendem Städtewachstum wieder abzunehmen.

Ausgehend von diesen Hypothesen lassen sich drei Stadtgrößentypen mit unterschiedlichen dominanten Sektoren identifizieren. Städte im Bereich a–b sind zentrale Orte niedriger Ordnung, die das ländliche Umland versorgen. Im Bereich b–c liegen

Funktion
von Städten

[1] *H.-W. Richardson*, 1973, S. 11 ff.
[2] *F. Lo* u. *K. Salih*, 1978, S. 263 ff.

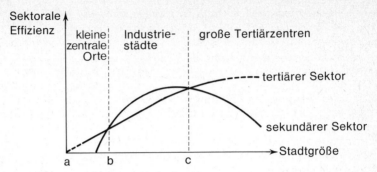

Abb: 3: Sektorale Effizienz unterschiedlicher Stadtgrößen

Städte mit vorherrschend industriellen, aber auch einem relativ hohen Anteil tertiärer Aktivitäten. In den Großstädten schließlich dominiert eindeutig der tertiäre Sektor; hier sind Dienstleistungen mit hoher Zentralität konzentriert. Für eine an Effizienzkriterien orientierte Standortpolitik läßt sich folgern, daß abhängig von der Stadtgröße unterschiedliche Wirtschaftssektoren zu fördern sind.

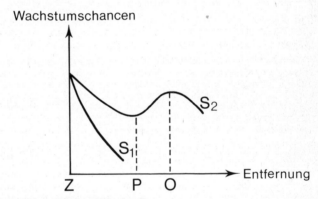

Abb. 4: Zusammenhänge zwischen Größe, Lage im Raumsystem und Wachstumschancen von Städten

Lage der Städte im Raumsystem

Zu 3: Die Zusammenhänge zwischen Größe, **Lage im Raumsystem** und Wachstumschancen von Städten hat E. von Böventer[1] untersucht (vgl. Abb. 4). Für kleine Städte (S_1) werden lediglich in unmittelbarer Nähe zu einem ausgenommenen Zentrum (Z) gute Wachstumschancen erwartet, da sie dessen Agglomerationsvorteile nutzen können; für die Bildung eigener Agglomerationsvorteile reicht ihre Größe jedoch nicht aus. Bei mittleren und größeren Städten (S_2) nehmen die Wachstumschancen mit zunehmender Distanz vom Zentrum zunächst ebenfalls ab. Mit fortschreitender Entfernung verbessern sie sich jedoch wieder, da jetzt ein ausreichendes Hinterland zur Verfügung steht, das die Bildung eigener interner und externer Ersparnisse begünstigt. In peripherer Lage nehmen die Wachstumschancen wegen der fehlenden Integrationsmöglichkeit mit der Gesamtwirtschaft wieder ab. Das relevante Ergebnis für die Raumwirtschaftspolitik ist, daß es hinsichtlich der Wachstumschancen von Städten pessimale Entfernungen (Z–P) und optimale Entfernungen (Z–O) zu den beste-

---

[1] *E. v. Böventer,* 1971, S. 179

henden Agglomerationszentren gibt, und daß die zu fördernden Standorte mit einem für eine Mittelpunktsbildung ausreichend großen Hinterland ausgestattet sein müssen.

Raumstrukturelle Strategien verfolgen in der Regel neben der Entwicklung von Standorten auch die Erschließung des Hinterlandes. Deshalb sind die raumzeitlichen Wirkungen der von neu entwickelten Standorten ausgehenden Hinterlandeffekte zu beachten. *H. W. Richardson*[1] erwartet, daß in einer ersten Phase der Stadt-Umland-Beziehungen die zentripetalen Entzugseffekte stärker als die zentrifugalen Ausbreitungseffekte wirken. Erst in einer späteren Phase gibt das Zentrum mehr Wachstumsimpulse an das Umland ab, als es von dort entzieht. Daraus leitet Richardson zwei Schlußfolgerungen für die Raumwirtschaftspolitik ab: Hinterlandeffekte

1. Strategien der Raumgestaltung müssen über längere Zeit (15–25 Jahre) verfolgt werden.

2. Der Staat sollte zunächst den Entzug des Produktionspotentials aus dem Hinterland abschwächen, um die Bildung extremer intraregionaler Ungleichgewichte zu vermeiden und erst danach die vom Zentrum ausgehenden Wachstumsimpulse fördern.

Zu 4: Schließlich ist darauf hinzuweisen, daß im Entwicklungsverlauf einer Volkswirtschaft die Strategien der Raumgestaltung an sich verändernde Problemlagen angepaßt werden müssen. Abb. 5 stellt zwei idealtypische *Szenarien der Raumgestaltung* vor. Ausgangssituation ist in beiden Fällen eine Raumstruktur, die durch eine dominierende Primatstadt gekennzeichnet ist, welche mobile Produktionsfaktoren aus dem Rest des Raumsystems absorbiert (a). Zur Überwindung dieser disparitären Raumstruktur wird im Szenarium I eine Strategie der selektiven Konzentration verfolgt. Sie strebt eine Raumentwicklung „von oben" und durch Integration an und orientiert sich an Erkenntnissen der neoklassischen Wachstumstheorien und der Standortstrukturtheorien (vgl. S. 12, 15). Hierbei handelt es sich um das in Vergangenheit und Gegenwart ganz überwiegend praktizierte Handlungskonzept. Szenarien der Raumgestaltung

In einer ersten Strategiephase (b) könnte die staatliche Förderung von **Entlastungsorten** im Umland der Primatstadt einen Prozeß intraregionaler Dezentralisation innerhalb der Zentralregion in Gang setzen. Die Strategie sieht vor, in einer Entfernung von etwa 40–120 km zur Primatstadt mehrere Entlastungsorte mit einer für ein selbsttragendes Wirtschaftswachstum ausreichenden Größe zu entwickeln. Was ihre Lage zur Großstadt anbetrifft, ist einerseits ein Mindestabstand einzuhalten, um eine eigenständige Entwicklung sicherzustellen, und andererseits darf eine Maximalentfernung nicht überschritten werden, um metropolitane Agglomerationsvorteile nutzen zu können. Wachstumsimpulse erhalten die Entlastungsorte durch Verlagerung ökonomischer, insbesondere industrieller Aktivitäten aus der Primatstadt und durch Zuwanderung von Arbeitskräften aus der Peripherie. Entlastungsorte

Etwa zeitgleich mit der Strategie der Entlastungsorte könnte durch die Ausweisung von **Wachstumszentren** an Standorten mit hoher Lagegunst ein Beitrag zur interregionaler Dezentralisation geleistet werden. Die Strategie geht von der Annahme aus, daß nur durch die Massierung ökonomischer Aktivitäten auf wenige Standorte in größerer Entfernung zur Primatstadt ein Abbau großräumiger Disparitäten zu erreichen ist. Die Zentren erhalten ihre Wachstumsimpulse durch die staatlich geförderte Ansiedlung eines Komplexes motorischer Einheiten d. h. von Betrieben des sekundären und tertiären Sektors mit überdurchschnittlichen Wachstumsraten und großer Innovationskraft, durch intensive Verflechtungsbeziehungen mit nationalen und internationalen Kernregionen und durch Absorption von mobilen Produktionsfaktoren Wachstumszentren

---

[1] *H. W. Richardson,* 1976

aus dem Hinterland. Die Folge beider Konzepte ist eine Umlenkung eines Teils des ursprünglich auf die Primatstadt gerichteten Migrationsstroms zu den Entlastungsorten und Wachstumszentren.

In einer zweiten Strategiephase (c) könnte der Ausbau von **Entwicklungsachsen** sowie von Mittel- und Kleinstädten erfolgen. Für die Funktionsfähigkeit der bestehenden Agglomerationszentren sowie zur Entwicklung der Wachstumszentren sind interregionale und interurbane Verkehrs- und Versorgungseinrichtungen notwendig. Es bietet sich an, diese Infrastrukturbänder zu multifunktionalen Entwicklungsachsen auszubauen. Durch die Verdichtung von Bevölkerungs-, Siedlungs- und Wirtschaftspotential entstehen Agglomerationsvorteile, die an den End- und Schnittpunkten der Achsen am höchsten sind. Die **Mittel- und Kleinstädte** haben die Aufgabe, neben der Verarbeitung und Vermarktung landwirtschaftlicher Rohstoffe das agrarische Umland mit Gütern und Dienstleistungen zu versorgen. Ihre staatliche Förderung im Hinterland der Wachstumszentren und Entwicklungsachsen soll helfen, intraregionale Disparitäten abzubauen. In peripher gelegenen Gebieten, deren relativ geringes Bevölkerungs- und Wirtschaftspotential die Ausweisung eines Wachstumszentrums nicht rechtfertigt, könnte auch aus Wohlfahrtsgesichtspunkten mit Hilfe der Mittelzentrenstrategie und ländlicher Entwicklungskonzepte ein Beitrag zur Befriedigung der Grundbedürfnisse der Bevölkerung geleistet werden. Ziel dieses Szenariums der Raumgestaltung ist somit, durch den Ausbau eines hierarchischen Siedlungssystems, Entwicklungsimpulse von den Großstädten über Mittel- und Kleinstädte auf den ländlichen Raum zu übertragen[1].

Im Gegensatz hierzu steht die im Szenarium II der Abb. 5 dargestellte „alternative" Strategie der Raumgestaltung; sie strebt eine Raumentwicklung „von unten" und durch Abkopplung an und geht von Erkenntnissen der Polarisations- und Dependenztheorien aus (vgl. S. 15f.). Zur Überwindung einer monozentrischen Raumstruktur in Entwicklungsländern wird von *J. Friedmann* und *C. Weaver*[2] eine *„agropolitan development"-Strategie* gefordert. Ziel dieser Strategie ist eine an den Grundbedürfnissen der ländlichen Bevölkerung ausgerichtete eigenständige Entwicklung der Peripherie. Als Voraussetzung hierfür werden angesehen:

Entwicklungsachsen

Mittel- und Kleinstädte

apropolitane Entwicklung

---

[1] *H. W. Richardson,* 1977, 1978a
[2] *J. Friedmann* u. *C. Weaver,* 1979, S. 193 ff.

Szenarium I   Szenarium II

Entwicklungsverlauf

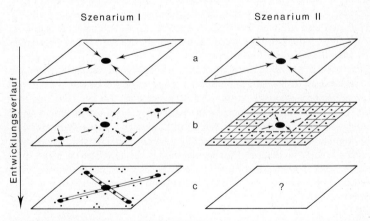

Abb. 5: Idealtypische Szenarien der Raumgestaltung

- selektive territoriale Abkopplung von nationalen und internationalen Metropolen,
- Kommunalisierung der lokalen Ressourcen,
- Zugang aller Bewohner zu gesellschaftlicher Macht.

Um eine Befriedigung der Grundbedürfnisse und Partizipation der Bevölkerung an den Entscheidungsprozessen erreichen zu können, wird eine Gliederung der Peripherie in relativ kleine, unabhängige agropolitane Distrikte empfohlen, in kulturelle, politische und ökonomische Einheiten. Im Idealfall weist ein solcher Distrikt eine Bevölkerung von 20 000 bis 100 000 Einwohner auf. Der Distrikt umfaßt eine Kleinstadt (5000 bis 20 000 Einwohner) und in einem Radius von höchstens 10 km ein dichtbesiedeltes, agraisch strukturiertes Umland mit einer Bevölkerungsdichte von mindestens 200 Einwohner pro km^2. Die Voraussetzungen für eine solche Entwicklung sind bislang in kaum einem Land der Erde verwirklicht.

Sollte es gelingen, durch grundlegende gesellschaftliche, ökonomische und politische Veränderungen eine eigenständige Entwicklung der agropolitenen Distrikte zu erreichen, stellt sich die Frage nach dem weiteren Verlauf der Raumentwicklung: Wird weiterhin auf interregionale und internationale Arbeitsteilung und Spezialisierung und damit auf interne und externe Ersparnisse verzichtet? Ist in der Peripherie ein von der Metropole abgekoppeltes hierarchisches Siedlungssystem aufzubauen oder ist langfristig eine Städtehierarchie und eine Intensivierung der Verflechtungsbeziehungen unter Einbeziehung der Metropole anzustreben?

Diese Einführung sollte einen Überblick über raumwissenschaftliche Fragestellungen der Wirtschaftsgeographie geben. Die folgenden Ausführungen wenden sich nun zentralen Teilgebieten zu, gegliedert nach:

- Agrargeographie
- Industriegeographie
- Politische Geographie

A Agrargeographie

Jürgen Schultz

Die Agrargeographie ist Teil der Wirtschaftsgeographie. Deutlicher als die übrigen Fachrichtungen der Anthropogeographie hat sie jedoch einen starken naturwissenschaftlichen (biologisch-ökologischen) Bezug und nimmt daher – ähnlich wie die Geographie selbst – eine integrierende Stellung ein.

I. Aufgaben der Agrargeographie

Zu den Aufgaben der Agrargeographie gehört die Beschäftigung mit den inneren Merkmalen der Landwirtschaft wie z. B. Betriebsgröße, Anbauverhältnis, Produktions-
Forschungsansätze richtung, Produktivität (*typologischer Ansatz*). Sie befaßt sich aber auch mit dem natürlichen, ökonomischen, sozialen und historisch gewordenen Rahmen, in den die Landwirtschaft in Form eines Abhängigkeitsverhältnisses oder auch einer Wechselwirkung eingefügt ist (*geoökologischer Ansatz, funktionaler* oder *ökonomischer Ansatz, soziologisch-psychologischer Ansatz* und *dynamischer* oder *historisch-genetischer Ansatz*). Dabei handelt es sich um verschiedene Betrachtungsweisen, die letztendlich das gleiche Ziel verfolgen, nämlich die Vielgestalt der Agrarlandschaft aufzuzeigen und zu erklären; ihre Ergebnisse dienen gemeinsam der agrargeographischen Raumgliederung (*chorologischer* oder *raumwissenschaftlicher Ansatz*).

Endogene Merkmale	Typologischer Ansatz	
		Chorologischer oder raumwissenschaftlicher Ansatz
Exogene Merkmale	Geoökologischer Ansatz Funktionaler oder Ökonomischer Ansatz Psychologisch-soziologischer Ansatz Dynamischer oder historisch-genetischer Ansatz	

Die Gliederung der vorliegenden „Agrargeographie" folgt weitgehend den genannten Forschungsansätzen. So werden die vier Ansätze, die sich mit der Umweltverflech-
Gliederung tung der Landwirtschaft beschäftigen, im Kapitel III 1–4 abgehandelt. Das Kapitel IV widmet sich den endogenen Faktoren und bringt Ergebnisse des typologischen Ansatzes. Der chorologische Ansatz schließlich, der eine Synthese der beiden vorgenannten Betrachtungsweisen mit dem Ziel der agrarräumlichen Gliederung anstrebt, bildet den Inhalt des Kapitels V.
Diesen drei Kapiteln ist eine Einführung in den Problemkreis „Landwirtschaft" vorangestellt (Kapitel II), in der die gegenwärtige Welternährungslage – die regionale Ungleichheit und Möglichkeiten zum Ausgleich – angesprochen wird.

II. Der Beitrag der Landwirtschaft zur Welternährung

1. Gegenwärtige Welternährungslage

Die Landwirtschaft erfüllt die an sie gestellte Aufgabe nur unzureichend. Wenn auch die Schätzungen über Unterernährung im einzelnen weit auseinandergehen, so ist doch unzweifelhaft, daß ein höherer Bevölkerungsanteil der Erde ungenügend mit Kalorien, Grundeiweißstoffen und Vitaminen versorgt wird.

Als ein Hinweis auf die bestehenden Nahrungslücken sind die hohen Kindersterblichkeitsziffern vieler Länder zu deuten (s. Tabelle). Die größte Gefahr für Ernährungsstörungen droht mit dem Übergang vom Säuglings- zum Kleinkindstadium, wenn der Schutz durch die Muttermilch fortfällt. Zwar verschlimmern unzureichende hygienische Bedingungen vielerorts den Krankheitsbefall, doch ist häufig Unterernährung die Ursache für den tödlichen Verlauf einer Krankheit. **Kindersterblichkeit**

Vor dem zweiten Weltkrieg exportierten viele der heutigen Entwicklungsländer und der Länder Osteuropas Getreide. Seitdem ist die Nahrungsmittelproduktion zwar überall weiter angestiegen, doch hält diese Steigerung nicht mit dem gleichzeitig ablaufenden Bevölkerungszuwachs Schritt. Die Nahrungsversorgung pro Kopf wird somit für eine immer größere Zahl von Menschen schlechter.

Sterblichkeit ein- bis vierjähriger Kinder

Land	Jährliche Sterberate (pro 1000 Kinder, 1–4 Jahre alt; in Klammern: Erhebungsjahr bzw. -zeitraum)	
Malawi	92,4	(1977)
Haiti	29,6	(1972)
Ägypten	17,3	(1976)
El Salvador	8,7	(1971)
Peru	8,4	(1972)
Costa Rica	3,0	(1973)
Portugal	2,5	(1971–75)
Korea (Republik von)	2,4	(1978)
Polen	0,8	(1971–78)
Schweden	0,4	(1971–79)

Quelle: Demographic Yearbook 1980.

Die Erdbevölkerung wächst mit steigender Wachstumsrate. Für 1600 n. Chr. wird eine Gesamtzahl von 0,5 Mrd. Menschen angenommen, die sich damals mit einer jährlichen Zuwachsrate von 0,3% vermehrten. Die erste Verdoppelung auf eine Milliarde erfolgte bis 1820 nach 220 Jahren, die zweite auf zwei Milliarden bis 1930 nach 110 Jahren und die dritte auf vier Milliarden bis 1975 nach nur noch 45 Jahren. Gegenwärtig (1984) leben bereits 4,6 Milliarden Menschen auf der Erde (vgl. auch Band 1). **Bevölkerungswachstum**

Dieses dramatisch anmutende Wachstum verläuft regional verschieden. Es ist mit Abstand in denjenigen Regionen am größten, deren landwirtschaftliche Produktion als rückständig zu gelten hat. Das sind, grob vereinfacht, alle tropischen und subtropischen Gebiete. Dementsprechend wird dort die Nahrungsmittelproduktion pro Kopf der Bevölkerung immer ungünstiger. Der „Scheren"-verlauf der beiden Kurven für die Nahrungsmittelproduktion bzw. deren pro-Kopf-Anteil zeigt dies eindringlich. **Sinkende Nahrungsmittelproduktion pro Kopf**

Hungersnöte traten auch in früheren Zeiten sporadisch und regional begrenzt immer wieder auf, so insbesondere nach Kriegen oder Dürreperioden. Das Hungerproblem unserer Zeit ist jedoch kein kurzfristiges, durch besondere Umstände hervorgerufe-

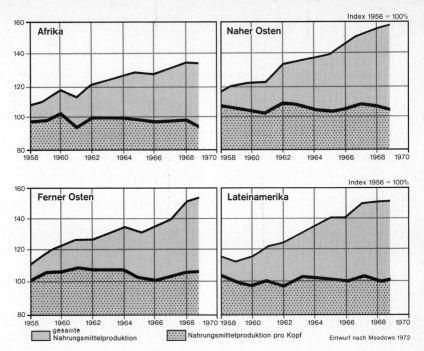

Abb. 6: Nahrungsmittelproduktion

nes und dementsprechend vorübergehendes Phänomen. Es handelt sich vielmehr um das Ergebnis einer langen und – wie es scheint – unaufhaltsamen Entwicklung, die den größten Teil der Menschheit betrifft und damit zu einem globalen Problem geführt hat. Neu ist auch, daß die Hungernden wissen, wie gut die Menschen in anderen Teilen der Erde leben. Darin könnte auf längere Sicht der Zündstoff für einen weltweiten Konflikt liegen.

Die meisten Länder müssen heute beträchtliche Getreidemengen einführen. Der größte Teil davon, nämlich rund 75%, stammt aus Nordamerika, dessen Exporte sich zwischen 1970 und 1980 von 56 Mio t auf mehr als 100 Mio t fast verdoppelt haben. Hinsichtlich der Grundnahrungsmittel befindet sich also ein großer Teil der Erde in Abhängigkeit von diesem Kontinent, insbesondere den USA, die damit fast monopolartig den Weltgetreidemarkt kontrollieren. Dies hat nicht nur Spekulationen über eine „food power" neue Wunderwaffe, der „food power" der Agrarexportpolitik aufkommen lassen; diese Situation ist auch insofern bedrohlich, als ungünstige Witterungsverhältnisse in der verhältnismäßig kleinen nordamerikanischen Weizenbauregion, dem mittleren Westen von Texas bis Saskatchewan, oder ein Krankheits-/Schädlingsbefall der hier verwendeten, hochgezüchteten und damit seuchenanfälligen Weizensorten katastrophale Hungersnöte oder zumindest beträchtliche Nahrungslücken in weiten Teilen der Erde auslösen müßten.

Mangel- und Überschußländer der Nahrungsmittelproduktion liegen zudem weit auseinander. Das erschwert den weltweiten Ausgleich. Viele bedürftige Entwicklungsländer haben derart negative Außenhandelsbilanzen, daß sie größere Nahrungsmitteleinfuhren nicht bezahlen können. Hinzu kommen Verteilungsprobleme im Inneren dieser Länder. Auf die Dauer bildet deshalb ein weltweiter Nahrungsaustausch in der bishe-

Globaler Ausgleich
der Nahrungsmittel-
versorgung

rigen Form keine echte Lösung. Diese kann nur in der Selbsthilfe der betroffenen Länder liegen, wobei die reichen Staaten durch Vermittlung von know-how und Bereitstellung von Investitionsmitteln helfen können.

Das Ernährungsproblem ist wesentlich abhängig von den Eßgewohnheiten und dem Geld, das für die Ernährung ausgegeben werden kann. Die „Steak-Religion" in den USA hat die dortige Landwirtschaft nachhaltig geprägt: — „Steak-Religion"

„– Über die Hälfte der amerikanischen Getreideernte wird an das Vieh verfüttert.
– Ein Rind setzt 1 kg Protein im Futter zu 0,5 kg Protein im Fleisch um. Der Dung der Viehherden aber enthält nach Schätzungen des Landwirtschaftsministeriums soviel Protein wie die gesamte US-Sojabohnenernte.
– Die Farmer verfüttern soviel Getreide und Mais, wie die Bevölkerung Chinas und Indiens pro Jahr konsumiert.
– Doch der Durchschnittsamerikaner ißt in Form von Steaks und Hamburgern doppelt soviel Protein, wie sein Körper verarbeiten kann."
(Nach *F. M. Lappe,* in: „Die Zeit" vom 30. 1. 1976)

Mit Blick auf die Welternährungslage handelt es sich hier also um eine Verschwendung von Nahrungsmitteln großen Ausmaßes. Wenn alle Menschen so leben würden wie die Nordamerikaner, könnten bei der gegenwärtigen landwirtschaftlichen Produktion nur 1,2 Mrd. Menschen versorgt werden. Die Industriegesellschaft könnte also kaum besser zur Beseitigung des Hungerproblems beitragen als durch die Änderung ihrer Art der Ernährung[1].

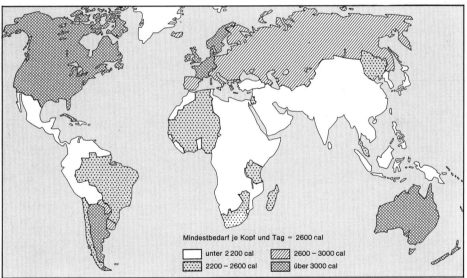

Mindestbedarf je Kopf und Tag = 2600 cal

☐ unter 2200 cal ▨ 2600 – 3000 cal
▦ 2200 – 2600 cal ▩ über 3000 cal

Entwurf nach FAO 1972

Abb. 7: Die Welternährungslage in regionaler Differenzierung

Der Luxus der Fleischnahrung ergibt sich auch aus der allgemeinen Gesetzlichkeit, wie sie für den Fluß der Energie und der mineralischen Nährstoffe im Ökosystem gilt. — Luxus der Fleischnahrung
Die natürliche Nahrungskette beginnt mit der Umwandlung von Lichtenergie durch die Photosynthese in chemische Energie. Die grünen Pflanzen, die diese Fähigkeit besitzen, werden daher als (Primär-)*Produzenten* bezeichnet. Sie bilden die erste trophische Stufe. Eine zweite stellen die Pflanzenfresser (*Herbivore*), die *Primärkon-*

---

[1] *M. Mesarovic* u. *E. Pestel,* 1974, S. 151

sumenten. Auf zwei weiteren trophischen Ebenen können die *Sekundär-* und *Tertiär-konsumenten,* nämlich die Tiere, die von Pflanzenfressern leben (= *primäre Karnivore*) und die, die von Fleischfressern leben (= *sekundäre Karnivore*) folgen. Den Abschluß der Nahrungsketten bilden die sog. *Destruenten.* Das sind Bakterien, Pilze, kleine Insekten etc., die die tote organische Substanz zu mineralischen Nährstoffen abbauen und so wieder für die Pflanzen verfügbar machen. Bei diesem biologischen Stoffkreislauf erfolgt bei jedem Wechsel der trophischen Ebene ein Verlust an nutzbarer Energie. Geht man – sehr verallgemeinert – davon aus, daß jeweils nur etwa 10% der in der Vorstufe gespeicherten Energie erhalten bleibt, so ergibt sich, daß in den primären Karnivoren nur mehr rund 1/100, in den sekundären Karnivoren sogar nur mehr 1/1000 der primär in den grünen Pflanzen gebundenen Energie auftritt. Aus diesem Grunde sind Raubtierpopulationen kleiner als Pflanzenfresserpopulationen. Auf den Menschen bezogen bedeutet das, daß – allerdings übermäßig vereinfacht – 10 000 kg Getreide 1000 kg Rindfleisch produzieren und diese wiederum 100 kg menschliche Körpersubstanz herstellen können. Würde man den Menschen eine trophische Stufe herabsetzen, ihn also von Getreide leben lassen, so könnten zehnmal so viele Menschen ausreichend ernährt werden[1].

Ökogeneration In Erkenntnis dieser Lage und wohl auch gefördert durch ärztliche Warnungen, daß übermäßiger Fleischkonsum ungesund ist, hat sich in Amerika eine Bewegung, die „Ökogeneration", formiert, die in der Bohne die zukünftige Alternative zum Beef sieht und für den umweltbewußten Feinschmecker, den „Öko-gourmet" wirbt[2].

Fischfang Die Landwirtschaft ist zwar der bedeutendste, aber nicht der einzige Nahrungsmittelproduzent.: Rund 15% des tierischen Eiweißes in der Welternährung (oder rund 25% der notwendigen Eiweißmenge) werden heute durch **Fischerei** gewonnen. In vielen Entwicklungsländern betreiben Kleinbauern den Fischfang zur Ergänzung ihrer pflanzlichen Nahrung. Daneben kommen in jenen Gebieten aber auch spezialisiertere

---

[1] *P. R. Ehrlich, A. H. Ehrlich* u. *J. P. Holdren,* 1975
[2] Nach *F. M. Lappe,* in: Die Zeit vom 30. 1. 1976

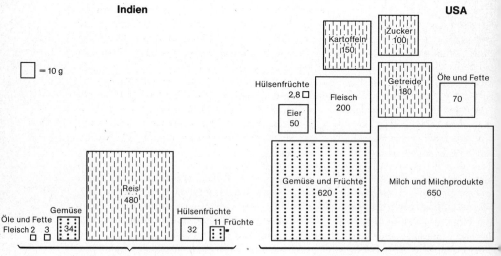

Abb. 8: Die Zusammensetzung der Nahrung in Indien und den USA

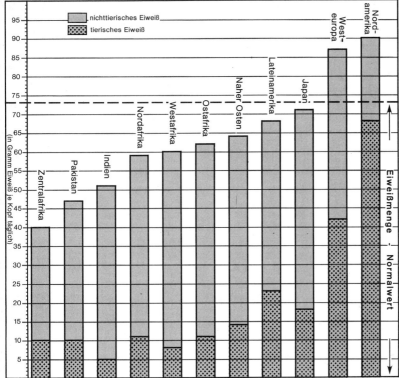

Abb. 9: Der Pro-Kopf-Verbrauch an Eiweiß

Entwurf nach Meadows 1972

Formen der Fischnutzung – von Binnen- oder Küstengewässern – vor, bei denen der Fischfang zur wichtigsten Quelle für die unmittelbare Ernährung wie auch für ein Geldeinkommen dient. Rein mengenmäßig bleiben die auf diesen beiden Wegen erreichten Fangerträge aber weit hinter denen zurück, die die moderne Fischerei der Industrieländer auf den Weltmeeren erzielt. So landen die drei Länder Japan, die UdSSR und die VR China zusammen ein Drittel des gesamten Weltfischfangertrages an. Peru, die USA, Norwegen und Chile fischen als nächste etwa 12,5%. In Island und in Japan stellte der Fischfang 1½ mal so viel Eiweiß wie die Landwirtschaft bereit.

Die Fangmengen der Fischerei stiegen über lange Zeit ständig an, so zwischen 1946 und 1980 im Mittel um jährlich 6%, oder absolut von 20 Mio t auf 72,2 Mio t. Die Zunahme beruhte auf einer stärkeren Befischung der Weltmeere und verbesserten Fangmethoden; teilweise erklärt sie sich wohl auch aus einer genaueren statistischen Erfassung.

Seit den 70er Jahren stagnieren die Erträge. Die Ansicht setzt sich allgemein durch, daß eine weitere Steigerung der Seefischerei dauerhaft nicht mehr möglich ist, daß vielmehr schon die heutigen Fangmengen die natürliche Nachlieferung – jedenfalls regional und/oder für einzelne Fisch- und Walarten – übertreffen. Beispiele hierfür sind die Geschichte des Walfangs und der Anchovisfischerei vor der Küste Perus. Letztere lieferte vormals rund ⅕ des Weltfischfangertrages, ist heute aber fast völlig zum Erliegen gekommen[1]. Auch die Fischerei in der Nordsee, wo Grundschleppnetze

Stagnierende Erträge

---

[1] M. Mesarović u. E. Prestel, 1974, S. 156 f.

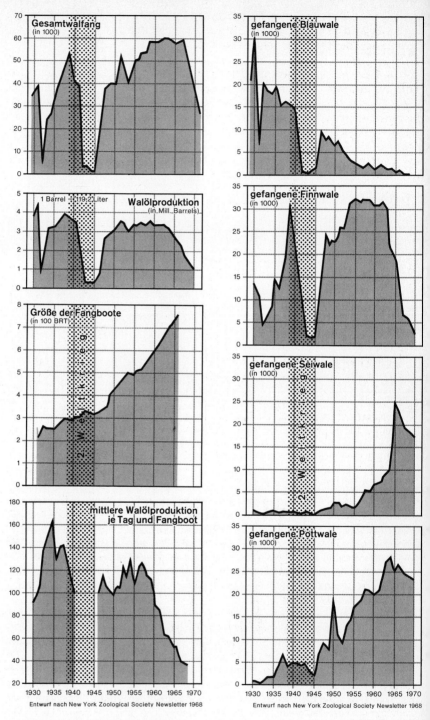

Abb. 10: Entwicklung des Walfangs 1930–1970

nicht nur zu einer Dezimierung der Fischbestände führten, sondern auch den Algen-
bewuchs des Meeresbodens und damit die Nahrungsgrundlage und die Laichplätze
der Fische zerstört haben, ist hier zu nennen.

Nicht nur übermäßige Fangquoten, die einzelnen Fischfangnationen zugebilligt worden sind, auch die *Wasserverschmutzung* und -vergiftung führen zu abnehmenden
Erträgen. Auch wenn hiervon Binnengewässer wesentlich stärker betroffen sind, da
sie meist unmittelbar die gewaltigen Schmutzmengen aus den Städten, Industrien
und der Landwirtschaft aufnehmen müssen, so fehlen doch auch für die Meere
warnende Anzeichen nicht. Hingewiesen sei hier auf die radioaktive Verseuchung,
Ölpest und Giftstoffe wie Quecksilber und DDT. Hält die Verschmutzung im bisherigen Umfang an, so ist insbesondere längerfristig mit ernsten Auswirkungen zu rechnen (vgl. Abb. 11).

*Wasser-
verschmutzung*

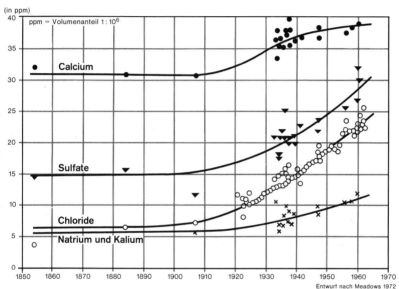

Abb. 11: Zunahme der Verschmutzung des Ontariosees

Die Einsicht in die Tatsache, daß die Fischbestände dieser Welt bedroht sind, hat
bisher nicht zu einer freiwilligen Beschränkung der am Fischfang beteiligten Länder
geführt. Das politische Bestreben richtet sich vielmehr auf eine Aufteilung der Fischgründe durch **Ausweitung der Hoheitsgewässer** und Schaffung von **nationalen Wirtschaftszonen** für Küsten-Anliegerstaaten. (Näheres vgl. S. 328). Ob die Errichtung
derartiger nationaler Fangzonen zu einer besseren Bestandskontrolle führen wird,
bleibt allerdings abzuwarten.

Nationale Aufteilung
von Fischgründen

Durch die Zugehörigkeit zur EG haben die Fischer der Bundesrepublik Deutschland
Zugang zu den Wirtschaftszonen auch der anderen Mitgliedsländer, dem sogenannten EG-Meer. Allerdings ist dieser Zugang zum Schutz der jeweiligen Anliegerstaaten
und der Fischbestände limitiert: Eine Quotenregelung setzt für die einzelnen Mit-
gliedsstaaten fest, welche Mengenanteile an den wichtigsten Speisefischarten (Kabel-
jau, Schellfisch, Merlan, Scholle, Makrele, Rotbarsch und Weißfisch) sowie Heringen
in den einzelnen Teilgebieten der Nord- und Ostsee sowie des Atlantiks, (bisher keine
Regelung für das Mittelmeer), bezogen auf die alljährlich neu festzusetzende EG-Ge-
samtfangmenge, jeweils gefischt werden dürfen (Näheres vgl. S. 331).

EG-Meer

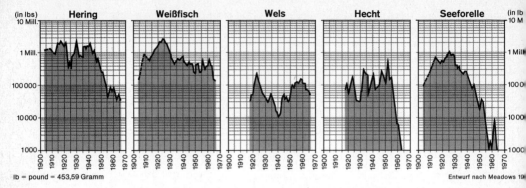

Abb. 12: Fangergebnisse verschiedener Fischarten im Ontariosee, seit 1900

Für die Anwendung landwirtschaftlicher Prinzipien (z. B. Düngung), die unter nationaler Regie vielleicht eher durchführbar sein könnten, fehlen bisher – abgesehen von einigen Austernkulturen – ausreichende Erfahrungen. Beim gegenwärtigen Wissensstand sind daher den möglichen Fisch- und Walfängen deutlich Grenzen gesetzt, die den marinen Beitrag zur Welternährung allenfalls festschreiben, wahrscheinlicher aber – in Anbetracht weiterer Bevölkerungszunahmen – pro Kopf sogar reduzieren.

Die geringen Aussichten zu einer Steigerung des Fisch- und Walfanges hat die Aufmerksamkeit auf andere mögliche marine Nahrungsquellen gelenkt. So wird die

Krill und Algen   Nutzung der riesigen **Krillbestände** (Kleinkrebs) um die Antarktis geprüft. Jährliche Fangmengen von 65 Mio t, also in Höhe des jetzigen Gesamtertrages der Weltfischerei, werden in optimistischen Schätzungen genannt. Bevor dies erreicht werden kann, müssen aber neue Verfahren zum Fang und zur Verarbeitung dieses für die menschliche Ernährung unkonventionellen Eiweißträgers entwickelt werden. Ähnliche Probleme stellen sich bei der Entwicklung von *Algenkulturen,* die derzeit vor der Küste von Japan betrieben werden. Die Nutzung des Krills und der Algen bedeutet, in der Nahrungskette des marinen Ökosystems auf frühere, quantitativ überlegene Stufen der Produktion zurückzugehen. Darin liegt vielleicht ihre Chance.

2. Maßnahmen zur Erhöhung der agraren Nahrungsmittelproduktion

Die moderne agrare Entwicklung ist, ihrem Ursprung entsprechend, in den höchst industrialisierten Gebieten von Westeuropa, einigen überseeischen Siedlungsgebieten der Europäer wie Nordamerika, Australien und Südafrika sowie in Japan am

Vorsprung der   weitesten fortgeschritten. Diese Gebiete gehören zwar keinesfalls alle zu denjenigen
Industrieländer   Räumen unserer Erde, die aufgrund ihrer Siedlungsarmut und Landreserven für eine großflächige agrare Überschußproduktion prädestiniert erscheinen. Dennoch sind es zusammen mit Argentinien die einzigen (mit Ausnahme des extrem dicht besiedelten Japan), in denen für den bedürftigen Nahrungsmittel-Weltmarkt produziert wird. Dies unterstreicht die These, daß Produktionssteigerungen eher durch die Einführung neuer Technologien und neuer zweckmäßigerer Organisationsformen möglich sind als durch eine Expansion der Nutzflächen.

Zugleich macht der Vorsprung der Industrieländer deutlich, daß ein wachsender Markt, wie er sich hier im Zuge der *industrial revolution* entwickelte, eine starke Antriebskraft für die Durchsetzung derartiger Neuerungen ist. Dabei wurde die Entwicklung – besonders in den USA – teilweise durch eine protektionistische Wirtschaftspolitik unterstützt.

Ansätze für eine moderne Entwicklung sind aber auch in allen übrigen Teilen der Welt zu finden, insbesondere im Umkreis der großen Städte. Doch bleibt dort noch viel zu tun, ehe die nötige Breitenwirkung erreicht ist und damit die ausreichende Ernährung gesichert werden kann. Die Dringlichkeit zu höherer Agrarproduktion für den Binnenmarkt ergibt sich außer aus der in fast allen Entwicklungsländern hohen Bevölkerungszuwachsrate auch aus dem Zuwachs der Pro-Kopf-Einkommen. Dadurch steigt die kaufkräftige Nachfrage nach Nahrungsmitteln bis zu 5% p. a.[1]

Nachholbedarf der Dritten Welt

Hinzu kommt ein steigender Bedarf an landwirtschaftlichen Rohstoffen. Viele Entwicklungsländer sind zudem abhängig von Agrarexporten, da ihnen andere Ausfuhrgüter fehlen. Die notwendige Produktionssteigerung muß andererseits – infolge rasch fortschreitender Urbanisierung – von einer zunehmend kleineren Zahl von Bauern aufgebracht werden. Dies mag im Einzelfall erschwerend wirken. Es ändert aber nichts an der Tatsache, daß sich die Produktion vieler Agrarerzeugnisse in den meisten Ländern grundsätzlich – gemessen am natürlichen Potential – deutlich erhöhen läßt. Die hierfür geeigneten Maßnahmen können in den folgenden fünf Punkten zusammengefaßt werden.

2a) Ausweitung der ackerbaulichen Nutzfläche

Es gibt eine Reihe von Berechnungen für die derzeitig ackerbaulich genutzte Fläche, die aufgrund der natürlichen Ausstattung maximal nutzbare Ackerlandfläche und schließlich die effektiv zur Verfügung stehende Ackerlandfläche, d. h. die maximal nutzbare Landfläche abzüglich des Landes, das anderweitig bereits genutzt wird (vgl. III. 1. a.). Die Ergebnisse dieser Berechnungen differieren deutlich voneinander und sind nicht zuletzt hierdurch fragwürdig. Sicherlich sind keine von ihnen als Nachweis für Landreserven geeignet, bevor nicht eine genauere Überprüfung erfolgt ist. Für mehrere größere Regionen der Erde, wie z. B. Teile von Europa, Süd- und Ostasien oder die Trockenräume, ist ohnehin bekannt, daß eine Ausdehnung der ackerbaulichen Nutzfläche nicht oder höchstens unwesentlich möglich ist. Dort, wo noch Bodenreserven erhalten sind, sind in der Regel die besseren Böden bereits in Kultur genommen worden oder werden weidewirtschaftlich genutzt. Eine Ausweitung der landwirtschaftlichen Nutzfläche würde daher zunehmend höheren Aufwand für Bewässerung, Rodung, Düngung etc. und damit höheren Einsatz von Kapital erfordern. Daran fehlt es häufig. Dort, wo es vorhanden ist, mag andererseits die Relation von Aufwand zu Ertrag so ungünstig liegen, daß ein Einsatz zurückgestellt wird. In der Ausweitung der derzeitigen Anbauflächen kann daher global keine relevante Chance zu einer Erhöhung der agraren Nahrungsmittelproduktion gesehen werden. Solche Chancen bestehen aber regional, wie beispielsweise in manchen Ländern Schwarz-Afrikas und Südamerikas.

Landreserven

2b) Mechanisierung

Die Vergrößerung der betrieblichen Anbauflächen zum Zwecke der Marktproduktion geht oft Hand in Hand mit einer Mechanisierung oder wird durch diese überhaupt erst möglich. Ein Ersatz oder eine Ergänzung von menschlichen Arbeitskräften durch landwirtschaftliche Maschinen ist in den Industrieländern ein notwendiger Schritt:

---

[1] *H. Ruthenberg,* 1972

Nur hierdurch kann der Landwirt den Arbeitskräftemangel und die hohen Arbeitslöhne wirkungsvoll auffangen und zugleich die Arbeitsbedingungen und das Sozialprestige der Landarbeit gegenüber anderen Wirtschaftsbereichen attraktiver gestalten. Insbesondere während der Nachkriegszeit ist hier Beachtliches geleistet worden, erkennbar an der überall stark gestiegenen Arbeitsproduktivität. So ernährt ein bundesdeutscher Landwirt heute mehr als viermal soviele Mitbürger wie noch vor 30 Jahren.

Anders können die Verhältnisse in den Entwicklungsländern liegen. Ein erstes Problem stellt hier die *Bereitstellung von Kapital,* das für eine Mechanisierung nötig ist. In der Regel reicht das Eigenkapital der Bauern nicht aus, der Staat muß durch die Vergabe von landwirtschaftlichen Krediten nachhelfen. Das zweite Problem liegt in der *Wirtschaftlichkeit* einer Mechanisierung. Es ist jeweils zu prüfen, ob die Abschreibungs- und Betriebskosten einer Maschine wirklich niedriger sind als die Entlohnung von Arbeitskräften, die von dieser Maschine ersetzt werden. Die Rentabilität kann sich evtl. durch einen überbetrieblichen Einsatz in Form von Maschinengenossenschaften oder -ringen erhöhen. Ein drittes Problem mag sich schließlich aus der gesamtwirtschaftlichen Überlegung ableiten. Die Schaffung oder der Erhalt von Arbeitsplätzen ist unter den Verhältnissen eines Entwicklungslandes, die typischerweise durch eine immer bedrohlicher ansteigende Arbeitslosigkeit oder Unterbeschäftigung gekennzeichnet sind, wichtiger als der Einsatz von betriebswirtschaftlich vielleicht vorteilhaften Maschinen.

2c) Überwindung von Strukturschwächen

Flächen-
aufstockung

Das gegenwärtige Subventionssystem in der Agrarwirtschaft der Bundesrepublik Deutschland in Form von Preisstützungen und Prämien kommt besonders Großbauern zugute, da sich die staatlichen Mittel vor allem nach der bewirtschafteten Fläche eines Betriebes bemessen. Dies fördert die Einkommensdisparität in der Landwirtschaft. Betriebe mit kleinen Nutzflächen können heute nur noch als *Nebenerwerbsbetriebe* geführt werden; ihr Anteil an der Zahl aller Betriebe liegt inzwischen bei fast 45%. Für zahlreiche mittlere Betriebe gilt inzwischen, daß sie als Vollerwerbsbetrieb kein angemessenes Einkommen mehr sichern, daß vielmehr ein Zuerwerb nötig ist (*Zuerwerbs-* oder *Übergangsbetriebe*). Auf Dauer gesehen bewirkt das Subventionssystem eine Reduzierung der kleineren Betriebe zugunsten der Ausweitung von größeren, d. h. es fördert den Strukturwandel, ist also zugleich Strukturmittel. Eine gewisse Mindestgröße, die jeweils von den natürlichen Verhältnissen und der Wirtschaftsweise abhängt, ist nicht nur im Hinblick auf ein angemessenes Einkommen für den Landwirt (Ackernahrung) wichtig, sondern auch für die Durchsetzung von Rationalisierungseffekten, die letzten Endes der gesamten Wirtschaft zugute kommen. Das Ergebnis der Konzentrationsbewegung während der Nachkriegszeit zeigt die Abb. 13.

Neben der betrieblichen Flächenvergrößerung (Flächenaufstockung) gehören zu den Maßnahmen einer Strukturverbesserung u. a. folgende Maßnahmen:

– *Innere Aufstockung,* d. h. der Ausbau der Veredlungswirtschaft,
– *Rationalisierung,* z. B. durch Aufgabe unrentabler Betriebszweige zugunsten anderer oder durch Ersatz der teuren menschlichen Arbeitskraft durch billigere Maschinen, durch Kapital also,

Weitere Maßnahmen zur Strukturverbesserung

– *Überbetriebliche Zusammenarbeit* (Kooperation), die auf einzelne Aktivitäten beschränkt, aber auch auf einen weitgehenden Zusammenschluß oder sogar Fusion ausgerichtet sein kann,
– *Aussiedlung,* d. h. die Verlegung der Wohn- und Wirtschaftsgebäude aus der engen Dorflage zu den landwirtschaftlichen Nutzflächen,

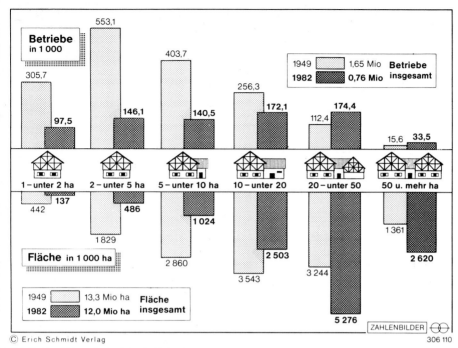

© Erich Schmidt Verlag 306 110

Abb 13: Entwicklung der landwirtschaftlichen Betriebe im Bundesgebiet 1949 bis 1982 nach Betriebsgrößen

– *Flurbereinigung,* zur Verbesserung der inneren Verkehrslage, d. h. Zusammenlegung von zerstückeltem Grundbesitz (Flurzersplitterung) zu größeren Betriebsparzellen mit dem Ziel einer rentableren Arbeitswirtschaft, einschließlich eines effektiveren Maschineneinsatzes.
– *Ausbau des Wirtschaftswegenetzes*
– *Verbesserung der Siedlungsverhältnisse.*

In vielen Ländern leiten sich beträchtliche Entwicklungshemmnisse aus unvorteilhaften Sozialstrukturen her. Es bleibt meist umfassenden Agrarreformen oder sogar Agrarrevolutionen vorbehalten, diese zu verbessern, z. B. durch Abbau feudaler Grundrechte, eines gesamtwirtschaftlich belastenden Großgrundbesitzes oder eines Rentenkapitalismus. Das Ergebnis derartiger Bemühungen war aber keinesfalls immer ein freies Bauerntum. So führten die agrarrevolutionären Maßnahmen in den sozialistischen osteuropäischen Staaten vielfach zur Bildung von Zwangsgenossenschaften (sog. *Landwirtschaftlichen Produktionsgenossenschaften* = LPG oder *Kolchosen*); vgl. Abb. 11.

Agrarreform

2d) Steigerung der Flächenerträge („Grüne Revolution")

Das Ausmaß möglicher Flächenertragssteigerung wird aus der Tabelle auf Seite 34 deutlich.

Folgende Maßnahmen lassen sich zur Flächenertragssteigerung anwenden:
– Erhöhung der *Zahl der Ernten* pro Jahr
– Verwendung von *Hochertragssorten*
– optimale *Standortwahl*
– Verbesserte *Landbautechnik* (z. B. im Hinblick auf Bodenbearbeitung, Düngung, Pflanzzeit, Pflanzdichte, Unkraut- und Schädlingsbekämpfung, Bewässerung).

Flächenerträge von Weizen und Reis 1981 (in dt/ha)

Land	Weizen	Reis
Bundesrepublik Deutschland	51,0	·
Sowjetunion	13,5	37,9
Argentinien	13,6	35,0
Kanada	20,0	·
USA	23,2	54,6
VR China	21,2	43,5
Indien	16,5	20,5
Japan	26,2	55,5
Australien	13,8	70,0
Ägypten	33,0	55,8
Südafrika	13,1	23,1
Welt	18,9	28,7
Industrieländer[1]	19,0	55,0
Entwicklungsländer[1]	13,0	25,0
([1] Mittelwerte für 1977)		

Quellen: Stat. Jb. für die Bundesrep. Deutschland 1983
FAO Production Yearbook 1977

Hochleistungs-sorten   Die Verwendung von Hochleistungssorten bringt allerdings nur dann die bestmögli-chen Erträge, wenn eine ganze Reihe von Rahmenbedingungen erfüllt ist. Dazu gehören erheblich *höhere Düngermengen,* Sicherung ausreichender *Wasserzufuhr* (gegebenenfalls durch ergänzende Bewässerung) und *Schutz gegen Pflanzenschäd-linge* und Pflanzenkrankheiten. Aufgrund mangelhafter Information und knapper Kapitalausstattung, nicht selten auch wegen zusätzlicher Transportprobleme, ist der Einsatz von Hochleistungssorten daher gerade in Entwicklungsländern stark einge-schränkt.

Die zunehmende Verwendung von Insektiziden, *Pestiziden,* Düngemitteln etc. hat teilweise schädliche Auswirkungen auf das Bodenleben (und damit auf die Boden-fruchtbarkeit) der Felder und beeinträchtigt die umgebenden Ökosysteme, insbeson-dere solche der Binnen- und Küstengewässer. Zu den besonders gefährlichen Sub-stanzen gehören die äußerst beständigen chlorierten Kohlenwasserstoffe (DDT, Al-drin, Dieldrin, Endrin etc.), die selbst von lebenden Organismen kaum abgebaut

Umweltbelastung   werden. Durch ihre Affinität zu Fett und fettähnlichen Stoffen reichern sie sich über den Weg von Nahrungsketten in den Lebewesen an. Über ihre unmittelbare Toxizität und – noch mehr – über ihre Langzeitwirkung ist vieles noch unbekannt. Dennoch steht die allgemeine Gefährlichkeit dieser Pollutantien außer Zweifel. In den USA werden die maximalen Konzentrationen, die im Handel für Kuhmilch erlaubt sind, in der Muttermilch bereits überschritten[1].

Der Nachweis von Insektenvernichtungsmitteln in Pinguinen der Antarktis, also weit ab von jeder Landwirtschaft, zeigt, daß atmosphärische Zirkulation und Meeresströ-mungen zu einer weltweiten Verbreitung dieser Schadstoffe führen und sich heute niemand mehr ihrem Einfluß entziehen kann[2].

Zu den Nachteilen vieler neuer Hochleistungssorten gehört, daß ihre höheren Erträge durch eine Verschlechterung ihres Eiweißgehaltes oder anderer Qualitätsmerkmale erkauft wurden und daß sich ihre Anfälligkeit gegenüber Krankheiten, Trockenheit, Kälte etc. erhöht hat. Dadurch kann sich das Anbaurisiko für den Landwirt beträcht-lich erhöhen.

---

[1] *P. R. Ehrlich, u. a.,* 1975, S. 112
[2] *H. An der Lan,* 1969, S. 1054

2e) Verbesserung der Lagerungs- und Transportverhältnisse

Durch unsachgemäße (ungenügende) Lagerungsbedingungen und zu späte Anlieferung am Markt oder beim Verbraucher verderben vielerorts beträchtliche Erntemen-
gen. Nach Schätzungen[1] liegen diese Verluste in den Entwicklungsländern, wo sie
besonders hoch sind, bei 10–20%, regional oder in bestimmten Jahren sogar noch
beträchtlich darüber. Von großer Bedeutung ist daher ein schneller und sicherer
Marktanschluß und ein gut funktionierendes Verteilungssystem.

2f) Erschließung neuer Nahrungsquellen

Hier geht es beispielsweise um Versuche, Kulturen einiger einzelliger Algenarten auf
Substraten wie Petroleum oder Abwässer in Kläranlagen anzulegen und daraus Ei- Algeneiweiß
weiß zu gewinnen, das dann teils direkt, teils auf dem Umwege über das Nutztier als
Viehfutter für die menschliche Ernährung verwendet werden kann. Es gibt große
Hoffnungen, daß diese neue Quelle zur Schließung der immer bedrohlicheren Eiweiß-
lücke beitragen kann. Bisher bestehen aber nur wenige Anlagen, die Algeneiweiß als
Zusatz zur Tiernahrung produzieren.

Andere Versuche richten sich auf die Nutzbarmachung von bisher nicht domestizierten Tier- und Pflanzenarten, wie z. B. Zähmung der afrikanischen Elenantilope oder
die Verwendung der Wasserhyazinthe und anderer Wasserpflanzen als Viehfutter. In
diesen Komplex läßt sich auch das sog. ,,game cropping'' (z. B. Flußpferde in Zambia) ,,game cropping''
einordnen. Es wird geprüft, ob manche der in großen Populationen auf marginalen
Standorten auftretenden afrikanischen Wildtiere zu einer besseren Verwertung des
pflanzlichen Futterangebots fähig sind als domestizierte Arten und damit eine höhere
Fleischproduktion pro Fläche erreichen. Die ,,Ernte'' könnte dann über einen be-
standserhaltenden Abschuß kontinuierlich erfolgen.

3. Entwicklungsstrategien

Die agrarsozialen, betrieblichen und standörtlichen Merkmale eines Agrarbetriebes
und auch eines einheitlichen Agrarraumes bilden gemeinsam ein ausgewogenes
Wirkungsgefüge. Änderungen einzelner Komponenten erfassen somit fast immer
größere Teilbereiche oder die Gesamtheit des Gefüges. Das agrare Wirkungsgefüge
reagiert auf die äußeren Einflüsse ähnlich wie ein natürliches Ökosystem: Es tendiert
über eine Art (traditionell gewordener) Selbstregulierung zu einer Erhaltung (Konservierung) des bestehenden (Gleichgewichts-)zustandes; werden die äußeren Einflüsse
aber so stark, daß sie nicht mehr aufgefangen werden können, so weicht diese
Beharrungstendenz sprunghaft einem weitreichenden Gefügewechsel. Oder es
kommt ebenso schlagartig zu beträchtlichen Störungen des bisherigen Gleichge- Minimumfaktoren
wichtszustandes. Die Anfälligkeit eines agraren Ökosystems gegenüber Störungen
oder die Unfähigkeit zur Weiter-(Höher-)entwicklung ist besonders dann ausgeprägt,
wenn mehrere Gefügekomponenten gleichzeitig im Minimum stehen bzw. durch die
bewirkten Änderungen ins Minimum geraten. Zu derartigen Minimumfaktoren können
beispielsweise gehören:

– im agrarsozialen Bereich: fehlende oder geringe Entwicklungsmentalität, ungünstige Alters- und Geschlechtsstruktur, nachteiliges Gesellschaftssystem,
– im betrieblichen Bereich: sehr kleine Betriebsgrößen, starke Parzellierung der
  Betriebsfläche, Kapitalmangel, einseitige Produktionsstrukturen,

---

[1] *P. R. Ehrlich, u. a.* 1975, S. 93

– im Bereich der natürlichen Standortsbedingungen: schwierige klimatische Verhältnisse (z. B. zu feucht, zu trocken oder unsichere Regenerwartung), geringe Bodenfruchtbarkeit, die auch durch Düngung kaum verbessert werden kann (z. B. sesquioxidreiche allitische Böden oder quarzsandreiche ausgewaschene Podsole), schwierige topographische Verhältnisse,

– im Bereich der wirtschaftlichen Standortsverhältnisse: unzureichende Verkehrsverbindungen und damit hohe Transportkostenbelastung, unzureichende Beschaffungs- und Absatzorganisation und damit hohes Anbau- und Verkaufsrisiko, oder Rückstand in der gesamten wirtschaftlichen Entwicklung und damit z. B. hohe Landentwicklungskosten, Kreditmangel, Mangel an ausgebildeten Arbeitskräften.

Die vielfältige Verzahnung der Einzelelemente wirkt gegenüber äußeren Einflüssen zunächst als Puffer, kann andererseits bei stärkeren Eingriffen zu schwer abschätzbaren Kettenreaktionen führen. Die Wahl bestimmter Entwicklungsmaßnahmen bedarf daher einer sorgfältigen Prüfung im jeweiligen Entwicklungsfall. Ferner muß eine Handhabe bestehen, den optimalen Erfolg der dann ausgewählten Maßnahmen durch richtigen Einsatz und nachträgliche Kontrolle sicherzustellen.

Im Rahmen dieses Kapitels sollen zwei Konzepte vorgestellt werden, die sich in Entwicklungsländern häufig antipodisch gegenüberstehen, nämlich das Konzept der *„Entwicklungsprojekte"* und das der *„intensiven Entwicklungsgebiete"*. Dabei soll ein fortgeschrittenes Entwicklungsstadium angenommen werden, in dem zwar noch eine kleinbäuerliche Agrarstruktur vorherrscht, andererseits aber bereits ein höherer Bevölkerungsanteil (20–40%) in nicht-agrarischen Wirtschaftszweigen tätig ist und die weit überwiegende Zahl von Kleinbauern – wenn auch in deutlich unterschiedlichem Maße – eine über die Subsistenz hinaus führende Marktproduktion aufgenommen hat. Dieses Entwicklungsstadium kann als repräsentativ für die heutigen Verhältnisse vieler Entwicklungsländer gelten.

3a) Entwicklungsprojekte

Unter „Entwicklungsprojekten" werden hier solche direkten und umfassenden Regierungs- oder regierungsgeförderten, zeitlich befristeten Vorhaben verstanden, die auf die Entwicklung kleinerer, räumlich klar umrissener Einzelgebiete (punktuelle Einzelprojekte) abzielen und ihren Erfolg primär an dem dort Erreichten messen. Dabei

„Direct Production Schemes"

können zwei unterschiedliche Zielvorstellungen im Vordergrund stehen. Die eine richtet sich auf die *möglichst schnelle Produktionssteigerung* solcher Produkte, die für die Binnenversorgung oder für den Export besondere Bedeutung haben oder für die neue Anbaumethoden erprobt werden müssen, da traditionelle Erfahrungen fehlen (z. B. Kaffee, Tee, Kenaf). Projekte dieser Art, die sich meist auf eine oder wenige Produkte spezialisiert haben, werden häufig von einem zentralen und gut ausgebildeten Management wie ein Großbetrieb geführt. Sie können im englischen Sprachgebrauch unter dem Namen *„Direct Production Schemes"* zusammengefaßt werden. Hier sollen sie als **landwirtschaftliche Staatsbetriebe** bezeichnet werden ungeachtet der Tatsache, daß nicht alle von ihnen unmittelbar von staatlichen oder halbstaatlichen Stellen geführt werden. Denn alle Projektträger genießen zumindest eine staatliche Förderung, wodurch der Primat entwicklungspolitischer Ziele über rein kommerzielle Erwägungen sichergestellt werden soll.

Die zweite Zielvorstellung erstrebt primär eine *Hebung des Ernährungs- und Einkommensstandes* der ansässigen Bevölkerung. Einheimische Bauern kommen, meist im Zusammenhang mit einer Umsiedlung, direkt in den Genuß von Entwicklungsmaßnahmen; das sind z. B. Erschließung von Nutzland, Erstellung von Wohnhäusern,

Verbesserung der Infrastruktur, Einrichtung landwirtschaftlicher Beratungs- und Versorgungsdienste, Kreditangebote. Sie arbeiten durchweg selbstverantwortlich auf eigenen Parzellen, wenn auch gelegentlich unter mehr oder weniger straffer Aufsicht und mit Anbauvorschriften. Derartige Projekte sollen hier, analog zum englischen Begriff *„Settlement Schemes"* als **landwirtschaftliche Siedlungsprojekte** bezeichnet werden. Dabei bleibt unberücksichtigt, daß nicht immer eine Umsiedlung der Projektteilnehmer erfolgt. Unberücksichtigt sollen auch diejenigen Sonderentwicklungen bleiben, die sich aus einer stärkeren Koppelung produktionsorientierter und gesellschaftspolitischer Zielvorstellungen ableiten, z. B. die Ujamaa-Dörfer von Tansania. Die Probleme liegen hier besonders im Interessenunterschied von Projektträgern und Zielgruppen und sind damit eigener Art. `„Settlement Schemes"`

Die Gründung von **staatlichen Großbetrieben** mit einem zentralen Management und Lohnarbeitern erscheint allgemein als attraktiv, da sie den in aller Regel langwierigen und mühsamen Weg, die traditionelle Landwirtschaft zu verbessern, umgeht. Dagegen wird die kleinbäuerliche Entwicklung häufig als ein „Faß ohne Boden" betrachtet[1]. `Großbetriebe`

Die Erfahrungen bestätigen vielfach die Überlegenheit von Großbetrieben hinsichtlich der Anwendung moderner Techniken, der Arbeitsproduktivität und der Flächenerträge (allerdings muß eingeräumt werden, daß die Staatsbetriebe meist deutliche Standortvorteile haben). Eine Alternative zur Schließung der in allen Entwicklungsländern zahlreich bestehenden Produktionslücken ist kurzfristig nicht erkennbar; eine stärkere Förderung oder gar Erweiterung von europäisch geführten Farmen, die mancherorts die Kolonialzeit überdauert haben, ist politisch nicht akzeptabel. `– Vorzüge`

Den genannten Vorzügen von Großbetrieben stehen möglicherweise langfristig beträchtliche Nachteile gegenüber. Sie liegen, auf einen einfachen Nenner gebracht, darin, daß die Masse der ländlichen Bevölkerung von den technischen Fortschritten ausgeschlossen bleibt und daher keine Verbesserung ihrer Lebens- und Einkommensverhältnisse erfährt. Dies aus zwei Gründen: `– Nachteile`

1. Die Nutzungskosten der Arbeit liegen im Großbetrieb mit Lohnarbeitern viel höher als im Familienbetrieb, und zwar wegen
   - gesetzlich oder tariflich festgesetzter höherer Löhne und Sozialleistungen,
   - geringerer Arbeitsleistung, da bei Lohnarbeitern ein echtes Interesse am Betrieb fehlt,
   - geringer Flexibilität hinsichtlich der Bewältigung von saisonalen Arbeitsspitzen; die Zahl der beschäftigten Arbeiter muß sich häufig nach dem Umfang dieser Spitzen richten, d. h. die Arbeitsauslastung liegt für längere Zeiten sehr niedrig.

   Hinzu kommt, daß gewerkschaftlich organisierte Arbeiter dazu neigen, Eigeninteressen notfalls mittels Streik durchzusetzen, was sich nachteilig auf die Produktion auswirkt. Ein Großbetrieb ist daher bestrebt, Handarbeit durch Maschinen zu substituieren und zwar auch dort, wo die Größe der Nutzfläche oder Produktion dies nicht ohnehin schon nachdrücklich empfiehlt.

2. Es wird gelegentlich argumentiert, daß die auf den Großbetrieben erfolgreich angewendeten Methoden teils direkt, teils über die an diesen Betrieben ausgebildeten Arbeiter, sobald diese in ihre Dörfer zurückgehen, in das Projekthinterland diffundieren. Die Erfahrung widerspricht bisher dieser These. Wahrscheinlich liegt dies teilweise an dem allzu krassen Gegensatz zwischen den modernen Techniken und der neuartigen Organisation des Großbetriebes und andererseits den traditionsverhafteten Praktiken der benachbarten Kleinbauern.

---

[1] *H. Ruthenberg,* 1972, S. 4

Es muß auch zweifelhaft erscheinen, ob ein Expansionseffekt durch andere parallel laufende oder nachgeschaltete Maßnahmen angesteuert und erreicht werden kann. Der zeitliche Rückstand, in dem sich die Kleinbauernwirtschaft ohnehin befindet, wird dann relativ größer, schwerwiegender: Die Marktöffnung der traditionellen Bauern stößt unmittelbar und in zunehmendem Maße auf die überlegene Konkurrenz der staatlichen Großbetriebe. Damit wird das Ziel, das Pro-Kopf-Einkommen in der Landwirtschaft über eine Erhöhung der landwirtschaftlichen Marktproduktion zu steigern, von vornherein in Frage gestellt. In Zambia zum Beispiel werden bereits jetzt Grenzen deutlich, die sich aus der beschränkten Aufnahmefähigkeit des Marktes für Agrarprodukte ableiten. In günstigen Erntejahren kann die Maisproduktion auf dem Inlandmarkt nicht mehr abgesetzt werden; ein Absatz auf dem Weltmarkt ist wegen der subventionierten Inlandpreise und der ungünstigen Verkehrslage nur mit erheblichen Verlusten möglich.

Daß eine spätere Aufteilung von staatlichen Großbetrieben an Klein- und Mittelbauern zu einer Lösung beitragen könnte, ist kaum denkbar. Abgesehen von organisatorischen Problemen, die sich leicht auf die Rentabilität auswirken können, bleibt der Vergleich mit den Lohnarbeiterstellen, die dann verloren gehen. Wahrscheinlich könnte nur eine Rückstufung der Mechanisierung und Erhöhung der Nutzungsintensität erreichen, daß die Zahl selbständiger Bauern diejenige der früheren Lohnarbeiter deutlich übertrifft, ohne daß Einkommensverluste eintreten. Unabhängig von diesen Überlegungen ist es sehr ungewiß, ob die Regierungen jemals einer derartigen Überführung von Staatsbetrieben in Privateigentum zustimmen werden. Auch könnten sich die gewerkschaftlich organisierten Lohnarbeiter gegen eine solche Überführung aussprechen, und zwar selbst dann, wenn sie zu denen gehören würden, denen Parzellen angeboten werden. Sie würden in diesem Fall ihre regelmäßigen und festen Löhne, an die sie gewöhnt sind, verlieren. Statt dessen würde die Höhe ihrer jährlichen Einkünfte oftmals von Faktoren außerhalb ihres Einflusses bestimmt.

Aus all dem wird deutlich, daß mit der Einführung von großen Staatsbetrieben eine Entwicklung eingeleitet wird, die zwar hilft, einen akuten Engpaß hinsichtlich vieler Agrarprodukte kurzfristig zu beseitigen, langfristig aber voraussichtlich nachteilig für die Masse der (von der Landwirtschaft lebenden) Bevölkerung sein wird. Die Möglichkeit, größere Teile der Bevölkerung in nicht-landwirtschaftlichen Erwerbszweigen zu beschäftigen, ist fast nirgends in den Entwicklungsländern gegeben.

Siedlungsprojekt

Es bleibt die andere Form der Entwicklungsprojekte, die **landwirtschaftlichen Siedlungsprojekte,** im Hinblick auf ihren Entwicklungseffekt zu untersuchen. Gemeinsam mit den vorher genannten Staatsbetrieben ist ihnen, daß die für Entwicklungsaufgaben verfügbaren Mittel und Arbeitskräfte konzentriert eingesetzt werden. Das erhöht ihre Wirksamkeit und erleichtert die nachfolgende Kontrolle. Bei einem Siedlungsprojekt handelt es sich allerdings nicht nur um ein bestimmtes Areal, das entwickelt werden soll, sondern auch um einen ausgewählten Personenkreis, der unmittelbar in den Genuß der angebotenen Unterstützung kommt. Dieser Personenkreis erhält damit gegenüber den Nichtmitgliedern, zu deren Lasten letzten Endes der intensive Einsatz auf den Siedlungsprojekten geht, ein deutliches Privileg. Grundsätzlich muß der Erfolg von Entwicklungsmaßnahmen nicht nur an ihrem betriebswirtschaftlichen Nutzen gemessen werden, sondern auch an der Zahl derer, die an diesem Nutzen und zwar unter Einhaltung der sozialen Gerechtigkeit teilhaben. Legt man diese Maxime zugrunde, so ist die Gründung von Siedlungsprojekten nur unter der Voraussetzung berechtigt, daß Innovationen von dort in die Umgebung diffundieren, und zwar mit einer Stärke – nach Zeit und Raum – die mit ähnlichem Aufwand sonst nicht erreicht werden könnte.

Ein Siedlungsprojekt ist seinem Wesen (Ursprung, Abgrenzung, Entwicklung) nach eher nach innen gerichtet (implosiv) als ausstrahlend (explosiv). Ein kleineres Areal mit einer Bodengüte, die meist über der der Umgebung liegt (isolationsfördernde Sonderstellung aufgrund des natürlichen Potentials) wird ausgesucht und die aus einem größeren Umland ausgewählten Teilnehmer werden hierhin zusammengezogen (zentripetale Bewegung). Ein sich wirtschaftlich erfolgreich entwickelndes Projekt zieht den Aufbau von Einrichtungen wie Straßen, Transportdiensten, Schulen, Kliniken, Verkaufsläden etc. nach sich. Damit erhöht sich sein zentraler Charakter. Hinzu kommt, daß die Auslese bestgeeigneter Projektbauern zu einer Entblößung des Umlandes an fortschrittlicheren Kräften beitragen kann. Die Tendenz zur Abwanderung aufgeschlossener und unternehmerischer Bewohner (selektive Abwanderung) ist in den ländlichen Gebieten ohnehin vorhanden, da die traditionelle Landwirtschaft generell als die am wenigsten erfolgversprechende Unterhaltstätigkeit angesehen wird und andere Möglichkeiten an Ort und Stelle kaum vorhanden sind. Durch die Abwanderung verringert sich das Wachstumspotential des Umlandes, und zwischen diesem und dem Projekt verstärkt sich der Kontrast, der auch als Übertragungsbarriere zu verstehen ist.

Wie schon bei den vorhergehend besprochenen Staatsbetrieben, so lassen auch die hier angestellten Überlegungen über die Siedlungsprojekte das Konzept der Entwicklungsprojekte fragwürdig erscheinen. Es ist zu überlegen, wie die beschränkten Mittel, die für Maßnahmen zur Entwicklung ländlicher Regionen zur Verfügung stehen, sinnvoller eingesetzt werden können.

3b) Intensive Entwicklungsgebiete

Von Entwicklung kann nur dann gesprochen werden, wenn die getroffenen Maßnahmen oder sonstige Veränderungen zur Verringerung von Armut, Unterbeschäftigung, Arbeitslosigkeit und sozialer Ungleichheit beitragen. Viele Entwicklungsländer bekennen sich, jedenfalls offiziell, zu dieser Zielsetzung, einer regional ausgewogenen und sozial gerechten *Hebung des Wohlstandes.*

Die in der Entwicklungspolitik grundsätzlich anzustrebende wachstumsoptimale Allokation von Produktionsfaktoren hat sich dem Rahmen, der durch diesen Wachstumsbegriff – der Koinzidenz von Wachstums- und Gerechtigkeitszielen – gesetzt wird, anzupassen. Die Realisierung einer solchen Politik stößt allerdings auf Schwierigkeiten. Hier soll nur auf die beschränkte Verfügbarkeit öffentlicher Investitionsmittel, die als Anstoß für Entwicklungsprozesse nötig sind, hingewiesen werden. Dadurch wird eine gewisse schwerpunktartige Konzentration dieser Maßnahmen unumgänglich. Eine gleichmäßige Verteilung der öffentlichen Investitionsmittel würde das gesamtwirtschaftliche Wachstum verlangsamen.

Nachfolgend wird eine regionalpolitische Konzeption beschrieben, die z. B. in Zambia unter dem Namen *,,concept of intensive development zones"* eingeführt ist. Sie versucht, den Anspruch auf soziale Gerechtigkeit und die notwendigen Abstriche hiervon, die sich aus den beschränkt verfügbaren Mitteln ergeben, zu einem bestmöglichen Kompromiß zu vereinen. Sie könnte daher vielleicht eine Alternative zu der Strategie der Entwicklungsprojekte darstellen.

Ausgangspunkt ist die anerkannte und für die Entwicklungsländer ebenso gültige Tatsache, daß wirtschaftliches Wachstum nicht von selbst auf einen regionalen Ausgleich hinwirkt. Vielmehr vollzieht sich dieses Wachstum von Kernräumen oder Entwicklungspolen aus.

Entwicklungspole

So entstehen **Agglomerationszentren,** die sowohl von der Landwirtschaft wie auch von der verarbeitenden Industrie und dem tertiären Wirtschaftssektor getragen werden. Sie stehen in scharfem Kontrast zu den Räumen mit traditioneller Bewirtschaftung. Einer der schwerwiegendsten Kontraste liegt in der steilen Einkommensdisparität, die auf der einen Seite zur Landflucht und auf der anderen Seite zur raschen Bevölkerungszunahme und Urbanisierung führt. Dies wiederum kann in den Wachstumszentren zur Folge haben, daß das Angebot an Arbeitsstellen und die Bodenreserven sich rasch verringern und schließlich Arbeitslosigkeit und Unterbeschäftigung auftreten. Das unmittelbare Nebeneinander von Beschäftigten und Selbständigen mit relativ hohem Einkommen auf der einen Seite und Arbeitssuchenden ohne ausreichenden Verdienst andererseits verschärft dann den Gegensatz zusätzlich und läßt soziale Spannungen entstehen. Außerdem kann es zu Engpässen im Bereich der Infrastruktur kommen. Die staatliche Autorität reagiert auf derartige Probleme meist mit Programmen zu einem regionalen Auslgeich der Entwicklungsunterschiede.

Die neue Konzeption sieht ihre Aufgabe nicht oder weniger in einer Unterbindung des Konzentrationsprozesses oder einem nachträglichen Ausgleich. Sie fördert vielmehr die eigendynamischen wirtschaftlichen Entwicklungsprozesse mit ihren nodalen oder achsialen Strukturen. Anstatt neue, künstliche Entwicklungskerne zu schaffen, werden die Entwicklungsinvestitionen auf ausgewählte Kernräume konzentriert, die aufgrund von natürlichen oder historischen Gegebenheiten bereits einen relativ hohen Entwicklungsstand erreicht haben und daher seit längerem als Zentren fortschrittlicher Entwicklung fungieren. Dabei wird die Entwicklung in der Weise gesteuert, daß optimale Raumstrukturen entstehen. ,,Es ist ein Konzentrationsgrad von Wirtschaft, Bevölkerung und Siedlung zu erreichen, bei dem keine langfristigen Funktionsstörungen in den Kerngebieten auftreten und der die Funktionsfähigkeit agrarisch strukturierter Räume sichert''[1].

Der Vorteil eines solchen Vorgehens liegt darin, daß die Entwicklungsmaßnahmen in diesen ,,gewachsenen'' Zentren günstige Voraussetzungen hinsichtlich der Infrastruktur, des Ausbildungsstandes der Bevölkerung und ihrer Motivation und meist wohl auch des natürlichen Potentials finden (Voraussetzung ist allerdings, daß genügend intraregionale Reserven vorhanden sind). Bei gleichen Kapitalinvestitionen unter optimaler planerischer und organisatorischer Vorbereitung lassen sich hier daher höhere Grenzproduktivitäten erreichen als in den rückständigen Räumen. Zudem wird eine höhere Bevölkerungszahl, die sich in den Zentren konzentriert, einbezogen. Außerdem erleichtern die vielfältig gewordenen Verflechtungen, die zwischen dieser Bevölkerung und der des Hinterlandes bestehen, den Übertragungseffekt.

Es ist allerdings schwierig, einen positiven Einfluß auf das Hinterland sicherzustellen, da die Induktionsmechanismen kaum regelhaft erfaßt werden können. Auch läßt sich kurzfristig nicht immer genau erkennen, was positiv oder negativ ist. Zum Beispiel kann die Abwanderung fortschrittlicher, ausgebildeter Arbeitskräfte aus den rückständigen ländlichen Räumen in die Kernräume auch positiv bewertet werden. Zwar

Auslaugungseffekt hat diese Abwanderung einen Auslaugungseffekt für jene Gebiete. Doch ist andererseits die Konzentration der Bevölkerung auf kleinere Areale innerhalb des Gesamtraums prinzipiell von Vorteil, da hierdurch – bis zu einer gewissen Grenzbevölkerungsdichte – so gut wie alle Entwicklungsmaßnahmen leichter und billiger werden. Die Befürworter dieser These weisen zu Recht auf die hohe Mobilität der Bevölkerung in den Entwicklungsländern hin, die eine geringe Bindung des Bauern an ,,Hof'' und ,,Scholle'' offenbart und daher Umsiedlungen eher vertretbar erscheinen läßt.

Wie bei den ,,künstlichen'' Entwicklungsprojekten, so werden auch bei den intensiven Entwicklungsgebieten Kapital und Arbeitskräfte konzentriert eingesetzt. Der Unterschied liegt im Ursprung der ausgewählten Förderungsgebiete – künstlich oder histo-

---

[1] *L. Schätzl*, 1974, S. 132

risch gewachsen – und damit verbunden in der Art der Förderung: Bei den intensiven Entwicklungsgebieten kann sie sich darauf beschränken, die agrarsozialen und wirtschaftlichen Rahmenbedingungen der Agrarproduktion so weit zu verbessern, daß möglichst viele der Betriebe die Chance erhalten, sich auf moderne Techniken und Produktionsziele umzustellen. Hierzu genügt häufig, die Entwicklungsbeschränkungen, die sich aus einigen wenigen Minimumfaktoren ergeben, auszuschalten.

Man kann davon ausgehen, daß in allen Entwicklungsländern, jedenfalls regional, ein ansehnliches *Potential für Produktionssteigerungen* vorhanden ist. Dieses Potential liegt sicherlich in abnehmendem Maße in Bodenreserven, die zu einer Ausweitung der Nutzfläche verwendet werden können. Bedeutungsvoller werden zunehmend Flächenertragssteigerungen und Verbesserung der Lagerungs- und Transportverhältnisse (s. o.). Der gesamtwirtschaftlich kostensparendste Weg, diese Ziele anzupeilen, liegt in einer vollständigeren Ausschöpfung der vorhandenen Kapazitäten an Arbeit und Kapital und der Einführung technischer Fortschritte. Voraussetzung für den Erfolg dieses Weges ist allerdings ein fortgeschrittener kultureller Wandel, insbesondere das Vorhandensein einer unternehmerischen Wirtschaftsgesinnung der Bauern und die Bereitschaft zur Innovation.

Dies ist in den intensiven Entwicklungsgebieten bei einer größeren Anzahl von Bauern gegeben. In diesen fortschrittlichen Gebieten kann daher bereits der Einsatz eines vergleichsweise so unkomplizierten und billigen Entwicklungsinstruments, wie es die landwirtschaftliche Beratung ist, die vorhandenen Leistungsreserven mobilisieren und die Annahme technischer Neuerungen erreichen. Der Effekt läßt sich durch flankierende Maßnahmen der Agrarstrukturpolitik und der Preis- und Marktpolitik noch vergrößern. Denkbar wäre auch, nach dem Prinzip der Vertragslandwirtschaft Großbetriebe mit industrieller Verarbeitung zu gründen oder zuzulassen, die ihre Rohprodukte teilweise von den Kleinbetrieben gegen vertragliche Abmachungen (z. B. feste Abnahmepreise, Anbauvorschriften) beziehen. Hierzu eignen sich besonders Produkte wie Tee, Kaffee, Baumwolle, Zuckerrohr und Tabak. *Vertragslandwirtschaft*

Die Förderung von Kleinbetrieben in geeigneten Gebieten ist aus folgenden Gründen insbesondere **gesamt**wirtschaftlich vorteilhaft:

– Die *geringen Nutzungskosten* der Arbeit ermöglichen es dem Kleinbetrieb, oftmals billiger zu produzieren als der lohnzahlende Großbetrieb. Dies gilt insbesondere für arbeitsaufwendige Produktionen. Die Nutzungskosten der Arbeit sind in der Regel dann sehr niedrig, wenn – wie in den meisten Entwicklungsländern – die Unterbeschäftigung hoch ist. Die Bereitschaft, die Produktion durch die Annahme von Innovationen größtmöglich zu steigern, ist jedoch nur vorhanden, wenn der Bildungsstand der Bauern relativ hoch ist. Dies trifft für diejenigen Regionen zu, für die die Strategie der „Intensiven Entwicklungsgebiete" konzipiert wurde. *Vorzüge von Kleinbetrieben*

– Das Problem der *Arbeitsplatzbeschaffung* stellt sich weniger dringlich, wenn der Einsatz arbeitssparender Maschinen beschränkt wird. Dem Kleinbetrieb fällt dies leichter als dem mittleren oder großen Betrieb. Zudem hilft es Devisen sparen, wenn Kapital durch Handarbeit ersetzt wird.

Selbstverständlich soll nicht abgestritten werden, daß für eine Reihe von Produktionen die Organisationsform des Großbetriebes überlegen ist und bleiben wird.

III. Determinanten der Landwirtschaft

(Exogene Faktoren)

Dieses Kapitel untersucht die vielfältigen Kräfte, die zur räumlichen Differenzierung der Landwirtschaft geführt haben. Sie lassen sich im wesentlichen in drei Kräftefelder einordnen:
- geoökologisches Kräftefeld
- ökonomisches Kräftefeld
- soziales Kräftefeld.

Das *geoökologische Kräftefeld* ist relativ konstant, auch wenn wirtschaftliche Maßnahmen beispielsweise natürliche Standortnachteile mildern oder in gewissen Grenzen sogar aufheben können. Das *wirtschaftliche Umfeld* ist demgegenüber viel dynamischer, tendiert aber in solchen Teilbereichen zu größerer Starrheit, die auf eine längere historische Entwicklung zurückgehen. Ähnliches gilt für die Reaktion des Landwirts auf die ökologischen und ökonomischen Bedingungen. Der theoretisch bestehende Entscheidungsspielraum wird nicht selten durch den Rahmen eingeengt, der durch die historisch gewordenen spezifischen Verhaltensweisen mehr oder weniger traditioneller agrarsozialer Gruppen gesetzt wird. Auf die besondere Bedeutung, die der *historischen Komponente* in den ökonomischen und sozialen Kräftefeldern zukommt, wird in einem eigenen Unterkapitel eingegangen.

Gliederung

1. Geoökologische Faktoren

Der geoökologische Ansatz agrargeographischer Untersuchungen richtet sich auf das Erkennen sowohl der Abhängigkeit der Landwirtschaft von den natürlichen Standortbedingungen als auch der Rückwirkungen, die von den Eingriffen in die natürlichen Ökosysteme als Folge der agraren Nutzung ausgehen.

1a) Grenzen des agraren Nutzungsraumes

Die Hauptgrenzen des agraren Nutzungsraumes werden durch die beiden klimatischen Faktoren *Kälte* und *Trockenheit* bestimmt. Ihr Verlauf ist nicht linear festlegbar, sondern umfaßt einen mehr oder weniger breiten Grenzsaum. In diesem Grenzsaum reicht die Tierhaltung in der Regel weiter vor als der Ackerbau, und zwar vielerorts bis nahe an die nivale Grenze oder bis weit in die Trockengebiete hinein. Die hier betriebene Viehwirtschaft ist nomadisch oder halbnomadisch. Am Rande von Gebirgen kann sie die Form von Transhumanz annehmen.

Folgende **Tierarten** werden in den Grenzzonen gehalten: Ren und Karibu an der *Polargrenze;* Kamel, Schaf und Ziege an der *Trockengrenze;* Yak, Lama und ebenfalls Schaf und Ziege, seltener Rind, an der *Höhengrenze.* Demgegenüber ist der **Pflanzenbau,** abgesehen von kleinen mehr inselartigen Vorkommen an kleinklimatisch oder edaphisch besonders begünstigten Standorten, räumlich stärker eingeschränkt. Für ihn sind Trocken-, Kälte- und Höhengrenze genauer faßbar. Die folgenden Angaben beziehen sich im wesentlichen auf diese Anbaugrenzen, die meist auch die Grenzen der stationären Viehhaltung sind.

Die **polare Grenze des Anbaus** umzieht die nördliche Halbkugel in etwa 60° Breite mit Abweichungen von ± 10 Breitengraden. Auf der Südhalbkugel wird sie nur vom äußersten Ausläufer Südamerikas erreicht. Infolge der ungleichen Temperaturvertei-

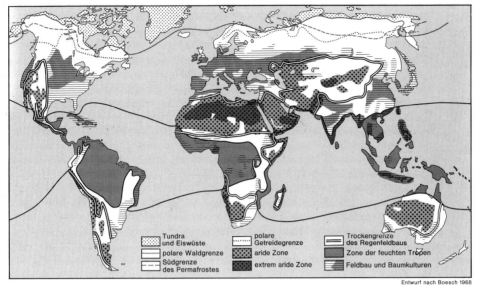

Abb. 14: Landnutzung und Grenzen der Ökumene

lung liegt sie an den Westseiten der Kontinente in höheren Breiten als auf den Ostseiten. Ihrer Wirkung nach ist die Polargrenze eine *Wärmemangelgrenze,* wobei sowohl zu geringe Erwärmung (in ozeanischen Klimaten) als auch die zu kurze Erwärmung (in kontinentalen Klimaten) limitierend sein können. Durch neuartige Züchtungen kälteresistenter Arten (insbesondere Getreidearten), aber auch durch biologische Entwicklungsbeschleunigung, wie z. B. durch die Herbstaussaat bei winterharten Getreidearten (z. B. Winterroggen) oder durch eine künstliche Kältebehandlung der Samen (*Vernalisation, Jarowisation;* ebenfalls bei Getreidesorten) gelang es, die arktische Anbaugrenze nordwärts zu verschieben. Die wichtigsten Arten im Grenzbereich sind Gerste, Hafer, Kartoffeln, Kohl und andere schnellwüchsige Hackfrüchte, neuerdings auch Weizen. Andere Arten finden bereits mehr oder weit südlicher ihre polare Anbaugrenzen. Von den erfaßten Kulturpflanzen hat sich der Körnermais mittlerweile noch weiter nach Norden vorgeschoben – ein anschauliches Beispiel für Züchtungsfortschritte. Ausgesprochen äquatornahe Polargrenzen haben einige tropische Nutzpflanzen, so Kokospalmen, Ölpalmen, Sisalagaven, Kakao, Arabica-Kaffee, Bananen, Maniok und Kautschuk. Ihre Anbaugebiete beschränken sich auf eine Breitenzone von 15–25° beiderseits des Äquators.

Die Trockengrenze des Regenfeldbaus ist zwar eine Wassermangelgrenze, in ihrem Verlauf aber dennoch mitbestimmt von der planetarischen Temperaturverteilung: So reichen an der kühleren polwärtigen Trockengrenze rund 300 mm Jahresniederschlag für den Regenfeldbau, während an der heißeren Grenze zum Äquator etwa das Doppelte hiervon nötig ist. Im einzelnen ist wichtig, wie sich die Niederschläge über das Jahr verteilen, wie stark sie von Jahr zu Jahr schwanken können und wie häufig mit kürzeren oder längeren Unterbrechungen der Regenfälle während der Vegetationsperiode zu rechnen ist. Hierdurch können sich beträchtliche Abweichungen von den genannten Jahressummen ergeben. In den Tropen gilt eine jährliche feuchte

Wärmemangelgrenze

Wassermangelgrenze

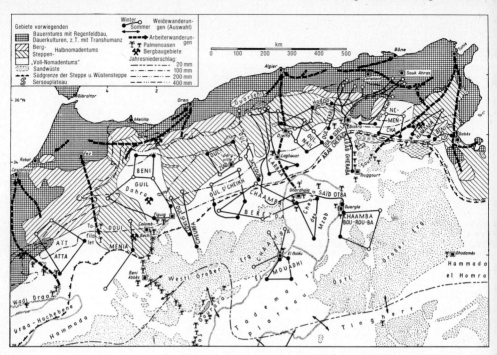

Abb. 15: Formen und Bereiche des Nomadismus im Steppenhochland nördlich der Sahara (nach *G. Niemeier* 195

Periode von 3¹/₂ bis 4¹/₂ humiden Monaten – was etwa der Grenze zwischen Trocken-
und Dornsavanne entspricht – als Mindestanforderung für den Regenfeldbau.

Auch durch eine geeignete Kulturpflanzenauswahl von besonders trockenresistenten
Arten (z. B. Sisal, Rohrkolbenhirse und andere Hirse- und Sorghumarten, Dattelpal-
me, Gerste, Erdnüsse, Ölbaum) oder solchen mit extrem kurzer Wachstumsperiode

Trockenresistente (z. B. Bohnen) läßt sich der Grenzverlauf variieren. Weiterhin kann bei Baumwolle,
Nutzpflanzen Soja und Hirse eine Beschleunigung der Blüh- und Fruchtphase erreicht werden,
indem die Samen vor der Aussaat einer vorübergehenden Wärmebehandlung ausgesetzt werden.

Im Unterschied zu Kältegrenzen sind die Wuchsbedingungen im Trockengrenzsaum –
sowie auch innerhalb vieler Trockengebiete – hinsichtlich der Temperatur, der Sonnenscheindauer und häufig auch der Bodenqualitäten günstig. So hat es sich vielerorts als lohnend erwiesen, den Pflanzenbau durch Anwendung von zusätzlicher Bewässerung in die Trockenräume vorzuschieben bzw. durch Anlage von Bewässerungswirtschaften in diesen selbst zu entwickeln. Mit zu diesem Zweck wurden insbesondere in den USA, der Sowjetunion und Afrika gewaltige Staudämme errichtet.
Nicht weniger als ein Drittel des Festlandes gehören zu den tropischen oder subtropischen Trockengebieten. Hier ruht ein Agrarpotential riesigen Ausmaßes, dessen Inwertsetzung vom alles entscheidenden Wasser abhängt.

Die bisherigen Vorstöße des Ackerbaus in die Trockenräume haben aber nicht nur
Segen gebracht, sie haben auch zahlreiche Probleme aufgeworfen. Beim Regenfeld-
bau liegt das Risiko eindeutig in der Unzuverlässigkeit der vegetationszeitlichen
Niederschläge, und zwar sowohl nach Menge wie auch nach Verteilung. Häufige
Mißernten sind hier die Regel, wie z. B. auf den Trockenebenen von Kasachstan, die
seit 1954 in die Getreideerzeugung hineingenommen wurden. Auch Züchtungen trok-

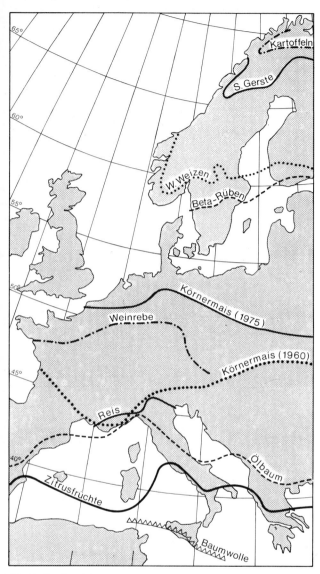

Abb. 16: Nördliche Anbaugrenzen in Europa (nach *Andreae* 1983)

kenresistenterer Arten konnten dort Mißernten nicht verhindern. Eine weitere Gefahr
bilden *Auswehungen,* z. B. ,,dust bowls" von Kansas und Oklahoma, und *Boden-* dust bowls
erosion durch episodische Starkregen, z. B. ,,badlands" von South Dakota und
Wyoming.
Beim **Bewässerungsfeldbau** sind zunächst einmal die hohen Kapitalinvestitionen
und der beträchtliche Arbeitsaufwand als risikobehaftete Vorleistungen zu nennen.
Die Erfolgsbeurteilung hat diesen Einsatz in Rechnung zu stellen. Hinzu kommen die
hohen laufenden Kosten für Wasserzufuhr und Instandhaltung der Bewässerungsan-
lagen. Faktoren, die die Wirtschaftlichkeit beeinträchtigen können, sind die Versal-

Bewässerungs- zungsgefahr für den Boden und soziologische Probleme unter den zu einer wirt-
feldbau   schaftlichen Kooperation gezwungenen Teilnehmern an den Projekten. Insbesondere
              in den Entwicklungsländern bedeuten moderne Bewässerungsprojekte zugleich
              nachhaltige Eingriffe in die traditionellen sozialen Gefüge der einheimischen Bevöl-
              kerung. Die Mißachtung überkommener Rechte, Interessen und Fähigkeiten hat hier
              den Erfolg so mancher technologisch eindrucksvoller Bewässerungsvorhaben ge-
              schmälert.

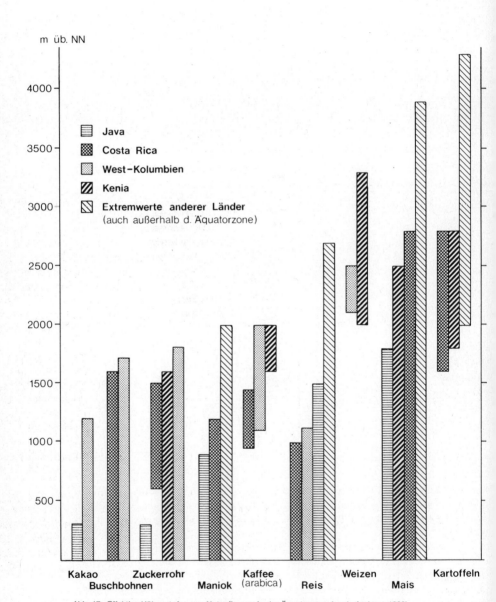

Abb. 17: Effektive Höhenstufen von Nutzpflanzen in der Äquatorzone (nach *Andreae* 1983)

Die Gefahr der Bodenversalzung stellt sich in den meisten Bewässerungskulturen: die Wasserzugabe bewirkt zunächst eine Lösung der im Boden enthaltenen Salze (zum Teil werden auch größere Salzmengen durch das Bewässerungswasser zugeführt) und häufig auch eine Hebung des Grundwasserstandes. Die überwiegend aufwärts gerichtete Bewegung der Bodenlösungen führt dann zu einer für den Pflanzenwuchs schädlichen Salzanreicherung im Oberboden. Es wird vermutet, daß manche der alten Bewässerungshochkulturen nicht zuletzt an diesem Problem scheiterten. Darauf weisen die Salzwüsten hin, die sich heute auf den einstmals ertragreichen Flächen im Zweistromland Euphrat und Tigris und im Gebiet der alten Induskulturen erstrecken. Auch aus der jüngeren Vergangenheit lassen sich viele Beispiele für die Auflassung von Bewässerungskulturen finden, die durch zunehmende Versalzung erzwungen wurde. So mußten in den USA zwischen 1929 und 1939 500 000 ha Bewässerungsland wegen steigender Salzkonzentration im Boden aufgegeben werden[1].

Gefahr der Bodenversalzung

Bewässerungskulturen sind meistens an perennierende Flußläufe gebunden, da mit zunehmender Distanz die Transportkosten für das Wasser zu hoch werden. Zu hoch sind derzeitig auch noch die Kosten für die Entsalzung von Meerwasser; die Aussichten für die Zukunft hängen hier wesentlich davon ab, inwieweit es gelingt, diese Kosten zu senken und Pflanzen mit einem geringeren Wasserverbrauch und einer höheren Salztoleranz zu züchten. Die Wasserbeschaffung für – meist kleinere – Bewässerungskulturen kann auch durch Quellen, aus Brunnen, Stauseen oder Zisternen erfolgen.

Die **Höhengrenze des Anbaus** ist ähnlich der Polargrenze eine Wärmemangelgrenze. Ihre Höhe ist dementsprechend breitenabhängig. Am Nordrand der Alpen liegt sie bei etwa 1300 m, in den zentralen Alpen steigt sie stellenweise auf über 2000 m an. Ihre größte Höhe erreicht sie in den niederen Breiten, wo die Gerste in Zentralasien (29° nördl. Breite) auf 4600 m und die Kartoffel in den Anden (15° südl. Breite) auf 4300 m hinaufsteigt[2].

Die Höhengrenze des Anbaus ist heute gesamtwirtschaftlich meist von untergeordneter Bedeutung, zumal die oberhalb von ihr gelegenen Areale vergleichsweise klein sind. Die Ungunst, die in den Höhengebieten noch hinsichtlich anderer Standortfaktoren, wie Bodenqualität, Hangneigung und Verkehrserschließung bestehen, schränkt hier die Wirtschaftlichkeit der ackerbaulichen Nutzung, gemessen an modernen Maßstäben, durchweg weiter ein. Der jüngeren Wertminderung entsprechend, ist die Höhengrenze des Anbaus im Gegensatz zur Polar- und Trockengrenze eher rückläufig.

Wichtiger sind demgegenüber die ebenfalls klimatisch bedingten Höhenstufen bestimmter Anbau- und Viehhaltungssysteme, die sich mehr oder weniger weit unterhalb der obersten Anbaugrenze anschließen. Sie sind an entsprechende Höhenstufen von Nutzpflanzen und Tieren geknüpft. Besonders augenfällig sind solche Höhenstufen in den tropischen Hochgebirgen mit ihren extrem breiten Spektren klimatischer Standortverhältnisse (vgl. Abb. 17).

Höhenstufen

Sonstige Anbaugrenzen: Polar-, Höhen- und Trockengrenze umgrenzen die Ökumene im großen. Innerhalb dieses Raumes wird die agrare Nutzung weiter eingeschränkt durch *Binnengewässer* und *Sümpfe, Gebiete mit hoher Reliefenergie, Wald* und *Siedlungen*. Nach MacGregor[3] ist in Großbritannien der Ackerbau bis zu einer **Hangneigung** von 1:5 uneingeschränkt möglich und die äußerste Grenze liegt bei etwa 1:3.

---

[1] *H. W. Weber,* 1972, S. 714
[2] *E. Otremba,* 1960, S. 89
[3] *MacGregor,* 1957. Zitiert nach *L. Symons,* 1969, S. 54/55

Unter anderen klimatischen Bedingungen mit einer entsprechend anderen Bodenbildung und Erosionsanfälligkeit können erheblich abweichende Grenzwerte auftreten. So gelten für die meisten Böden der heißen Zonen weit niedrigere Neigungswerte.

Terrassen   Eine weit verbreitete, zudem seit Jahrtausenden angewendete Methode zur Erosionskontrolle an steilen Hängen mit dem Ziel der ackerbaulichen Nutzbarmachung liegt in der Anlage von *Terrassen*. Häufig ist diese Terrassierung mit einer Bewässerungswirtschaft gekoppelt. Am ausgedehntesten findet sich dieser Terrassenbewässerungsfeldbau (für Reis) in Südostasien. Er wurde dort auch an extrem steilen Hängen angelegt. Die entsprechend sehr schmalen Felder eignen sich nicht für den maschinellen Einsatz, werden also auf Dauer arbeitsintensiv bleiben müssen.

Im dicht besiedelten Europa ist der **Wald** weitgehend auf Standorte beschränkt, die in landwirtschaftlicher Hinsicht marginal sind (sandige Böden, Talauen, steilere Hänge). Ähnliche Standorte sind anderswo der Rodung anheimgefallen, so im gesamten Mittelmeergebiet, in großen Teilen Süd- und Ostasiens und gebietsweise auch in den USA. Eine Inkulturnahme kommt aber auch hier nicht in Betracht. Die Folge der Rodungen sind häufig irreversible Bodenabspülungen in den früheren Waldgebirgen und Überschwemmungsgefahren für die unterhalb anschließenden Kulturräume. Der größte Waldanteil auf potentiellem Ackerland ist in Schwarz-Afrika, Süd- und Nordamerika erhalten. In den übrigen Erdteilen ist nicht damit zu rechnen, daß sich die Grenze zwischen Agrarland und Wald noch wesentlich verändern wird, und zwar nicht nur wegen der Marginalität der meisten Waldstandorte, sondern auch wegen der ökologischen Bedeutung des Waldes, die zunehmend erkannt wird.

Siedlungen haben einen wachsenden Raumbedarf. In Kalifornien rechnet man pro 1000 zusätzlicher Bewohner mit einem Landbedarf für Häuser und Straßen von 107 ha. 1970 waren dort bereits 1,35 Mio ha landwirtschaftlichen Bodens anderen Zwecken zugeführt, 2020 werden es 5,8 Mio ha und damit die Hälfte der vormaligen landwirtschaftlichen Nutzfläche sein[1].

Umwelt-   Im Umkreis der Siedlungen und Verkehrswege schließen sich mehr oder weniger
verschmutzung   breite Säume an, die im Einwirkungsbereich städtischer Luftverschmutzung oder von Autoabgasen liegen. Dort kann eine landwirtschaftliche Nutzung nicht mehr bedenkenlos betrieben werden. So hat man in einem Streifen von jeweils 300 m beiderseits der deutschen Autobahnen einen bedrohlich hohen Bleigehalt in den Pflanzen nachgewiesen, der aus Bleirückständen in den Autoabgasen herrührt. Eine Folge hoher Luftverschmutzung sind die Dunstglocken über den Städten und größeren Industriegebieten. Der außer Staubpartikeln auch Kohlenmonoxid, Stickoxide, Schwefeloxide und Kohlenwasserstoffe enthaltende Smog reduziert nicht nur die Sonneneinstrahlung, er ist auch giftig. Abregnende Schwefeldioxidschwaden („saurer Regen") können zu einer Übersäuerung des Bodens führen, und zwar auch weitab ihrer Entstehung. So hemmt der saure Regen, dessen Schwebstoffe aus den Industriegebieten Englands und Mitteleuropas herrühren, den Pflanzenwuchs in Skandinavien; schon 1970 sollen 2000 Seen in Südnorwegen aufgrund dieser Niederschläge fischleer geworden sein[2].

Zieht man alle genannten Flächen (jedoch ohne solche, die durch Luftverschmutzung besonders gefährdet sind) von der 13,5 Mrd. Hektar umfassenden festen und eisfreien Landoberfläche ab, so erhält man 3,2 Mrd. Hektar prinzipiell landwirtschaftlich nutzbarer Flächen[3]. Das sind zwar nur ein knappes Viertel der eisfreien Landgebiete, doch mehr als doppelt so viel wie gegenwärtig als Ackerland oder Dauerkulturen genutzt

---

[1] *P. R. Ehrlich, u. a.,* 1975
[2] *K. H. Knoll,* 1970
[3] *D. Meadows,* 1972, S. 39

werden. Bei der verbleibenden Hälfte handelt es sich aber durchweg um schwer erschließbares oder – besonders in den Tropen – marktfernes Gelände, das nur über größeren Kapitaleinsatz urbar gemacht oder in ein überregionales Handelsnetz eingegliedert werden kann. Beim jetzigen Nahrungsbedarf ist diese Erschließung meist unwirtschaftlich. Einer Intensivierung der Nutzung in bisher agrarisch erschlossenen Gebieten ist aus wirtschaftlichen und erst recht ökologischen Gründen Vorrang zu geben. Die Abb. 18 zeigt für Großräume der Erde, daß regional sehr ungleiche Bezüge zwischen Bevölkerungszahl und Größe des Lebensraumes bestehen (vgl. auch Abb. 14).

Landreserven

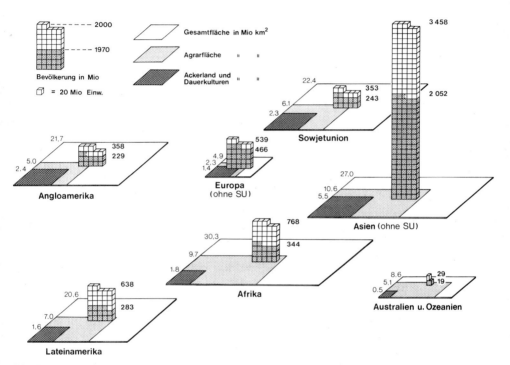

Abb. 18: Lebensraum und Bevölkerungszahl in den Großräumen der Erde (FAO Production Yearbook 1981, u. a.)

1b) Wirkungsweise der klimatischen und edaphischen Faktoren auf die Landwirtschaft

Ähnlich wie die äußeren Grenzen der Ökumene sind auch die großräumigen Gliederungen innerhalb der Ökumene vorrangig klimatisch bedingt. Doch spielt ebenfalls der Boden, insbesondere bei der kleinräumigen Gliederung, eine wichtige Rolle. Die Bedeutung der einzelnen klimatischen und edaphischen Faktoren ergibt sich aus folgenden Zusammenhängen.

Wasser: Das Regenwasser gelangt auf dem Umweg über den Boden in die Pflanze: Die Sproßteile werden (von Ausnahmen abgesehen) nicht direkt, sondern über die Wurzeln mit Wasser versorgt. Die Eigenschaft des Bodens, unterschiedliche Mengen von Wasser zu speichern, kann deshalb von größerer Bedeutung für den Pflanzenbau sein als die Regenmenge.

**Pflanzenverfüg-
bares Bodenwasser**

Für die Bestimmung der Wassermenge, die den Pflanzen tatsächlich verfügbar ist, muß von den Niederschlägen zunächst der Teil abgezogen werden, der oberflächlich abfließt oder unmittelbar evaporiert. Die Größe dieses Teils hängt einmal von der Menge, Art, Intensität und Verteilung der Niederschläge selbst ab. Zum anderen wird er beeinflußt von der Verdunstungsspannung, die wiederum von der Temperatur, Wind und Luftfeuchtigkeit abhängt, außerdem von der Bodenbedeckung, dem Geländerelief und der Permeabilität des Bodens. Weiterhin ist derjenige Anteil des Niederschlagswassers abzuziehen, der vom Boden nicht als Haftwasser gehalten werden kann, sondern als Sickerwasser ins Grundwasser abfließt oder – insbesondere während einer vegetationsarmen Trockenzeit kapillar aufsteigt und ohne Umweg über die Pflanze direkt verdunstet. Das im Boden verbleibende Niederschlagswasser vermindert sich schließlich noch um diejenige Menge, deren feste Bindung an Bodenteilchen von der Pflanze nicht überwunden werden kann (*Welkepunkt*). Die Speicherfähigkeit für Wasser (*Feldkapazität*) und der pflanzenverfügbare Anteil davon sind bodentypische Merkmale, die im wesentlichen von seinen Korngrößen (*Textur*) abhängen (vgl. Abb. 19 und 20).

Die Möglichkeit der Pflanze, aus dieser Feldkapazität Nutzen zu ziehen, hängt einerseits von Dichte, Umfang und Tiefe ihres Wurzelsystems ab, zum anderen vom osmotischen Saugvermögen ihrer Wurzelhaarzellen.

Die Bodenwassermenge kann unter bestimmten Umständen über die Feldkapazität hinausgehen, nämlich dann, wenn ein Regenüberschuß bei gleichzeitiger Abflußbehinderung zu mehr oder weniger starker, vorübergehender oder andauernder *Staunässe* oder sogar *Überflutung* führt. Der gleiche Effekt kann kurzfristig durch heftige Niederschlagsereignisse ausgelöst werden, etwa nach episodischen Regenfällen in den Trockengebieten. Beide Extreme, ein Zuviel wie auch ein Zuwenig an Wasser, üben einen nachhaltigen Einfluß auf die Verbreitung der Kulturpflanzen aus.

Die Viehhaltung ist mittelbar über die Futterpflanzen vom Bodenwasserhaushalt abhängig. Daneben kann aber auch der unmittelbare Trinkwasserverbrauch des Viehs,

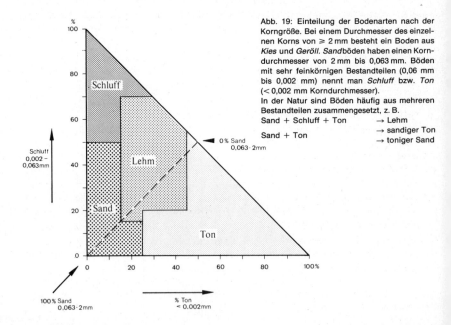

Abb. 19: Einteilung der Bodenarten nach der Korngröße. Bei einem Durchmesser des einzelnen Korns von ≥ 2 mm besteht ein Boden aus *Kies* und *Geröll*. *Sand*böden haben einen Korndurchmesser von 2 mm bis 0,063 mm. Böden mit sehr feinkörnigen Bestandteilen (0,06 mm bis 0,002 mm) nennt man *Schluff* bzw. *Ton* (< 0,002 mm Korndurchmesser). In der Natur sind Böden häufig aus mehreren Bestandteilen zusammengesetzt, z. B.

Sand + Schluff + Ton   → Lehm
                                → sandiger Ton
Sand + Ton   → toniger Sand

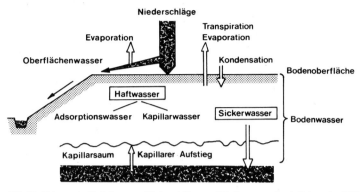

Abb. 20: Schema der Verteilung von Niederschlägen und Bodenwasser (nach *Schroeder* 1984)

der insbesondere beim Milchvieh beträchtlich ist, eine Rolle spielen, und zwar in dauernd oder periodisch trockenen Räumen, in denen oberflächiges Wasser für eine mehr oder weniger lange Zeit im Jahr weitgehend fehlt.

Der Bodenwasserhaushalt läßt sich künstlich verbessern. So kann ein Zuviel an Wasser durch entsprechende *Drainageanlagen* auf das erwünschte Maß abgesenkt werden. Zu den möglichen Maßnahmen zu einer Erhöhung des Bodenwassergehaltes gehören z. B. *Bodenauflockerung* zur Vergrößerung der Permeabilität, Anlage von Terrassen, Dämmen, Konturpflugreihen zur Verminderung des Abflusses (aber auch gegen Bodenabtrag), durch *Mulchen* zur Verdunstungseinschränkung (und wiederum gegen Bodenabtrag) oder durch Anwendung eines *Trockenfeldbausystems* mit Trocken-(Schwarz-)Brache (*dry farming*), bei dem der Anbau in der Regel jedes zweite – bei mäßig feuchteren Verhältnissen auch jedes dritte oder vierte – Jahr ausgesetzt wird, damit sich der Wasservorrat im Boden wieder erhöhen kann. dry farming

Darüber hinaus kann die Wasserzufuhr direkt durch künstliche Bewässerung erhöht werden. Verschiedene Methoden stehen hierfür zur Verfügung, so die *Überflutungsbewässerung,* meist in Verbindung mit künstlichen Dämmen, die Becken einschließen (paddies; an Hängen: Konturbecken): die *Furchenbewässerung;* die *Untergrundbewässerung* über Gräben oder durchlöcherte Tonröhren, die das Wasser dem Unterboden zuleiten; oder die *Beregnung.* In den USA wurden Geräte entwickelt, deren auf Rädern laufende Schwenkarme, meist von einem zentralen Brunnen gespeist, in einem Umkreis von bis zu 400 m beregnen können. In Anpassung an dieses Gerät wurden runde Felder angelegt. Dieses Verfahren wird in größerem Umfang in der Libyschen Wüste angewendet[1]. Künstliche
Bewässerung

Die Grenze, an der der Bodenwasserhaushalt zum Minimumfaktor wird, hängt entscheidend von der Wahl der Kulturpflanzen ab. Die Pflanzen unterscheiden sich nach Größe und Struktur ihrer Transpirationsorgane und nach dem Wachstumsstadium hinsichtlich ihres Wasserbedarfs. In Deutschland schwankt der Wasserverbrauch einzelner Kulturpflanzenarten etwa zwischen 200 und 900 l pro kg erzeugter Trockensubstanz. Weiterhin ist in diesem Zusammenhang die Dauer des Wasserbedarfs von Bedeutung: bei perennierenden Arten kann der Wasserbedarf entweder ganzjährig gleichbleibend hoch sein, wie z. B. beim Kautschukbaum (*Hevea brasiliensis*), oder er ist jahreszeitlich deutlich eingeschränkt, wie bei manchen hartblättrigen Baumkulturen (z. B. Agrumen und Kaffee); bei annuellen Arten, die Trockenperioden als Samen Unterschiedlicher
Wasserbedarf

---

[1] *G. Gerster,* 1974

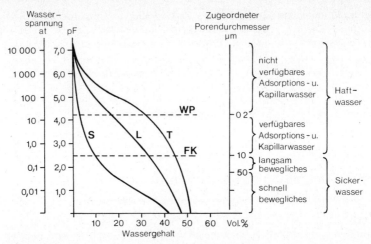

Abb. 21: Wasserspannungskurven eines Sandbodens (S), eines Lehmbodens (L) und eines Tonbodens (T) (nach *Schroeder* 1984)

überdauern, richtet sich die Dauer des Wasserbedarfs nach der Länge der Wachstumsperiode vom Keimling bis zur Reife, die bis auf ca. 2 Monate absinken kann (z. B. manche Bohnenarten in den Tropen). Der Anbauschwerpunkt dieser Annuellen liegt in den wechselfeuchten (wie auch wechselwarmen) Klimaten mit ihren jahreszeitlich mehr oder weniger lang eingeschränkten Vegetationsperioden.

Der größte Teil des Wassers, den die Pflanzen aus dem Boden aufnehmen, wird transpirativ wieder abgegeben. Die Pflanzen können auf diesen Wasserdurchgang nicht verzichten. Eine Einschränkung der Transpiration, die ihnen physiologisch durch vorübergehende Schließung ihrer Spaltöffnungen möglich ist, bedeutet, da zugleich der Gasaustausch und damit – tagsüber – die Photosynthese gestoppt wird, eine Reduzierung des Wachstums. Sie ist daher land- (und ebenfalls forst-)wirtschaftlich auch nicht erwünscht. Die Wassermenge, die von einer Pflanze transpiriert wird,

Transpiration hängt wesentlich von den klimatischen Feuchtigkeitsverhältnissen ab. Sind jene so, daß für die Pflanze bei dem gegebenen Bodenwasserangebot (*edaphische Feuchtigkeitsverhältnisse*) keinerlei Wassermangel auftritt, so erreicht die Transpiration ihre höchsten Werte (*potentielle Transpiration*) und damit sind die besten Voraussetzungen für optimale Wachstumsraten gegeben. Stellt sich dagegen ein mehr oder weniger starker Wassermangel ein, so reagiert die Pflanze mit einer entsprechend hohen Einschränkung der Transpiration (*aktuelle Transpiration*) und damit verminderter Wachstumsrate. Der Schwellenwert, bei dem die aktuelle Transpiration unter die potentielle Transpiration sinkt, ist bei den einzelnen Pflanzenarten (wie auch bei den einzelnen Wachstumsphasen einer Art und auch auf verschiedenen Standorten) unterschiedlich. Aufgabe des Landwirts ist es, solche Feldfrüchte auszuwählen, die unter den gegebenen Feuchtigkeitsverhältnissen am wenigsten unter Wassermangel leiden, bzw. bei Bewässerungskulturen genau so viel Wasser zuzuführen, wie nötig ist, damit keine die Photosynthese hemmende Transpirationseinschränkung erfolgt.

Berechnung des Die Abhängigkeit des Ackerbaus und der Viehhaltung vom Wasserhaushalt macht das
Wasserhaushalts Interesse verständlich, das die physische Arbeitsrichtung in der Agrargeographie (Agrarökologie) den zahlreichen Berechnungsformeln für den Wasserhaushalt und den daraus abgeleiteten Klimaklassifikationen entgegenbringt. Der klimatische Feuchtigkeits- oder Trockenheitsgrad eines Ortes leitet sich aus dem Verhältnis von

Niederschlag zu Verdunstung (*Evaporation + Transpiration = Evapotranspiration*) ab. Die Berechnungen können für das Jahr oder für kürzere Perioden wie Monate oder Wachstumsperioden bestimmter Kulturpflanzen erfolgen. Aufgrund der Schwierigkeiten bei der Verdunstungsmessung werden anstelle des Niederschlags-Verdunstungs-Verhältnisses meist **Ariditäts-** und **Humiditätsindizes** entwickelt, bei denen die Verdunstung durch die Lufttemperatur, das Sättigungsdefizit bzw. die relative Luftfeuchtigkeit oder die Strahlungsbilanz beschrieben wird. Doch bringt dieser Ersatz nicht immer zufriedenstellende Lösungen.

Ein einfacher hydrothermischer Index wurde von *Walter* und *Lieth* (1960) entwickelt und zum Aufbau eines Klimadiagramm-Weltatlas verwendet. In den Diagrammen werden die Jahreskurven von Temperatur (C°) und Niederschlag (mm) im Maßstabsverhältnis 1:2 und z.T. auch 1:3 dargestellt. Beim ersten Verhältnis gelten Zeiträume, in denen die Niederschlagskurve unter die der Temperatur sinkt, als arid (dürr), die anderen als humid. Mäßig aride, hier als „trocken" bezeichnete Bedingungen herrschen, wenn die Niederschlagskurve nur beim Maßstabsverhältnis 1:3 unter die der Temperatur sinkt. Der Abstand der Kurven ist ein Maß für den Ariditäts- bzw. Humiditätsgrad (vgl. Abb. 22).

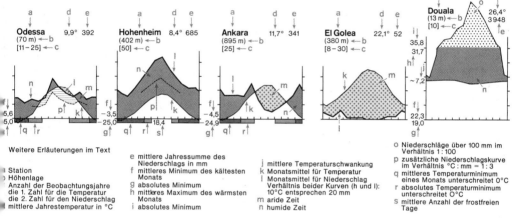

Weitere Erläuterungen im Text

ı Station
ɔ Höhenlage
Anzahl der Beobachtungsjahre
die 1. Zahl für die Temperatur
die 2. Zahl für den Niederschlag
mittlere Jahrestemperatur in °C

e mittlere Jahressumme des Niederschlags in mm
f mittleres Minimum des kältesten Monats
g absolutes Minimum
h mittleres Maximum des wärmsten Monats
i absolutes Minimum

j mittlere Temperaturschwankung
k Monatsmittel für Temperatur
l Monatsmittel für Niederschlag
Verhältnis beider Kurven (h und l): 10°C entsprechen 20 mm
m aride Zeit
n humide Zeit

o Niederschläge über 100 mm im Verhältnis 1 : 100
p zusätzliche Niederschlagskurve im Verhältnis °C : mm = 1 : 3
q mittleres Temperaturminimum eines Monats unterschreitet 0°C
r absolutes Temperaturminimum unterschreitet 0°C
s mittlere Anzahl der frostfreien Tage

Abb. 22: Klimadiagramme nach Walter und Lieth

Temperatur: Neben der Feuchtigkeit ist die Temperatur wichtigster Klimafaktor für die agrarräumliche Gliederung, und zwar nicht nur in ihrer Bedeutung für die Verdunstung, sondern auch unmittelbar für das Wachstum. Die einzelnen Pflanzenarten unterscheiden sich deutlich hinsichtlich ihres *Wärmebedarfs* und ihrer *Temperaturempfindlichkeit*. Innerhalb ihrer artspezifischen Temperaturspanne hängt die Wachstumsrate wesentlich von der Wärmezufuhr ab. Daneben kann auch ein *Kältebedürfnis* bestehen, wie z.B. beim Winterweizen, der nach dem Keimbeginn niedrige Temperaturen für eine günstige Weiterentwicklung benötigt. Zur Bestimmung des Wärmebedürfnisses der Pflanzen werden vielfach *Temperatursummen* gebildet. Dabei addiert man entweder die täglichen Temperaturgrade oberhalb eines Schwellenwertes (z.B. bei *Thornthwaite*: + 5° C für Erbsen und + 10°C für Mais) oder die Tagesmittel aller Tage während der Vegetationszeit[1] (s. S. 54) werden zur Summenbildung verwendet. Die Temperatursummen können auch zur Erklärung größerer phänologischer Zusammenhänge herangezogen werden, wie andererseits die *phänologischen Beobachtungen* wichtige agrarklimatische Aufschlüsse vermitteln.

Temperatursummen

Phänologische Beobachtungen

---

[1] *G. T. Seljaninow, 1937*

Die wohl wichtigste Temperaturgrenze ist die Frostgrenze, d. h. die Verbindungslinie derjenigen Punkte, an denen die Temperatur im langjährigen Mittel zumindest an **Frostgrenze** einem Tag des Jahres auf den Gefrierpunkt absinkt. Für viele mehrjährige Kulturpflanzenarten der Tropen ist sie eine unüberwindliche Verbreitungsschranke. Für frostempfindliche annuelle Arten ist hingegen die Länge der frostfreien Jahreszeit ent-

Die Verbreitung der Kulturpflanzen in Abhängigkeit von den vegetationszeitlichen Temperatursummen in Osteuropa

Zone	Temperatur-summe	Kulturpflanzen
I	1000–1400°	Wurzelfrüchte (Futterrübe, Frühkartoffel)
II	1400–2200°	Getreidearten mit Kartoffeln, Lein, Futterpflanzen
III	2200–3500°	Mais, Sonnenblumen, Zuckerrübe mit Winterweizen, Soja, Wein, an der oberen Grenze Melonen und Reis
IV	3500–4000°	Einjährige subtropische Gewächse: Baumwolle, Tabak, Rizinus, Kenaf, Erdnuß, Luffa
V	über 4000°	Ausdauernde subtropische Kulturen: Feige, Lorbeer, Tee, Citrus usw.

Quelle: G. T. Seljaninow 1937, zit. nach Walter 1960.

scheidend. Hier wie auch in den gemäßigten Klimaten können allerdings Spät- oder Frühfröste sehr nachteilig sein. Frostschäden gehen häufig auf Frosttrocknis (die Wasserzufuhr ist durch den gefrorenen Boden verhindert) oder Hochfrieren (Bodenbewegungen durch Wechselfröste zerreißen die Pflanzenwurzeln) zurück.

Die Temperatur der bodennahen Luftschicht unterliegt vielfältigen örtlichen Einflüssen und zeigt dementsprechend eine kleinräumliche Differenzierung. Die in 2 m Höhe unter genormten Bedingungen gemessene „Lufttemperatur" läßt diese Unterschiede, die für den Pflanzenwuchs und damit auch für die Landwirtschaft von größter Bedeutung sind, oft nicht sicher erkennen. Der örtliche Einfluß auf die Temperatur (und auch andere Klimaelemente) kann teils vom Pflanzenbestand selbst ausgehen (*Bestandsklima*), **Geländeklima** teils von Unebenheiten des Geländes (*Geländeklima*). Bekannte Beispiele für geländeklimatische Erscheinungen sind die Bildung von Kaltluftseen in Senken, Temperaturinversionen an Hängen und die Gegensätze von Sonnen- und Schattenhängen. Daraus kann sich ein nachhaltiger Einfluß auf die kleinräumige Gliederung der Landwirtschaft herleiten. Beispiele hierfür sind im Rheinischen Schiefergebirge die bevorzugten Standorte des Reblandes auf sonnenexponierten, stark geneigten Hängen und der Steinobstkulturen auf flach geneigtem Hangfuß in spätfrostgeschützter Lage.

Niederschlag und Temperatur zeigen in fast allen Teilen der Erde deutliche jahreszeit-**Natürliche** liche Schwankungen. Ihnen entsprechen solche der landwirtschaftlichen Produktion. **Saisonalität der** Daraus erwachsen der Landwirtschaft besondere Probleme. Sie leiten sich einmal aus **Agrarproduktion** der Tatsache her, daß der Saisonalität der Produktion ein gleichbleibender Verbrauch wenigstens der Grundnahrungsmittel gegenübersteht. Dies erfordert besondere Maßnahmen der Produzenten: Entweder ein Abbau der jahreszeitlichen Produktionsspitzen oder eine ausgeglichenere Marktbelieferung (im Zusammenhang mit verbesserter Lagerhaltung). Beides erhöht die Herstellungskosten. Dies gilt insbesondere für leichtverderbliche Produkte außerhalb der Saison, deren Reifezeit jahreszeitlich festgelegt ist, was in den wechselwarmen und wechselfeuchten Klimaten für nahezu die gesamte pflanzliche Produktion gilt.

In abgeschwächter Form findet sich die natürliche Saisonalität auch bei der tierischen Produktion und zwar als Folge eines jahreszeitlich schwankenden Futterangebotes (sofern nicht, wie heute in Spezialbetrieben weithin üblich, vorzugsweise Importeiweiß verfüttert wird). Einen gewissen Ausgleich versprechen hier die sommerliche Heubereitung, Silierung, Grünlandbewässerung in Trockengebieten oder Verwendung solcher Grasmischungen, die zumindest über die Vegetationsperiode eine gleichbleibend hohe Futterproduktion ermöglichen.

Im Interesse einer möglichst gleichbleibenden Marktbelieferung ist es darüber hinaus nötig, den Landwirten jahreszeitlich wechselnde Preise für ihre Produkte zu zahlen. Andererseits gehört es aber auch zum gesamtwirtschaftlichen Interesse, die Verbraucherpreise möglichst frei von kurzfristigen Schwankungen zu halten. In den meisten Ländern wird daher dem Staat die Aufgabe zugewiesen, durch geeignete Maßnahmen (z. B. Subventionen, Reservehaltung) produktions- und preisausgleichend auf die Landwirtschaft einzuwirken.

Mit der natürlichen Saisonalität landwirtschaftlicher Produktion hängt es zum anderen zusammen, daß der Arbeitsanfall im Laufe des Jahres stark schwankt. Da die Kosten der Arbeitserledigung (Arbeits- und Zugkräfte, sowie Maschinen) durchweg den höchsten Anteil an den Gesamtkosten eines landwirtschaftlichen Betriebes haben, wird jeder Landwirt bemüht sein, mit möglichst wenig Arbeitskräften und Arbeitshilfsmitteln auszukommen und die vorhandenen während des Jahresablaufs

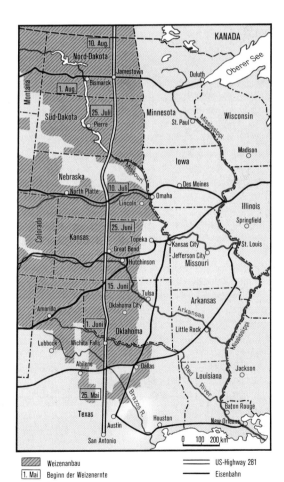

Abb. 23: Agrarräume in den USA, die sich über mehrere Klimazonen erstrecken

▨ Weizenanbau

1. Mai Beginn der Weizenernte

═══ US-Highway 281

─── Eisenbahn

möglichst produktiv einzusetzen, d. h. *Arbeitsausgleich* zu erzielen. So wird er versuchen, durch eine geschickte Auswahl verschiedener Feldfrüchte (Betriebszweige), bei denen sich der Arbeitsanfall zeitlich ausgleicht, zu einem Abbau der Arbeitsspitzen und zu einer insgesamt gleichmäßigeren Auslastung des Arbeiter- und Maschinenpotentials zu kommen (*vielseitige Wirtschaftsweise*). Bestimmte Kulturpflanzenarten, bei denen sich die Pflegearbeiten weitgehend überschneiden, finden sich daher kaum zusammen auf einem Betrieb (wie z. B. Hopfen, Wein und Hackfrüchte). Daneben werden Lösungen in Form von Saisonarbeit (Tagelöhner, Wanderarbeiter) oder Substitution von Arbeitern durch Maschinen versucht. Da landwirtschaftliche Maschinen, jedenfalls bei einer höheren Technisierungsstufe, nur für einen oder wenige Arbeitsgänge geeignet sind und ihre Anschaffung erst bei häufigerem Einsatz lohnt, muß die Mechanisierung notgedrungen zu einer Spezialisierung, verbunden mit großflächigem Anbau führen (*spezialisierte Wirtschaftsweise*); sofern nicht eine überbetriebliche Maschinennutzung (z. B. in Form von sogenannten Maschinenringen) besteht. In Agrarräumen, die sich über mehrere Klimazonen erstrecken, kann es zu regelmäßigen Wanderungen von Saisonarbeitern oder den Einsatz von Erntekolonnen über größere Entfernungen kommen. Ein bekanntes Beispiel hierfür sind die ganzjährigen Wanderungen in Nordamerika, die von den subtropischen südlichen Gebieten bis zu den kontinentalen Getreidesteppen im Norden der USA und von Kanada führen.

Licht: Die Sonnenstrahlung ist Energiequelle und Regulator für Photosynthese, Wachstum und Entwicklung. Die Umsetzung von je einem Mol Kohlendioxid und

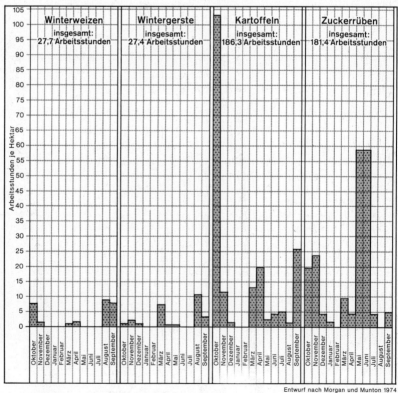

Entwurf nach Morgan und Munton 1974

Abb. 24: Monatlicher Arbeitsanfall beim Ackerbau in den USA

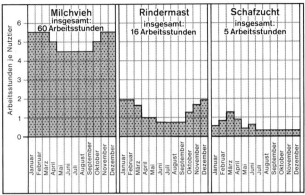

Abb. 25:
Monatlicher Arbeits-
anfall bei Viehzucht-
betrieben in den USA

Entwurf nach Morgan und Munton 1974

Wasser in je ein Mol Kohlenhydrat und Sauerstoff erfordert die Zufuhr von Lichtenergie mit einem Wärmeäquivalent von ungefähr 400 Kilokalorien.

$44 g\ CO_2 + 18 g\ H_2O + 1700\ KJ\ (400\ kcal) \rightarrow 30 g\ CH_2O + 32 g\ O_2$.

Nur ein bestimmter Bereich des Strahlungsspektrums, im Durchschnitt die Hälfte der
Strahlung, ist photosynthetisch wirksam (0,38 bis 0,71 Mikrometer). Bei Streustrah-
lung kann dieser wirksame Anteil weit darüber steigen, bei niedrigem Sonnenstand
fällt er deutlich darunter. Die absolute Menge des photosynthetisch wirksamen Lich-
tes ist breitenabhängig. Während eines Jahres ist sie am Äquator etwa dreimal so groß
wie in den Polargebieten. Andererseits können die Pflanzen höherer Breiten ihre
Photosynthese wegen der größeren sommerlichen Tageslänge auf einen entsprechend größeren Tagesabschnitt ausdehnen und so Blüh- und Reifevorgang beschleunigen. Viele der dort heimischen Pflanzen benötigen diese längere Tagesdauer, um
überhaupt zum Blühen zu kommen (*Langtagspflanzen*). Demgegenüber gibt es Pflan-
zen, die meist in niederen Breiten heimisch sind, die täglich mindestens 8–10 Stunden   Langtagspflanzen
Dunkelheit benötigen (*Kurztagspflanzen*). Zu den Langtagspflanzen gehören die meisten unserer Getreidearten, Erbsen, Spinat u. a., zu den Kurztagspflanzen beispielsweise Reis, Hirse, Soja, einige Tabaksorten. Die unterschiedlichen Ansprüche hinsichtlich der Belichtungsdauer (*Photoperiodismus*) können die Ausbreitung mancher
Nutzpflanzenarten in nördlicher oder südlicher Richtung hemmen. Allerdings gelang   Kurztagspflanzen
es in einigen Fällen, wie z. B. beim Weizen und Reis, photoperiodisch neutrale Sorten
zu züchten.

Außer von der Breite hängt das Lichtklima auch von der mittleren Bewölkung, der
Höhenlage und der Hangexposition ab.

Photosynthese und *Nettoassimilation* (Gewichtsdifferenz zwischen photosynthetisch
gebildeten und veratmeten Assimilaten) sind nicht proportional zum absorbierten   Nettoassimilation
Licht. Bei zunehmender Lichtintensität steigt die Assimilationsleistung immer weniger, bis sie schließlich wieder absinkt (Lichtschutzwirkung). Je nachdem, ob es sich
um schatten- oder sonnenscheinbedürftige Pflanzen handelt, liegt das Optimum
niedriger oder höher. Der Landwirt muß diese Zusammenhänge berücksichtigen.
Höchste Erträge sind von solchen Arten oder Sorten zu erwarten, deren Ansprüche
dem jeweils herrschenden Lichtklima am besten entsprechen. Feinregulierungen
können beispielsweise durch Anpflanzen von Schattenbäumen oder durch Änderungen der Pflanzungsdichte erreicht werden.

Von der absorbierten Energie wird im Durchschnitt etwa 1%, bei manchen landwirtschaftlichen Kulturen maximal bis zu 3% in pflanzliche Substanz umgewandelt. Um
den vollen Nutzeffekt der eingestrahlten Sonnenenergie zu bekommen, sind weitere

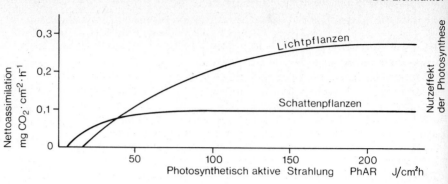

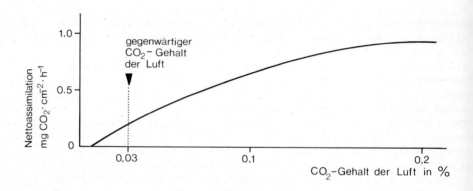

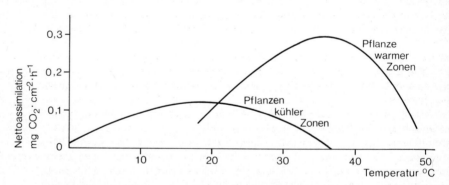

Abb. 26: Abhängigkeit der Photosynthese von der Sonnenstrahlung, dem CO_2-Gehalt der Luft und der Temperatur (nach *Ross* 1973)

Nutzeffekt der Photosynthese

Bedingungen zu erfüllen. Dazu gehört eine ausreichende Wasserversorgung, da die Regulationssysteme der Pflanze nur unter dieser Voraussetzung einen optimalen Gasaustausch zulassen (s. o.). Weiterhin ist der Temperaturfaktor von Bedeutung. Pflanzen warmer Zonen können im allgemeinen mehr Biomasse bilden als solche gemäßigter Klimate. Im einzelnen bestehen aber recht unterschiedliche Temperatur-Photosynthese-Kurven und innerhalb gewisser Temperaturbereiche – z. B. bei vielen landwirtschaftlichen Kulturen zwischen 15 und 30°C – bleibt die Photosynthese ziemlich unverändert. Doch schränkt sie sich bei niedrigeren Temperaturen wesentlich ein und erreicht schließlich – auch bei ansonsten günstigen Bedingungen – den Null-Wert. So hört das Wachstum bei Sommergetreide unter 5° C, bei Mais unter 8° C, bei Gurken unter 12° C und bei Tabak unter 13° C auf.

Eine Steigerung der Nettoassimilation läßt sich auch durch eine Erhöhung des CO_2-Gehaltes der Luft erreichen. Der gegenwärtige CO_2-Gehalt der Atmosphäre liegt deutlich unter dem optimalen Wert.

Schließlich ist ein optimaler Effekt der absorbierten Sonnenenergie von einer uneingeschränkten Nachlieferung von Nährstoffen aus dem Boden abhängig.

„Die Speicherung der Sonnenenergie in den Pflanzen stellt einen komplizierten Zyklus biochemischer Prozesse dar. Die Erhöhung der Effektivität des Systems kann als die Hauptaufgabe der Landwirtschaft und der Agrarwissenschaft gesehen werden"[1].

Wind: Der Einfluß des Windes liegt einmal in seiner verdunstungssteigernden Wirkung. Daneben kann er örtlich aber auch zu einer direkten (mechanischen) Belastung für den Pflanzenbau werden. Häufiger Wind beeinträchtigt das Wachstum (*Windschnur*), Getreidefelder werden niedergedrückt. Das zwingt zum Anbau halmresistenter Sorten oder zum Anpflanzen von Bäumen und Sträuchern in Form von Hecken oder Windschutzstreifen.

Manche Winde haben wegen ihrer Bedeutung für die Landwirtschaft besondere Namen, so z. B. der kalte **Mistral** im Rhônetal, der die dortigen Oliven- und Agrumenkulturen gefährdet, oder der trockenheiße **Schirokko** aus der Sahara, der die Kulturen an der afrikanischen Nordküste beeinträchtigt.

Die negative Auswirkung des Windes liegt auch darin, daß Bodenmaterial von den abgeernteten und dann ungeschützten Feldern ausgeweht wird. Nahe der Trockengrenze des Ackerbaus ist zu prüfen, ob nicht die Auflassung der Felder die einzige wirkungsvolle Schutzmaßnahme darstellt. *Dry farming* kann nur dort ohne Schaden für den Boden betrieben werden, wo eine mindestens mittlere Bodentextur sicherstellt, daß kaum Material ausgeweht wird. Die gleiche Gefahr, die in diesen Grenzertragsräumen vom Ackerbau ausgeht, kann auch durch Überweidung und daraus folgender Zerstörung der natürlichen Grasnarbe herrühren (z. B. „Vordringen" der Wüste im Sahel-Gürtel).

Boden: Er ist bis zu einem hohen Grade das Produkt des Klimas. Die großräumige Differenzierung der Bodentypen deckt sich daher weithin mit der klimatischen (*zonale Böden*). Die Abweichungen von dieser Koinzidenz liegen eher in der feineren Gliederung, bedingt durch stärkeren Einfluß des Ausgangsgesteins oder der Geländeneigung (mit ihrem Einfluß auf den Bodenwasserhaushalt oder den Materialtransport) (*intra-* und *azonale Böden*). Derartige Abweichungen können z. B. auf vulkanische Aufschüttungsgebiete, Löß- oder Dünenaufwehungen, tonreiche Talauen, Geschiebelehmplatten oder alte Termitenhügel zurückgehen. Ihre räumliche Dimension reicht von Ländergröße bis zum Teil eines Feldes, wie im letztgenannten Beispiel der Termitenhügel.

Diese edaphischen Standortunterschiede (die häufig mit Unterschieden in der Bodenwasserführung gekoppelt sind), beeinflussen entscheidend die Fruchtsortenwahl und Nutzflächenverteilung (-gefüge) innerhalb der zonalen Räume. Zu den wichtigen Bodenqualitäten gehören:

– Günstige *Bodenart* (Korngrößengefüge) und *Bodenstruktur* (-gefüge), die beide   Bodenqualitäten
   Einfluß auf das für Durchlüftung und Perkolation wichtige Porenvolumen und dessen Stabilität haben (*Bodengare*);

---

[1] *J. Ross,* 1973, S. 522

- Hoher Anteil an leicht verwitterbaren *Mineralen* zur Nachschaffung von Pflanzennährstoffen;
- Aktives *Bodenleben* zum Abbau toter organischer Substanzen und Überführung in Humus oder durch Mineralisierung in Pflanzennährstoffe.

Die Ansprüche, die die einzelnen Nutzpflanzenarten an die Bodenqualitäten stellen, sind sehr ungleich. Entsprechend unterscheidet sich deren Eignung für verschiedene Anbaukulturen. Die Berücksichtigung dieser Abhängigkeiten, d. h., etwas überspitzt formuliert, das Arbeiten *mit der Natur* statt gegen sie, ist ökologisch wie ökonomisch am zweckmäßigsten. Beispielsweise kann es dazu beitragen, den Düngemitteleinsatz zu reduzieren. Zu den Bodeneigenschaften, die besondere Beachtung verdienen, gehören auch die Bodenreaktion und der Salzgehalt. Viele Nutzpflanzen bevorzugen (oder sind angewiesen auf) bestimmte pH-Bereiche und meiden höhere Na-Konzentrationen.

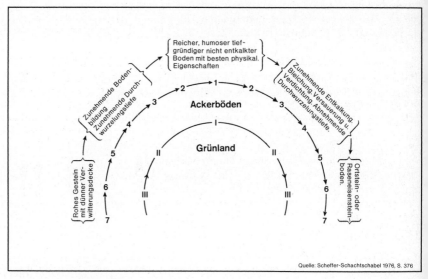

Quelle: Scheffer-Schachtschabel 1976, S. 376

Abb. 27: Schema der Zustandsstufen

Die unterschiedlichen Ansprüche, die verschiedene Nutzpflanzenarten an den Boden stellen, erschweren zwar eine allgemeingültige Bodenbewertung, schließen sie aber nicht aus. Der bis heute für heimische Acker- und Grünlandböden erfolgreichste Bewertungsversuch bildet die in ihrem Ursprung bereits auf 1934 zurückgehende *Bodenschätzung des Deutschen Reiches.* Sie berücksichtigt die Korngrößenzusammensetzung (Bodenart), das Ausgangsgestein (geologische Entstehung) und den Entwicklungsgrad (Zustandsstufe), den ein Boden bei seiner Genese vom Rohboden (Stufe 7) über eine Stufe höchster Leistungsfähigkeit (Stufe 1) bis zur Alterung (Stufe 7) durchläuft (vgl. Abb. 19 u. 27). Anhand eines Schätzungsrahmens läßt sich dann aus diesen drei Merkmalen die sogenannte *Bodenzahl* ermitteln. Die Tabelle auf S. 61 gibt an, welcher Reinertrag auf einem Boden zu erzielen ist, und zwar in Prozent des Reinertrages auf dem fruchtbarsten Boden Deutschlands, dem Tschernosem der Magdeburger Börde. Die Bodenzahl 50 bedeutet z. B., daß ein Boden – unter sonst gleichen Bedingungen – nur 50% der potentiellen Fruchtbarkeit des Tschernosems aufweist.

Bodenschätzung des Deutschen Reiches

Bodenzahl

Für die äußeren Bedingungen werden Standardwerte angenommen: 600 Millimeter Jahresniederschlag, 8° C mittlere Jahrestemperatur, ebene Lage, ein Grundwasserstand bei Sand 1 m, Lehm 1,50 m und bei Ton 2 m. Bestehen vorteilhaftere oder ungünstigere Bedingungen, so werden über Zu- bzw. Abschläge an den Bodenzahlen die **Acker- oder Grünlandzahlen** errechnet. In den klimatisch ungünstigen Mittelgebirgen können die Ackerzahlen beispielsweise bis zu 30 Prozentpunkte unter den vergleichbaren Bodenzahlen liegen, in besonders warmen Tieflandsregionen (Kölner Bucht, Bergstraße, Oberrheingraben) um bis zu 18 Prozentpunkte darüber. Bei einer Geländeneigung von 5° betragen die Abschläge 2–5 Prozentpunkte, bei 20° sogar 18 bis 26 Prozentpunkte.

Zwischen Zustandsstufen und Bodentypen bestehen gewissen Entsprechungen. Das erlaubt die Kombination der Bodenschätzung mit bodentypologischen Gliederungen: Bodentypologisch begründete qualitative Aussagen über die Bodenfruchtbarkeit lassen sich so quantifizieren (vgl. Abb. 27).

Bodenzahlen des Acker-Schätzungsrahmens (gekürzt)

Boden-art[1]	Geologische Entstehung[2]	Zustandsstufe						
		1	2	3	4	5	6	7
S	D		41–34	33–27	26–21	20–16	15–12	11– 7
	Al		44–37	36–30	29–24	23–19	18–14	13– 9
	V		41–34	33–27	26–21	20–16	15–12	11– 7
L	D	90–82	81–74	73–66	65–58	57–50	49–43	42–34
	Lö	100–92	91–83	82–74	73–65	64–56	55–46	45–36
	Al	100–90	89–80	79–71	70–62	61–54	53–45	44–35
	V	91–83	82–74	73–65	64–56	55–47	46–39	38–30
T	D		71–64	63–56	55–48	47–40	39–30	29–18
	Al		74–66	65–58	57–50	49–41	40–31	30–18
	V		71–63	62–54	53–45	44–36	35–26	25–14
Moor			45–37	36–29	28–22	21–16	15–10	

[1] mittlere Bodenart im Wurzelraum; hier nur S, L, T und Moor aufgeführt; im ungekürzten Schätzungsrahmen 8 Bodenarten und Moor unterschieden

[2] D = diluviale (pleistozäne) Lockersedimente außer Löß, z. B. Geschiebesand, Geschiebelehm, Geschiebemergel, Schmelzwassersand, Beckenton
  Al = alluviale (holozäne) Lockersedimente, z. B. Talsand, Schlick, Auenlehm
  Lö = Löß
  V = Verwitterungsmaterial aus festen Gesteinen, z. B. Sandstein, Kalkstein, Schieferton, Granit, Basalt, Gneis

Quelle: *D. Schroeder,* 1978, S. 139

Im Unterschied zum Klimafaktor sind die Bodeneigenschaften beständiger und lassen sich in ihren Auswirkungen auf die Pflanzen sicherer beurteilen. Damit ist das Bodenrisiko wesentlich geringer. Darüberhinaus kann durch Meliorationen, z. B. Tiefpflügen, Drainage, Zugabe von Natur- und Industriedünger sowie Asche bei Brandrodung, direkt Einfluß auf den Bodenfaktor genommen werden. So kann die tatsächliche Ertragsleistung eines Bodens durch eine geeignete Bodenkultivierung deutlich über die naturbedingte Bodenfruchtbarkeit angehoben werden. Es ist heute mehr eine Frage der Kosten, des Bedarfs und der Umweltbelastung, als der technischen Möglichkeiten, inwieweit derartige Meliorationen durchgeführt werden.

Zur Erhaltung der Bodenfruchtbarkeit können *Fruchtfolgesysteme* angewendet werden. Hierbei werden Pflanzen mit verschiedenen Ansprüchen und Wirkungen auf den Boden zeitlich derart miteinander abgewechselt, daß die Belastungen für die Bodenfruchtbarkeit gering bleiben, also z. B. Flachwurzler mit Tiefwurzlern, Humuszehrer

Acker- oder Grünlandzahl

Bodenmelioration

mit Humusmehrern, gareschädigende mit garebildenden Fruchtarten, Stickstoffzeh-
rer mit Stickstoffmehrern. „Die eigentlichen Träger der Fruchtfolge sind diejenigen
Elemente, die mit mäßigen Vorfruchtansprüchen hohe Vorfruchtwerte verbinden
(Kartoffeln, Lupinen, Pferdebohnen, Raps), während die Hauptnutznießer der Gemeinschaft diejenigen sind, die hohe Ansprüche an ihre Vorfrucht stellen, selbst aber
nur geringen Vorfruchtwert besitzen (Weizen, Gerste). Was die Natur durch Vielseitigkeit beim räumlichen Nebeneinander, durch Pflanzengesellschaften, erreicht, wird
also in dem zumeist auf Reinkulturen angewiesenen Ackerbau durch Vielseitigkeit im
zeitlichen Nacheinander angestrebt."[1]

Die Notwendigkeit zu Fruchtfolgen schwindet in dem Maße, in dem ein Pflug zur
Bodenlockerung, Dünger zum Ausgleich des Nährstoffentzugs, Insektizide und Pesti-
zide gegen Pflanzenschädlinge und Pflanzenkrankheiten sowie chemische Unkraut-
verhütungsmittel eingesetzt werden. In der Landwirtschaft der Industrieländer kann
daher auf Fruchtfolgen weitgehend verzichtet werden, allerdings zu einem hohen
ökologischen Preis. Eine Rückkehr zu Fruchtfolgesystemen, die wegen dieses hohen
Preises heute befürwortet wird, setzt wohl voraus, daß die den Boden regenerieren-
den Vor- oder Zwischenfrüchte, zumeist Futterpflanzen, gegenüber den Soja- und
Maniokimporten wieder wettbewerbsfähig werden. Diesem Ziel dient ein Vorschlag
des Landwirtschaftsministeriums in Bonn, wonach die staatlichen Garantiepreise für
Fleisch und Milch nur an diejenigen Bauern gezahlt werden sollen, die eigenes Futter
füttern. Daran knüpfen sich weiterreichende Hoffnungen: Nicht nur sollen Monokulturen durch Fruchtfolgen ersetzt werden, auch die oftmals der Rationalisierung zum
Opfer gefallene Kombination von Tierhaltung und Ackerbau soll wieder neu entstehen, mit all den gegenseitigen Vorteilen für beide Betriebszweige, die den Mischbe-
trieb seit jeher auszeichnen.

Zu ergänzen ist, daß nicht alle Kulturpflanzen in gleicher Weise auf Fruchtfolgen
angewiesen sind. So gelten Roggen, Reis, Mais, Baumwolle und Zuckerrohr als

---

[1] B. Andreae, 1977, S. 80 f.

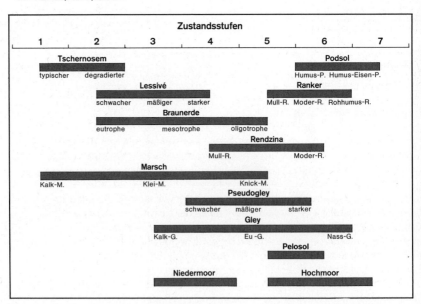

Abb. 28: Zuordnung der wichtigsten Bodentypen Deutschlands zu Zustandsstufen der Bodenschätzung

selbstfolgestabil (selbstverträglich). Sie können in ewiger Monokultur angebaut werden.

Für die beiden Geofaktoren Klima und Boden, die in ihrer Bedeutung für den Pflanzenwuchs etwa gleichrangig gesehen werden können, ergibt sich also ein deutliches Ungleichgewicht hinsichtlich des Anbaurisikos. Der Landwirt kann sich vor den Witterungsschwankungen weder voll schützen, noch kann er sie in nachhaltiger Weise verändern. Wie viele Erfahrungen zeigen, ist aber auch die Einpassung in die erkennbaren Bodenbedingungen nicht immer reibungslos verlaufen. Es scheint, daß bis in die jüngere Zeit hinein der traditionelle Weg, Lösungen durch „Versuch und Irrtum" zu finden, auch hinsichtlich des konstanten und deutlich kontrollierbaren Faktors Boden nicht ganz aufgegeben ist. Beispiele für lehrreiche Irrtümer finden sich besonders in den Tropen und Subtropen. Zahlreich sind auch die Beispiele dafür, wie durch übermäßige Düngergabe versucht wurde (wird), die Bodenfruchtbarkeit mit Gewalt anzuheben, anstatt mit geeigneten Fruchtfolgen zu arbeiten.

1c) Verbreitung der Nutzpflanzen und -tiere

Die natürlichen Standortfaktoren wirken sich am unmittelbarsten in der Verbreitung der Nutzpflanzen und -tiere aus. Dabei gilt allerdings der Vorbehalt, daß sich diese Verbreitung den ökologischen Bedingungen zwar einfügt, die von jenen gegebenen Möglichkeiten – trotz der seit längerem bestehenden weltweiten Kommunikation – aber noch keinesfalls ausnützt. Durch Züchtungen wurden zudem viele Standortgrenzen verschoben. Dennoch zeigt die derzeitige Verbreitung der Nutzpflanzen deutliche Züge der Anpassung an natürliche Wuchsbedingungen (vgl. Abb. 29).

Von den zahlreichen Pflanzenarten, die bisher domestiziert wurden, haben drei, nämlich **Weizen, Mais und Reis** eine überragende Bedeutung für die Welternährung gewonnen. Diese drei Getreidearten werden auf mehr als der Hälfte des genutzten Ackerlandes angebaut, und sie stellen etwa die Hälfte der menschlichen Nahrung (vgl.

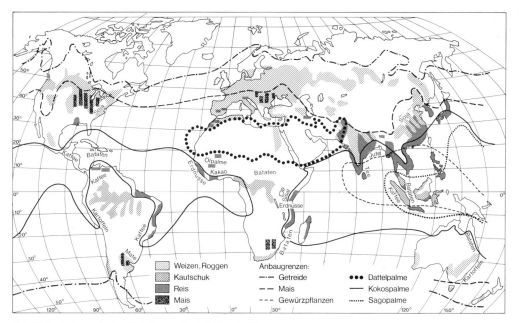

Abb. 29: Verbreitung wichtiger Nutzpflanzen (nach *Andreae* 1983)

Tabelle unten). Der *Weizenanbau* konzentriert sich aus klimatischen Gründen auf die mittleren Breiten. Der wärmeliebende *Mais* findet seine Hauptverbreitung in den warmgemäßigten Zonen, reicht aber bis in die wechselfeuchten Tropen. Noch niedrigere Breiten bevorzugt der *Reis;* in seinem Hauptverbreitungsgebiet in Südostasien reicht er allerdings auch in nördlichere, warmgemäßigte Zonen (Korea und Japan), in Europa bis ins nördliche Mittelmeergebiet.

Weitere wichtige Getreidearten sind *Gerste, Hafer* und *Roggen* der kühlgemäßigten bis gemäßigten Klimate, sowie mehrere *Hirsearten* (Millet) und *Sorghum* in den warmen bis heißen Klimaten. Die beiden letzteren haben wegen ihrer Trockenresistenz eine weite Verbreitung in den semiariden Tropen und Subtropen gefunden. Die hier häufigsten Hirsearten sind der Teff (Eragrostis tef), die Rispenhirse (Panicum miliaceum), Rohrkolben- oder Perlhirse (Pennisetum spicatum) und Kolbenhirse (Setaria italica); verhältnismäßig feuchte Standorte bevorzugt die Fingerhirse (Eleusine coracan). Alle Hirsearten spielen nur regional eine wichtigere Rolle, wobei die Verwendung als Nahrungsmittel, Futtermittel oder zur Bierherstellung im Vordergrund stehen kann. Nur Sorghum ist auch eine bedeutende Weltwirtschaftspflanze.

Nahrungsmittel der Erde, 1977

Erzeugnis	Produktionsmenge (Trockengewicht der eßbaren Anteile, in Mio t)			
	gesamt		Eiweißanteil	
Getreide:				
Weizen	341		51,5	
Mais	308		32,3	
Reis (geschält)	255		22,2	
Gerste	152		15,2	
Sorghum und Hirsearten	87		8,2	
Andere Getreidearten	75		8,8	
Zwischensumme		1218		138,5
Knollenfrüchte und Mehlbananen:				
Kartoffeln	64		5,8	
Süßkartoffeln	41		2,5	
Kassawa	41		1,0	
Mehlbananen	19		0,6	
Zwischensumme		165		9,9
Körnerleguminosen und Ölpflanzen:				
Sojabohnen	71		33,5	
Erdnüsse	14		7,3	
Andere Leguminosen	43		10,7	
Ölpflanzen	36		7,2	
Zwischensumme		164		58,7
Zuckerrohr und -rübe (nur Zuckergehalt)	106	106	–	–
Gemüse	41	41	4,1	4,1
Obst	33	33	2,0	2,0
Tierische Erzeugnisse:				
Milch	53		14,6	
Fleisch	44		22,1	
Fisch	16		13,2	
Eier	6		3,0	
Zwischensumme		121		52,9
Gesamtsumme		1848		266,1

Quelle: FAO Production Yearbook, 1977

Alle Getreidearten stellen zusammen rund 65% der menschlichen Nahrung und tragen mit über 50% zur menschlichen Proteinversorgung bei. Der Eiweißgehalt der heutigen Hochleistungsgetreidesorten liegt zwischen 5 und 13%.
Extrem geringe Proteingehalte finden sich bei den **Knollen- und Wurzelfrüchten,** deren Nährwert zudem durch einen hohen Wassergehalt geschmälert wird. Wichtigste Knollen- und Wurzelfrüchte sind *Kartoffeln* in den mittleren Breiten und – weniger für den Verkauf als für die Eigenversorgung – *Yams, Taro, Bataten* (Süßkartoffeln) und *Kassawa* (Maniok) in den niederen Breiten. Dabei sind Taro, Yam und Maniok eindeutig tropische Gewächse mit – in dieser Reihenfolge – abnehmendem Wasserbedarf. So gedeiht Maniok noch bei mittleren Jahresniederschlägen von etwa 500 mm und einer längeren Trockenperiode; allerdings sind die Erträge unter diesen Grenzbedingungen deutlich reduziert. Der am stärksten feuchtigkeitsliebende Taro braucht ganzjährig humide Verhältnisse. Die ebenfalls sehr frostempfindlichen Bataten lassen sich wegen ihrer kurzen Wachstumszeit auch in den Subtropen während des Sommers anbauen.
Als dritte Gruppe sind die **Leguminosen** zu nennen, zu denen *Erbsen, Bohnen, Erdnüsse* und einige Futterpflanzen wie *Klee* und *Luzerne* gehören. Sie haben einen hohen Eiweißgehalt und z. T. – bei Erdnüssen und Sojabohnen – auch hohen Fettgehalt. Ihr Vorteil liegt weiterhin in der Fähigkeit, mittels der nitrifizierenden Knöllchenbakterien in ihren Wurzeln den Stickstoff der Luft in eine für die Pflanzen verfügbare Form zu überführen. Ihr Anbau kann daher gleichzeitig als Gründüngung zur Bodenverbesserung dienen. Wichtigste Verbreitungsgebiete für *Sojabohnen,* die in ihren natürlichen Standortsansprüchen denen von Mais ähneln, sind die USA und Zentralchina; für die wärmebedürftigeren *Erdnüsse,* die für ihre etwa drei- bis viermonatige Wachstumszeit Mitteltemperaturen von wenigstens 20° C benötigen, Indien und die wechselfeuchten Gebiete Tropisch-Afrikas. Bohnen- und Erbsensorten finden sich in allen Teilen der Erde, allerdings nach ihrem Flächenanteil fast immer in untergeordneter Position.
Die **öl- und fettliefernden Pflanzen** umfassen mehrere rein tropische Arten, so die das Palmöl und Kopra liefernden *Öl-* und *Kokospalmen.* Die natürlichen Standorte sind die gleichen wie die des immergrünen Tiefland-Regenwaldes, d. h. ziemlich gleichbleibend feucht-heiße Klimate mit Minimaltemperaturen, die kaum unter 20° C sinken. Der das Olivenöl liefernde *Ölbaum* ist demgegenüber typisch für das warmgemäßigte Mittelmeerklima mit Jahresmitteltemperaturen von 15–20° C und einer hohen Sonnenscheindauer. Wegen seiner Frostempfindlichkeit werden küstennahe Standorte bevorzugt.
Von den **obstliefernden Pflanzen** haben die *Bananen* eine rein tropische Verbreitung, und zwar sowohl im Tiefland als auch auf den Hochländern. Wichtig sind hohe Niederschläge und das Fehlen ausgesprochener Dürreperioden. Die äußere Verbreitungsgrenze folgt etwa der 20°-Jahresisotherme. Von den Obstbananen sind die Mehl- oder Kochbananen (Plantain) zu unterscheiden, die zu den stärkeliefernden Pflanzen gehören. Ananas und Zitrus reichen bis in subtropische und warmgemäßigte Zonen vor. Die uns in Mitteleuropa vertrauten Obstsorten gedeihen nicht im tropischen Tiefland, jedoch in den Höhenklimaten der Tropen (Südindien, Ceylon).
Unter den **Genußmittelpflanzen** hat der *Kakao* die höchsten Ansprüche an Wärme und Wasser. Seine Verbreitung liegt innerhalb von 10 Breitengraden beiderseits des Äquators, wo möglichst immerfeuchte Bedingungen herrschen und die Temperatur selten unter 20° C sinkt. Der gegenüber kühleren Temperaturen und vorübergehenden Trockenperioden weniger empfindliche *Kaffee* wird bevorzugt in den tropischen Hochländern, etwa zwischen 1000 und 1600 m über N. N. angebaut. Noch geringere Wärmebedürfnisse besitzt der *Tee,* dessen Verbreitung in Ostasien und Transkauka-

sien (Grusinien) bis etwa 40° nördlicher Breite reicht. Von dem ebenfalls zu den Genußmittelpflanzen gehörenden *Tabak* gibt es zahlreiche Sorten mit sehr unterschiedlichen Standortsansprüchen. Die Verbreitung reicht von den wechselfeuchten Tropen und Subtropen bis ca. 60° nördlicher Breite.

Schließlich sind die zur Zuckergewinnung geeigneten **Zuckerrüben und das Zuckerrohr** zu nennen. Während die Zuckerrüben in den gemäßigten Zonen verbreitet sind, ist das Zuckerrohr eine ausgesprochen tropisch/subtropische Pflanze. Für die Zuckerbildung beim Zuckerrohr sind kürzere Trockenperioden mit Sonnenschein von Vorteil; Fröste müssen unbedingt fehlen.

Zu den genannten wichtigsten Nahrungs- und Genußmittel liefernden Pflanzen kommen einige bedeutsame **Industriepflanzen.** Dazu gehört zum Beispiel der *Kautschukbaum,* dessen Verbreitung ähnlich wie die des Kakao oder der Ölpalme auf die tropischen Klimate des Tiefland-Regenwaldes beschränkt ist. Diese drei Baumarten sowie Maniok und Bananen, vielleicht auch Kaffee und Zuckerrohr, stellen diejenigen Nutzpflanzen, die bei den derzeitig verfügbaren Technologien möglicherweise in größerem Stil in den ursprünglich regenwaldbedeckten äquatorialen Tropen angebaut werden könnten. Das schützende Laubdach dieser Baum- bzw. mehrjährigen Feldkulturen kann, ähnlich wie der ursprüngliche Wald, die Auswaschung und Austrocknung und damit meist irreversible Verhärtung der Böden verhindern. Zur Ergänzung sind sowohl erprobte Düngerzugaben als auch besondere Maßnahmen zur Schädlings- und Unkrautbekämpfung nötig.

Die besonderen Schwierigkeiten, die sich der agraren Nutzung in den humiden Tropen entgegenstellen, werden indirekt aus zwei Tatsachen deutlich: Dichtere Nutzungsareale beschränken sich auf Alluvialebenen oder vulkanische Aufschüttungsgebiete; in den übrigen, durchweg dünn besiedelten Bereichen herrscht der extrem flächenextensive Brandrodungs-Wanderfeldbau vor. Technologischer Wissensstand und Kapital der Einheimischen reichen in der Regel für eine großflächige, kommerzielle Erschließung nicht aus.

Eine zweite tropische Industriepflanze ist die *Faser-Agave.* Sie ist in den wechselfeuchten Klimaten verbreitet. Durch ihren xeromorphen Bau ist sie außerordentlich trockenresistent. Ebenfalls Trockenresistenz und weiter abnehmende Wärmeansprüche zeichnet die *Baumwolle* aus. Durch Züchtungen konnte die ursprünglich tropische Verbreitung beträchtlich nach Norden, bis etwa 40°, ausgedehnt werden.

„energy farming" Zu den herkömmlichen Industriepflanzen, die Rohstoffe liefern, kommen neuerdings solche, die zur Energiegewinnung angebaut werden (**energy farming**). Am weitesten ist diese Entwicklung in Brasilien fortgeschritten. Dort finden sich mittlerweile ausgedehnte Zuckerrohr- und Maniokplantagen, die nicht mehr der Nahrungsmittel- oder Futtererzeugung dienen, sondern der Produktion von Alkohol. Dieser wird als Kraftstoff für Verbrennungsmotoren, meist in Beimischung zu Benzin, verwendet. In vielen weiteren Ländern werden derzeit die Aussichten für ein erfolgreiches energy farming geprüft. Neben den genannten Pflanzenarten wird auch mit Zuckerrüben, Erdnüssen etc. experimentiert. Der Ausgang dieser Bemühungen hängt davon ab, wie hoch die tatsächliche (Netto-)Energieausbeute (also unter Abzug der für Anbau und Vergärung aufzuwendenden Energie) zu steigern ist, inwieweit Ackerland für das energy farming abgezweigt werden kann (ohne daß die ausreichende Nahrungsmittelproduktion gefährdet wird) und wie sich die Rohölpreise in Zukunft entwickeln werden (ob also eine vorteilhafte Kostenrelation besteht).

Wesentlich geringer als die Zahl der Nutzpflanzen ist die der wichtigsten domestizierten **Nutztierarten:** Rind, Schwein, Schaf, Ziege, Wasserbüffel und einige Geflügelarten (Huhn, Gans etc.). Die größte Verbreitung hiervon haben – häufig in Form differenzierter Rassen – Rind, Ziege, Schaf und Huhn. Auch wenn die Viehhaltung in kaum einem Gebiet gänzlich fehlt, so lassen sich doch die gemäßigten Breiten als die eigentlichen Schwerpunkträume hervorheben. In den Tropen besteht meist ein deutliches Gefälle von den wechselfeuchten zu den immerfeuchten Klimaten.

Tierische Nahrung (einschließlich Fisch) stellt – nach den Trockengewichtsanteilen – lediglich 6% der menschlichen Nahrung (Fisch: knapp 1%). Der Anteil an der Eiweißversorgung liegt mit 20% zwar deutlich höher, doch bleibt als wohl überraschende Tatsache, daß immerhin noch $^4/_5$ der Eiweißversorgung (und 94% der menschlichen Nahrung insgesamt) aus der pflanzlichen Produktion stammen.

Der Anteil von 14%, den Proteine derzeit an den Nahrungsmitteln haben, ist an sich mehr als genug (bereits 6% werden als ausreichend angesehen). Das Problem liegt in der ungleichen Verteilung (s. Kap. II, 1). Entsprechendes gilt auch für die gesamte Nahrungsmittelerzeugung: Pro Kopf und Tag errechnen sich im Mittel nicht weniger als 2600 kcal – eine ausreichende Menge für alle, wenn sie sie alle bekämen!

1d) Ökosystem und Landwirtschaft

Während in dem Stoff- und Energiehaushalt der Ökosysteme die Primärenergie, nämlich die Sonnenenergie, unbeschränkt verfügbar ist, können lebenswichtige Stoffe wie Kohlenstoff, Stickstoff, Phosphor, Kalium, Kalzium, Schwefel, Eisen etc. nur zu einem sehr geringen Teil, beispielsweise durch Gesteinsverwitterung, neu angeliefert werden. Der größere Teil muß durch Aufbereitung – ,,recycling'' – von **Natürliches** totem organischen Material gewonnen werden. In den natürlichen Ökosystemen ist **Ökosystem** dieser Stoffkreislauf in einem Gleichgewichtszustand (erkennbar an regelhaften Artenkombinationen und Populationsgrößen) eingependelt, der konstant, fluktuierend (meist periodisch) oder sukzessiv (in Richtung auf Klimax) sein kann. Es ist Aufgabe der Ökosystemforschung, den Gleichgewichtszustand nicht nur qualitativ, sondern auch quantitativ zu erfassen.

Das **Gleichgewicht eines Ökosystems** ist mehr oder weniger stabil, d. h. das System reagiert auf äußere Einflüsse resistent oder elastisch und bewegt sich nach der Störung wieder auf den Ausgangszustand zurück, es regeneriert sich selbst. Diese

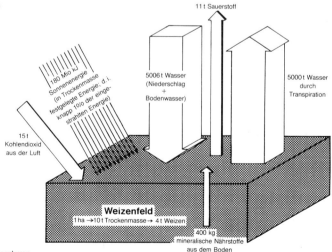

Abb. 30: Stoff- und Energieverbrauch eines Weizenfeldes (nur Nettoproduktion)

Fähigkeit zur Selbstregulation wächst im allgemeinen mit dem Artenreichtum eines Ökosystems, da hier umso mehr und unterschiedlichere Wege (stabilisierende Querverbindungen) für den Fluß der Stoffe und Energien bestehen.

Landwirtschaftliches Ökosystem Die Erschließung eines Raumes für die agrare Nutzung bedeutet die Auflösung des *natürlichen* Ökosystems an dieser Stelle und Schaffung eines neuen *landwirtschaftlichen* Ökosystems (vgl. Abb. 30).

Ein solches von Menschenhand geschaffenes einfaches Ökosystem besitzt nicht mehr die Fähigkeit zur Selbsterhaltung; vielmehr bedarf es besonderer Aufmerksamkeit und Aufwendungen zur Stabilisierung; andernfalls wird es sich in das Ausgangssystem oder – wenn die Eingriffe schwerwiegender waren – in ein (degradiertes) Folgesystem zurückentwickeln. Derartige Aufwendungen zur Stabilisierung sind z. B. Abwehrmaßnahmen gegen Schädlings- und Krankheitsbefall, gegen Winde und Trockenheit, gegen Unkräuter oder Maßnahmen zur Bodenmelioration. Hierfür entstehen beträchtliche Kosten, die wohl den größten Teil der Produktionskosten ausmachen.

Ein Subsistenzbauer, der jedes Jahr von neuem für seine eigene Versorgung ausreichend produzieren muß, kann eine langfristig größte Stabilität am besten durch eine weitestgehende Integration seines Betriebssystems in das natürliche Ökosystem seiner Umwelt erreichen. Dies gelingt ihm durch sein durchweg hochentwickeltes ökologisches Verständnis. Störungen treten im allgemeinen erst auf, wenn z. B. im Zuge einer Bevölkerungsvermehrung eine derart starke Landverknappung erfolgt, daß die natürlichen Ressourcen langfristig degradiert werden. Im Gegensatz hierzu haben Landwirte solcher Systeme, die wegen ihrer modernen Technologien als fortschrittlich bezeichnet werden, gelegentlich das nötige ökologische Verständnis vermissen lassen. Ähnliches gilt für zahlreiche landwirtschaftliche Entwicklungsprojekte, die in Ländern der Dritten Welt gegründet wurden. Ihre tiefgreifenden Maßnahmen zur raschen Profit- oder Ertragsmaximierung haben sich nachträglich oft als schwer reparable Eingriffe in das ökologische Gleichgewicht herausgestellt, d. h. kurzfristig erzielte Gewinne und Ertragssteigerungen müssen langfristig mit hohen Kosten für die Überwindung der Schäden und für Umstellungen auf bodenerhaltende Praktiken bezahlt werden.

Zu den **Schäden** gehören insbesondere solche des Bodens. Sie entstehen meist durch *Überweiden* (Überstockung) und *Abholzen natürlicher Waldbestände,* durch *Inkulturnahme von Grenzertragsböden* in semiariden Gebieten (z. B. Auswehung), oder durch *Inkulturnahme* von stärker *geneigtem Gelände* in humiden Gebieten (Gully Erosion und Flächenabspülung). Zu weiteren, häufig irreversiblen Schäden gehören die Bodenauswaschung, die Verhärtung durch Kalk- oder Lateritbildungen und Salzakkumulation.

Die Probleme liegen nur z. T. darin, daß die Gefahren der Bodenzerstörung nicht erkannt werden oder daß geeignete Abwehrmaßnahmen unbekannt sind. Wichtiger ist, daß entweder das nötige Kapital zur Durchführung dieser Maßnahmen fehlt oder die Abhängigkeit des Menschen vom Boden so groß ist, daß eine Einschränkung der Nutzung zugunsten einer langfristigen Bodenverbesserung oder -erhaltung aus kurzfristigen Überlegungen nicht akzeptiert werden kann. So kommt es, besonders in vielen Entwicklungsländern, auf lange Sicht zu schwerwiegenden Folgen des Bodenmißbrauchs.

Fehlschläge ergeben sich auch aus der zunehmenden Vereinfachung landwirtschaftlicher Ökosysteme und durch die Verwendung weniger, genetisch sehr einheitlicher Hochleistungssorten. Derartige Monokulturen sind besonders anfällig für eine epidemische Vernichtung. Als ein frühes Beispiel hierfür mag die Zerstörung der Kartoffelmonokultur durch einen Pilz während der ersten Hälfte des letzten Jahrhunderts in Irland sein, in deren Gefolge rund $1\frac{1}{2}$ Millionen Menschen an Unterernährung starben. Es wäre sicherlich verfehlt, die Möglichkeit zu derartigen Katastrophen für die Zukunft ausschließen zu wollen. Mit Sicherheit aber wäre das Ausmaß derartiger Katastrophen infolge der mittlerweile enorm größeren Ausdehnung von Monokulturen viel schlimmer. Diese Gefahr zwingt zu einer größeren Anwendung von Pestiziden. So konnten zwar bisher Katastrophen verhindert werden, nicht aber, wie statistische Vergleiche in den USA zeigen, die jährlichen Raten der Ernteschäden vermindert werden[1]. Möglicherweise hoffnungsvolle Alternativen liegen in der *biologischen Schädlingsbekämpfung,* die zudem weniger schädliche Konsequenzen für den Menschen hat. So konnten die Zitruskulturen von Kalifornien, die durch Befall von Schildläusen gefährdet waren, durch Einführung von Marienkäfern gerettet werden[1]. In den Tropen und Subtropen wird mit einigen Hoffnungen geprüft, ob der Anbau von Leguminosenarten der Gattung Stylosanthes zur Bekämpfung der weltweiten Zeckenplage beitragen kann. Stylosanthes-Arten stellen nahrhafte Weidepflanzen, deren Ausscheidungen Zeckenlarven lähmen und töten.

Die Abhängigkeit des Landwirts von den natürlichen ökologischen Verhältnissen ist geringer geworden, und zwar durch
– Maßnahmen zur Standortverbesserung;
– Größere Auswahl geeigneter Kulturpflanzenarten und -sorten (die Unsicherheit, die hinsichtlich klimatischer Faktoren besteht, kann durch entsprechende Züchtungen verringert werden);
– Verbesserte Methoden der Tierhaltung und des Pflanzenbaus.

Die Entwicklung scheint einer immer stärkeren Unabhängigkeit von der natürlichen Umwelt zuzustreben. Derzeit am weitesten fortgeschritten ist sie bei der Legehennen- und Mastgeflügelhaltung, gefolgt von der Kälber- und Schweinemast. Diese *Veredlung* wird teilweise in der industriellen Form der Massentierhaltung betrieben, wobei meist fremde Futtermittel verwendet werden und die Fleischproduktion daher bodenunabhängig ist. Eine ähnlich hohe Unabhängigkeit von den natürlichen Gegebenheiten wird beim Pflanzenbau durch (häufig fernbeheizte) *Gewächshauskulturen* erreicht, wo die Böden z. T. durch Nährlösungen ersetzt werden. Ein gewisses Maß an Klima-Unabhängigkeit läßt sich durch die Verwendung von Abdeck-Plastikfolien gewinnen, die heute schon großflächig eingesetzt werden und die Glashäuser alten Stiles ersetzen. Die bisherigen Maßnahmen haben regional bereits zu einer agrarräumlichen Gliederung geführt, die früheren Lagekriterien nicht mehr entspricht. Die langfristige Kapitalbindung ist wohl das Haupthindernis, das der raschen Fortführung dieser Entwicklung entgegensteht.

Der neuerdings vermehrt propagierte *alternative,* (ökologische, biologische, biologisch-dynamische etc.) *Landbau,* der sich aus einer Ablehnung der rationellen Landwirtschaft mit ihren Auswüchsen der übermäßigen Düngung, der für Mensch- und Bodenleben giftigen Schädlingsbekämpfung und Unkrautvernichtung etc. herleitet, muß seine Überlegenheit erst noch beweisen. Aus der Tatsache, daß die Zahl der „Bio-Bauern" von Jahr zu Jahr immer schneller zugenommen hat, ist ein solcher Beweis sicher nicht abzuleiten. Ein Erfolgsvergleich mit dem herkömmlichen modernen Landbau wird dadurch erschwert, daß der Bio-Landbau im einzelnen ganz unterschiedlich betrieben wird und nicht selten völlig anderen, gelegentlich ideologisch verbrämten Betriebszielen („zurück zur Natur", alternatives Leben) folgt.

Für alle diversen Bio-Landbauformen dürfte der (weitestgehende) Verzicht auf Industriedünger und Agrarchemikalien gemeinsam sein. An deren Stelle sollen unter anderem die folgenden neuen Maßnahmen treten:

Alternativer Landbau

---

[1] *P. R. Ehrlich, u. a.,* 1975, S. 146–151

- Schonende mechanische Bodenbearbeitung, so daß das Bodenleben und die von ihm erzeugte vorteilhafte Bodengare erhalten bleiben.
- Schädlingsbekämpfung durch Nützlingsförderung, Bio-Pflanzenschutzmittel (z. B. Krautauszüge, natürliche Insektizide wie Pyrethrum) und über eine Bodenverbesserung, durch die gesündere, widerständigere Pflanzen entstehen sollen.
- Unkrautvernichtung durch Hacken oder maschinell, indirekt über vielseitige Fruchtfolgen sowie Untersaaten oder/und Zwischenkulturen mit Klee, Luzerne etc.
- Düngung mit organischen Düngemitteln, die auch das Bodenleben fördern, sowie durch Zufuhr von Mist, Gülle und Kompost. Angestrebt wird ein dem natürlichen Ökosystem entsprechender, weitgehend geschlossener Stoffkreislauf: Der vorübergehende Nährstoffentzug durch die Ackerkulturen soll durch Rückführung von Ernterückständen und Abfällen aus der Tierhaltung wieder ausgeglichen werden.

Die Vorteile einer so geführten Landwirtschaft liegen in einer Schonung der Bodenressourcen, einer Einsparung an Energie (auch indirekt über die Nichtverwendung von industriellen Produkten, zu deren Herstellung Energie gebraucht wird), einem geringeren Unternehmeraufwand pro Fläche (insbesondere wegen fehlender oder nur geringer Kosten für Dünger und Pflanzenschutzmittel, ggf. auch für Futtermittel) und schließlich – so wird jedenfalls argumentiert – in einer höheren Qualität der Produkte („Bio-Kost"). Die Nachteile ergeben sich aus einem höheren Arbeitsaufwand bei gleichzeitig geringeren Produktionsmengen (beide Nachteile werden allerdings von manchen Bio-Bauern bestritten). Sofern die niedrigere Arbeitsproduktivität nicht durch den geringeren Sachaufwand oder höhere Erzeugererlöse (getragen von höheren Preisen für biologische Nahrungsmittel am Verbrauchermarkt) ausgeglichen wird, müssen Bio-Bauern daher mit unterdurchschnittlichen Betriebseinkommen pro Arbeitskraft rechnen. Darauf gründet sich wohl die Tatsache, daß sich meist nur kleinbäuerliche Familienbetriebe dem biologischen Landbau widmen.

Die Nachteile sind teilweise als Anfangsschwierigkeiten einer relativ jungen Entwicklung zu sehen und mögen sich in vielen Fällen abschwächen. Selbst scharfe Kritiker der biologischen Wirtschaftsweise plädieren heute dafür, daß auch beim kommerziellen Landbau chemische Produkte maßvoller eingesetzt werden sollen und suchen auch sonst nach Wegen zu einer ökonomisch vertretbaren ökologischen Lösung. Wie weit sie sich dabei den Wegen der Bio-Bauern annähern, bleibt abzuwarten.

2. Ökonomische Faktoren

2a) Ökonomie – Ökologie

Die Natur setzt die Grenzen, innerhalb derer landwirtschaftlich produziert werden kann. Der *Markt* oder *staatliche Planung* entscheidet darüber, was aus den vorgegebenen Möglichkeiten tatsächlich gemacht wird: Ein freier Landwirt mit einer verkaufsorientierten Produktion wird bestrebt sein, den Weg der höchsten Rentabilität zu gehen. Die Ausbreitung von Kaffee, Tee und Kakao in einigen tropischen Ländern, aber auch der Rückgang von Sisal in Ostafrika sind Zeugen für die Macht des Faktors Markt, nicht für die Gunst oder Ungunst natürlicher Standortsbedingungen.

So, wie es ökologisch bedingte Grenzen der Landwirtschaft gibt, lassen sich auch ökonomisch motivierte Marginalzonen des Agrarraumes erkennen. Letztere gründen sich auf die Tatsache, daß die Räume der landwirtschaftlichen Produktion und die Zentren des Verbrauchs nicht identisch sind, vielmehr um so weiter auseinanderliegen, je fortgeschrittener die Arbeitsteilung einer Gesellschaft und damit je größer die Urbanisierung ist. Hiermit entsteht und wächst ein **Verteilungsproblem.** Nur innerhalb des engeren Raumes, in dem dieses Problem im Vergleich zu konkurrierenden Stand-

Rentabilitätszonen

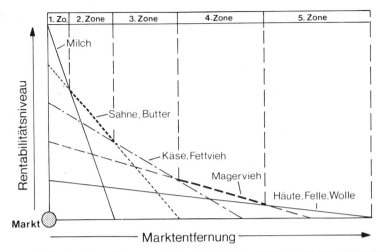

Abb. 31: Wettbewerbsverschiebungen zwischen den Produktionsrichtungen extensiver Weidewirtschaften bei wachsender Marktentfernung (nach *Andreae* 1983)

orten zufriedenstellend gelöst ist, kann das ökologische Potential wirtschaftlich gewinnbringend genutzt werden. Jenseits davon nicht mehr. Bereits J. H. von Thünen (1826) beschrieb solche Rentabilitätszonen (siehe V. Regionalisierung). Danach muß jede Verkaufsproduktion spätestens bei derjenigen Marktentfernung ihre äußere Grenze finden, wo ihre Rentabilität den Nullwert erreicht. Das führt zu einer regionalen Sortierung der Produktionszweige, bei einem einzigen zentralen Markt zu konzentrischen Ringzonen (s. Abb. 31).

Die wirtschaftliche Abhängigkeit eines Landwirtes wächst mit der Marktorientierung seiner Produktion. Die Ringzonen werden daher um so schärfer und enger sein, je höher die Kommerzialisierungsstufe liegt.

Ökologische und ökonomische Beschränkungen können sich addieren, aber auch gegenseitig reduzieren. So können z. B. Nachteile einer ungünstigen Marktlage durch vorteilhafte Bodenqualitäten wettgemacht werden. Oder umgekehrt: staatliche und private Entwicklungsmaßnahmen, z. B. solche zur Bodenverbesserung (→ Ertragssteigerung) und Infrastruktur (→ Transportverbilligung) oder Fortschritte der Erntetechnik beispielsweise durch Einsatz von Maschinen-Größtaggregaten (→ Senkung der Erzeugungskosten) vermögen natürliche Standortsnachteile zu überspielen.

Letztlich hängt die ökologische und ökonomische Abhängigkeit vom verfügbaren Kapital ab: Kapitalknappheit beschränkt die kommerzielle Bodennutzung auf die relativ günstigen Eignungsgebiete oder auf einige wenige Wahlmöglichkeiten, z. B. hinsichtlich der Nutzpflanzenwahl; Kapitalinvestitionen können dagegen eine räumliche Erschließung nach stärker wirtschaftlichen Gesichtspunkten einleiten, wobei allerdings eine bestimmte Grenze gesetzt ist (Grenzwert). Diese liegt dort, wo weitere Maßnahmen zur Standortsverbesserung nicht zu vergleichbar hohen Ertragssteigerungen führen, d. h. wo der Grenzertrag nicht mehr deutlich über dem Grenzaufwand liegt („Gesetz vom abnehmenden Ertragszuwachs"). Die Ableitung der verschiedenen Ertrags- und Einkommenskalkulationen zeigt die Abb. 31 im Überblick.

Grenzertrag – Grenzaufwand

Die Abhängigkeit des Landwirts von den ökologischen Bedingungen ist – so gesehen – eine ökonomische, denn die Konsequenzen, die sich aus dieser Abhängigkeit ergeben, werden von ihm rein ökonomisch betrachtet, ebenso die Maßnahmen, die er eventuell zur Standortsverbesserung ergreift. Technisch ist es möglich, am Nordpol

Bananen wachsen zu lassen; aus wirtschaftlichen Gründen wird dies aber niemals Bedeutung erlangen. Naturgrenzen der agraren Nutzung werden unter Einbeziehung wirtschaftlicher Gesichtspunkte zu *natürlichen Rentabilitätsgrenzen.*

Die ökonomischen Faktoren werden immer wichtiger, da der Prozeß der Kommerzialisierung zum Nachteil der reinen Subsistenzwirtschaft weltweit rasch fortschreitet und daher ein immer größer werdender Anteil der Landwirte marktabhängig wird. Dies hat zu einer Veränderung in der Verbreitung der Kulturpflanzen geführt: Die Bevorzugung von ertrags- und transportgünstigen Arten auf der Angebotsseite und Nivellierung der Konsumentenwünsche auf der Nachfrageseite haben einigen wenigen Arten, wie Weizen, Mais und Reis zu einem- weltweiten Vorsprung verholfen. Andere Arten, wie Hirse, Tef, Yam, Roggen und Hafer sind dabei zurückgedrängt worden. Die verbliebenen Produkte unterliegen zunehmend einer Normung (Handelsklassen). Diese dient zunächst der Markttransparenz und damit einer gerechten Qualitätsbezahlung, zugleich trägt sie aber auch zu einer weiteren Einschränkung früherer Angebotsvielfalt bei. Aus dieser Entwicklung leitet sich eine Tendenz zur Vereinheitlichung der Agrarlandschaft ab.

2b) Der Markt

Der Verkaufspreis reguliert sich im einfachsten Fall, auf dem lokalen Markt wie auch auf dem Weltmarkt, über Angebot und Nachfrage. Dabei tritt selten der einzelne Erzeuger, häufiger dagegen eine Erzeugergemeinschaft als Anbieter auf. Der einzelne Landwirt ist – auf sich alleine gestellt – kaum in der Lage, seine Preiswünsche durchzusetzen. Seine schwache Marktstellung hängt u. a. mit dem numerischen Verhältnis zusammen, das für die meisten Agrarmärkte gilt. Auf der einen Seite stehen Polypol überaus viele Erzeuger, die sich miteinander im Wettbewerb befinden *(Polypol).* Ihre Zahl übertrifft in manchen Ländern sogar diejenige der (nicht landwirtschaftlich tätigen) Konsumenten. Auf der anderen Seite steht eine stark konzentrierte Nachfrage in Gestalt weniger Großhandelsunternehmen, Verarbeitungsbetriebe oder staatlicher Oligopol Absatzorganisationen *(Oligopol),* die in der Lage sind, innerhalb gewisser Grenzen die Preise selbst festzusetzen.

Erläuterungen zur Abb. 32 auf Seite 73

– *Rohertrag* = landwirtschaftliche Betriebseinnahmen plus Wert der Naturalentnahmen für Privat, Altenteil, Naturalpacht und Naturallöhne plus Wert der Bestandsveränderungen an Vieh und selbsterzeugten Vorräten.
– *Deckungsbeitrag* = Geldrohertrag abzüglich variabler Spezialkosten (Kosten für Saatgut, Tiermaterial, Tierarzt, Kraftfutter, Mineraldünger, Pflanzenschutzmittel, Trocknung, Reinigung u. ä.; z. T. auch Zugkraft-, Maschinen- und Handarbeitskosten; ferner Zinsanspruch des Umlaufkapitals).
– *Betriebseinkommen* = Rohertrag minus Sachaufwand, Kostensteuern und Lasten = Einkommen der Produktionsfaktoren Boden, Arbeit, Kapital und Unternehmerleistung.
– *Roheinkommen* = Betriebseinkommen minus Fremdlöhne = Einkommen der bäuerlichen Familie aus Boden, Arbeit, Kapital und Unternehmerleistung.
– *Arbeitseinkommen der bäuerlichen Familie* = Roheinkommen minus Zinsanspruch des Aktivkapitals.
– *Reinertrag* = Roheinkommen minus Lohnanspruch der familieneigenen Arbeitskräfte = Verzinsung des Aktivkapitals plus Unternehmergewinn.
– *Brutto-Bodenproduktivität* = Rohertrag je ha LF
– *Brutto-Arbeitsproduktivität* = Rohertrag je AK
– *Netto-Bodenproduktivität* = Betriebseinkommen je ha LF
– *Netto-Arbeitsproduktivität* = Betriebseinkommen je AK

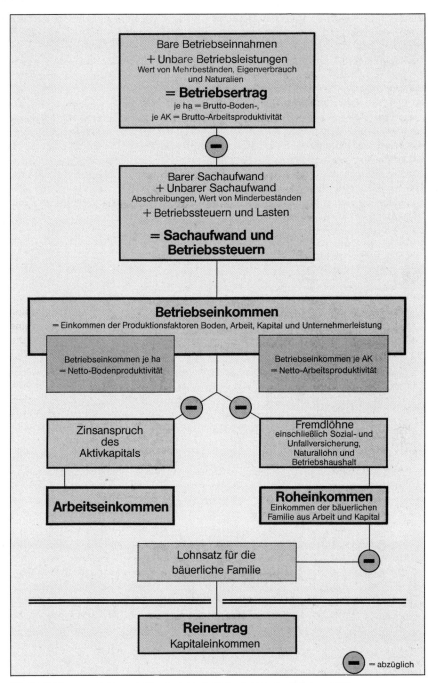

Abb. 32: Ableitung von Erfolgsmaßstäben landwirtschaftlicher Betriebe (nach Andreae 1983)

Dieses zahlenmäßige Ungleichgewicht und die sich daraus für die Erzeuger ableitende ungünstige Marktstellung ist das vorläufige Ergebnis einer langen Entwicklung. Ausgangsstadium auf der Subsistenzstufe war überall ein *innerfamiliärer* und nachbarschaftlicher *Austausch*. Das zweite Stadium lag dann in der Ausbildung *lokaler Märkte* mit einem mehr oder weniger direkten Austausch/Verkauf zwischen Erzeugern und nicht mehr in der Landwirtschaft tätigen Konsumenten. Erst in einem dritten Stadium wurden zunehmend Händler zwischengeschaltet. Bis heute erreicht in vielen Teilen der Welt ein sehr großer Teil der Agrarproduktion den Konsumenten auf eine dieser drei Arten, also durch Selbstversorgung, Selbstvermarktung oder durch Händler ohne Einschaltung eines Großhandels. Dies gilt in Einzelfällen auch noch für die industrialisierten Länder. Erwähnt sei hier der Direktverkauf auf Wochenmärkten und das mobile Angebot von frischem Obst, Gemüse und Eiern in den Wohnrandsiedlungen großer Städte durch Bauern aus den benachbarten Dörfern. Die Preise oder auch Tauschgegenstände werden meist direkt zwischen Anbietern und Verbrauchern ausgehandelt, woran auch staatliche Preisvorschriften, sofern sie bestehen, nur begrenzt etwas zu ändern vermögen.

Über dieses engmaschige Netz eines lokalen Austausches haben sich, besonders in jüngerer Zeit – als viertes Stadium – die schnell dichter werdenden und weitreichenderen *Handelsnetze* immer mächtigerer Handelsorganisationen gelegt. Dadurch werden die kleinen Händler nach Zahl und Einfluß zunehmend zurückgedrängt. Die Konzentration des Handels verlief bisher viel schneller als die gleichzeitige relative
Monopol Abnahme der Erzeugerzahl. In allen Ländern treten heute private (auch multinationale) oder staatliche Großunternehmen als Aufkäufer für die Agrarerzeugnisse auf, teils in Ergänzung oder in Konkurrenz zu den lokalen Märkten in Oligopolstellung, teils sogar in Monopolstellung.

Als ein unbestreitbarer Vorteil dieser Entwicklung ist zu werten, daß die Verbindung von Angebot zu Nachfrage über große Entfernungen hergestellt wurde. Damit ist in vielen Ländern die Erzeugung auch solcher Verkaufsprodukte möglich geworden, die nicht zugleich örtliche Verkaufsprodukte darstellen. So haben diese überregionalen Handelsnetze, wie kein anderer Faktor, eine weltweite Umgestaltung der Agrarlandschaft ausgelöst.

Die großen, weltumspannenden Handelsnetze laufen in den wichtigen Markt- und Handelszentren der industrialisierten Länder zusammen. So haben beispielsweise die Agrarmärkte von Birmingham und Glasgow ein Hinterland, das bis nach Argentinien,
Weltumspannende Australien und Neuseeland reicht[1]. Oder: Die Bewohner Europas und Nordamerikas
Handels- sind hinsichtlich wichtiger Getränke (Kaffee, Tee, Kakao) abhängig von den Leistun
beziehungen gen, die Landwirte in Brasilien, Ghana, Kenya, Sri Lanka (Ceylon) etc. erbringen. Umgekehrt sind jene auf die europäischen und nordamerikanischen Märkte angewiesen.

Eine derartige weltweite Verflechtung der Handelsbeziehungen ließe sich für viele weitere Agrarerzeugnisse aufzeigen. Grundsätzlich betrifft sie alle Exportprodukte der Entwicklungsländer, wie z. B. Baumwolle im Sudan, Erdnüsse im Senegal. Daneben gehören aber auch Produkte dazu, die innerhalb der nördlichen Hemisphäre zwischen Staaten mit höherem Entwicklungsstand oder von dort in die Entwicklungsländer vermarktet werden, wie z. B. Futtergetreide und Weizen, die in beträchtlichen Mengen von Nordamerika nach Westeuropa bzw. in die Sowjetunion und die Entwicklungsländer exportiert werden.

Dieser **Welthandel** erfolgt zu *Weltmarktspreisen,* die ebenso wie im lokalen Bereich – über Angebot und Nachfrage an den großen Produktenbörsen oder auf Auktionen

---

[1] *W. B. Morgan* u. *R. C. J. Munton,* 1971, S. 71 f.

ermittelt werden. Und ähnlich wie im kleinen, so ist auch auf der Ebene der Staaten Weltmarktpreise die Marktstellung des anbietenden (exportierenden) Produzenten meist schwächer als die des importierenden Verbrauchers. Die Erzeugerländer sind daher bestrebt, das freie Kräftespiel von Angebot und Nachfrage bei der Preisgestaltung zu ihrem Schutz einzuschränken (s. u.).

Neben der Konzentration des Handels in wenigen Händen und der weltweiten Verflechtung der Handelsnetze ist noch eine dritte für den Absatz von Agrarprodukten wichtige Änderung der modernen Marktentwicklung zu nennen. Sie betrifft den Bedeutungszuwachs, den die **verarbeitende Industrie** entsprechend den zunehmenden Ansprüchen und Bedürfnissen der Verbraucher erfahren hat. Die Vermarktung umfaßt heute als wesentlichen Bestandteil die *Aufbereitung* und *Verarbeitung* der zumeist als Rohprodukte den Hof verlassenden landwirtschaftlichen Erzeugnisse, von der Aufbereitung und Verarbeitung Herstellung handlicher Packungen bis zum Fertiggericht in der Tüte oder Konserve. Die hieran beteiligten Unternehmen haben, ähnlich wie die reinen Handelsunternehmen, eine Konzentration erfahren. Davon bleibt allerdings unberührt, daß die Einzelbetriebe der neuen Großunternehmen – meist aus Gründen der Transport- und Arbeitskostenminimierung – klein und weit verteilt (dezentralisiert) bleiben können. Das gilt in der Bundesrepublik Deutschland beispielsweise für Zuckerrübenfabriken, Molkereien und Getreidemühlen.

In den Entwicklungsländern findet man die enge Verknüpfung von Agrarproduktion und Verarbeitung bei Zuckerrohr, Baumwolle, Kaffee, Tee, Kautschuk und Ölpalmen, Plantagen zum Teil sogar in einer unternehmerischen Verbindung als *Plantage*. Als Alternative hierzu kann die Organisationsform der Vertragslandwirtschaft (s. o.) auftreten, bei der es zwischen den Verarbeitungsbetrieben und den in ihrem Einzugsbereich liegenden Erzeugern zu mehr oder weniger langfristigen Abmachungen über Quantität und Vertragslandwirtschaft Qualität der Anlieferung und die Aufkaufspreise kommt.

Die großen Handels- und Verarbeitungsunternehmen gewinnen immer stärkeren Einfluß auf das *Preisniveau,* und zwar sowohl auf der Erzeuger- als auch auf der Verbraucherseite. Ihr Anteil an den Verkaufserlösen von Nahrungsmitteln ist ständig gestiegen und liegt heute in der Bundesrepublik Deutschland bei deutlich über 50%. Da ihre Nachfrage auf große Mengen einheitlicher Qualität und über längere Zeit gleichbleibender Anlieferung zielt, üben sie zugleich einen nachhaltigen Druck auf die Erzeugung aus.

Der einzelne Landwirt ist diesem Druck kaum gewachsen. Nachteilig ist für ihn auch, daß er lange Zeit vor dem Verkauf – spätestens zum Saattermin, infolge des Bedarfs spezieller Produktionseinrichtungen meist wesentlich früher – seine Produkte festlegen muß, also in Unkenntnis späterer Absatzbedingungen. Diese Absatzbedingungen sind für ihn schwer abschätzbar, da er weder die Entscheidung seiner Mitbewerber um den Markt rechtzeitig genug kennt, noch den Witterungsverlauf vorhersehen kann. Dementsprechend muß er damit rechnen, daß die Preise, die er für seine Konstante Nachfrage Produkte auf dem Markt erzielen kann, in weiten Grenzen variieren: Wegen der nach oben wie nach unten eng begrenzten Nahrungsaufnahme des Menschen, also ziemlich konstant bleibender Nachfrage, kann ein Überangebot nur zu stark herabgesetzten Preisen abgesetzt werden. Aus dem gleichen Grund führt die Verknappung eines Produktes zu immensen Preissteigerungen (z. B. Kartoffeln 1975/76 in der Bundesrepublik Deutschland: über 500%). In Folge fester Eßgewohnheiten kommt es auch kaum zu Ersatz eines teuren Nahrungsmittels durch ein billiges, d. h. die Nachfrage bleibt hinsichtlich der einzelnen Produktarten relativ gleich, sie ist auch im Detail weitgehend preisunabhängig. In diesem Festhalten an bestimmten, regional deutlich differenzierten Geschmacksrichtungen liegt im übrigen einer der Gründe für die agrarräumliche Differenzierung.

Die Unwägbarkeiten des Absatzes können und dürfen den Landwirt andererseits nicht davon abhalten, bei attraktiven Preisen für bestimmte Erzeugnisse durch eine Ausweitung der entsprechenden Produktion und bei niedrigen Preisen durch einen Wechsel zu anderen Erzeugnissen zu reagieren, d. h. seine Produktionsmengen und -arten an die Preisverhältnisse anzupassen. So führen in der Bundesrepublik Deutschland niedrige Getreidepreise regelmäßig zu einer Ausweitung des Kartoffelanbaus. Da sich die Mitbewerber um den Markt ähnlich verhalten, trifft die Mehrproduktion – zumindest längerfristig – auf einen überfüllten Markt und führt damit – um bei dem Beispiel zu bleiben – zu sinkenden Kartoffelpreisen. Im Extremfall ist die Produktion selbst zu niedrigsten Preisen nicht voll verkäuflich. Umgekehrt kann im folgenden Jahr (oder bei Produkten mit einer längerfristigen Festlegung: zu einem späteren Zeitraum) das Angebot erheblich unter den Bedarf sinken. Die negativen Folgen, höhere Preise oder Angebotslücken, treffen in diesem Fall die Verbraucher.

Eine Produktionsdrosselung aus marktwirtschaftlichen Überlegungen kann sich ein Landwirt normalerweise nicht leisten. Sein Betrieb ist auf ein bestimmtes Produktionsniveau eingestellt, das sich aus der Art und Größe seiner unveränderlichen Produktionsfläche ableitet. Sein Bestreben wird sein, im Rahmen dieser Gegebenheiten zu einer gleichbleibenden optimalen Nutzung zu kommen.

Seine Einkünfte werden dann in erster Linie von den Preisen abhängen, die er für Investitionsgüter und Betriebsmittel zu zahlen hat und die er andererseits für seine Produkte erhält, d. h. sie werden von fremden Einwirkungen kontrolliert. Alle Möglichkeiten, die er durch ein geschicktes Management zu seinen Gunsten ausnutzen kann, sind demgegenüber meist von untergeordneter Bedeutung.

Der einzelne Landwirt wird es insbesondere dann schwer finden, seine Preisvorstellung durchzusetzen, wenn er – was die Regel ist – über eine nur kleine Produktionseinheit verfügt und keine eigenen Mittel für den Transport seiner Verkaufsprodukte besitzt, also kaum Chancen zu einem Direktabsatz hat; er ist dann häufig gezwungen, mit einem einzigen Aufkäufer zu verhandeln, der mit einem Lastwagen zu ihm kommt und seine Erzeugnisse ab Hof übernimmt. Eine gewisse Absicherung mag in der Möglichkeit zu *Kontrakten* liegen, in denen die Abnahme – wie aber auch auf Seiten des Landwirts die Lieferung – gewisser Produkte zu bestimmten Preisen längerfristig zwischen beiden Handelspartnern vereinbart wird.

Eine Alternative liegt im Zusammenschluß der Erzeuger zu einer Selbsthilfeorganisation in Gestalt einer **Verkaufsgenossenschaft,** die den Absatz und z. T. auch weitere Funktionen, im Extremfall ein umfassendes Marketing (Gemeinschaftsmarketing) einschließlich der Beschaffung von Betriebs- und Produktionsmitteln für alle Mitglieder gemeinsam übernimmt. Eine so zu erreichende Stärkung der Marktposition des Landwirts ist insbesondere dort vonnöten, wo er leicht verderbliche Produkte wie Milch und Butter produziert und wo ihm daher kaum Spielraum zum Abwarten günstigerer Absatzbedingungen bleibt. Dies begründet die frühe Bedeutung, die *Molkereigenossenschaften* in vielen europäischen Ländern erlangten und die zudem zur Schaffung standardisierter Qualitätsprodukte, gekennzeichnet durch Handelsmarken und Gütezeichen, beträchtlich beigetragen haben.

Aber auch für alle übrigen Produkte gilt eine beschränkte Haltbarkeit und damit Lagerungsdauer. Hinzu kommt, daß infolge naturbedingter Erntezeiten die gesamte pflanzliche Produktion oft innerhalb weniger Wochen anfällt. Beides, die strikte Saisonalität und die beschränkte Lagerungsfähigkeit der Produktion, bedingen eine grundsätzlich geringe Flexibilität des Angebots. Deutliche saisonale Preisschwankungen für viele Agrarprodukte sind daher die Regel.

In der jüngsten Vergangenheit ist allerdings durch die Anwendung neuer Konservierungstechniken wie Gefrieren, Trocknen, Vakuumverpackungen etc. und durch ra-

Ungleiches Angebot

Genossenschaften

sche Ausweitung der Lagerungskapazitäten, verbunden mit wirksamerer Schädlings-
abwehr und bei klimatisch optimaler Regelung ein gewisser Ausgleich erreicht worden. Am stärksten werden diese Mittel in Nordamerika und in der Europäischen
Gemeinschaft eingesetzt. Hier geht es jedoch längst nicht mehr allein um den jahreszeitlichen Ausgleich des Angebots, sondern auch um die Speicherung von Über-
schußproduktionen, die sich als Folge der technologischen Neuerungen und von
Preisgarantien in der Landwirtschaft eingestellt haben und die mittlerweile gesamtwirtschaftlich ungünstige Größenordnungen erreicht haben (in der EG z. B. der
„Rindfleisch-, Butter- und Milchpulverberg" oder die „Weinseen").
Damit ist aus der Überwindung eines alten Problems ein neues Problem erwachsen.
Der Inlandsmarkt ist nicht in der Lage, die Überschüsse zu einem akzeptablen Preis
aufzunehmen. Die Speicherung ist auf Dauer kein geeignetes Mittel, den Überhang
abzubauen. Qualitätsminderung durch längere Lagerung, die den späteren Verkauf
nur zu einem stark ermäßigten Preis erlaubt, und die hohen Kosten für die Vorratshal-
tung führen in zweifacher Hinsicht zu einem Wertverlust.

2c) Marktpolitik

Die Bedeutung des Faktors Markt erklärt das besondere Interesse, das ihm überall
zuteil wird. Die Erkenntnis, daß sich der Agrarmarkt im freien Kräftespiel der Interessengruppen nicht selbst optimal regelt, eine derartige Regelung aber volkswirtschaft-
lich von größtem Nutzen ist, hat inzwischen überall staatliche Interferenzen veranlaßt
und so zu sehr unterschiedlichen Marktsystemen geführt. Dabei geht es vordringlich
um den Schutz der Landwirte (Risikominderung), zum Teil auch um den der Verbraucher, weniger oder überhaupt nicht um den des Handels. Dieser kann dadurch zum
einzigen Bereich der Ernährungswirtschaft werden, in dem die Konkurrenz noch eine
Rolle spielt.
Die Unterstützung für die Landwirtschaft richtet sich meist auf die Sicherung des
Absatzes und eine angemessene Preisregulierung, teilweise umfaßt sie auch struktur-
politische Maßnahmen. Hierdurch soll den Landwirten und den in der Landwirtschaft
Beschäftigten ein festes Einkommen ermöglicht werden, das in seiner Höhe dem in
anderen Erwerbszweigen entspricht. Bisher ist das bei der Entlöhnung der Landarbei-
ter nicht gelungen (s. Tabelle).

**Entwicklung der Brutto-Verdienste in der deutschen
Landwirtschaft und im Handwerk**

Jahr	Qualifizierter Landarbeiter	Vollgeselle im Handwerk
1978	9,52	12,33
1979	10,27	12,95
1980	11,14	13,92
1981	11,72	14,56
1982	12,30	15,05

Quelle: Statist. Jb. für die Bundesrepublik Deutschland
1983

Zu den häufiger – einzeln oder in Kombination – angewendeten Hilfsmaßnahmen der
öffentlichen Hand gehören (s. auch S. 32):
*Maßnahmen der
öffentlichen Hand*
– Absatzalternativen, einschließlich der Möglichkeit zum Direktverkauf an den Endverbraucher durch Eröffnung von lokalen Wochenmärkten;

- Förderung von bäuerlichen Erzeugergemeinschaften, in der Bundesrepublik Deutschland z. B. durch das Marktstrukturgesetz von 1969, das die Konzentration in der Landwirtschaft fördern soll;
- Förderung von Betriebsrationalisierungen;
- Flurbereinigung und Aussiedlung;
- Schaffung eines landwirtschaftlichen Kreditwesens mit verbilligten Agrarkreditangeboten;
- Regulierungen von Angebot und Nachfrage und damit Stabilisierung des Preisniveaus durch Außenhandelsmaßnahmen (z. B. Außenhandelsschutz durch Zoll oder Abschöpfungen), durch Anlage von Vorräten oder durch Kontingentierung von Anbauflächen oder Produktion (Produktionsquoten) bestimmter Feldfrüchte;
- Subventionen;
- Garantie von angemessenen Mindestpreisen für die Produzenten.

Der staatliche Eingriff geht in vielen Staaten so weit, daß die Preise für die wichtigsten oder aller Agrarprodukte genau, und zwar vorrangig nach politischen Gesichtspunkten festgelegt werden und außerdem eine unbegrenzte Absatzgarantie gegeben wird, wobei der Staat entweder über eine eigene Vermarktungsorganisation als alleiniger Aufkäufer die Preise kontrolliert oder aber durch Stützungskäufe das Preisniveau hält. Die Mindest- oder Festpreise werden meist – nach verschiedenen Gesichtspunkten – für jede Saison neu festgesetzt und den Landwirten rechtzeitig vor den Aussaatterminen bekanntgegeben. Vollendete planwirtschaftliche Verhältnisse sind gegeben, wenn auch noch die Nutzflächenanteile für die einzelnen Produkte festgelegt werden.

Als Beispiel für agrarpolitische Maßnahmen soll hier die Schaffung des **gemeinsamen Agrarmarktes der Europäischen Gemeinschaft** stehen. Die ursprünglich zwischen den Mitgliedsländern bestehenden Zollschranken waren bis 1968 abgebaut (für die sechs Gründungsmitglieder). Der freie Warenverkehr von Agrarerzeugnissen (Einheit des Marktes), wie er innerhalb der Gemeinschaft angestrebt wird, setzt aber darüber hinaus gewisse Gemeinsamkeiten in der Agrarmarkt- und Währungspolitik voraus. Die hier bisher erzielten Übereinkünfte umfassen gemeinsame *Marktordnungen* zur Regelung des innergemeinschaftlichen Wettbewerbs (u. a. Standardisierung der Ware und Festlegung eines Binnenmarktpreisniveaus) für eine Reihe von Erzeugnissen (u. a. für Getreide, Zucker, Obst, Wein, Rindfleisch, Schaffleisch, Milch und Milcherzeugnisse), die Beseitigung diverser Handelsbeschränkungen und Regelungen für den Warenverkehr mit Drittländern (wovon eine Reihe durch besondere Assoziierungsabkommen einen Sonderstatus erhielt). Als Folge immer weiterer Ausweitungen des Marktordnungssystems werden heute rund 70% der Erzeugnisse durch Preis- und Absatzgarantien gestützt und 25% durch Zölle und Abschöpfungen gegenüber dem Weltmarkt abgegrenzt.

EG-Markt-
ordnungen

Wenige Fortschritte sind dagegen auf dem Gebiet der Währungsvereinheitlichung gemacht worden. Daraus resultieren schwere Belastungen für den Agrarmarkt. Jede einseitige Auf- oder Abwertung einzelner Währungen oder Wechselkursänderungen im Zuge des Floatens beeinflußt unmittelbar das Preisgefüge der Gemeinschaft, das auf der Anwendung einer festen Rechnungseinheit (abgekürzt ECU, auch ,,Grüner Dollar'' genannt) als Umrechnungskurs zwischen den nationalen Währungen der Mitgliedsländer beruht. Alle Preise, Beiträge und Erstattungen sind in ECU festgelegt (1 ECU = 2,82 DM, 1980; 2,16 DM, 1983)

Mindestpreissystem

Ein wesentliches Merkmal des gemeinsamen Agrarmarktes liegt in der Schaffung eines *Mindestpreissystems* für die Erzeuger. Dieses garantiert den Erzeugern Mindestpreise für die meisten ihrer Produkte, die auch bei Überproduktion nicht unterschritten werden dürfen. Sobald die *Richt-* oder *Orientierungspreise* um einen bestimmten Prozentsatz unterschritten werden und damit die sog. *Interventionspreise*

erreicht sind, werden die Produkte mit öffentlichen Mitteln, mittlerweile in Milliarden-
höhe, aufgekauft und eingelagert. Es handelt sich also um ein Mischsystem aus
gelenkter und freier Wirtschaft (vgl. Tabelle).
Die Interventionspreise können für die gesamte EG einheitlich oder – wie für einige
Getreidearten – je nach Zuschuß- bzw. Überschußsituation – regional gestuft sein. Die
höchsten Interventionspreise gelten dann für die wichtigsten Zuschußgebiete wie
Verarbeitungszentren oder Exporthäfen. Damit soll eine gewisse Regionalisierung
der Erzeugung nach dem Bedarf erreicht werden.

Butter- und Magermilchpulverbestände in t (1983)

	Butter öffentl.	privat	Milch-pulver
Bundesrepublik Deutschland	192 014	60 418	571 805
Belgien	17 549	8 522	16 688
Dänemark	11 903	4 868	36 095
Frankreich	140 722	35 303	50 505
Irland	41 477	5 861	132 948
Italien	1 360	195	100
Luxemburg	306	920	825
Niederlande	98 637	57 878	47 234
Großbritannien	77 637	13 400	154 353

Quelle: EG-Kommission

Das EG-Preissystem wird darüber hinaus durch diverse *Prämien* kompliziert. Die
Höhe und Art dieser Prämien sowie die Garantiepreise werden für jedes Jahr erneut
vom EG-Agrarministerrat – in meist schwierigen Verhandlungen – festgelegt.
Das feste Binnenpreisgefüge wird gegenüber billigen Importen von Drittländern in der
Weise abgesichert, daß „*Abschöpfungen*" in Höhe der Preisdifferenz bei der Einfuhr   „Abschöpfungen"

Abb. 33: Die Versorgung der EG mit Agrarprodukten

erhoben werden, so daß der Importpreis auf das innere Preisniveau angehoben wird. Derartige Preisabsicherungen – Garantiepreise und Prämien für die Binnenerzeugung und Preisanhebungen von billigen Importen – bergen die Gefahr in sich, daß zu große Überschüsse erwirtschaftet werden (s. o.) und daß infolge eingeschränkter Konkurrenz überkommene Agrarstrukturen zum Nachteil fortschrittlicher Entwicklung konserviert werden. Grenzproduzenten können sich halten, eine – gesamtwirtschaftlich sinnvolle – Konzentration der einzelnen Produktionen auf die für sie jeweils optimalen Standorte wird abgebremst.

Bei Überschüssen kann es sich generell entweder um einzelne Produkte handeln, z. B. Mais (vorübergehend) in Zambia, oder aber um ein breites Spektrum von Produkten, wie in der EG und – noch deutlicher – in den USA. Der erstere Fall ist vergleichsweise einfach dadurch zu lösen, daß die Aufkaufpreise für die wenigen Überschußprodukte herabgesetzt und zugleich die für andere, dringend benötigte Produkte erhöht werden. So bleibt das Einkommen des Landwirts, solange er auf die Preisanregungen „elastisch" reagiert, unangetastet. Allerdings ist die Preiselastizität des Angebots regional wie auch bei einzelnen Produkten unterschiedlich. Nicht immer werden also die genannten preispolitischen Maßnahmen zum angestrebten Erfolg führen. Auch gibt es den Fall, daß der Landwirt die niedrigeren Preise durch Steigerung der Produktion des gleichen Produktes auszugleichen versucht, anstatt – wie vom Staat gewünscht – auf andere Produkte auszuweichen.

Nichtvermarktungs-prämien Noch schwieriger ist aber zweifellos der zweite Fall, wie ihn der EG-Agrarmarkt demonstriert, zu lösen, wenn man auch hier das Einkommen des Landwirts ungeschmälert lassen möchte. Höhere Preise für solche Landwirte, die sich einer freiwilligen Beschränkung ihrer Anbauflächen für Überschußprodukte unterwerfen, oder Zahlungen von sogenannten „Nichtvermarktungsprämien" würden die Verbraucherpreise unzumutbar hoch treiben und auch ihr eigentliches Ziel kaum erreichen. So wurde in den USA – erstmals in den 50er Jahren – die Auflassung von Ackerland durch Geldprämien belohnt, wobei die gezahlten Beträge nach der voraufgegangenen Nut-

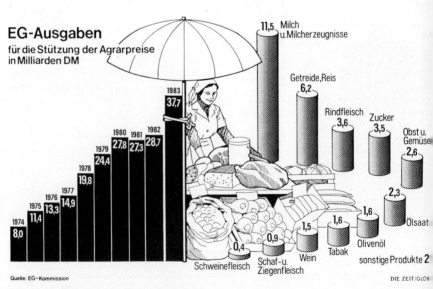

Abb. 34: Die Überschüsse der EG an Agrarprodukten

zung (z. B. Tabak, Weizen) bemessen waren. Obwohl hierdurch gewisse Erfolge erzielt wurden, war das Ergebnis dennoch unbefriedigend: Farmer intensivierten die Nutzung auf ihren verbliebenen Feldern und erzielten so höhere Hektarerträge. Dadurch war der Produktionsrückgang weit geringer, als er nach der Flächenminderung hätte sein müssen.

Der von der EG eingeschlagene Weg sieht im wesentlichen dreierlei vor. Einmal sollen die aus den o. g. Abschöpfungen entstehenden Einkünfte zur Kostenerstattung bei solchen Exportprodukten verwendet werden, deren Binnenmarktpreise über den Weltmarktpreisen liegen *(Exportsubvention).* So gelingt es, einen Teil der Agrarüberschüsse nach außerhalb der Gemeinschaft zu verkaufen, allerdings zu beträchtlichen Kosten, die die Einnahmen aus den Abschöpfungen weit übersteigen. Große Teile der Überschußproduktion müssen jeweils unter beträchtlichen Wertminderungen und ebenfalls zu beträchtlichen staatlichen Kosten eingelagert werden. Schwer lagerfähige Produkte werden gelegentlich vernichtet. Kostensparender ist, die Produktion durch eine Kontingentierung zu drosseln. Dies wurde für Zuckerrüben eingeführt. Der Nachteil liegt darin, daß die unternehmerische Freiheit des Landwirts beschnitten wird und eine Wanderung der Produktion zum besten Standort gehemmt wird. Außerdem sind die Kontingente viel zu hoch angesetzt worden, so daß weiterhin kostspielige Zuckerüberschüsse produziert werden.

Exportsubventionen

Auf lange Sicht am wirkungsvollsten und wirtschaftlichsten sind allein Maßnahmen zur Neuordnung der Landwirtschaft. Ziel dabei ist, die Beschäftigten- und Betriebsgrößenstrukturen im Agrarbereich zu verbessern, und zwar durch *Förderung von ausbaufähigen Betrieben* (Rationalisierung durch Investitionsbeihilfen) und von *Abwanderung landwirtschaftlich Tätiger* in andere Erwerbszweige (Umschulung) oder in

Neuordnung der Landwirtschaft

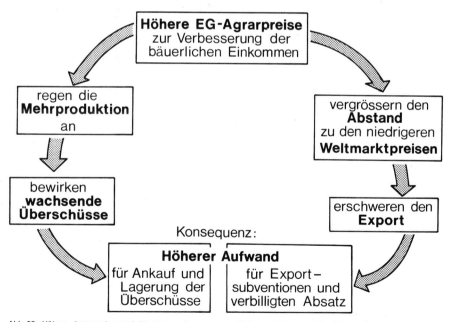

Abb. 35: Höhere Agrarpreise und Absatzgarantien regen zu Mehrproduktion an. Die für die Überschüsse zu zahlenden EG-Marktordnungsausgaben sind im letzten Jahrzehnt (1973–1983) gewaltig angestiegen: von 3,972 Mrd. ECU auf 15,861 Mrd. ECU (derzeit 1 ECU = 2,16 DM); davon für Milch 5,242 Mrd. ECU und für Getreide 2,474 Mrd. ECU.

den *Ruhestand* (Landabgaberente). Damit wächst die Rentabilität und entsprechend das Betriebs- sowie das Familieneinkommen. Preispolitische Maßnahmen, z. B. „Eingefrieren" oder sogar Restriktionen gewisser Erzeugerpreise im Interesse von Produktionsregulierungen oder einer Exportfähigkeit, müssen dann nicht unbedingt zu Einkommenseinbußen führen.

Es ist allerdings noch verfrüht, in einer derart aufeinander abgestimmten Agrarstruktur- und Preispolitik das Allheilmittel gegen die immer bedrohlicher anwachsenden Probleme der Agrarmarktfinanzierung in der EG zu sehen. Zwar haben die Interventionsbestände für Butter und Magermilch („Butterberge", „Milchseen") in den letzten Jahren beträchtlich abgenommen. Doch ist dies keinesfalls ein Ergebnis der oben beschriebenen Politik, also Verminderung der Überschußproduktion, vielmehr Folge hoch subventionierter Exporte. Die EG-Marktordnungen lassen sich nur mit hohen Interventionskosten erfüllen. Ein Ende dieser maßlosen Kostenentwicklung ist nicht absehbar. Solange ein Preisdruck auf die Erzeuger abgelehnt wird, die garantierten Agrarpreise also hoch bleiben, und eine (nationale) Strukturpolitik nicht greift, werden weiterhin unerwünschte, da nicht (kostengerecht) exportierbare Überschüsse produziert werden. Anders liegen die Probleme, wenn es sich um gewollte „Überschüsse" handelt, die für den Export bestimmt sind. Hier ist zunächst wichtig, den Absatz durch längerfristige Handelsvereinbarungen zu sichern. Diese können auch im Interesse des importierenden Landes liegen, da sie die Versorgung langfristig sicherstellen. Tatsächlich sind die internationalen Handelsverbindungen meist bemerkenswert stabil.

Zum anderen gilt das besondere Interesse den Preisen. Die starken Preisschwankungen auf dem Weltmarkt führen zu erheblichen Belastungen, insbesondere für solche Länder, deren Außenhandel vom Agrarexport abhängt. Das ist besonders dann gravierend, wenn der Agrarexport im wesentlichen nur ein einziges Produkt umfaßt, wie z. B. Kakao in Ghana oder Erdnüsse im Senegal.

Eine Schutzmaßnahme liegt in der Schaffung eines künstlichen Festpreises für den Binnenmarkt, der etwa im Mittel der Preisschwankungen am Weltmarkt liegt. Die Überschüsse, die in Jahren mit hohen Weltmarktpreisen erzielt werden, können in Jahren mit niedrigen Weltmarktpreisen zur Subventionierung der Inlandpreise verwendet werden.

So lassen sich die Preisschwankungen auf dem Weltmarkt bis zu einem gewissen Grade von den Produzenten fernhalten, ohne daß gesamtwirtschaftliche Belastungen auftreten. Nur durch garantierte Preise läßt sich oftmals die Verkaufsproduktion – und zwar selbst für solche Produkte, für die günstige Standortsbedingungen vorliegen – aufrechterhalten oder überhaupt erreichen.

Neben dieser Maßnahme zum langfristigen Preisausgleich gibt es andere, heute mehr in den Vordergrund tretende, die sich direkt auf eine Anhebung der Weltmarktpreise richten. Dazu gehören Vereinbarungen zwischen den Erzeugerländern über eine *Angebotskontingentierung* (z. B. für Kaffee, Zucker) und die gemeinschaftlich von den Entwicklungsländern erhobene Forderung nach festen und angemessenen Preisen für ihre Exportprodukte. In die gleiche Richtung einer Einkommenssteigerung geht auch der Wunsch nach Handelserleichterungen (z. B. Zollpräferenzen, Abnahmegarantien).

Feste Preise haben andererseits die Auswirkungen, daß sich die Einkünfte der Landwirte in schlechten Erntejahren mit einem entsprechend verringerten Produktionsvolumen drastisch senken können. In diesem Falle liegt der Vorteil bei den Konsumenten und/oder dem Handel.

3. Soziologisch-psychologische Faktoren

Der soziologisch-psychologische Ansatz agrargeographischer Untersuchungen richtet sich darauf, das Verhalten des Landwirts im natürlichen und ökonomischen Kräftefeld zu erkennen und damit seinen Einfluß im Gefüge der bestehenden Agrarwirtschaftsform oder auf deren Veränderungen deutlich zu machen. Hier kommen vor allem sozialgeographische Methoden zum Zuge. Ziel ist es, zu einer Aussonderung von (agrarsozialen) Lebensformgruppen zu gelangen, die jeweils als Träger bestimmter Agrarwirtschaftsformen anzusprechen sind und deren raumbildende Prozesse aufzuzeigen. Im Rahmen dieses kurzen Kapitels werden lediglich die Entscheidungsgrundlagen und -motivationen der Betriebsleiter von einerseits kommerziellen Groß- und Mittelbetrieben und andererseits von Kleinbetrieben mit hohen Eigenversorgungsanteilen behandelt. Dabei wird impliziert, daß die individuellen Merkmale dieser beiden Landwirts-„typen" gewisse Gruppenrepräsentanz und damit räumliche Relevanz besitzen.

Für die nach kommerziellen Gesichtspunkten geführten Groß- und Mittelbetriebe gilt im allgemeinen, daß die entscheidenden (leitenden) Landwirte sich auf oder nahe dem neuesten agrartechnologischen Wissensstand befinden und sich darum bemühen, dieses Wissen in der zweckmäßigsten Weise für eine Maximierung ihrer Einkommen einzusetzen. Dementsprechend folgt bei Vorherrschen derartiger Betriebe die Differenzierung des *Agrarraumes* in stärkerem Maße ökonomischen Faktoren als bei der kleinbetrieblichen Landwirtschaft mit teilweiser Eigenversorgung, wie sie in weiten Teilen der Erde, insbesondere der Dritten Welt, nach wie vor am häufigsten ist. Weder besitzen die Kleinbauern ein besonderes Fachwissen, noch verhalten sie sich immer rational, noch machen sie überall die Ertragsmaximierung zum obersten Betriebsziel. Die Art ihrer Entscheidung hängt wesentlich von der Wertschätzung ab, die der Anstrengung, der Muße oder den Konsumgütern gegeben wird. Davon wird im wesentlichen bestimmt, wie hoch das Angebot an Arbeit durch die jeweilige Familie ist und wie sehr die Bereitschaft zum Sparen und zur produktiven Investition des Ersparten besteht. Neben der Sicherung und Verbesserung des materiellen Wohlergehens – das ebenfalls sehr verschieden aufgefaßt wird – können **soziale Anerkennung** und (groß-)familiäre Verpflichtungen zu einem nachhaltigen Impuls für das bäuerliche Verhalten werden.

Noch wichtiger ist aber wohl die Tatsache, daß bei den meisten Kleinbauern die Wirtschaftsform Landwirtschaft zugleich eine Lebensform ist. Änderungen in der agraren Wirtschaftsform greifen daher tiefer und weiter als bei anderen, städtischen und industriellen, wirtschaftlichen Aktivitäten und dementsprechend steht ihnen eine stärkere Beharrungstendenz entgegen. Doch ist falsch, diesen Bauern deshalb allein emotional/traditionelle Verhaltensweisen zu unterstellen. Tatsache ist, daß sie häufig kaum die Konsequenzen übersehen können, die sich aus Veränderungen in ihrem Betrieb ergeben, die sie andererseits aber allein tragen müssen. Dies mahnt sie zu einer durchaus rational begründeten abwartenden Vorsicht. Schließlich ist die von ihnen praktizierte Wirtschaftsform eine über längere Zeit in Anpassung (über „Versuch und Irrtum") an die ökologischen und ökonomischen Bedingungen einer mehr oder weniger weit zurückreichenden Vergangenheit entstandene optimale betriebswirtschaftliche Lösung, d. h. sie bietet die für sie unter den überkommenen Umständen erreichbare günstigste Aufwands-Ertragsrelation.

Andererseits haben sich die Verhältnisse neuerdings überall geändert und werden sich auch weiterhin ändern. Damit ist die ursprüngliche („rationale") Übereinstimmung zwischen traditioneller Landnutzung und den verschiedensten äußeren Erfordernissen weithin verloren gegangen; und die Diskrepanz wird weiter wachsen. Das bedeutet, daß viele Kleinbauern sehr abrupt vor die Aufgabe gestellt werden, ihre Betriebe zu innovieren. Auch wenn die Einsicht dazu reicht, bleibt dies eine schwierige Aufgabe für sie in Anbetracht ihres geringen Know-how.

Risiken So verschieden die Entscheidungen auch sein mögen, die von den beiden vorgenannten Gruppen, den marktorientierten Groß- und Mittelbauern und den traditionell verhafteten Kleinbauern mit Eigenversorgung, getroffen werden, für beide gilt gleichermaßen, daß sie eine Reihe von **Risiken** zu berücksichtigen haben, gegen die sie sich nur teilweise absichern können. Dazu gehören:

– *Witterung:*
Schäden, die durch Trockenperioden, Nässe, Hagel, Frost etc. entstehen, können durch staatliche Absicherungsmaßnahmen oder genossenschaftliche Selbsthilfevereinbarungen gemildert werden. Doch bleibt ein solcher Ausgleich regelmäßig hinter den tatsächlich eingetretenen Schäden zurück. Die Unregelmäßigkeiten des Witterungsablaufes gehören zu den größten und schwerwiegendsten Risiken, die der Landwirt zu tragen hat.
– *Tierische und pflanzliche Krankheiten:*
Veterinärmedizinische und landwirtschaftliche Beratungs- und Versorgungsdienste können zu einer effizienten Vorbeugung und Behandlung führen und so das Risiko verringern. Auftretende Schäden können teilweise über Versicherungen abgedeckt werden.
– *Marktentwicklung:*
Die Preisunsicherheit für die Produzenten kann durch eine Reihe von staatlichen Maßnahmen eingeschränkt und so das Verlustrisiko vermindert werden. Völlig ausgeschaltet ist das Marktrisiko dort, wo die Erzeugerpreise staatlich festgelegt sind und zu diesen Preisen unbegrenzt aufgekauft wird (Preis- und Absatzgarantie).
– *Betriebsinterne Faktoren:*
Hier liegt das Risiko insbesondere in unvorhersehbaren Einbußen des Arbeitskräftepotentials und der verfügbaren Arbeitsgeräte und Maschinen.
In kleinbäuerlichen Agrargesellschaften ist häufig ein System der Nachbarschaftshilfe ausgebildet, das derartige Ausfälle weitgehend auszugleichen vermag.

Die vielfältige Verzahnung der Landwirtschaft mit Unsicherheitsfaktoren, von denen sich viele jeglicher Vorausschätzung entziehen, läßt eine einzige optimale Lösung in Form des idealen Betriebsmodells nicht zu. So ist dem Landwirt zur Pflanzzeit weder der zu erzielende Verkaufspreis seiner Ernte noch der Witterungsablauf bekannt. Auch kann er nicht sicher einen Krankheitsbefall seiner Kulturen oder einen kurzfristigen Ausfall an Arbeitskräften und -geräten ausschließen. Und schließlich muß er bei seinen langfristigen Entwicklungsvorhaben „einkalkulieren", daß sich die wirtschaftliche und politische Situation nachhaltig und in völlig unvorhersehbarer Weise ändert. All dies aber sind Variablen, die großen Einfluß auf seine Gewinne und Erträge ausüben.

Risikominderung Auch wenn ein perfekter Risikoausschluß nicht möglich ist, so kann der Landwirt doch den Verlustgefahren vorbeugen. Der traditionell wichtigste Weg liegt darin, das Erzeugungs- und Marktrisiko auf mehrere Betriebszweige zu verteilen. Die Notwendigkeit zu einem derartigen Risikoausgleich durch Betriebsvielfalt ist um so weniger gegeben, je umfassender staatliche Absicherungsmaßnahmen (z. B. als Mindestpreisgarantien), technische Fortschritte (z. B. im Pflanzenschutz) und ein Versicherungsschutz (z. B. zur Deckung des Ernterisikos) bestehen. Unter diesen – bei uns vorherrschenden – Umständen verringert sich der Druck zu einer vielseitigen Wirtschaftsweise, hört aber niemals ganz auf. Grundsätzlich von großer Bedeutung ist und bleibt das unternehmerische Können des Betriebsleiters. Hier sind die Anforderungen ständig gewachsen. Dabei handelt es sich sowohl um spezielleres, bestimmte Betriebszweige betreffendes Fachwissen als auch um allgemeinere, dennoch relativ umfassende Kenntnisse auf den Gebieten Maschinenkunde, Betriebswirtschaft, Verkauf u. ä. Nur derjenige Landwirt, der diesen Anforderungen genügt, wird letztlich erfolgreich sein. In Planspielen lassen sich einzelne der statistisch faßbaren Variablen in ihrer mögli-

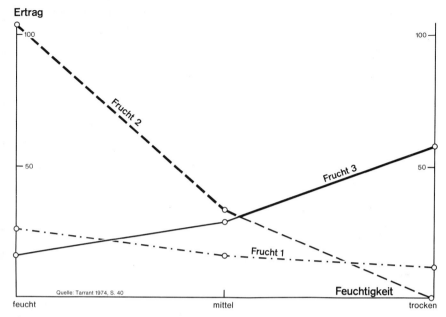

Abb. 36: Ertrag als Funktion der natürlichen Standortbedingungen (Bodenfeuchtigkeit)

chen Auswirkung auf den Ertrag aufzeigen und – basierend auf der Eintrittswahrscheinlichkeit – können so für diese Variablen langfristig optimale Lösungen gefunden werden. Ein einfaches Beispiel soll dies verdeutlichen. Dabei handelt es sich um drei zur Auswahl stehende Kulturpflanzen und drei Bodenfeuchtigkeitsbedingungen[1].

Die Feldfrucht 2 erbringt hohe Erträge unter feuchten, niedrige unter trockenen Bedingungen. Die Feldfrucht 3 verhält sich umgekehrt, wenn auch nicht so ausgeprägt, während Feldfrucht 1 gleichmäßig niedrige Erträge aufweist. Die höchsten Erträge, die unter den möglichen Bedingungen erreichbar sind, sind durch eine dickere Linie hervorgehoben. Der Landwirt sollte eine Kombination aus den Feldfrüchten 2 und 3 wählen. Sie bilden unter nicht zu extremen Bedingungen die besten Ertragsaussichten. Vor einem totalen Verlust schützen aber nur die Feldfrüchte 1 und 3, wobei 3 unter den meisten Bedingungen die größeren Ertragsaussichten hat und daher als die vorteilhaftere unter den sicheren Feldfrüchten zu gelten hat.

Die Art der Entscheidung hängt auch mit der Höhe des verfügbaren Betriebskapitals zusammen, da hiervon ein starker Einfluß auf das Wagnis zum Risiko ausgehen kann. So ist z. B. für einen Subsistenzbauern die Risikominimierung besonders wichtig, da seine Ernährung unmittelbar von seiner jährlichen Agrarproduktion abhängt. Ebensowenig kann es sich ein junger Landwirt, der eine Familie unterhalten muß, leisten, ein größeres Wagnis einzugehen. Generell gilt, daß Kapitalknappheit ein Hemmnis für die Risikobereitschaft darstellt, d. h. daß die Landwirte unter diesen Umständen zu traditionellen, konventionellen Entscheidungen neigen. Neuerungen lassen sich daher nur schwer durchsetzen. Der Nachweis, daß bestimmte Neuerungen vorteilhaft sind, muß hier daher deutlicher ausfallen, die Vorteile selbst müssen größer sein, und die Änderungen der überkommenen Strukturen sollten möglichst klein bleiben.
Ein kapitalstarker Landwirt kann demgegenüber Entscheidungen treffen, die kurzfristig, unter extremen (und dementsprechend seltenen) Bedingungen zu einem starken

---

[1] *J. R. Tarrant*, 1974

Produktionseinbruch oder sogar -ausfall führen können. Für ihn ist der langfristige Erfolg, der sich eher aus der Häufigkeit gewisser Produktionsbedingungen ableitet, wichtig. Im genannten Beispiel würde er daher die Feldfrüchte 2 und 3 bevorzugen (vgl. Abb. 36).

Zusammenfassend ergibt sich, daß die Unbestimmbarkeit zukünftiger Entwicklung eine Vielfalt betrieblicher Entscheidungen zuläßt, wobei nicht nur die unterschiedliche Fähigkeit und der unterschiedliche Wissensstand des Landwirtes, sondern auch seine unterschiedliche Kapitalausstattung und Risikobereitschaft, oftmals Folge der Betriebsgröße, sozialen Stellung und Herkunft, zum Zuge kommen. Der Entscheidungsspielraum ist zugleich einer der Ursprünge für die Vielfalt landwirtschaftlicher Betriebe. Besonders deutlich wird dies aus dem häufig anzutreffenden Nebeneinander verschiedener Betriebsformen unter gleichen oder ähnlichen äußeren Bedingungen.

4. Historische Faktoren

Der dynamische oder *historisch-genetische Ansatz* betrachtet die Form der agraren Nutzung als das vorübergehende Stadium einer zeitlichen Entwicklung, das sich entsprechend den sich wandelnden Zielvorstellungen der Gesellschaft – wenn auch

Genetischer Ansatz gegenüber diesen verlangsamt – ständig verändert. Er untersucht einmal die historischen Bedingtheiten des gegenwärtigen Zustandes und – über die Innovationsforschung – die Diffusion von neuen Agrartechnologien, Produktionsformen, Kulturpflanzen, Nutztierarten etc. Diese Forschungsrichtung wird auch als *genetischer Ansatz* bezeichnet. Daneben gibt es eine andere Richtung in der historischen Agrargeographie, die sich den räumlichen Agrarstrukturen der Vergangenheit widmet, ohne daß ein Bezug zum Gegenwartsbild unmittelbar angestrebt wird. Im Rahmen dieses Abschnittes soll auf den zuerst genannten genetischen Ansatz eingegangen werden.

Alle Merkmale der Landnutzung haben auch einen zeitlichen Aspekt. Die Wirtschaft ist nicht einfach die von einer mehr oder weniger rationellen Entscheidung des Landwirtes getragene Reaktion auf ökologische und ökonomische Bedingungen. Vielmehr ist die historische Komponente zu berücksichtigen: Sie schränkt die Reaktionsmöglichkeiten des Betriebswirtes deutlich ein und verleiht der Landwirtschaft ein starkes Beharrungsmoment, das sich jeder neuen Entwicklung mehr oder weniger abbremsend entgegenstellt und die Annahme von Innovationen erschwert. Die Grenzen können in der traditionell verhafteten Denkungsart des Landwirtes liegen, in der überkommenen Agrarstruktur eines Raumes oder auch in der eingeschränkten Wahl der Nutzpflanzen und -tiere, deren Festlegung mit den über Jahrzehnte oder Jahrhunderte gewordenen Konsumgewohnheiten zusammenhängen mag. Besonders der fehlende Einklang zwischen der heutigen Agrarlandschaft, wie sie uns in Flur, Nutzung und Siedlung entgegentritt und den modernen agrarwirtschaftlichen Zielvorstellungen, macht die Bedeutung der historischen Komponente für die agrarräumliche Gestaltung deutlich.

Aber auch dort, wo ein weitgehender Einklang besteht, ist der zeitliche Aspekt erkennbar. Er liegt in der zu einem bestimmten Zeitpunkt aus einer Vielzahl von Möglichkeiten ausgewählten Entscheidung des einzelnen Landwirtes oder der politisch-administrativen Gewalt für eine bestimmte Betriebsorganisation, Produktionsrichtung, Produktionsziel etc., die langfristig die landwirtschaftliche Entwicklung bestimmt hat. So folgt beispielsweise die Kommerzialisierung der Produktion nicht einfach aus der Nachfragesteigerung. Vielmehr ist die politische oder individuelle Entscheidung zwischengeschaltet, die aus der Vielfalt möglicher Reaktionen eine bestimmte auswählt und durch geeignete Maßnahmen durchzusetzen versucht. Solche Entscheidungen können zum Beispiel regionale Entwicklungsschwerpunkte setzen, weltwirtschaftlich wichtige Produktionszentren für einzelne Erzeugnisse schaffen (z. B. Kakao in Ghana) oder bestimmte Organisationsformen in der Landwirtschaft fördern (z. B. Produktionsgenossenschaften, Plantagen, Staatsbetriebe etc.). Zum Verständnis der historischen Bedingtheiten des gegenwärtigen Zustandes ist die Kenntnis des historischen Ablaufes Voraussetzung. Hier kann lediglich ein kurzer Abriß über die wichtigsten Erscheinungen dieser agraren Entwicklung, die eng mit der kulturhistorischen Entwicklung des Menschen überhaupt verknüpft ist, gegeben werden. Da viele der früheren Entwicklungsstadien sich regional bis heute erhalten haben, bringt ein solcher historischer Abriß zugleich den Gewinn, eine Übersicht über die wichtigsten *Wirtschaftsformen* zu geben[1].

Wichtige Wirt-
schaftsformen

Gemessen an der zeitlichen Dauer steht die **Aneignungswirtschaft,** bei der lediglich das natürliche Angebot genutzt wird, an erster Stelle aller Wirtschaftsformen. Bis zum Neolithikum war sie die einzige Art der Landnutzung *(Wildbeuterstufe);* eine wichtige Rolle spielte sie in vielen Gebieten der Erde bis zum Beginn der Neuzeit; auch heute fehlt sie nicht ganz, allerdings hat sie durch Anpassungen an die moderne Zivilisation überall ihre „reine" Form verloren. Mit Blick auf spätere Veränderungen sind folgende Merkmale der Wildbeuterstufe von besonderer Bedeutung: Eine Arbeitsteilung bestand allenfalls zwischen Männern und Frauen; die soziale Organisation beschränkte sich auf kleine Gruppen (Horden), die in „nomadischer" Lebensweise ihrer Jagd-, Fischfang- oder/und Sammeltätigkeit nachgingen; hierzu wurde ein Raum unverhältnismäßig großer Ausdehnung benötigt.

Wildbeuterstufe

Die Einführung des Pflanzenbaus und der Tierhaltung nach der letzten Eis- bzw. Pluvialzeit erfolgte wohl fast überall parallel mit dem Übergang zur Seßhaftigkeit **(Seßhaftes Bauerntum).** Dabei mag sowohl die größere Sicherheit hinsichtlich der Nahrungsmittelversorgung als Anreiz gewirkt haben als auch der mit wachsender Bevölkerungszahl stellenweise knapper gewordene Wirtschaftsraum als Druck. Für die Bedeutung des letzteren Umweltfaktors spricht die historisch belegte Tatsache, daß die Kernräume der agrarischen Entwicklung, deren eigentlicher Beginn in der Zähmung von Nutztieren und dem Anbau (und züchterischen Veränderung) von Nutzpflanzen zu sehen ist, in semi-ariden Gebieten der Subtropen und warm-gemäßigten Zone lagen. Dort ist das Verhältnis von *Ökumene* zu *Anökumene* unter allen (landwirtschaftlich nutzbaren) Zonen am ungünstigsten. Bei gleicher Dichte kommt es entsprechend am ehesten zu einer Verknappung des Wirtschaftsraumes und damit zum Zwang zu einer intensiveren Nutzung.

Seßhaftes
Bauerntum

Der anfänglich betriebene Ackerbau hatte die Form einer *exploitierenden Bodennutzung,* d. h. es wurden keine Mittel für einen Ausgleich der fruchtbarkeitszehrenden Ackerkulturen eingesetzt, vielmehr blieb das ausgezehrte Land sich selbst zu einer natürlichen Regeneration überlassen (Gras- oder Waldbrache). Die Inkulturnahme erfolgte durchweg durch Abbrennen (Moor- oder Waldbrandwirtschaft). Bereits nach wenigjähriger Nutzung wurden die Felder, wie beim heutigen Brandrodungs-Wanderfeldbau (Shifting cultivation) aufgelassen und neue angelegt.

Exploitierende Form
der Bodennutzung

„Als eine ökologisch bedingte Variante des bäuerlichen Getreideanbaus"[1] entwickelte sich in den trockeneren Gebieten der Alten Welt, oft sekundär aus bereits bestehenden gemischten Wirtschaftsformen, der **Hirtennomadismus** (als Voll- oder Teilnomadismus). Die landwirtschaftlichen wie auch die gewerblichen Erzeugnisse der Nomaden und Bauern waren bis zu einem gewissen Grade komplementär. Dies begünstigte den Güteraustausch zwischen beiden Gruppen. Doch verlief dieser Austausch nicht

Nomadismus

---

[1] *W. Manshard,* 1968

immer friedlich; das Zusammenleben war häufig von kriegerischen Auseinandersetzungen unterbrochen, die auf eine Dominanz der einen Gruppe über die andere abzielten. Erst nachdem die Abrichtung von Pferden und Kamelen zu Reittieren (seit dem Ende des 2. vorchristlichen Jahrtausends) gelungen war, gewannen die Nomaden für längere Zeit die Oberhand. Ihre militärisch straff organisierten, *mobilen Reiterheere* eroberten viele Städte und Reiche in Asien und Afrika, und ihre Staatsgründungen überzogen weite Räume dieser beiden Kontinente.

Auf Dauer bedeutsamer war jedoch die Entwicklung des seßhaften Bauerntums. Die ursprüngliche Gliederung auf Sippenbasis wurde hier nach und nach durch eine *soziale Schichtung* überlagert (auch ohne daß eine Überschichtung durch Hirtennomaden vorlag).

Die neuen gesellschaftlichen Gliederungen folgten der fortschreitenden Arbeitsteilung und Stadtbildung und sie verbanden sich mit hierarchischen Machtstrukturen. Die weitere agrare Entwicklung erhielt durch sie völlig neue Züge. Als frühe Zeugen dieser sozialen Veränderungen sind die *Bewässerungswirtschaften* der alten Hochkulturen zu nennen: erst unter hochgradig zentralisierten, machtvollen Herrschaftsformen konnten sie entstehen. In Bereichen einer mehr dezentralistischen Feudalstruktur wurden die herrschaftlichen Sitze und landwirtschaftlichen Güter zu Ausgangspunkten für eine vielfältige und oftmals nachhaltige Ausstrahlung von Innovationen auf das ansässige Bauerntum. Als Folge der Arbeitsteilung und damit Heraus-

Kommerzialisierung   bildung größerer Bevölkerungsteile mit nichtagrarischen Tätigkeiten wurde die **Kommerzialisierung** in der ursprünglich auf Selbstversorgung zielenden Landwirtschaft vorangetrieben. Erleichtert wurde der Übergang zu einer marktbestimmten Mehrproduktion durch den Wechsel vom ursprünglichen Pflanzenbau mit Grabstock oder Hacke **(Hackbau)** zum **Pflugbau mit Großviehhaltung.**

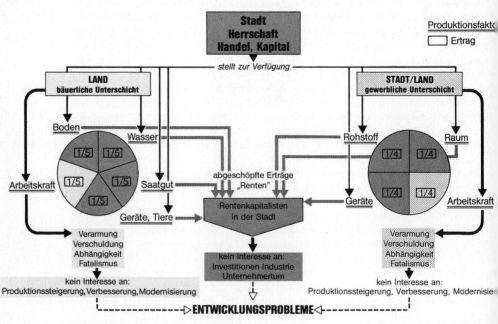

Abb. 37: Das System des Rentenkapitalismus

Das Abhängigkeitsverhältnis zwischen bäuerlichen Produzenten und städtischen Konsumenten entwickelte sich meist nachteilig für die ersteren. Eine Form der Ausbeutung, als **Rentenkapitalismus** bezeichnet, verbreitete sich über weite Teile der Erde und ist noch heute, mindestens vier Jahrtausende nach ihrer Entstehung, in vielen Gebieten existent. In diesem System gewinnen Mitglieder der Feudalschichten oder sonstige reiche Städter durch planmäßiges Verschulden der Bauern Eigentumsanteile an einigen landwirtschaftlichen Produktionsfaktoren, wie Boden, Wasser, Arbeitsgeräte, Saatgut oder Zugtiere. Entsprechend diesen Anteilen erheben sie Anspruch auf eine Beteiligung an dem erwirtschafteten Gewinn (Rente). Im extremen Fall bleibt den Bauern nur der – gering angesetzte – Anteil für ihre Arbeit. Einer der Nachteile dieses rentenkapitalistischen Systems ist, daß es zu einer Konservierung bestehender Zustände führt. Die Bauern sind nicht in der Lage, Verbesserungen selbst durchzuführen, und den Besitzern von Rententiteln fehlt zumeist das unternehmerische Interesse (vgl. Abb. 37).

Rentenkapitalismus

Eine entscheidende Wende trat in Europa erst im 18. und 19. Jahrhundert ein; in anderen Teilen der Erde, so in einzelnen Gebieten des Mittelmeerraumes, des Orients und des tropischen Asiens, hielten sich die konservativen grundherrschaftlichen Agrarstrukturen noch länger, teilweise bis zur Gegenwart. Der Zwang zu einer raschen Steigerung der Nahrungsmittelproduktion, der im Zuge der *„Industrial Revolution"* in Europa von den wachsenden Bevölkerungsballungen in den Industriegebieten und Städten (Landflucht) ausging, die Anwendung wissenschaftlicher Erkenntnisse auf die Lösung wirtschaftlicher und sozialer Probleme und der sich allgemein vollziehende Wandel im Denken ließen Reformen und teilweise auch revolutionäre Änderungen auf dem landwirtschaftlichen Sektor, in agrarsozialer wie agrartechnischer Hinsicht entstehen *(Grüne Revolution)*. Die Grundherrschaft wurde aufgelöst und die Bauern aus ihren feudalen Bindungen (u. a. Leibeigenschaft, Erbuntertänigkeit) befreit und in ein System von Anreiz (attraktives Warenangebot) und Druck (Besteuerung) überführt, das Initiativen fördert und gesamtwirtschaftlich vorteilhafter ist. Die kommunalen Naturweiden *(Allmenden)* wurden aufgeteilt und die Besitzparzellen eingefriedet. Viehwirtschaft und Ackerbau erfuhren eine zunehmende Integration. Technische Neuerungen, wie künstlicher Dünger, Traktoren, verbesserte Tier- und Pflanzenzüchtungen sowie Bekämpfungsmittel gegen Schädlinge und Unkraut gaben den Bauern die Mittel in die Hand, ihre Produktion beträchtlich zu steigern und gleichzeitig eine Bodenpflege zu treiben, d. h. eine *kultivierende Form der Bodennutzung* zu erreichen.

Kultivierende Form der Bodennutzung

Der so entstandene **Traktorpflugbau mit dem Ziel der Marktversorgung** ist entweder als **Individual-** oder als **Kollektivwirtschaft** organisiert. Innerhalb beider Kategorien lassen sich die Sonder-(-wirtschafts-)formen **Plantage** – landwirtschaftlicher Großbetrieb mit Aufbereitungsanlagen –, **Pflanzung** – Mittelbetrieb mit vorwiegend Baum- und Strauchkulturen, ohne Verarbeitung (außer Konservierung) –, **Gartenbau** und **Bewässerungskultur** unterscheiden.

IV. Typologie der Landwirtschaft

Der *typologische Ansatz* richtet sich auf die Erfassung der endogenen landwirtschaftlichen Merkmale. Ziel ist, über diese Merkmale zu einer Kennzeichnung zunächst der einzelnen Agrarbetriebe und dann des Agrarbetriebstyps zu gelangen. Der Typ kann unabhängig vom jeweiligen Standort seiner Einzelvorkommen über statistische Verfahren aus der Vielfalt der Betriebe abgeleitet werden. Darum geht es in diesem Kapitel. Er kann aber auch aus Betrieben abgeleitet werden, die in einer bestimmten, agrarisch einheitlichen oder als einheitlich angenommenen Region vorkommen, wobei natürlich die so vorweggenommene räumliche Abgrenzung problematisch ist. Solche Typen repräsentieren dann modellhaft die Landwirtschaft dieser Region. Dieser letzte Weg der Typisierung gehört zum Inhalt des nachfolgenden Kapitels über den *chorologischen Ansatz* (Regionalisierung). Beide Ansätze sind inhaltlich eng verbunden. Auch die Typologie des Agrarbetriebs ordnet sich dem Kriterium der Raumrelevanz unter. Die von ihr entwickelte Systematik kann Grundlage für die Regionalisierung sein.

Die komplexe Vielfalt, die in der ökologischen und sozioökonomischen Ausgangssituation und in deren Beantwortung durch die Agrarbetriebe liegt, macht eine agrargeographische Typologie äußerst schwierig. Tatsächlich gibt es kaum zwei Agrarbetriebe, die einander völlig gleichen. Das Problem liegt

1. in der Vielzahl von Merkmalen, die berücksichtigt werden können und die eine Auswahl nötig macht,
2. in deren qualitativer und quantitativer Erfassung (welche Stufen?, Schwellen- oder Durchschnittswerte?),
3. in der Gewichtung der einzelnen ungleichrangigen Kriterien und
4. in der Zusammenfassung der so gekennzeichneten landwirtschaftlichen Betriebe zu Typen.

Die Ergebnisse der bisherigen Typologisierungsversuche hängen davon ab, wie in diesen vier Punkten jeweils entschieden wurde. Die ausgegliederten Einheiten tragen Namen wie (jeweils agrare oder landwirtschaftliche) Wirtschaftsform, Betriebsform, Betriebssystem, Betriebstyp, Betriebsart, Bodennutzungssystem, Landnutzungssystem und Farmsystem. Die Anwendung dieser Begriffe richtet sich nach Kriterien, die bevorzugt in die Gliederungen eingegangen sind. Doch besteht keine Einigkeit über die genaue inhaltliche Abgrenzung dieser Begriffe, weder zwischen Agrarwissenschaftlern und Agrargeographen noch innerhalb der Agrargeographie.

Wichtiger als die Begriffe sind zweifellos die Gliederungen, die sich bisher in der Forschung und in der praktischen Anwendung als zweckmäßig erwiesen haben. Einige von ihnen sollen hier vorgestellt werden.

Da sind zunächst die *partiellen Gliederungen,* die von einem oder wenigen Merkmalen ausgehen und mit Ausnahme dieser Merkmale recht undifferenzierte Kategorien hervorbringen. Der Anwendungsbereich kann sich aber ausweiten, wenn sich weitere Merkmale in die getroffene Ordnung einfügen oder eine weitere Unterteilung ermöglichen, die primär ausgewählten Merkmale also einen hohen diagnostischen Wert besitzen. Ob und in welchem Umfang dies der Fall ist, ist jeweils örtlich zu prüfen. Zu den Merkmalen partieller Gliederungen gehören u. a.:

- Wasserzufuhr: Regenfeldbau (Trockenfeldbau), Dry Farming, Bewässerungsfeldbau
- Werkzeug der Bodenbearbeitung: Hackbaubetrieb, Pflugbaubetrieb usw.
- Tierische und pflanzliche Produktion: Ackerbaubetrieb, Viehzuchtbetrieb, Gemischtbetrieb

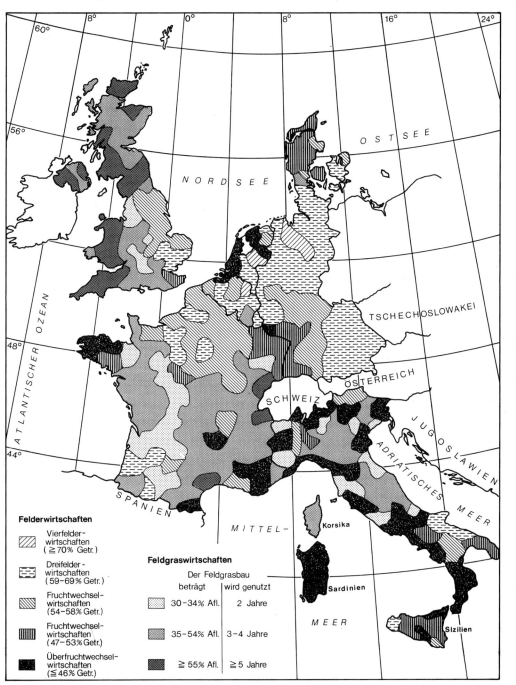

Felderwirtschaften

Vierfelder-
wirtschaften
(≧70% Getr.)

Dreifelder-
wirtschaften
(59–69% Getr.)

Fruchtwechsel-
wirtschaften
(54–58% Getr.)

Fruchtwechsel-
wirtschaften
(47–53% Getr.)

Überfruchtwechsel-
wirtschaften
(≦46% Getr.)

Feldgraswirtschaften

Der Feldgrasbau

beträgt	wird genutzt
30–34% Afl.	2 Jahre
35–54% Afl.	3–4 Jahre
≧ 55% Afl.	≧5 Jahre

Abb. 38: Fruchtfolgen in der Europäischen Gemeinschaft (ohne Irland und Griechenland; nach *Andreae* 1983)

- Einkommen: Vollerwerbsbetrieb, Zuerwerbsbetrieb, Nebenerwerbsbetrieb
- Marktorientierung (Grad der Kommerzialisierung): Subsistenzbetrieb, Übergangs-betrieb, kommerzialisierter Betrieb, voll kommerzialisierter Betrieb
- Arbeitsverfassung: Lohnarbeiterbetrieb, Familienbetrieb usw.
- Form der Betriebsvielfalt: Monoproduktbetrieb, Spezialbetrieb, Verbundbetrieb; in dieser Reihenfolge zunehmende Diversifizierung des Produktionsprogrammes (umgekehrt: Spezialisierung)
- Betriebsgröße: Klein-, Mittel- und Großbetrieb
- Besitzverfassung: Privatbetrieb, Staatsbetrieb, Genossenschaftsbetrieb, Pachtbe-trieb usw.
- Intensität der Bodennutzung (Bewirtschaftungsintensität): Höhe des Arbeits- und Kapitaleinsatzes und des Ertrages pro Hektar ein und desselben Betriebszweiges. Danach lassen sich arbeits-, kapital- und ertragsintensive bzw. extensive Betriebe oder Betriebszweige sowie zahlreiche Zwischenstufen unterscheiden. Von der Be-wirtschaftungsintensität ist die Betriebsintensität zu unterscheiden. Diese benennt den Anteil von Intensivbetriebszweigen, also z. B. Sonderkulturen, Milchproduk-tion, Hackfrüchten, im Betriebsgefüge.
- Fruchtfolge (zeitliche Aufeinanderfolge von Fruchtarten auf einer Parzelle): Danach werden verschiedene Feldsysteme unterschieden, z. B. Zweifelderwirtschaft (Win-tergetreide und Brache) und Dreifelderwirtschaft (alte D.: zweijähriger Getreidebau mit 1 Brachejahr, meist unter Flurzwang mit zelgenweisem Anbau; verbesserte D.: an die Stelle der Brache treten Blattfrüchte, also z. B. Kartoffeln, Zuckerrüben, Mais, Raps, Klee oder Luzerne, Auflösung der alten Flurverfassung).
  Werden die Blattfrüchte erst im vierten oder fünften Jahr in den Getreidebau eingeschoben, so spricht man von Vier- bzw. Fünffelderwirtschaft, folgen sie dage-gen in jedem zweiten Jahr (also Getreide – Blattfrucht – Getreide – Blattfrucht), so handelt es sich um eine Fruchtwechselwirtschaft. Eine Überfruchtwechselwirt-schaft schließlich liegt dann vor, wenn die Blattfrüchte ein Übergewicht im Frucht-wechsel erhalten (also z. B. Blattfrucht – Blattfrucht – Getreide). Die Verbreitung dieses Fruchtfolgesystems in der EG zeigt die Abb. 38. Eine weiterführende Gliede-rung unter stärkerer Einbeziehung der Wechselsysteme[1] nähert sich der nach der Intensität des Umtriebs (s. u.).
- Betriebszweig der Viehwirtschaft (Futterbau und Veredlungsproduktion): Jung-viehaufzucht, Milchwirtschaft, Rindermast, Schweinemast, Junggeflügelmast, Le-gehennenhaltung
- Mobilität der Viehwirtschaft: Nomadismus, Transhumanz, Almwirtschaft, Stationä-re Weidewirtschaft, Stallwirtschaft.

Eine weitere Gruppe von Gliederungen geht zwar ebenfalls von einer beschränkten Zahl von Kriterien aus, erhebt aber zugleich den Anspruch, einen umfassenden Rah-men für detaillierte Unterteilungen zu geben. Dazu gehören u. a. Gliederungen nach der

- *Wirtschaftsform* (-stufe) im herkömmlichen Sinne: Primitive und höhere Sammel-wirtschaft (einschließlich Jagd und Fischfang)
  Hirtennomadismus
  Stationäre Viehzucht
  Pflanzenbau mit Pflanzstock und Grabstock
  Hackbau
  Pflugbau mit tierischer Zugkraft
  Pflugbau mit maschineller Zugkraft

---

[1] *W. Müller-Wille,* 1941

Sonderformen des Hack- und Pflugbaues:
  Bewässerungsfeldbau, Gartenbau, Plantagenbau
- *Organisationsform* und Produktionsziel[1]
  Individualwirtschaft mit dem Ziel der Selbstversorgung
  Individualwirtschaft mit dem Ziel der Marktversorgung
  Kollektivwirtschaft mit dem Ziel der staatlichen Bedarfsdeckung
  Weltmarktorientierte Genossenschaftswirtschaft
- *Intensität des Umtriebs:*
  d. h. das zeitliche Verhältnis zwischen (An)baujahren und Brachedauer. Es kann entweder in Form eines „Anbaufaktors"[2] oder durch die Kennziffer „R"[3] ausgedrückt werden.

Bei dem ersteren wird die gesamte Umlaufdauer der Rotation, d. i. Zahl der Anbaujahre plus Zahl der nachfolgenden Brachejahre bis zum erneuten Anbau, durch die Zahl der Anbaujahre geteilt. Das Ergebnis gibt direkt an, wie viele Anbauareale zur Aufrechterhaltung einer bestimmten Rotation nötig sind. Zum Beispiel: Bei einem *Wanderfeldbausystem* folgen auf eine zweijährige Anbauperiode 24 Jahre Brache; dann ist der Anbaufaktor 13; d. h. 13 Areale in der Größe (und in der Güte) des gerade genutzten Ackerlandes werden insgesamt benötigt, 12 davon befinden sich jeweils in unterschiedlichen Stadien der Regeneration. Bei der Kennziffer „R" wird – umgekehrt wie beim Anbaufaktor – die Zahl der Anbaujahre ins Verhältnis zur gesamten Rotationsperiode gesetzt. Der Vorteil dieser Berechnungsart liegt darin, daß unmittelbar der Anteil genannt wird, den die Ackerfläche an der gesamten landwirtschaftlichen Nutzfläche (LN) des Betriebes hat. So errechnet sich „R" für das obige Beispiel auf rund acht Hundertstel; der Anteil des gerade bestellten Landes beläuft sich also auf 8% der LN, 92% liegen brach. Die Brache dient generell der Wiederherstellung der Bodenfruchtbarkeit. Bei intensiverer Nutzung werden die Bracheflächen teilweise als Viehweiden oder sogar zur Anlage von mehrjährigen Futterkulturen auch unmittelbar genutzt.

Wanderfeldbau
(Urwechselwirtschaft, Shifting Cultivation i. e. S.): die Brache (= Regenerationsperiode der Wildvegetation) dauert deutlich bis erheblich länger als die Anbauperiode (meist „R" < 0,3); z. B. tropischer Brandrodungs-Wanderfeldbau, in Europa die Haubergswirtschaft und Moorbrandwirtschaft.

Landwechselwirtschaft
(Semipermanenter Feldbau, Land Rotation, Shifting Cultivation i. w. S.): mehrjährige Brache oder Grünlandnutzung (Futterkulturen), aber meist kürzer (oder höchstens geringfügig länger) als ackerbauliche Nutzungsperiode (meist „R" = 0,5–0,7); zu unterscheiden ist:

Ungeregelte Feldgras- oder Feldbusch-Wechselwirtschaft: noch keine feste Schlageinteilung; die natürliche Begrasung oder Verbuschung der vormaligen Anbauflächen kann für Weidezwecke dienen (Hutung); weitverbreitet in den Tropen.
Geregelte Feldgraswechselwirtschaft: planmäßige Anlage und Nutzung von wenigstens zweijährigen Feldfutter-(Feldgras)beständen im Wechsel mit Ackerbau; z. B. Koppelwirtschaft, Ley-Farming. Die mehrjährigen Futterkulturen erfüllen im Prinzip die gleichen Funktionen wie die herkömmliche Brache: Sie sind bodenschonend (regenerierend) und arbeitssparend.

---

[1] *E. Otremba*, 1960
[2] *W. Allan*, 1949
[3] *Joosten*, 1962

Felderwirtschaft

(Permanenter Feldbau): die Ackerflächen werden jedes oder fast jedes Jahr erneut ackerbaulich genutzt (meist „R" > 0,7); bei Viehhaltung erfolgt der Futterbau überwiegend auf getrenntem Dauergrünland oder es bestehen Waldweiden. Zu unterscheiden ist:

Jahreszeitenfeldbau: der Ackerbau beschränkt sich auf die jahreszeitlich eingeschränkte Vegetationsperiode; er ist demnach entweder ein Sommerfeldbau in den gemäßigten Zonen, ein Winterfeldbau in Etesiengebieten oder ein Regenzeitenfeldbau in den wechselfeuchten Tropen.

Dauerfeldbau: nahezu ununterbrochene ganzjährige Nutzung in Form mehrerer Ernten pro Jahr; nur in den immerfeuchten Tropen und in manchen tropischen und subtropischen Bewässerungskulturen verbreitet.

Dauerkulturen

Sie nehmen im Rahmen dieser Einteilung eine Sonderstellung ein. An eine mehrjährige Kultur kann entweder eine ähnliche Kultur unmittelbar anschließen, oder es erfolgt ein Wechsel zur Ackernutzung, Gründlandnutzung oder – ausnahmsweise – eine mehr oder weniger lange Regenerationsperiode der Wildvegetation.

Die in der Bundesrepublik Deutschland definierten Bodennutzungssysteme

Bodennutzungssystem	Sonderkulturen %	Hackfrüchte insgesamt %	Zuckerrüben %	Kartoffeln %	Gemüse %	Getreide %	Futterbau %
I. Sonderkulturbetriebe	≥ 10						
II. Hackfruchtbetriebe		≥ 15					
Zuckerrübenbaubetriebe		≥ 25	≥ 15				
Kartoffelbaubetriebe		≥ 25		≥ 15			
Gemüsebaubetriebe		≥ 25			≥ 15		
Gemischte Hackfruchtbaubetriebe		≥ 25					
Hackfrucht-Getreidebau-Betriebe I		20–25				≥ 20	< 50
Hackfrucht-Getreidebau-Betriebe II		15–20				≥ 20	< 50
Hackfrucht-Futterbau-Betriebe		15–25				< 30	≥ 50
III. Getreidebaubetriebe		< 15				≥ 30	
Getreide-Hackfruchtbau-Betriebe		10–15				≥ 30	< 60
Getreide-Futterbau-Betriebe		< 10				30–60	40–70
IV. Futterbaubetriebe		< 15				< 30	≥ 60
Futterbaubetriebe I		< 15				< 30	60–80
Futterbaubetriebe II		< 15				< 20	≥ 80
V. Sonstige Betriebe							
Betriebe mit gemischtem Anbauverhältnis		10–15				20–30	40–60

Quelle: Westermann Lexikon der Geographie. Braunschweig 1968.

– *Nutzflächenverhältnis:*

In die Berechnung geht häufig nicht nur der Flächenanteil ein, den die verschiedenen Nutzpflanzen an der landwirtschaftlich genutzten Fläche eines Betriebes haben, sondern auch der Arbeitsaufwand, der ihnen zukommt und der jeweils sehr verschieden sein kann. Danach lassen sich verschiedene *Bodennutzungssysteme* unterscheiden.

Die Gewichtung erfolgt mit Hilfe von Intensitätszahlen – z. B. 0,5 für Weiden und Wiesen, 1,0 für Getreide, 2,0 für Kartoffeln, 3,0 für Feldgemüse und 5,0 für Rebland –, mit denen die Flächen der einzelnen Kulturen multipliziert werden. Bei den für

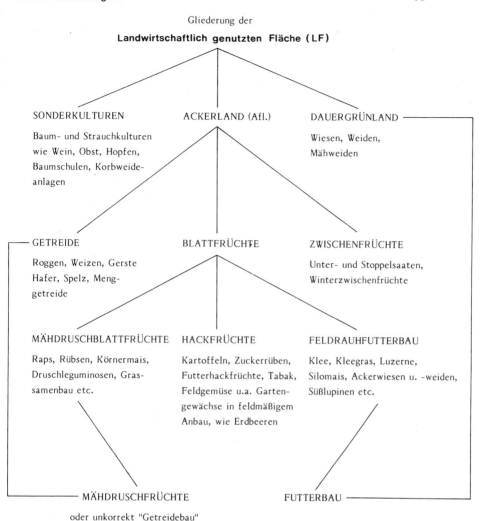

Gliederung der
Landwirtschaftlich genutzten Fläche (LF)

SONDERKULTUREN

Baum- und Strauchkulturen
wie Wein, Obst, Hopfen,
Baumschulen, Korbweide-
anlagen

ACKERLAND (Afl.)

DAUERGRÜNLAND

Wiesen, Weiden,
Mähweiden

GETREIDE

Roggen, Weizen, Gerste
Hafer, Spelz, Meng-
getreide

BLATTFRÜCHTE

ZWISCHENFRÜCHTE

Unter- und Stoppelsaaten,
Winterzwischenfrüchte

MÄHDRUSCHBLATTFRÜCHTE

Raps, Rübsen, Körnermais,
Druschleguminosen, Gras-
samenbau etc.

HACKFRÜCHTE

Kartoffeln, Zuckerrüben,
Futterhackfrüchte, Tabak,
Feldgemüse u.a. Garten-
gewächse in feldmäßigem
Anbau, wie Erdbeeren

FELDRAUHFUTTERBAU

Klee, Kleegras, Luzerne,
Silomais, Ackerwiesen u. -weiden,
Süßlupinen etc.

MÄHDRUSCHFRÜCHTE
oder unkorrekt "Getreidebau"

FUTTERBAU

Abb. 39: Gliederung der landwirtschaftlich genutzten Fläche (nach *Andreae* 1983)

die Bundesrepublik Deutschland definierten Bodennutzungssystemen werden die Kulturpflanzen einer der vier Gruppen „Getreide", „Hackfrüchte", „Futterbau" (Dauergrünland und Feldfutter) und „Sonderkulturen" (meist Dauerkulturen) zugeordnet. Die Bezeichnung des Nutzungssystems richtet sich dann nach der Leit- und ggf. auch Begleitkultur (s. S. 94). Eine andere Gliederung der landwirtschaftlich genutzten Fläche zeigt die Abb. 39. Das Nutzflächenverhältnis von Halm- zu Blattfrüchten kann u. U. auf bestimmte Fruchtwechselsysteme hinweisen. So liegt der Anteil der Getreidebaufläche in der Vierfelderwirtschaft bei über 69%, bei der Dreifelderwirtschaft zwischen 59 und 69%, bei der Fruchtwechselwirtschaft zwischen 47 und 58% und bei der Überfruchtwechselwirtschaft unter 47%. Entsprechend kann aus dem Anteil von Feldgrasbauflächen auf deren Nutzungsdauer geschlossen werden. Bei einem Anteil von 30–34% an der Ackerfläche (Afl.) umfaßt sie zwei Jahre, bei 35–54% Afl drei bis vier Jahre und darüber fünf und mehr Jahre.

Betriebssystem	Kurzbe-zeichnung	Anteil am Standarddeckungsbeitrag des Betriebes		
		Hauptproduktions-richtung	Spezialbetriebe	Verbundbetriebe
MARKTFRUCHTBAUBETRIEBE	M			
Intensivfruchtbetriebe	M In	M mehr als 75%	Intensivfrüchte überwiegen Extensivfrüchte	
Extensivfruchtbetriebe	M Ex	M mehr als 75%	Extensivfrüchte überwiegen Intensivfrüchte	
Marktfrucht-Futterbaubetriebe	M F	M zwischen 50 und 75%		F überwiegt V
Marktfrucht-Veredlungsbetriebe	M V	M zwischen 50 und 75%		V überwiegt F
FUTTERBAUBETRIEBE	F			
Milchviehbetriebe	F M	F mehr als 75%	Milchvieh über-wiegt Rindfleisch-erzeugung	
Rindermastbetriebe	F R	F mehr als 75%	Rindfleischerzeu-gung überwiegt Milchvieh	
Futterbau-Marktfruchtbetriebe	F M	F zwischen 50 und 75%		M überwiegt V
Futterbau-Veredlungsbetriebe	F V	F zwischen 50 und 75%		V überwiegt M
VEREDLUNGSBETRIEBE	V			
Schweinebetriebe	V Sch	V mehr als 75%	Schweine über-wiegen Geflügel	
Geflügelbetriebe	V Gefl	V mehr als 75%	Geflügel über-wiegt Schweine	
Veredlungs-Marktfruchtbetriebe	V M	V zwischen 50 und 75%		M überwiegt F
Veredlungs-Futterbaubetriebe	V F	V zwischen 50 und 75%		F überwiegt M
LANDW. GEMISCHTBETRIEBE	La G			
mit Marktfruchtbau	La GM	Marktfruchtbau		M überwiegt V und F
mit Futterbau	La GF	Futterbau und Veredlung		F überwiegt M und V
mit Veredlung	La GV	jeweils weniger als 50%		V überwiegt M und F

Abb. 40: Vereinfachtes Schema der Betriebssysteme (nach *Andreae* 1983)

– *Produktionsrichtung:*
Die einzelnen Produktionszweige werden nach ihrem Anteil am gesamten Betriebs-ertrag mittels sogenannter Standarddeckungsbeiträge (s. Abb. 40) gewichtet und so die Hauptproduktionsrichtung bestimmt. Danach läßt sich eine Einteilung in *Betriebssysteme* vornehmen.

Zur Vereinfachung werden die Betriebszweige zu einigen wenigen Gruppen zusammengefaßt. So gehören alle dem Verkauf dienenden Kulturpflanzen zur Gruppe der „Marktfrüchte"; die Unterteilung sieht hier lediglich „Extensivfrüchte" (z. B. Getreide, Mais, Raps) und „Intensivfrüchte" (Hackfrüchte) vor. Der „Futterbau" wird selbständig nur in Verbindung mit Rinderhaltung verwendet. Die entsprechende Bezeichnung bei Schweine- und Geflügelhaltung lautet „Veredlung". Die Hauptproduktionsrichtung entscheidet zunächst über die Zuordnung zu einer der vier Haupttypen Marktfruchtbau, Futterbau, Veredlungswirtschaft oder Gemischtwirtschaft. Daran schließen sich weitere Unterteilungen an (s. Übersicht, Abb. 40). Erreicht eine einzige Produktionsrichtung den Anteil von 75%, so handelt es sich um einen „Spezialbetrieb".

Mit dem Anspruch, eine umfassende und für die ganze Welt sowie jeden Maßstab gültige Gliederung zu erarbeiten, ist eine 1964 in London gegründete Kommission in der Internationalen Geographischen Union *(Commission on Agricultural Typology)* angetreten. Ihre Aufgabe sah sie zunächst darin, aus der Fülle von endogenen landwirtschaftlichen Merkmalen eine geeignete, d. h. dem Anspruch entsprechende und zugleich praktikable Auswahl zu treffen. Das 1974 von Kostrowicki vorgelegte vorläufige Ergebnis umfaßt insgesamt 22 Merkmale, von denen angenommen wird, daß sie

1. eine hohe und allgemein gültige Signifikanz aufweisen
2. komplexer Natur sind und daher weitere nicht genannte Eigenschaften indikatorhaft einschließen
3. so umfassend sind, daß alle oder fast alle Typen der weltweiten Landwirtschaft beschrieben werden können
4. zusammengenommen ein ausgewogenes repräsentatives Bild landwirtschaftlicher Betriebe vermitteln.

Die quantitative Bestimmung ist so einfach gehalten, daß auch dort, wo Statistiken nur mangelhaft vorliegen, befriedigende Ergebnisse erreicht werden können. So wurde die weltweite Streuungsbreite generell in fünf Abschnitte (Klassen) unterteilt, wobei die Abstände empirisch so gelegt sind, daß die signifikanten Unterschiede deutlich werden. Jeder der fünf Teilstreuungsbereiche erhält eine Ziffer in der Bedeutung 1 = sehr niedrig, 2 = niedrig, 3 = mittel, 4 = hoch und 5 = sehr hoch; 0 steht für abwesend oder unbestimmbar. Variable, die nicht quantifizierbar sind, erhalten ein Buchstabensymbol.

Es folgt die Aufzählung der 22 Variablen, geordnet in 5 Gruppen (A–E):

Bodennutzungssysteme der IGU

A **Besitz- und Arbeitsverfassung**
  1. *Besitzverfassung:* Der Landbesitz ist individuell (P), traditionell-gemeinschaftlich (C), traditionell-grundherrschaftlich (F), staatlich (G), genossenschaftlich (V) usw. (insgesamt 8 Unterteilungen)
  2. *Arbeitsverfassung:* Die Landarbeit erfolgt durch Mitglieder einer Großfamilie (B), Genossenschaft (V) oder einer Dorf-, Klan- bzw. Stammesgemeinschaft (C), oder durch Landeigentümer (P), Lohnarbeiter (H), Pächter (T) usw. (insgesamt 14 Unterteilungen).

B **Betriebsgröße**
  3. Betriebsgröße nach der Zahl der *menschlichen Arbeitskräfte*[1]:

Klasse	1	2	3	4	5
Streuungsbreite	– 2 –	8 –	50 –	200 –	

---

[1] Der Bezug zur menschlichen Arbeitskraft macht nur dann Sinn, wenn zugleich die Einsatzdauer berücksichtigt wird. Während bei uns eine Vollarbeitskraft (AK) jährlich mindestens 2400 Arbeitskraftstunden (AKh) leistet, vollbringt sie in den Tropen meist nur 1500–1700 AKh, bei einer – in der Dritten Welt häufigen – Unterbeschäftigung (versteckte Arbeitslosigkeit) sogar noch weniger.

4. Betriebsgröße nach der *landwirtschaftlich genutzten Fläche* = LF (ha)

Klasse	1	2	3	4	5

Streuungsbreite	– 5 – 20 – 50 – 200 –

5. Betriebsgröße nach der *Viehzahl* (Großvieheinheiten)[1]

Klasse	1	2	3	4	5

Streuungsbreite	– 2 – 10 – 50 – 200 –

6. Betriebsgröße nach der *Gesamtproduktion* (Äquivalentgewicht in kg)[2]

Klasse	1	2	3	4	5

Streuungsbreite	– 100 – 900 – 10 000 – 80 000 –

C Arbeitsorganisation und Bodennutzung

7. Einsatz *menschlicher Arbeitskraft* (Zahl der menschlichen Arbeitskräfte pro 100 ha LF)

Klasse	1	2	3	4	5

Streuungsbreite	– 3 – 15 – 40 – 150 –

8. Einsatz von *Arbeitstieren* (Arbeitstiereinheiten pro 100 ha Ackerland und Sonderkulturen)[3]

Klasse	1	2	3	4	5

Streuungsbreite	– 2 – 8 – 16 – 30 –

9. Einsatz von *Maschinenkraft* (PS pro 100 ha Ackerland und Sonderkulturen)

Klasse	1	2	3	4	5

Streuungsbreite	– 6 – 15 – 36 – 90 –

10. *Mineraldünger* (Gehalt an reinem Stickstoff, Phosphor und Kalium in kg pro 1 ha Ackerland und Sonderkulturen)

Klasse	1	2	3	4	5
Streuungsbreite	– 10 – 30 – 80 – 200 –

11. *Bewässerung* (bewässerte Landfläche in v. H. des gesamten Ackerlandes und der Sonder-kulturen)

Klasse	1	2	3	4	5

Streuungsbreite	– 10 – 25 – 50 – 80 –

12. Intensität des *Umtriebs* (Ackerland in v. H. Ackerland + Brache)

Klasse[4]	1	2	3	4	5

Streuungsbreite	– 10 – 30 – 70 – 130 –

---

[1] Großvieheinheit (GV) entspricht 500 kg Lebendgewicht, d. h. in etwa dem Gewicht eines ausgewachsenen Pferdes oder Rindes. Danach ergibt sich als Umrechnungsfaktor für die übrigen Nutztiere (Auszug): Kamel 1,5, Schwein 0,2, Schaf und Ziege je 0,1, Gans 0,04, Legehenne 0,02 und Brathähnchen 0,01.

[2] Das Äquivalentgewicht dient als ein einheitliches Maß für den Wert aller Produkte. Es berücksichtigt sowohl den durchschnittlichen monetären Wert als auch den naturalen Wertstandard (Eiweiß- und Stärkegehalt). Damit nimmt es eine Mittelstellung zwischen den Weizeneinheiten der FAO-Statistik und den Getreideeinheiten (1 **GE** entspricht einem Nährstoffgehalt von 1 dt Getreide) der deutschen Agrarstatistik ein. Die Äquivalentgewichte von jeweils 100 kg (= 1 dt) der folgenden Produkte betragen (Auszug):

Weizen	100 kg	Kassawa	30 kg
Roggen und Gerste	90 kg	Bananen	40 kg
Hafer, Mais u. Millet	80 kg	Zuckerrüben und -rohr	25 kg
Sorghum	70 kg	Sojabohnen	170 kg
Paddy-Reis	110 kg	Rind, Schaf, Schwein,	
Hülsenfrüchte	120 kg	Geflügel, Fisch	600 kg
Kartoffeln	40 kg	Milch	110 kg
		Eier	700 kg

[3] Arbeitstiereinheiten (Zugkrafteinheiten = ZK): Pferd 1, Maultier 0,9, Ochse 0,5, Esel 0,3 und Kuh 0,2; je 5 Pferdestärken eines Traktors oder 5 menschliche Arbeitskräfte entsprechen 1 Arbeitstiereinheit.

[4] Es entsprechen ungefähr 1 = Wanderfeldbau, 2 = ungeregelte Landwechselwirtschaft, 3 = geregelte Feld-Gras-Wechselwirtschaft, 4 = Felderwirtschaft (Jahreszeitenfeldbau), 5 = Dauerfeldbau.

13. *Dauerkulturen* (einschl. Zuckerrohr, Hopfen, Erdbeeren, Ananas, Baumwolle, Sisal etc. in v. H. LF)

Klasse	1	2	3	4	5
Streuungsbreite		– 10 – 20 – 40 – 60 –			

14. *Dauergrünland* (in v. H. der LF)

Klasse	1	2	3	4	5
Streuungsbreite		– 20 – 40 – 60 – 80 –			

15. *Viehbesatz* (Großvieheinheiten pro 100 ha LF)

Klasse	1	2	3	4	5
Streuungsbreite		– 10 – 30 – 80 – 180 –			

D Produktivität, Kommerzialisierung und Spezialisierung

16. *Flächenproduktivität* (Produktion pro 1 ha der LF, in kg Äquiv.-Gew. – s. 6.)

Klasse	1	2	3	4	5
Streuungsbreite		– 5 – 20 – 45 – 100 –			

17. *Arbeitsproduktivität* (Produktion pro 1 menschl. Arbeitskraft, in kg Äquiv.-Gew. – s. 6.)

Klasse	1	2	3	4	5
Streuungsbreite		– 40 – 100 – 250 – 800 –			

18. *Kommerzialisierungsgrad* (Marktproduktion in v. H. der Gesamtproduktion, berechnet nach kg Äquiv.-Gew. – s. 6.)

Klasse	1	2	3	4	5
Streuungsbreite		– 20 – 40 – 60 – 80 –			

19. *Kommerzialisierungsstand* (Marktproduktion pro 1 ha LF, in kg Äquiv.-Gew. – s. 6.)

Klasse	1	2	3	4	5
Streuungsbreite		– 3 – 12 – 30 – 80 –			

20. *Spezialisierungsgrad* (nach dem Vielseitigkeitsgrad der Marktproduktion)[1]

Klasse	1	2	3	4	5
Streuungsbreite		– 0,1 – 0,2 – 0,4 – 0,8 –			

E Produktionsrichtung

21. Richtung der *Gesamtproduktion* (tierische Produktion in v. H. der Gesamtproduktion, berechnet nach kg Äquivalent-Gewicht – s. 6.)

Klasse	1	2	3	4	5
Streuungsbreite		– 20 – 40 – 60 – 80 –			

22. Richtung der *Marktproduktion* (tierische Marktproduktion in v. H. gesamten Marktproduktion, berechnet nach kg Äquivalent-Gewicht – s. 6.)

Klasse	1	2	3	4	5
Streuungsbreite		– 20 – 40 – 60 – 80 –			

---

[1] Die Streuungsbreite der einzelnen Spezialisierungsklassen (W_i) ist zu berechnen nach der Formel:
$$W_i = a_{i1}^2 + a_{i2}^2 + a_{i3}^2 + \ldots a_{in}^2 = \Sigma_j^n = 1 a_{ij}^2$$
darin bedeuten: aij – Anteil eines Produktes an der gesamten Marktproduktion, n – Zahl der Produkte

---

Die einzelnen Kennziffern bzw. Buchstaben lassen sich zu einem Code zusammenstellen, mit dem sich jeder einzelne Betrieb detailliert erfassen läßt. Dabei ordnen sich die Merkmalsgruppen wie folgt an:

$$AB\ \frac{C}{D}\ E$$

Nächste Aufgabe ist dann, aus diesen Einzelcodes die typischen Merkmalskombinationen herauszufiltern, d. h. zu den *„types of agriculture"* vorzustoßen. Die Kommission betrachtet diese Aufgabe als derzeitig noch nicht zufriedenstellend gelöst. Sie empfiehlt, zwar überall die gleichen Variablen zu benutzen, im übrigen aber eigene Methoden, die regional zu sinnvollen Ergebnissen führen, für die Typisierung zu wählen. Erst wenn genügend Daten vorliegen, besteht die Aussicht, daß induktiv ein typologisches System gefunden werden kann. Vorläufig wurden deduktiv 18 weltwirtschaftlich wichtige „types of agriculture" der ersten Ordnung und über 50 der zweiten Ordnung gebildet. Ihre Kurzdarstellung erfolgt in Form des o. g. Code und einer kurzen hierauf bezogenen Erläuterung. An drei Beispielen soll dieses Schema erläutert werden. Um den Bezug zu erleichtern, werden der textlichen Erläuterung jeweils in Klammern die Kennziffern bzw. -buchstaben des Code angefügt.

Nomadische Weidewirtschaft

$$C, C, 3\text{–}4, 0, 3\text{–}4, 2\text{–}3 \quad \frac{1, 1, 0/1, 0/1, 0/1, 0/2\text{–}3, 0/1, 5, 1\text{–}2}{1, 1\text{–}2, 1\text{–}2, 1\text{–}2, 1\text{–}2} \quad 4\text{–}5, 5$$

AB. Gemeinschaftlicher *Weidenomadismus* (C), auf gemeinsamen *Weidearealen* (C); durch mittelgroße bis große *Gruppen* (3–4: 8–200 Teilnehmer); *Betriebsgröße* nach landwirtschaftlich genutzter Fläche (LF) ist nicht meßbar (0); *Viehzahl* pro Gruppe mittelgroß bis groß (3–4: 10–200 Großvieheinheiten); *Gesamtproduktion* klein bis mittel (2–3: 100–10 000 kg Äquiv.-Gew.).
C. Einsatz von *menschlicher Arbeitskraft* (1: höchstens 3 menschliche Arbeitskräfte pro 100 ha LN) und *Kapital* pro Fläche sehr niedrig (1, 0/1, 0/1, 0/1). Sofern Ackerbau betrieben wird, werden normalerweise kürzere oder längere *Brachen* eingeschoben (0/2–3). *Dauerkulturen* fehlen oder haben sehr kleinen Anteil (0/1: unter 10% der LF). *Dauergrünland* dominiert in der Landnutzung (5: über 80% der LF); der *Viehbesatz* ist sehr niedrig bis niedrig (1–2: bis zu 30 Großvieheinheiten pro 100 ha LF).
D. Die *Flächenproduktivität* ist sehr gering (1: weniger als 5 kg Äquiv.-Gew. pro 1 ha der LF), die *Arbeitsproduktivität* (1–2: bis 100 kg Äquiv.-Gew. pro 1 menschlicher Arbeitskraft) und der *Kommerzialisierungsgrad* (1–2, 1–2: höchstens 40% der Gesamtproduktion bzw. 12 kg Äquiv.-Gew. pro 1 ha LF werden vermarktet) sehr gering bis gering. Das gleiche gilt für den *Spezialisierungsgrad* (1–2).
E. Tierische Produkte dominieren in der *Gesamt-* und in der *Marktproduktion* (4–5, 5: mindestens 60% bzw. 80%).
Verbreitung: Nordafrika, Mittlerer Osten.

Plantagenwirtschaft

$$P\text{–}U, H, 4\text{–}5, 5, 2\text{–}3, 4\text{–}5 \quad \frac{3\text{–}4, 1\text{–}2, 3\text{–}4, 3\text{–}4, 2\text{–}3, 4, 4\text{–}5, 1, 1\text{–}2}{3\text{–}4, 2\text{–}3, 4\text{–}5, 4\text{–}5, 5} \quad 1, 1$$

AB. Individueller oder korporativer *Besitz* (P–U) mit Lohnarbeitern (H). Die *Betriebsgröße* nach der Zahl der menschlichen Arbeitskräfte ist hoch bis sehr hoch (4–5: mindestens 50, bis weit über 1000), nach der landwirtschaftlich genutzten Fläche sehr hoch (5: mindestens 200 ha LF), nach der Viehzahl niedrig bis mittel (2–3: 2–50 Großvieheinheiten) und nach der Gesamtproduktion hoch bis sehr hoch (4–5: wenigstens 10 000 kg Äquiv.-Gew.).
C. Einsatz *menschlicher Arbeit* ist mittel bis hoch (3–4: 15 bis 150 menschliche Arbeitskräfte pro 100 ha LF), der Einsatz von *Arbeitstieren* sehr niedrig bis niedrig (1–2: höchstens 8 Arbeitstiere pro 100 ha Ackerland); die *Mechanisierung* und die

Verwendung von *Handelsdünger* sind demgegenüber mittelhoch bis hoch (3–4, 3–4: 15–90 PS pro ha Ackerland bzw. 30 bis 200 kg Stickstoff, Phosphor und Kalium pro 1 ha Ackerland). *Bewässerung* wird nur wenig bis mittel angewendet (2–3: bis zu 25% des gesamten Ackerlandes), die Bodennutzung ist permanent (4); *Dauerkulturen* dominieren (4–5: 40–100% der LF). *Dauergrünland* ist unbedeutend (1: unter 20% der LF), der *Viehbesatz* ist sehr niedrig bis gering (1–2: weniger als 30 Großvieheinheiten pro 100 ha LF).

D. Die *Flächenproduktivität* liegt bei mittel bis hoch (3–4: 20–100 kg Äquiv.-Gew. pro 1 ha LF), die *Arbeitsproduktivität* bei 40–250 kg Äquiv.-Gew. pro 1 menschlicher Arbeitskraft (2–3). Der *Kommerzialisierungsgrad* und -stand sind hoch bis sehr hoch (4–5, 4–5: mindestens 60–100% der Gesamtproduktion bzw. 30 kg Äquiv.-Gew. pro 1 ha LF werden vermarktet), der *Spezialisierungsgrad* ist sehr hoch (5).

E. Pfanzliche Produkte (Rohrzucker, Kaffee, Kakao, Tee, Kautschuk usw.) dominieren über tierische Produkte: sowohl bei der *Gesamt-* wie auch bei der *Marktproduktion* liegt der Anteil an tierischen Produkten bei unter 20% (1, 1).
Verbreitung: Lateinamerika, Tropisch-Afrika, Südasien, Ozeanien.

Kommerzieller kleinbetrieblicher Bewässerungsfeldbau

$$P,\ P\text{--}T,\ 1\text{--}2,\ 1\text{--}2,\ 1\text{--}2,\ 1\text{--}2\quad \frac{3\text{--}4,\ 2\text{--}3,\ 3\text{--}4,\ 4\text{--}5,\ 4\text{--}5,\ 4\text{--}5,\ 1\text{--}2,\ 1,\ 1\text{--}2}{4\text{--}5,\ 2\text{--}3,\ 3\text{--}4,\ 3\text{--}4,\ 2\text{--}3}\quad 1\text{--}2,\ 1\text{--}2$$

AB. Individueller *Landbesitz* (P), geführt vom Eigentümer (P) oder Pächter (T). Die *Betriebsgröße* ist in jeder Hinsicht sehr klein bis klein (1–2, 1–2, 1–2, 1–2: höchstens 8 menschliche Arbeitskräfte, unter 20 ha LF, weniger als 10 Großvieheinheiten und eine Gesamtproduktion von bis zu 900 kg Äquiv.-Gew.).

C. Der Einsatz *menschlicher Arbeit* ist mittel bis hoch (3–4: bis 150 menschliche Arbeitskräfte pro 100 ha L), der Einsatz von *tierischer Zugkraft* dagegen nur niedrig bis mittelhoch (2–3: bis zu 16 Zugtieren pro 100 ha Ackerland). Der *Mechanisierungsgrad* liegt bei mittel bis hoch (3–4: 15–90 PS pro 100 ha Ackerland), die Verwendung von *Mineraldünger* bei hoch bis sehr hoch (4–5: 80 bis über 400 kg Stickstoff, Phosphor und Kalium pro 1 ha Ackerland). Ebenfalls liegt der Anteil des *bewässerten Landes* hoch bis sehr hoch (4–5: 50–100% des Ackerlandes), permanenter Ackerbau bis Dauerfeldbau mit mehr als einer Ernte pro Jahr (4–5), Dauerkulturen und Dauergrünland unbedeutend (1–2, 1: weniger als 10% bzw. 20% der LF), ebenfalls ist der *Viehbesatz* sehr gering bis gering (1–2: höchstens 30 Großvieheinheiten pro 100 ha LF).

D. Die *Flächenproduktivität* ist hoch bis sehr hoch (4–5: mindestens 45 kg Äquiv.-Gew. pro 1 ha der LF), die *Arbeitsproduktivität* liegt zwischen 40 und 250 kg Äquiv.-Gew. pro menschlicher Arbeitskraft (2–3). *Kommerzialisierungsgrad* und -stand sind mittel bis hoch (3–4, 3–4: 40–80% der Gesamtproduktion bzw. 12–80 kg Äquiv.-Gew. pro 1 ha LF), die *Spezialisierung* ist niedrig bis mittel (2–3).

E. Der Anteil tierischer Produktion an der pflanzlichen Produktion ist sehr niedrig bis niedrig sowohl bei der *Gesamt-* wie auch bei der *Marktproduktion* (in beiden Fällen 1–2: 0 bis 40%).
Verbreitung: Japan, Taiwan.

V. Regionalisierung

Der *chorologische* oder raumwissenschaftliche Ansatz widmet sich der Verbreitung von agrartypologischen Einheiten, auch solcher ausgesprochen partieller Gliederungen, (s. S. 90 ff.), wie z. B. der Betriebssysteme, Wirtschaftsformen oder Bodennutzungssysteme. Ziel ist es, räumliche Ordnungsmuster aufzudecken, die in funktionalem Zusammenhang mit geoökologischen, ökonomischen, soziologischen oder historischen Gegebenheiten stehen und daher geeignet sind, die bestehenden Wirkungsgefüge von Landwirtschaft und Umwelt nach Art und Umfang deutlich zu machen. Die Ergebnisse können zur Aufstellung von Modellen über (optimale) Ordnungsmuster und Verknüpfungssysteme verwendet werden, wobei häufig *ökonomische Gesichtspunkte* (z. B. Kostenminimierung), *ökologische Gesichtspunkte* (z. B. Ertragsmaximierung durch geeignete Auswahl der Produktionsrichtung im Hinblick auf natürliche Standortsbedingungen) oder *soziologische Gesichtspunkte* (z. B. abnehmende Innovationsbereitschaft mit nachlassender Informationsdichte, d. h. im allgemeinen mit zunehmender Entfernung von den Informationszentren oder -linien) als übergeordnete Faktoren eingehen. Im vorliegenden Kapitel soll es weniger um die allgemeinen Gesetzmäßigkeiten dieser Zusammenhänge gehen, als vielmehr um das Problem der *agrarräumlichen Gliederung,* d. h. der Abgrenzung von Räumen nach agrargeographischen Gesichtspunkten (Regionalisierung). Hierin wird von vielen Geogr-aphen die eigentliche Aufgabe der Agrargeographie überhaupt gesehen.

Chorologischer Ansatz

Zunächst zur Erklärung einiger Grundbegriffe: Während der **Agrarraum** lediglich das räumliche Forschungsfeld der Agrargeographie bezeichnet, also nicht mehr als einen landwirtschaftlich genutzten Teil der Erde meint, und auch der Terminus **Agrargebiet** kaum mehr bedeutet als eine Raumeinheit, die durch Dominanz landwirtschaftlicher Nutzung (gleich welcher Art und Vielfalt) geprägt wird und sich dadurch von Nachbargebieten, z. B. Wald- oder Industriegebieten, abhebt, steht der Begriff **Region**, dem angelsächsischen Sprachgebrauch folgend, für einen räumlichen Ausschnitt, der durch eine gewisse Homogenität hinsichtlich eines oder mehrerer agrarwirtschaftlicher Merkmale wenigstens in den wesentlichen Teilgebieten oder durch ein bestimmtes regelhaftes Gefüge mehrerer solcher Raumeinheiten gekennzeichnet ist; seine Ausdehnung übersteigt die einer einzelnen Nutzungsparzelle oder die der Nutzfläche eines einzelnen landwirtschaftlichen Betriebes.

Agrargeographische Raumbegriffe

Bei Verwendung von funktionalen Merkmalen zur räumlichen Abgrenzung tritt der organisatorische Zusammenhalt, der sich in unterschiedlichen Zentralitätsgraden ausdrücken kann, an die Stelle der Uniformität. Danach lassen sich *uniforme* und *nodale Regionen* unterscheiden. Je nachdem, ob zur Abgrenzung einzelne oder mehrere Merkmale herangezogen werden, lassen sich diese Regionen weiter als *uni-* (mono-) oder *multivariable* (multifaktorelle) *Regionen* kennzeichnen. Zu den ersteren gehören z. B. Anbaugebiete bestimmter Nutzpflanzen oder Gebiete gleicher Besitzstruktur, die Großgrundbesitzgebiete, Realteilungsgebiete etc. Schließlich ist noch der Begriff **Agrarlandschaft** zu erwähnen. Damit verbindet sich – ähnlich wie bei der Region – der Aspekt der Einheitlichkeit, jedoch in einem umfassenderen Sinne. Agarlandschaften sind Agrargebiete oder Teile davon, die durch eine einheitliche Physiognomie als Ausdruck übereinstimmender Bodennutzung, Flur, Siedlung und sozialer Struktur der ländlichen Bevölkerung gekennzeichnet sind. In der folgenden Darstellung soll der weiter gefaßte Begriff der Region den Vorzug bekommen.

Uniforme und nodale Regionen

Agrarlandschaft

Regionen lassen sich nur bilden, wenn die Lokationen gleicher landwirtschaftlicher Merkmale, z. B. bestimmter Nutzflächengefüge, Betriebsformen oder Wirtschaftsformen, benachbart liegen und sich so zu größeren Räumen zusammenschließen, oder

wenn sie sich in charakteristischer Weise mischen bzw. bestimmte raumbezogene
Dominanz/Co-dominanz-Verhältnisse bilden. Daraus folgt, daß die im vorhergehenden Kapitel genannten agrartypologischen Einheiten nicht ohne weiteres der Regionalisierung zugrunde gelegt werden können. Letztere muß vielmehr in Anpassung an
die besonderen Verhältnisse des jeweiligen Untersuchungsgebietes eigene Wege
gehen, zumindest hat sie eine sinnvolle Auswahl unter den angebotenen typologischen Einheiten zu treffen.

Weiterhin ist die Größe der abzugrenzenden Regionen wesentlich, da dadurch der
Maßstab der Untersuchung und damit das Ausmaß der Generalisierung, das ist hier
Zahl und Art der Gliederungskriterien, bestimmt werden. Regionale Gliederungen
unterscheiden sich daher auch inhaltlich deutlich voneinander, je nachdem welcher
Größenordnung sie angehören. Eine Gliederung im Weltmaßstab wird mit der Abb. 41
vorgestellt.

Die kleinste erfaßbare agrarräumliche Einheit ist die **Nutzungsparzelle.** Auch wenn
sie für die Agrargeographie keine relevante Grundeinheit darstellt, so ist sie doch
häufig Ausgangspunkt für eine (induktiv betriebene) Regionalisierung. Aus der räumlichen Verbindung von Parzellen gleicher Nutzungsart bzw. aus der regelhaften räumlichen Vergesellschaftung von Parzellen verschiedener Nutzungsart lassen sich
Raumeinheiten einer ersten höheren Ordnung bilden, nämlich bestimmte Nutzlandar-   Nutzlandarten und
ten (z. B. Weizenland, Rebland, Reisland, Weideland) bzw. Nutzflächengefügearten   Nutzflächen-
(z. B. Feldgrasland, Mais-Kassawa-Erdnußland). Die nachfolgende Übersicht gibt eine   gefügearten
systematische Ordnung der **Nutzlandtypen.**

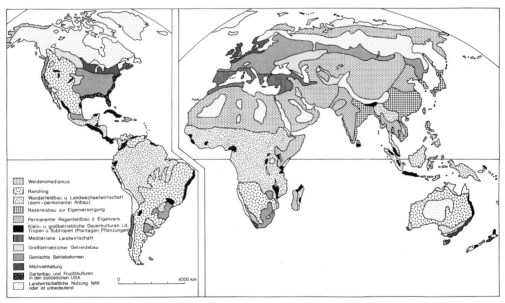

Abb. 41: Die Agrarregionen der Erde (nach *V. C. Finch* u. a., cit. aus GRIGG 1974)

Versuch einer systematischen Ordnung der Nutzlandtypen (nach H.-J. Nitz 1971)

Haupttypen
1. Dauerfeldland
2. Feldwechselland
3. Gärtnerisch genutztes Land
4. Baum- und Strauchkulturland
5. Mischtypen von 4 mit 1 und 3
6. Dauergrünland
7. Von Wald- und Strauchvegetation bedecktes Weideland

1. *Typen des Dauerfeldlandes*
Das Dauerfeldland läßt sich nach folgenden Kategorien in verschiedene Typen untergliedern:
a) Von der *Wasserversorgung* her sind zu unterscheiden: Regenfeldland, Bewässerungsfeldland und ein Kombinationstyp (trockenzeitlich bewässertes Feldland, das während der Regenzeit im Regenfeldbau eine weitere Ernte trägt).
b) Von der *Düngerversorgung* her auszuscheiden ist das Dungland im Gegensatz zum ungedüngten, meist wechselwirtschaftlich genutzten Wildland.
c) Bei den nach der *Nutzungsintensität* unterschiedenen Typen „Innenfeld" (als Dauerfeldland) und „Außenfeld" könnte man auf die -land-Endung verzichten.
d) Eine weitere Kategorie bilden alle durch eine dominante, einseitige Nutzung oder durch *regelhafte Anbaukombinationen* (Feldpflanzengemeinschaften) und *Fruchtfolgen* bestimmten Dauerfeldlandtypen, z. B. Naßreisland, Zuckerrohrland, Mais-Weizen-Land, Hirse-Erdnuß-Land, Roggen-Hafer-Kartoffel-Land.

Im intensiv bewirtschafteten Dauerfeldland Mitteleuropas ist allerdings häufig eine große Vielzahl von Feldpflanzen kombiniert, so daß hier die Bezeichnung der Feldlandtypen nach der Feldpflanzengemeinschaft nicht immer ganz einfach und sprachlich oft langatmig sein wird (auf dem Neckarschwemmkegel bei Heidelberg tritt beispielsweise der Weizen-Gerste-Zuckerrüben-Luzerne-Feldlandtyp auf). Es wird aber nicht unbedingt notwendig sein, immer sogleich zusammenhängende Bezeichnungen zu bilden; eine Umschreibung tut den gleichen Dienst, und gelegentlich wird man sich damit bescheiden können, nur die Dominanten der Feldnutzung zur Kennzeichnung des Feldlandtyps zu verwenden.

2. *Typen des Feldwechsellandes*
a) Feld-Weide-Wechselland }
                          = Feld-Gras-Wechselland
b) Feld-Wiesen-Wechselland }
c) Je nach dem Charakter der Sekundärvegetation auf den von der Landwechselwirtschaft erfaßten Flächen wird man verschiedene *extensive Wechsellandtypen* unterscheiden, vom Feld-Heide-Wechselland (z. B. dem Schiffelland in der Eifel im 18. Jh.), Feld-Steppen-Wechselland, Feld-Busch-Wechselland (Wildland, Rottland der westdeutschen Mittelgebirge bis ins 19. Jh., der von der Landwechselwirtschaft erfaßte Außenfeldbereich der Dörfer der Feuchtsavannen) bis zum Feld-Wald-Wechselland (Rottland und Haubergsland, in den tropischen Waldformationen der 15 bis 20 m hohe Zweitwuchswald mit eingestreuten Brandrodungsfeldern, in Brasilien als capoeirão bezeichnet).
3. *Typen des gärtnerisch genutzten Landes*
z. B. gartenmäßig bestelltes Gemüseland, als regionale Typen etwa auch Spargelland, Erdbeerland. Feldgemüseland dagegen wäre zum Dauerfeldland zu rechnen.
4. *Typen des Baum- und Strauchkulturlandes*
Hierunter fallen z. B. Rebland, Obstland (mit Varianten, z. B. Obstwiesenland), Kaffeepflanzungsland („cafetal"), aber auch ohne die -land-Endung der Typ der Orangenhaine, Ölbaumhaine usw.

5. *Mischtypen – Nutzland vom coltura-mista-Typ*

z. B. Feld-Obst-Land, Feld-Garten-Land, Obst-Gemüse-Land, Obst-Wiesen-Land.

6. *Typen des Dauergründlandes*

a) Dauerweideland   extensive Form: z. B. Hutung, Trift; intensive Form: z. B. Um-
                triebsweideland nach der geweideten Tierart: Mastviehweide-
                land, Galtviehalm, Schaftrift usw.

b) Mähweideland

c) Dauerwiesenland nach Intensität der Pflege und Nutzung ein- und mehrschürig,
                Wildwiesen, Fettwiesen usw.

7. *Typen des von Wald- und Strauchvegetation bedeckten Weidelandes*

z. B. Hudewald, Heide als Schafweideland, Gariden als Kleinviehweideland.

Die funktionale Verknüpfung eines Nutzlandareals oder Nutzlandgefüges mit einem bestimmten Betriebssystem führt zur nächst höheren Stufe agrarräumlicher Gliederung, den Regionen gleicher **Boden (Land-)nutzungssysteme** (vgl. Abb. 42). Hierbei handelt es sich – in der topographischen Hierarchie – um Räume aus wirtschaftlich selbständigen Einheiten, nämlich den Agrarbetrieben. In diesen Regionen wird daher vielfach auch die **agrartopographische Grundeinheit** oder der **Agrotop**[1] gesehen. Dabei können zusätzlich zu den Landnutzungsflächen auch die Betriebsanlagen mit in die Betrachtung einbezogen sein.[2] Fügt sich diesen Gemeinsamkeiten weiterhin ein gleiches Produktionsziel und eine ähnliche Lebensform der das Bodennutzungssystem tragenden agrarsozialen Gruppen an, so spricht man von einer (Agrar-)**Wirtschaftsform.** Das Areal aller Betriebe gleicher Wirtschaftsform kann als (Agrar-)**Wirtschaftsformation** (od. kurz: Agrarformation) bezeichnet werden. Durchdringen sich verschiedene Betriebssysteme oder Wirtschaftsformen räumlich in charakteristischer Weise, so mag die Bezeichnung *Agrotopengefüge* (entsprechend dem Ökotopengefüge der Vegetationsgeographie) bzw. *Wirtschaftsformationsgefüge* weiter helfen. Für letztere ist auch der Begriff *Agrarbezirk* vorgeschlagen worden.

Agrargeographische Grundeinheit

Der Begriff der *Wirtschaftsformation,* der auf *Leo Waibel* zurückgeht, wird ebenfalls nicht einheitlich verwendet. Weitgehende Übereinstimmung scheint aber in folgenden Punkten zu bestehen:

1. Das Nutzlandgefüge ist nur *eine,* wenn auch wesentliche Komponente der Wirtschaftsformationen; die inhaltliche Abgrenzung bezieht vielmehr alle Elemente der Agrarwirtschaftsform ein, also sowohl die physiognomischen oder Gestaltelemente als auch die Struktur- und Funktionalelemente; physiognomische und funktionale Betrachtungsweisen vereinen sich.
2. Neue Organisationsformen in der agrarischen Produktion können die Einbeziehung von Elementen des sekundären und tertiären Wirtschaftsbereiches erforderlich machen.
3. Dem Menschen als Träger des Wirtschaftsgeschehens kommt per definitionem durch die Verbindung von Wirtschaftsform mit agrarsozialer Lebensform (und damit den übergeordneten kulturgeschichtlichen Systemen) eine besondere Bedeutung zu.
4. Die Wirtschaftsformation ist ein Raumbegriff. Ihre inhaltliche Koppelung an die Wirtschaftsform darf nicht starr gesehen werden. Fortschritte in der Typologie der Wirtschaftsformen (oder auch Betriebsformen) bilden eine wesentliche Voraussetzung für eine optimale agrarräumliche Gliederung und Kartierung der Erde in Wirtschaftsformationen (umgekehrt kann die Agrartypologie von den Ergebnissen agrartopographischer Arbeiten profitieren).

Wirtschaftsformation

Die agrarräumliche Gliederung – sei es auf der Ebene der Nutzflächen, der höheren der Betriebsformen oder der (zwar nicht im Detail, doch aber nach der Breite der Kriterienauswahl) noch umfassenderen Stufe der Wirtschaftsformen – läßt sich vielerorts auf die Dominanz eines einzigen oder weniger Umweltfaktoren zurückführen.

---

[1] *H.-J. Nitz,* 1970
[2] *H.-W. Windhorst,* 1974

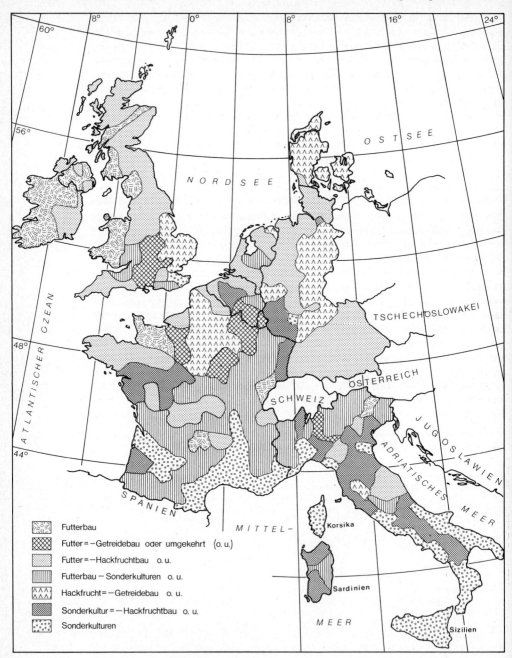

Abb. 42: Landwirtschaftliche Bodennutzungssysteme in der Europäischen Gemeinschaft (ohne Irland und Griechenland; nach *Andreae* 1983)

Das können bestimmte ökologische, agrarsoziologische, historische oder ökonomische Faktoren oder Faktorenkomplexe sein. Dazu abschließend ein paar Beispiele, zunächst aus dem *ökologischen* Bereich.

So ist die weitverbreitete flußparallele Nutzlandgliederung in Talräumen meist ökologisch bedingt. *Nitz*[1] beschreibt eine solche Gliederung aus dem südlichen Schwarzwald. Dort folgen auf flußnahe Dauerwiesen hangaufwärts nacheinander Feldgrasland, Talweide (mit Besatz von Milchkühen) und Hochweide (mit Besatz von Jungrindern). Alle vier Nutzlandareale sind durch ein Betriebssystem funktional miteinander verbunden; ihre stufenförmige Anordnung erklärt sich aus edaphischen und klimatischen Standortsveränderungen in Richtung zunehmender Höhe über dem Talgrund.
Eine Anpassung an naturgegebene Eignungsräume ist auch die stufenförmige Abfolge der agraren Nutzung in Gebirgen und auf größeren Einzelbergen. Diese Höhenstufen sind regional unter verschiedenen Namen bekannt geworden, z. B. in Südamerika als *tierra caliente, tierra templada* und tierra fría *oder in Afrika (Äthiopien) als Kolla, Woina Dega* und *Dega.* Sie sind sowohl nach der Temperatur wie auch nach der Feuchtigkeit verschieden. Der Niederschlag nimmt im allgemeinen mit zunehmender Höhe der Landoberfläche zu. Dies erklärt die Gunst der Höhenstufen, insbesondere in Trockengebieten und in vielen wechselfeuchten Regionen der Tropen. Demgegenüber nimmt die Temperatur mit der Höhe ab, wobei sich die Tagesamplitude beträchtlich erhöhen kann: bei Strahlungswetter werden mittäglich hohe Maxima erreicht, während die nächtliche Abkühlung zu extrem tiefen Temperaturen führt *(Tageszeitenklima),* die selbst in der äquatorialen Zone – etwa ab 2000 m über NN – unter den Gefrierpunkten fallen können. Andererseits ist gerade für die tropischen Gebirge charakteristisch, daß sich – zumindest regenzeitlich – ziemlich beständige Wolkenbänke in Höhen zwischen 2000 und 3000 m bilden, die ausgleichend auf die für den Landbau nachteiligen Temperatur- und auch Feuchteschwankungen wirken. Die bevorzugten Standorte für die Anlage von Baum- und Ackerkulturen liegen hier unmittelbar unterhalb dieser waldbedeckten Nebelstufe.
Im Gegensatz zu dem vorgenannten Beispiel für Talräume handelt es sich bei diesen Höhenstufen häufig nicht um verschiedene Nutzlandareale betrieblich integrierter Nutzungssysteme, sondern um verschiedene Betriebsformen mit teilweise

Höhenstufen

[1] *H.-J. Nitz, 1971*

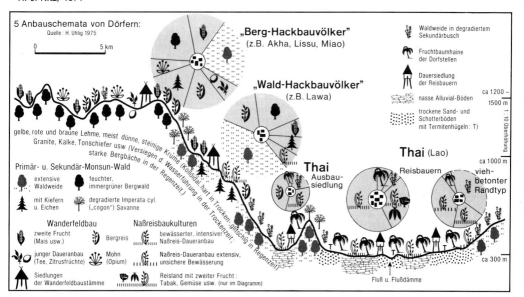

Abb. 43: Die vertikale Schichtung der Volksgruppen, Siedlungs- und Wirtschaftsformen in Nord-Thailand

eigenem Produktionsziel und eigener sozialer Gruppe als Träger. Die Differenzierung kann also bis zur umfassenden Stufe der Wirtschaftsform gehen. Ein Beispiel hierfür zeigt das Landschaftsprofil aus Nord-Thailand (Abb. 43).

Das *Verhalten agrarsozialer Gruppen* kann schließlich zum dominierenden Faktor für die agrarräumliche Differenzierung werden. Dafür bieten solche regionalen Entwicklungsgefälle eindrucksvolle Beispiele, die sich mit natürlichen und ökonomischen Standortsbedingungen nicht korrelieren lassen, vielmehr recht offenkundig auf einen ungleichen Kenntnisstand hinsichtlich neuer Agrartechnologien und eine unterschiedliche Bereitschaft, Innovationen aufzugreifen, zurückgehen. Selbst in den höchstentwickelten Agrarräumen besteht ein Abstand zwischen dem sich ständig erweiternden Wissensangebot der Forschung und dem in der Praxis angewendeten Wissen. Doch ist er um ein Vielfaches kleiner als in rückständigeren Räumen, für die wiederum charakteristisch ist, daß diese Abstände stark variieren und damit die regionalen Entwicklungen recht unterschiedlich verlaufen sind. Der Grad des Rückstandes als Ausdruck ungleichen Verhaltens der einzelnen agrarsozialen Gruppen kann so zu einem Kriterium für die räumliche Gliederung der Landwirtschaft dienen.

Die regionale Abstufung des Rückstandes, soweit sie sich aus dem Entscheidungsfeld der Landwirte ableitet, hängt teils mit dem kulturgeschichtlichen Hintergrund zusammen, aus dem sich die unterschiedliche Entwicklungsmentalität oder die Wirtschaftsgesinnung – das ist die Bereitschaft zur Übernahme von Innovationen – erklärt; anderenteils ergibt sie sich aus den Besonderheiten des Informationsflusses. Beide Faktoren bedingen sich z. T. gegenseitig.

Je nach dem, wie groß die Bereitschaft zur Annahme von Innovationen ist, wird die Wirtschaftsauffassung einer sozialen Gruppe als aufgeschlossen-fortschrittlich oder traditionell-konservativ bezeichnet. Die sich als Konsequenz einer fortschrittlichen Haltung entwickelnden Räume zeichnen sich durch ein wirtschaftliches Ergebnis aus, das im Verhältnis zur Bevölkerungzahl, Landfläche und Kapitaleinsatz überdurchschnittlich ist. Sie werden auch als *Aktivräume* bezeichnet, die den *Passiv-* (oder *Schwäche-)räumen,* gekennzeichnet durch eine unterdurchschnittliche Wirtschaftsproduktivität, gegenüberstehen. Merkmale für die Aktivräume sind häufig eine Bevölkerungsverdichtung aufgrund von Wanderungsgewinnen, eine zunehmende Arbeitsteilung der Bevölkerung und eine stärkere landschaftliche Umgestaltung. Charakteristisch ist weiterhin die Wirtschaftsausstrahlung auf das Umland (Entwicklungsimpulse).

Die *historischen* Einflüsse auf die agrarräumliche Gliederung zeigen sich – in allen bäuerlichen Kulturen mit individuellen Landeigentumsrechten – bereits auf der untersten Stufe der Raumeinheiten sehr deutlich, nämlich in der Gestalt und den Eigentumsverhältnissen der Nutzungsparzellen. Während die Anbauverhältnisse – auch kurzfristig – meist variabel sind, ist das Grundeigentum ein außerordentlich starres Merkmal der Struktur, das viele Jahrhunderte mehr oder weniger unverändert überdauert haben kann. Die Unzweckmäßigkeit überkommener Fluraufteilungen für eine rentable Anwendung moderner Bewirtschaftungsmethoden hat vielerorts staatlich organisierte *Flurbereinigungen* veranlaßt; in der Bundesrepublik Deutschland insbesondere in Gebieten kleinparzellierter Fluraufteilung und starker Besitzzerstückelung, z. B. in süddeutschen Realteilungsgebieten.

Andere Maßnahmen landwirtschaftlicher Strukturpolitik fördern die Entwicklung größerer Betriebseinheiten mit ausgedehnteren Wirtschaftsflächen und nehmen so ebenfalls indirekt Einfluß auf die Flurformen. Stärker noch waren die Umwandlungen in der DDR und einigen sozialistischen Staaten Osteuropas, in denen große landwirtschaftliche Produktionsgenossenschaften und Staatsbetriebe die kleineren einzelbäuerlichen Betriebe ersetzt haben (vgl. Abb. 44).

Historische
Einflüsse

Flurbereinigung

Auf der Ebene der Betriebs- und Wirtschaftsformen lassen sich ebenfalls viele Merkmale finden, die als Bewahrung von Überlieferungen erscheinen müssen. So können traditionell gewordene Vorlieben für bestimmte Produktionsrichtungen, an denen bis heute festgehalten wird, weitreichende Einflüsse auf das Nutzlandgefüge und darüber hinaus die gesamte Betriebsorganisation ausüben und sich somit auf die agrarräumliche Gliederung auswirken.

Neben der natürlichen Eignung, den agrarsozialen Verhältnissen und den historischen Elementen sind es insbesondere *ökonomische Kräfte,* die für das räumliche Ordnungsmuster der landwirtschaftlichen Nutzung wichtig sind. Hierzu entwickelte *Thünen* (1826) seine berühmt gewordene **Standorttheorie** („Der isolierte Staat . . ."), die im folgenden kurz vorgestellt werden soll.

Ökonomische Einflüsse

Thünen ging zunächst von einem stark vereinfachten Modell aus. Durch nachfolgende Einführung von weiteren Variablen wurde dann die besondere Wirkungsweise dieser Variablen erhellt und zugleich eine Annäherung an die wirklichen Verhältnisse erreicht. Im Grundmodell wird eine nach der natürlichen Eignung, der Bevölkerungsverteilung, dem Lebensstandard und dem Ausbildungsstand der Landwirte etc. völlig einheitliche Landnutzungsfläche angenommen, die nach außen in kultivierbares Ödland übergeht (also in ihren Expansionsmöglichkeiten unbehindert ist), jedoch gegen äußere Einflüsse abgeschirmt ist. Der Landwirt verhält sich rational, er erstrebt die Maximierung seines Gewinns, seine Produktion ist marktorientiert. Der Verkauf der Produkte erfolgt an einen einzigen zentralen Markt (Stadt), der von überall direkt

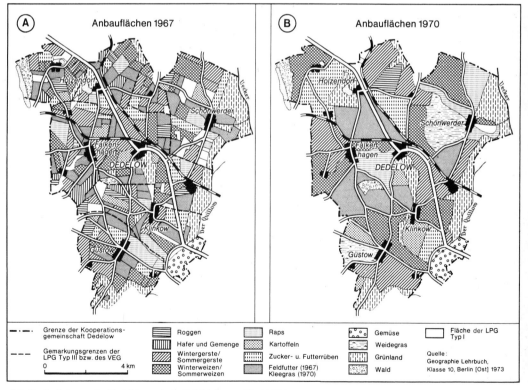

Abb. 44: Veränderung des Flurbildes nach der Kollektivierung (A) und Bildung einer Kooperationsgemeinschaft (B). KOG Dedelow, Kreis Prenzlau, Uckermark

erreichbar ist. Die Transportkosten sind pro Gewichtseinheit direkt proportional zur Entfernung zwischen Erzeugungsort und Konsumzentrum.

Unter diesen Voraussetzungen – so fand *Thünen* – würden sich die Bodennutzungssysteme allein aus ökonomischen Gründen, und zwar in Abhängigkeit von den nach außen gleichmäßig anwachsenden Transportkosten, in konzentrischen Ringen um den zentralen Markt anordnen. Jedes Produkt müßte dort seine absolute äußere Grenze finden, wo die Transportkosten den Ertrag, der bei dem (für alle Zonen einheitlich angenommenen) Marktpreis erreichbar ist, völlig aufbrauchen. Hier würde die Rentabilität (Landrente) bei dem gegebenen Produkt den Wert 0 erreichen. Bevor dies geschieht, wird jedoch ein neues Produkt, das von den Gestehungskosten her günstiger liegt, d. h. kapital- und/oder arbeitsextensiver erzeugt werden kann, an die Stelle des früheren treten, bis auch dies durch ein weiteres, noch extensiveres abgelöst wird.

Unter den zu Anfang des 19. Jahrhunderts in Mecklenburg herrschenden Bedingungen fand *Thünen* die nach außen abnehmende Bewirtschaftungsintensität durch folgende Nutzungssysteme repräsentiert (von innen nach außen):

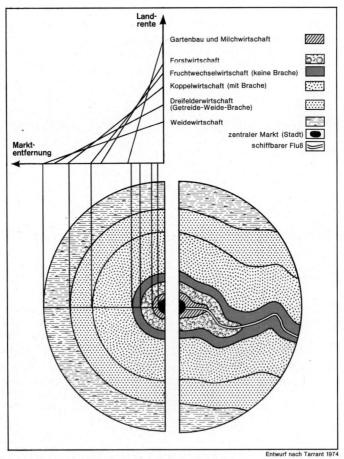

Entwurf nach Tarrant 1974

Abb. 45: Produktionsringe um eine Stadt: „Thünensche Ringe"

1. Gartenbau („Freie Wirtschaft"), 2. Forstwirtschaft, 3. Fruchtwechselwirtschaft, 4. Koppelwirtschaft, 5. Dreifelderwirtschaft (s. Abb. 45). Unter heutigen Verhältnissen ergeben sich selbstverständlich andere Zonierungen. So ist beispielsweise der Bau- und Brennholzbedarf der Städte mittlerweile so stark zurückgegangen, daß eine Forstwirtschaft in der stadtnahen Zone nicht mehr konkurrenzfähig mit anderen Formen der Bodennutzung ist. In jüngster Zeit gewinnt der stadtnahe Wald allerdings wieder an Bedeutung, und zwar für die Naherholung. Dies hat allerdings mit

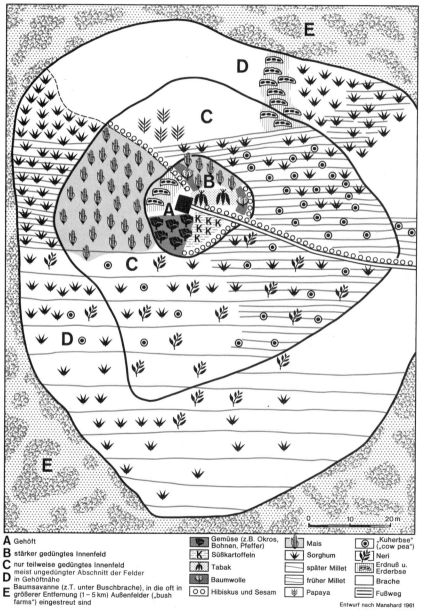

A Gehöft

B stärker gedüngtes Innenfeld

C nur teilweise gedüngtes Innenfeld

D meist ungedüngter Abschnitt der Felder in Gehöftnähe

E Baumsavanne (z.T. unter Buschbrache), in die oft in größerer Entfernung (1 – 5 km) Außenfelder („bush farms") eingestreut sind

Gemüse (z.B. Okros, Bohnen, Pfeffer)	Mais		„Kuherbse" („cow pea")
K Süßkartoffeln	Sorghum		Neri
Tabak	später Millet		Erdnuß u. Erderbse
Baumwolle	früher Millet		Brache
OO Hibiskus und Sesam	Papaya		Fußweg

Entwurf nach Manshard 1961

Abb. 46: Schematischer Anbauplan der Innenfelder mit konzentrischen Ringen unterschiedlicher Düngungsintensität um ein Gehöft im Kusasi-Gebiet (Ghana)

dem Thünenschen Konzept nichts zu tun. Ungeachtet der Kritik im einzelnen bleibt jedoch Thünens Grundaussage, nämlich einer Zonierung der Bodennutzung nach der Intensität, unangetastet bestehen.

Veränderungen in der Distanz der Ringe zum Zentrum können aus verschiedenen Gründen folgen. Erhöhen sich beispielsweise die Transportkosten oder verringert sich der Marktpreis, so rücken entweder die einzelnen Zonen enger zusammen, oder aber die Produktionskosten in den marktferneren Ringzonen werden gesenkt, d. h. die Nutzung wird extensiver. Anderseit erhöht sich die Landrente insbesondere in den entfernteren Zonen, wenn sich die Transportkosten ermäßigen oder die Erzeugerpreise erhöhen. Das erlaubt eine höhere Bewirtschaftungsintensität in Stadtnähe, also eine Ausweitung der Innenringe, sowie eine Expansion der peripheren Nutzungszone. Voraussetzung ist allerdings, daß die Nachfrage des zentralen Marktes steigt. Die rechte Modellhälfte der Abb. 45 kommt den wirklichen Verhältnissen bereits näher. Der schiffbare Fluß, auf den die Nutzungszonen ausgerichtet sind, kann ebensogut durch eine Hauptstraße oder -bahnlinie ersetzt werden.

Das Modell läßt sich weiter variieren, wenn man Unterschiede in der Bodenfruchtbarkeit annimmt. Höhere Erträge bei gleichem Aufwand, die von einer höheren Bodenfruchtbarkeit herrühren, erhöhen die Belastbarkeit durch Transportkosten, lassen also eine größere Marktferne zu. Der Grenzverlauf der Ringzonen würde sich also in Bereichen höherer Bodenfruchtbarkeit vorstülpen, entsprechend in Bereichen geringeren Bodenertrags zurückziehen.

Weitere Modifikationen, die ebenfalls *Thünen* bereits erwog, betreffen Unterschiede im Verhalten der Bauern und die Ersetzung eines einzigen zentralen Marktzentrums durch mehrere Zentren, deren Einzugsbereiche sich teilweise überlagern. Auch müssen veränderte Konsumentenwünsche, z. B. eine verstärkte Nachfrage nach tierischen Produkten, zu Verschiebungen des Agrarpreisgefüges und damit zu veränderten Kostenkalkulationen auf Seiten der Produzenten führen. Als Folge können sich Verschiebungen der Rentabilitätsdistanzen einstellen. Änderungen in den Intensitätszonen ergeben sich schließlich auch, wenn die Bevölkerung zunimmt, sich die Arbeitslöhne erhöhen (und vielleicht sogar regional variieren) oder sich die Transportverhältnisse verbessern. Im allgemeinen wird eine Intensivierung der Nutzung folgen; die extensiven Betriebssysteme werden weiter abgedrängt oder ganz ersetzt.

Die beschriebenen *Regelhaftigkeiten des Intensitätsgefälles* finden sich von der kleinsten bis zur größten Raumdimension agrargeographischer Betrachtung. Die kleinste konzentrische Zonierung nach Intensitätsstufen der Nutzung läßt sich um Einzelhöfe oder Dörfer beobachten. Die nach außen abnehmende Nutzungsintensität spiegelt sich hier in der Abfolge von Gemüsegärten, hofnaher Weide, Innenfeld, extensiver genutztem Außenfeld (häufig Feld-Weide-Wechselland), Weide und Wald wider. Die Gliederung in intensiver genutzte Innenfelder in Hofnähe und extensiver genutzte Außenfelder ist aus vielen Teilen der Erde beschrieben. Beispielhaft zeigt sich dies in der Wümmemarsch, wo selbst in einer reinen Grünlandnutzung, wie sie sich in den nordwestdeutschen Flußmarschen findet, eine regelhafte Abfolge der Grünlandtypen nach der Arbeitsintensität und den Notwendigkeiten der Rinderhaltung bildet. Mit abnehmender Hofnähe folgen Kälberweide, Milchviehweide, Mastviehweide und Heuland aufeinander.

Ihre größte Dimension erreichen die Intensitätsringe in der weltweiten wirtschaftsräumlichen Gliederung. So kann die ganze Erde als „isolierter Staat" gesehen werden. Absatzzentren sind die Bevölkerungszentren mit ihrem hohen Anteil nichtlandwirtschaftlich Tätiger, z. B. Mittel- und Nordwesteuropa, der Osten der USA oder Ostasien.

B Industriegeographie

Wolf Gaebe/Jörg Maier

Vorbemerkungen

Als *E. Otremba* bei der Einführung auf der Vortragssitzung des Deutschen Geographentages in Innsbruck 1975 mit Recht auf den relativ jungen und entwicklungsfähigen Teilbereich der Anthropogeographie als ein durch seine Vielfalt von wissenschaftlichen Ansätzen und Konzepten geprägtes Diskussionsfeld hinwies, lag ein Dezenium intensiver Auseinandersetzungen und zahlreiche Detailpublikationen zur Industriegeographie vor.[1] Wenn auch spät, hatte sich die Geographie in breiter Front mit der Entwicklung der Industrie, ihren räumlichen Mustern, der dabei entstehenden Probleme sowie auch ersten Ansätzen einer Einbeziehung planerischer Umsetzungen beschäftigt. Die ökonomische Bedeutung hat seitdem sicherlich nicht nachgelassen und die sich verstärkenden, weil großräumiger auftretenden Umweltauswirkungen wurden zu einem heftig diskutierten Aspekt der Gesellschaftspolitik, jedoch ist die Zahl der Publikationen zu einzelnen Problemen dieses Funktionsfeldes in den letzten Jahren deutlich bescheidener geworden bzw. hat sich in Richtung der Entwicklungsländerforschung sowie – im Inland – auf Probleme der Arbeitsmarktforschung verlagert. Dagegen nimmt nun die Reihe zusammenfassender, teilweise Lehrbuchcharakter annehmenden Veröffentlichungen mit unterschiedlichen Denk- und Darstellungsmustern erheblich zu, sei dies nun die funktional gegliederte, auch die neuesten ökonomischen Verflechtungen einbeziehende Darstellung bei *Mikus* (1978), die Zusammenfassung bei *Schamp* (1980) oder die stark historisch-genetisch bzw. exemplarisch arbeitende Konzeption bei *Boesler* (1982), die damit didaktisch an die früher publizierte und wesentliche Teilgebiete der Industriegeographie geschickt einbeziehende Studie von *Sedlacek* (1975) anschließt.

So gesehen handelt es sich bei der vorliegenden Untersuchung um einen weiteren, ergänzenden Versuch einer umfassenden Darstellung industriegeographischer Fragen. Aufgrund eben dieser wahrgenommenen Probleme ist sie neben einer Einführung und Begriffsabgrenzung bzw. wissenschaftshistorisch-konzeptionellen Erörterung in drei Teilabschnitte gegliedert:

Konzeption der Untersuchung

– Erfassung von *Standortstrukturen* und -prozessen, in allgemeiner, horizontal und vertikal differenzierter Form,

– Erfassung von *Faktorengruppen* des Entscheidungs- und Konfliktbereiches in der Industrie in Gestalt der Unternehmer, des Staates und der Arbeitnehmer, und

– Erfassung von *Wirkungseffekten* der Industrie im ökonomischen, sozialen und politischen Feld, wobei selbstverständlich auch ökologische Fragen einbezogen werden.

1. Problemstellung und Begriffsabgrenzung

Jörg Maier

Einleitung

Der Bereich der Industrie ist – sowohl was die Darstellung und Bewertung in den Medien als einer unserer wesentlicher Informationsträger und damit Meinungsbildner als auch die Quantität der Darstellungen in der Wissenschaft betrifft – ein gutes

---

[1] vgl. *K. H. Hottes* 1976; *R. Geipel* 1966 u. *G. Beck* 1973

Beispiel für die Einflußnahme bzw. Auswirkung von Ideologien in unserer Gesell-schaft. Während in den Jahren wirtschaftlichen Wachstums und entsprechend über-wiegend euphorischer Haltung gegenüber der Industrie diese fast ausschließlich positiv in den Medien widergespiegelt wurde, hat sich dies in den letzten Jahren weitgehend geändert. Dabei ist von Bedeutung, daß die Ende der sechziger Jahre durch die damalige studentische Kritik hervorgehobene Auseinandersetzung mit dem

Industrie und Gesellschaft

Wirtschafts- und Gesellschaftssystem bzw. mit der Person des Unternehmers erst Jahre später, durch die Kritik von Seiten des Natur- und Umweltschutzes, Eingang in die Diskussion in den Medien gefunden hat. Auch innerhalb der Geographie ist eine deutliche zeitliche Verzögerung in der Beschäftigung mit Fragen der Industrie und ihren räumlichen Aktionen und Wirkungsfeldern zu beobachten, ein Charakteristi-kum, das auch für andere Teilgebiete der Geographie zutrifft.

Im folgenden gilt es diesen für unsere Gesellschaft so prägenden Teilbereich (rd. 46% des BIP), allein schon zum besseren Verständnis der komplexen Struktur unserer Gesellschaft und ihrer wirtschaftlichen Orientierung, zu analysieren. Dabei wird – entsprechend einer allgemeinen Aufgabenstellung der Geographie – von einer be-schreibenden Analyse der regionalen Strukturen und Prozesse ausgegangen. Sie leitet dann zu einer Darstellung der diesen Wirtschaftsbereich beeinflussenden Kräfte sowie der verschiedenen Wirkungseffekte über. Der inhaltlich – methodische Schwer-punkt liegt dabei auf funktionalen sowie auf verhaltens- und entscheidungsorientier-ten Wissenschaftskonzepten.

1a) Industrie und gesellschaftlicher Wandel

Die historische Darstellung der Entwicklung von Industrie und Industrialisierung ist nicht nur deshalb notwendig, um Ansätze für die Kräfteanalyse bereits aus diesem

Tafel 1

frühzeitigen Stadium zu erhalten. Sie soll auch im Sinne handlungstheoretischer Überlegungen deutlich machen, daß diese Entwicklung ohne den Aufbau einer be-stimmten Geisteshaltung (philosophische Grundhaltung) gar nicht denkbar wäre. Man braucht nur an Max Webers These über den Einfluß der protestantisch-calvinisti-

Leistungsanreize

schen Sozialethik auf die Existenz und Entfaltung von Unternehmern in England Mitte des letzten Jahrhunderts zu erinnern. Die Unterscheidung zwischen Industrialisie-rung und Industrie wird nun auch deutlich. Erstere bezeichnet als Prozeßbild des gesellschaftlichen Wandels eine der tiefgreifenden sozialen Veränderungen in der geschichtlichen Entwicklung. Sie dauert bis heute noch an und kommt nur unzurei-chend in der Wirtschaftssektoren-Darstellung von Fourastié zum Ausdruck. Der Be-griff Industrie ist dagegen in erster Linie technisch-organisatorischer Natur, aus rechtlicher und statistischer Notwendigkeit geboren und umfaßt das Strukturbild einer Wirtschaftsbranche, folglich nur einen Teilfaktor des gesellschaftlichen Wandels.

Versucht man diesen Prozeß zeitlich zu gliedern, so kann man – sicherlich grob verallgemeinert – nach der wirtschaftshistorischen Literatur, von den Manufakturen absolutistischer Herrschaftsstrukturen und der Gewerbeentwicklung des 17. und 18. Jahrhunderts als ersten Ansätzen ausgehen.

Dann folgt die Zeit großer technischer Erfindungen (1780, die Dampfmaschine durch James Watt – bis 1840), die man als Frühstadium industrieller Entwicklung oder als Zeit industrieller Information bezeichnet. Erst allmählich und keineswegs zeitlich eindeutig fixierbar breitete sich die industrielle Tätigkeit aus, wobei der erste Auf-schwung (1840–1875) von dem Aufbau einer privaten Unternehmerschaft kapitalisti-

Industrielle Phasen

scher Prägung begleitet wurde. Der Zeitraum von 1875–1914, von manchen Autoren auch als industrielles Reifestadium bezeichnet, ist durch eine Weiterentwicklung privaten Unternehmertums bis hin zu der Ausbildung betrieblicher Kooperation und

Konzern-/Kartellbildung gekennzeichnet. Die nachfolgende Zeit (1914–1935) ist durch die Kritik an der Selbstregulierbarkeit des Marktmechanismus und seiner sozialen Folgen von einer Zunahme staatlichen Einflusses im Wirtschaftsleben (*Interventionismus* contra *Liberalismus*) geprägt. Ergänzend dazu kann man den Zeitraum nach dem 2. Weltkrieg, nach der Phase des Wiederaufbaues durch die zunehmende *Internationalisierung* und betriebliche Verflechtung im industriellen Bereich beschreiben.

Die Gründe, weshalb die industrielle Entwicklung meist nur sehr langsam in Gang kam, lagen

– in den bis dahin geltenden *Beschränkungen im Wirtschaftsleben* (z. B. gewerbliche Regulierungen),

– in dem eher durch *handwerkliche Traditionen* geprägten gesellschaftlichen Bewußtsein,

– in dem Nichtvorhandensein *unternehmerischer Persönlichkeitsstrukturen* und – nicht zuletzt –

– in einer nur randlich auf Ingenieur- und angewandte Naturwissenschaften ausgerichteten Hochschulorientierung.

England mit den auch heute noch deutlich erkennbaren Schwerpunkten industrieller Tätigkeit überwand diese Restriktionen zuerst, hatte es doch durch das Vorhandensein von *Kohle* und *Eisenerz* (für die Eisen- und Stahlindustrie), durch die Bedeutung

Rohstoffe,
Verkehr,
Kolonialismus

Abb. 47: Unter härtesten Arbeitsbedingungen mußten viele Kinder in den englischen Kohlegruben im 19. Jahrhundert teilweise 13 Stunden am Tag arbeiten

Abb. 48: Sheffield um 1860. Beispiel einer Industriestadt des 19. Jahrhunderts. **1** = Der alte Stadtkern. **2** = Wohn- und Fabrikviertel im Tal. **3** = Wohn- und Fabrikviertel zu den Hängen. **4** = Hafen- und Bahnhofsviertel. **5** = Penninisches Gebirge

des *Handels*, der *Seeschiffahrt* und der *Kolonien* (Wolle und Baumwolle für die Textil- und Bekleidungsindustrie) sowie die technischen *Erfindungen* vielfältige Ansätze der Kapitalbildung und unternehmerischer Potentiale. Durch die Bevölkerungsentwicklung bestand darüber hinaus auch der notwendige zahlenmäßige Umfang an Nachfragern bzw. vor allem an Arbeiterschaft, die – durch Arbeiterzuwanderung und

Rechtsstruktur Frauen-/Kinderarbeit – ergänzt wurde. Eine ebenso bedeutsame Veränderung ist jene im *juristischen Bereich.* Denn erst mit Hilfe eines freien, individualistischen und universellen Besitz-, Vertrags-, Verkehrs- und Arbeitsrechtes konnte eine Gesellschaft auf privatkapitalistischer Basis errichtet werden.

Ein typisches Beispiel dieser frühen Industrieentwicklung spiegelt sich in Mittelengland wider, einem Gebiet, das man *„black country"* nannte und in dem zum ersten Mal ersichtlich wurde, welche Probleme eine ständig fortschreitende Entwicklung der Industrie für einen Raum und

Black Country seine Bewohner zur Folge hat. Dieser Mittelgebirgsbereich, dessen bäuerliche Strukturen adelige Großgrundbesitzer im 14.–16. Jh. verändert hatten, wurde zuerst zur Wolleproduktion, später aufgrund der importierten Baumwolle als Park- und Jagdlandschaft genutzt; dies führte dann zu einer verstärkten, durch Arbeitsplatzmangel erzwungenen Abwanderung. Der zunehmende, durch die Eisen- und Stahlindustrie bewirkte Abbau der Steinkohle führte zur Erosion weiter Teile des „flachen" Landes einerseits und zum sprunghaften Anwachsen der auf dem Standortfaktor Kohle errichteten Industriesiedlungen andererseits. So wuchs etwa die Bevölkerung von Sheffield von 1781 bis 1831 um 347%, die von Liverpool allein zwischen 1801 und 1831 um 181%[1].

Die industriegeschichtliche Entwicklung im damaligen Deutschland verlief teilweise ähnlich. Der

Entwicklung Aufbau der Eisen- und Stahlindustrie begann, von den Vorläufern in der Oberpfalz im 15./16. Jh.
in Deutschland abgesehen, ebenso auf der Basis der Steinkohle in den meist staatlichen Hütten des preußischen *Oberschlesien* Ende des 18. Jhs. sowie – in den 30er und 40er Jahren des letzten Jahrhunderts –

---

[1] vgl. *H. Stadelmaier,* 1976.

Abb. 49:
Großbritannien: Bevöl-
kerung

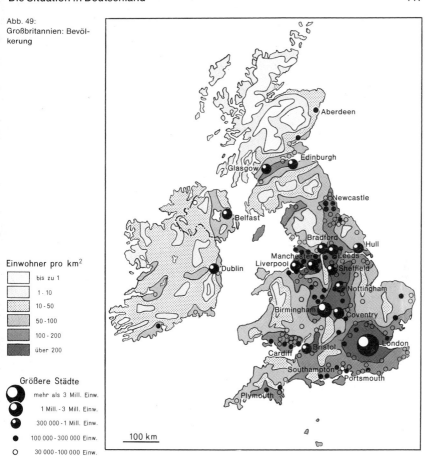

Einwohner pro km²

	bis zu 1
	1 - 10
	10 - 50
	50 - 100
	100 - 200
	über 200

Größere Städte

mehr als 3 Mill. Einw.

1 Mill. - 3 Mill. Einw.

300 000 - 1 Mill. Einw.

100 000 - 300 000 Einw.

O   30 000 - 100 000 Einw.

100 km

im *Ruhrgebiet*. Neben der Erschließung durch Wasserstraßen spielte für die weitere Ausdehnung vor allem die Eisenbahn eine wichtige Rolle für die bald erreichte Vorrangstellung des Ruhrgebietes im Deutschen Reich. Die dazu notwendige Arbeiterschaft wurde aus verschiedenen Teilen Europas abgeworben, insbesondere aus Gebieten des heutigen Polen. Die Bevölkerungszunahme als Folge der Industriekonzentration in diesem Raum führte seit dem Ende des letzten bis zur Mitte dieses Jahrhunderts zur Bildung von Siedlungsbändern und Verdichtungsräumen, deren räumliche Probleme heute (allerdings auch schon früher) in dem Schlagwort von der *„Strukturkrise der altindustrialisierten Räume"* zum Ausdruck kommt.

Vergleicht man die industrielle Entwicklung in England und Deutschland, so fällt nicht nur der *„time-lag"* auf, sondern es kann durchaus als ein Kennzeichen der Industrie im Deutschen Reich angesehen werden, daß eine Neigung zu betrieblichen Zusammenschlüssen, zur Kartell- und Konzernbildung mit entsprechenden räumli- Konzentration chen, d. h. horizontalen Auswirkungen bestand (vgl. 1902 Bildung des Siemens-Konzerns, 1904 Gründung der IG Farben). Nach dem ersten Weltkrieg nahm die Konzentration in der deutschen Wirtschaft noch zu, die heute wieder – spätestens seit dem Tafel 2 Bericht der Monopolisierungs-Kommission und den weitgehend stumpfen Waffen des Kartellamtes – im Mittelpunkt der Diskussion steht (z. T. auch in der industriegeographischen Literatur, wenn auch überwiegend zu ausländischen Beispielen).[1]

Da bislang ständig Begriffe wie *Gewerbe* und *Industrie, industrielle Branchen* u. ä.

---

[1] *H. Bockis*, 1974; *S. M. Cunningham*, 1981; *F. E. J. Hamilton*, 1976; *W. Mikus*, 1979.

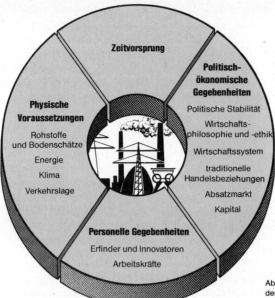

Abb. 50: Die Entwicklungsbedingungen der Industrie in Großbritannien im 19. Jahrhundert

vorkamen, ohne daß eine Begriffsklärung erfolgte und diese doch für die weiteren Ausführungen unerläßlich sind, sei nun ein kurzer Abschnitt zur definitorischen Abgrenzung angeschlossen.

1b) Industrie und sonstige Wirtschaftszweige
– Fragen der Abgrenzung –

Aus den bisherigen Ausführungen sowie der Umgangssprache wird bezüglich des Begriffes *Industrie* immer wieder auf sprachliche Elemente verwiesen, die man folgendermaßen und nicht allzu systematisch zusammenfassen kann:

Begriff „Industrie"

– Begriffe aus dem *technologischen Bereich,* z. B. Mechanisierung, Massenfertigung, hohe Arbeitsproduktivität durch technischen Fortschritt,
– Begriffe aus dem *personalen Bereich,* z. B. Arbeitsteilung, Spezialisierung, Arbeitsmarkt,
– Begriffe aus dem *finanzwirtschaftlichen Bereich,* z. B. Kapitalverflechtungen, neue Organisationsformen, staatliche Garantien und steuerpolitische Maßnahmen,
– Begriffe aus dem *räumlichen Bereich,* z. B. punktuelle Standortmuster, flächensparende Produktion.

Inwieweit lassen sich nun daraus Formulierungen für eine Abgrenzung des Begriffs Industrie vornehmen? Gehen wir von der im deutschen Sprachraum üblichen Verwendung von *Industrie* im weiteren Sinne aus, so wird darunter das produzierende Gewerbe verstanden (vergleichbar dem englischen „*manufacturing industry"*). Bei weiterer Differenzierung wird daraus dann die *stoffliche Umformung, Bearbeitung und Verarbeitung von Roh- und Hilfsstoffen* zur Erzeugung von Halb- und Fertigwaren.

Diese Abgrenzung trägt stark technisch-betriebswirtschaftliche Züge und schließt noch das Handwerk und auch das Kleingewerbe ein, während der Bergbau trotz seiner engen Verwandtschaft nicht mit einbezogen ist.[1] Daher ist der Vorschlag,

---

[1] *G. Thürauf,* 1975.

gewissermaßen als Zusatzbedingung den „*relativ hohen Kapitaleinsatz*" und die weitgehende *Arbeitsteilung* zum Ziele der Massenfertigung einzubeziehen, als sicherlich hilfreich zu begrüßen.[2] Ein eher formales, aus einer anderen Dimensionsebene kommendes Kriterium führt die amtliche Statistik mit der *Festlegung einer Untergrenze* der Erfassung industrieller Betriebe (früher ab 10, seit 1980 ab 20 Beschäftigte) ein. Diese Definition ist ebenfalls – allerdings aus Kostengründen der praktischen Erhebung – mit dem weitgehenden Ausschluß des somit ebenso mitdefinierten Kleingewerbes verbunden.

Das Handwerk liegt damit jedoch noch nicht gänzlich außerhalb dieser definitorischen Basis. Das von den Handwerkskammern bevorzugte rechtliche Kriterium des Eintrags in die Handwerksrolle entspringt wiederum einer neuen Dimension und sorgt ebenfalls nicht für eine exakte Abgrenzung (Beispiel: Baugewerbe – Industrie). Deshalb ist es bei einer Reihe von Aspekten industriegeographischer Diskussion nützlich und sachgerecht, auch Fragen des Handwerks mit in die Betrachtung einzubeziehen. Dies gilt dann um so mehr, je kapitalintensiver ein Handwerkszweig ist, je mehr er der Güterproduktion verhaftet ist und je gleichförmiger die Erzeugnisse sind.[1] Handwerk

Für die wirtschafts- und sozialgeographische Betrachtung wird darüber hinaus deutlich, wie eng funktionale Verflechtungen durch das somit formulierte Objekt zu anderen Teilgebieten der Geographie gegeben sind, sei dies zur Geographie der Versorgungsstandorte und des Versorgungsverhaltens oder zur Stadtgeographie.

Angesichts dieser differenzierenden Überlegungen und der beachtlichen Veränderungen, die die industrielle Entwicklung für Wirtschaft und Gesellschaft gebracht haben, stellt sich nun die Frage, weshalb die Geographie doch erst relativ spät (im Gegensatz etwa zur Agrargeographie) Analysen industrieller Erscheinungen durchgeführt hat.

1c) Industrie und Geographie

Thürauf[1] nennt als Gründe dafür insbesondere die Dominanz technisch-betriebswirtschaftlicher Vorgänge in der Produktionsweise und die im Vergleich zur Landwirtschaft punktuelle Lokalisation; Fakten, die dazu beitragen, daß in älteren industriegeographischen Studien vor allem Standortfragen, und diese wiederum im Zusammenhang mit physisch-geographischen Bedingtheiten im Vordergrund der Betrachtungen standen. Damit werden schon die unterschiedlichen Ansätze und Konzepte industriegeographischer Forschung nach Inhalt und Ziel der Bemühungen angedeutet. Dagegen herrscht im Hinblick auf die *Stellung der Industriegeographie* innerhalb der geographischen Organisationspläne, eben aufgrund der von Thürauf genannten Gründe, eine weitgehend einheitliche Bewertung: sie gilt als *Teil* der *Wirtschaftsgeographie*. Industriegeographie

Im Gegensatz dazu weist die Darstellung theoretischer Bezüge und Ziele, inhaltlicher Schwerpunkte, Methoden und Verfahren industriegeographischer Analysen ein überaus breites Spektrum auf. Man kann die Vielfalt der parallel zueinander beschrittenen Wege der Forschung sogar fast als Kennzeichen der Entwicklung, nur zum Teil noch der derzeitigen Situation, ansehen. Bereits *Otremba*[2] hat 1960 belegt, daß eine Trennung der vorhandenen Literatur in historisch klar voneinander unterscheidbare Betrachtungsweisen in diesem Teilbereich geographischen Arbeitens nur schwer durchführbar ist. Man kann feststellen, daß bis in die sechziger Jahre neben der deskripti- Deskription

---

[1] K. H. Schmidt, A. Flick, 1970.
[2] W. Tietze (Hrsg.), 1969.
[1] G. Thürauf, 1975, S. 15.
[2] E. Otremba, 1960, S. 246.

ven, vor allem auf die physiognomisch sichtbaren Strukturveränderungen industriel-
ler Standorte ausgerichteten Behandlung (etwa bei *Kolb*)[1] die *geodeterministische
Analyse* mit dem Ziel der Erfassung kausaler Beziehungen zwischen Natur und
Mensch vorherrschte. Während sie inzwischen etwas in den Hintergrund getreten
Morphogenetik sind, besitzt die *enzyklopädisch-statistische Betrachtungsweise* heute noch weite
Verbreitung (vgl. etwa bei *Matznetter*[2] oder auch bei zahlreichen Standortkartierun-
gen verschiedener Atlanten ohne weiterführende Fragestellungen).

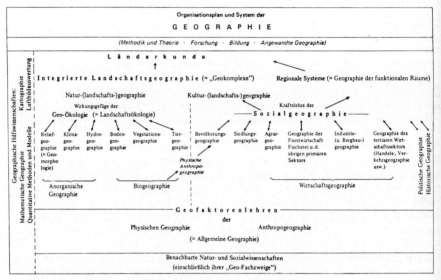

Abb. 51: Organisationsplan und System der Geographie (nach *H. Uhlig* 1970)

Insbesondere durch die Konzentration auf regional differenzierte statistische Daten-
analysen bei einer Vernachlässigung des Menschen als Raumgestalter wurde der
Weg für eher positivistisch an volks- und/oder betriebswirtschaftliche Standortkom-
ponenten-Analysen naiver Art angepaßt Arbeiten geebnet. Ebenso sind hier die heute
noch den Schwerpunkt industrierelevanter Karten in Atlaswerken darstellenden pro-
duktengeographischen Analysen zu erwähnen (vgl. z. B. *Boesch*[3]).

Demgegenüber nimmt *Otremba* mit seiner auf die Wirkungszusammenhänge der
Industrietätigkeit aufgebauten funktionalen Betrachtung bewußt davon Abstand,
Funktionalismus wenngleich durch die Betonung der ökonomischen Kräfte die politischen und sozia-
len Einflußkräfte zurücktreten. Sicherlich ist ihm zuzustimmen, wenn er im Rahmen
der Aufgaben der Industriegeographie betont, daß es nicht deren Aufgabe ist, „dem
Problem des günstigsten Standortes nachzujagen, als ob sie (die Geographie, d.
Verf.) verantwortlich sei für die Gewinnspanne des Unternehmers".[4] Gleiches gilt für
seine Forderung der Erfassung des räumlichen Wirkungsgefüges, der industriellen
Struktur und der Verflechtung der Industrie.
Dies sind ohne Zweifel wesentlich neue Gedanken gegenüber der Konzeption etwa

---

[1] *A. Kolb*, 1951, S. 207–219.
[2] *J. Maznetter*, 1971, S. 100–105.
[3] *H. Boesch*, 1966.
[4] *E. Otremba*, 1966, S. 248 ff.

von *Kolb* gewesen, wobei die Denkstruktur weniger beim wirtschaftenden Menschen, sondern beim Standort, bei den Betrieben ansetzte.

In der jüngeren Entwicklung der Industriegeographie wird deshalb zunehmend die *Analyse raumwirksamer Entscheidungsträger* und – allerdings weit weniger häufig – der von den Entscheidungen Betroffenen angestrebt.

Entscheidungs-
träger

Dies zeigt sich sowohl in den Untersuchungen von *Grotz*[1], *Quasten*[2] oder *von Rohr*[3] über die Struktur ausgewählter industrieller Schwerpunkte als auch besonders in der Analyse *Polivkas*[4] über die chemische Industrie im Raum Basel. Von Seiten der Industriesoziologie müßte man ergänzend hierzu die Arbeit von *Herlyn* und *Schwonke*[5] über Wolfsburg nennen. Über die Darstellung verschiedener Standortfaktoren von Industriebetrieben als klassischem Teilaspekt industriegeographischer Forschung (Standortbestimmungslehre – theoretische Ansätze zur Standortwahl), der Analyse bestehender Verflechtungsebenen mit anderen Bereichen wirtschaftlicher, sozialer und politischer Aktivität werden dabei schließlich die Probleme bestehender und ständig zunehmender Flächenkonkurrenzen behandelt. Hierin kommt schon deutlich zum Ausdruck, daß der Gedanke einer Trennung zwischen verschiedenen Teildisziplinen immer stärker in den Hintergrund tritt. Dies wird noch deutlicher bei den in Zukunft sicherlich noch stärker zu fördernden Untersuchungen einer Verknüpfung klassischer industriegeographischer Ansätze mit geoökologischen Analysen, wie sich dies bereits in mehreren Studien andeutet.[6]

Damit wird eine in der deutschen Geographie bereits in den 20er Jahren begonnene Arbeitsrichtung fortgesetzt. Andererseits versucht eine zweite, heute in der Industriegeographie bedeutsame Forschungsrichtung einen Bezug zu der aus den USA kommenden *Regional Science* bzw. zu der in der Bundesrepublik Deutschland daraus entwickelten Regionalwirtschaftslehre oder *Raumwirtschaftstheorie* herzustellen. Aufbauend auf quantitative Arbeitstechniken und regionalwirtschaftliche Modelle bemühen sich diese Untersuchungen um eine regional differenzierte, empirisch anwendbare Umsetzung von *Input-Output-Tabellen*/-Analysen, *Industrie-Komplex-Analysen* oder *Multiplikator-*/Akzelerator-*Wirkungen* (vgl. etwa *Schätzl*).[7]

Raumwirtschafts-
lehre

Nachdem es sich folglich als wenig begehbaren Weg erweist, mit Hilfe wissenschaftshistorischer Kriterien eine Gliederung der industriegeographischen Arbeiten vorzunehmen, seien als Ordnungsbegriffe der *Grad des Theoriebezugs* sowie *methodische Ansätze* gewählt.[8] Danach kann man grundsätzlich zwischen einer eher empirisch ausgerichteten, induktiv vorgehenden (z. B. *Thürauf*) und einer stärker geisteswissenschaftlich, hermeneutisch arbeitenden Richtung (z. B. *Beck*) unterscheiden. Angesichts der doch in der Regel empirisch angelegten Studien der Industriegeographie ist eine nach methodischen Konzepten vorgehende Gliederung wenig ergiebig, so daß der von *Weber* als zweite Möglichkeit empfohlene Weg mit Hilfe des Kriteriums des Theoriebezugs gewinnbringender erscheint und zur Unterscheidung von deskriptiven, theoretischen und analytischen Aussagesystemen führt. Da zu ersteren bereits Darlegungen gemacht wurden, seien noch kurz zu den beiden anderen Aussagesystemen einige Aspekte angeführt: die theoretischen Systeme „bestehen aus Sätzen, die Hypothesen über empirische Gesetzmäßigkeiten enthalten. Sie streben die Erklärung empirischer Sachverhalte an, sind bislang meist axiomatisch-deduktiv ausgerichtet, wobei ihre empirische Relevanz in der Regel sehr bescheiden ist. Dem gegenüber besitzen die analytischen Untersuchungen eine quasi-induktive Orientierung. Ihre Aussagen sind nur unter bestimmten Bedingungen übertragbar und . . .

Theoriebezug

---

[1] *R. Grotz*, 1971.
[2] *H. Quasten*, 1970.
[3] *H.-G. von Rohr*, 1971.
[4] *H. Polivka*, 1974.
[5] *K. Herlyn* u. *M. Schwonke*, 1967.
[6] *H.-D. Haas* u. *Chr. Hanns*, 1974, S. 1–64.
[7] *L. Schätzl*, 1973/1983.
[8] *J. Weber*, 1981, S. 14 ff.

meist wahrscheinlichkeitstheoretischer Natur".[1] Obwohl sie ihren Standort zwischen den deskriptiven und theoretischen Aussagesystemen haben, wurden bislang konsequent nur relativ wenige Untersuchungen in dieser Richtung durchgeführt (vgl. *Toyne, Lloyd* oder *Labasse* bzw. in der Bundesrepublik Deutschland vor allem *Grotz, Haas* oder *Quasten*)[2], wobei man diese Ansätze noch weiter in funktional-pragmatische, entscheidungslogische und verhaltensorientierte Konzepte unterteilen kann.

Das Fazit der vergleichenden Analysen führt bei *Weber*[1] dazu, einen praxeologischen Weg einzuschlagen, wobei dieses Aussagesystem auf zweckgerichtetes gestaltendes Handeln ausgerichtet ist. Ziel einer so verstandenen Industriegeographie ist es, einen

Der praxeologische Ansatz · Beitrag zum *räumlich gestaltenden Handeln von Personengruppen im Bereich der Industrie* über die Bildung von Theorien zu leisten. Es geht folglich nicht nur um Standortsuche und -findung, sondern auch um die Erfassung der räumlichen Wirkungen von Trägern industrieller Tätigkeit sowie um die Einflüsse, die von den räumlichen Gegebenheiten auf die Industrie zurückstrahlen. Im weiteren Verlauf der Darstellungen soll dies berücksichtigt werden, wenngleich mangels entsprechender theoretischer Ansätze in Teilbereichen auch Kompromisse geschlossen bzw. Abstriche von diesem Aussagesystem gemacht werden müssen.

2. Grundlagen und theoretische Bezüge
Wolf Gaebe

2a) Industrielle Standortanalyse

Amtliche Erhebungen

In Anlehnung an verschiedene Umschreibungen der Industrietätigkeit in der industriegeographischen Literatur definiert *Brücher*[3]:

„In der Industrie wird arbeitsteilig und regelmäßig eine Umwandlung von Materie oder Energie in neue Produkte bzw. neue Energieformen vollzogen. Dies geschieht, sofern keine Einzelfertigung erforderlich ist, in Serien- oder Massenherstellung unter Einsatz von technischen Produktionseinrichtungen und Fremdenergie" und ergänzt die folgenden Merkmale: Trennung von Wohn- und Arbeitsort, keine Bindung an einen Standort, Produktion auf Vorrat und für einen anonymen Absatzmarkt, Kapitalbedarf. *In der amtlichen deutschen Statistik sind Industrie*unternehmungen ein Teil der Unternehmen des *produzierenden Gewerbes* (vgl. auch Abb. 53):

Abb. 52: Industrieerhebungen der amtlichen Statistik in der Bundesrepublik Deutschland

Erhebungen (alphabetische Gliederung)	Merkmale	Untergliederung	Periodizität	kleinste regionale Einheit	
Arbeitsstättenzählung	Arbeitsstätten Beschäftigte	Niederlassungen Angestellte Arbeiter	1950 1961 1970	Systematik der Wirtschaftszweige	Wohnplätze
	Löhne und Gehälter	Bruttolohnsumme Bruttogehaltssumme			

---

[1] *J. Weber*, 1981, S. 14 ff.
[2] *H. Quasten*, 1970.
[3] *W. Brücher*, 1982, S. 8.

Beschäftigten- und Entgeltstatistik der Bundesanstalt für Arbeit	Beschäftigte (vers.pflichtige Arbeitnehmer und Auszubildende)	Angestellte Arbeiter	halbjährlich vierteljähr- lich	Systematik der Wirtschafts- zweige	Kreis
Industriebericht für Kleinbetriebe	Beschäftigte Betriebe (nicht erfaßt im Mo- natsbericht)		jährlich	SYPRO	
Investitionserhe- bung bei Betrieben des Bergbaus und verarbeitenden Gewerbes	Material- und Wa- renbestände (Betriebe und Un- ternehmen mit im allg. 20 und mehr Beschäft.) Investitionen	Bestände an Roh-, Hilfs- und Betriebs- stoffen, an unfertigen Erzeugnissen, an Handelsware Grundstücke, Ma- schinen und Anlagen	jährlich	SYPRO	Bundesland
Kostenstruktur- erhebung	Bruttoproduktions- wert Löhne und Gehälter Nettoproduktions- wert Kosten	Bruttoproduktions- wert je Beschäft. Bruttolohnsumme Bruttogehaltssumme Nettoproduktions- wert je Beschäftigten u. a. Verbrauch an Rohstoffen, Vorpro- dukten, Hilfs- und Betriebsstoffen Handelsware	jährlich	SYPRO	
Mikrozensus	Erwerbstätige (Wohnbevölke- rung)	Selbständige Beamte Angestellte Arbeiter	jährlich	Systematik der Wirtschafts- zweige	Bundesland
Monatsbericht für Betriebe im Bergbau und verar- beitenden Gewerbe	Auftragseingangs- index (Betriebe von Un- ternehmen mit im allg. 20 und mehr Beschäft.) Beschäftigte Betriebe Energieversorgung	Inland Ausland Angestellte Arbeiter Kohleverbrauch Gasverbrauch Heizölverbrauch Stromverbrauch	monatlich	SYPRO (ohne Bergbau und Nahrungs- u. Genußmittelge- werbe) SYPRO	Bundesland Gemeinde Bundesland Gemeinde Bundesland
	Löhne und Gehälter Umsatz	Bruttolohn- und Bruttogehaltssumme Gesamtumsatz Inland/Ausland			Kreis Bundesland Kreis
Produktionserhe- bung	Bruttoproduktions- wert	Bruttoproduktion	vierteljähr- lich jährlich	etwa 6000 Waren	Bundesland
Volks- und Berufs- zählung	Erwerbstätige (Wohnbevölke- rung) Löhne und Gehälter	Selbständige Beamte Angestellte Arbeiter Bruttolohnsumme Bruttogehaltssumme	1950 1961 1970	Systematik der Wirtschafts- zweige	Gemeinde

1977 wurden die Erhebungen der amtlichen Statistik auf eine neue Systematik umgestellt, auf die SYPRO (Systematik für das Produzierende Gewerbe) und auf alle
SYPRO Betriebe im „Bergbau und Verarbeitenden Gewerbe" mit 20 und mehr Beschäftigten
einschließlich Handwerksbetriebe erweitert. Durch diese Neuordnung der Statistik
wurde der deutsche Industriebegriff dem internationalen Sprachgebrauch angegli-
chen. Die SYPRO erleichtert den Vergleich statistischer Daten in der EG. Der englische Begriff ‚industry' schließt z. B. auch nichtproduzierende Tätigkeiten ein, u. a.
Handel und Dienstleistungen, dem engeren deutschen Begriff „Industrie" entspricht
„manufacturing".
Vergleiche mit älteren Industriedaten vor der Umstellung der Erhebungen sind nur
möglich, wenn sie von den Statistischen Landesämtern auf die Sypro umgerechnet
wurden.

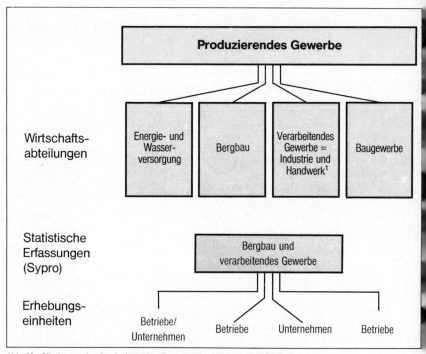

Abb. 53: Gliederung des Produzierenden Gewerbes in der deutschen Statistik

---

[1] Bis 1976 wurde die „Industrie" als Teil des „verarbeitenden Gewerbes" unter Ausschluß von
Energie- und Wasserversorgung, Bergbau und Baugewerbe erfaßt. Die Abgrenzung zum Handwerk ist fließend; die amtliche Statistik zählt ein Unternehmen dann zum Handwerk, wenn es in die
Handwerksrolle eingetragen ist. Alle übrigen Unternehmen mit mindestens 10 Beschäftigten
gehörten bis 1976 zu den „Industrie"unternehmen der sog. Industrieberichterstattung.
Das „produzierende Gewerbe" schließt den „sekundären Sektor" ein (die Ver- und Bearbeitung
von Rohstoffen, Energie- und Wassergewinnung, Bauwesen und Handwerk), unterschieden vom
„primären Sektor" (Landwirtschaft, Forstwirtschaft, Ficherei) und „tertiären Sektor" (Handel und
Dienstleistungen). Da die Abgrenzung von nichtproduzierenden Tätigkeiten und produzierenden
Tätigkeiten schwierig ist, werden „produzierendes Gewerbe" (zu dem auch nichtproduzierende
Tätigkeiten gehören) und „sekundärer Sektor" gewöhnlich gleich gesetzt.

Grundbegriffe amtlicher Industriestatistiken:

Unternehmen: eine rechtlich selbständige Wirtschaftseinheit

Betrieb: eine rechtlich und wirtschaftlich unselbständige Niederlassung eines Unternehmens. Dazu zählen örtlich getrennte Produktions-, Verwaltungs- und Hilfsbetriebe, z. B. für Montage, Reparaturen.

Bei **Einbetriebsunternehmen** sind Unternehmen und Betrieb identisch; **Mehrbetriebsunternehmen** haben mehrere örtlich getrennte Niederlassungen (Betriebe).

Arbeitsstätte: örtliche wirtschaftsstatistische Einheit, in der mindestens eine Person haupt- oder nebenberuflich ständig tätig ist. Die Arbeitsstätten werden in allen Wirtschaftsabteilungen mit Ausnahme der Land- und Forstwirtschaft etwa alle 10 Jahre gezählt.

Beschäftigte: alle Personen, die in einem arbeitsrechtlichen Verhältnis zum Betrieb stehen einschließlich tätige Inhaber, Mitinhaber und mithelfende Familienangehörige, die mindestens ein Drittel der üblichen Arbeitszeit im Betrieb tätig sind.

Arbeitsstätten und Beschäftigte von Mehrbetriebsunternehmen in der Bundesrepublik Deutschland 1970 (letzte Erhebung)

	Anteil an den	
	Arbeitsstätten insgesamt (in %)	Beschäftigten insgesamt
Verarbeitendes Gewerbe	12	57
davon:		
chemische Industrie mit Mineralölverarbeitung	34	78
Stahl-, Maschinen- und Fahrzeugbau	14	61
Nahrungs- und Genußmittelgewerbe	13	42

Quelle: Arbeitsstättenzählung vom 27. 5. 1970

Von den Beschäftigten müssen die *Erwerbstätigen* unterschieden werden, die nur in den Volks- und Berufszählungen erhoben werden (13. 9. 1950, 6. 6. 1961, 27. 5. 1970) und im Gegensatz zu Beschäftigten (Arbeitsort) am Wohnort erfaßt werden.

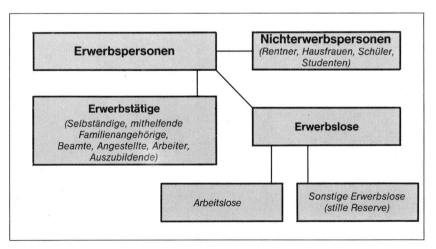

Abb. 54: Gliederung der Erwerbspersonen in der deutschen Statistik

Bruttoinlandsprodukt:
(BIP)   Summe der im Inland erzeugten Güter und Dienstleistungen sowohl von Inländern als auch von Ausländern (eine Meßzahl des wirtschaftlichen Entwicklungsstandes und der Leistungskraft eines Raumes).

Bruttosozialprodukt:
(BSP)   Summe aller Güter und Dienstleistungen, die in einer Volkswirtschaft während einer Periode erzeugt werden.

BIP und BSP weichen gesamtwirtschaftlich kaum voneinander ab, stärker regional, wenn Wohn- und Arbeitsorte auseinanderfallen und ein Teil der Wertschöpfung in andere Regionen transferiert wird.

In Regionen mit Einpendlerüberschuß ist das BIP pro Kopf der Wirtschaftsbevölkerung kleiner als pro Kopf der Wohnbevölkerung, umgekehrt in Räumen mit Auspendlerüberschuß.

Industriegruppen
● Grundstoff- und Produktionsgüterindustrie
● Investitionsgüterindustrie
● Verbrauchsgüterindustrie
● Nahrungs- und Genußmittelindustrie
  (Untergliederung am Beispiel Bundesrepublik Deutschland s. S. 152)

Die amtliche Industriestatistik der Bundesrepublik Deutschland erhebt nur auf Raumeinheiten bezogene und nach Branchen untergliederte Strukturdaten (Unternehmen, Betriebe, Beschäftigte), jedoch keine Verflechtungsdaten (Güterströme, Dienstleistungsbeziehungen). Mit Ausnahme der primär für andere Zwecke erhobenen Außenhandels- und der Güterverkehrsstatistiken gilt das z. B. auch für gelegentliche Erhebungen der Industrie- und Handelskammern und die Erhebungen der Arbeitsverwaltung.

Befragungen
Angesichts des sehr begrenzten Informationsgehaltes der Makrodaten müssen die Unternehmer selbst befragt werden, z. B. nach
– Standortanforderungen und Standortbewertung
Befragungen   – Entscheidungsmotiven und Investitionsabsichten
– räumlichen und persönlichen Beziehungen und Kontakten.

Durch mündliche oder schriftliche Befragungen wird versucht, etwas über Einstellungen, Verhaltensweisen, Handlungsräume der Unternehmer zu erfahren. Mündliche Befragungen, insbesondere sog. Tiefeninterviews vermögen dies eher als schriftliche Befragungen, sie sind aber auch kosten-, zeit- und arbeitsintensiv und erlauben selten allgemeine Aussagen.

Infolge unterschiedlicher Samplegrößen, Merkmale, Befragungsräume und -zeitpunkte sind Befragungsergebnisse nicht oder kaum vergleichbar.

Mikro- und makroanalytische industriegeographische Daten müssen zusammen mit Umweltvariablen (allgemeine Rahmenbedingungen) durch Beschreibungs- und Erklärungshypothesen verbunden werden. Die Verknüpfung ist nur sehr vereinfacht möglich und bisher nicht recht gelungen.

Analyseverfahren
Es gibt keine spezifisch industriegeographischen Analyseverfahren und Darstellungsformen. Zwei in Regionalanalysen häufig eingesetzte Instrumente, die **Shiftanalyse**
Basic-Nonbasic-   und die **Basic-Nonbasic-Analyse,** werden nachfolgend kurz erläutert, nicht die sog.
Analyseverfahren   Industriekomplexanalyse, in den 50er Jahren von *W. Isard* entwickelt, da neuere Anwendungsbeispiele fehlen. Eine gebräuchliche Kennziffer der deskriptiven Statistik zur Darstellung und Messung räumlicher Verteilungen in regionalwissenschaftlichen und industriegeographischen Studien ist der **Standort-** oder **Lokalisationskoeffizient,** gebräuchliche Indizes sind *Industriedichte* und *Industriebesatz.*

Erkenntnismöglichkeiten und -grenzen mikro- und makroanalytischer industriegeographischer Untersuchungen

Befragungen (mikroanalytische Daten)	statistische Erhebungen (makroanalytische Daten)	
a) Erkenntnismöglichkeiten		
– Informationen über Standortanforderungen und -bewertungen, Handlungsziele und -motive, Erfahrungen, Erwartungen, Einstellungen	– Informationen über die Standortverteilung der Industrie und über Standortverflechtungen – Zeitreihenanalysen	Erkenntnisse bei Untersuchungen
b) Erkenntnisgrenzen		
– Verläßlichkeit der Befragungen (Schwierigkeiten der Befragten, Argumente zu reproduzieren, ohne sie zu verfälschen; möglicherweise bloße Wiederholungen vorgelegter Argumente; Rechtfertigungen, Eigenbestätigung)	– Verläßlichkeit der Erhebungen, Geheimhaltungsvorschriften	
– Vergleichbarkeit der Befragungen (unterschiedliche Samples, Merkmale, Befragungsräume und -zeitpunkte) – Handlungsbeschränkungen, Vorentscheidungen	– Vergleichbarkeit der Erhebungen (unterschiedliche Nomenklaturen, Erhebungsräume und -zeitpunkte)	

a) Bei der **Shiftanalyse** handelt es sich um ein Beschreibungsmodell, mit dem Unterschiede in der Entwicklung zweier oder mehrerer Räume in einem bestimmten Zeitraum gemessen werden können, z. B. die Entwicklung der Beschäftigung in Baden-Württemberg und Nordbaden 1970 bis 1980 (= komparativ-statischer Vergleich).

Der „Regionalfaktor" drückt den Unterschied in der Entwicklung zwischen Teilraum und Gesamtraum aus. Er ist definiert als Produkt zweier Faktoren, eines sektoralen und eines räumlichen Faktors:

Regionalfaktor = Strukturfaktor × Standortfaktor

Der **Strukturfaktor** beschreibt die Entwicklung der Region unter der Annahme, daß Teilraum und Gesamtraum die gleiche Entwicklungsrate haben. Dieser Faktor führt die beobachteten Entwicklungsunterschiede allein auf die regionale Branchenstruktur zurück. Räume mit einem hohen Anteil entwicklungsstarker (spezialisierter, forschungs-, kapitalintensiver) Branchen hätten dann günstigere Chancen als Räume mit einem hohen Anteil entwicklungsschwacher Branchen, z. B. eisenschaffende Industrie.

Strukturfaktor

Der **Standortfaktor** beschreibt die Entwicklung der Region unter der Annahme, daß Teilraum und Gesamtraum die gleiche Branchenstruktur haben. Durch diesen Faktor werden Entwicklungsunterschiede allein auf regionale Standortbesonderheiten zurückgeführt, z. B. auf unterschiedliche Produktions- und Absatzbedingungen, Wohn- und Freizeitangebot, bedingt
– durch die *Raumausstattung* (u. a. Verkehrslage, abbauwürdige Ressourcen),
– durch die *Infrastruktur* (u. a. Dichte und Leistungsfähigkeit des Straßen-, Schienen-, Wasserstraßen- und Luftverkehrsnetzes; Strom-, Gas-, Wasserversorgung; Abwasser- und Abfallbeseitigung; Rohöl- und Produktenleitungen; Bildungs- und kulturelle Einrichtungen),
– durch das *Wohnungsangebot* (u. a. Wohnlage; Art, Größe und Ausstattung der Wohnungen),
– durch *Dienstleistungen* für Haushalte und Unternehmen.

Der Strukturfaktor erfaßt nur Wirkungen der Branchenstruktur, der Standortfaktor nur Wirkungen des Standortes. Beide Faktoren wirken zusammen. Einflüsse der Branchenstruktur und der Standorteigenheiten können sich gegenseitig verstärken, aber auch ausgleichen. Der Standortfaktor ist Restgröße zwischen tatsächlicher Entwicklung (Regionalfaktor) und fiktiver Entwicklung (Strukturfaktor), da sich die gleichen Branchen unterschiedlich entwickelt haben.

Standortfaktor

Kritik an der Shiftanalyse:

1. *Je kleiner der* **Untersuchungsraum,** *um so stärker bestimmen neben systematischen Einflüssen Zufallseinflüsse den Standortfaktor.*
2. *Je mehr* **Branchen** *einbezogen werden, um so mehr nimmt der Standorteinfluß ab und der Struktureinfluß zu.*
   Je weniger Branchen, um so mehr drückt der Standortfaktor den Strukturfaktor aus,
3. *Der Entwicklungstrend wird durch das Basisjahr und den Konjunkturverlauf im* **Untersuchungszeitraum** *beeinflußt.*

Shiftanalyse   *Je länger der Untersuchungszeitraum, um so mehr verändert sich die Branchenstruktur (Betriebsgründungen, -erweiterungen, -verkleinerungen, -verlagerungen, -stillegungen), während die Shiftanalyse unterstellt, daß Betriebsgrößen, Kapitalintensität und technischer Fortschritt unverändert bleiben.*

4. *Der Erkenntniswert ist relativ begrenzt. Es ist ein Beschreibungsverfahren mit analytischen Problemen. Struktur- und Standortfaktor können nur sehr grob interpretiert werden. Versuche, den Standortfaktor durch Indikatoren der Standortgunst und Wohnqualität zu beschreiben, sind weitgehend fehlgeschlagen.*

Basic-Nonbasic-Analyse   b) Grundlegend für die **Basic-Nonbasic-Analyse** ist die Annahme, die Wirtschaftsentwicklung eines Raumes, gemessen z. B. am Einkommen oder an der Beschäftigung, hänge ausschließlich vom Export ab.

Die wirtschaftlichen Leistungen werden nach **Grundleistungen** und **Folgeleistungen** unterschieden:

1. **Grundleistungen** oder primäre Tätigkeiten entstehen im „basic"-Sektor. Dieser Sektor produziert ausschließlich für den Export und hängt damit völlig von der externen Nachfrage ab.
2. **Folgeleistungen** oder sekundäre Tätigkeiten entstehen im „nonbasic"-Sektor. Dieser Sektor produziert ausschließlich für den Binnenmarkt und hängt damit völlig von der internen Nachfrage ab.

Einkommen aus dem Export wird entweder für Import- oder für Binnengüter ausgegeben.

Wegen der schwierigen Datenbeschaffung werden in einer empirischen Analyse die wirtschaftlichen Entwicklungschancen eines Raumes in der Regel nicht aufgrund der Einkommens-, sondern der Beschäftigtenrelation bestimmt, z. B.

Gesamtbeschäftigte in einem Raum		750 000
davon im „basic"-Sektor	500 000	
im „nonbasic"-Sektor	250 000	
„Basic-nonbasic"-Verhältnis		$\dfrac{500\,000}{250\,000} = 2:1$

Annahme:

Zunahme der Beschäftigung im „basic"-Sektor			5000
dann aufgrund des „basic-nonbasic"-Verhältnisses im Beispiel			
Zunahme der Beschäftigung im „nonbasic"-Sektor			2500

Der regionale Multiplikator beträgt hier 1,5
die zusätzliche Beschäftigung insgesamt:

	1. Periode	2. Periode	3. Periode	
„basic"-Beschäftigung	5000			
„nonbasic"-Beschäftigung	2500	3750	4375	$\dfrac{5000 \times 0.5}{1 - (\frac{1}{10} \times 5)} = 5000$

Das „basic-nonbasic"-Verhältnis läßt sich z. B. mit Hilfe von Standortquotienten oder Angaben zur Mindestbeschäftigung („minimum-requirement-technique") schätzen. Nach empirischen Beobachtungen nimmt der Anteil der „nonbasic"-Beschäftigung mit der Bevölkerungszahl (Stadtgröße) zu.

Kritik am basic-nonbasic Konzept:

1. *Der unterstellte enge Zusammenhang zwischen Grund- und Folgeleistungen läßt sich nicht belegen; das Verhältnis zwischen den beiden Sektoren variiert mit der Wirtschaftsstruktur und der Größe der Region.*
2. *Die Bestimmung von Grund- und Folgeleistungen ist abhängig von der Größe des Untersuchungsraumes; je größer dieser Raum, um so kleiner der Exportanteil.*
3. *Der Export ist nicht alleinige Voraussetzung für räumliche Entwicklung, auch die innerregionale Nachfrage kann einen Entwicklungsprozeß auslösen,*
4. *Die Beschäftigten lassen sich kaum eindeutig Grund- und Folgeleistungen zuordnen,*
5. *die Beschäftigtenzahl verdeckt Produktivitätsunterschiede und führt zur Überbewertung arbeitsintensiver Tätigkeiten.*

c) Durch den **Lokalisationskoeffizienten** kann z. B. die räumliche Verteilung der Beschäftigung in einem Industriezweig **i** mit der Verteilung aller Industriebeschäftigten der Industrie verglichen werden.

Lokalisationskoeffizient

d) Mit dem **Standortquotienten** wird die Konzentration zweier ausgewählter Industriezweige, z. B. **i** und **j**, gemessen. Dabei berechnet man zunächst den Anteil der in dem Industriezweig **i** Beschäftigten eines Teilraumes (z. B. Regierungsbezirk) an den Gesamtbeschäftigten des Industriezweiges **i** im Gesamtraum (z. B. Bundesland), dann den Anteil der in dem Industriezweig **j** Beschäftigten des Teilraumes an den Gesamtbeschäftigten des Industriezweiges **j** im Gesamtraum. Der Standortquotient ist der Quotient beider Verhältniszahlen mit Werten von Null bis unendlich. Ein Standortquotient von 1 besagt, daß im Teilraum beide Industriezweige gleich verteilt sind. Ist er größer als 1, dann ist der Industriezweig **i** im Teilraum stärker vertreten als der Industriezweig **j**. Bei einem Standortquotienten von kleiner als 1 ist der Industriezweig **i** im Teilraum weniger konzentriert als der Industriezweig **j**. Wird der Standortquotient der beiden Industriezweige **i** und **j** für alle Teilräume des Gesamtraumes berechnet, so kann man den Werten die Verteilung der beiden Industriezweige im Gesamtraum entnehmen.

Standortkoeffizient

Beispiel von Hoover 1937: Verteilung der ledererzeugenden Industrie und Verteilung der Schuhindustrie in den USA.

Der Standortquotient wird auch durch andere Verhältniszahlen berechnet. So kann z. B. die eine Verhältniszahl den Prozentsatz der in einer Region in einem Industriezweig i Beschäftigten angeben, die andere den Prozentsatz der in der Region insgesamt in der Industrie Beschäftigten. Der Standortquotient läßt dann erkennen, ob der Industriezweig i in der Region an den wirtschaftlichen Tätigkeiten insgesamt über- oder unterproportional vertreten ist.

Beispiel von Hoover 1971: Verteilung verschiedener Industrietätigkeiten in Städten der USA.

Merkmale zur Bevölkerung und Wirtschaft der Industrieländer

	Bruttosozial-produkt		Bevölkerung		Industrieanteil am Bruttoin-landsprodukt		Ausfuhranteil am Bruttoin-landsprodukt		Anteil der Er-werbsperso-nen in der In-dustrie an den Erwerbsper-sonen		Energiever-brauch pro Kopf
	pro Kopf										
	1981		1981		1960	1981	1960	1981	1960	1980	1980
	Rang	$	Rang	Mill.	%	%	%	%	%	%	Rang	SKE
Schweiz	1	17 430	13	6	–	–	29	37	50	46	13	5 220
Schweden	2	14 870	11	8	40	31	23	31	45	34	5	7 970
Norwegen	3	14 060	16	4	33	41	41	48	37	37	2	11 930
Bundesrep. Deutschl.	4	13 450	3	62	53	46	19	30	48	46	9	6 050
Dänemark	5	13 120	14	5	32	32	32	36	37	35	10	5 750
USA	6	12 820	1	230	38	34	5	10	36	32	3	11 630
Frankreich	7	12 190	6	54	38	35	15	22	39	39	11	5 370
Belgien	8	11 920	10	10	41	37 (1)	33	65	48	41	6	7 430
Niederlande	9	11 790	9	14	46	33	48	58	42	45	4	8 070
Kanada	10	11 400	7	24	34	32	18	28	35	29	1	13 150
Australien	11	11 080	8	15	37	–	15	15	40	33	7	7 210
Finnland	12	10 680	15	5	35	36	23	34	31	35	8	6 350
Österreich	13	10 210	12	8	49	39	25	42	46	37	14	5 100
Japan	14	10 080	2	118	45	43 (1)	11	15	30	39	16	4 650
Großbritannien	15	9 110	5	56	43	33	21	28	48	42	12	5 360
Neuseeland	16	7 700	18	3	–	31 (1)	22	29	37	35	15	4 820
Italien	17	6 960	4	56	41	42	14	27	40	45	18	3 730
Irland	18	5 230	17	3	26	–	32	63	25	37	17	3 770
Marktwirtschaftl. Industrieländer		11 120		720	40	36	12	20	38	38		7 500
Länder mit mittlerem Einkommen		1 500		1128	30	38	15	23	15	21		990
Länder mit niedrigem Einkommen		270		2211	25	34	7	9	9	15		370

(1) 1980

Quelle: Weltentwicklungsbericht 1983, S. 174–175, 178–179, 182–183, 188–189, 214–215

2b) Industriegeographische Standorterklärungen

Wolf Gaebe

1. Normativ-deduktive Modelle

Es lassen sich zwei Forschungsrichtungen unterscheiden: normativ-deduktive Modelle und verhaltenswissenschaftliche Modelle. Normativ-deduktive Modelle reduzieren die Standortwahl auf ganz wenige Variablen. Trotz des geringen Erklärungswertes sind sie noch die wichtigste Grundlage der industriellen Standorttheorie. Sie suchen nach dem optimalen Produktionsort. Merkmale der Modelle sind Definitionen des Unternehmerverhaltens und der räumlichen, politischen, wirtschaftlichen, sozialen Handlungsbedingungen. Sie unterstellen Produktionsbetriebe oder Einbetriebsunternehmen in einer Wirtschaftsordnung mit Privateigentum an den Produktionsmitteln, nur durch Materialverflechtungen mit anderen Standorten verbunden. Den ersten ausgearbeiteten Entwurf legte A. Weber[1] vor. Er ist beispielhaft für normativ-deduktive Modelle.

---

[1] A. Weber, 1909

Um den optimalen Produktionsort bestimmen zu können, macht Weber einige Annahmen:
- zum **Unternehmerverhalten:** es wird nur ein Gut produziert. Der Unternehmer kennt die Materialbezugsorte, den (einzigen) Absatzort (da unterstellt wird, daß das Gut nur an einem Ort nachgefragt wird) und die nachgefragte Menge.
- zu den **Kosten:** allein die Transportkosten sind wichtig; der optimale Produktionsort ist der transportkostenminimale Produktionsort.
  Berechnungsfaktoren der Transportkosten sind:
  1. die **Transportrate** (sie ist - unabhängig von der Entfernung - gleich für Materialien und Güter);
  2. das Gewicht der Materialien und Güter (durch Verarbeitung kann ein Gewichtsverlust eintreten, z. B. bei der Verhüttung von Eisenerz zu Roheisen; Eisenerz ist deshalb ein „Gewichtsverlustmaterial", Garn dagegen z. B. ein „Reingewichtsmaterial", da das gesamte Materialgewicht in das produzierte Gut eingeht);
  3. die **Entfernung** zwischen Beschaffungsorten und Produktionsort und Produktionsort und Markt.
  Transportkosten = Transportrate × (Gewicht × Entfernung, z. B. Tonne × Kilometer = Tonnenkilometer).

Die Transportkosten hängen also ausschließlich vom Gewicht des Materials bzw. des Fertigerzeugnisses und von der räumlichen Verteilung (Entfernung) von Material und Verbrauch ab.

Weber unterscheidet die Materialien nicht nur nach dem Gewichtsverlust bei der Verarbeitung, sondern auch nach der räumlichen Verbreitung in:
- „Ubiquitäre" Materialien, die überall vorkommen, z. B. Wasser, Sand, Kies. Die Transportkosten sind hier deshalb weniger wichtig.
- „Lokalisierte" Materialien, die nicht überall vorkommen, z. B. Kohle, Eisenerz und z. T. weit transportiert werden müssen. Entsprechend wichtig sind dann die Transportkosten.

Entscheidend für die Standortwahl ist das Gewichtsverhältnis der „lokalisierten" Materialien (Reingewichts- und Gewichtsverlustmaterialien) zum hergestellten Gut.

$$\text{Je höher der Materialindex} = \frac{\text{Gewicht der lokalisierten Materialien}}{\text{Gewicht des hergestellten Gutes}}$$

desto näher wird der Betrieb an den Beschaffungsort rücken. Ist der Materialindex 1 (= Reingewichtsmaterial), so ist der Markt der optimale Produktionsort. Die Lage des Produktionsortes hängt davon ab, ob die Transportkosten für die Materialien größer oder kleiner als das produzierte Gut sind.

Die folgende Tabelle zeigt den Produktionsort bei unterschiedlichen Annahmen zum Materialverbrauch:

Produktionsorte bei unterschiedlichem Materialverbrauch

Fall	Material ubiquitär	Material lokalisiert Reingew.	Material lokalisiert Gewichtsverlust	Materialindex	Produktionsorte Materialort	Produktionsorte Zwischenort	Konsumort Markt
1	1			0			×
2	2			0			×
3		1		1	×	×	×
4		2		1			×
5	1	1		0–1			×
6	2	1		1	×	×	×
7			1	1	× (1)		
8	1	1		<1 oder >1	×		×
9			2	<1		×	

[1] Wenn die Transportkosten des Produkts niedriger sind als die des Materials.

Weber erweiterte das Grundmodell, das allein die Transportkosten berücksichtigte, durch zwei Variablen, **Arbeitskosten** und **Agglomerationsvorteile**. Beide können zu räumlichen Abweichungen vom Transportkostenminimalpunkt führen.[1]

a) *Weber* unterstellte in der ersten Modellvariante unterschiedliche Arbeitskosten (Lohnhöhe), Konzentration der Arbeitskräfte auf wenige Standorte (hier jedoch unbegrenztes Angebot und völlige Immobilität der Arbeitskräfte).
Der Produktionsort weicht dann vom Transportkosten-Minimalpunkt ab, wenn die Arbeitskostenersparnisse größer sind als die Zunahme der Transportkosten zum Ort der niedrigeren Arbeitskosten.
b) Der Produktionsort kann nach *Weber* auch dadurch vom Transportkostenminimalpunkt abweichen, daß Vorteile aus der räumlichen Konzentration von Industriebetrieben größer sind als die zusätzlichen Transportkosten.

Überprüfung des Weber-Modells
Kritik am Weber-Modell gilt den Annahmen

– zum *Unternehmerverhalten,* insbesondere der Vernachlässigung von Nachfrage (Absatz) und Konkurrenz (Annahme vollständiger Konkurrenz). Der Unternehmer kennt nicht die Größe, Zusammensetzung und räumliche Verteilung der Nachfrage. Ebensowenig kennt er die räumlichen, sachlichen und persönlichen Präferenzen der Nachfrager. Er wird außer den Transportkosten auch noch andere Variablen in seine Standortüberlegungen einbeziehen und in der Regel mehr als ein Gut produzieren,

– zu den *Kosten,* die Transportkosten sind nicht die einzige, auch nicht die wichtigste Variable der Standortwahl. Seit 1909 ist ihr Anteil an den Gesamtkosten gesunken durch Verbesserungen des Verkehrsnetzes und der Verkehrsmittel, durch Abnahme der Schwerindustrie, effizientere Verwendung von Material und hochwertigere Rohstoffe. Die Transportkosten sind auch nicht ausschließlich eine Funktion von Gewicht und Entfernung. In der Regel nehmen sie unterschiedlich und degressiv ab für Rohstoffe, Halb- und Fertigerzeugnisse, Massen- und Stückgüter. Der Gewichtsverlust durch Verarbeitung wird überschätzt. Einflußfaktoren auf die Transportkosten sind auch Wert, Verderblichkeit und Zerbrechlichkeit der Güter. Wichtig sind Lieferzeit, -sicherheit und -verläßlichkeit. Das Weber-Modell gibt eine technische, keine ökonomische Standortbestimmung. Durch die Annahme konstanter Faktorpreise, z. B. des Produktionsfaktors Arbeit, konstanter Güterpreise und Produktionstechnik bleiben wichtige ökonomische Einflußgrößen der unternehmerischen Standortwahl unberücksichtigt. Die Standortwahl beeinflussen auch die Standorte der Konkurrenten, politische Daten, Gewinnchancen sowie der Wohn- und Freizeitwert.

Kritik an Webers Modellvarianten:

– die Arbeitskräfte sind nicht völlig immobil, Wanderungen begrenzen persönliche und soziale Gründe
– Standortvorteile müssen Standortnachteilen gegenübergestellt werden. Da Verstädterungswirkungen nicht berücksichtigt werden, wird die konzentrationsfördernde Wirkung der Agglomerationsvorteile unterschätzt.

Der Erklärungsgehalt dieses statischen und normativ-deterministischen Modells ist gering. Zu den wichtigsten Weiterentwicklungen gehören die Arbeiten von *T. Palander*[2], *E. M. Hoover*[3], *A. Lösch*[4], *W. Isard*[5] und vor allem *D. M. Smith*[6].

---

[1] *L. Schätzl,* 1978
[2] *T. Palander,* 1935
[3] *E. M. Hoover,* 1937 u. 1948
[4] *A. Lösch,* 1940 (1963)
[5] *W. Isard,* 1956
[6] *D. M. Smith,* 1971

Der amerikanische Regionalwissenschaftler *W. Isard* versuchte eine Verbindung des Standortoptimierungsmodells mit dem von *A. Predöhl* übernommenen Substitutionsansatz. Als Unternehmerziel unterstellte er Gewinnmaximierung (Weber: Kostenminimierung). Der englische Geograph *D. M. Smith* suchte den Erklärungswert des Weber-Modells durch Modifizierung und Erweiterung zu verbessern (vgl. *Schätzl*). Smith berücksichtigte sowohl räumliche Kostenunterschiede als auch (im Unterschied zu Weber) räumliche Ertragsunterschiede. Kosten und Erträge seien für den einzelnen Betrieb (Marktpreis) gegeben und nicht zu beeinflussen, z. B. durch interne Ersparnisse (als Folge einer Kapazitätserweiterung) oder durch technischen Fortschritt. Varianten und Erweiterungen des Smith-Modells sind eingehend bei *L. Schätzl* dargestellt.

Der Erklärungsgehalt der normativ-deduktiven Modelle ist aufgrund der fehlenden verhaltenswissenschaftlichen Basis gering und steigt auch nicht, wenn weitere Variablen einbezogen werden. Ihnen wird hauptsächlich heuristische und didaktische Bedeutung beigemessen.

Sie zeigen die Wirkung ausgewählter Standortfaktoren, z. B. die konzentrationsfördernde Wirkung der Rohstoffe mit hohem Gewichtsverlust. Die folgende Zusammenstellung enthält einige Einwände gegen diesen Modelltyp:

1. Die Modelle simulieren unter stark vereinfachten Annahmen die Wirkungen einzelner Standortfaktoren auf die Standortwahl. Dabei wird eine Standortentscheidung nach rein ökonomischen Kriterien bei vollkommener Rationalität und Information des Unternehmers unterstellt.

2. Industriebetriebe werden als homogene Produktionseinheiten angesehen ohne Beziehungen zur Umwelt. Tatsächlich bestehen jedoch große Unterschiede in den betrieblichen und tätigkeitsspezifischen Standortanforderungen, in Größe, Organisation, Art und Intensität der Raumbeziehungen.

3. Die Modelle geben Verhaltensnormen vor und formalisieren menschliches Verhalten in einem ahistorischen Raum ohne jeden Bezug zu konkreten Entwicklungen. Die Verhaltensnormen sind nicht aus empirischen Beobachtungen abgeleitet. Die Annahme, der Unternehmer könnte einen optimalen, kostenminimalen oder gewinnmaximalen Standort wählen oder sich völlig rational verhalten, ist eine Fiktion. Der „homo oeconomicus" gehört zu einem geschlossenen Entscheidungsmodell, das weder die Entstehung noch die Lösung des Problems zeigt. Die Entscheidungsfindung der Unternehmer folgt nicht Gesetzen der formalen Logik.

4. Nur enige betriebsexterne Variablen werden in den Modellvarianten berücksichtigt, u. a. Transportkosten (die mit der technologischen Entwicklung an Bedeutung verloren haben), Arbeitskosten und Agglomerationsvorteile, nicht z. B. Monopolisierungsgrad und Kapitalkonzentration. Variablen wie z. B. Organisationsform, Betriebsfunktion, persönliche Verhaltenseigenheiten der Unternehmer bleiben unbeachtet.

5. Die Modelle sind statisch-deterministisch, sie zeigen nicht die Rückwirkungen technologischer und ökonomischer Veränderungen auf die Standortverteilung. Die industriellen Standortmodelle beziehen sich nicht nur eng auf wirtschaftswissenschaftliche Theorien, ihre Ideologie und ihren erkenntnistheoretischen Ansatz, sie stammen auch überwiegend von Wirtschaftswissenschaftlern.

2. Verhaltenswissenschaftliche Standorterklärungen

Die klassischen Forschungsansätze der Industriegeographie werden durch neue Fragestellungen, theoretische Überlegungen und Methoden verändert und erweitert. Die neuere Forschung bemüht sich ferner, das lange beklagte Theoriedefizit abzubauen und neuere analytische Verfahren aufzugreifen. Sie sucht nach besseren Erklärungen.

Die Mängel der klassischen industriegeographischen Erklärungsansätze sind seit langem bekannt, jedoch wurden von ihr nur vereinzelt neue Verhaltenshypothesen formuliert, die dem beobachteten Verhalten mehr entsprechen. Wichtige Aspekte des menschlichen Verhaltens werden weiterhin ausgeklammert. Neuere Arbeiten enthalten z. B. die schwache empirische Aussage, der Unternehmer versuche aufgrund seiner Informationen über die wahrscheinliche Entwicklung und seiner Risikoneigung den Gewinn oder persönlichen Nutzen zu maximieren.

Unternehmerentscheidungen (Investitions-, Mobilitäts- oder Ansiedlungsentscheidungen) werden von einer Reihe von Variablen beeinflußt. Dazu gehören u. a. branchen- und betriebsspezifische Anforderungen an Grundstücke, Arbeitskräfte und Infrastruktur (z. B. Verkehrswege), Erfahrungen mit Standortentscheidungen, Informationen, Wahrnehmungen, Wünsche, Erwartungen und die Handlungsbereitschaft der Unternehmer.

Nur wenige Variablen werden in einer konkreten Entscheidungssituation durchdacht. Es ist dem Unternehmer nicht möglich, alle betrieblichen und außerbetrieblichen Variablen in ein Bewertungsschema zu bringen. Er wird nicht nach optimalen Lösungen suchen, sondern nach subjektiv befriedigenden. Verhaltenswissenschaftler vermuten, daß Erfahrungen, Informationen und Erwartungen auf wenige wichtig erscheinende Faktoren (ein sehr vereinfachtes Modell der Umwelt) reduziert werden. Dabei bleibt für subjektive Einschätzungen großer Raum. Die Vereinfachung des Entscheidungsproblems entlastet und stabilisiert die Unternehmertätigkeit. Es werden relativ isolierte Mittel-Zweck-Beziehungen angenommen, Entscheidungen von Fall zu Fall. Bisher gibt es keine Modelle, die ähnlich präzis wie die klassischen Rationalitätsanalysen formuliert sind. Viele Arbeiten befassen sich mit Systemen, die aus der Kybernetik auf soziale Organisationen übertragen wurden. Diese Systeme sind definiert als eine Menge Elemente, die durch Beziehungen verbunden sind. Systeme lassen sich auf verschiedenen ökonomischen und räumlichen Ebenen abbilden, der unternehmensinternen, der lokalen, regionalen, nationalen und internationalen. Elemente sind z. B. Standorte, Unternehmen, Betriebe, Beziehungen z. B. Material- und Güterströme, Dienstleistungen und Informationsströme. Veränderungen im Industriesystem erfolgen durch Ansiedlungen, Erweiterungen, Einschränkungen, Verlagerungen, Stilllegungen, Wechsel von Lieferanten und Abnehmern.

Unternehmerentscheidungen

a) Standortanpassungen

a) Zu den laufenden Unternehmerentscheidungen gehören Entscheidungen über Produkte und Investitionen. Fortwährend erfolgen Standortanpassungen an technische Entwicklungen, innerbetriebliche und Marktveränderungen u. a. durch Modernisierung der Produktionsanlagen, Umstellung der Fertigungstechnik, Kapazitätserweiterung oder Rationalisierung des Produktionsablaufs.

Innerbetriebliche Beschäftigungsveränderungen (Einstellungen, Kündigungen, Entlassungen) sind wesentlich wichtiger als betriebsexterne (Ansiedlungen, Stillegungen, Verlagerungen). Ersatz- und Erweiterungsinvestitionen sind deshalb deutlichere Merkmale für Standortveränderungen als Neuinvestitionen.

Viele innerbetriebliche Investitionsentscheidungen hängen mit der Produktentwicklung zusammen. Die wirtschaftliche Lebensdauer der Industriegüter ist kürzer als die technische, sehr kurz bei modischen Produkten. Jedes Produkt durchläuft mehrere Entwicklungsphasen (Erfindung bzw. Produktentwicklung, Einführungs-, Wachstums-, Sättigungs-, Schrumpfungsphase).

Beispiele aus Haushalten: Videogeräte (Wachstumsphase), Kühlschränke (Sättigungsphase).

b) Mobilitätsentscheidungen

Bei Mobilitätsentscheidungen ist zu trennen zwischen Standortspaltungen und Standortwechsel.

Beispiele für **Standortspaltungen** (Teilverlagerungen, Errichtung von Zweigbetrieben):

- räumliche Trennung zwischen Produktion (operative Unternehmensfunktion) in Randzonen und im Umland großer Städte und Verwaltung, Forschung und Entwicklung (dispositive Unternehmensfunktionen) in Kernstädten,
- Aufspaltung der Produktionsfunktion durch Errichtung von Zweigbetrieben im ländlichen Raum oder im Ausland.

Beispiele für **Standortwechsel** (Verlagerungen vor allem kleiner Betriebe):

- Verlagerung standardisierter Produktionen aus Verdichtungsräumen,
- Verlagerung flächenextensiver Produktionen.

Standortspaltungen oder Standortwechsel können notwendig werden, wenn innerbetrieblicher Anpassungen an den Standort aufgrund steigender Kosten, fehlender Flächen für Erweiterungen oder Investitionsbeschränkungen nicht ausreichen. Verlagerungen des gesamten Betriebes oder von Teilfunktionen werden möglichst lange hinausgezögert, Unzulänglichkeiten verdrängt. Negative Standorteigenschaften werden vermutlich geringer als positive bewertet. Die Standortträgheit (Beharrung, Persistenz) wird mit der Neigung erklärt, komplexe Probleme möglichst zu vermeiden oder zu vereinfachen. Mit der Kapitalakkumulation steigen auch die Desinvestitionskosten. Streßmerkmale bei unveränderten wirtschaftlichen, sozialen oder räumlichen Umweltbedingungen und nicht mehr ausreichende innerbetriebliche Standortanpassungen erfordern neue Lösungen.

Die klassischen Standortmodelle unterstellen eine grundsätzliche Mobilitätsbereitschaft. Neuere verhaltenswissenschaftliche Modelle vermuten dagegen eher eine allgemeine Immobilität. Für den rational handelnden „homo oeconomicus" mit vollständiger Information sind Entscheidungen einfach, da ihm alle Handlungsalternativen und Handlungsfolgen bekannt sind. Er wird die verfügbaren Mittel so einsetzen, daß der größtmögliche Gewinn erreicht wird. In der Realität wird der Unternehmer zwar auch einige Handlungsalternativen kennen und die wahrscheinlichen Folgen in bestimmten Situationen. Er kann jedoch nicht abschätzen, welche Situation eintritt. Ein Beispiel, übernommen von *F.-J. Bade*[1], soll dies verdeutlichen:

Ein Unternehmer denkt an eine Ausweitung der Produktionskapazität, da er die Marktchancen günstig einschätzt. Er hat drei Handlungsalternativen:
A) Kapazitätserweiterung im bestehenden Betrieb,
B) Kapazitätserweiterung durch Errichtung eines Zweigbetriebes (Standortspaltung),
C) keine Kapazitätserweiterung.
Nun kann die Nachfrage tatsächlich wie erwartet steigen oder unverändert bleiben.
Der Unternehmer weiß nicht, wie sich die Nachfrage entwickelt. Er kann jedoch aufgrund seiner Marktkenntnis und Erfahrung den jeweils zu erwartenden Gewinn abschätzen:

voraussichtliche Nachfrageentwicklung	Gewinnerwartung (in Geldeinheiten)		
	A (Erweiterung)	B (Zweigbetrieb)	C keine Erweiterung
S_1 unveränderte Nachfrage	5	1	20
S_2 Nachfragesteigerung	35	45	20

---

[1] *F.-J. Bade,* 1978, S. 35 A

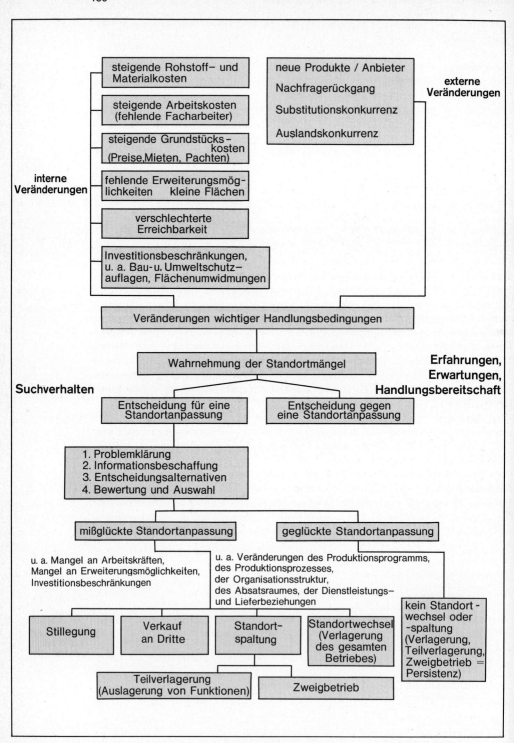

Abb. 55: Erfolgreiche und mißglückte Standortanpassung bei Veränderung wichtiger Standortfaktoren.

Die Errichtung eines Zweigbetriebes (Alternative B) wäre bei unveränderter Nachfrage (S_1) die schlechteste Entscheidung (höchste Stückkosten, niedrigster Gewinn). Bei einer Nachfragesteigerung (S_2) wäre dagegen die Errichtung eines Zweigbetriebes die beste Entscheidung. Da der Unternehmer eine Nachfragesteigerung erwartet, entscheidet er sich für die Errichtung eines Zweigbetriebes.

Bei unveränderter Nachfrage beträgt gegenüber Alternative A der Verlust 5, gegenüber Alternative C sogar 15 Geldeinheiten. Bei der Wahl zwischen Alternative A und B, würde die Entscheidung für B fallen.

Schwieriger ist ein Vergleich zwischen B und C. Bei Alternative C beträgt der Gewinn zwar nur 20 Geldeinheiten, er ist dafür aber sicher. B bietet zwar die Chance eines Gewinns von 45 bei einer Nachfragesteigerung. Bei unveränderter Nachfrage entstände jedoch ein relativer Verlust von 19 (1 gegenüber sicheren 20). Die Entscheidung ist daher von der Risikobereitschaft des Unternehmers abhängig.

Die Mobilitätsbereitschaft wird von der konjunkturellen Lage beeinflußt. In einer Rezession ist sie geringer als in einem Boom. Informationen über Standortalternativen werden nur dann gesucht, wenn die Standortmängel sehr groß sind und wenn die Unternehmer von der Notwendigkeit einer Standortspaltung oder eines Standortwechsels überzeugt sind. Nur außerordentliche Schwierigkeiten veranlassen wahrscheinlich einen Standortwechsel, z. B. die Kündigung gepachteter oder gemieteter Grundstücke und Gebäude, in Verdichtungsräumen fehlende Erweiterungsmöglichkeiten. Unternehmen beginnen häufig in gepachteten oder gemieteten Räumen und suchen nach Festigung der Existenz eigene Grundstücke und Gebäude.

In vielen kleinräumigen Untersuchungen wurden Unternehmer nach den Strategien der Standortanpassung und den Variablen der Mobilitätsentscheidungen befragt. Diese Untersuchungen sind aufgrund der unterschiedlichen Sampleauswahl, Variablen und Befragungszeitpunkte nur sehr eingeschränkt vergleichbar.

Makroanalytische Untersuchungen der Mobilitätsentscheidungen ergänzen diese mikroanalytischen Untersuchungen. Wichtigste Datengrundlage sind dafür in der Bundesrepublik neben den amtlichen Erhebungen die laufenden Erhebungen der Bundesanstalt für Arbeit bzw. der Arbeitsämter u. a. über verlagerte Betriebe und Zweigbetriebe (innergemeindliche Verlagerungen bleiben unberücksichtigt). Von 1957 bis 1963 wurden nur Betriebe mit mindestens 50 Beschäftigten erfaßt, seit 1964 mit 10 und mehr Beschäftigten, seit 1979 mit 16 und mehr Beschäftigten (aufgrund gesetzlicher Bestimmungen, u. s. Schwerbehindertengesetz, Arbeitsförderungsgesetz).

Externe Entwicklungsformen der Unternehmen, u. a. die Übernahme von Produktionsstätten und Fusionen, werden in der Literatur weniger beachtet als interne (Erweiterungen, Verlagerungen, Zweigbetriebe). Beide Entwicklungsformen sind Instrumente der Unternehmensstrategien, verbunden mit Veränderungen der Standortmuster und/oder der Organisationsstruktur.

c) Stillegungsentscheidungen

Strukturell und konjunkturell besonders anfällig sind die Betriebe der Konsumgüterindustrie, insbesondere die Leder-, Textil- und Bekleidungsindustrie. Sie wirken als „konjunkturelle Puffer" (vgl. S. 154). Relativ krisenfest sind Betriebe der Investitionsgüterindustrie, u. a. der chemischen Industrie, des Maschinenbaus und der Elektroindustrie. Die **Stillegungsquote**, das Verhältnis von stillgelegten Betrieben zu den Betrieben insgesamt, ist ein Merkmal der wirtschaftlichen und räumlichen Persistenz der Betriebe. Hohe Stillegungsquoten wurden für sog. „verlängerte Werkbänke" berechnet, niedrige für verlagerte Betriebe.

Nach den Erhebungen der Bundesanstalt für Arbeit werden Stillegungen von den Unternehmern vor allem auf finanzielle Gründe (Überschuldung) und Absatzschwierigkeiten zurückgeführt (vgl. Tabelle).

Gründe der Stillegung von Industriebetrieben in der Bundesrepublik Deutschland (1968–1979, in Prozent)

Variablen	1968/69	1970/71	1974/75	1976/77	1978/79
Finanzielle Schwierigkeiten[1]	26	26	43	53	48
Absatzschwierigkeiten	38	21	31	24	23
Rationalisierungen	10	18	12	9	12
Mangel an Flächen und Gebäuden	3	15	5	4	6
Mangel an Arbeitskräften	1	1	1	0	2
Sonstige Gründe	22	19	8	10	9
	100	100	100	100	100

[1] keine Mehrfachnennungen

d) Ansiedlungsentscheidungen

In der Bundesrepublik Deutschland wurde in den letzten 20 Jahren etwa ein Fünftel aller Betriebe mit einem Siebtel der Beschäftigten neuerrichtet oder verlagert. Für Unternehmen mit nur einem Betrieb ist die Standortwahl ein einmaliges oder seltenes Ereignis im Unterschied zu Mehrbetriebsunternehmen, insbesondere multinationalen Konzernen mit eigener Standort- und Marktforschungsabteilung. Sie können Informationen aus Verbänden, Kommunen, Wirtschaftsförderungsgesellschaften, Standortanalysen eher verarbeiten und bewerten.

Nur bei wenigen Tätigkeiten ist die Standortwahl räumlich stark eingeengt, z. B.:

– im Bergbau, in der Erdöl- und Erdgasförderung (wenige Standortalternativen, hohe interne Größenvorteile, internationale Märkte)
– Abbau von Steinen und Erden (ressourcengebunden, viele Standortalternativen, lokale Märkte),
– Verarbeitung importierter und inländischer Nahrungsrohstoffe (hohe Transportkosten, u. a. bei Zuckerrüben),
– Herstellung von Verbrauchsgütern und Nahrungsmitteln, z. B. Druckerzeugnisse, Bier, Brot (lokale und regionale Märkte),
– Eisen- und Stahlindustrie, chemische und petrochemische Grundstoffe, gebunden an bestimmte Infrastruktureinrichtungen, z. B. Wasserstraßen, Pipelines (hohe interne Größenvorteile).

Arbeitskräfte haben seit 1973 gegenüber Grundstücken und Gebäuden als Ansiedlungsgrund stark an Bedeutung verloren. Die wichtigsten Ansiedlungsgründe sind: Erweiterungsmöglichkeiten, Grundstückspreise (preisgünstige und erschlossene Gewerbe- und Industrieflächen), Arbeitskräfte und innerstädtische und überregionale Erreichbarkeit. Bei allen Unternehmerentscheidungen muß auch nach Branchen bzw. Produktionsprogramm unterschieden werden. Dies zeigt das folgende Beispiel von Brücher (1982). Er untersuchte die Ansiedlungstendenzen der deutschen Autoindustrie, unterschieden nach Stamm- und Zweigbetrieben.

Standorte der Stammbetriebe	a) Heimatorte der Gründer
	b) politische Entscheidungen, z. B. VW, Rüstungsbetrieb an geeigneten Verkehrswegen (Mittellandkanal, Autobahn)
Standorte der Zweigbetriebe	a) Arbeitskräfte für Pkw-Fertigung an- und ungelernte Arbeitskräfte, für Lkw-Fertigung Fachkräfte, z. B. Kassel, Emden, Hannover (VW), Saarlouis (Ford), Bochum (Opel)
	b) öffentliche Ansiedlungshilfen, z. B. Bochum (Opel), Saarlouis (Ford), u. a. große und billige Grundstücke.

Die Abb. 56 faßt mögliche Ansiedlungsüberlegungen der Unternehmer unterschieden nach Standorttypen zusammen:

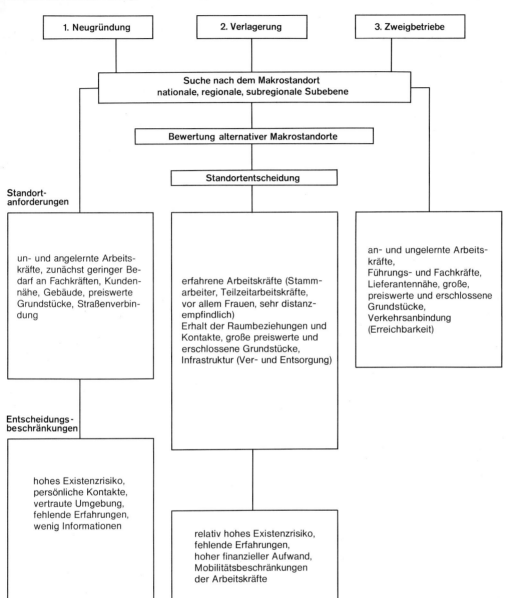

Abb. 56: Überlegungen bei Ansiedlungsentscheidungen

Gründe der Ansiedlung neuerrichteter und verlagerter Industriebetriebe in der Bundesrepublik Deutschland (1970–1979, in Prozent)[1]

	1970/71	1972/73	1974/75	1976/77	1978/79
Arbeitskräfteangebot[2]	50	29	28	25	25
Flächen und Gebäude	41	50	51	54	43
Absatz und Transport	4	9	7	7	9
Rohstoffe	0	2	1	2	6
öffentliche Förderung	1	6	5	6	8
private Gründe	4	4	8	6	9
	100	100	100	100	100

[1] Ansiedlungsgründe nach Kenntnis des Sachbearbeiters der Arbeitsämter
[2] keine Mehrfachnennungen

Das Verteilungsbild neuerrichteter und verlagerter Industriebetriebe in der Bundesrepublik Deutschland zeigt Konzentrations- und Streuungstendenzen, die von konjunkturellen Bewegungen überlagert werden:

Entwicklung des Bruttosozialprodukts

– 1955–1958 eine Konzentration auf Verdichtungsräume (kapitalintensive Neugründungen). Arbeitsintensive Zweigbetriebe werden in Fördergebieten und ländlichen Räumen errichtet.

– 1959–1965, 1968–1973, 1976–1979 abebbende Aufschwung- und Boomphasen, Expansion kapitalintensiver Betriebe in Randzonen der Verdichtungsräume.
Zweigbetriebe werden weiterhin bevorzugt in Fördergebieten und im ländlichen Raum errichtet.
1966–1967, 1973–1975, 1981–1983

– Abschwung- und Rezessionsphasen. Eine Konzentration auf zentrale Orte und Verdichtungsräume.

1950: + 12,8%	1. Boom
1955: + 12,0%	2. Boom
1960: + 9,0%	3. Boom
1964: + 6,6%	4. Boom
1969: + 7,9%	5. Boom
1973: + 4,9%	Aufschwung
1976: + 5,3%	Aufschwung
1979: + 4,5%	
1967: + 0,1%	1. Rezession
1975: + 1,8%	2. Rezession
1980: + 2,5%	3. Rezession
1981: − 0,2%	
1982: − 1,3%	
1983: + 1,1%	

Betriebe mit standardisierter, arbeitskostenempfindlicher Massenproduktion auf eingeführten Märkten suchen Standorte eher im ländlichen Raum als im Verdichtungsraum. Bei technologisch höher entwickelten Produkten und Produktionsprozessen ist dies eher umgekehrt. Neuansiedlungen am Rand des suburbanen Raumes haben einen hohen Anteil Zweigbetriebe mit geringer Funktionskomplexität (kaum Forschung und Entwicklung, Einkauf, Finanz- und Investitionsplanung, Personalentscheidungen). Das zeigt auch der geringe Anteil qualifizierter Arbeitskräfte und die strukturelle und konjunkturelle Anfälligkeit.

Bei Zweigbetrieben kann man mehrere Ansiedlungstypen unterscheiden:

a) **Verarbeitungsbetriebe von Rohstoffen mit lokalen Märkten**

b) **„verlängerte Werkbänke" im Inland**

Meist einstufige, wirtschaftlich unselbständige Produktionsbetriebe ohne Entscheidungs- und Planungskompetenzen, Forschung und Entwicklung, arbeitsintensive Produktionen.
Geringer Anteil Angestellter, hoher Anteil ungelernter und weiblicher Arbeitskräfte, niedrige Kapitalproduktivität. Die Bezeichnung „Rucksackbetriebe" drückt eine hohe konjunkturelle Anfälligkeit und die geringe Arbeitsplatzsicherheit aus. Die Betriebe können aufgrund geringer Investitionen leicht wieder aufgegeben werden und werden es auch. In der Regel ist ein Betrieb konjunkturanfälliger bei Endprodukten als bei Zwischenprodukten, die innerhalb des Unternehmens weiter verarbeitet werden;

c) „verlängerte Werkbänke" im Ausland (meist in Niedriglohnländern)

d) Zweigbetriebe multinationaler Unternehmen

Sie sind z. T. in großen Verdichtungsräumen angesiedelt mit vielfältigen Aufgaben: Ausweitung und Pflege des Marktes, Produktion und Montage importierter Teile, Beispiele: US-amerikanische Unternehmen in den Räumen London, Paris, Randstad Holland, Hamburg, Rhein-Main, Stuttgart, München. Bei weltweiter Organisation von Beschaffung, Produktion, Absatz, Forschung und Entwicklung, Investitionen wurden diese Zweigbetriebe auch in peripheren Räumen errichtet. Sie tragen tendenziell zu einer Dequalifizierung oder Abwanderung der Fachkräfte bei, da sie einen hohen Anteil un- und angelernter Arbeitskräfte haben.

e) Zweigbetriebe nahe Stammbetrieben

Sie dienen zur Kapazitätserweiterung bei fehlenden Erweiterungsmöglichkeiten des Stammbetriebes. Zu ihnen bestehen kurze Transport- und Kommunikationswege.

Die Verlagerungsdistanzen sind im Durchschnitt gering (vgl. dazu S. 205). Verlagerungen in entfernte Umlandzonen erfolgen fast nur in strukturschwachen Branchen, z. B. Textil-, Bekleidungs- und Lederindustrie. Mit zunehmender Entfernung von der Kernstadt sinkt die absolute Zahl der Verlagerungen stark ab. Der Entfernungsradius für Verlagerungen und Zweigbetriebsgründungen von Unternehmen der Kernstadt reicht bis etwa 30 bis 40 km. Distanz und Verlagerungshäufigkeit sind am größten bei Betrieben mit durchschnittlichem Bedarf an Arbeitskräften und Grundstücken. Die innerstädtischen Verlagerungen übertreffen in einigen Verdichtungsräumen die Verlagerung ins Umland. Neue Standorte werden häufig im gleichen räumlichen Sektor der Agglomeration gesucht. Der räumlich enge Horizont bei der Suche eines neuen Standorts wird mit der Ausdehnung des Arbeitskräfteeinzugsbereichs erklärt, der geringe Entfernungsradius mit dem Wunsch nach möglichst geringer Fluktuation der Belegschaft, insbesondere der qualifizierten Arbeitskräfte.

2c) Rahmenbedingungen industrieller Standortentscheidungen

1. Handlungsbedingungen

Handlungsbedingungen der Unternehmertätigkeit lassen sich von den Unternehmern nur z. T. kontrollieren und beeinflussen.

Die Wirtschafts- und Gesellschaftsordnung und die technische und kulturelle Umwelt setzen den Handlungs- und Entscheidungsrahmen der Unternehmen. Gesetze und Verordnungen entscheiden über die Eigentumsverhältnisse, die Verfügung über Produktionsmittel und die Stellung der Unternehmen in der Volkswirtschaft. Konventionen bestimmen über die Bewertung, Zuordnung und Verteilung von Leistungen. In marktwirtschaftlich-kapitalistischen Wirtschafts- und Gesellschaftssystemen werden Arbeit, Einzelleistungen und -rechte, Privateigentum und Selbstverantwortung überwiegend positiv bewertet. Sie werden beeinflußt vom gesellschaftlichen Konsens über die soziale Verantwortung der Unternehmer, von Art und Umfang staatlicher Sozialleistungen und Vereinbarungen der Tarifpartner. In sozialistischen Ländern wird dagegen kollektive Verantwortung hoch bewertet (in der DDR sind z. B. 99% der Gewerbebetriebe im Kollektiv- bzw. Volkseigentum). Außerhalb des Entscheidungsbereichs der Unternehmen liegt auch die allgemeine technische und kulturelle Entwicklung.

Handlungsrahmen der Unternehmerentscheidungen in der Industrie marktwirtschaftlich-kapitalistischer und sozialistischer Länder

	Marktwirtschaft/Kapitalismus	Planwirtschaft/Sozialismus
1. Eigentumsverhält- nisse, Verfügung über die Produk- tionsmittel	Rechtsformen: a) **Privatunternehmen:** – BGB-Gesellschaft (eine oder mehrere Personen als Gesell- schafter, Inhaber)	Die Branchen werden von Mini- sterien geleitet, z. B. in der DDR, Staatsbetriebe
	– OHG (geschäftsführende Gesell- schafter)	die Partei ist die Führungs- und Kontrollinstanz
	– KG (geschäftsführende Gesell- schafter)	Preise sind nicht Zuordnungs-, sondern Kontroll- und Bewer- tungsinstrumente
	– GmbH (Geschäftsführer) – AG (Vorstand) b) **Staatsunternehmen** z. B. nationalisierte Unternehmen in Großbritannien und Frank- reich	
2. Stellung der Unter- nehmen in der Volkswirtschaft	**Autonomie der Unternehmen,** Vertragsfreiheit, marktkonforme und marktinkonforme Maß- nahmen	mehr oder weniger **weisungsge- bundene Unternehmen,** staat- liche Eingriffe entsprechend po- litischer Prioritäten (z. B. Grund- stoff- und Produktionsgüterindu- strie)
3. Informations- systeme	**einzelbetriebliche Informations- suche** (Marktforschung, Verbän- de, Wirtschaftsvereinigungen)	**bürokratisches Informationssy- stem**
4. Entscheidungs- sicherheit	**Entscheidungen unter Unsi- cherheit,** unsichere Zukunftser- wartungen, unvollständige Infor- mationen	**Entscheidungen** entsprechend dem **staatlichen** Gesamtplan

Über die Organisationsstruktur – u. a. Rechtsform, Funktionen, Standortmuster –
entscheiden die Unternehmer schließlich allein.
Angesichts der mehrschichtigen Handlungssituation sind Unternehmerentscheidungen Optimierungsaufgaben entsprechend der jeweiligen Ziele.

2. Handlungsziele

Einstellungen und Verhaltensweisen der Unternehmer werden geformt durch Erfahrung, Kenntnisse, Erwartungen, Standortanforderungen, Bewertungen der konkreten
Situation und Ziele. Merkmale der Unternehmertätigkeit sind die herausgehobene
formale Stellung, der soziale Status und die Entscheidungsautonomie des Eigentü-
mers oder des Geschäftsführers, Vorstandsmitgliedes, Prokuristen. Damit verbunden
ist die rechtlich definierte, vertraglich häufig modifizierte Entscheidungs- und Anord-
nungsbefugnis, langfristig für das Unternehmen wirksame und verbindliche Entscheidungen bzw. Anordnungen treffen zu können. Wenig geklärt sind Wahrnehmungs-
und Bewertungsunterschiede und Unterschiede in den Zielen oder Motivationen von
Eigentümern und angestellten Managern.
Die in kapitalistischen Ländern entwickelten normativ-deterministischen Standortmodelle unterstellen als Handlungsziele allgemein Kostenminimierung oder Gewinnmaximierung. Wirklichkeitsnäher scheinende Handlungsziele wurden überprüft, u. a.

- Sicherung und Vergrößerung des Markt- oder Umsatzanteils,
- wirtschaftliche oder persönliche Macht (Einfluß, Unabhängigkeit, Prestige),
- langfristige Bestands- oder Existenzsicherung,
- Zufriedenheit mit der Arbeit, mit einem bestimmten Gewinn oder einer bestimmten Kapitalverzinsung,
- Risikominimierung oder -beschränkung.

In den sozialistischen Ländern gibt es nur „Geschäftsführer-Unternehmen" (im Gegensatz zu „Eigentümer-Unternehmen" in kapitalistischen Ländern). Sie werden vom Staat und/oder der Belegschaft gewählt (z. B. in Jugoslawien) und sind beauftragt, im Rahmen der Gesetze, Verordnungen, Unternehmenssatzungen und Kollektivverträge das Unternehmen zu führen. Der Verhaltensspielraum ist meist sehr gering. Anreize gehen von der Planerfüllung aus.

3. Handlungsautonomie

Die meisten Standortmodelle unterstellen, daß Industrieunternehmen nur von einer Person geleitet werden. Tatsächlich ist in der Regel nur in kleineren Unternehmen der Eigentümer einziger Geschäftsführer. Die Entscheidungsautonomie, Selbständigkeit und Unabhängigkeit eines Unternehmens, auch die internen Regelungs- und Kommunikationssysteme werden zwar stark durch Kapitalbeziehungen und -bindungen beeinflußt, aber auch bei Konzernzugehörigkeit ist wirtschaftliche Unabhängigkeit eines Betriebes möglich, z. B. eines übernommenen, bis dahin selbständigen Unternehmens. Andererseits kann ein rechtlich selbständiges Unternehmen wirtschaftlich völlig unselbständig sein, z. B. ein Zulieferant.

Die Unternehmensorganisation (Standort- und Funktionsverteilung, Kompetenzen) bestimmt das Standortverhalten eines Unternehmens stärker als Größe und Herkunftsland. Unabhängig von den Kapitalbeziehungen und -bindungen und der Unternehmerorganisation kann auch in Kapitalgesellschaften persönlicher Einfluß und Macht ausgeübt werden. Dies gilt insbesondere für neue und unvorhergesehene Situationen, Krisen und Konflikte, für die keine Regelungen bestehen und Flexibilität und persönliches Engagement erfordern. Formale Regelungen und persönliche Eigenschaften (Erfahrung, Herkunft, Ausbildung, Wertvorstellungen) prägen zusammen die Handlungsfähigkeit und -bereitschaft der Unternehmer.

4. Einfluß der Industriegruppe

Die Kostenstruktur (Material-, Arbeits-, Transport-, Energie-, Forschungs-, Entwicklungskosten) spiegelt Art und Komplexität der Fertigungsprozesse, Materialverflechtungen, Dienstleistungen und Informationsströme. Die folgende Tabelle zeigt die Material- und Arbeitskosten der verschiedenen Industriegruppen.

Anteile der Material- und Arbeitskosten in der Bundesrepublik Deutschland 1980

Industrie-gruppen	Materialkosten (Roh-, Hilfs- u. Betriebsstoffe)	Arbeitskosten (Löhne und Gehälter)	sonstige Kosten	
	in Prozent der Gesamtkosten			
Grundstoffe und Produktionsgüter	59	19	22	100
Investitionsgüter	48	16	36	100
Verbrauchsgüter	50	30	20	100
Textilien	55	29	16	100
Bekleidung	56	29	15	100
Nahrungs- und Genußmittel	62	13	25	100

Quelle: Statistisches Bundesamt, 1982, Reihe 4.3.3, S. 135

5. Einfluß der Unternehmensgröße

Mit der Größe eines Unternehmens wächst die Funktionsdifferenzierung (Verwaltung, Forschung, Entwicklung, Produktion, Absatz). Größere Unternehmen haben in der Regel auch besseren Zugang zu Informationen. Sie können sie besser verarbeiten und nutzen als kleinere und mittlere Unternehmen, sie können rationaler entscheiden und eher neue Lösungen finden. Kleine Unternehmen können dagegen schneller reagieren (z. B. durch Produktionsumstellung), entwickeln mehr Ideen, entscheiden rascher und finden eher Marktnischen.

Ihre Selbstfinanzierungsbasis ist allerdings geringer, das Informations- und Kontaktdefizit größer und die Konkursrate höher. Große Unternehmen reagieren dagegen bei Veränderungen mehr durch Umverteilung der Tätigkeitsbereiche, z. B. Funktionsverlagerungen und Teilstillegungen. Sie produzieren primär Güter des Massenbedarfs, nicht Spezialitäten und sind stärker dem Konkurrenzdruck aus Niedriglohnländern ausgesetzt.

3. Analyse von Standortstrukturen in Industrie- und Entwicklungsländern

Wolf Gaebe

3a) Standortstrukturen in den Industrieländern

Allgemeine Entwicklungstendenzen

Als Industrieländer bezeichnet der „Weltentwicklungsbericht 1983" der Weltbank 18 der 22 OECD-Länder. Auf die Industrieländer mit einem Sechstel der Weltbevölkerung entfallen zwei Drittel der Weltproduktion, auf die Entwicklungsländer mit drei Viertel der Weltbevölkerung nur etwa ein Fünftel der Weltproduktion. Der Anteil der Industrie an der gesamtwirtschaftlichen Produktionsleistung (BIP) und an der Erwerbstätigkeit erreichte in den Industrieländern insgesamt 1960 den höchsten Wert, nahm jedoch in

Entwicklungs-
tendenzen

den Ländern mit den niedrigsten Werten relativ zu. Die Produktions- und Erwerbsstrukturen sind ähnlicher geworden, die internationalen Verflechtungen größer, die Export- und die Importanteile nehmen zu. Nicht die Länder mit den höchsten Produktionsleistungen pro Kopf haben inzwischen den höchsten Energieverbrauch, sondern Länder mit großen Ressourcen an Primärenergie (Kanada, USA, Norwegen). Trotz der kontinuierlichen Zunahme des tertiären Sektors ist noch in allen marktwirtschaftlichen Industrieländern die Produktions- und Arbeitsmarktbedeutung der Industrie groß; kein Land hat bereits die Phase der postindustriellen Gesellschaft erreicht.

Trotz der relativen Annäherung der Leistungs- und Tätigkeitsindikatoren sind die Unterschiede zwischen den 18 Ländern erheblich:

In den EG-Ländern ist die Erwerbstätigkeit in der Industrie hoch (über 40%) in Mittel-, Nordengland und Schottland, in West- und Süddeutschland, im östlichen und südlichen Teil der Niederlande, in NW-Belgien, in Nord- und Ostfrankreich, in Oberitalien. Dazu gehören entwicklungsschwächere altindustrialisierte (Midlands, Flandern, Rhein-Ruhr, Saarland, Lothringen), aber auch entwicklungsstarke Räume (Rhein-Main-Raum, Stuttgart, München, Mailand).

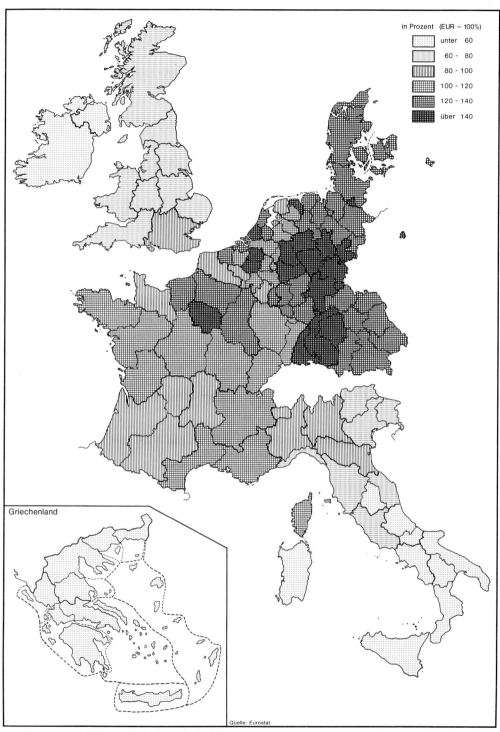

Abb. 57: Bruttowertschöpfung je Einwohner in der EG, 1979

Leistungs- und Tätigkeitsindikatoren in den 18 Industrieländern der OECD
(vgl. dazu Tab. auf S. 130)

	Bruttosozial-produkt pro Kopf	Industriean-teil am BIP	Ausfuhranteil am BIP	Anteil der Erwerbs-personen in der In-dustrie an den Er-werbspersonen	Energiever-brauch pro Kopf
	US-$	%	%	%	SKE
niedrigster Wert	5230 (Irland)	31 (Neuseel.)	10 (USA)	29 (Kanada)	3750 (Italien)
höchster Wert	17 430 (Schweiz)	46 (Bundesrep.) Deutschl.	65 (Belgien)	46 (Bundesrep.) Deutschl.	13 150 (Kanada)

SKE = Steinkohleeinheiten

Eine geringe Erwerbstätigkeit in der Industrie (unter 30%) verzeichnen SO-Belgien (Brabant, Namur, Luxemburg), die Bretagne, Südfrankreich (Languedoc-Roussillon, Provence), Korsika, Sardinien, Mittel- und Süditalien. Dazu gehören die Verdich-tungsräume Amsterdam, Brüssel, Rom, Neapel, aber auch entwicklungsschwache und infrastrukturell relativ schlecht ausgestattete ländliche Räume.

Bei der *Textil- und Bekleidungsindustrie* liegt der Anteil der Erwerbstätigen in den EG-Regionen Nordirland, Midlands, Ost- und Westflandern, Nord-Pas-de-Calais, Oberfranken, Tübingen und Toscana erheblich über dem EG-Durchschnitt.

Weniger als 2% der Erwerbstätigen der EG sind in der *Stahlindustrie* tätig. In folgen-den EG-Regionen sind jedoch mehr als 5% konzentriert: Nordengland und Wales, Nordholland, Lüttich, Hainaut und Luxemburg, Bremen, Braunschweig, Arnsberg, Düsseldorf, Saarland, Lothringen, Nord-Pas-de-Calais und in den italienischen Re-gionen Aosta-Tal, Ligurien, Umbrien und Apulien. Der z.T. erhebliche, strukturell bedingte Arbeitsplatzverlust in diesen Regionen wird weitergehen.

Auch in der *chemischen Industrie* bestehen erhebliche regionale Unterschiede, in Großbritannien zwischen den Regionen Nord (hoher Beschäftigtenanteil) und Süd-west (geringer Beschäftigtenanteil), in den Niederlanden zwischen Seeland und Fries-land, in Belgien zwischen Antwerpen und Luxemburg, in Frankreich zwischen der Haute Normandie und der Bretagne, in Italien zwischen der Lombardei und Molise.

Veränderungen der Industrietätigkeit

Im sekundären Sektor verschieben sich in allen Industrieländern die Tätigkeitsrelatio-nen. Der Anteil der nicht produzierenden Tätigkeiten nimmt zu, u. a. Büro- und Labortätigkeiten. Überlagert von konjunkturellen Einflüssen gibt es gleichzeitig *ex-pandierende Tätigkeiten,* z. B. in der Elektroindustrie die Kommunikationstechnik, und *schrumpfende Tätigkeiten,* z. B. bei elektrischen Haushaltsgeräten. Diese struk-turellen Veränderungen sind die Folge von

a) **Bedarfsverschiebungen**
(z. B. Marktsättigung bei Haushaltsgeräten, Entwicklung neuer Produkte, verändertes Verbraucherverhalten, Bevölkerungsabnahme und veränderte Altersstrukturen)

b) **Konkurrenz** aus Ländern mit niedrigeren Produktionskosten (andere Industrielän-der, Schwellenländer[1], Entwicklungsländer).

---

[1] Als Schwellenländer werden Länder mit einem mittlerem Bruttosozialprodukt pro Kopf in einer fortgeschrittenen Industrialisierungsphase bezeichnet, u. a. Brasilien, Mexiko, Tunesien, Malaysia, Singapur, Taiwan, Südkorea

Arbeitskosten und Arbeitszeit in der Verarbeitenden Industrie

	Arbeitskosten (Stundenlöhne und Personalzusatzkosten) DM pro Stunde		%	Arbeitszeit (effektiv geleistete Arbeitszeit je Arbeitnehmer) Stunden pro Jahr		%
	1970	1981	1970–1981	1970	1980	1970–1980
Schweden	11,12	27,45	+ 147	1744	1506	– 14
Belgien	7,84	26,29	+ 235	2075	1835	– 12
Bundesrepublik Dtl.	9,42	25,03	+ 166	1889	1715	– 9
USA	15,80	24,97	+ 58	1903	1888	– 1
Schweiz	7,72	24,95	+ 223	1918	1890	– 2
Niederlande	7,98	23,55	+ 195	2041	1655	– 18
Kanada	12,73	22,87	+ 80			
Frankreich	6,45	19,91	+ 209	2044	1860	– 9
Italien	6,93	19,32	+ 179	2096	1855	– 11
Österreich	5,22	17,80	+ 241	1945	1751	– 10
Japan	3,94	16,32	+ 314	2252	2132	– 5
Großbritannien	5,86	16,00	+ 173	2018	1895	– 6

Arbeitskosten
in der Industrie

Quelle: Institut der deutschen Wirtschaft 1982

Produktionsumstellungen zielen auf die Erfordernisse bestimmter Märkte; Industrieländer erfordern primär Differenzierung und Verbesserung der Produkte (Qualität, Ausstattung, Zuverlässigkeit, Lebensdauer) und Dienstleistungen (Beratung, Informationen, Kundendienst). Entwicklungsländer erwarten stärker Problemlösungspakete (schlüsselfertige Produktionsanlagen, Informations-, Nahverkehrs-, Fernwärmeverbundsysteme). Die Bundesrepublik Deutschland exportiert z. B. über 70% aller Güter und Dienstleistungen in Industrieländer, 20% in Entwicklungsländer. Japan dagegen exportiert etwa zu gleichen Teilen in Industrie- und Entwicklungsländer.

Die höchstentwickelten Länder sind zwar untereinander die besten Kunden und Lieferanten, doch gehen vom Handel immer weniger Impulse auf die Produktion aus, da die Sättigung der Hauptexportmärkte zunimmt. Die Industrieländer müssen sich daher neue Märkte suchen, alte aufgeben. Sie geben nicht nur Produkte mit geringen Anforderungen an Arbeitskräfte und Technologie auf, sondern unter dem Druck der Auslandskonkurrenz z. B. auch Cassettenrecorder. In der Bundesrepublik Deutschland werden bereits Schwarz-Weiß-Fernsehgeräte nicht mehr produziert.

Folgen von
Produktions-
umstellungen

Ein Beispiel starker Produktionsveränderungen ist Japan. In den 50er Jahren exportierte Japan noch vorwiegend Textilien. Zunächst durch Nachahmung westlicher Technologie, dann zunehmend auch eigenständige Weiterentwicklung wurden Produktion und Export ausgeweitet. Mitte der 60er Jahre wurde erstmals ein Ausfuhrüberschuß erzielt. Mit einem immer breiteren und hochwertigen Angebot (Stahl, Schiffe, Spiegelreflexkameras, Filmkameras, Fernsehgeräte, Radios, Taschenrechner, Uhren, Motorräder, schließlich Fahrzeuge und Computer) gelang der Einbruch in etablierte Märkte der Industrieländer. Japan sicherte seine Markterfolge durch überlegene Technologie, hohe Produktivität und Präzision, Produktionsdezentralisierung und z. T. eigene Herstellung von Werkzeugen und Maschinen. Es ist heute nach den USA und der Bundesrepublik Deutschland drittgrößter Exporteur auf dem Weltmarkt. Etwa 75% der Exporte an Motorrädern, 50% der Exporte an Radio- und Fotoapparaten und 35% der Exporte an Fernsehgeräten und Taschenrechnern kommen aus Japan. Japanische Markennamen wie Canon, Datsun, Mitsubishi, National, Seiko, Sony, Suzuki und Toyota haben auf vielen Märkten bereits den gleichen Klang wie amerikanische und europäische Markennamen.

Die Frage nach den Gründen für den Erfolg der japanischen Entwicklungsstrategie wird unterschiedlich beantwortet:
- Konzentration auf wenige Konsum- und Investitionsgüter mit großen Stückzahlen (Stückkostendegression).
(Im Unterschied zu deutschen Unternehmen, die Märkte suchen und entwickeln, bauen japanische Unternehmen zunächst große Kapazitäten auf, wie bei Stahl, Schiffen und Fahrzeugen, und suchen dann Märkte.)
- hohe Arbeitsproduktivität
(niedrige Löhne und Sozialleistungen, lange Arbeitszeit, große Disziplin der Arbeitskräfte oder hohes Arbeitsethos, Gruppensolidarität, gesellschaftlicher Konsens, Wertsystem)
- gezielte Produktentwicklung, z.B. ,,maßgeschneiderte" Fahrzeuge für den Binnenmarkt, für den europäischen und für den nordamerikanischen Markt
- geringe Produktionstiefe (starke Dezentralisierung an Lieferanten)
- Yen-Abwertungen
- Dumping, z.B. bei Kugellagern
- Forschungsintensität
(z.B. siebenjähriges Forschungs- und Entwicklungsprogramm zur Vollautomatisierung der Bekleidungsindustrie)
- langfristige Planung, konzentrierte Investitionen.

Jede Produktionsumstellung ist eng verbunden mit Forschung und Entwicklung. Ein industrieller Strukturwandel wird z.T. erzwungen durch Innovationsrückstände in Produkten und Produktionsverfahren, z.B. bei der Schweizer Uhrenindustrie oder der deutschen Kamerafertigung. Basiserfindungen, wie der Ottomotor und integrierte Schaltkreise, sind selten. Die Regel sind ständige Weiterentwicklungen der Produkte und Fertigungstechniken.

Schwellenländer haben zunehmend Exporterfolge bei Gütern mit geringer Einkommens- und Preiselastizität, starkem Substitutionswettbewerb und niedrigen Erträgen. Ihr Angebot wird breiter: Rohstoffe, Halberzeugnisse, einfache Konsumgüter, z.B. Textilien und Bekleidung, schließlich Maschinen, Elektroerzeugnisse und Transportmittel. Die Schwellenländer produzieren inzwischen Güter, die vor wenigen Jahren ausschließlich von Industrieländern hergestellt wurden, z.B. Kleinuhren.

Die Schweizer Uhrenindustrie versucht inzwischen auf einen Teilmarkt auszuweichen, auf Spitzenprodukte in Technik und Design und exklusive Produkte (Prestige-, Luxusuhren). Der Weltmarktanteil der Schweizer Uhrenindustrie ist von über 50% auf weniger als 10% geschrumpft, die Zahl der Beschäftigten von 90 000 in den 70er Jahren auf inzwischen 45 000.

3b) Regionale Strukturen in der Bundesrepublik Deutschland

Die Bundesrepublik Deutschland ist das marktwirtschaftliche Industrieland mit dem höchsten Industriebesatz. Das räumliche Verteilungsbild der Industrie zeigt
- *ein Süd-Nord-Gefälle*
- *ein Stadt-Land Gefälle* und
- *Branchenkonzentrationen.*

Verteilung der In den letzten 30 Jahren ist das räumliche Verteilungsmuster der Industrie etwas
Industrie ausgeglichener geworden. Ende der vierziger Jahre konzentrierte sich die Industrie noch auf Verdichtungsräume und größere zentrale Orte, im ländlichen Raum gab es Industriebetriebe nur an Standorten mit besonderen Lagevorteilen.

1. Die räumliche Verbreitung der Industrie

a) Süd-Nord-Gefälle
Den höchsten Industriebesatz der Bundesländer hat Baden-Württemberg. Deutlich unter dem Bundesdurchschnitt liegt der Industriebesatz in Schleswig-Holstein, Hamburg, Niedersachsen, Berlin und Rheinland-Pfalz.

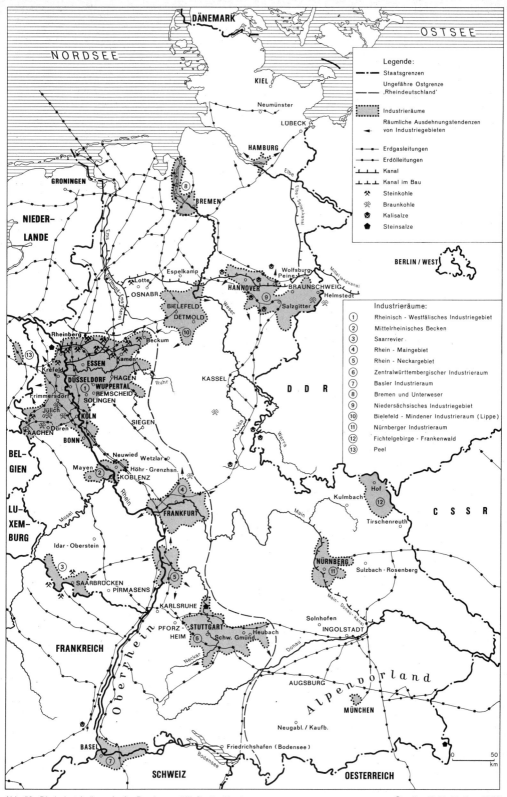

Abb. 58: Die Industrieräume in der Bundesrepublik Deutschland   Quelle: K. H. Hottes 1980

Merkmale der Industriestruktur von Baden-Württemberg:
das Bundesland mit dem höchsten Anteil kleiner Betriebe (weniger als 20 Beschäftigte), der höchsten Handwerksdichte, der höchsten Erwerbsquote und der niedrigsten Arbeitslosenquote, mit überdurchschnittlicher Wertschöpfung im Maschinenbau, in der Elektro-, Fahrzeug und feinmechanischen Industrie, mit hohen Exportquoten, geringer Ausstattung mit Rohstoffen und Energie, relativ später Industrialisierung.

Leistungsstand und Industriebeschäftigung in den Bundesländern im Jahre 1981

	Bruttoinlandsprodukt (BIP) pro Kopf		Industriebesatz (1)		Anteil der Erwerbstätigen im produzierenden Gewerbe (Mikrozensus)		Arbeitslosenquote (3)	
	1000 DM	(2)		(2)	%	(2)	%	(2)
Schleswig-Holstein	21,4	85	69	57	34	76	6,4	116
Hamburg	45,9	182	99	81	31	69	5,0	91
Bremen	33,6	134	128	105	36	80	7,2	131
Niedersachsen	22,0	87	98	80	40	89	6,8	124
Nordrhein-Westfalen	24,5	97	126	103	48	107	6,4	116
Hessen	26,1	104	118	97	44	98	4,3	78
Rheinland-Pfalz	23,5	93	108	89	43	93	5,4	98
Saarland	29,3	119	144	118	52	116	8,1	147
Baden-Württemberg	26,1	104	161	132	50	111	3,3	60
Bayern	24,3	96	125	102	45	100	5,1	93
Berlin (West)	29,3	116	93	76	35	78	5,8	104
Bundesgebiet	25,2	100	122	100	45	100	5,5	100

(1) Beschäftigte im Bergbau und Verarbeitenden Gewerbe je 1000 Einwohner
(2) Bundesgebiet = 100
(3) Jahresdurchschnitt

Quelle: Statistisches Bundesamt

b) Stadt-Land-Gefälle

Der Industriebesatz reicht im Bergbau und Verarbeitenden Gewerbe auf Kreisebene von unter 50 bis über 300 Beschäftigte. Höchstwerte haben Städte mit Großunternehmen: *Wolfsburg* (VW), *Leverkusen* (Bayer), *Ludwigshafen* (BASF), sehr geringe Werte periphere ländliche Kreise.

Die größte Industriekonzentration hat der Mittlere Neckar-Raum mit Stuttgart; starke Konzentrationen verzeichnen auch die Räume Hamburg, Bremen und Unterweser, Hannover-Braunschweig, Ruhrgebiet, der Bergisch-Märkische Raum, die Räume Köln und Düsseldorf, das mittelrheinische Becken mit Koblenz, das Saargebiet, der Rhein-Main-Raum, der Rhein-Neckar-Raum, das Hochrheingebiet und die Räume Nürnberg und München[1].

Stadt-Land-Gefälle

Veränderungstendenzen der räumlichen Verteilung der Industrie in der Bundesrepublik Deutschland:

– eine *Standortverdichtung*
  an Verkehrswegen (Fernstraßen, Wasserwegen, Binnenhäfen, Flugplätzen),
  am Rande zentraler Orte höherer und höchster Stufe mit leistungsfähiger Infrastruktur, breitem Versorgungsangebot, hoher Informations- und Kontaktdichte und in bisher wenig industrialisierten Räumen mit überregionalem Verkehrsanschluß,

– eine *Standortverdünnung*
  in Räumen mit industrieller Monostruktur, darunter Montanindustrie (z. B. Saargebiet) und Textilindustrie (z. B. westliches Münsterland).

c) Branchenkonzentrationen

Branchenkonzentrationen entstehen durch Lagevorteile, Ressourcen oder Produktspezialisierung mit der Entwicklung großer Fertigkeiten und Erfahrung. Beispiele sind

---

[1] *K. H. Hottes*, 1980, S. 149

Konzentrationen der chemischen Industrie am Rhein, der Montanindustrie im Saargebiet und Ruhrgebiet, der Werkzeugindustrie in Remscheid, der Schloßindustrie in Velbert, der Besteckindustrie in Solingen, der Schuhindustrie im Raum Pirmasens, der Porzellanindustrie in Selb, der Schmuckindustrie in Pforzheim, der Krawattenindustrie in Krefeld. Niedrige Standortkonzentrationen weisen z. B. die Nahrungsindustrie und die Kusststoffverarbeitung auf.

2. Entwicklungstendenzen der Industrie

a) Rückgang der Industriebeschäftigung

Seit den 70er Jahren nimmt die Industriebeschäftigung ab. Im Jahre 1980 gab es in Bergbau und Verarbeitendem Gewerbe (mit 20 und mehr Beschäftigten) etwa 1,3 Mio. Arbeitsplätze weniger (= 14%) als 1970 (8,7 Mio.), in forschungsintensiven Tätigkeiten jedoch nur 4% weniger.

In allen Industrieländern ist ein ähnlicher Entwicklungsverlauf zu beobachten:

Rückgang der Industrie-beschäftigung

– Abnahme des primären Sektors (Landwirtschaft, Gartenbau, Forstwirtschaft, Fischerei),
– zunächst Zunahme dann Abnahme des sekundären Sektors (Industrie, Handwerk, Verlag, Manufaktur, Bergbau),
– Zunahme des tertiären Sektors.

Im Unterschied zur Industrie erwies sich das Handwerk als relativ krisenfest. Die Zahl der Betriebe ging zwar von 890 000 im Jahre 1950 auf knapp 500 000 (1980) zurück, die Zahl der Beschäftigten blieb jedoch seit den 60er Jahren mit etwa 4 Mio. fast unverändert. Kleinstunternehmen verschwanden, die Zahl leistungsfähiger größerer Handwerksbetriebe nahm zu.

Zu den allgemeinen Gründen für die Abnahme der Industrietätigkeit in der Bundesrepublik Deutschland gehören:

– zunehmende Arbeitsproduktivität und Kapitalintensität und Rationalisierungsinvestitionen,
– Marktsättigung, insbesondere bei Konsumgütern,
– weltwirtschaftliche Veränderungen, u. a. Veränderungen der Kostenrelationen durch die Verteuerung von Rohstoffen und Energie und durch Umweltschutzaufwendungen,
– zunehmender Importdruck.

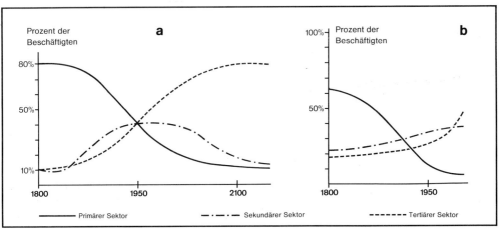

Abb. 59: Entwicklung der Beschäftigten in den drei Wirtschaftssektoren: **a** nach Fourastié (1962), **b** in der Bundesrepublik Deutschland 1800–1980

b) Unterschiedliche Entwicklungstendenzen in den Branchen

Größte Industriegruppe der Bundesrepublik Deutschland ist die Investitionsgüterindustrie. Nach einem stärkeren Rückgang bis Mitte der 70er Jahre stabilisiert sich die Beschäftigung bei etwa 3,8 Mio. (vgl. Tab.).

Betriebe und Beschäftigte im Bergbau und im Verarbeitenden Gewerbe

| | Betriebe | | Beschäftigte | | | |
| | 1981 | | 1955 | 1970 | 1981 | |
	1000	%	Mio	Mio	Mio	%
Bergbau	0,3	1	0,6	0,3	0,2	3
Grundstoff- und Produktionsgüterindustrie	9,7	20	1,5	1,8	1,5	20
Investitionsgüterindustrie	18,6	38	2,4	4,0	3,8	51
Verbrauchsgüterindustrie	16,0	32	1,8	2,1	1,5	20
Nahrungs- und Genußmittelindustrie	4,8	9	0,5	0,5	0,5	6
	49,4	100	6,8	8,7	7,5	100

Quelle: Statistisches Bundesamt

Wie in anderen Industrieländern verändern sich branchenunterschiedlich die Produktionsbedingungen und die internationale Wettbewerbsfähigkeit. Die komparativen Vorteile verschieben sich von Massen- zu Spezialerzeugnissen, u. a. in der Stahlindustrie, in der chemischen Industrie, in der elektrotechnischen Industrie. Zu den Gründen dieser Entwicklung gehören die unterschiedliche Veränderung der Produktions-

Veränderungen der Wettbewerbs- fähigkeit kosten (Arbeits-, Kapital-, Energie-, Rohstoffkosten) und die Veränderungen der Währungsparitäten.

Bis 1973 waren die Lohnkosten in der Bundesrepublik Deutschland relativ günstig. Seither verschlechterte sich die Kostenrelation bei arbeitsintensiven (lohnkostenempfindlichen) und technologisch ausgereiften Gütern, z. B. Metall-, Lederwaren, Kleidung, Glas, Schuhe, Feinkeramik. Zudem nahmen bei Gütern und Dienstleistungen mit relativ starrem Grundbedarf (geringer Nachfrageelastizität) Binnen- und Außennachfrage ab. Dazu zählt auch Hausrat. Der Anpassungs- und Verdrängungsprozeß würde sich noch verstärken, wenn die noch bestehenden Einfuhrbeschränkungen weiter abgebaut würden. Bei Konsumgütern wird jedoch eine höhere Zunahme der Einfuhren als der Binnennachfrage erwartet. Aufgrund gleichzeitig zunehmender Exporte wird die weltwirtschaftliche Einbindung der Bundesrepublik (die Stärke der Material- und Kapitalverflechtungen) und damit die Abhängigkeit von Entwicklungen im Ausland zunehmen. Die höchsten Auslandsinvestitionen in der Bundesrepublik kommen aus Industrieländern (USA, Niederlande, Großbritannien, Frankreich).

Von der Energieverteuerung wurden nicht alle Industriezweige in gleicher Weise betroffen. Die chemische Industrie benötigt sehr viel Energie. Sie hat einen Anteil von 12% am gesamten Primärenergieverbrauch und liegt noch vor der sehr kapitalintensiven Stahlindustrie. Von dieser Energie werden allerdings nur 40% für rein energetische Zwecke eingesetzt, z. B. zum Heizen, Kühlen, Pumpen oder auch als Strom für elektrotechnische Prozesse, rund 60% als Rohstoff zur Herstellung von Chemikalien. 95% dieser Rohstoffe sind Mineralölprodukte und Erdgas.

Auch die Rohstoffkosten der deutschen Industrie haben sich in den 70er Jahren ungünstig entwickelt. Die Zeiten verschwenderisch billiger Rohstoffe sind vorbei. Die Bundesrepublik muß sich als rohstoffarmes Hochlohnland auf solche Güter und Dienstleistungen, insbesondere Problemlösungen konzentrieren, die den längerfristig allein kontrollierbaren Produktionsvorteil nutzen: hoher Ausbildungsstand, Wissen und lange Erfahrungen. Die Entwicklung neuer Werkstoffe, „intelligenter", umweltfreundlicher und energiesparender Produkte, Produktionsverfahren und Problemlösungen könnte Arbeitsplatzverluste ausgleichen. Beispiele für gute Export-

chancen sind Digital- und Kommunikationstechniken, Präzisionsmaschinen, petrochemische Anlagen, Anlagen zur Verflüssigung von Erdgas, Aufbereitung von Trinkwasser und Müllverbrennung, Bewässerungssysteme, Spezialschiffe. Es sind Produkte von Branchen mit bereits hoher Exportintensität: *Produkte hoher Exportintensität*

Exportintensität der deutschen Industrie

Branchen (Beispiele)	Anteil der Ausfuhr am Umsatz (%)	
	1970	1982
Büromaschinen, EDV	43	57
Straßenfahrzeuge	34	47
Maschinenbau	35	45
Chemie	30	40
Eisenschaffende Industrie	23	40
Feinmechanik, Optik	30	36
Elektrotechnik	20	31

Quelle: Statistisches Bundesamt

Nachrichtentechnik, Datenverarbeitung, Straßenfahrzeugbau, Maschinenbau, Elektrotechnik gehören auch zu den expansiv eingeschätzten Branchen mit positiver
Arbeitsplatzbilanz in diesem Jahrzehnt, Ledererzeugung und -verarbeitung, Drucke-
reien und Vervielfältigung, Bekleidungs- und Textilgewerbe, Feinkeramik und Glas,
eisenschaffende Industrie, Papiererzeugung und -verarbeitung dagegen zu den rezessiven Branchen mit weiteren Arbeitsplatzverlusten (Überkapazitäten, Stillegungen).

Die deutsche Industrie muß die Produktion einfacher, arbeits-, energie- und rohstoff-
intensiver Produkte den Ländern mit den komparativen Vorteilen billiger Arbeitskräfte, Energie oder Rohstoffe überlassen. Eine Abwehr des Strukturwandels durch protektionistische Abschirmung der Einfuhrkonkurrenz würde hier Arbeitsplätze dauerhaft nicht sichern, ebensowenig der Verzicht auf technischen Fortschritt und Rationalisierung (die Substitution von *Arbeit* durch *Kapital*). *Strukturwandel in der Industrie*

Durch die Entwicklung und Anwendung der Mikroelektronik, u. a. in der Steuer-,
Regel- und Meßtechnik, werden Arbeitsplätze vernichtet. Gleichzeitig werden aber
auch neue Arbeitsplätze durch die Mikroelektronik in Industrie und Dienstleistungen
geschaffen.

In den Verdichtungsräumen ist der Strukturwandel am stärksten. 1974 war hier erstmals der Beitrag des tertiären Sektors am BIP größer als der des sekundären Sektors.
Aufgrund der Breite der Produktions- und Versorgungstätigkeiten, der Forschungs-
und Entwicklungsleistungen, der Informations-, Innovations- und Kontaktdichte werden weiterhin hohe Beschäftigung und relativ niedrige Arbeitslosigkeit für die Verdichtungsräume Hamburg, Hannover, Frankfurt, Stuttgart, München erwartet. Dagegen sind die Strukturprobleme der altindustrialisierten Verdichtungsräume Ruhrgebiet und Saarland noch ungelöst.

c) Beispiel einer rezessiven Branche: Textilindustrie *Beispiel Textilindustrie*

Im 19. Jahrhundert war die Textilindustrie der bedeutendste Industriezweig. Die Bedeutung ist seither stetig zurückgegangen. Heute gehört sie zusammen mit der Bekleidungsindustrie zu den kleineren Industriegruppen.

Der starke Rückgang von Betrieben und Beschäftigten in der Textilindustrie ist u. a.
verursacht durch den anhaltenden *Kostenanstieg* im Inland (Arbeits-, Energie-, Rohstoffkosten), durch *Subventionen* in den Konkurrenzländern (z. B. in Frankreich,
Italien, Belgien, den Niederlanden), *Importdruck* aus Staatshandels-, Schwellen- und
Entwicklungsländern, aber auch *Managementfehler* (geringe Flexibilität, geringe

Betriebs- und Arbeitsplatzentwicklung in der Textil- und Bekleidungsindustrie 1962–1982

	Textilindustrie		Bekleidungsindustrie	
	Betriebe	Beschäftigte 1000	Betriebe	Beschäftigte 1000
1962	4381	590	5630	406
1982	1527	286	2253	226

Quelle: Statistisches Bundesamt

Spezialisierung und Anpassungsfähigkeit). Anpassungsprobleme haben vor allem große deutsche Unternehmen. 1982 war ein Drittel der größten Textilunternehmen der Erde (mit mehr als 100 Mio DM Umsatz) in neuen Konkurrenzländern beheimatet (u. a. Indien, Taiwan, Hongkong, Brasilien, Südkorea), 1971 war es nur ein Zehntel. Das größte deutsche Textilunternehmen steht auf Platz 55 der größten Textilunternehmen:

Die größten Unternehmen der Textilindustrie

1. Courtaulds   (Großbritannien)
2. Burlington Industries   (USA)
3. Haci Omer Sabanci   (Türkei)
4. Agache-Willot   (Frankreich)
5. Hysong Group   (Südkorea)
6. J. P. Stevens   (USA)
7. Coats Patons   (Großbritannien)
8. Toyobo   (Japan)
9. Kanebo   (Japan)
.
.
.
55. Freudenberg (Vliesstoffe) (Bundesrepublik)

Kennzeichen des starken Strukturwandels sind Angebotsüberhang, Überkapazitäten und Preisverfall.

Die Standorte in der Textilindustrie sind traditionell in strukturschwachen Gebieten (nicht nur Produktions-, auch Stammbetriebe): in Oberfranken, am Niederrhein, im Westmünsterland, im Bayerischen Wald, auf der Schwäbischen Alb, alles Räume mit hoher Arbeitslosigkeit. Über die Hälfte der Beschäftigten sind Frauen.

Nachfrageentwicklung bei der Textilindustrie:
Unterdurchschnittlich, sinkende Ausgabenanteile für Textilien.

– **Außenhandel**
  Die Bundesrepublik Deutschland ist das größte Importland, aber auch das größte Exportland von Textilien. Von den 1982 in der Bundesrepublik abgesetzten Herrenhemden, Herrenhosen und Blusen kamen z. B. zwischen 65 und 78% aus dem Ausland.
  Vor allem bei standardisierter Ware steigt die Importquote, auch aufgrund der Auslandsfertigung deutscher Unternehmen für den Inlandsmarkt (etwa 45% aller importierten Fertigwaren werden von der deutschen Textilindustrie selbst eingeführt, u. a. von Tunesien, Hongkong; die Bruttostundenverdienste betragen hier ein Viertel bis ein Fünftel derjenigen in der Bundesrepublik). Größte Kunden sind die Niederlande, Frankreich und Österreich.
  Das 3. Welttextilabkommen (1983–1986) enthält für einige Textilien Lieferquoten, u. a. für Hongkong, China, Indien, Jugoslawien, Polen, und für die EG-Länder Importquoten. Danach soll z. B. der Import von T-Shirts, Hemden, Hosen, Pullovern und Blusen nicht schneller wachsen als der Verbrauch.

– **Arbeitsproduktivität**
  Die Textilindustrie ist die Industriebranche mit der höchsten Zunahme der Arbeitsproduktivität (hoher Lohnkostenanteil, relativ niedrige Bruttostundenverdienste, starke Rationalisierungswirkungen). Nach einer OECD-Studie gingen nur 8% der Arbeitsplätze in der Textil- und Bekleidungsindustrie durch Billigimporte aus Entwicklungsländern zurück, 92% durch Rationalisierungen. Für einen Standort in der Bundesrepublik sprechen noch qualifizierte Arbeitskräfte, Kapital, Marktnähe und Verflechtungen.

d) Beispiel einer expansiven Branche: Maschinenbau

Der Maschinenbau ist vor der Elektroindustrie, dem Straßenfahrzeugbau und der chemischen Industrie der größte Produktionszweig in der Bundesrepublik Deutschland. Für ihn gelten folgende Rahmenbedingungen:

- **Betriebs- und Arbeitsplatzentwicklung:**

  tendenziell zunehmend

- **Nachfrageentwicklung:**

  überdurchschnittlich

- **Außenhandel:**

  steigende Importquote, vor allem bei Standardmaschinen und steigende Exportquote. Größte Exportchancen bestehen bei Spezialmaschinen, z. B. Druckmaschinen, innovationsintensiven Produkten.

Beispiel
Maschinenbau

Die unterschiedliche Entwicklung in Textilindustrie und im Maschinenbau spiegeln auch die gezahlten Löhne wider (Bruttostundenverdienste männlicher Arbeiter 1982, z. T. verzerrt durch hohe Schichtzulagen):

Schuhindustrie	12,91 DM	Mineralölindustrie	20,01 DM
Textilindustrie	13,24 DM	Druckindustrie	16,96 DM
Bekleidungsindustrie	13,51 DM	Straßenfahrzeugbau	17,24 DM
Papier- und Pappeverarbeitung	14,14 DM	Chemie	16,70 DM
Elektrotechnik	14,99 DM	Stahl- und Leichtmetallbau	16,28 DM
Steine und Erden	15,01 DM	Maschinenbau	15,39 DM
		Eisen- und Stahlindustrie	15,49 DM

Quelle: Statistisches Bundesamt

3. Veränderungen der Industriestruktur

Von 1955 bis 1980 wurden im Bundesgebiet 9400 Industriebetriebe mit zusammen fast 852 000 Arbeitsplätzen neuerrichtet oder an einen neuen Standort verlagert. Ansiedlungsmengen und Konjunkturzyklen stimmen bis 1971 deutlich überein. Die Jahre mit den geringsten Ansiedlungen waren auch Jahre mit den geringsten Zuwachsraten des Bruttosozialprodukts, Jahre mit hohen Ansiedlungen (Ende der sechziger, Anfang der siebziger Jahre) Jahre mit stark wachsendem Bruttosozialprodukt (1961 fast 66 000 neue Arbeitsplätze). Nach 1971 geht das Ansiedlungsvolumen auch bei konjunktureller Erholung weiter zurück. Für die weitaus meisten der etwa 8500 Gemeinden im Bundesgebiet ist bei weniger als 200 pro Jahr neuerrichteten und verlagerten Industriebetrieben die Wahrscheinlichkeit einer Ansiedlung und Verbesserung des Arbeitsplatzangebotes gering.

Veränderungen der
Industriestruktur

Der Anteil der Arbeitsplätze in Stammbetrieben bleibt etwa gleich (23–33%), während der Anteil in Zweigbetrieben bis Mitte der siebziger Jahre ständig sinkt und in verlagerten Betrieben steigt. Bis 1958 wurden drei von vier neuen Arbeitsplätzen in Zweigbetrieben geschaffen, in den siebziger Jahren nur einer von dreien. In Perioden günstiger Absatzentwicklung werden die Produktionskapazitäten durch Zweigbetriebsgründungen erweitert, bei ungünstiger Entwicklung wieder stillgelegt. Die Ansiedlungen entfallen in allen Konjunkturphasen etwa zu gleichen Teilen auf Verdichtungsräume und ländlich geprägte Räume. Nur in der Wiederaufbauphase der fünfziger Jahre konzentrierten sich Industrieansiedlungen stärker auf Verdichtungsräume, erst Ende der siebziger Jahre entfällt bei allerdings erheblich geringerem Ansiedlungsvolumen ein etwas höherer Anteil auf den ländlichen Raum. Bezogen auf die Beschäftigung im Bergbau und Verarbeitenden Gewerbe insgesamt ist jedoch die Arbeitsplatzbedeutung neuerrichteter und verlagerter Betriebe für den ländlichen Raum deutlich höher als für Verdichtungsräume. Während das verarbeitende Gewerbe im Bundesgebiet insgesamt eine Entwicklung von arbeitsintensiven zu kapital- und forschungsintensiven Fertigungsprozessen bei gleichzeitigem Arbeitsplatzverlust in rezessiven Branchen durchläuft, bleiben in den Branchen mit den höchsten Arbeitsplatzverlusten die Ansiedlungen überdurchschnittlich, in den forschungsintensiven Branchen unterdurchschnittlich.

Die größten Veränderungen erfolgen in den Unternehmen selbst, Arbeitsplätze fallen in der Produktion weg, neue entstehen im Vertrieb, in der Forschung und Entwicklung. Nur noch etwas mehr als ein Viertel aller Erwerbstätigen in der Bundesrepublik verdient heute noch unmittelbar durch Güterproduktion den Lebensunterhalt. Ein Rückgang der Industrietätigkeit wirkt sich daher direkt auf tertiäre Arbeitsplätze aus, auf Handel und Dienstleistungen. So bedeutet z. B. jeder Arbeitsplatzverlust in der eisenschaffenden Industrie den Verlust zweier weiterer Arbeitsplätze in der übrigen Wirtschaft der Region (Angabe der IHK des Saarlandes).

3c) Regionale Strukturen in der Deutschen Demokratischen Republik

Jörg Maier

– Allgemeine Vorbemerkungen über Industrie und Wirtschaftsordnung in sozialistischen Ländern

Eine Analyse der Industrie und ihrer räumlichen Strukturmuster in der DDR steht unter der vergleichbaren Problematik aller Industrieländer, nämlich der Konfliktsituation zwischen einer erheblichen *Steigerung des Nationaleinkommens* bzw. des individuellen Wohlstands und einschneidenden *Veränderungen im Landschaftsbild* bzw. im gesamten ökologischen Gefüge. Sie ist aber auch und insbesondere im Zusammenhang mit der Kooperation innerhalb der sozialistischen Länder und damit der *Abhängigkeit von der UdSSR* zu sehen. Die industrielle Produktion wird als gesamtgesellschaftliche Aufgabe gesehen, weit stärker als in der in die westlichen Wirtschaftsverpflechtungen eingebundenen Bundesrepublik Deutschland. Die Vorrangstellung verschiedener Rohstoffe innerhalb der *„sozialistischen ökonomischen Integration"* erfordert deshalb in dieser Übersicht neben einem allgemeinen Überblick über die Rolle der Industrie in der DDR, einigen Aspekten der räumlichen Strukturmuster und ihrer Veränderung durch die angestrebte Politik einer räumlichen Verlagerung sowie ausgewählten Problemen der Standortfaktoren auch Hinweise zur internationalen Einbindung der DDR als RGW-Land. Zu diesem letztgenannten Themenbereich wie auch zur industriellen Entwicklung und Struktur in der DDR gibt es nur wenige Untersuchungen von Autoren außerhalb der sozialistischen Länder. Selbst in den industriegeographischen Arbeiten aus der DDR dominieren aufgrund des weitgehenden Mangels an kleinräumigen empirischen Erhebungen (z. B. fehlen Befragungen sowohl der Betriebsleiter wie auch der sonstigen Beschäftigten) die statistischmorphogenetischen und funktionalen Untersuchungsansätze. Dennoch werden deutliche Unterschiede zur Situation in der Bundesrepublik Deutschland erkennbar. Dies beginnt bereits mit den Gestaltungskräften der Industrie, der wirtschaftlichen Grundphilosophie der *Zentralverwaltungswirtschaft* mit ihrer Planausrichtung, der Zurückdrängung bis *Negierung des Marktes* als Regulator und damit des Preismechanismus als Element der Selbststeuerung des Marktes. Der staatliche Einfluß ist in der DDR erheblich größer als in den westlichen Industrieländern, die Rolle des Unternehmers als einem Partner marktwirtschaftlicher Systeme wird auf die Funktion des Betriebsleiters reduziert, der zwar durchaus Zielfunktionen wie Umsatzsteigerung und auch Machtausdehnung besitzt, in seiner Entscheidungsfreiheit jedoch starken Zwängen unterliegt.

Integration und Abhängigkeit

Zentralverwaltungswirtschaft

Innerhalb der Kooperation bzw. „Integration" der RGW-Länder zeigt sich dies auch in den Daten der Außenhandelsstatistik. Dieser **„Rat für gegenseitige Wirtschaftshilfe",** als eine von der UdSSR ausgehende Reaktion auf die „Marshall-Plan-Hilfe" 1949 ins Leben gerufen, geht von dem Leitgedanken gegenseitiger Ergänzung innerhalb der sozialistischen Länder bei gleichzeitigem Abbau der wirtschaftlichen Beziehungen zu den kapitalistischen Ländern aus (vgl. Tafel 4). Für die Regionalstruktur und Standort- Tafel 4 bildung der Industrie sind dabei die Orientierung an den natürlichen Verhältnissen (d. h. insbesondere den Rohstoffen) und an der Massenproduktion bzw. den dadurch gegebenen Vorteilen großbetrieblicher Organisationen wichtig, bis hin zum quantitativ durchaus bedeutsamen zwischenstaatlichen Austausch von qualifizierten Arbeitskräften. Die Folge ist eine weitgehende *internationale Arbeitsteilung und Spezialisierung, bis hin zur einseitigen Strukturbildung.*

Ein krasses Beispiel dieser Prinzipien ist der Flugzeugbau. Im Jahre 1962 wurde die bis dahin bestehende Produktion in Dresden, Karl-Marx-Stadt (Chemnitz) und Schkeuditz aufgelöst, ebenso die Fakultät für Luftfahrtwesen der TH Dresden. Die Flugzeugproduktion wurde gänzlich in der UdSSR konzentriert und trug dort zum weiteren Ausbau der Industrie bei. Dabei muß beachtet werden, daß die DDR ein altindustrialisiertes, technisch hoch entwickeltes Land innerhalb des sozialistischen Bereichs ist, während die Sowjetunion erst nach dem zweiten Weltkrieg einen enormen Ausbau seiner Industrie vornahm.

– Bedeutung und allgemeine Kennzeichen der Industrie in der DDR
Wesentlich für die Bewertung der DDR als Industrieland erscheint deshalb der – angesichts der Kenntnisse besonders junger Menschen in der Bundesrepublik Deutschland leider – notwendige Hinweis darauf, daß das (heutige) Gebiet der DDR bereits Ende des letzten Jahrhunderts zu den führenden Industriegebieten Europas zählte. Innerhalb des Deutschen Reiches stand es sogar mit an der Spitze der Industrieproduktion. Auch heute nimmt die DDR nach der UdSSR innerhalb des RGW (auch **COMECON = Council of Mutual Economic Aid**) die zweitstärkste Position als Industriestaat ein, trotz der nicht gerade günstigen Ausstattung mit Rohstoffen (vor allem Mangel an Steinkohle, Erdöl und Eisenerz). *Kehrer* (1980) gibt dazu neuere Zahlen an:

Im Jahre 1977 erbrachte die Industrie 65% des gesellschaftlichen Gesamtproduktes (dem Bruttosozialprodukt in westlichen Ländern entsprechend), 60% des Nationaleinkommens (1949 waren es 42%) und 90% des Exports. Begleitet wurde dieser Entwicklungsprozeß von einem organisatorischen Strukturwandel, doch herrschen immer stärker sozialistische Eigentumsformen vor:

Anteil der Eigentumsformen am Nettoprodukt in Prozent

Wirtschaftszweige Betriebsformen	Jahr	Insgesamt	Industrie, Handwerk	Land- und Forstwirt- schaft	Privateigentum und Sozialismus
Private Betriebe	1950	43,2	31,2	96,6	
	1970	5,6	5,6	4,5	
	1982	7,0	2,2	4,8	
Betriebe mit staatlicher Beteiligung	1950	–	–	–	
	1970	8,9	11,5	0,1	
	1982	0,6	0,0	0,0	
Sozialistische Betriebe	1950	56,8	68,8	3,4	
	1970	85,6	82,9	95,4	
	1982	96,5	97,8	95,2	

Quelle: Statist. Jh. der DDR 1983

158

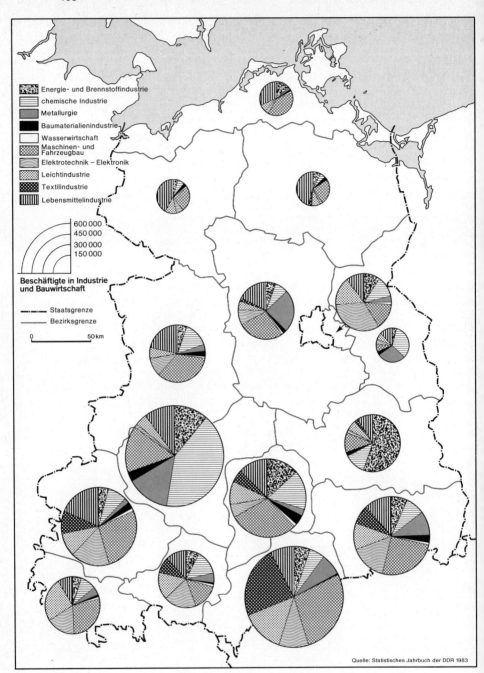

Legend:
- Energie- und Brennstoffindustrie
- chemische Industrie
- Metallurgie
- Baumaterialienindustrie
- Wasserwirtschaft
- Maschinen- und Fahrzeugbau
- Elektrotechnik – Elektronik
- Leichtindustrie
- Textilindustrie
- Lebensmittelindustrie

600 000
450 000
300 000
150 000

Beschäftigte in Industrie und Bauwirtschaft

– · – · Staatsgrenze
――― Bezirksgrenze

0   50 km

Quelle: Statistisches Jahrbuch der DDR 1983

Abb. 60: Anteil der industriellen Bruttoproduktion in der DDR nach Bezirken und Industriebereichen 1981

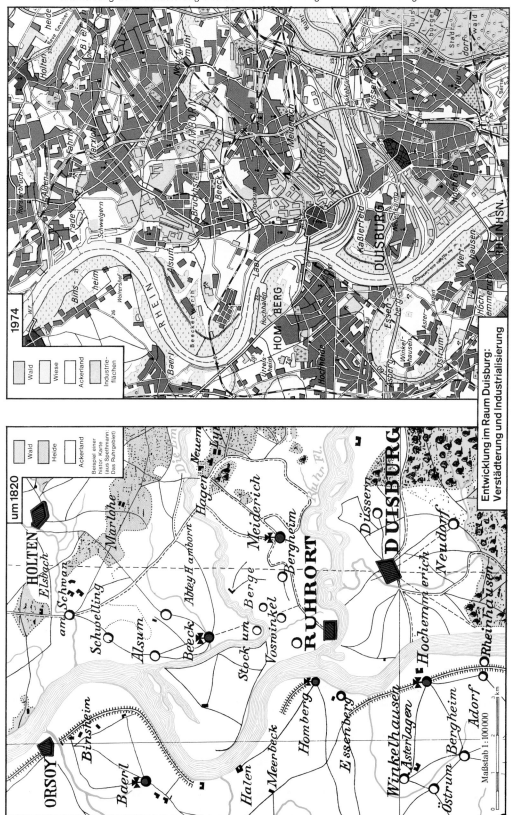

1974

Wald

Wiese

Ackerland

Industrie-
flächen

um 1820

Wald

Heide

Ackerland

Beispiel einer
histor. Karte
(aus Spethmann:
Das Ruhrgebiet)

**Entwicklung im Raum Duisburg:
Verstädterung und Industrialisierung**

Maßstab 1:100000

Gebiete mit starker bis sehr starker Bevölkerungszunahme (Zunahme vor allem durch Zuwanderung)

Gebiete mit mäßiger bis starker Bevölkerungszunahme (meist ohne stärkere Zu- und Abwanderung)

Gebiete mit geringer Bevölkerungszunahme

Gebiete mit gleichbleibender Bevölkerungszahl

Gebiete mit deutlichem Bevölkerungsverlust

Gebiete mit starkem bis sehr starkem Bevölkerungsverlust

Städte: Einwohner um 1850: 100 000 – 500 000 / über 500 000

Städte: Einwohner um 1900: 100 000 – 500 000 / 500 000 – 1 000 000 / über 1 000 000

Maßstab 1 : 7,5 Mill.

0 50 100 150 200 km

Bevölkerungsentwicklung 1850 – 1930
(Bevölkerungsballungen und Landflucht)

15° östl. L. v. Greenw.

Nordsee

Ostsee

Königsberg
Danzig
Stettin
Posen
Breslau
Warschau
Lodsch
Budapest
Szegedin
Wien
Graz
Brünn
Prag
Dresden
Leipzig
Halle
Chemnitz
Plauen
Berlin
Magdeburg
Braunschweig
Hannover
Nürnberg
München
Hamburg
Altona
Bremen
Kiel
Kopenhagen
Stuttgart
Karlsruhe
Mannheim
Frankfurt
Wiesbaden
Kassel
Eberfeld-Barmen
Köln
Aachen
Dortmund
Gelsenkirchen
Essen
Krefeld
Düsseldorf
Zürich
Basel
Straßburg
Nancy
Genf
Lüttich
Brüssel
Gent
Antwerpen
Roubaix
Lille
Rotterdam
Haag
Utrecht
Amsterdam

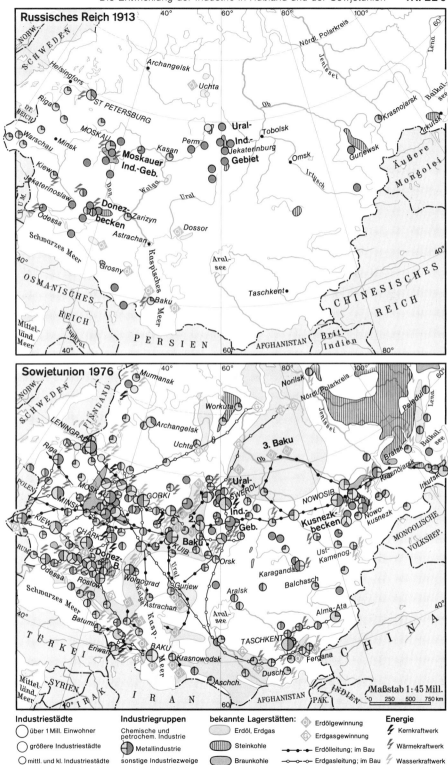

Gemeinschaftsprojekte des RGW (Auswahl)

Steinkohle · Braunkohle
Erdöl · Erdgas
Molybdän · Kupfer · Zink · Phosphat · Kali-Salze · Papier, Zellulose
Eisen · Nickel · Blei · Bauxit · Schwefel · Asbest

Erdöl-Pipeline
Erdgas-Pipeline
Erdgas-Pipeline im Bau oder geplant
750 kV Hochspannungsleitung im Bau
Atomkraftwerk

Ort in Klammern gesetzt geplant oder im Bau

SOWJETUNION

MONGOLISCHE VOLKSREPUBLIK

Maßstab 1 : 45 Mill.

Üst-Ilim · Irkutsk · Baikal-See · Tschebalsan · Ulan-Bator · Darchat · Bulgan · Tschabsgol

Schwarzes Meer

Surgut · Kurgan · Tjumen · Swerdlowsk · Orenburg · Almetjewsk · KAMAS-LKW-Werk Nabereshnyje Tschelny · Wolgograd · Uchta · Moskau · Kursk · Kriwoj Rog · Winniza · Braila · Slussra · Burgas · Sofia · Bukarest · Donau · Lubin · Solikamsk · Mosyr · Warschau · Pulawy · Kalusch · Ungorod · Ludus · Budapest · (Pass) · Katowitz · Prag · Prešov · Leuna/Buna · Schwedt · Rostock · Lubmin · Berlin · Plattenspitze

Donezbecken · Onega-See · Ladoga-See · Peipus-See · Kingisepp · Leningrad · Dnjepr · Wolga · Angara · Amur

Maßstab 1 : 30 Mill.
0 200 400 600 km

KAMAS-LKW-Werk
ein Beispiel der Zusammenarbeit

KAMAS-Werk · Nabereshnyje Tschelny
Gießerei · Pressen-Werk · Schmiede · Dieselmotoren-Werk · Montage-Betrieb · Reparatur-Betrieb
besteht aus
2000 Betriebe aus der SOWJETUNION
Zulieferer
Kasan · Kama · Togliatti

DDR · CSSR · UNGARN · POLEN · BULGAR.
mehrfach gekröpfte Werkzeug-maschinen · Kurbelwellenpressen / Werkzeug-maschinen · Schweiß-anlagen / Lackieran-lagen · Polsterplatz-einrichtungen LKW-Einzelteile / Elektro-stahl · Elektro-karren

Jährl. 150000 LKW, 200000 Dieselmotoren

KUBA
Nicaro · Moa
Hafen · Ausbau d. Hafens
Maßstab 1 : 45 Mill.

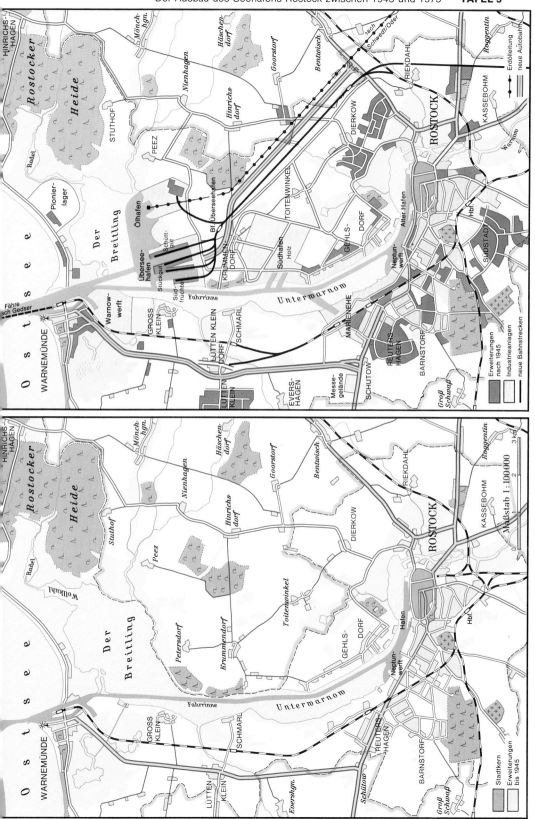

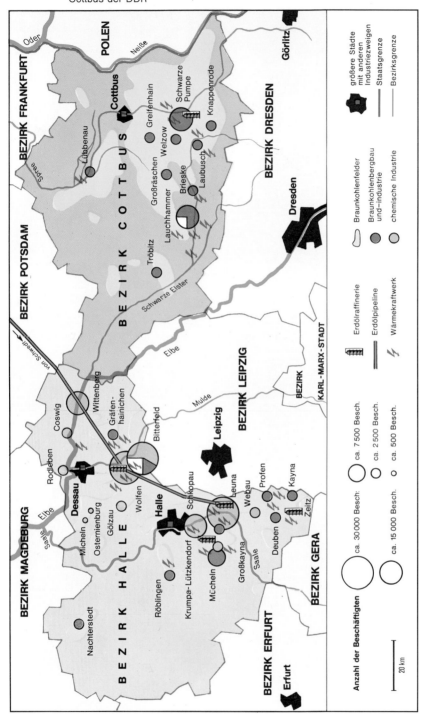

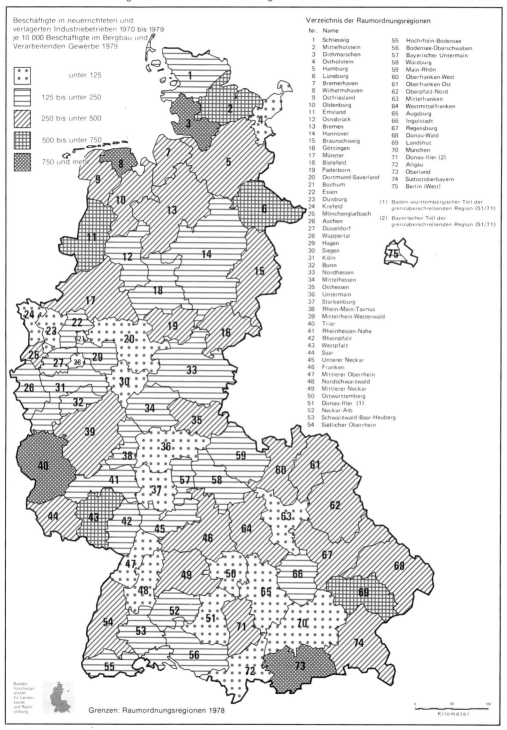

Beschäftigte in neuerrichteten und
verlagerten Industriebetrieben 1970 bis 1979
je 10 000 Beschäftigte im Bergbau und
Verarbeitenden Gewerbe 1979

- unter 125
- 125 bis unter 250
- 250 bis unter 500
- 500 bis unter 750
- 750 und mehr

Verzeichnis der Raumordnungsregionen

Nr.	Name		
1	Schleswig	55	Hochrhein-Bodensee
2	Mittelholstein	56	Bodensee-Oberschwaben
3	Dithmarschen	57	Bayerischer Untermain
4	Ostholstein	58	Würzburg
5	Hamburg	59	Main-Rhön
6	Lüneburg	60	Oberfranken-West
7	Bremerhaven	61	Oberfranken-Ost
8	Wilhelmshaven	62	Oberpfalz-Nord
9	Ostfriesland	63	Mittelfranken
10	Oldenburg	64	Westmittelfranken
11	Emsland	65	Augsburg
12	Osnabrück	66	Ingolstadt
13	Bremen	67	Regensburg
14	Hannover	68	Donau-Wald
15	Braunschweig	69	Landshut
16	Göttingen	70	München
17	Münster	71	Donau-Iller (2)
18	Bielefeld	72	Allgäu
19	Paderborn	73	Oberland
20	Dortmund-Sauerland	74	Südostoberbayern
21	Bochum	75	Berlin (West)
22	Essen		
23	Duisburg		
24	Krefeld		
25	Mönchengladbach		
26	Aachen		
27	Düsseldorf		
28	Wuppertal		
29	Hagen		
30	Siegen		
31	Köln		
32	Bonn		
33	Nordhessen		
34	Mittelhessen		
35	Osthessen		
36	Untermain		
37	Starkenburg		
38	Rhein-Main-Taunus		
39	Mittelrhein-Westerwald		
40	Trier		
41	Rheinhessen-Nahe		
42	Rheinpfalz		
43	Westpfalz		
44	Saar		
45	Unterer Neckar		
46	Franken		
47	Mittlerer Oberrhein		
48	Nordschwarzwald		
49	Mittlerer Neckar		
50	Ostwürttemberg		
51	Donau-Iller (1)		
52	Neckar-Alb		
53	Schwarzwald-Baar-Heuberg		
54	Südlicher Oberrhein		

(1) Baden-württembergischer Teil der
    grenzüberschreitenden Region (51/71)

(2) Bayerischer Teil der
    grenzüberschreitenden Region (51/71)

Bundes-
forschungs-
anstalt
für Landes-
kunde
und Raum-
ordnung

Grenzen: Raumordnungsregionen 1978

0   50   100
Kilometer

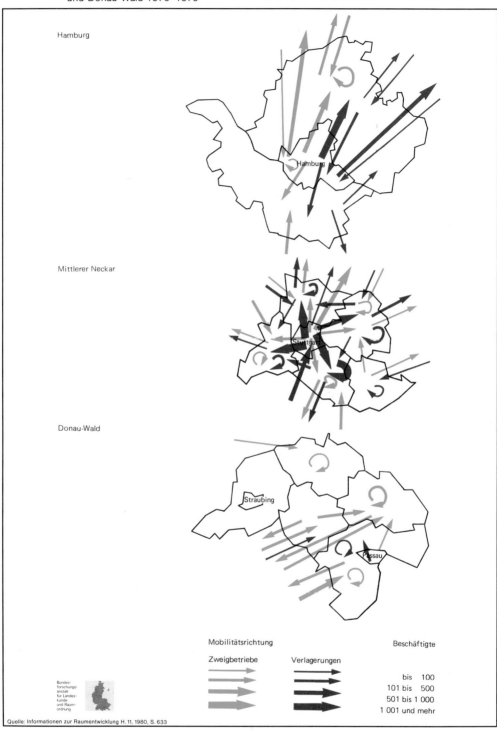

Hamburg

Mittlerer Neckar

Donau-Wald

Mobilitätsrichtung

Zweigbetriebe   Verlagerungen

Beschäftigte

bis   100
101 bis   500
501 bis 1 000
1 001 und mehr

Bundes-
forschungs-
anstalt
für Landes-
kunde
und Raum-
ordnung

Quelle: Informationen zur Raumentwicklung H. 11, 1980, S. 633

Zu ergänzen ist noch dazu, daß diese Entwicklung auch von einer Veränderung in der Betriebsgrößenstruktur begleitet wird, die eindeutig in der Forcierung großer Betriebseinheiten zum Ausdruck kommt. Z. B. machten die Betriebe mit mehr als 1000 Beschäftigten 1955 49% aus, 1981 waren es bereits 72,8%.

Zur konzeptionellen Gliederung der weiteren Ausführungen soll – im Sinne von Thesenformulierungen – von den Grundsätzen der sozialistischen Standortentwicklung bzw. angestrebten Standortverteilung ausgegangen werden. Es ist zu prüfen, inwieweit diese Grundsätze bereits realisiert werden konnten: | Grundsätze sozialistischer Standortentwicklung
1. Annäherung der Produktion an Rohstoffquellen und Verbrauchergebiete
2. Beseitigung der wirtschaftlichen Ungleichheiten der sozialistischen Völker
3. Förderung rückständiger Gebiete
4. Territoriale Arbeitsteilung
5. Annäherung der Landwirtschaft an die Industrie und damit auch Beseitigung des Stadt-Land-Gefälles.

– Regionale Strukturmuster der Industrie in der DDR

Greift man die auch für die Situation in der Bundesrepublik Deutschland elementare Frage nach dem Abbau der regionalen Disparitäten auf, so muß man trotz aller staatlicher Bemühungen und durchaus vorhandener Erfolge von Verlagerungen in die mittleren und nördlichen Bezirke (vgl. Tab.) doch auch in der DDR von einer weitgehenden Stabilität der Standortstrukturen in den traditionellen Industriegebieten im Süden ausgehen. | Tafel 5

Anteil der Bezirksgruppen an der industriellen Bruttoproduktion der DDR (in %) | Regionale Standortstrukturen

Jahr	Gebiete Berlin	Südbezirke	Südwestbezirke	Mittelbezirke	Nordbezirke
1955	6,6	56,5	16,5	15,9	4,5
1982	5,3	48,6	14,9	24,3	7,1

Quelle: *G. Kehrer*, a. a. O., S. 108 u. Stat. Jb. der DDR 1983

Allerdings hat sich die branchenspezifische Situation zum Teil erheblich verändert und damit auch zu unterschiedlichen qualitativen Strukturveränderungen im regionalen Muster beigetragen. So stieg z. B. zwischen 1960 und 1982 die Produktion im Bereich Elektrotechnik/Elektronik/Gerätebau auf 691% (bei einer durchschnittlichen Steigerung der industriellen Bruttoproduktion von 343%), im Bereich der Textilindustrie jedoch nur auf 224%.[1] Gerade in jenen Gebieten, in denen die besonders dynamisch gewachsenen Branchen (insbesondere noch die chemische, die Maschinenbau- bzw. Fahrzeugbauindustrie) ihren Standort haben, machte sich das in einem weiteren Konzentrationsprozeß bemerkbar. Die (regionalen) Hauptnutznießer waren dabei Berlin (-Ost), die Bezirke Dresden, Karl-Marx-Stadt und Erfurt, bei der chemischen Industrie vor allem die Bezirke Leipzig und Halle und beim Maschinen- und Fahrzeugbau dann mit Ausnahme von Berlin und Erfurt alle übrigen genannten Bezirke. Es zeigt sich sehr deutlich, daß die großen Ballungszentren und bereits vorhandenen industriellen Konzentrationen weiterhin bevorzugt werden. Damit werden sie aber auch zu einem wachsenden, selbst in der Physiognomie wahrnehmbaren hauptsächlichen Verursacher von Umweltbelastungen großen Ausmaßes, im Extrem etwa im Umland von Halle und Magdeburg. | Tafel 6 / Dominanz des Südens

Neben diesen Ballungsgebieten befinden sich in der Südhälfte der DDR weitere Verdichtungsgebiete der Industrie, meist polyzentrisch räumlich strukturiert. Anzu-

---

[1] Statist. Jahrbuch der DDR 1983

führen sind hier etwa das östlich von Leipzig gelegene Gebiet von Görlitz, Zittau und Bautzen, der nördlich anschließende Raum Cottbus sowie ähnliche Bereiche um Magdeburg und Gera. Häufig ist in diesen Gebieten die Industrie durch arbeitsintensive Produktionen geprägt. Nur das Gebiet von Cottbus mit seiner dominierenden Energie- und Brennstoffindustrie macht dabei eine Ausnahme. Demgegenüber dominierten in den Nordbezirken neben der Hafenindustrie vor allem Leichtindustrie und Lebensmittelindustrie. Der Anteil der Lebensmittelindustrie an der Bruttoproduktion stieg z. B. 1955–1982 in den Nordbezirken von 13,6% auf 19,9%.

– Branchenspezifische Differenzierung und Standortfaktoren

Standortfaktoren

Bei dem Versuch, die wirtschaftsstrukturellen und regionalen Daten zu differenzieren, bietet sich als Kriterium die Rolle der *Standortfaktoren* an, die selbstverständlich aus Darstellungsgründen auf ausgewählte Faktoren und Branchen beschränkt bleiben müssen. Angesichts der besonders Ende der 50er bis Ende der 60er Jahre aus politischen Gründen forcierten Schwerindustrie stellt sich die Frage, inwieweit etwa ökonomische Standortfaktoren in einem sozialistischen Land ebenso wie in kapitalistischen Ländern Gültigkeit haben oder ob sie durch gesamtgesellschaftliche Inwertsetzungen verändert werden.

Energie

An den Beginn soll der Aspekt der *Energie* gestellt werden, da die Energie- und Brennstoffindustrie ein wichtiger Komplex des industriellen Gefüges in der DDR und ein beachtliches landschaftsänderndes Element ist. Die in der DDR geförderte Rohbraunkohle stellt über 80% der Energieträger bei der Elektroenergieversorgung dar. Sie ist die wichtigste Energiegrundlage des Landes und trägt dazu bei – auf der Basis von jährlich rd. 260 Mi. t Förderung – daß die DDR der bedeutendste Braunkohlenproduzent der Erde ist.[1] Gegenüber der Situation vor dem zweiten Weltkrieg hat sich die Förderung deutlich aus den westelbischen in die ostelbischen Reviere der Bezirke Cottbus und Dresden verlagert.

Rekultivierung

Hier wird auch in großem Umfang versucht, mit Hilfe von Rekultivierungsmaßnahmen die abgebauten Gebiete einer neuen Funktion zuzuführen (z. T. für Erholungszwecke, vgl. etwa der 300 ha große „Knappensee" bei Hoyerswerda oder der 1973 freigegebene 1200 ha große „Senftenberger See").[1]

Um die genannte Branche in die gesamte Struktur der Industrie in der DDR einordnen zu können, auch die im folgenden noch zu diskutierenden Beispiele, sei auf folgende Tabelle verwiesen:

Branchenstruktur der Industrie in der DDR 1982

Branchenstruktur

Industriebranche	Betriebe	Arbeiter und Angestellte	industrielle Bruttoproduktion
Energie- u. Brennstoffindustrie	50	217 717	41 015
Chemische Industrie	309	341 006	85 301
Metallurgie	43	137 443	32 917
Baumaterialien	168	93 019	6 425
Wasserwirtschaft	16	23 500	2 320
Maschinen- und Fahrzeugbau	1351	942 142	86 486
Elektrotechnik/Elektronik/Gerätebau	359	443 827	36 957
Leichtindustrie	933	491 825	40 435
Textilindustrie	205	223 828	25 508
Lebensmittelindustrie	595	216 054	58 752
Insgesamt	4029	3 190 361	416 116 Mio. Mark

Quelle: Statist. Jb. der DDR 1983

[1] vgl. *Barthel, H.,* 1976, S. 30

Als Beispiel für eine (auch in der Bundesrepublik Deutschland) traditionell *arbeits-orientierte* Standortfindung kann die Glas- und Keramikindustrie angesehen werden. Sie entstand meist in Gebieten, in denen andere Industriezweige im Laufe der histori-schen Entwicklung an Bedeutung verloren und die Glas- und Keramikindustrie zur Nachfolgeindustrie gemacht haben. Dabei spielten die qualifizierten Arbeitskräfte eine wichtige Rolle bei der Standortwahl. Auch die heutigen Standorte im Süden und Südwesten der DDR spiegeln dies wider und lassen in vielfältiger Weise die früheren Verbindungen zu den Standorten in Oberfranken erkennen. Im Unterschied (etwa innerhalb der Glasindustrie) zu den Standorten im Mittelgebirge mit ihrer langen historischen Tradition, die heute überwiegend hochwertiges Wirtschaftsglas fertigen, sind im letzten Drittel des 19. Jahrhunderts auf der Basis von Braunkohle und Glas-sand in der Lausitz Industriebetriebe entstanden, die hauptsächlich Flachglas sowie Haushalts- und Verpackungsglas erzeugen. Dabei ist interessant, daß trotz der auch in dieser Branche vorhandenen Konzentrationstendenz heute noch eine recht große Zahl von Betrieben vorhanden ist und – da solche mit 100–500 Beschäftigte überwie-gen – der Anteil des privaten Sektors noch relativ stark ist.

Arbeitsorientierung

Aus dem Bereich, der stärker den Standortfaktor *Absatzorientierung* in den Mittel-punkt stellt, soll die Elektrotechnik/Elektronik/Gerätebau ausgewählt werden. Sie spielt in der Industriestruktur der DDR eine wichtige Rolle, steht sie doch gemessen an der Bruttoproduktion an 6. Stelle (1982) und ist – von der typischen Betriebsgröße her – von Betrieben mit 200–2500 Beschäftigten geprägt. Der private Anteil besitzt praktisch keine Bedeutung. Die Standorte konzentrieren sich im wesentlichen auf Ost-Berlin mit rd. 20% sowie auf die Ballungsgebiete Dresden, Karl-Marx-Stadt und Erfurt (vgl. Tab.)

Absatzorientierung

Anteil ausgewählter Bezirke an der elektrotechnischen und elektronischen Produktion der DDR 1982 (in %)

Warenproduktion	Berlin-Ost	Bezirk Dresden	Bezirk Karl-Marx-Stadt	Bezirk Erfurt
Anteile der Bezirke an der DDR-Produktion der Elektrotechnik/Elektronik	15,7	17,5	13,7	12,3
Anteile der Elektrotechnik und Elektronik an der Industrieproduktion des Bezirkes	29,4	15,2	10,4	18,0

Quelle: Statist. Jb. der DDR, 1983

Gerade hier zeigen sich deutlich die Standortvorteile eines gut ausgebildeten Arbeits-kräftepotentials, gute Absatzmöglichkeiten und – was Forschung und Entwicklung betrifft – die Nähe zu wissenschaftlichen Einrichtungen.

Ein typisches Beispiel für die *Veränderung von Standortfaktoren* ist der Bereich der Metallurgie. Er bietet heute – nachdem die früheren Erzlagerstätten im Erzgebirge, im Thüringer Wald, im Harz und im Harzvorland zum größten Teil erschöpft oder wenig aussichtsreich für den Abbau sind – in der DDR wenig günstige Standortvorausset-zungen; ihm kommt jedoch in den Wirtschaftsplänen eine erhebliche Bedeutung zu.[1] Die volkseigenen Betriebe in den Bezirken Halle (hier macht diese Branche ein Drittel der industriellen Bruttoproduktion aus), Potsdam, Frankfurt, Dresden und Karl-Marx-Stadt haben meist mehr als 5000, teilweise sogar mehr als 10 000 bzw. 20 000 Beschäf-tigte.[2] Sie beziehen ihre Rohstoffe aus dem Ausland, insbesondere Steinkohle, Erz und Erdöl aus der UdSSR und Polen.

Internationale Verflechtung

---

[1] *H.-J. Wunderlich* 1974, S. 129–137
[2] *H. Schmidt,* 1977, S. 5–18

Aus der Reihe neuerer Standorte der Eisen- und Stahlindustrie, wie Eisenhüttenstadt, Unterwellenborn, Brandenburg, Henningsdorf, Thale, Riesa, Gröditz, Freital und Kirchmöser sei Eisenhüttenstadt kurz skizziert, um daran industrielle Entwicklungsprozesse in der DDR auch kleinräumig zu dokumentieren.[1]

Eisenhüttenstadt setzt sich aus der früheren Stadt Fürstenberg an der Oder, der Gemeinde Schönfließ sowie dem 1951 begonnenen neuen Stadtteil zusammen. Aus dem bereits 1293 erstmals urkundlich erwähnten und im Mittelalter als Handels- und Handwerkerstadt funktionierenden Landstädtchen Fürstenberg wurde durch die Beschlüsse des III. Parteitages der SED im ersten Fünfjahresplan eine neue sozialistische Stadt, basierend auf der Errichtung eines Eisenhüttenkombinates. Der auf den ersten Blick ländliche Raum lag jedoch bereits bei der Gründung verkehrsgünstig (im Hinblick auf Eisenbahnanschluß und Wasserstraßen) und nahm durch die sich intensivierenden Beziehungen vor allem zur UdSSR rasch an Bedeutung zu. Nicht zuletzt waren beim Bau das große Angebot an Baugrund sowie die vorzufindenden Mengen an Kühlwasser aus der Oder weitere positive Standortfaktoren.

(Randnotiz: Industriekombinat als Kern sozialistischer Städte)

Der erste Hochofen wurde 1951 angeblasen, 1954 waren es bereits sechs Hochöfen, die jährlich etwa 1,5 Mill. to Roheisen produzieren. Im Jahre 1968 wurde das Kaltwalzwerk in Betrieb genommen, ein Gemeinschaftsbetrieb der DDR und der UdSSR, das auf jährlich rd. 600 000 t Stahlbleche und -bänder ausgelegt ist. Inzwischen decken die Hochöfen ca. 60% des Roheisenbedarfs der DDR.

Da Eisenhüttenstadt noch Betriebe der Lebensmittelindustrie und den zweitgrößten Binnenhafen der DDR besitzt (Güterumschlag jährlich etwa 2 Mio t) ist es verständlich, daß in der neuen Stadt mit ihren fast 50 000 Einwohnern (1983) nur ein Teil der Beschäftigten wohnt und daher der Pendlereinzugsbereich relativ weit ausstrahlt.

Damit zeigt sich, daß *ökonomische Standortfaktoren* in sozialistischen Ländern auf längere Frist durchaus eine vergleichbare Wertung wie in kapitalistischen Ländern erfahren (Kostenaspekt), während kurz- bis mittelfristig und unter Hintanstellung ökonomischer Bewertung durch staatspolitische Entscheidungen auch möglicherweise langfristig Standortfaktoren außerhalb dieses Bewertungsrahmens liegen können.

3d) Standortstrukturen in Entwicklungsländern

Jörg Maier

1. Problemformulierung: die gegenwärtige Ungleichheit in der Welt

(Randnotiz: Abgrenzung durch die Weltbank)

Bei der Darstellung regionaler Standortstrukturen der Industrie darf die unterschiedliche Situation von Industrie- und Entwicklungsländern nicht übersehen werden. Dies gilt insbesondere deshalb, weil trotz verschiedener Ansätze und auch einiger Teilerfolge die ökonomische Ungleichheit in der Welt grundsätzlich nicht verändert worden ist. Nach der Differenzierung der Weltbank unterscheidet man vier Gruppen von Entwicklungsländern:

a) Least developed countries (LLDC)
mit weniger als 100 US-Dollar Bruttosozialprodukt (BSP) pro Kopf der Bevölkerung, weniger als 10% Anteil der Industrie am BSP und weniger als 20% Alphabetisierungsquote der über Fünfzehnjährigen.
Diese Ärmsten der Armen befinden sich in absoluter Armut, unterhalb des Existenzminimums. 12% der Bevölkerung der Dritten Welt lebt in diesen Ländern.

---

[1] *H.-J. Kramm,* 1971, S. 120 ff.

b) Most seriously affected countries
Dazu gehören Entwicklungsländer, die zwar noch gering entwickelt sind, aber günstige Voraussetzungen haben (z. B. Rohstoffe) und mit ausländischer Hilfe durchaus entwicklungsfähig sind.

c) Take-off countries oder auch *Schwellenländer*
Sie verfügen bereits über einen Mittelstand, häufig über reiche Bodenschätze und stehen an der „Schwelle" zum Status eines Industrielandes.

d) Less developed countries
In diesen Ländern liegen Reichtum und Armut dicht beieinander. Die Länder selbst verfügen dank reicher Bodenschätze (Erdöl) über beträchtliche finanzielle Mittel, die jedoch dem großen Teil der Bevölkerung nicht zugänglich sind (OPEC-Länder).

Die Gliederungskriterien der Weltbank[1] zeigen, daß die Begriffe *Entwicklungsländer, Dritte Welt* oder *Peripherie* pauschal als die Gruppe „ärmerer" Länder zu verstehen sind. Während dabei „Armut" in Bezug zu den grundlegendsten menschlichen Bedürfnissen gesetzt wird, soll die Betonung auf „Entwicklung" einen Prozeß bezeichnen, der diese Länder aus dem Zustand der Armut und Ungleichheit herausführen soll. Zu beachten ist dabei, daß mit diesen „Entwicklungs-Überlegungen" eine Zielrichtung angegeben wird und damit eine normative Aussage zum Ausdruck kommt. Dies wird deshalb betont, weil in vielen geographischen Arbeiten diese politische Komponente übersehen oder sogar geleugnet wird. Dritte Welt

2. Industrieentwicklung zur Überwindung der Unterentwicklung

Die Entwicklung der Industrie galt lange Zeit als die wichtigste Strategie zur Lösung bestehender Probleme in den Entwicklungsländern. Wenn sich auch diese Vorstellungen inzwischen differenziert haben, so spielt die Industrie im Sinne von Importsubstitution für viele Länder auch heute noch eine wesentliche Rolle. Es ist das Ziel vieler Länder, in einer wachsenden Wirtschaft Produkte, die früher eingeführt wurden, im Lande selbst herzustellen[2]. In den Anfängen wird eine weitgehend einheitliche Linie verfolgt: Es besteht bereits früh eine Nachfrage nach bestimmten industriell gefertigten Produkten, die vor Beginn des Industrieaufbaus durch Importe gedeckt wird. Dann wird bei ausreichender Nachfrage eines Gutes, meist unter dem Schutz von Zollmauern und Handelsschranken, eine eigene Produktion für den Inlandsmarkt aufgenommen. Importsubstitution

Als Begründung, weshalb gerade die Industrie eine wichtige Rolle in diesem Entwicklungsprozeß spielt, können einige ökonomische Eigenarten bzw. Vorteilswirkungen der Industrie gegenüber anderen Wirtschaftsbereichen angeführt werden: Vorteilseffekte der Industrie

- die Urbanisiationsvorteile treten als Folgeerscheinung hier eher auf,
- die Vorteile der Massenproduktion sind größer,
- es besteht ein Potential, technischen Fortschritt in größere Stückzahlen umzusetzen, und
- aufgrund der langfristigen Investitionsplanung haben industrielle Unternehmen in der Regel eine größere Spar- und Investitionsneigung (z. B. im Handel oder im Dienstleistungsbereich).

Jedoch führt die industrielle Entwicklung nicht nur zu einer nachhaltigen positiven, einkommensbezogenen Veränderung, sondern auch zu einer negativen Veränderung der Umweltfaktoren.

---

[1] Vgl. auch *F. u. H. Niesmann,* 1981
[2] *E. Boettcher,* 1964

Bei der industriellen Entwicklung zeigen sich gewisse, zu verallgemeinernde Stufen: in einer ersten Phase und in der Regel steht die Produktion kurzlebiger Konsumgüter und Massenbedarfsartikel im Vordergrund[1]. Diese Güter, für die eine große inländische Nachfrage besteht, werden arbeitsintensiv erzeugt und erfordern relativ wenig Kapital. Meist ist auch das technische oder handwerkliche Wissen vorhanden, etwa

Entwicklungsstufen beim Weben von Stoffen oder dem Fertigen von Schuhen. Im zweiten Stadium werden bereits Produktionsmittel und weniger nachgefragte Konsumgüter kurzlebiger Art hergestellt[2]. Trotz vorhandener Importsubstitution erweist sich diese Strategie dann nicht mehr als ausreichend. Einige Unternehmen können ihre Produktion nur noch deshalb voll absetzen, weil im Zuge der wirtschaftlichen Entwicklung neue Betriebe errichtet werden, die selbst zusätzliche Nachfrage entfalten und durch die Schaffung zusätzlicher Einkommen dafür sorgen, daß der private Verbrauch steigt.

Da ein großer Teil der Entwicklungsländer noch auf dieser Stufe steht, soll auf die Darstellung weiterführender Entwicklungsphasen verzichtet werden und vielmehr die häufig als Kontrastprogramm angesehene Strategie der Exportorientierung kurz gestreift werden. Um von Anfang an eine exportorientierte Entwicklung erfolgreich

Exportorientierung betreiben zu können, bedarf es in weit größerem Maße unternehmerischer Risikobereitschaft, ausgebildeter Arbeitskräfte, eines größeren Kapitalangebots und effizienter organisatorischer und infrastruktureller Einrichtungen als bei der Importsubstitution. Hat das Land erst einmal eine Phase der importsubstituierenden Industrieentwicklung durchlaufen, ist es vermutlich besser mit den genannten unternehmerischen Ressourcen ausgestattet und dadurch eher in der Lage, mit industriellen Erzeugnissen in die Auslandsmärkte zu drängen. So gesehen sind Importsubstitution und Exportorientierung keine alternativen Industrialisierungsstrategien, denn Exportorientierung baut im allgemeinen auf Importsubstitution auf.

Nimmt man dazu als Beispiel Nigeria, mit Darstellungen von *Schätzl*[3] und weiterer europäischer und afrikanischer Kollegen[4] sowie neuerdings *Rauch*, so lassen sich die verschiedenen Phasen industrieller Entwicklung und ihre Ausbreitung detailliert verfolgen.

Die wirtschaftliche Entwicklung Nigerias läßt sich (nach *Schätzl*) im wesentlichen in vier größere Phasen einteilen:

- Die *vorkoloniale Phase* mit nur bescheidener Entwicklung und einer Ausrichtung der Produktion auf den eigenen Bedarf,
- die starke *ökonomische Expansion* in den ersten drei Jahrzehnten dieses Jahrhunderts mit verstärktem Export landwirtschaftlicher Produkte,
- die von außen bewirkte *Stagnation* in den 30er und 40er Jahren und
- das erneute *wirtschaftliche Wachstum* nach dem 2. Weltkrieg mit großen Wachstumsraten Mitte der 60er Jahre. Nach einer Unterbrechung durch den Bürgerkrieg (1968–69) setzte erstaunlich schnell eine wirtschaftliche Erholung ein, Ende der siebziger Jahre zuerst mit etwas abgeflachtem Wachstumstempo, heute mit erheblichen gesamt- und regionalwirtschaftlichen Problemen.

Vorformen industrieller Tätigkeit Die industrielle Enwicklung Nigerias beginnt im Grunde erst nach dem Zweiten Weltkrieg. Zwar gab es auch früher Betriebe der Nahrungs- und Genußmittelindustrie, z. B. Palmölmühlen sowie Sägewerke oder Bergbaubetriebe (z. B. Enugu), aber es waren eher Nachfolger traditioneller Gewerbebetriebe, Handelsgesellschaften oder Betriebsgründungen der englischen Kolonialmacht. Sie stellen auch nur zum Teil die Basis für die räumliche Ausbreitung der Industrie in Nigeria dar. Demgegenüber kommen die meisten Auslöser dieses Prozesses von außerhalb Nigerias, seien es

---

[1] *A. Predöhl*, 1983
[2] *H. Hesse*, 1967
[3] *L. Schätzl*, 1973
[4] *J. Maier*, 1981

internationale Unternehmen in ihrem Wettbewerb um den nigerianischen Markt oder schöpferische Pionier-Unternehmer, auch im Ausland ausgebildete nigerianische Fachleute, die die Chancen des neuen Marktes nutzen wollten.

Pionier-Unternehmer

Daher kann man die industrielle Entwicklung in Nigeria nach dem zweiten Weltkrieg in drei Abschnitte unterteilen:

- Die ersten Industrieansiedlungen in den fünfziger Jahren im wesentlichen an vier Standorten: Ibadan, Lagos, Sapele und Kano. Außer Lagos als Hauptstadt und Hafenstandort waren sie alle durch Betriebe der Nahrungs- und Genußmittelbranche geprägt.
- Bei der dynamischen Entwicklung der sechziger Jahre blieb zwar die starke regionale Konzentration der Industriestandorte weiterhin erhalten, sie war nun aber durch eine Auffächerung des Branchenspektrums in Lagos sowie durch erste Dezentralisierungstendenzen auf Standorte in Südost-Nigeria gekennzeichnet. Am gravierendsten war jedoch die Veränderung in der industriellen Entwicklungsstrategie: Nun wurde in zunehmendem Maße versucht, importierte Konsumgüter durch im Lande produzierte Waren zu ersetzen.
- In den siebziger Jahren nahm einmal die räumliche Ausbreitung der Industrie weiter zu. Andererseits wuchs der staatliche Einfluß mit massierten Investitions- und Steuerhilfen, Importrestriktionen. Auch gründete der Staat eigene bzw. beteiligte sich an bereits vorhandenen Betrieben. Neue Industriestandorte entstanden selbst in den bislang peripher gelegenen Bundesstaaten. Traditionelle Produkte, wie etwa Zinn, Naturkautschuk oder Speiseöl verloren an wirtschaftlicher Bedeutung, dagegen stieg die Produktion von Zement, Seifen und Waschmitteln, Bier und sonstigen Getränken. Dadurch veränderte sich die industrielle Branchenstruktur, ohne daß der Mangel an Investitionsgüterindustrie beseitigt wurde.

3. Probleme und Kennzeichen industrieller Standorte in Entwicklungsländern

In diesem Abschnitt sollen vier Gruppierungen von Untersuchungen und deren Ergebnisse kurz vorgestellt werden:

a) regional beschreibende Analysen
b) problemorientierte Regionalanalysen
c) theoriegeleitete regionale Fall-Studien und
d) regional- und entwicklungspolitische Bewertungen.

Untersuchungswege

Eine scharfe Trennung ist selbstverständlich kaum durchführbar, sondern wird hier bewußt als Instrument eingesetzt, um spezifische Erkenntniswege beschreiben zu können.

a) Regional beschreibende Analysen

Ein großer Teil der vorliegenden Studien ist hierunter zusammenzufassen, durchaus in klassisch industriegeographischer Betrachtung mit stark wirtschaftskundlicher oder kulturvergleichender Ausrichtung angelegt. Neben Beschreibungen der Standorte und der Standortfaktoren für die Industrieansiedlung sowie der Branchen- und Größenstruktur der Betriebe werden insbesondere die räumlichen Auswirkungen diskutiert[1]. Am Beispiel der Branchensegmentierung, des räumlichen Konzentrationsgrades und des Anteils ausländischen Kapitals soll auf einige strukturelle Eigenarten eingegangen werden:

Am Beispiel der Republik Sudan konnte *Babiker*[2] aufzeigen, daß sowohl bei den Arbeitskräften und der Produktion als auch dem Kapital die Branchen Nahrungs- und Genußmittel sowie Textil und Leder die typischen Bereiche industrieller Tätigkeit darstellen (s. auch die Darstellung über Importsubstitution).

Branchensegmentierung

Am Beispiel Nigeria, das den Anteil der verarbeitenden Industrie am Bruttosozialprodukt von 0,6% 1950 auf 9% im Jahre 1977/78 erhöhen konnte, läßt sich dies ergänzen. Wenn auch noch die Nahrungs- und Genußmittel- sowie die Textil- und Lederindu-

---

[1] *A. Arnold*, 1972; *H.-H. Hilsinger*, 1973; *E. W. Schamp*, 1970
[2] *A. B. A. G. Babiker*, 1976

strie 1975 an den ersten beiden Plätzen rangierten, so wuchs doch andererseits die Bedeutung der Eisen- und Metallverarbeitung, der chemischen Industrie und der Bauindustrie (vgl. Tab.).

Industrielles Wachstum in Nigeria 1965–1975

Branchen	Zahl der Betriebe		
(Betriebe mit mehr als 10 Beschäftigten)	1965	1970	1975
Nahrungs- und Genußmittel	177	311	632
Textil-, Bekleidung u. Leder	4	146	365
Holz und Holzprodukte	51	172	354
Papier- u. Druckerzeugnisse	2	140	194
Chemie, Erdöl, Kohle, Gummi, Kunststoffe	82	128	224
NE-Metalle	3	45	102
Eisen und Stahl	11	3	10
Metallverarbeitung, Maschinen, Elektro und Elektrotechnik	20	120	302
Sonstige verarbeitende Industrie	26	12	44
Elektrizität, Gas u. Wasser	–	1	5
insgesamt	376	1078	2232

Quelle: Federal Ministry of Industries, Industrial Directory, 1965–1975; Lagos 1965–1975.

Industrielle Metropolisierung

Zahlenmäßig überwiegen in diesen Beispielen Kleinbetriebe gegenüber wenigen Mittel- und Großbetrieben, die allerdings die meisten Beschäftigten aufweisen. Dieser ausgeprägte Konzentrationsgrad besteht auch in räumlicher Hinsicht, weshalb auch von ,,industrieller Metropolisierung" *(Ritter)* gesprochen wird. Danach vereinigen z. B. Khartum 73% der Beschäftigten und 77% der Betriebe der Republik Sudan auf sich[1] oder Douala 67% der Beschäftigten Kameruns[2].

Ein weiteres Kennzeichen der Industriestruktur und gleichzeitig wesentlich für die wirtschaftliche Entwicklung ist die Frage der Spar- und Investitionstätigkeit und damit der Kapitalausstattung. Eine Reihe von Studien hat es sich deshalb zum Ziel gesetzt, der Kapitalherkunft nachzugeben, Kapital von staatlichen Stellen, von Unternehmen

Anteil ausländischen Kapitals

in Europa (die Zweigbetriebe in Entwicklungsländern errichten), von internationalen Institutionen oder Kapital aus dem eigenen Land. So stellt etwa *Clapham*[3] für Kamerun 1974/75 fest, daß ausländische Kapitaleigner mit 77% am Nominalkapital der verarbeitenden Industrie beteiligt sind, afrikanische Kapitaleigner im wesentlichen nur an der Getränke- und Textilindustrie. Nach *Berger*[4] verfügten in Nigeria 1971 multinationale Unternehmen über 58% und der Staat über 33% des Kapitals.

Dies ist bei historischer Betrachtung durchaus verständlich. Um die Industrieländer mit Rohstoffen und Nahrungsmitteln zu versorgen, war die Wirtschaft in den Kolonialländern ausschließlich exportorientiert. Die Wirtschaft der jetzt selbständigen Staaten hängt deshalb auch heute noch vom Export ab. Eine eigene Industrieentwicklung scheint jedoch der bedeutendste Faktor für eine wirtschaftliche Förderung dieser Länder zu sein. Diese industrielle Entwicklung ist wiederum vom Auslandskapital

Verwestlichung

abhängig. Der Kapitalimport kann zum Teil durch Export getilgt werden. Der Exportsektor ist also aufrechtzuerhalten. Da er aber bereits von ausländischem Kapital beherrscht ist, bedeutet dies: Transfer von hohen Gewinnen ins Ausland. Um diesem Kapital-Kreislauf zu entgehen, setzen in den letzten Jahren immer mehr Entwicklungsländer, insbesondere die OPEC-Länder gegenüber diesem Kapital-Abfluß Restriktionen, staatliche Kontrollen und Eigenbeteiligung ein.

---

[1] *A. D. A. G. Babiker,* 1976
[2] *E. W. Schamp,* 1979
[3] *R. Clapham,* 1973
[4] *M. Berger,* 1975

b) Problemorientierte Regionalanalysen

Hier soll nur auf zwei Problemkreise hingewiesen werden:

- Industrieentwicklung, Industrialisierung und Urbanisierung, insbesondere Arbeiterwanderungen zu den Industriestandorten[1], häufig in den großen Städten;
- Industrieentwicklung, Industrialisierung und Verwestlichung, d. h. die durch die Orientierung an Industrialisierungsmuster in Europa oder den USA bewirkten Verhaltensänderungen, die regionalen und individualen Entfremdungen bzw. Identitätskrisen in den Entwicklungsländern.

Eine Untersuchung von *Brücher*[2] befaßt sich gerade mit diesen Problemen am Beispiel der Mobilität von Industriearbeitern in Kolumbien. Brücher geht dabei der Frage nach, inwieweit durch die Zuwanderung der Industriearbeiter in die Hauptstadt Bogotá und die Industriestadt Medellin auch eine Verbesserung des Lebensstandards und möglicherweise sozialer Aufstieg verbunden ist.

c) Theoriegeleitete regionale Fall-Studien

Studien dieses Zweiges der industriegeographischen Forschung stellen in den letzten 10 Jahren in immer stärkerem Maße den Regelfall dar. Neben *Schätzl*[3] und seinen **Wachstumszentren** Mitarbeitern (auf Rauch wurde bereits hingewiesen) sind hierbei vor allem *Schamp*[4] und *Gaebe*[5] zu erwähnen. Schamp versuchte etwa am Beispiel der Stadt Garoua in Nordkamerun zu prüfen, wie effektiv eine Wachstumszentren-Strategie ist, die mit Hilfe der Dezentralisierung von Industrien zu einer regional ausgeglichenen Entwicklung führen soll.

„Die bisherigen Erfahrungen mit dieser Strategie und neue Zweifel an der zugrundeliegenden Wachstumszentrentheorie werden zum Anlaß genommen, in der Extremsituation des kleinen Wachstumszentrums Garoua in dem kleinen Land Kamerun die Tragfähigkeit dieser Strategie zu prüfen. Die Untersuchungen über die räumliche Reichweite von Kopplungseffekten, Beschäftigungseffekten und Einkommenseffekten lassen erkennen, daß die Struktur der angesiedelten Industrie wie die Verhaltensweisen der Industriearbeiter eine Konzentration dieser Effekte auf das geplante Wachstumszentrum und seine Region in dauerhafter Weise verhindern."

d) Regional- und entwicklungspolitische Bewertungen

Grundsätzliche Erörterungen, wie die nach Raumordnungszielen unterschiedlicher Regionen in Südafrika bei *Gaebe*[5] werden bei dieser Gruppe von Studien ebenso geführt wie konkrete Planungsvorhaben diskutiert, etwa die Anlage von Industrieparks, deren Effizienz für die Karibik von *Haas*[6] geprüft worden ist. Diese Untersuchungen dokumentieren auch die Abkehr von Großprojekten, die häufig die ökonomischen Möglichkeiten und sozialen Rahmenbedingungen weit überstiegen, zugunsten **Industrial estates** von Maßnahmen, die den Bedürfnissen der Menschen in den Entwicklungsländern weit eher entsprechen; etwa die Förderung von Industrie- und Handwerksbetrieben in ländlichen Gebieten („Hilfe zur Selbsthilfe"). Eine ausschließlich auf die Steigerung des Bruttosozialprodukts ausgerichtete Industriepolitik hat häufig zur Verstärkung der regionalen Disparitäten in den Entwicklungsländern beigetragen. Ab Mitte der sechziger Jahre begann diese Strategie der „Hilfe zur Selbsthilfe" in einigen Ländern **Hilfe zur Selbsthilfe** z. B. Brasilien, Kenia, Indien, Malaysia, Mexiko, Pakistan, Sambia und Tansania. Sie wurde inzwischen von internationalen Organisationen und einzelnen Entwicklungshilfe-Geberländer übernommen (auch von der Bundesrepublik Deutschland[7]).

---

[1] *B. Gerlach*, 1973
[2] *W. Brücher*, 1973
[3] *L. Schätzl*, 1973
[4] *E. W. Schamp*, 1982
[5] *W. Gaebe*, 1978
[6] *H.-D. Haas*, 1976
[7] *H. Michel* u. *W. Ochel*, 1977

Eine der wichtigen Bedingungen für diese Politik ist eine marktorientierte Landwirtschaft. Gerade hier zeigt sich das Dilemma vieler Entwicklungsländer. Verstädterung und Industrialisierung haben zur Landflucht und zur Vernachlässigung der Landwirtschaft geführt und häufig zur Erosion der ehemals landwirtschaftlichen Anbauflächen beigetragen. Länder, die noch vor 20 Jahren Agrarexporte aufwiesen, sind im Zuge bescheidener Industrieentwicklung zu agrarischen Importländern geworden.

Rolle der Landwirtschaft

Die von *Kulinat*[1] vorgelegte Betrachtung der Entwicklung Venezuelas macht besonders deutlich auf die selbst in den OPEC-Staaten sich mehrenden Probleme aufmerksam:

„Venezuela, mit 912050 km^2 etwa viermal so groß wie die Bundesrepublik Deutschland und mit 14,9 Mio E. (1982) zu den mittelgroßen Ländern im südamerikanischen Maßstab zu zählen, setzt vornehmlich die Industrialisierung des Landes als Entwicklungsstrategie ein, was bei den reichen Ressourcen an Erdöl und Eisenerz verständlich erscheint . . .
Die Industrie Venezuelas (einschließlich Erdölsektor, Bergbau, Bauwirtschaft sowie Energie- und Wasserversorgung) konnte ihren Anteil am BIP . . . von 22% (1960) über 40% (1970) auf 47% (1980) steigern . . . Diese Zahlen reduzieren sich jedoch um etwa die Hälfte, zieht man die Erdölförderung ab . . . Insgesamt ergibt sich, daß Verlauf und Stand der Industrialisierung trotz der großen Ressourcen bescheiden sind . . .
Die bisherige Industrialisierung Venezuelas hat zwei Hauptziele nicht erreicht:
1. Die theoretisch vorgesehenen Ausbreitungs- und Sickereffekte sind weitgehend ausgeblieben. Die sozioökonomische Partizipation großer Bevölkerungskreise ist nicht eingetreten.
2. Eine größere Unabhängigkeit vom Erdöl konnte bisher nicht realisiert werden.
Nach wie vor beträgt der Anteil des Erdöls am Exporterlös 90–95%. Eine nennenswerte Exportfähigkeit venezolanischer Industrieprodukte ist nicht gegeben . . .

Autozentrierte Landwirtschaft

Gedanken der „autozentrierten" und „nach innen gerichteten" Entwicklung sollten aufgenommen werden. Ein so reiches Land wie Venezuela könnte es sich z. B. leisten, einen Teil seiner Industrie vom Weltmarkt abzukoppeln, um andererseits bei bestimmten Produkten mit hochmoderner Technologie und hoher Qualität auf dem Weltmarkt präsent zu werden. Diese „selektive Abkoppelung" sollte dafür sorgen, daß Klein- und Mittelbetriebe mit angepaßter, arbeitsintensiver Technologie auf dem Konsumgütersektor im ganzen Land zur Belieferung eines lokalen Markts eingerichtet bzw. gefördert werden".[1]

4. Konzentrationsprozesse und Verflechtungen

Wolf Gaebe

4a) Räumliche Konzentration der Industrie

Wichtige räumliche Variablen der Unternehmerentscheidungen zur Ansiedlung und räumlichen Entwicklung von Industriebetrieben sind
- *Rohstoffvorkommen*, vor allem transportaufwendige mineralische und agrarische Rohstoffe,
- *Lage* und
- *Agglomerationswirkungen*.

1. Rohstoffvorkommen

Die Verbreitung von Kohle, Erzen, Steine und Erden bestimmt die Förder- und Gewinnungsorte. Die Standorte der Aufbereitung, Be- und Verarbeitung können dagegen

---

[1] *K. Kulinat*, 1983

grundsätzlich frei gewählt werden. Variablen sind u. a. Rohstoff- und Transportkosten, Energie-, Arbeits- und Kapitalkosten sowie politische Daten (u. a. Umweltschutzauflagen, Hilfen).

Für die Eisen- und Stahlindustrie sind die Energiekosten (Kohle, Erdgas, Öl, Elektrizität) in der Regel die kritischen Kosten, die den Verhüttungsort am stärksten bestimmen. Hauptenergieträger ist noch Kohle. Der Kohleförderort ist um so eher Verhüttungsort, je höher der Fe-Gehalt der verhütteten Erze ist. Beispiele: Donbas, Karaganda, Pittsburgh (durch Anreicherung fast zum Reingewicht gewordene Importerze), Wales, Midlands, Ruhrgebiet, Saarland, Wallonien, Kattowitz. | Standortfaktor Rohstoffe

Geringwertige Eisenerze werden (bzw. wurden) dagegen am Förderort verhüttet, z. B. in Lothringen und in Salzgitter. | Tafel 1

Eigene Kohle- und Erzvorkommen bringen nicht unbedingt Wettbewerbsvorteile. Deutsche Kohle ist aufgrund tiefer Lage, geringer Mächtigkeit und Dislokation der Flöze sowie hoher Arbeitskosten wesentlich teurer als Importkohle aus den USA und Südafrika trotz des langen Transportweges.

2. Lagemerkmale

Lagegunst bedeutet generell Transport- und Kommunikationsvorteile. Lagevorteile haben z. B. die Küstenstandorte der Eisen- und Stahlindustrie in Japan, an der Ostküste der USA, in Europa (Oxelösund, Newport, Ijmuiden, Gent, Dünkirchen, Bremen, Fos-sur-Mer, Genua, Piombino, Neapel, Tarent) gegenüber Binnenstandorten, Duisburg gegenüber Dortmund aufgrund der kürzeren Erz- und Kohletransportkette. 1953 entfiel in den EG-Ländern 3% der Stahlproduktion auf Küstenstandorte, 1980 mehr als ein Fünftel. Auch Standorte in der Nähe internationaler Flughäfen, z. B. Heathrow (London), Schiphol (Amsterdam), Frankfurt haben Lagevorteile für Unternehmen mit weltweiten Beschaffungs- und Absatzbeziehungen und Kontakten. | Lagegunst

3. Agglomerationswirkungen

Weder Rohstoffe noch Lagevorteile allein erklären die räumliche Konzentration von Versorgungs- und Produktionsbetrieben, Informations- und Kontaktmöglichkeiten. Agglomerationsvorteile und -nachteile haben die am schwersten faßbare Wirkung auf Standortentscheidungen. Sehr schwierig ist eine Operationalisierung und Isolierung der Größenwirkungen und der zwischen ihnen bestehenden Zusammenhänge. Betriebsinterne Größenwirkungen müssen von betriebsexternen unterschieden werden.

a) Betriebsinterne Größenwirkungen
Betriebsinterne Größenwirkungen, Vorteile oder Nachteile, entstehen allein aus innerbetrieblichen Größenveränderungen eines Funktionsbereichs (Beschaffung, Produktion, Absatz u. a.), unabhängig von technischen, wirtschaftlichen, finanziellen oder sozialen Veränderungen.

Beispiele für betriebsinterne Größenvorteile: | Größenvorteile
– mit der Bezugsmenge steigende Mengenrabatte,
– mit der Produktionsmenge abnehmende Stückkosten (bessere Kapazitätsauslastung, besserer Arbeitskräfteeinsatz, stärkere Spezialisierung),
– mit der Nutzung der Absatzeinrichtungen abnehmende Absatzkosten je Mengeneinheit,
– durch direkten Zugang zum Kapitalmarkt günstigere Kreditbedingungen für größere Unternehmen.

Nach betriebswirtschaftlichen Untersuchungen gibt es tätigkeitsspezifische optimale Betriebsgrößen mit minimalen Stückkosten. Größenvorteile sowie technische und wirtschaftliche Mindestgrößen sind Argumente zunehmender Unternehmenskonzentration. Möglichen Vorteilen für einzelne Unternehmen durch Ausgleich konjunktureller, struktureller und Marktrisiken stehen mögliche gesamtgesellschaftliche Nachteile wie Einschränkungen des Wettbewerbs gegenüber. Kleinere Betriebe müssen versuchen, Kostennachteile durch Spezialisierung und hohe Anpassungsfähigkeit auszugleichen.

Beispiel für betriebsinterne Größennachteile:
– bei Überbeanspruchung der Maschinen steigende Stückkosten (Reparaturkosten).

Größennachteile Einzelne Kosten oder Kostenwirkungen können gemessen werden, schwieriger ist die Messung der Gesamtwirkungen und die Ermittlung optimaler Betriebsgrößen.

b) Betriebsexterne Größenwirkungen

Agglomerationsvorteile und -nachteile sind ebenso wie betriebsinterne Größenwirkungen mehrdimensionale Größen, d. h. sie können nicht durch ein Merkmal allein

Agglomerations- beschrieben werden. Agglomerationswirkungen sind Nutzen und Kosten, die nur aus
wirkungen einer Standortverdichtung entstehen können und in der Regel mit zunehmender Entfernung von diesem Standort schwächer werden.

Zur Entstehung von Agglomerationswirkungen tragen alle Tätigkeiten (Industrie, Handwerk, Handel, Dienstleistungen, Behörden, Verbände) direkt oder indirekt als Anbieter oder Nachfrager von Gütern und Leistungen bei, auch die materielle Infrastruktur. Die Wirkungen der Standortverdichtung auf die einzelbetrieblichen Nutzen- und Kostenrelationen und auf die Haushalte sind unterschiedlich stark, sie werden auch unterschiedlich wahrgenommen.

Die Entwicklung einer Reihe von Städten war und ist von der Entwicklung eines großen Industrieunternehmens abhängig: Wolfsburg vom Volkswagenwerk, Leverkusen vom Bayerwerk, Ludwigshafen von der BASF. Städtische Arbeitsmärkte mit nur einem großen Industriebetrieb sind besonders konjunkturanfällig. In Großbritannien

Städte und wurden 92 regionale Arbeitsmärkte abgegrenzt, in denen jeweils ein Betrieb mit
Industrie- durchschnittlich 6000 Beschäftigten dominierte (darunter 18 Bergbaubetriebe,
unternehmen 19 Fahrzeugbetriebe), die meisten in wirtschaftlich zurückgebliebenen Räumen. Die Betriebe beherrschten nicht nur den Arbeitsmarkt, sie hatten auch starken Einfluß auf Kommunalverwaltung und -planung. Aufgrund fehlender Arbeitsplatzalternativen und des schmalen Qualifikationsspektrums sind die Arbeitslosenquoten hier wesentlich höher als auf diversifizierten Arbeitsmärkten.

In der Regel hat eine Tätigkeitsverdichtung positive Wirkungen auf die Arbeitsmärkte durch das breite Berufsspektrum, negative auf die Wohnbevölkerung, u. a. durch die Höhe der Grundstückspreise und Mieten, durch die Verkehrsdichte, den Mangel an Grün- und Freiflächen und durch die Luftverschmutzung. Agglomerationsvorteile bedeuten gegenüber anderen Standorten Wettbewerbsvorteile. Agglomerationsnachteile sind sozialisierte Kosten, die nicht die Verursacher tragen.

Auch mehrdimensionale quantitative Verfahren können Agglomerationsvorteile und -nachteile nur näherungsweise beschreiben. Jede Variablenauswahl bleibt subjektiv

Agglomerations- auch bei begründeten und überprüfbaren Hypothesen und bei Verknüpfung der
vorteile und Einzelmerkmale, wie Lage, Infrastrukturausstattung, Dienstleistungen, Kontakte, zu
-nachteile einer mehrdimensionalen, direkt nicht meßbaren Beschreibungsgröße. Größenwirkungen sind nur z. T. quantifizierbar. Sie enthalten neben meßbaren Größen auch Eindrücke und Empfindungen. Eine genaue Zuordnung und Messung von einzelbetrieblichen externen Wirkungen ist nicht möglich, ebenso wenig die Bestimmung der Gesamtwirkung einer Standortverdichtung. Damit fehlt auch der direkte Bezug zwischen Größenwirkungen und Wertschöpfung, Einkommen und Entwicklung. Agglomerationsvorteile für kleine Betriebe können interne Größenvorteile in großen Betrieben sein mit eigenen Handwerks- und Bauleistungen, Rechts- und Steuerabteilung.

4. Branchenwirkungen

Hoover bezeichnete Vorteile und Nachteile aus der räumlichen Konzentration von Betrieben **einer** Branche (in Industrie, Handwerk, Handel oder Dienstleistungen) als Standortwirkungen.

4a) Branchenvorteile

Standortvorteile entstehen definitionsgemäß nur aus der Konzentration **einer** Branche durch gemeinsame Beschaffung, Produktion oder gemeinsamen Absatz:

Branchenvorteile

- *Beschaffungsvorteile* durch Lieferanten, die sich auf die Bedürfnisse einer Branche spezialisiert haben (Vorteile: schnelle Lieferung, geringe Lagerhaltung, z. B. bei Ersatzteilen und Werkzeugen),
- *Produktionsvorteile* durch qualifizierte und erfahrene Arbeitskräfte
- *Absatzvorteile* durch gemeinsame Werbung mit dem Produktionsort oder Standort, durch breite Präsentation qualitativ hochwertiger und bedarfsspezifischer Güter und Leistungen, z. B. der Besteckindustrie in Sheffield, Tsubame (in der japanischen Provinz Niigata am Japanischen Meer), Solingen oder der Schloßindustrie in Wolverhampton und Velbert.

4b) Branchennachteile

Aus einer Branchenkonzentration können auch Nachteile für den einzelnen Betrieb entstehen, z. B. hohe Lohn-, Ausbildungs-, Forschungs- und Entwicklungskosten aufgrund des hohen Konkurrenzdrucks, für die Standortgemeinde aus der industriellen Monostruktur eine konjunkturelle Anfälligkeit.

Branchennachteile

5. Verstädterungswirkungen

Hoover bezeichnet die allgemeinen Vorteile und Nachteile aus der Tätigkeitsverdichtung und Infrastruktur einer Stadt als *Verstädterungswirkungen.*

5a) Verstädterungsvorteile

für die Wohnbevölkerung z. B.
- ein breites Güter- und Dienstleistungsangebot (z. B. Schauspielhaus, Oper, Konzerthalle, Gesundheits- und Bildungseinrichtungen),
- ein differenzierter Arbeitsmarkt,

für Unternehmen z. B.

Verstädterungs-
vorteile

- niedrigere Arbeitskosten (andere Betriebe oder der Staat tragen einen Teil der Ausbildungskosten)
- niedrigere Werbungs-, Vertriebs- und Kundendienstkosten (aufgrund der Nachfrage- und Kaufkraftkonzentration),
- niedrigere Transportkosten (bei Nutzung von Umschlag- und Spezialtransporteinrichtungen und Verkehrsverbindungen im Nah- und Fernverkehr),
- niedrigere Investitions- und Folgekosten (bei Nutzung von Ver- und Entsorgungseinrichtungen),
- niedrigere Dienstleistungskosten (bei Übertragung auf Spezialdienste: Beratungs-, Wartungs-, Reparatur-, Marktforschungs-, Werbe-, Informationsdienste, Verbände). Ein Verstädterungsvorteil ist nicht nur die tatsächliche Inanspruchnahme dieser Dienste, sondern auch die Verlagerungsmöglichkeit eigener Leistungen auf Dritte,
- niedrigere Forschungs- und Entwicklungskosten (aufgrund der räumlichen Konzentration von Kenntnissen, Erfahrungen, Ideen, Anregungen, der allgemein größeren Aufgeschlossenheit für Neuerungen und vermutlich auch schnelleren und umfassenderen Informationen über Neuerungen).

Reaktionen auf Verstädterungsvorteile

Die Nutzung von Verstädterungsvorteilen kann wie die Nutzung von Branchenvorteilen die Nutzen-Kosten-Rechnung der Betriebe (Industrie, Handwerk, Handel, private und öffentliche Dienstleistungen) verbessern. Die Wirkungen sind am deutlichsten in Standortentscheidungen (Ansiedlung von Produktions-, Verwaltungs-, Forschungs- und Entwicklungseinheiten, Verlagerungen, Stillegungen, Zuzüge, Fortzüge). Statistisch schwer faßbare Verlagerungen qualifizierter Tätigkeiten aus übernommenen Betrieben in ländlichen Räumen in zentrale Orte mittlerer und höherer Versorgungsstufen verstärken die räumlichen Ungleichgewichte.

Zwischen Versorgung und Produktion besteht ein enger Zusammenhang. Beide sind die Wirtschaftsbasis großer Städte und Verdichtungsräume. Düsseldorf, Frankfurt, Stuttgart sind z. B. sowohl hochrangige Versorgungszentren als auch Konzentrationspunkte der Produktion, Berlin, Essen und Dortmund dagegen schwächere Versorgungs- und auch Produktionszentren.

Politische Entscheidungen und biographische Zufälligkeiten (Geburtsort bedeutender Unternehmer), erklären große Unterschiede zwischen Produktions- und Versorgungsleistung (Zentralität), Beispiele: *Wolfsburg* (VW), *Billingham* (ICI), *Clermont-Ferrand* (Michelin), *Eindhoven* (Philips).

Auch in den Entwicklungsländern sind in den größten Städten die höchstrangigen Versorgungseinrichtungen und nicht standortgebundenen Industriebetriebe. Es sind meist die Hauptstädte, z. B. *Monrovia* (Liberia), *Banjul* (Gambia), *Dakar* (Senegal), *Freetown* (Sierra Leone), *Nairobi* (Kenia), *Daressalam* (Tansania).

Die Standortpräferenzen der Unternehmen und Haushalte für große Städte verstärkt das Leistungs- und Einkommensgefälle zwischen Verdichtungsräumen und ländlichen Räumen.

5b) Verstädterungsnachteile

- höhere Löhne und Gehälter aufgrund einer starken Konkurrenz um Fachkräfte
- höhere Kommunalsteuern und Abgaben aufgrund des hohen Finanzbedarfs
- höhere soziale Kosten und höherer Bedarf an öffentlichen Leistungen, z. B. Verkehrswege, Wohnungsbau aufgrund hoher Umweltbelastung und mikroklimatischer Veränderungen, z. B. Zunahme der Nebel- und Regentage, Verringerung der Strahlenintensität und des Windaustausches, Zersiedlung der Randzonen

Verstädterungs- nachteile

- höhere Grundstückspreise, Mieten und Pachten aufgrund starker Konkurrenz um Grundstücke trotz Hochbauten und Verlagerung raumintensiver Tätigkeiten; die Förderung von Tätigkeiten mit hohem Zentralitätsbedarf verursacht die Bodenknappheit
- höherer Zeit- und Kostenaufwand bei Benutzung privater Verkehrsmittel aufgrund von Stauungen, Park- und Zufahrtsschwierigkeiten für Arbeitskräfte, Lieferanten, Kunden und Besucher.

Reaktionen auf Verstädterungsnachteile

Wahrnehmungen und Reaktion der Haushalte und Unternehmen auf Verstädterungsnachteile sind unterschiedlich und uneinheitlich.

Ein Wanderungsverlust läßt vermuten, daß die Bevölkerung die Verstädterungsnachteile stärker empfindet als die Verstädterungsvorteile. Es wirken negative und positive Eindrücke und Erfahrungen zusammen: hohe Bebauungs- und Verkehrsdichte, Raumbeanspruchung und -übernutzung, Luft-, Gewässer- und Lärmbelastung, Kriminalität, Unfallgefahren, ein breites Güter- und Dienstleistungsangebot und ein ausgebautes öffentliches Verkehrsnetz. Haushalte mit Kindern ziehen bevorzugt in suburbane Randzonen, ältere, nicht mehr erwerbstätige Personen z. T. in landschaftlich begünstigte Räume.

Auch die Reaktionen der **Unternehmer** auf Verstädterungsnachteile sind nach Branchen und Betriebsgrößen unterschiedlich. Auch sie spüren gleichzeitig Verstädterungsvorteile und -nachteile: hohe Transport-, Lohn-, Grundstücks-, Miet- und Pachtkosten einerseits und eine gut ausgebaute Infrastruktur, ein breites Güter- und Dienstleistungsangebot, differenzierte berufliche Qualifikationen, Kenntnisse und Erfahrungen andererseits. Hohe Stillegungsquoten und große Verlagerungsdistanzen lassen vermuten, daß die Standort- und Verstädterungsnachteile insgesamt überwiegen, andernfalls ist bei konkurrenzfähigen Betrieben eine Verlagerung aus der Kernstadt an den Rand des Verdichtungsraumes zu erwarten, bei standardisierter Fertigung und operativen Funktionen in den ländlichen Raum, während dispositive Funktionen (Verwaltung, Entscheidung, Kontrolle), Forschung und Entwicklung auf Verdichtungsräume konzentriert werden.

6. Beispiele für Standortkonzentrationen

Die Standortverteilung der Hauptverwaltungen großer Unternehmen (wirtschaftliche Entscheidungszentren), der staatlichen und privaten Forschungs- und Entwicklungseinrichtungen, der forschungs- und entwicklungsintensiven Industriebetriebe, der kontakt- und informationsintensiven Tätigkeiten sowie der Betriebe, die öffentliche Aufträge und Subkontrakte bearbeiten, stützen die Vermutung, daß es Agglomerationsvorteile gibt.

Einfluß der Hauptverwaltungen

Die Hauptverwaltungen der multinationalen Unternehmen konzentrieren sich meist in den größten Städten, Primatstädten oder Städten der obersten Ebene der Städtehierarchie: Stockholm, London, Brüssel, Paris, Zürich, Mailand, Rom, Tokio. In Ländern mit mehreren etwa gleichrangigen Zentren sind die Hauptverwaltungen räumlich weniger konzentriert, etwa in den USA in New York, Chicago, Los Angeles. In der Bundesrepublik Deutschland konzentrieren sich drei Viertel der 100 größten Industrieunternehmen in den 6 größten Verdichtungsräumen. Die Konzentration der wirtschaftlichen Entscheidungen ist in den Entwicklungsländern stärker als in den Industrieländern.

Hauptverwaltungen der 100 größten deutschen Industrieunternehmen in den 6 größten Verdichtungsräumen 1980

Rang (Wohnbevölkerung)	Verdichtungsräume	Hauptverwaltungen insgesamt	davon: in kreisfreien Städten
1	Rhein-Ruhr-Raum	29	28
3	Hamburg	15	15
2	Rhein-Main-Raum	12	11
5	München	8	8
4	Stuttgart	6	6
6	Rhein-Neckar-Raum	4	3
	übrige einschl. Berlin	13	11
		87	82
	ländlicher Raum	13	
		100	

Quelle: Die Zeit, 1981

Zwischen der Konzentration öffentlicher Entscheidungs- und Verwaltungseinrichtungen in London, Brüssel oder Paris und der Konzentration der Hauptverwaltungen multinationaler Unternehmen in diesen Räumen besteht ein enger Zusammenhang. Mit zunehmendem Einfluß des Staates auf die Wirtschaft und zunehmendem Staatsanteil an Produktionsleistung und Volkseinkommen steigt die Bedeutung der Kontaktgelegenheiten mit öffentlichen Auftraggebern.
Hamburg, Düsseldorf, Köln, Frankfurt, Stuttgart und München haben im nationalen Zentrensystem einen höheren Rang als Hannover, Essen, Dortmund, Mannheim/Ludwigshafen und Nürnberg. Die an der Bevölkerungs- und Wirtschaftsentwicklung erkennbaren Bewertungsunterschiede zwischen den Verdichtungsräumen des Bundesgebietes lassen sich nicht durch Ressourcenausstattung und Lage allein erklären.

Auch die Standorte bedeutender staatlicher und privater Einrichtungen und der Institute der Grundlagen- und angewandten Forschung (Universitäten, Luft- und Raumfahrt, Elektronikindustrie) liegen nicht abgeschieden im ländlichen Raum, sondern in oder nahe Verdichtungsräumen.
In den USA ist bei anhaltender Konzentration der Forschungs- und Entwicklungslaboratorien auf Verdichtungsräume eine Dekonzentrationstendenz innerhalb des Zentrensystems erkennbar: Verlagerungen aus größeren in kleinere Zentren.

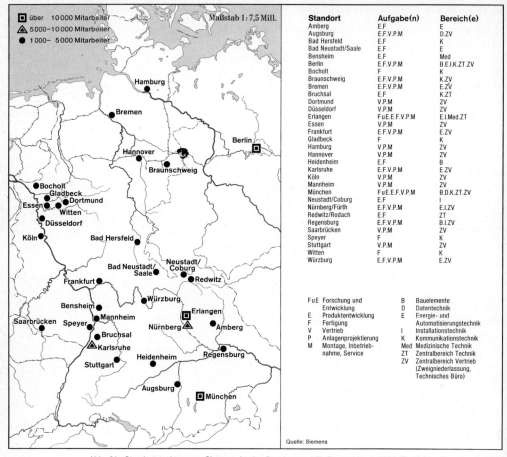

Standort	Aufgabe(n)	Bereich(e)
Amberg	E.F	E
Augsburg	E.F.V.P.M	D.ZV
Bad Hersfeld	E.F	K
Bad Neustadt/Saale	E.F	E
Bensheim	E.F	Med
Berlin	E.F.V.P.M	B.E.I.K.ZT.ZV
Bocholt	F	K
Braunschweig	E.F.V.P.M	K.ZV
Bremen	E.F.V.P.M	E.ZV
Bruchsal	E.F	K.ZT
Dortmund	V.P.M	ZV
Düsseldorf	V.P.M	ZV
Erlangen	FuE.E.F.V.P.M	E.I.Med.ZT
Essen	V.P.M	ZV
Frankfurt	E.F.V.P.M	E.ZV
Gladbeck	F	K
Hamburg	V.P.M	ZV
Hannover	V.P.M	ZV
Heidenheim	E.F	B
Karlsruhe	E.F.V.P.M	E.ZV
Köln	V.P.M	ZV
Mannheim	V.P.M	ZV
München	FuE.E.F.V.P.M	B.D.K.ZT.ZV
Neustadt/Coburg	E.F	I
Nürnberg/Fürth	E.F.V.P.M	E.I.ZV
Redwitz/Rodach	E.F	ZT
Regensburg	E.F.V.P.M	B.I.ZV
Saarbrücken	V.P.M	ZV
Speyer	F	K
Stuttgart	V.P.M	ZV
Witten	F	K
Würzburg	E.F.V.P.M	E.ZV

Maßstab 1 : 7,5 Mill.

□ über 10 000 Mitarbeiter
△ 5 000–10 000 Mitarbeiter
● 1 000– 5 000 Mitarbeiter

FuE	Forschung und Entwicklung	B	Bauelemente
E	Produktentwicklung	D	Datentechnik
F	Fertigung	E	Energie- und Automatisierungstechnik
V	Vertrieb	I	Installationstechnik
P	Anlagenprojektierung	K	Kommunikationstechnik
M	Montage, Inbetriebnahme, Service	Med	Medizinische Technik
		ZT	Zentralbereich Technik
		ZV	Zentralbereich Vertrieb (Zweigniederlassung, Technisches Büro)

Quelle: Siemens

Abb. 61: Standortstruktur von Siemens in der Bundesrepublik Deutschland, 1982 (Betriebe mit mehr als 1000 Beschäftigten)

In der Bundesrepublik entspricht die Verteilung der Forschungs- und Entwicklungseinrichtungen an Hochschulen und außeruniversitären Instituten der Verteilung von Bevölkerung und Bruttoinlandsprodukt. Forschungs- und Entwicklungseinrichtungen gibt es überwiegend in den Räumen Hamburg, Hannover, Braunschweig/Göttingen, Berlin, Rhein-Ruhr, Rhein-Main, Rhein-Neckar, Stuttgart, München. Sie fehlen in den ländlichen Räumen, insbesondere

Standorte von Forschungseinrichtungen

– im Zonenrandgebiet Hessens, Bayerns und Niedersachsens,
– in Ostfriesland, Niedersachsen, in der Eifel, im Saarland und in den westlichen Landesteilen von Rheinland-Pfalz.

Der räumlichen Verteilung der staatlichen Forschungseinrichtungen entspricht die der privaten Forschungs- und Entwicklungslaboratorien. Die staatliche Forschungsförderung verstärkt noch ihre Konzentration, wenn sie industrielle Forschung und Entwicklung vor allem dort fördert, wo es Initiativen der Industrie gibt. Mehr als die Hälfte der direkten Forschungs- und Entwicklungsmittel in der Bundesrepublik Deutschland geht in vier Räume: München, Frankfurt, Köln und Essen, sie geht an wenige große Unternehmen weniger Branchen. In peripheren ländlichen Räumen fehlen nicht nur öffentliche Forschungs- und Entwicklungseinrichtungen, hier gibt es Teilräume ohne ein einziges öffentlich gefördertes Forschungs- und Entwicklungsprojekt.

Industrielle Forschungs- und Entwicklungseinrichtungen in den Verdichtungsräumen der USA 1965 und 1977

Rang (Wohnbevölkerung)	Verdichtungsräume	1965	1977	1965–1977 % 1965 = 100
1	New York – Newark – Jersey City	191	147	91
2	Los Angeles – Long-Beach Anaheim	78	108	138
3	Chicago – Gary	67	81	121
4	Philadelphia – Wilmington – Trenton	62	72	116
5	San Francisco – Oakland – San José	45	64	142
6	Boston – Lawrence – Lowell	51	58	114
7	Cleveland – Akron – Lorain	33	53	161
8	Detroit – Ann Arbor	40	52	130
	alle Verdichtungsräume	1138	1485*	130

* etwa 80% aller Forschungs- und Entwicklungseinrichtungen der Industrie

Quelle: E. J. Malecki, 1979, S. 312

Forschungsintensive Industrietätigkeiten, darunter die chemische, pharmazeutische, elektrotechnische und elektronische Industrie befinden sich überwiegend in Verdichtungsräumen. In Stuttgart und München sind z. B. nicht nur die Hauptverwaltung, sondern auch große Produktionsbetriebe der Elektro- und Elektronikunternehmen (Bauknecht, Bosch, IBM, Hewlett-Packard, SEL, Siemens. 1978 gab die chemische Industrie je Beschäftigten etwa 5000 DM für Forschung und Entwicklung aus, die Textilindustrie mit Standorten vor allem im ländlichen Raum nur etwa 300 DM[1]. Der Anteil kleiner und mittlerer Betriebe ist im ländlichen Raum größer als in Verdichtungsräumen, insbesondere der Zweigbetriebe und rezessiver Branchen. Diese Betriebe geben relativ weniger für Forschung und Entwicklung aus als große Betriebe: auf Betriebe mit mehr als 1000 Beschäftigte entfallen 90–92% der Forschungs- und Entwicklungsaufgaben (Beschäftigtenanteil: 37%).

Größe der Industriebetriebe im ländlichen Raum

Das **Beispiel Frankfurt** zeigt an Produktionsleistung, Tätigkeits-, Kontakt- und Kommunikationsdichte die kumulative Wirkung von Agglomerationsvorteilen, an den demographischen, sozialen und baulichen Veränderungen auch die Wirkung der Agglomerationsnachteile. Frankfurt, höchstrangiges Wirtschafts- und Verkehrszentrum der Bundesrepublik Deutschland, ist in der Gruppe der großen Städte die Stadt mit dem höchsten Beschäftigtenanteil des tertiären Sektors. Die Stadt nutzt den Lagevorteil im Schnittpunkt europäischer Luft-, Straßen- und Bahnverbindungen und im europäischen Fernmeldenetz. Hier sind

Das Beispiel Frankfurt

– der größte deutsche Flughafen (einschl. DDR) (viertgrößter Umschlag von Luftfracht in der Welt, achtgrößte Abfertigung von Fluggästen, in Europa die zweitgrößte nach Heathrow/London; 1982: 36% der deutschen Fluggäste, 75% der Luftfracht und 61% der Luftpost)
– größter deutscher Personenbahnhof
– größte deutsche Paketumschlagstelle und
– größtes deutsches Fernmeldeamt.
In Frankfurt sind auch die Hauptverwaltung der Deutschen Bundesbahn, die Bundesanstalt für Flugsicherung, internationale Speditionen, Vertretungen ausländischer Eisenbahnen, mehr als 100 internationale Luftverkehrsgesellschaften, Spitzenverbände des Straßenverkehrs und mehr als 50 ausländische Fremdenverkehrsvertretungen.
Frankfurt ist als nationales und internationales Finanzzentrum Zürich und New York vergleichbar und ebenfalls wie jene Städte nicht Landeshauptstadt. Hier gibt es etwa 190 ausländische und über 150 deutsche Kreditinstitute. Frankfurt ist Sitz der Deutschen Bundesbank, der privaten und öffentlichen Großbanken, Genossenschaftsbanken mit weltweitem Servicenetz. Mehr als ein Fünftel der deutschen Bankgeschäfte werden in Frankfurt getätigt. Frankfurt hat auch die größte deutsche Wertpapierbörse, die fünftgrößte nach der *New Yorker Stock Exchange*. Hier werden

[1] *K. Schliebe*, 1978, S. 552.

fast die Hälfte der deutschen Wertpapierumsätze gemacht und drei Viertel der ausländischen Wertpapiere gehandelt. Die überragende Dienstleistungskonzentration Frankfurts belegen auch etwa 130 Versicherungsunternehmen, 160 Werbeagenturen und 130 Verlage, internationale Messen, Großhandelsunternehmen und über 30 Bundesverbände des Handels.

Frankfurt ist auch Standort kapital- und forschungsintensiver Industriebetriebe. Betriebe anderer Branchen wurden verdrängt und mußten aufgeben. Der Exportanteil der Industrieproduktion ist in Frankfurt weit höher als in Stuttgart, München, Düsseldorf oder Köln. Chemische Industrie, Elektroindustrie und Maschinenbau beschäftigen mehr als drei Viertel der Arbeitskräfte. Frankfurt ist auch Standort des Verbandes der chemischen Industrie, des Zentralverbandes der elektrotechnischen Industrie und des Vereins Deutscher Maschinenbauanstalten, ein bedeutender Standort der Industrieforschung und der kommerziellen Forschung (u. a. Battelle) und Standort von Fachinformations- und Dokumentationsstellen, Verkaufsbüros und Repräsentanten.

4b) Mehrbetriebsunternehmen und multinationale Unternehmen

Nach der letzten Erhebung nichtlandwirtschaftlicher Arbeitsstätten hatten 1970 in der Bundesrepublik Deutschland 12% der Industrieunternehmen (damals Unternehmen des verarbeitenden Gewerbes) mit 57% aller Beschäftigten mehr als einen Betriebsstandort. Wirtschaftlich ist der Prozentsatz höher, da viele in der Arbeitsstättenzählung erfaßte Unternehmen zwar rechtlich selbständig, aber über Kapital und persönliche Verbindungen an andere Unternehmen gebunden sind. **Mehrbetriebsunternehmen** sind Unternehmen mit mehreren Betrieben. Sie werden von **Konzernen,** in denen mehrere wirtschaftlich verbundene Unternehmen zusammengefaßt sind, unterschieden.

Mehrbetriebs-unternehmen (margin note)

1. Merkmale großer Unternehmen

a) Größe

Größe kann am Umsatz, an der Wertschöpfung, am Gewinn, an der Zahl der Beschäftigten, an den Steuern, Investitionen oder am Marktanteil gemessen werden.

Größe eines Unternehmens (margin note)

In der Regel wird die Größe eines Unternehmens am Umsatz gemessen. Er ist auch Grundlage für die Berechnung des Bruttosozialprodukts (BSP). Der Umsatz ist für sich genommen kein brauchbarer Maßstab. Umsatzsteigerungen bedeuten nicht, daß die Arbeitsplätze sicherer geworden sind oder sich die Stellung am Markt verbessert hat. Der Umsatzanstieg kann durch Übernahme anderer Unternehmen erkauft oder unter Hinnahme hoher Verluste entstanden sein oder auf stark gestiegene Rohstoffkosten, wie in der Ölindustrie, zurückgehen, sogar bei gesunkener Absatzmenge. Der Rang auf der Umsatzliste sagt auch nichts aus über die Fähigkeit des Managements, über Eigenleistungen (Wertschöpfung) und den Anteil der Fremdleistungen.

Die **Wertschöpfung,** die tatsächliche Leistung, zeigt was
– den *Mitarbeitern* (Löhne, Gehälter, soziale Leistungen),
– dem *Staat* (Steuern vom Einkommen, Ertrag, Vermögen),
– den *Kreditgebern* (Zinsen) und
– den *Eigentümern* (Dividenden) gegeben wurde und was
– im *Unternehmen* bleibt (Zuweisung oder Auflösung von Rücklagen, Veränderung des Eigenkapitals bzw. der Selbstfinanzierung).

Die Wertschöpfung ist also der Beitrag des Unternehmens zum Sozialprodukt nach Abzug der Vorleistungen anderer Unternehmen und der Abschreibungen sowie ohne durchlaufende Posten (z. B. Mehrwertsteuer, Tabak-, Alkohol-, Mineralölsteuern).

Die Umsätze der Spirituosen-, Tabak-, Mineralölunternehmen und Brauerein werden durch direkte und indirekte Steuern (Mehrwert-, Alkohol-, Tabak-, Mineralöl- und Heizölsteuern) stark aufgebläht. Die großen Unterschiede zwischen Umsatz und Eigenleistung der Mineralölkonzerne entstehen aber nicht nur durch Steuern, sondern auch durch hohe Rohölpreise, geringe Transport- und Produktionsleistungen.

Von den 50 größten Industrieunternehmen der Erde 1981 waren 22 Mineralölkonzerne. Exxon, das größte Unternehmen der kapitalistischen Länder, setzte mehr als das fünffache der VEBA um, des größten Industrieunternehmens der Bundesrepublik Deutschland.

Die größten Industrieunternehmen in der Bundesrepublik Deutschland

Rang		Unternehmen	Konsolidierter Umsatz in Mio. DM ohne MwSt.		Auslandsgeschäft bzw. Exportanteil in Prozent		Beschäftigte in 1000		
1982	1981		1982	1981	1982	1981	1982	1981	
1	1	VEBA	50 533	49 428	23,1	24,4	80,5	83,0	
2	4	Siemens	40 106	34 561	56,0	56,0	324,0	338,0	
		dav. Kraftwerk-Union	4 800	2 300	–	–	14,4	14,0	
3	3	Daimler-Benz	38 905	36 661	65,8	63,0	185,7	188,0	
4	2	Volkswagenwerk	37 434	37 878	67,9	68,2	239,1	246,9	
		dav. Audi	6 127	5 774	58,0	51,3	30,6	30,3	Größte Industrie-
5	5	Hoechst	34 986	34 435	74,0	72,0	182,2	184,7	unternehmen
6	6	BASF	34 844	34 227	57,0	57,5	115,9	116,6	
7	7	Bayer	34 834	33 742	77,0	76,0	179,5	180,9	
8	8	Thyssen	30 610	28 167	46,0	45,0	144,7	149,8	
9	9	Deutsche BP	23 179	24 275	4,0	4,0	9,4	10,1	
10	11	RWE	22 993	20 451	14,8	15,7	70,1	69,7	
11	12	Deutsche Shell	21 119	20 741	–	–	4,6	4,9	
12	10	Esso	20 778	20 673	2,0	2,0	4,5	4,6	
13	14	Gutehoffnungshütte	18 693	16 718	54,4	49,7	86,0	86,9	
		dav. MAN	6 551	6 361	55,0	46,0	45,2	46,4	
14	13	Ruhrkohle	17 595	18 220	12,05	21,44	134,5	136,51	
15	16	Fried. Krupp	16 720	14 838	43,0	38,0	78,2	82,2	
16	15	Mannesmann	16 469	15 429	66,0	68,0	112,6	106,7	
17	19	Ruhrgas	14 089	12 744	–	–	2,9	2,9	
18	18	Bosch	13 812	12 950	56,0	56,0	112,2	115,9	
19	17	AEG-Telefunken	13 257	14 837	43,0	43,0	92,7	123,7	
20	25	Opel AG	12 734	10 093	58,1	43,4	59,7	60,6	

Quelle: Süddt. Zeitung 29. 8. 1983

Tätigkeitsschwerpunkte deutscher Konzerne im Weltmaßstab sind die chemische Industrie, die Eisen- und Stahl-, Fahrzeug-, Elektro- und Elektronikindustrie:

Deutsche Unternehmen im Weltmaßstab 1982
(Rang unter den größten Industrieunternehmen ihrer Branche)

chemische Industrie	Eisen- und Stahlindustrie	Fahrzeugindustrie Rang	Elektro- und Elektronikindustrie
2 Hoechst	2 Thyssen	3 Daimler-Benz	3 Siemens
3 BASF	< 50 Mannesmann	6 VW	< 50 Bosch
4 Bayer	< 50 Krupp	> 50 Ford	< 50 AEG

Die umsatzstärksten Industrieunternehmen der Welt
(Umrechnung in DM zu den mittleren amtlichen Frankfurter Devisenkursen 1982 (1$ = 2,4287)

1982	Unternehmen	Branche	Land	Umsatz Mrd. DM	Verändg. gg. 1981**	Beschäftigte*** 1982	1981
1	Exxon	Öl	USA	236,0	−10%	173 000	178 000
2	Royal Dutch/Shell	Öl	GB/NL	203,1	+13%	165 000	164 000
3	General Motors	Auto	USA	145,8	− 4%	657 000	741 000
4	Mobil Oil	Oil	USA	145,6	− 7%	197 000	210 000
5	British Petroleum	Öl	GB	124,4	+14%	140 000	153 000
6	Texaco	Öl	USA	114,1	−18%	64 000	67 000
7	Ford	Auto	USA	90,0	− 3%	379 000	405 000
8	IBM	Elektro	USA	83,5	+18%	360 000	348 000
9	Standard Oil of Cal.	Öl	USA	83,5	−22%	43 000	42 000
10	Du Pont de Nemours	Chemie	USA	81,0	+46%	171 000	177 000
11	Gulf Oil	Öl	USA	69,0	+ 1%	55 000	59 000
12	Standard Oil of Ind.	Öl	USA	68,2	− 6%	58 000	58 000
13	General Electric	Elektro	USA	64,4	− 3%	367 000	404 000
14	Atlantic Richfield	Öl	USA	64,3	− 5%	53 000	54 000
15	Unilever	Nahrungsm./Chemie	GB/NL.	50,8	0%	288 000	292 000
16	TOTAL	Öl	Frankreich	48,7	+ 7%	47 000	48 000
17	VEBA	Strom, Öl, Chemie	D	48,5	+ 2%	82 000	83 000
18	US Steel	Stahl	USA	44,6	+32%	120 000	142 000
19	Occidental Petroleum	Öl	USA	44,2	+24%	51 000	48 000
20	Elf-Aquitaine	Öl	Frankreich	42,5	+10%	59 000	48 000
21	B. A. T. Ind.	Tabak	GB	41,0		178 000	170 000
22	Nippon Oil*	Öl	Japan	40,8	+ 6%	3 000	3 000
23	Siemens	Elektro	D	40,1	+16%	329 000	341 000
24	Philips	Elektro, Chemie	NL	39,1	+ 1%	342 000	360 000
25	Daimler-Benz	Auto	D	38,9	+ 6%	187 000	186 000
26	ITT	El, Mb, Nm, Chemie	USA	38,8	− 8%	304 000	336 000
27	Hitachi	Elektro	Japan	38,5	+ 7%	155 000	148 000
28	Phillips Petroleum	Öl	USA	38,1	− 2%	32 000	33 000
29	Nissan Motor*	Auto	Japan	38,1	+ 7%	100 000	99 000
30	SUN	Öl	USA	37,7	+ 3%	43 000	47 000
31	Toyota Motor (Stammhaus)	Auto	Japan	37,6	+10%	51 000	52 000
32	VW	Auto	D	37,4	− 1%	243 000	253 000
33	Fiat	Auto	Italien	37,3	+ 2%	264 000	315 000
34	Tenneco	Öl	USA	37,0	− 1%	100 000	103 000
35	Matsushita	Elektro	Japan	35,6	+ 6%	120 000	118 000
36	Hoechst	Chemie	D	35,0	+ 2%	184 000	186 000
37	BASF	Chemie	D	34,8	+ 2%	116 000	117 000
38	Bayer	Chemie	D	34,8	+ 3%	180 000	180 000
39	Nestlé	Nahrungsm.	Schweiz	33,1	0%	144 000	146 000
40	United Technologies	Technik	USA	33,0	− 1%	187 000	190 000
41	ICI	Chemie	GB	31,2	+12%	124 000	132 000
42	Thyssen	Stahl	D	30,6	+ 9%	145 000	150 000
43	Western Electric	Elektro	USA	30,6	− 3%	153 000	168 000
44	Idemitsu Kosan	Öl	Japan	30,0		8 000	8 000
45	Mitsubishi Heavy Ind.	Computer	Japan	29,4	+12%	95 000	95 000
46	Volvo	Auto	Schweden	29,4		79 000	76 000
47	Procter & Gamble	Chemie	USA	29,1	+ 5%	62 000	60 000
48	Getty Oil	Öl	USA	29,1	− 7%	19 000	19 000
49	Nippon Steel	Stahl	Japan	28,3	−12%	74 000	74 000
50	Peugeot	Auto	Frankreich	27,8	+ 4%	211 000	218 000

* April 81/März 82; ** in jeweiliger Landeswährung; *** Beschäftigte: Jahresdurchschnitt, zum Teil geschätzt.

Quelle: Süddt. Zeitung 29. 8. 1983

Zwischen 1965 und 1982 veränderte sich die Rangfolge der größten Unternehmen in der Bundesrepublik erheblich, nicht nur aufgrund eigener Entwicklung, sondern auch durch Zusammenschlüsse und Aufkäufe. Das Umsatzwachstum der 100 größten Unternehmen ist größer als das der Gesamtindustrie. Innerhalb dieser Gruppe nehmen die Unterschiede zu, da die größten Unternehmen stärker wachsen als die weniger großen. Daß bei den größten Unternehmen der Umsatz allgemein schneller gestiegen ist als die Zahl der Beschäftigten, ist ein Hinweis auf deren hohe Arbeitsproduktivität. Der Umsatz ist allerdings kein geeigneter Größenmaßstab, da er auch Handelsumsätze enthält. Ohne Handelsumsätze wäre der Konzernumsatz der VEBA etwa ein Viertel niedriger, ähnlich wie Thyssen, Klöckner und andere Industriekonzerne mit Handelsgesellschaften. *Veränderung der Rangfolge*

Kapitalanleger (Aktionäre) und Wirtschaftsfachleute bewerten ein Unternehmen mehr nach dem Gewinn als nach dem Umsatz. Der Gewinn zeigt die Möglichkeit der Dividendenzahlung und Selbstfinanzierung der Investitionen.
Beispiele:

Verteilung der Wertschöpfung 1981 (in Prozent)

	Arbeits- kräfte (Löhne/Gehälter)	Staat (Steuern)	Kredit- geber (Zinsen)	Eigen- tümer Dividenden)	Selbst- finanzierung (Rücklagen)
Siemens	88	4	4	3	1
IBM	72	14	0	14	–
Esso	29	32	5	34	0

Quelle: Die Zeit, Nr. 34 (1982), S. 16.

Die international höchsten Gewinne erzielten 1981 die Mineralölkonzerne Exxon, Royal Dutch/Shell, Petroleos de Venezuela vor IBM und weiteren Mineralölkonzernen: Mobil Oil, Standard Oil of California, Texaco, British Petroleum und Standard Oil (Ohio). Die größten Gewinne in der Bundesrepublik Deutschland erreichten Daimler Benz und – mit nur etwa einem Viertel des Umsatzes – IBM. *Die höchsten Gewinne*

Schwere Verluste machten dagegen 1981 einige große Stahl- und Fahrzeugkonzerne: darunter British Steel (2,4 Mrd. Dollar) der amerikanische Autokonzern Ford Motor (1,1 Mrd. Dollar), British Leyland (1,0 Mrd. Dollar) und die französische Stahlgesellschaft Usinor (0,8 Mrd. Dollar), in der Bundesrepublik Opel, Hoesch, Salzgitter und ARBED. Sie spiegeln große Anpassungs- und Strukturprobleme der Industrieländer wider, vgl. S. 151 ff.

Ein anderer Maßstab der Bedeutung eines Unternehmens für die Wirtschaft eines Landes ist die Zahl der **Beschäftigten** oder angebotenen Arbeitsplätze. Siemens (in der Bundesrepublik Deutschland) beschäftigte 1982 324 000 Menschen, die Deutsche BP als größtes Mineralölunternehmen dagegen nur 9400.

Aus staatlicher Sicht bemißt sich die Bedeutung eines Unternehmens am Beitrag zur Finanzierung öffentlicher Leistungen. Größte Steuerzahler der deutschen Industrie 1982 waren Daimler Benz (2,6 Mrd. DM) und RWE (1,7 Mrd. DM). *Die Zahl der Beschäftigten*

b) Unternehmenskonzentration

Weniger durch Umsatzanstieg als durch Aufkäufe und Fusionen entstehen immer größere Unternehmenseinheiten. Vor allem die Großunternehmen werden größer.
In der Bundesrepublik Deutschland nimmt die Unternehmenskonzentration seit 1954 stetig zu. Im Branchendurchschnitt setzen die jeweils drei größten Unternehmen mehr als ein Viertel um. Nach Angaben der Monopolkommission liegen die Umsatzanteile der drei größten Unternehmen zwischen 4% in der Holzverarbeitung und 81% im Luftfahrzeugbau. Am höchsten ist die Konzentration in der Grundstoff- und Produktionsgüterindustrie. *Unternehmenskonzentration*

Der Konzentrationsgrad sinkt mit der Verbrauchsnähe. Die Konzentration nimmt in den umsatzstärksten Industriegruppen weiter zu: im Stahl- und Leichtmetallbau, in der elektronischen, elektrotechnischen, papier- und pappeverarbeitenden Industrie. In nur wenigen Branchen ist sie gesunken: in der Ernährungsindustrie und in der Kunststoffverarbeitung. Unbefriedigend ist eine Konzentrationsmessung am Umsatz wegen der z. T. sehr großen Differenz zwischen Umsatz und Wertschöpfung. Andere Konzentrationsmerkmale sind Zahl und Größenverteilung der Unternehmen und Betriebe, Produkt- und Vertriebsstrategie, Kundenbetreuung und -beeinflussung und Stärke des Wettbewerbs.

Folgen der Konzentration Große Unternehmen kaufen systematisch kleinere und mittlere Unternehmen in mittelständisch strukturierten Märkten, u. a. Maschinen, Bier, Lacke, Farben. Kaufgründe sind u. a. Überliquidität, Ergänzung des Produktionsprogramms, Risikoausgleich durch Diversifizierung in Wachstumsbereiche, Kapazitätserweiterung, Marktmacht (Vorteile bei Warenbezug, Produktion, Forschung und Entwicklung und Absatz), Verkaufsgründe u. a. Nachfolgeprobleme, knappe Eigenkapitalausstattung, Wunsch nach Einschränkung der Unternehmertätigkeit.

Durch Zukäufe lassen sich neue Märkte gewinnen. Vor allem finanzstarke Großunternehmen verschaffen sich durch Übernahme kleiner innovationsintensiver Betriebe Zugang zu expandierenden Märkten. Ein wesentlicher Grund für die Zunahme der Fusionen und Aufkäufe liegt darin, daß im Unterschied zum Produktionswachstum standardisierbarer Güter in den 60er Jahren der Absatz auf diesen Märkten stagniert oder gar zurückgeht. Marktsättigung und starke ausländische Konkurrenz führten zu einem Verdrängungswettbewerb ohne gleichzeitige Erschließung neuer Märkte. Die 100 nach dem Umsatz größten deutschen Unternehmen (einschl. Handels- und Dienstleistungsunternehmen) kauften 1978 496 Unternehmen auf, mit einem Gesamtumsatz von etwa 40 Mrd. DM. Sie hatten Anteile an etwa 5700 inländischen Gesellschaften. Aufgrund ihrer volkswirtschaftlichen Bedeutung haben große Konzerne faktisch eine staatliche Existenzgarantie, das zeigen Kapitalhilfen und Bürgschaften für Krupp und AEG.

Die Behauptung, nur große Unternehmen könnten die für Produkt- und Prozeßinnovationen, z. B. in der Eisen- und Stahl-, chemischen, Fahrzeug-, Elektro- und Elektronikindustrie, erforderlichen Mittel aufbringen, sucht Konzentrationen zu rechtfertigen. Fusionen und Aufkäufe sind jedoch raumordnungspolitisch bedenklich, da das übernommene Unternehmen in der Regel Leitungsfunktionen an das übernehmende Unternehmen und an Hauptverwaltungen in größeren Zentren und Verdichtungsräumen abgeben muß.

Rangliste in Japan Die Konzentration nimmt auch in anderen Industrieländern zu. Z. B. mit staatlicher Förderung in Frankreich und Japan.

In der Rangliste der umsatzgrößten Konzerne liegt der größte japanische Konzern an 22. Stelle (Nippon Oil). Eine daraus abgeleitete Vermutung, in Japan sei der Wettbewerb nicht bedroht, ist falsch. Nach einer Studie des Kartellamtes in Tokio besitzen die hundert größten Unternehmen des Landes (ohne Banken und Versicherungen) knapp ein Viertel des gesamten Nettovermögens der privaten Wirtschaft. Die tatsächliche Konzentration und die Verflechtungen in der japanischen Wirtschaft sind weit größer. Die 100 größten Unternehmen sind untereinander durch Lieferungen, Kapital und Personen vielfach und vielstufig verbunden, durch gruppeninterne Finanzierung und Risikoverteilung. 16 Großkonzerne mit wechselweiser Kapital-, Kredit- und Personalverflechtung, jedoch ohne juristisch faßbare Entscheidungszentren beherrschen alle wichtigen Märkte. Die 6 größten der 16 Gruppen übertrafen 1978/79 die Umsätze des größten internationalen Konzerns Exxon:

Rangordnung der japanischen Konzerne	Umsatz 1978/79	rechtlich selbständige Gruppenunternehmen
1. Mitsubishi-Gruppe	106 Mrd. $	136
2. DKB-Gruppe	79 Mrd. $	64
3. Sumitomo-Gruppe	78 Mrd. $	108
4. Mitsui-Gruppe	77 Mrd. $	102
5. Fuyo-Gruppe	71 Mrd. $	103 (u. a. Nissan-Gruppe)
6. Sanwa-Gruppe	65 Mrd. $	80 (u. a. Hitachi-Gruppe)

Quelle: ,,Die Zeit'', Nr. 7 (1981), S. 23

An den japanischen Industriegruppen gemessen sind die größten deutschen Unternehmen, VEBA (1982, 20,0 Mrd. $) und Siemens (16,5 Mrd. $), klein. Dabei sind in Japan Großbanken und Versicherungen, die zu den Unternehmenskonglomeraten gehören, nicht berücksichtigt. Die Gruppenmitglieder sind untereinander selten mit mehr als 10% verbunden, haben allerdings zusammen häufig die Mehrheit an Einzelkonzernen. Wichtiger als Kapitalverflechtungen sind der Finanzierungsverbund und der Tausch von Vorstandsmitgliedern und Direktoren.

Konzentrationsvorgänge gibt es auch in sozialistischen Ländern, z. B. gab es 1956 in der DDR 18 300 Industriebetriebe, 1982 nur noch 4332.

c) Eigentumsverhältnisse

Die Finanzkraft eines Unternehmens kann am Eigenkapital oder an der Kreditfähigkeit gemessen werden. Nur knapp ein Achtel der 100 größten deutschen Industrieunternehmen ist im Eigentum von Einzelpersonen oder Familien. In der Regel ist das Kapital weit gestreut:

Anteilseigner der 100 größten deutschen Industrieunternehmen 1980 (in Prozent)

Anteilseigner von Industrieunternehmen

Ausländische Anteilseigner (1)	27
Anteilseigner unter den 100 größten Unternehmen	20
Streubesitz	19
Einzelpersonen oder Familien	15
Banken, Versicherungen	13
Staat	6
	100

(1) u. a. Mineralöl-, Elektro- und Elektronik- und Fahrzeugunternehmen

In der Bundesrepublik Deutschland werden Konzerne vor allem durch Beteiligungen zusammengehalten, in Japan durch Kredite von Banken und Handelsbetrieben sowie personelle Verbindungen. Der Fremdkapitalanteil der japanischen Konzerne ist höher und der vertikale Integrationsgrad geringer als in der Bundesrepublik Deutschland

Eigenkapital der Industrie 1978 (in Prozent)

USA	55	(1)
Großbritannien	45–50	
Niederlande	35	
Bundesrepublik Deutschland	25	
Japan	15–20	

(1) Durchschnittswert

Quelle: Institut der deutschen Wirtschaft, Köln

d) Technischer Entwicklungsstand

Große Konzerne haben die Mittel zur Entwicklung neuer Produkte und Produktionsprozesse und zur großwirtschaftlichen Umsetzung. Sie sind finanziell und organisato-
risch führend, (jedoch nicht unbedingt technologisch) und haben viele in kleineren
Unternehmen entwickelte Erfindungen zur Großserienfertigung gebracht. Es gibt
jedoch erhebliche Branchenunterschiede. Der Forschungs- und Entwicklungsteil am
Gesamtumsatz von Bayer und Hoechst beträgt etwa 4–6%, bezogen auf den Pharma-
Umsatz jedoch mehr als 10%. Ähnlich hohe Forschungsaufwendungen haben auch
andere Pharmaunternehmen (Schering, Boehringer, E. Merck, Hoffmann – La Roche,
Sandoz, Ciba – Geigy). Zu den forschungsintensivsten Unternehmen der USA gehört
der Elektronikkonzern Sperry Rand Corp., New York (Umsatzanteil etwa 11%; zum
Vergleich Siemens 8%). Weitere Beispiele für Großunternehmen mit sehr hohen Forschungsaufwendungen sind der Rockwell-Konzern (Pittsburgh/USA), spezialisiert
auf die Entwicklung von Technologien für die Luft- und Raumfahrt, Fahrzeugindustrie
und Produktionsprozesse.

Anteil von Forschung und Entwicklung

2. Multinationale Unternehmen

Öffentliches, zunehmend auch wissenschaftliches Interesse gilt den Verhaltenswei-
sen international tätiger Unternehmen und zentraler Hauptverwaltung mit Standorten
(Fabriken, Gruben, Verkaufsbüros) in zwei und mehr Ländern. Darunter sind Unter-
nehmen mit einem breiten Tätigkeitsspektrum wie z. B. Unilever (1982 20,8 Mrd. Dollar
Umsatz, Produktionsbereiche: Lebensmittel, Waschmittel, Körperpflegemittel, chemi-
sche Erzeugnisse, Papier, Kunststoffe, Verpackungsmittel, Futtermittel, Plantagen,
Transporte), mit starker Stellung auf dem Weltmarkt, mit weltweiter Forschung und
Entwicklung, Investitionsplanung, Beschaffung, Produktion, Marketing und Absatz.
Der Anteil multinationaler Unternehmen an der Industrieproduktion der westlichen
Länder wird auf mehr als ein Fünftel geschätzt, am Welthandel auf mehr als die Hälfte
und an Auslandsinvestitionen auf mehr als drei Viertel.

Multinationale Unternehmen

a) Entwicklungsphasen zu multinationalen Unternehmen

Die Entwicklungsphasen vom Einbetriebsunternehmen zum multinationalen Unternehmen können aufeinanderfolgen, kombiniert und durch den Kauf (Übernahme) und
die Errichtung von Zweigbetrieben sowie die Vergabe von Lizenzen ergänzt werden.
Ein Beispiel des Entwicklungsprozesses zu einem multinationalen Unternehmen ist
die Ford Motor Company in Dearborn (Detroit): Gründung des Unternehmens 1903,
1904 Export nach Großbritannien, 1911 erstes Montagewerk in Großbritannien.

Es werden mehrere Typen multinationaler Konzerne unterschieden:
– einen *Kolonialtyp:* Auslandsbetriebe versorgen die Inlandbetriebe mit Rohstoffen
– einen *Weltmarkttyp:* Auslandsbetriebe nutzen Standortvorteile (z. B. niedrigere Arbeitskosten,
  Subventionen, Importbeschränkungen) und beliefern Inlandbetriebe mit Vorprodukten
– einen *Importsubstitutionstyp:* Auslandsbetriebe erschließen und sichern Auslandsmärkte (mit
  gleichen Produkten wie im Inland)

Die Ansiedlung von Zweigbetrieben läßt einige Standorttendenzen erkennen:
– Nachbarländer und hier bevorzugt in Grenzregionen,
– Verdichtungsräume und
– Fördergebiete.

Die Standortentscheidungen der IBM in Europa zeigen die räumlich selektive Ansiedlungspolitik:
die ersten europäischen Betriebe wurden in den Kernstädten großer Verdichtungsräume errichtet:
Paris (1922), Berlin (1927), Stockholm (1927), Mailand (1936). In den 50er Jahren wurden neue
IBM-Betriebe am Rande von Verdichtungsräumen errichtet: Corbeil bei Paris (1954), Valingsby bei
Stockholm (1954), in Sindelfingen (1955), in den 60er und 70er Jahren in kleineren Städten und
Verdichtungsräumen.

b) Räumliche Organisationsformen und Standortmuster

Multinationale Konzerne entwickeln verschiedene räumliche Organisationsformen der Leitung und Verwaltung:

- nationale Tochtergesellschaften, z. B. IBM,
- nationale Konzerngesellschaften, z. B. Philips (Hauptsitz in Eindhoven/Niederlande), Sitz der Deutschen Philips GmbH in Hamburg), BBC (Hauptsitz in Baden (Schweiz), der deutschen Konzerngesellschaft mit eigenen Tochtergesellschaften in Mannheim.
- Konzerne mit Hauptsitz in zwei Ländern, z. B. Royal Dutch/Shell (Den Haag/London). Unilever (Rotterdam/London).

Organisationsformen

Die Konzernzentralen sind in der Regel in Kernstädten großer Verdichtungsräume: New York, London, Paris, Tokio.

Entsprechend den Standortanforderungen und -verflechtungen werden die Standorte für Hauptverwaltung, Forschungs-, Entwicklungs-, Produktions- und Vertriebseinheiten gewählt. Die Hauptverwaltungen sind in der Regel stark konzentriert, Vertriebs- und Serviceeinheiten weit gestreut.

Große Mehrbetriebsunternehmen organisieren sich zunehmend auf der Ebene gleichrangiger Zentren, wie detaillierte Untersuchungen bestätigen. Sie zeigen, daß nahezu die Hälfte aller Vorwärts- und Rückwärtsverflechtungen im Güter- und Dienstleistungsbereich interregional sind (vgl. Abb. 63). Einen weiteren Hinweis geben Untersuchungen in Verdichtungsräumen der USA. Sie zeigen, daß der Anteil der unternehmensinternen Verflechtungen von Mehrbetriebsunternehmen mit Zweigbetrieben in anderen Verdichtungsräumen wesentlich höher ist (zwischen 45 und 79%) als der Anteil solcher Verflechtungen im Umland des Hauptsitzes (zwischen 3 und 21%). Es gibt starke empirische Hinweise, daß in hochentwickelten Industrieländern das Standortmuster multiregionaler Mehrbetriebsunternehmen insbesondere die großen Verdichtungsräume verbindet und multiplikative Wachstumsverstärkungen zwischen diesen Räumen fördert. Die Standortstrukturen großer Konzerne zeigen eine starke Präferenz für Verdichtungsräume.

c) Auslandsinvestitionen

Auf die 10 größten und meist auch sehr exportintensiven deutschen Industrieunternehmen entfallen etwa 40% der deutschen Auslandsinvestitionen. Zwischen Exporten und Auslandsinvestitionen besteht ein enger Zusammenhang. Auslandsinvestitionen werden meist durch Exporte und Geschäftskontakte vorbereitet. Sie erfolgen bevorzugt in expandierenden, wirtschaftlich und politisch stabil eingeschätzten Märkten. Gründe für Auslandsinvestitionen oder die Internalisierung des Kapitals sind u. a. die Erhaltung der internationalen Wettbewerbsfähigkeit, die Ausweitung und Sicherung des Marktpotentials und Änderungen der politischen und ökonomischen Tätigkeitsbedingungen, z. B.:

Gründe für Auslandsinvestitionen

- *Kostensteigerungen der Inlandsproduktion*
  und niedrigere Lohnkosten und Lohnnebenkosten (z. B. in den Schwellenländern Singapur, Hongkong, Taiwan, Malaysia), geringere soziale Verpflichtungen und weniger belastende Arbeitsschutzgesetze
- *Erschließung neuer Absatzmärkte*
  Marktsättigung, fehlende Kapitalverwendungsmöglichkeiten im Inland, u. a. in Ländern mit kleinen Märkten wie Schweden, Niederlande, Schweiz; verglichen mit den US-Märkten sind die europäischen Märkte klein und zersplittert (politisch, rechtlich, sprachlich, wirtschaftlich), US-Unternehmen suchen deshalb in Europa zentrale Standorte für die Belieferung *mehrerer* nationaler Märkte;[1] Risikostreuung durch Diversifizierung der Tätigkeiten und Standorte; weltweite Standortstrategie zum Ausgleich politischer und wirtschaftlicher Risiken.

Beispiele hierfür sind die Mineralölkonzerne. Sie stoßen z. B. in neue Tätigkeitsfelder vor, z. B. Suche, Aufschluß, Verarbeitung von Kohle und Eisen, entwickeln weltweite Transport- und Verteilungsnetze. Investitionen u. a. in Projekte der Kohleveredelung, Solar- und Nuklearforschung und in andere Branchen: Kunststoffverarbeitung (BP), Bauchemie (Shell), Textverarbeitung und Kommunikationssysteme (Exxon). Die Mineralölkonzerne versuchen auch den Substitutionswettbewerb zu kontrollieren und ein weltweites Energie-Oligopol aufzubauen.

Gründe für Auslands- investitionen

– *Sicherung von Absatzmärkten*
Bei Importrestriktionen (Verbote, Zölle), steigenden Transportkosten und Verschärfung des Wettbewerbs; Investitionsanreize begünstigen die Inlandsproduktion gegenüber Importen (Steuernachlässe, -befreiungen, Subventionen, Zollschutz)
– *Sicherung der Rohstoff- und Energieversorgung*
z. B. Erwerb von Kohlegruben in den USA, Erzgruben in Liberia, Australien, Argentinien durch deutsche Unternehmen
– *Entwicklung neuer Organisations-, Transport- und Kommunikationssysteme*
zur Koordinierung und Steuerung weltweiter Aktivitäten
– *Veränderung der Währungsparitäten*
Überbewertung des Dollars im internationalen Währungssystem in den 50er und 60er Jahren zugunsten amerikanischer Konzerne.

Multinationale Konzerne haben auf den Absatz- und auf den Beschaffungsmärkten eine starke Position. Typische Weltmarktprodukte der Industrieländer sind Computer, Maschinen und Arzneimittel. Multinationale Konzerne investieren in Entwicklungsländern vor allem in Rohstoffe, u. a. Erze, Nahrungsfette und -öle und international verflochtene Bank-, Versicherungs-, Luftfahrts- und Touristikdienste.

d) Marktstrategien
Erfahrungen und Investitionsneigung der Unternehmer, politische und wirtschaftliche Daten (Einfuhrbeschränkungen, Besteuerung, Möglichkeiten des Gewinntransfers, Subventionen) bestimmen die Marktstrategien multinationaler Unternehmen.

e) Kritik an Verhaltensweisen multinationaler Unternehmen

Kritik an multi- nationalen Unternehmen

Investitionen multinationaler Unternehmen könnten den Anlageländern Vorteile bringen und zur Verbesserung der Wirtschaftsstruktur, der Beschäftigung und der Einkommen, des Ausbildungsstandes, der weltweiten wirtschaftlichen Integration und internationalen Arbeitsteilung und zum Transfer von Know how und Technologie beitragen. Die Erwartungen, insbesondere der Entwicklungsländer, an multinationale Unternehmen werden jedoch allgemein nicht erfüllt.
Kritisiert wird:

– *eine unkontrollierte politische und ökonomische Macht*
Umgehung der nationalen Wirtschafts-, Finanz- und Steuerpolitik, Einmischung in die Politik; unzureichende Informationen über Unternehmensziele, Gewinne, Investitionen
– *der Entzug von Ressourcen*
Aufbau kapitalintensiver Produktionsenklaven; importierte Produktionsmittel; Export unbearbeiteter und unverarbeiteter Rohstoffe; Gewinntransfer; Umweltbelastung
– *die geringe Beachtung der Grundbedürfnisse der Bevölkerung*
u. a. an Wohnungen, Arbeitsplätzen, Bildungseinrichtungen; Produktion von Gütern für eine kleine Elite mit politischer, militärischer und wirtschaftlicher Macht; geringe Beschäftigungs- und Einkommenswirkungen, geringe Kapitalbildung; die räumlichen ökonomischen und sozialen Ungleichgewichte werden größer, z. B. zwischen knappen hochbezahlten, meist ausländischen Führungs- und Fachkräften und jederzeit ersetzbaren ungelernten inländischen Arbeitskräften
– *die Wettbewerbsbeschränkung*
starke Stellung auf den Beschaffungs-, Absatz- und Finanzmärkten, z. T. oligopolistische Marktformen, Schädigung der Inlandskonkurrenz
– *die geringe Forschung und Entwicklung*
nicht angepaßte Technologien, kapitalintensive Verfahren; kaum Lizenzen, hohe technologische Abhängigkeit
– *die Verdrängung nationaler Verbrauchsgewohnheiten.*

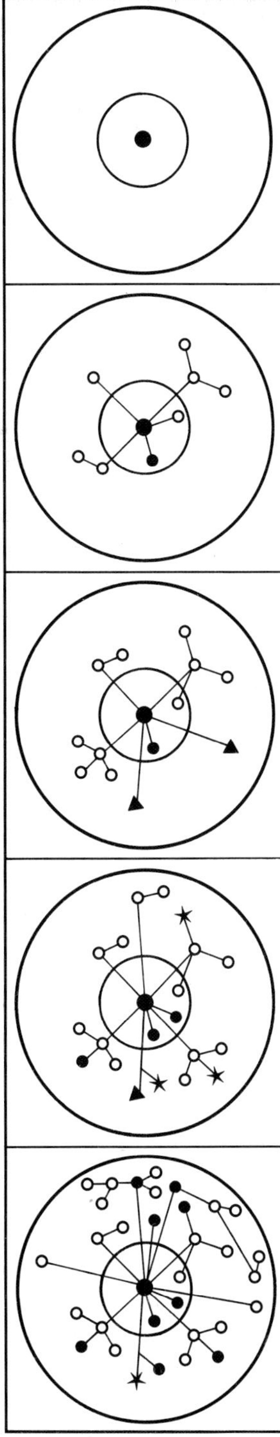

| | Phasen | Mehrbetriebsunternehmen | |
		Inland	Ausland
	t0	**Produktion** Produktentwicklung (Erfindung, Innovation), hohe Ausgaben für Forschung und Entwicklung Produktion für den Inlandsmarkt	
Markteintritt (Innovationsphase)			
	t1	**Produktion** abnehmende Stückkosten mit zunehmender Produktion, Errichtung von Zweigbetrieben (Produktionsbetrieben)	**Exporte**
Marktdurchdringung (Wachstumsphase)			
	t2	**Produktion** Standardisierung, Massenproduktion zunehmender Wettbewerb, Übernahme durch andere Unternehmen	**Exporte** **Vertriebsagent** Errichtung von Verkaufsagenturen, (Fremdvertretung, technische Beratung) Verkaufsniederlassung
Marktausweitung			
	t3	**Produktion**	**Exporte** **Produktion** (Montage importierter Teile) Auslandsinvestitionen, Übertragung von Technologie
Produktions – ausweitung			
	t4	**Produktion**	**Exporte** **Produktion** Produktionsverlagerung, z.B. in Schwellenländer

Zeichenerklärung

Produktionsbetrieb	●
Verkaufsniederlassung	○
Verkaufsagentur	▲
Montage	✳

Abb. 62: Strategien für In- und Auslandsmärkte

Multinationalen Unternehmen, die primär gewinn-, nicht entwicklungsorientiert sind, werden somit negative Wirkungen auf die Souveränität der Anlageländer, auf die Ressourcennutzung, auf Arbeits- und Kapitalmärkte, auf den Wettbewerb, auf die Sozialstruktur und die technische Entwicklung vorgeworfen.

Verhaltensempfehlungen für multinationale Unternehmen, u. a. der OECD, des Europarates und der EG, fordern

– die Rohstoffverarbeitung im Produktionsland,
– die Einbindung in nationale Entwicklungsstrategien,
– die Vermittlung von Know how und geeigneter Technologie und
– Informationen über Unternehmensziele und -politik.

3. Auslandstätigkeiten großer deutscher Industrieunternehmen

a) Exporttätigkeiten

Hauptmärkte deutscher Konzerne sind die europäischen und nordamerikanischen Industrieländer.

Beispiel BASF (Umsatzanteile 1982, in Prozent):

Europa	davon: EG- Länder	Ost- europa	Nord- amerika	Latein- amerika	Süd- und Südostasien, Australien	Afrika, West- asien
72	(62)	(3)	13	6	6	3

Der Exportwert der deutschen Industrie wird auf das dreifache ihrer Auslandsproduktion geschätzt. Ein Merkmal für den Entwicklungsstand und die Leistungsbreite eines Landes ist der Export von Großanlagen (z. B. Kraftwerke, Hütten-, Walzwerke, Raffinerien, Chemieanlagen, Fernsprechnetze). Sie werden von multinationalen Unternehmen und Spezialunternehmen wie Lurgi (Metallgesellschaft) und Uhde (Hoechst) als Generalunternehmer entworfen *(Blaupause)* und errichtet *(Montage)*.

Größte Auslandsaufträge an deutsche Unternehmen 1981

ausführende Unternehmen	Herkunftsland des Auftrages	Art des Auftrages	Auftragswert (Mrd. DM)
Krupp-Konsortium	Libyen	Stahlwerkseinrichtung	1,5
Schloemann-Siemag	Sowjetunion	Knüppelstraße	0,7
AEG	Sowjetunion	Turbinen f. Pipeline	0,7
Kloeckner-Deutz	Saudi-Arabien	Zementfabrik	0,6
Thyssen-Handelsunion	Malaysia	Reparaturwerft	0,6
Kloeckner-Deutz	Irak	Zementfabrik	0,5

Quelle: Die ZEIT 1982

Die Exportquote der 100 größten deutschen Industrieunternehmen ist weit höher (50%) als im Durchschnitt der Industrie (27%).

b) Auslandsinvestitionen

Gründe für die relativ geringen deutschen Auslandsinvestitionen sind u. a. der Eigentumsverlust in und nach dem zweiten Weltkrieg, der vorrangige Wiederaufbau nach 1945 und Investitionsbeschränkungen für deutsche Unternehmen im Ausland bis 1958. Seither ist die Zuwachsrate der Auslandsinvestitionen höher als die der Inlandsinvestitionen und der Exporte. Defensivstrategien gegen US-Konzerne, veränderte Währungs- und Kostenrelationen, Subventionen, die Entwicklung der Löhne und Lohnnebenkosten, Umweltschutzauflagen beeinflußten das Investitionsverhalten.

Deutsche Auslands-
investitionen

Der Nachkriegstrend kehrte sich fast um. Nicht mehr amerikanische Unternehmen kaufen bevorzugt deutsche Unternehmen auf, sondern deutsche, insbesondere große und exportstarke Unternehmen wie die Chemie- und Fahrzeugkonzerne Hoechst, Bayer, BASF, Volkswagen und Daimler-Benz, kaufen Unternehmen in den USA.

Deutsche Investitionen im Ausland (1952–1981)

a) in den Staaten	Mrd. DM in Mrd. DM	b) in den Branchen (Reihenfolge)	
USA	19,1	Chemische Industrie	
Belgien/Luxemburg	8,3	Elektroindustrie	
Frankreich	7,4	Banken/Versicherungen	
Schweiz	6,2	Eisen- u. Stahlindustrie	
Brasilien	6,1	Maschinenbau	Deutsche Auslands-investitionen
Kanada	5,3	Fahrzeugindustrie	
Niederlande	4,5	Mineralölförderung	
Spanien	3,7		
Großbritannien	2,9		
Italien	2,4		
Österreich	2,3		
Mexiko	1,2		
Argentinien	1,0		

Quelle: Bundeswirtschaftsministerium

Beispiel 1: Volkswagenwerk
VW produziert in Mexiko, Brasilien, Argentinien, den USA, Südafrika und Belgien, Beteiligungsgesellschaften *(joint ventures)* bestehen in Jugoslawien und Nigeria. Geplant sind Produktionen in Peru, Ecuador und Ägypten.

Beispiel 2: Henkel
Der Henkel-Konzern produziert in den USA, in Mexiko, Jamaika, Guatemala, Brasilien, Argentinien, Nigeria, Kenia, Tansania, Südafrika, im Libanon, in Thailand und Japan.
Die Produktionsstätten befinden sich ausschließlich in der Hauptstadt oder in Verdichtungsräumen. Je 3 Betriebe wurden in den 50er und 60er Jahren errichtet, die übrigen 8 Betriebe zwischen 1971 und 1976. Nur 2 der 14 Produktionsbetriebe sind in Industrieländern, die übrigen in Ländern mit mittlerem BIP (Bruttoinlandsprodukt) pro Kopf und relativ großer politischer und wirtschaftlicher Stabilität.

4. Auslandsinvestitionen us-amerikanischer Unternehmen

Im Gegensatz zu deutschen ist die Auslandsproduktion us-amerikanischer (wie auch britischer) Unternehmen größer als der Export, in den USA dreimal, in Großbritannien doppelt so hoch. Wie in den EG-Ländern erfolgen Auslandsinvestitionen bevorzugt in der Nähe. US-Konzerne beherrschen in Kanada die Öl- und Chemiemärkte zu mehr als 90%.

Amerikanische Auslands-investitionen

Mehr als die Hälfte der 100 größten kanadischen Unternehmen z. B. wird vom Ausland kontrolliert, fast ausschließlich aus den USA. Die Arbeitsproduktivität ist in Kanada mehr als 30% niedriger als in den USA; auch die Spezialisierung, die internationale Wettbewerbsfähigkeit und die Forschungs- und Entwicklungsintensität sind geringer. Die geringe Effizienz der kanadischen Industrie wird erklärt mit dem starken Protektionismus in der Industrialisierungsphase und mit der frühen Errichtung von Zweigbetrieben durch US-Unternehmen, um Zollpräferenzen des Britischen Empire zu nutzen.

Nach dem Zweiten Weltkrieg hatten US-Unternehmen in Europa zunächst einen Wettbewerbsvorsprung durch neue Produkte, den Aufbau oligopolitischer Märkte und ihre Finanzstärke. Militärische und Weltraumprogramme halfen ihnen bei der Entwicklung forschungsintensiver Produkte zur Verbreitung und Stärkung ihrer Marktstellung. Direktinvestitionen waren Teil einer offensiven Strategie auf wachsenden westeuropäischen Märkten.

Phasen des internationalen Produktzyklus:
1. Produktentwicklung in den USA,
2. Zweigbetriebe in Westeuropa
   (mit erheblich niedrigeren Produktkosten als in den USA)
3. Standardisierung der Produkte,
4. Zweigbetriebe in Niedriglohnländer
   (Lizenzen oder Produktionsverlagerung),
5. Entwicklung neuer Produkte.

Phasen der
Investitionen

1977 hatten 3540 us-amerikanische Unternehmen zusammen fast 24 670 Tochtergesellschaften im Ausland. 1950 betrugen die Auslandsinvestitionen 12 Mrd. Dollar,
1978 mehr als 200 Mrd. Dollar. Die räumlichen Schwerpunkte der Investitionen haben
sich seither von Großbritannien zum Kontinent verschoben. In den fünfziger Jahren
entfielen noch etwa drei Fünftel auf Großbritannien, 1978 waren es nur noch 28%; der
Anteil der US-Unternehmen an allen Auslandsinvestitionen beträgt hier etwa 60–70%.
Die Gewinnüberweisungen der amerikanischen Tochtergesellschaften sind zu einer
wichtigen Stütze der US-Zahlungsbilanz geworden. Auch die Stärke des Dollars an
den internationalen Devisenmärkten ist nicht zuletzt eine Folge der Auslandsinvestitionen. 1960 betrugen die Auslandserträge etwa 3,6 Mrd. Dollar, 1980 etwa 40 Mrd.
Dollar, davon mehr als die Hälfte aus der EG (5 Mrd. aus Großbritannien, fast 3 aus der
Bundesrepublik Deutschland, 2 aus den Niederlanden und je 1 Mrd. aus Belgien,
Frankreich und Italien), 5 Mrd. aus Kanada und 0,9 Mrd. aus Japan.

5. Unternehmensformen in sozialistischen Ländern

Horizontal und vertikal organisierte Konzerne werden in sozialistischen Ländern und
Staatshandelsländern als *Kombinate* bezeichnet. In der DDR fassen die etwa 226
Kombinate (1981) Tätigkeitsstufen verschiedener Produktionsgruppen z. T. entfernter
Standorte zusammen. Von Kombinaten werden *Vereinigungen volkseigener Betriebe*
(VVB) unterschieden, in denen die wichtigsten Betriebe einer Produktionsgruppe
(Branchenkonzerne) zusammengeschlossen sind.

a) Kombinate in der DDR
Kombinate umfassen in der DDR aufeinanderfolgende Produktionsstufen eines Er-
zeugnisses einschließlich der Herstellung von Vorprodukten, Spezialmaschinen, Bauleistungen und der Absatzorganisation im In- und Ausland (Industrie, Bauwesen,
Verkehr).

Beispiele für Kombinate

der chemischen Industrie	VEB Petrochemisches Kombinat Schwedt
	VEB Kombinat Lacke und Farben Ost-Berlin
des Ministeriums für Elektrotechnik und Elektronik	VEB Kombinat Robotron Dresden
des Ministeriums für Erzbergbau, Metallurgie und Kali	VEB Qualitäts- und Edelstahlkombinat Brandenburg
	VEB Kombinat Kali Sondershausen
des Ministeriums für Werkzeug- und Verarbeitungsmaschinenbau	VEB Werkzeugmaschinenkombinat „7. Oktober" Ost-Berlin
	VEB Kombinat Textima Karl-Marx-Stadt
des Ministeriums für Schwermaschinen- und Anlagenbau	VEB Kombinat Pumpen und Verdichter Halle
	VEB Kombinat Schienenfahrzeuge Ost Berlin
des Ministeriums für Allgemeinen Maschinen-, Landmaschinen- und Fahrzeugbau	VEB Kombinat Medizin- und Labortechnik Leipzig
	VEB IFA Kombinat Personenkraftwagen Karl-Marx-Stadt

Quelle: G. Kehrer u. a. 1983.

Neben den durch die Industrieministerien zentral geleiteten Kombinaten (1982:133) gibt es durch die Räte der Bezirke geleitete Kombinate. Diese produzieren vor allem Konsumgüter und Teile für Betriebe der zentralgeleiteten Kombinate überwiegend im selben Bezirk. Fast die gesamte Industrieproduktion entfällt auf die zentralgeleiteten Kombinate:

Kombinate in der Industrie der DDR

Jahr	Zahl	Anteil an der industriellen Warenproduktion	an der Zahl der Arbeiter und Angestellten	am Export
a) im Bereich der Industrieministerien				
1970	35	33%	33%	38%
1982	133	100%	98%	99%
b) im Bereich der Wirtschaftsräte der Bezirke				
1982	93	94%	92%	85%

Quelle: Statistisches Jahrbuch der DDR 1983

Zu den bezirksgeleiteten Kombinaten gehörten 1982 mehr als 900 Betriebe mit über 100 000 Beschäftigten. Die meisten zentralgeleiteten Kombinate haben Standorte in mehreren Bezirken und Kreisen der DDR, z. B. das Werkzeugmaschinenkombinat ,,7. Oktober" 12 Betriebe mit 42 Produktionsstätten in 9 der 14 Bezirke.
Kombinate werden als ,,modernste und effektivste Form der Wirtschaftsorganisation" bezeichnet[1]. Entwicklungstendenzen:

– Produktionskonzentration insbesondere an den Standorten der größten und leistungsfähigsten Kombinatbetriebe. Nutzung gegebener Standortvorteile, wie qualifizierter und produktionserfahrener Betriebskollektive, vorhandener Grundfonds am Standort und im Gebiet (der technischen und sozialen Infrastruktur) sowie eingespielter territorialer Verflechtungen.
– Abbau der Standortzersplitterung und
– Entwicklung regionaler Produktionszentren innerhalb der Standortsysteme der Kombinate. Die Produktionskonzentration wird gefördert durch die Zentralisierung der Funktionen in den Kombinaten (Produktionsvorbereitung, Forschung und Entwicklung, Leitung, Absatz).

b) Vereinigungen volkseigener Betriebe in der DDR
Vereinigungen volkseigener Betriebe (VVB) wurden Anfang der sechziger Jahre gegründet. Sie sollten vor allen den Außenhandel und technische Entwicklungen organisieren. Ihre Zahl geht zurück, vorwiegend in konsumnahen Bereichen.

c) Andere Organisationsformen
Die RWG-Länder (Rat für gegenseitige Wirtschaftshilfe) wollen aus politischen Gründen die wirtschaftliche Integration nicht durch Institutionen fördern, die die Souveränität einschränken oder übernational planen. Daher entstanden neue Organisationsformen:

– *Internationale Wirtschaftsorganisationen (IWO)*
So werden die multinationalen sozialistischen Unternehmen des Ostblocks genannt. Ihre genaue Zahl ist nicht bekannt, die Organisationsform nicht einheitlich.
– *Internationale Wirtschaftsvereinigungen (IWG)*
Sie entsprechen der BGB-Gesellschaft deutschen Rechts (kein gemeinsames Eigentum und keine Zusammenlegung der Tätigkeiten). Sie haben Koordinationsaufgaben.
– *Internationale Wirtschaftsvereinigungen (IWV)*
Sie entsprechen der GmbH deutschen Rechts. Auch sie haben vor allem koordinierende Aufgaben, z. B. als Holding mit rechtlich selbständigen Tochtergesellschaften.
– *Gemeinschaftsbetriebe (GB)*
entsprechen Aktiengesellschaften deutschen Rechts. Es sind wirtschaftliche Organisationen mit gemeinsamem Management.

---

[1] *G. Kehrer* u. a. 1983

6. Gemeinschaftsgründungen (Joint Ventures)

Aus politischen, wirtschaftlichen und rechtlichen Gründen erschweren oder verhindern insbesondere sozialistische Länder Auslandsinvestitionen und die Errichtung von Betrieben oder Tochtergesellschaften. Sie erlauben jedoch von Fall zu Fall Gemeinschaftsgründungen mit ausländischer Minderheitsbeteiligung. Als erste Länder Osteuropas ließen 1967 Jugoslawien, 1971 Rumänien und Ungarn Gemeinschaftsunternehmen und Auslandsinvestitionen zu. Die Zusammenarbeit in einem „joint venture" kann dann gewählt werden, wenn der Markteintritt zu risikoreich erscheint und finanziell allein nicht möglich ist. Ein Vorteil besteht in der Marktnähe des lokalen Partners. Besondere Probleme sind u. a. Eigentumsrechte, Gewinnermittlung und -transfer.

Beispiele für „joint ventures" sind:
– FIAT-Teileherstellung und Zusammenbau in Warschau und Bielsko-Tychy (Italien-Polen)
– Spinnerei in Zawiercie (DDR-Polen)

Eine Zusammenarbeit (Kooperation) zwischen Unternehmen verschiedener Länder kann auch durch Lizenz- und Know-how-Vergabe, Koproduktionen und gemeinsame Projekte in Drittländern erfolgen.

4c) Räumliche und zwischenbetriebliche Verflechtungen

Wolf Gaebe

Industrieunternehmen stehen in einem vielfältigen räumlichen Beziehungsgeflecht zu anderen Unternehmen und zu ihrer Umwelt, durch materielle und immaterielle, direkte und indirekte, politische, ökonomische und soziale Beziehungen (vgl. Abb. 63). Art und Umfang der materiellen und immateriellen Beziehungen zwischen und innerhalb der Industrieunternehmen sind wenig untersucht worden. Handelsstatistiken *(Makrodaten)* enthalten nur interregionale und grenzüberschreitende Güterströme. Alle übrigen Transportvorgänge und alle formellen und imformellen Raumbeziehungen und Kontakte müssen direkt von den Industrieunternehmen erfragt werden *(Mikrodaten)*. Daten und Informationen sind eine Voraussetzung z. B. für die Überprüfung von Hypothesen zur Bedeutung der räumlichen Verflechtungen für Investitions-, Ansiedlungs- und Mobilitätsentscheidungen. Grundlage der Transporte, Fahrten und Informationsübermittlung ist die allgemein nutzbare öffentliche Infrastruktur (Straßen, Schienen-, Schiffahrts- und Luftverkehrswege, Telefon- und Datenleitungen) und die industrieinterne Infrastruktur. Für feste, flüssige und gasförmige Transporte gibt es über- und unterirdische Verbundsysteme, z. B. Rohrleitungsnetze zwischen den deutschen Raffinerie- und Chemiestandorten und Verbundsysteme für Äthylen in Westeuropa, im Comecon und am Golf von Mexiko.

1. Güterströme (Materialverflechtungen)

a) Güterströme zwischen Unternehmen
Die Materialverflechtungen zwischen den Industrieunternehmen werden in *Vorleistungs-* oder Einkaufsverflechtungen und *Absatzverflechtungen* (1 in Abb. 63), Input-

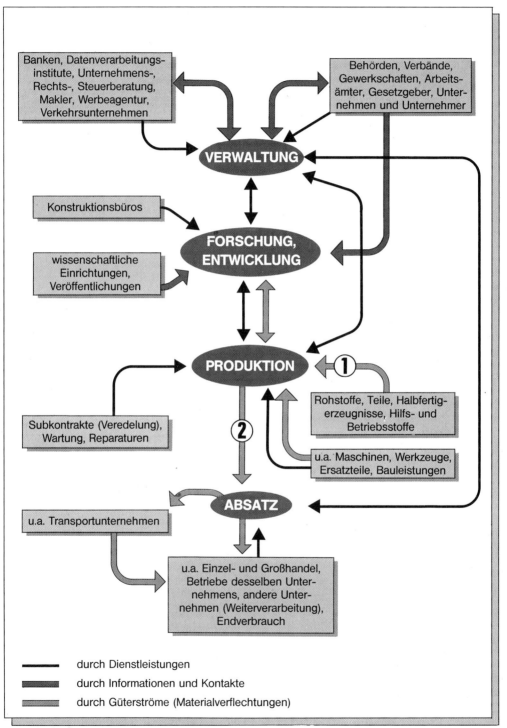

Abb. 63: Die Verflechtungen eines Industrieunternehmens mit anderen Unternehmen und seiner Umwelt

und Outputverflechtungen (2 in Abb. 63), unterschieden. Die Vorleistungsverflechtungen werden auch als rückwärts gerichtete Verflechtungen (im englischen „backward linkages") bezeichnet, die Absatzverflechtungen als vorwärts gerichtete Verflechtungen („forward linkages").

Makroanalyse **Makroanalytische Untersuchungen** suchen nach Erklärungen der räumlichen Konzentration der Industrie; räumlich benachbarte Industrien weisen auch bedeutende materielle Beziehungen auf. Empirische Überprüfungen dieser Annahme ergeben auch, daß räumlich benachbarte Industrien häufiger Vorleistungs- und Absatzverflechtungen aufweisen als räumlich nicht benachbarte Industrien, insbesondere bei Komplementaritätsbeziehungen zwischen den Industrien. Es bestehen in der Regel aber nur zwischen einem Teil der Produktionsbetriebe eines Standortes Materialverflechtungen. Regionale oder lokale Produktionsverflechtungen sind ein Definitionsmerkmal eines sog. Industrie- oder Produktionskomplexes, die Weiterverarbeitung oder Produktionsverkettung in selbständigen Betrieben. Sie sind seltener als angenommen wird. Ein hohes Verflechtungspotential besteht mit der chemischen Industrie, mit dem Maschinenbau und der Eisen-, Blech- und Metallindustrie (EBM-Industrie). Nur bei wenigen Produktionsprozessen besteht ein solch enger räumlicher und wirtschaftlicher Zusammenhang zwischen den Produktionsstufen wie in der Eisen- und Stahlindustrie. Der „Heißverbund" vom Hüttenwerk (Roheisen im Hochofen) über das Stahlwerk (Rohstahl) zum Walzwerk erfolgt in unmittelbar aufeinanderfolgenden Produktionsstufen in der Regel in einem Unternehmen, die Weiterverarbeitung der Stähle und Bleche im Maschinen- und Stahlbau, im Fahrzeugbau, in der EBM- oder Elektroindustrie an z. T. weit verstreuten Standorten.

Integrierte Produktionskomplexe der Eisen- und Stahlindustrie gibt es u. a. in Birmingham, Dünkirchen, Duisburg, Dortmund, Tarent, Pittsburgh, im Donez- und Kuznezbecken, in Kobe und Tokio. Die Absatzreichweite nimmt in der deutschen Eisen- und Stahlindustrie zu. Anfang der sechziger Jahre war noch etwa jeder 5. Arbeiter der Eisen- und Stahlindustrie in einem örtlich verbundenen Betrieb tätig (Gießerei, Zieherei, Kaltwalzwerk, Weiterverarbeitung), Ende der siebziger Jahre nur noch etwa jeder 8. Arbeiter.
Marl, Leverkusen, Wesseling, Ludwigshafen, Rotterdam, Antwerpen, Marseille sind Beispiele für Produktionskomplexe der chemischen Industrie. Über eigene Leitungsnetze, z. T. von mehreren Unternehmen gemeinsam gebaut und unterhalten, werden innerhalb und zwischen den Unternehmen Grundstoffe, Halb- und Fertigerzeugnisse ausgetauscht.

Wirtschaftliche und räumliche Arbeitsteilung Die wirtschaftliche und räumliche Arbeitsteilung ist in marktwirtschaftlich-kapitalistischen Ländern erheblich größer als in sozialistischen Ländern. Die Daimler-Benz-Betriebe erhalten z. B. Handwerks-, Bauleistungen, Energie, Teile u. a. Stähle, Bleche, Kühler, Reifen, Felgen, elektrische Anlagen von etwa 30 000 fast ausschließlich deutschen Lieferanten. Das 1971 fertiggestellte größte Autowerk der Sowjetunion, Togliattigrad an der Wolga (Jahresproduktion etwa 720 000 Fahrzeuge, 38% Exportanteil) stellt dagegen z. B. die benötigten Schrauben selbst her und bezieht insgesamt nur wenige Vorprodukte von anderen Betrieben. Von 78 000 Beschäftigten sind dort 46 000 in der Fahrzeugfertigung tätig, 32 000 in anderen Produktionen. Die Daimler-Benz-Betriebe beziehen dagegen z. B. Schrauben, Stopfen und Bolzen unabhängig von der Lage der Betriebe fast immer von denselben Lieferanten (Abb. 64). Unterschiede gehen auf Bedarfsunterschiede zurück. Die Transportkosten sind offensichtlich weniger wichtig als vermutet werden könnte. Andere Argumente sind Qualität und Zuverlässigkeit der Lieferanten. Ein anderes Beispiel sind übernationale Vorleistungsverflechtungen. Hewlett Packard bezieht nicht nur aufgrund der multinationalen Standortorganisation, sondern auch der Produktpalette und Technologie knapp die Hälfte der Vorleistungen aus den USA (vorwiegend Halbleiter), etwa ein Drittel aus der Bundesrepublik. Der Aktionsraum wird bestimmt vom Unternehmerinteresse, von der Risikobewertung und der technologischen Entwicklung.

193

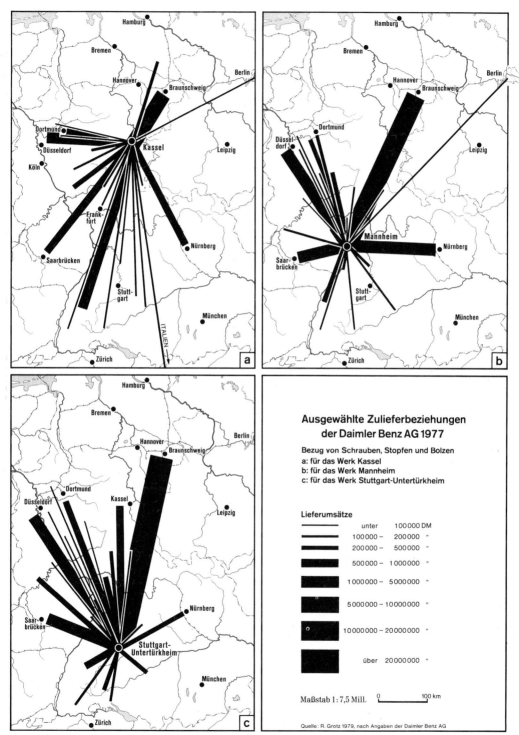

Abb. 64: Zulieferbeziehungen der Daimler-Benz AG

Im Unterschied zu den makroanalytischen Untersuchungen ermitteln die **mikroanaly-tischen Untersuchungen** die Materialverflechtungen des einzelnen Unternehmens zu Zulieferern und Abnehmern und versuchen, die Reichweite der Materialverflechtungen zu erklären. Empirische Untersuchungen lassen einige Tendenzen in Abhängigkeit von der Betriebsgröße, Organisationsform, Autonomie, Ansiedlungsdauer, Industriegruppe erkennen.

1. Regionale und im besonderen *lokale Materialverflechtungen* sind nach Unternehmerbefragungen weniger bedeutsam als zunächst angenommen wurde. Vorleistungsverflechtungen der Industrie sind über größere Distanzen organisiert, da die Zahl der potentiellen Bezugsquellen eines Gutes meist viel geringer als vermutet ist.

Aufgrund der eingeschränkten Wahlmöglichkeiten müssen weiter entfernte Lieferanten in Anspruch genommen werden. Je nach den Fertigungsverfahren und nach der Größe des Betriebes reichen die Vorleistungsverflechtungen von wenigen Betrieben bis zu einigen tausend bei Großunternehmen. Bei starker Spezialisierung, wenigen Großkunden und langfristigen Verträgen können die Lieferbetriebe wirtschaftlich sehr abhängig werden.

2. Die *intraregionalen Vorleistungsverflechtungen* sind im Durchschnitt nicht viel stärker als die interregionalen, obwohl allgemein auch hier die räumlichen Beziehungen mit der Distanz abnehmen.

Die durchschnittlichen Vorleistungsverflechtungen sind in der Regel kürzer als die durchschnittlichen Absatzverflechtungen. Die Verarbeitung agrarischer und mineralischer Rohstoffe erfolgt häufig nahe dem Produktions- oder Förderort; im Maschinenbau, im Fahrzeugbau und in der Elektrotechnik gehen dagegen die Vorleistungsverflechtungen zum Teil weit über die Standortregion hinaus. Vorleistungsverflechtungen sind meist auch beständiger als Absatzverflechtungen. Technisch einfache und standardisierbare Teile kommen überwiegend von nahen Industrie- und Handwerksbetrieben.

3. *Variationen* ergeben sich durch die Organisationsform und die Betriebsgröße. Kleinere Einbetriebsunternehmen mit standardisierter und Einzelfertigung sind überwiegend lokal ausgerichtet.

Mit der Zahl der Standorte (Mehrbetriebsunternehmen) und mit der Größe des Betriebes nehmen die Außenbeziehungen zu, der Aktionsraum wird größer, überregionale und internationale Materialverflechtungen werden wichtiger. Kleine Unternehmen, in denen der Eigentümer entscheidet, sind stärker lokal ausgerichtet als große Unternehmen. Mit zunehmender Betriebsgröße sind Betriebe mit Eigentümern oder Stammwerk in der Region (heimische Unternehmen) jedoch kaum stärker in die Regionalwirtschaft integriert als Unternehmen mit Eigentümern oder Stammwerk außer der Region (extern kontrollierte Unternehmen). Die Reichweite der Materialverflechtungen ist bei Zweigbetrieben extern kontrollierter Unternehmen kaum größer als bei heimischen Unternehmen, der Wachstumsimpuls für die Region nicht wesentlich geringer. Wichtiger als Autonomie und Größe ist die vom Stammwerk gewählte Unternehmensstrategie (Produktionsprogramm, Forschung und Entwicklung, Investitionen)

b) Güterströme in Mehrbetriebsunternehmen
Das Standortmuster der meisten europäischen und japanischen Fahrzeugkonzerne ist vorwiegend national organisiert, z. B. von *British Leyland* (Großbritannien), *Citroen, Peugeot, Renault* (Frankreich), *FIAT* (Italien), *BMW, Daimler-Benz* (Bundesrepublik), *Nissan/Datsun* (Japan).

Ein unternehmensinterner Produktionsverbund erlaubt eine möglichst optimale wirtschaftliche, technische und personelle Organisation der Produktionsstandorte, u. a. hinsichtlich interner Größenwirkungen, Transportkosten, Arbeitskräftebedarf und Auslastung.

Drei Beispiele zeigen den Produktionsverbund in Mehrbetriebsunternehmen:
Die 8 Betriebe der *Daimler-Benz AG* liefern z. B. untereinander Teile für den Zusammenbau (Abb. 65); der Werkbereich *Stuttgart-Untertürkheim* liefert Motoren, Vorder- und Hinterachsen, Getriebe nach *Sindelfingen* und erhält Motorenteile aus *Berlin*,

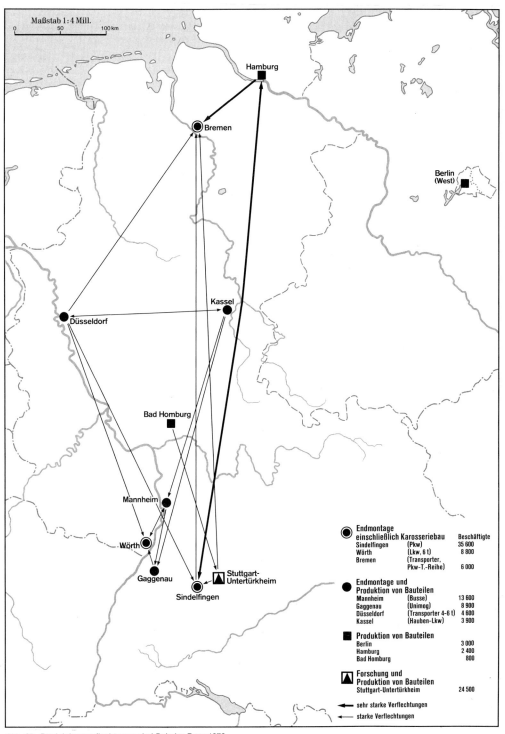

Maßstab 1:4 Mill.

0   50   100 km

Hamburg

Bremen

Berlin
(West)

Kassel

Düsseldorf

Bad Homburg

Mannheim

Wörth

Stuttgart-
Untertürkheim

Gaggenau

Sindelfingen

Endmontage
einschließlich Karosseriebau   Beschäftigte
Sindelfingen   (Pkw)   35 600
Wörth   (Lkw, 6 t)   8 800
Bremen   (Transporter,
                Pkw-T.-Reihe)   6 000

Endmontage und
Produktion von Bauteilen
Mannheim   (Busse)   13 600
Gaggenau   (Unimog)   8 900
Düsseldorf   (Transporter 4-6 t)   4 600
Kassel   (Hauben-Lkw)   3 900

Produktion von Bauteilen
Berlin   3 000
Hamburg   2 400
Bad Homburg   800

Forschung und
Produktion von Bauteilen
Stuttgart-Untertürkheim   24 500

sehr starke Verflechtungen

starke Verflechtungen

Abb. 65: Produktionsverflechtungen bei Daimler-Benz 1978

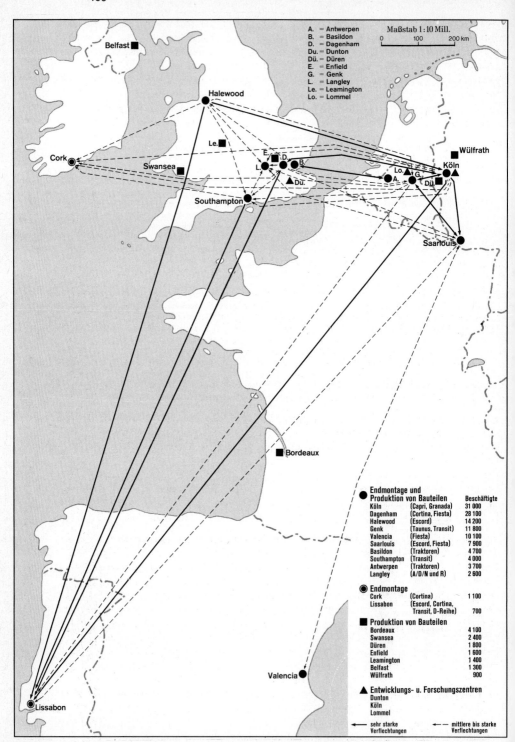

Maßstab 1 : 10 Mill.

A. = Antwerpen
B. = Basildon
D. = Dagenham
Du. = Dunton
Dü. = Düren
E. = Enfield
G. = Genk
L. = Langley
Le. = Leamington
Lo. = Lommel

**Endmontage und
Produktion von Bauteilen** — Beschäftigte

		Beschäftigte
Köln	(Capri, Granada)	31 000
Dagenham	(Cortina, Fiesta)	28 100
Halewood	(Escord)	14 200
Genk	(Taunus, Transit)	11 800
Valencia	(Fiesta)	10 100
Saarlouis	(Escord, Fiesta)	7 900
Basildon	(Traktoren)	4 700
Southampton	(Transit)	4 000
Antwerpen	(Traktoren)	3 700
Langley	(A/D/N und R)	2 600

Endmontage

Cork	(Cortina)	1 100
Lissabon	(Escord, Cortina, Transit, D-Reihe)	700

Produktion von Bauteilen

Bordeaux	4 100
Swansea	2 400
Düren	1 800
Enfield	1 600
Leamington	1 400
Belfast	1 300
Wülfrath	900

Entwicklungs- u. Forschungszentren

Dunton
Köln
Lommel

→ sehr starke Verflechtungen
⇢ mittlere bis starke Verflechtungen

Abb. 66: Produktionsverflechtungen zwischen den europäischen Standorten von FORD 1978

Motorsteuerungsteile aus *Bad Homburg,* Gußteile für die Motorenfertigung aus *Mannheim*[1]. Bei Daimler Benz besteht für Personenwagen ein Produktionsverbund nur innerhalb der Bundesrepublik, bei Nutzfahrzeugen zwischen der Bundesrepublik, Brasilien und den USA. Bei Ford dagegen ist der Produktionsverbund auf Europa organisiert mit 17 Betrieben in 8 Ländern (Abb. 66), bei IBM weltweit (Abb. 67). Produktionsverbund und Materialverflechtungen sind nicht statisch, sondern werden fortwährend den Marktbedürfnissen und technologischen Veränderungen angepaßt.

IBM unterscheidet unternehmensintern drei räumliche Produktions- und Vertriebssysteme
1. Nordamerika mit Produktionsbetrieben in den USA und Kanada,
2. Mittel-, Südamerika und Ferner Osten mit Produktionsbetrieben in Mexiko, Brasilien, Argentinien und Japan,
3. Europa, Naher Osten und Afrika mit 15 Produktionsbetrieben in 8 europäischen Ländern.
Im europäisch-nahöstlich-afrikanischen Produktions- und Vertriebsverbund der IBM sind z. B. die Produkte und Technologien bestimmten Standorten zugeordnet. Ein Produkt wird in der Regel von drei Betrieben hergestellt, damit werden Lieferunterbrechungen unwahrscheinlich. Voraussetzung dieses Produktionskonzepts sind einheitliches Design, Normierung, Standardisierung, Austauschbarkeit der Bauteile und -gruppen und ein Datenfernverarbeitungsnetz zwischen den Produktions- und Vertriebsstandorten. IBM nennt als Kriterien für die Wahl eines Produktionsortes die lokale Wertschöpfung, die Produktionskosten und die personelle Auslastung und als Größenoptimum eines Betriebes 3000 bis 4000 Beschäftigte. Der europäische Produktionsverbund entstand Anfang der fünfziger Jahre mit dem Aufbau der EG-Märkte. Die Vorteile höherer Stückzahlen und konzentrierter Investitionen werden höher bewertet als die Nachteile längerer Transportwege zwischen den Betrieben und zu den Kunden.

Die IBM-Datenverarbeitungsanlage eines europäischen Kunden besteht z. B. aus einer in *Mainz* hergestellten Zentraleinheit, einem Magnetplattenspeicher aus *Hannover,* einem Drukker aus *Jarfälla,* Bandeinheiten aus *Valencia,* Datenstationen aus *Greenock* und einem Kartenleser aus *Vimercate* (Abb. 67). Diese Geräte enthalten Teile anderer IBM-Betriebe sowie einer großen Zahl Lieferanten. Knapp ein Drittel des Umsatzes der deutschen IBM-Betriebe entfällt auf den Produktionsverbund mit europäischen IBM-Betrieben. Nur „strategisch bedeutsame" und nicht auf dem Weltmarkt angebotene Teile sollen von IBM-Betrieben selbst gefertigt werden. In Deutschland beliefern etwa 5000 Unternehmen Teile und Baugruppen an IBM, in Europa etwa 45 000. Mehr als 90% der in Europa verkauften Anlagen wurden hier produziert.

Produktionsverbund bei IBM

Ein weiteres Beispiel ist *Siemens* mit 11 Betrieben und 27 600 Beschäftigten in Berlin. 224 Mio. DM Investitionen bedeuteten 17% aller Industrieinvestitionen 1979 in Berlin, auch 3000 Berliner Zulieferbetriebe kennzeichnen das Standortgewicht und die Verflechtungsdichte der Siemens-Betriebe.

Produktionsverbund bei Siemens

Die Betriebe eines Unternehmens sind nicht immer durch Güterströme verbunden. Bei Fusion oder Übernahme besteht häufig nur eine Kapitalverbindung.

2. Dienstleistungsverflechtungen

Auch Art und Umfang der von Industriebetrieben nachgefragten Dienstleistungen sind bisher kaum untersucht worden. Nur große Unternehmen berichten gelegentlich über die Inanspruchnahme von Handwerks-, Transport-, Reinigungs-, Planungs-, Konstruktions- und Bauleistungen bzw. über die selbst erbrachten Leistungen. Die Nachfrage nach Dienstleistungen ist offensichtlich stärker von der Branche und der Unternehmensfunktion des Betriebes abhängig als von der Größe. In der Regel sind auch hier die lokalen und regionalen Wirkungen von Einbetriebsunternehmen stärker als von Mehrbetriebsunternehmen und Konzernen, insbesondere bei regionalen Eigentümern. Unternehmen mit lokalem Standortmuster sind weniger flexibel in ihrer Nachfrage nach externen Dienstleistungen. Externe Dienstleistungen (Versorgungs-, Vermittlungs-, Beratungs-, Verwaltungsleistungen) werden für alle Betriebsfunktionen benötigt. Die Bezugsfelder sind in der Regel enger als bei Lieferanten- und Abnehmerbeziehungen. Ein Beispiel für externe Dienstleistungen ist die Auftragsfor-

Dienstleistungsverflechtungen

---

[1] *R. Grotz,* 1979

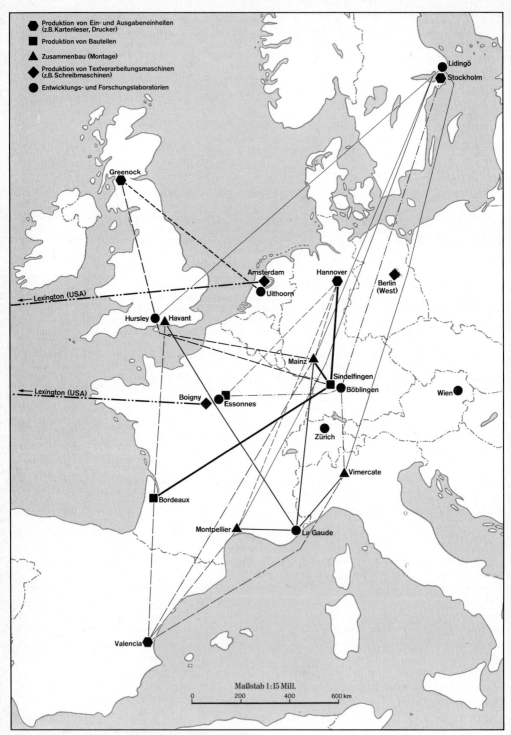

Produktion von Ein- und Ausgabeneinheiten
(z.B. Kartenleser, Drucker)

Produktion von Bauteilen

Zusammenbau (Montage)

Produktion von Textverarbeitungsmaschinen
(z.B. Schreibmaschinen)

Entwicklungs- und Forschungslaboratorien

Lidingö
Stockholm

Greenock

Lexington (USA)

Amsterdam
Uithoorn

Hannover

Berlin
(West)

Hursley Havant

Mainz

Sindelfingen
Böblingen

Wien

Lexington (USA)

Boigny
Essonnes

Zürich

Vimercate

Bordeaux

Montpellier La Gaude

Valencia

Maßstab 1:15 Mill.

0   200   400   600 km

Abb. 67: Produktionsverflechtungen bei IBM in Europa 1978

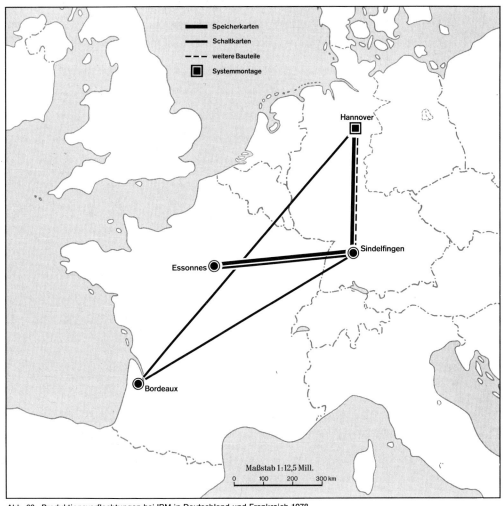

Abb. 68: Produktionsverflechtungen bei IBM in Deutschland und Frankreich 1978

schung von Instituten für Industrieunternehmen, die Entwicklung von Produkten und Verfahren. Der internationale Technologietransfer, der Austausch von Lizenzen und Patenten nimmt zu. Die Technologieübernahme erscheint häufig als billigere und lohnendere Alternative zur Eigenentwicklung.

Lieferbeziehungen und Dienstleistungsaustausch bestehen auch zwischen direkten Konkurrenten, z. B. zwischen den Konzernen der Automobilindustrie (Abb. 69).

3. Informationssysteme und Kontakte

Güterströme und Dienstleistungsverflechtungen spiegeln nur einen Teil der regionalen, nationalen und internationalen Handlungsräume der Unternehmer. Auch formelle und informelle persönliche Informations- und Kontaktbeziehungen über Verbände. Tagungen, Ausstellungen, Fachliteratur, Gespräche bestimmen das Unternehmerverhalten. Über die Informations-, Kontaktwege und -beziehungen ist noch ebenso wenig bekannt wie über Fremd- und Eigenleistungen der Unternehmen und Betriebe. Auch sie müssen direkt erfragt werden. Die Bereitschaft der Unternehmer, etwas eingehender über die Kommunikationsformen zu berichten, ist jedoch allgemein nicht groß.

Unternehmer erhalten laufend Informationen über Beschaffungs- und Absatzmärkte (Tendenzen, Preisentwicklung, Konditionen), über technische und organisatorische Neuerungen und über mögliche Unternehmensstrategien. Nach der Kontaktintensität können z. B. die Standorte der Bekleidungsindustrie unterschieden werden:

Kontakte der Unternehmer untereinander

- die intensivsten Kontakte haben die Entwurfsateliers in den internationalen Modezentren, in New York, London, Berlin, Paris oder Rom,
- eine mittlere Kontaktdichte haben die Produktionsbetriebe modischer Kleidung (kleinere Serien bzw. breite Kollektion, überwiegend nationale Bezugs- und Absatzbeziehungen). Ihre Standorte sind in Ober- und Mittelzentren,
- die wenigsten Kontakte benötigen die Produktionsbetriebe von Massenkonfektion (Bezugs- und Absatzbeziehungen zu wenigen Lieferanten und Abnehmern). Ihre Standorte sind in kleineren Zentren und im ländlichen Raum.

Das Unternehmerverhalten beeinflussen außer den mehr formellen, z. T. allgemein zugänglichen Informationen, persönliche Wahrnehmungen und Informationen aus Kontakten mit Freunden, Bekannten, Kollegen, privaten Treffen, Besuchen in Vereinen und Clubs („face-to-face"-Kontakte). Sie werden durch Erfahrungen und Einstellungen gefiltert. Die meisten Kontakte erfolgen telefonisch. Routinekontakte sind wichtiger als neue Kontakte. Wichtig ist der relative Standort des Betriebes. Peripher gelegene Betriebe haben auch eher periphere Informationsströme, weniger Kontakte als Betriebe in Verdichtungsräumen, einen geringeren Innovationsbedarf und stabilere Märkte bei kontinuierlicher Weiterentwicklung der Produkte.

4. Zusammenarbeit zwischen Unternehmen

In einer marktwirtschaftlichen Wirtschaftsordnung gilt die wettbewerbsbeschränkende Zusammenarbeit von Unternehmen als nicht marktkonform, z. B. die Bildung von *Kartellen*. In der Bundesrepublik Deutschland erlaubt § 5b des Gesetzes gegen Wettbewerbsbeschränkungen (GWB) die Bildung sog. Mittelstandskartelle, um durch Zusammenarbeit die Produktionsleistung und Marktstellung kleiner und mittlerer Unternehmen zu stärken. Die Zusammenarbeit kann z. B. über Spezialisierungsabkommen, Vertriebsgemeinschaften, gemeinsamen Einkauf, gemeinsame Forschung und Entwicklung erfolgen. Beispiele sind Mittelstandskartelle der Industriegruppe Steine und Erden und Verträge zwischen den größten deutschen Stahlunternehmen, um die Wettbewerbsfähigkeit auf dem Weltmarkt zu verbessern.

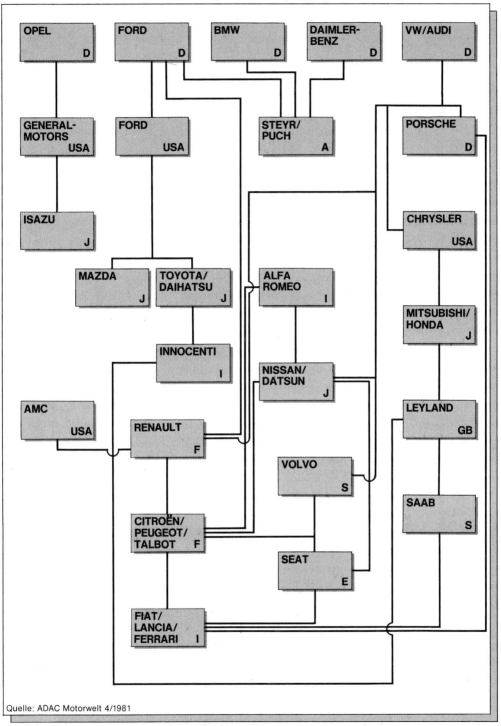

Abb. 69: Wichtigste Verflechtungen zwischen Unternehmen der Fahrzeugindustrie in Europa (Entwicklungs- und Produktionsvereinbarungen, Liefer- und Lizenzverträge)

Quelle: ADAC Motorwelt 4/1981

Ein Beispiel für eine *grenzüberschreitende Zusammenarbeit* ist die Produktionsabsprache zwischen Siemens (periphere Datenverarbeitungsgeräte) und Fujitsu, einem japanischen Hersteller von Kernspeichern. In sozialistischen Ländern erfolgt eine Zusammenarbeit zwischen Unternehmen nicht durch Absprache untereinander, sondern über staatliche Vereinbarungen über eine regionale Produktionsspezialisierung, z. B. im Maschinen- und Anlagenbau und im Bau von Ausrüstungen für chemische, Zement- und metallverarbeitende Betriebe. Eisenbahnwaggons sollen z. B. nur in der DDR, Busse nur in Ungarn, Straßenbahnen nur in der Tschechoslowakei hergestellt werden. Durch eine Produktionsspezialisierung wird eine Senkung der Produktionskosten und die Vermeidung paralleler Produktion, Forschung und Entwicklung angestrebt. Über Effizienz und Nutzen der Produktionsspezialisierungen im RGW-Raum ist wenig bekannt, da über Preise und interne Berechnungsgrundlagen nicht berichtet wird. Gemessen am Export dieser Güter scheint der Spezialisierungserfolg noch gering zu sein.

(Randnotiz: Produktionsabsprachen)

5. Unternehmensinterne Organisations- und Führungsstrukturen

Die Unternehmensleitung entscheidet über die formale Organisation des Unternehmens, die Gliederung, Führungs- und Entscheidungskompetenzen und über die Verantwortlichkeit in den Funktionsbereichen, Abteilungen und Gruppen. Die sozialen Beziehungen im Unternehmen sind stark durch die formale Organisation und die informelle Organisation der Arbeitsgruppen und Produktionstechnologien bestimmt. Je größer das Unternehmen, um so stärker sind die sozialen Beziehungen formalisiert und um so mehr dem Willen der Handelnden entzogen. Die sozialen Beziehungen sind für das soziale Handeln stärker bestimmend als persönliche Einstellungen und Handlungsorientierungen. Die Einflüsse der formalen Organisationsstruktur und der Produktionstechnologien sind allgemein stärker als die informelle Organisation der Arbeitsgruppen.

(Randnotiz: Soziale Beziehungen)

Mehrbetriebsunternehmen und multinationale Konzerne entwickeln relativ autonome Produktions- und Vertriebssysteme unterschiedlicher räumlicher Reichweite. Sie können so möglicherweise flexibel auf Veränderungen reagieren. Mit der Größe und räumlichen Streuung der Standorte wird aber auch die Koordination der Funktionen schwieriger.

6. Territoriale Produktionskomplexe (TPC)

In der Sowjetunion sind sog. *Territoriale Produktionskomplexe* Instrumente der Regional- und Wirtschaftsplanung und der systematischen Raumentwicklung (Abb. 70). Da der Staat über die Produktions-, Bedarfs-, Investitions- und Arbeitskräftelenkung entscheidet, sind die Voraussetzungen günstig, die räumliche und sektorale Produktionsstruktur zu planen und das Beziehungsgefüge von vornherein festzulegen. Die Idee des innerregionalen Produktionsverbunds geht auf Lenin zurück. Hauptziel der Errichtung ist die Verbesserung des Lebensstandards der Bevölkerung, nicht der einzelwirtschaftliche Vorteil (wie in kapitalistischen Ländern). Trotz vieler sowjetischer Arbeiten über Territoriale Produktionskomplexe bleibt deren Planungs- und Oragnisationskonzept verschwommen. Territoriale Produktionskomplexe werden als effektiv und höchst entwickelte Formen der sozialistischen Produktionsorganisation bezeichnet.

(Randnotiz: Tafel 3)

(Randnotiz: Produktionsverbund in der Sowjetunion)

Die Errichtung Territorialer Produktionskomplexe nach einem Gesamtplan als regionale Wirtschafts- und Entwicklungskerne verfolgt mehrere Teilziele:

– die Umsetzung der ökonomischen Prinzipien des Sozialismus entsprechend den sektoralen, regionalen und lokalen Bedingungen
– die ausgeglichene, planmäßige und proportionale Entwicklung aller Wirtschaftsbereiche, entsprechend der vorgegebenen räumlichen Spezialisierung
– die räumlich gleichmäßige Produktionsverteilung
– den Ausgleich zwischen städtischen und ländlichen Räumen,

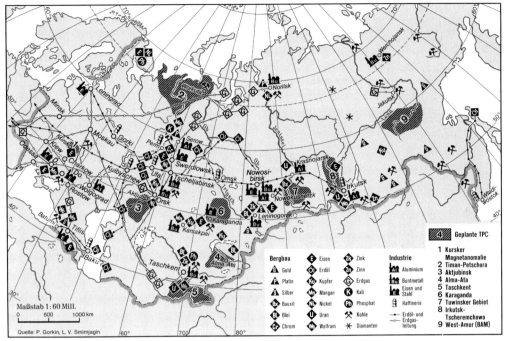

Abb. 70: Geplante territoriale Produktionskomplexe (TPC) in der Sowjetunion im 10. Fünfjahresplan

- die wirtschaftlich und räumlich optimale Nutzung mineralischer, agrarischer und menschlicher Ressourcen (u. a. Rohstoffe, Brennstoffe, Arbeitskräfte) und der Infrastruktur entsprechend Lage, Bedarf und Umweltbelastung
- die Verbindung von agrarischer und industrieller Produktion (optimale Kombination der Produktionskapazitäten, abgestimmt mit den gesellschaftlichen Bedingungen und Ressourcen)
- optimale Arbeits- und Lebensbedingungen für die hier lebende Bevölkerung.

Beispiele für Territoriale Produktionskomplexe sind der *TPC Baku-Sumgait,* der *TPC Dnjepropetrowsk-Saporoschje* (Abb. 71), der *TPC Bratsk-Ust-Ilimsk* mit Wasserkraftwerk an der Angara, Bauxitabbau, Aluminiumschmelze, Zellstoff- und Papiererzeugung, Holzbe- und -verarbeitung und im Süden der Region Krasnojarsk der *TPC Sajan* mit einem Wasserkraftwerk am Jenissei einer Aluminiumschmelze, einer Waggonfabrik und Betrieben der elektrotechnischen Leicht- und Nahrungsindustrie. Diese beiden territorialen Produktionskomplexe entstanden mit der Errichtung neuer Industrien in bisher industriearmen bzw. -leeren Räumen. Wichtigste Grundlagen sind Energie und Rohstoffe, vor allem Erze und Holz.

Territoriale
Produktions-
komplexe

Nach sowjetischen Angaben sind, verglichen mit isoliert errichteten Projekten, die Kostenvorteile Territorialer Produktionskomplexe erheblich, bei Bauleistungen 25–35%, bei Investitionen 25–30% und bei Infrastrukturinvestitionen bis 30% (*H. Kohl, 1980*). Zu den Einsparungen an laufenden Kosten tragen u. a. niedrige Transportkosten bei (Personen- und Güntertransporte), niedrige Lagerhaltungskosten durch direkte Verarbeitung der Neben- und Abfallprodukte in benachbarten Betrieben, niedrige Arbeitskosten (Nutzung aller Arbeitskräfte) und niedrige Energiekosten (Nutzung aller Arbeitskräfte) und niedrige Energiekosten (kontinuierliche Auslastung). Die behauptete hohe wirtschaftliche Effizienz und die positiven sozialen Wirkungen auf Konsumstruktur und Lebensqualität werden außerhalb des Ostblocks bezweifelt.

204

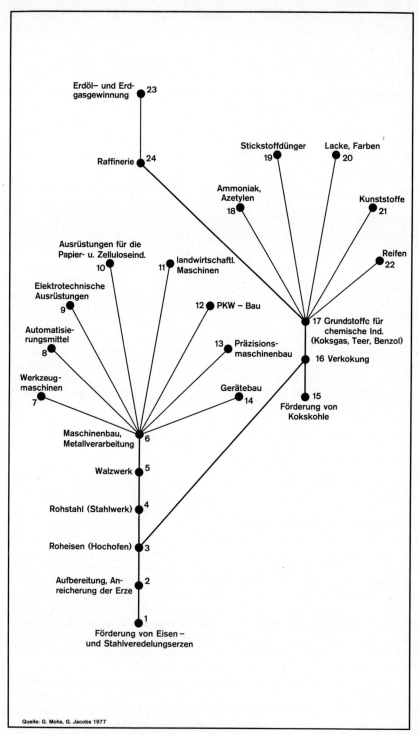

Quelle: G. Mohs, G. Jacobs 1977

Abb. 71: Die Verflechtungen des TPC Dnjepropetrowsk-Saporoschje

N. N. Kolosowskij beeinflußte stark das Konzept der Territorialen Produktionskomplexe. Nach technischen Merkmalen entwarf er 8 energiebezogene Produktionskomplexe, z. B.:

- **Eisen-Metall-Produktionskomplexe** auf der Grundlage von Kohle (u. a. Bergbau, Eisen- und Stahlerzeugung, Walzwerk, Maschinen- und Werkzeugbau, Verarbeitung von Kokerei-Nebenprodukten)
- **NE-Produktionskomplexe** auf der Grundlage von Stein- oder Braunkohle (u. a. Bergbau, Metallschmelze, -raffinierung und -weiterverarbeitung).

Industriekomplexe in marktwirtschaftlichen Industrieländern unterscheiden sich grundlegend von Territorialen Produktionskomplexen der Sowjetunion u. a. in bezug auf Planungsumfang, Planungszuständigkeit, Entscheidungsautonomie und Entwicklung der Raumbeziehungen:

Industriekomplexe
und TPC

Industriekomplexe (Standortkonzentration) in marktwirtschaftlichen Industrieländern	Territoriale Produktionskomplexe in der Sowjetunion
Einzelbetriebliche Planung, Trennung zwischen privater Investitions- und staatlicher Infrastrukturplanung	staatliche Gesamtplanung von Industrie, Infrastruktur und Wohnungen,
überwiegend Privateigentum	Staatseigentum,
zufällige Raumbeziehungen und Verbundsysteme	systematische Raumbeziehungen, insbesondere Produktionsbeziehungen

In der Literatur sozialistischer Länder wird ein systemimmanenter Unterschied in der Zielsetzung behauptet: in kapitalistischen Ländern primär ökonomische Ziele (Gewinnmaximierung), in sozialistischen Ländern primär soziale Ziele (Steigerung der Effizienz gesellschaftlicher Arbeit, Verwirklichung der sozialistischen Lebensweise). In der Realität erscheint dieser Gegensatz weniger scharf, da in beiden Wirtschafts- und Gesellschaftssystemen die Zielvarianz tatsächlich groß ist.

5. Dezentralisierung und Peripherie

Jörg Maier

5a) Industrie im peripheren Raum

Anknüpfend an die Darstellung der Situation, Funktion und Wirkungsweise der Industrie im Verdichtungsraum könnte man vielleicht davon ausgehen, daß die Industrie im ländlichen oder peripheren Raum einfach das Gegenstück repräsentiere bzw. die Wirkungen mit anderen Vorzeichen zu bewerten seien. Wie wenig sinnvoll eine derartige Meinungsbildung ist, zeigte bei der Industrie im Verdichtungsraum allein schon der Abschnitt über die multinationalen Unternehmenskonzentrationen. Denn dort handelt es sich nicht in erster Linie um regionale Strukturaspekte, sondern um funktionale Strukturelemente, nämlich die *vertikale* und auch *horizontale Konzentration von* Entscheidungsstrukturen bzw. *Führungsaufgaben.*

Konzentration

Tafel 7

Unterstrichen wird die Kritik an einer additiven Konzeption von Raumkategorien (Verdichtungsraum + ländlicher Raum = Gesamtraum) und daraus zu folgernden Wirkungsprozessen durch die in den letzten Jahren wieder verstärkt einsetzende Diskussion um eine Abgrenzung „ländlicher" Räume. Der Versuch, die Verdichtungsräume über wirtschaftskundliche, demographische und infrastrukturelle Indikatoren zu definieren und anhand der Bildung eines subjektiven Schwellenwertes dann zu den „ländlichen" Räumen zu gelangen, ist nicht nur wegen der nicht haltbaren induktiven Betrachtungsweise als fehlgeschlagen anzusehen, sondern auch wegen der weitgehend die existierenden Probleme in den sicherlich vorhandenen unter-

Industrie im länd- schiedlichen Raumkategorien negierenden Analyse. Allein schon die Vielfalt histori-
lichen Raum scher Entwicklungsabläufe lassen an der in der geographischen Literatur und auch in den Raumordnungsprogrammen verwendeten Abgrenzung grundsätzliche Zweifel aufkommen. Oft werden dabei altindustrialisierte Räume, z. B. das Saarland oder Oberfranken, in der gleichen Strukturkategorie behandelt wie Standorte, die erst nach dem zweiten Weltkrieg industrialisiert wurden, z. B. Niederbayern. Dies gilt auch für sozio-ökonomische Situationen („großstadtnahe" Landkreise wie Aschaffenburg mit starker Industrieentwicklung oder „großstadtferne" Landkreise wie etwa Cham mit hoher landwirtschaftlicher Bedeutung) oder unterschiedliche Problemlagen, etwa in bezug auf Zu- bzw. Abwanderung junger, dynamischer und gut ausgebildeter Bevölkerungsgruppen[1].

Ferner besteht ein Unterschied zwischen ländlichen Räumen, deren Abgrenzung auf statistisch zugänglichen Daten beruht und peripheren Räumen mit regionaler Außensteuerung bzw. Abhängigkeit von Wirtschaftszentren.

1. Industrieentwicklung im ländlichen Raum
– erläutert am Beispiel der Bundesrepublik Deutschland –

Versucht man für einen größeren Raum, etwa die Bundesrepublik Deutschland, einen Überblick zu geben, d. h. auf allgemeinere Züge der Entwicklung der Industrie im ländlichen Raum im Sinne der erstgenannten Abgrenzung hinzuweisen, so bieten sich in der Literatur dazu neben der Darstellung von *Wittenberg*[2] vor allem die Untersuchungen von *Schliebe*[3] an.

In der folgenden Darstellung wird der Betrachtungszeitraum 1955–1980 in zwei Abschnitte gegliedert: In die Zeit von 1955 bis 1969, in der die Zusammenhänge zwischen konjunktureller Entwicklung und Industrieansiedlung im ländlichen Raum aufzuzeigen sind (eine im wesentlichen zyklisch verlaufenden Korrelationskurve mit einem gewissen time – lag), und in die Zeit zwischen 1970 und 1980, gekennzeichnet durch die Abschwächung des wirtschaftlichen Wachstums, in der industrielle Ansiedlungen im ländlichen Raum weitgehend fehlten.

Durch den wirtschaftlichen Aufschwung Ende der 50er Jahre und das Erreichen der Vollbeschäftigung Mitte der 60er Jahre entstand in den bis dahin dominierenden Zentren industrieller Tätigkeit ein Engpaß nicht nur in bezug auf die Flächenausdeh-
Vollbeschäftigung nung, sondern vor allem auf die Beschäftigten und – damit zusammenhängend – die Lohnkosten. Die ländlichen Räume boten damals noch geringere Lohnkosten und, durch Freisetzung von Arbeitskräften aus der Landwirtschaft bzw. infolge relativ hoher Geburtenquoten bei bescheidener quantitativer Abwanderung, ein großes Arbeitskräftepotential. Während 1955–1957 die meisten Verlagerungen noch innerhalb der Verdichtungsgebiete stattfanden, wurden 1960/61 auch Gebiete in die Entscheidungen einbezogen, die als weniger entwickelt galten. In Verbindung mit dem Wirtschaftsaufschwung gewannen dann die ländlichen Gebiete immer mehr an Bedeutung, wobei neben Verlagerungen nun auch Neugründungen von Betrieben vorkamen. Zunehmend wurden auch die Unternehmensstandorte gespalten in Stätten der

---

[1] *J. Maier, u. a.,* 1982
[2] *W. Wittenberg,* 1978
[3] *K. Schliebe, u. a.,* 1980, S. 611–625

Produktion und der Verwaltung, wobei häufig die Produktionsstätten in den ländlichen Raum verlagert wurden.

„Es kam zu einem regelrechten ‚Filialboom' in Form von verlängerten Werkbänken, die in Gasthofsälen und ausgedienten Schulen . . . eingerichtet wurden."[2] Als Folge gingen auch im ländlichen Raum die Arbeitskräftereserven zu Ende. Als es dann 1966/67 zur Rezession kam, reichten die staatlichen Fördermaßnahmen nicht aus, den Einbruch in der Entwicklung aufzuhalten.[2] Diese Periode war durch Arbeitslosigkeit, geringe Investitionsneigung der Unternehmer und Betriebsstillegungen – insbesondere im ländlichen Raum – gekennzeichnet. Die Zahl der Industriebeschäftigten in der Bundesrepublik Deutschland ging von 8,44 Mio (1966) auf 7,72 Mio (1967) zurück. Die Einführung der Gemeinschaftsaufgabe „Verbesserung der regionalen Wirtschaftsstruktur" 1970 sollte deshalb ein neues Instrumentarium bereithalten, um derartige negative Entwicklungen zu verhindern. Im Zeitraum zwischen 1970 und 1979 hat sich neben dem Effekt eines deutlich zahlenmäßigen Rückgangs der Industrieansiedlungen gezeigt, daß im ländlichen Raum weiterhin vereinzelt Zweigbetriebe errichtet wurden.[3]

Filialboom

2. Regionale Strukturmuster der Industrie im ländlichen Raum

Welche Prozeßabläufe, Strukturen und Eigenarten kennzeichnen nun die Industriebetriebe im ländlichen Raum?

Rein physiognomisch sind die Betriebe meist in die Siedlungsstruktur eingebunden. Zur Differenzierung sei das Beispiel Niederbayern angeführt[4]. Überwiegend kleine (bis 100 Beschäftigte) und mittlere (bis 500 Beschäftigte) Betriebe, größtenteils strukturschwache und/oder konjunkturabhängige Branchen mit teils wenig qualifizierten Arbeitskräften und hohen Arbeitslosenzahlen sind hier typische Kennzeichen der Industrie im ländlichen Bereich. Für Niederbayern lassen sich nach dem zweiten Weltkrieg vier unterschiedlich geprägte zeitliche Phasen unterscheiden:

Mittelstand

In der **Gründungsphase** zwischen 1949 bis 1955 erhielt die vorhandene, überwiegend standortgebundene Betriebsstruktur durch den Zuzug von Flüchtlingsbetrieben mit neuen unternehmerischen Initiativen und meist gut ausgebildeten Arbeitskräften neue Impulse. So siedelten sich neben Betrieben der Textil- und Bekleidungsindustrie auch solche aus der Elektrobranche, der Chemie (z. B. in *Kelheim*) und des Maschinenbaus (etwa in *Viechtach* und *Pfarrkirchen*) an. Sie schufen darüber hinaus durch die lohnintensive Beschäftigtenstruktur in erheblichem Maße neue Arbeitsplätze (in 240 neuen Betrieben 16 000 neue Arbeitsplätze).

Gründungsphase

Im folgenden Zeitraum bis 1959 (der **Konsolidierungsphase**) erweiterte sich die Kapazität, insbesondere im Maschinen- und Fahrzeugbau, beträchtlich. Als neue Standorte seien *Dingolfing* und *Passau-Grubweg* genannt. Die punktuelle Standortstruktur erfuhr dabei eine Veränderung; im unteren Bayerischen Wald breiteten sich die neuen Betriebe eher dezentral flächenhaft aus, im westlichen Teil dagegen gebündelt entlang der Verkehrswege. Völlig neu war für das Standort- und Branchenstruktur der niederbayerischen Industrie dann anfangs der 60er Jahre die Ansiedlung zahlreicher Zweigbetriebe als Auswirkung des Arbeitskräfteengpasses in den Verdichtungsräumen[5]. Überwiegend lohnintensive Produktionsstätten der Textil- und Lederwarenindustrie wurden bevorzugt in Gebieten mit hohen Arbeitslosenzahlen errichtet, während der Rezession 1966/67 allerdings auch ebenso schnell wieder geschlossen.

Konsolidierungsphase

Räumlich drücken sich diese Schwankungen daher bis 1976 (die **Umstrukturierungsphase**) in einer eher dualistischen Entwicklung der Industriestandorte aus. In den mittleren und größeren Zentren bzw. der Verbrauchsgüterindustrie kam es zu einer Konzentration von Betrieben der Wachstumsindustrie von entsprechender Branchen-

Umstrukturierungsphase

---

[1] *H.-D. Haas,* 1970, S. 176
[2] *J. Lemelsen,* 1968, S. 129–149
[3] *K. Schliebe u. a.,* 1980, S. 620
[4] *J. Maier, u. a.,* 1979, S. 90–101
[5] *J. Strunz,* 1974, S. 114

vielfalt. Die ländlichen, größtenteils monostrukturierten Gemeinden mußten dagegen mehr oder weniger starke Beschäftigungsrückgänge hinnehmen. Gerade in diesen Standorten kumulieren ungünstige *Strukturfaktoren* (z. B. Bekleidungsindustrie) mit ungünstigen *Regionalfaktoren* (d. h. schlechtere Entwicklung der Bekleidungsindustrie in Niederbayern gegenüber anderen Standorten in Bayern oder im Bundesgebiet).

Shiftanalyse

Angesichts des hohen Anteils un- und angelernter Arbeitskräfte (meist 60% und mehr der Arbeitskräfte) bzw. überaus bescheidener Anteilswerte der Angestellten (überwiegend 5–15% der Arbeitskräfte) in den Industriebetrieben dieser Standorte hatte dies regionalpolitisch besonders nachteilige Folgen. Mangels alternativer Arbeitsplätze blieb den entlassenen Arbeitskräften – neben dem Wochenpendeln – die Abwanderung häufig als einzige Lösung.

Auch staatliche Förderungsmaßnahmen konnten an der Situation besonders in den kleinen Gemeinden wenig ändern. Von den z. B. zwischen 1955–1967 in Niederbayern mit staatlicher Förderung angesiedelten 241 Betrieben waren zwar fast die Hälfte Neugründungen, andererseits jedoch 39% davon Zweigbetriebe, insbesondere der Verbrauchsgüterindustrie.

Stillegungen

Infolgedessen war die Stillegungsquote der Industriebetriebe vor allem in der Rezessionsphase 1966/67 in Orten unter 1000 Einwohnern fast dreimal so hoch wie in Gemeinden mit mehr als 10 000 Einwohnern; die Stillegung der Textilbetriebe in ländlichen Gemeinden war vor allem größer als in den Zentralen Orten.

Bei den räumlichen Veränderungsprozessen spielte neben der Lage und der Einschätzung der Filialbetriebe als flexible Betriebsteile des gesamten Unternehmens nicht zuletzt auch die Position und *Funktion des betrieblichen Leiters,* d. h. die geringe Entscheidungsbefugnis des Zweigstellenleiters gegenüber dem in den zentrumsorientierten Betrieben meist persönlich anwesenden entscheidungtragenden Unternehmers, eine Rolle. Dazu kommt, daß der Unternehmer bzw. sein Prestige-Wert häufig als Vorbild für wirtschaftliche und politische Entscheidungen oder sein Lebensstil als nachahmenswert im ländlichen Bereich empfunden werden, obwohl seine Position innerhalb der sozialen Hierarchie des ländlichen Raumes keineswegs an der Spitze der Berufsskala zu stehen braucht (vgl. Abb. 72).

Rang-Korrelation

So zeigte sich bei einer unter Arbeitnehmern ausgewählter Betriebe in Niederbayern 1978 durchgeführten Befragung, daß die Rangfolge des Berufsprestiges eher traditionelle Vorstellungen widergibt. Für die Testgemeinden *Egglham,* eine noch stark landwirtschaftlich orientierte, durch einen mittleren Industriebetrieb der Spielwarenindustrie geprägte Gemeinde im Tertiärhügelland, das Mittelzentrum *Pfarrkirchen* mit mehreren kleinen und mittleren Betrieben, auch mit Zweigbetrieben sowie die durch die Industrie stärker geprägte Gemeinde *Ruhstorf a. d. Rott* wurde in Abb. 72 versucht, diese Berufs-Rangfolge aus der Sicht der Arbeitnehmer darzustellen.[1]

Differenziert nach dem Industrialisierungs- bzw. Urbanisierungsgrad der Gemeinden steht dabei der Arzt und Apotheker an der Spitze des sozialen Ansehens, gefolgt von Bürgermeister, Lehrer und Pfarrer. Nur in der Industriegemeinde Ruhstorf rangiert der Unternehmer an dritter Stelle und weist mit dieser Position auf eine beginnende Auflösung traditionell vorhandener Einstellungen im ländlichen Raum hin.

Standortfaktoren

Die Studien zur Frage der Standortanforderungen erbrachten in Niederbayern vergleichbare Ergebnisse auch zu anderen Untersuchungen im ländlichen Raum. Dabei wurden von den Betriebsleitern bzw. den Unternehmern als Standortfaktoren besonders berücksichtigt: verfügbare Arbeitskräfte, Betriebsflächen und Grundstückspreise, staatliche Förderungen, persönliche Präferenzen der Unternehmer für den Ansiedlungsraum u. a. Allerdings ist es für das Verständnis der Standortstrukturen und -prozesse notwendig, ergänzend zu diesen allgemeinen Ausführungen die verschiedenen wirtschaftlichen, sozialen und politischen Wirkungen der Industrie im ländlichen Raum am Beispiel eines ausgewählten eigenständigen Betriebes zu erläutern.

---

[1] *J. Maier* u. *J. Weber,* 1979

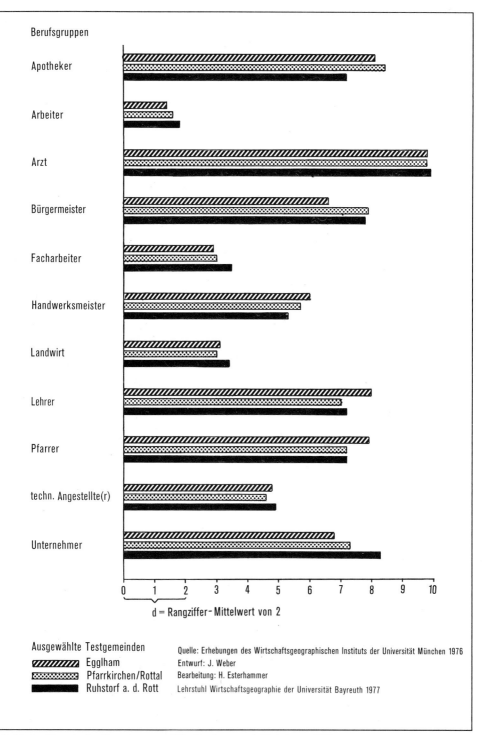

Abb. 72: Ermittlung des Prestigewertes ausgewählter Berufsgruppen in Niederbayern 1976

„Pionier"-
Unternehmer

Hierzu wird das Unternehmen *Fendt in Marktoberdorf* mit eigenen Zweigbetrieben und 1981 über 3100 Beschäftigten herangezogen.[1] Seine Geschichte beginnt mit einer „Pionier"-Leistung im Bereich der Landmaschinentechnik, der Entwicklung eines 4 PS starken Motorgrasmähers 1928 durch *H. Fendt,* der damit einer großen Nachfrage in der Grünlandwirtschaft der klein- und mittelbäuerlichen Betriebe im Allgäu entsprach. Diese und weitere Innovationen im ländlichen Raum schufen die Basis für die Entwicklung des heutigen (Familien-) Industrieunternehmens. Die Veränderung vom gewerblichen Klein- zum industriellen Großbetrieb, der in seiner höchsten Entwicklungsphase auch Betriebe aus anderen Branchen übernahm, begann nach der Währungsreform. Die Fendt-Werke wurden zu einem der größten Traktoren-Hersteller der Bundesrepublik Deutschland bzw. Europas.

Von diesem günstigen Aufschwung profitierte der Raum Marktoberdorf, was nicht nur an der weit unter dem Bundesdurchschnitt liegenden Arbeitslosenquote, sondern auch am ständig wachsenden kommunalen Gewerbesteueraufkommen abzulesen ist. 1977 wurde in Marktoberdorf ein Forschungs- und Entwicklungszentrum dieser Firma in Betrieb genommen, das 50 neue und qualifizierte Arbeitsplätze brachte. Allerdings muß auch auf die Problematik verwiesen werden, daß große Teile der Bevölkerung des Raumes Marktoberdorf von *einer* Industriebranche und von *einem* Unternehmen bzw. seiner Unternehmungspolitik abhängig sind. Innerhalb des Unternehmens sind rd. 70% aller industriellen bzw. etwa die Hälfte aller gewerblichen Arbeitnehmer tätig, die Kontrolle des regionalen Arbeitsmarktes wird dadurch offensichtlich.

Unternehmertyp

Die traditionell patriarchalische Grundhaltung eines großen Teils der eigenständigen Unternehmer im ländlichen Raum, die ihre zum Teil inzwischen zu Großbetrieben expandierten Unternehmen immer noch als Familien-Betriebe führen und in denen es Gewerkschaften in der Regel schwer haben, Fuß zu fassen, führt andererseits dazu, daß die Unternehmer, im Gegensatz zum Betriebsleiter bei Zweigbetrieben, ihre sozialen Verpflichtungen ernst nehmen und so lange wie irgend möglich um den Erhalt der Arbeitsplätze besorgt sind. Bei Fendt wird dies u. a. daraus ersichtlich, daß in den letzten Jahren überaus wenige Mitarbeiter arbeitslos waren. Abb. 74 zeigt, daß ein intensiver Ausstrahlungsbereich an Einpendlern um Marktoberdorf gruppiert ist, wenngleich dadurch ein bedeutsames Problem des Arbeitsmarktes im ländlichen Raum verdeckt wird, nämlich der Mangel an Arbeitsplätzen für weibliche Arbeitnehmer (im Falle der Fendt-Werke durch die Branche bedingt).

Soziale Bindungen

Die Bindung der Arbeitnehmer an das Werk kommt auch in Gestalt weiterer Aktivitäten des Unternehmens zum Ausdruck, z. B. durch den Bau von Werkswohnungen (in zwei Werkssiedlungen) (Abb. 74) bzw. die Unterstützung des Eigenheimbaus bewährter Mitarbeiter. Die enge Verknüpfung zwischen dem Unternehmen und der Stadt zeigt sich einmal in dem hohen Anteil (über 83%) des Werks am kommunalen Gewerbesteueraufkommen. Zum anderen gibt das Unternehmen (direkt und indirekt) Zuschüsse und Spenden für die Errichtung von Infrastruktureinrichtungen im Versorgungs-, Bildungs-, Freizeit- und Verkehrsbereich. Man kann diese unternehmerischen Aktivitäten im sozialen Bereich (siehe Kap. 6) untergliedern in Aktivitäten im kommunalpolitischen Bereich, in die Spendenpolitik und die Vereins- bzw. Verbands-Aktivitäten. Sie gestatten dem Unternehmen bzw. seinen Unternehmern einen beträchtlichen Einfluß auf das Wirtschafts- und Sozialleben des Raumes Marktoberdorf und darüberhinaus.

Nun wäre es sicherlich einseitig, nur die eigenständigen Unternehmer in die Betrachtung der Industrie im ländlichen/peripheren Raum einzubeziehen. Deshalb soll im folgenden Abschnitt auch der Problemkreis der Zweigbetriebe behandelt werden.

5b) Funktion und Wirkungen von Zweigbetrieben

Mehrbetriebs-
unternehmen

Zweigbetriebe als Teile von Mehrbetriebsunternehmen gab es bereits ab Mitte des letzten Jahrhunderts. Sie waren aber, darauf weist *Mikus*[1] mit Recht hin, meist in den wirtschaftlichen Zentren konzentriert. Durch Wirtschaftsaufschwung und drohende Kriegsgefahr vor (und auch während) des Zweiten Weltkrieges in Deutschland erfuh-

---

[1] *M. Schweiger,* München 1978
[2] *W. Mikus,* 1982, S. 30–34

211

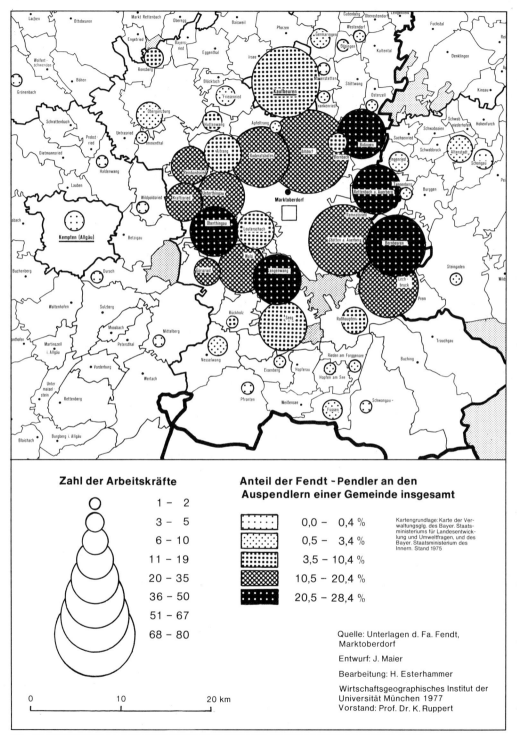

Abb. 73: Einzugsbereich der Arbeitskräfte eines Industriebetriebes im ländlichen Raum (insgesamt 2122 Arbeitskräfte)

ren sie eine weitere Blütezeit. Doch führte erst – wie bereits angeführt – das Vorhandensein billiger Arbeitskräfte, das günstige Angebot verfügbarer Betriebsflächen sowie die Inanspruchnahme staatlicher Finanzierungshilfen dazu, daß zahlreiche Unternehmen Ende der 50er Jahre bis zum Beginn der 70er Jahre Teile ihrer Produktion in periphere Räume verlagerten. Diese *Standort-Diversifizierungspolitik*, von *Timmermann*[1] neben Produktinnovation und Rationalisierung als wichtiges Instrument zur Sicherung des Unternehmens bei einem immer schneller sich verändernden Umweltsystem angesehen, erwies sich jedoch für periphere Räume aufgrund der zunehmenden Abhängigkeiten von den Verdichtungsgebieten als Problem. Zweigbetriebe erhielten somit in der Raumforschungs- und -planungsliteratur in den letzten Jahren im allgemeinen eine negative Bewertung, wurden häufig als das entscheidende Hindernis für den Abbau der regionalen Disparitäten angesehen, ganz gleich, ob man nun vom standorttheoretischen Ansatz wie etwa *Predöhl*[2] und Schüler oder von einer dependenztheoretischen Orientierung, etwa bei *Galtung*[3], ausgeht. Inwieweit kann bei einer differenzierten Betrachtung diese Bewertung noch aufrechterhalten werden?

Diversifizierung

Tafel 7

Die These, je höher der Zweigbetriebsanteil unter den Industriebetrieben peripherer Regionen, um so abhängiger sind diese Regionen von den Zentren wirtschaftlicher Aktivität und um so negativer sind die Auswirkungen auf den regionalen Arbeitsmarkt und die regionalwirtschaftliche Entwicklung, soll im Rahmen dreier, unterschiedlich dimensionierter Ansätze überprüft werden. In einem weiteren Schritt werden dazu die Wirkungseffekte zusammengefaßt.

Ein regionaler Ansatz: Zweigbetriebe im peripheren Raum Oberfranken
Oberfranken ist ein traditionelles Industriegebiet Bayerns mit über dem Landesdurchschnitt liegenden Industriebesatzziffern und einem breiten, wenn auch innerregional spezialisierten Branchenspektrum. Die heutige Situation der Zweigbetriebe ist hier nicht nur eine Folge der Entwicklung der Konjunkturzyklen in der Nachkriegszeit, sondern ihre Struktur wurde bereits in wesentlichen Teilen vor dem Zweiten Weltkrieg geprägt[4]. Von 159 erfaßten Zweigbetrieben wiesen im Jahre 1981 35 Betriebe ein Gründungsdatum vor 1945 auf.[5] Diese gehörten überwiegend zur Porzellanindustrie mit ihren regionsinternen Zentralen in Selb, zur Textil- und Bekleidungsindustrie (ebenfalls aus der Region) sowie zur Elektroindustrie mit Auslagerungen aus den Verdichtungsgebieten (vgl. Abb. 75).

Hinsichtlich der Häufigkeit der Betriebsgründungen zeigt sich einmal eine Abhängigkeit von den Konjunkturzyklen, denn die Ansiedlungsschwerpunkte lagen zwischen 1955 und 1957, 1959 und 1962, 1964 und 1965 sowie 1969 bis 1972. Zum anderen wurden Standorte in der Nähe des mittelfränkischen Verdichtungsraumes (besonders im Bereich von Bamberg), in Gebieten mit geringem Industriebesatz (ländliche Bereiche) und/oder mit starkem Strukturwandel (z. B. im Raum Hof) gewählt. (vgl. Abb. 75). Gemessen an der Größe wiesen diese Betriebe, die zum Investitionsgüterbereich gehören, höhere Beschäftigungszahlen auf als jene der Konsumgüterindustrie. Beispielsweise besitzen die Betriebe der Elektrotechnik im Coburger Land jeweils mindestens 650 Beschäftigte, während die der Bekleidungs-, etwa im Bamberger Umland oder im Landkreis Kronach bei rd. 300 Beschäftigten liegen. Auch die Herkunft des Kapitals zeigt eine regionale Differenzierung, denn die Zweigbetriebsgründungen oberfränkischer Unternehmen (mit Ausnahme der Porzellanindustrie) erfolgten in der Regel in Gebiete, die von

---

[1] *M. Timmermann*, 1973, S. 41–49
[2] *A. Predöhl*, 1962
[3] *J. Galtung*, 1980, S. 27–105
[4] *A. Hoffmann*, 1982
[5] *J. Weber*, 1983

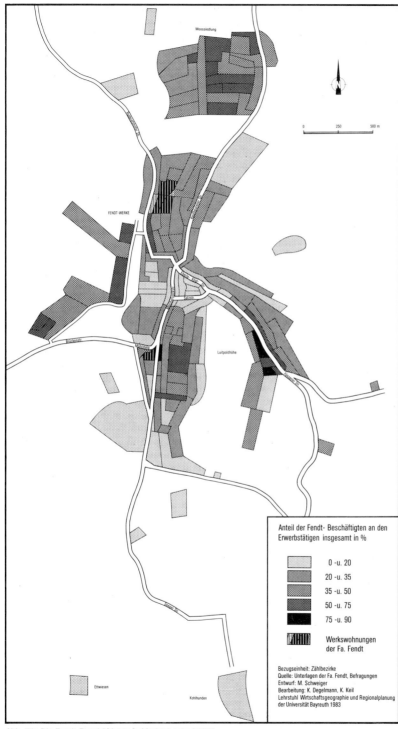

Abb. 74: Die Fendt-Beschäftigten in Marktoberdorf 1977

den großen, mit ihrer Verwaltung außerhalb der Region angesiedelten Gesellschaften noch nicht
besetzt waren. Ein weiterer Unterschied bestand auch darin, daß Zweigbetriebe, deren Kapitals-
Pufferfunktion eigner aus der Region kamen, im allgemeinen arbeitskräfte- und weniger kapitalintensiv waren, im
Gegensatz zu Gründungen von Bosch, Graetz, Michelin oder Siemens in diesem Raum. Sie sind
auch weniger gegründet worden, um standardisierte Produkte mit Hilfe großer Losgrößen mög-
lichst kostengünstig zu produzieren. Entscheidend für ihre Betriebsgründung war vielmehr die
Ausnutzung der Hochkonjunktur und der damals vorhandenen Marktnischen (Pufferfunktion von
Zweigbetrieben in peripheren Gebieten im Sinne von *Lepping/Hösch*[1]).

Ein branchenspezifischer Ansatz: Zweigbetriebe in der oberfränkischen Elektroindustrie

Die Elektroindustrie konzentrierte sich in der Zeit vor dem ersten und bis zum zweiten
Weltkrieg an wenigen Schwerpunkten, besonders in *Berlin*. Nach 1945 kam es vor
allem in Bayern zu einem erneuten Aufschwung in *München* und *Erlangen* (Siemens).
Dieser Phase des ,,Kernwachstums'' folgte eine zweite Phase starker Dezentralisierung, wovon gerade Oberfranken profitierte. Seit Ende der 60er Jahre wurde sie durch
Dezentralisierung eine zunehmende Auslandsorientierung abgelöst.[2] Damit zählt die Elektroindustrie
oder Dekonzentra- nicht zu den traditionellen Industriebranchen Oberfrankens. Sie hat jedoch aufgrund
tion? von Betriebsverlagerungen elektrotechnischer Großunternehmen und einer Reihe
neu gegründeter Klein- und Mittelbetriebe als Zulieferer der großen Konzerne oder
mit eigener Sortimentspolitik nicht unwesentlich zur Umstrukturierung der oberfränkischen Industrie beigetragen. Eine regionale Differenzierung zeigt, daß fast die
Hälfte aller Arbeitsplätze dieser Branche in ganz wenigen Zweigbetrieben konzentriert ist. Die Verteilung der Zweigbetriebe in Oberfranken ist dabei meist zufällig (z. B.
Redwitz oder *Neustadt b. Coburg*), da die Standortgründung bereits vor dem zweiten
Weltkrieg erfolgte. Andere Zweigbetriebe wurden in den 50er und 60er Jahren angesiedelt und zielten zum einen auf die günstigen Bedingungen des peripheren Arbeitsmarktes *(Bayreuth, Kulmbach)*, zum anderen war die Nähe zum Sitz der Unterneh-
mensleitungen (Erlangen, Fürth) ausschlaggebend (vgl. Abb. 76)[3].

Ein betriebsspezifischer Ansatz: Zweigbetriebe von Siemens und Grundig in Oberfranken

Damit stellt sich die Frage nach den innerbetrieblichen Entscheidungsstrukturen. Für
Organisations- die Bewertung von Zweigbetrieben und ihrer Funktion in peripheren Räumen ist
strukturen neben dem Investitionsaufwand, vor allem im Maschinenkapital, für die Zentrum-Peri-
pherie-Abhängigkeit der Grad an Entscheidungsdezentralisierung bzw. an eigenem
Entscheidungsspielraum der Zweigbetriebsleitung von Bedeutung. Zur Erläuterung
seien die beiden Beispiele Siemens und Grundig aufgrund ihrer unterschiedlichen
innerbetrieblichen Organisationsstrukturen herangezogen:

Siemens (mit 40,1 Mrd. DM Umsatz 1982 und 329 200 Mitarbeitern in 120 Ländern) besitzt neben
6 Unternehmensbereichen, auf die die technischen und kaufmännischen Arbeiten verteilt sind,
5 Zentralbereiche, die für alle Unternehmensbereiche die grundsätzlichen betriebswirtschaftlichen
Funktionen wahrnehmen. Entsprechend dieser Unternehmensorganisation, die man als modifizierte Spartenorganisation bezeichnen kann, läßt sich eine dreidimensionale Zweigstellenpolitik
erkennen:
– Zweigbetriebe im Fertigungsbereich,
– Zweigniederlassungen im Vertriebsbereich und
– Zweigstellen auf der Ebene technischer und Ingenieur-Büros.
Im Produktionsbereich werden die Fertigungsstätten nach betriebswirtschaftlichen Gesichtspunkten weitgehend autonom geführt. Sie besitzen auch eigene Forschungs- und Entwicklungs-
abteilungen. Im Vertriebsbereich sind die regionalen Einheiten unternehmerisch für ihre Bereiche
verantwortlich.

---

[1] *B. Lepping* u. *F. Hösch*, o. J.
[2] *F. Welzel*, 1974
[3] *G. Elsner*, 1983

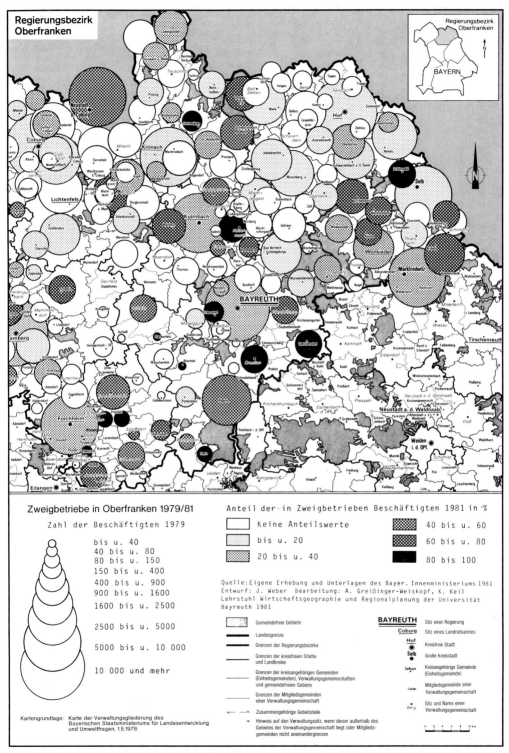

Abb. 75: Zweigbetriebe in Oberfranken

Ein Beispiel für einen Produktions-Zweigbetrieb von Siemens ist das Kunststoff- und Porzellan-werk in Redwitz, das dem Unternehmensbereich Installationstechnik angehört. Neben seinem Hauptwerk gehören noch die beiden Fertigungsstätten Rodach bei Coburg und Berlin mit insge-samt 2200 Beschäftigten dazu. Der Betrieb beliefert nur Werke der Siemens AG und deren Beteiligungsgesellschaften. Entscheidungen über Re-Investitionen fällen die Zentralbereiche nach gesamtunternehmerischen Gesichtspunkten, die Werksleitung in Redwitz macht lediglich Vorschläge. Eine eingeschränkte Entscheidungsautonomie besitzt sie andererseits im Bereich Personalwesen, auf der Beschaffungsseite und in der Forschungs- und Entwicklungsabteilung. Der Absatz erfolgt dagegen ausschließlich über den zentralen Bereich Vertrieb und seine Nieder-lassungen nach einem straffen und hierarchisch gegliederten System. Im Produktionsbereich werden hingegen Entscheidungs- und Kompetenzbefugnisse so weit als möglich dezentralisiert.

Aus der Sicht der Regionalpolitik für periphere Räume bedeutet diese Strategie
– eine relative geringe Krisenanfälligkeit der Zweigbetriebe, da es keine verlängerten Werkbänke oder gar (wie in der Bekleidungsindustrie teilweise vorhanden) Ruck-sack-Betriebe sind (die rasch ihren Standort wechseln können),
– qualifizierte Arbeitsplätze stehen zur Verfügung, sowohl im technischen wie auch kaufmännischen Bereich; die Gefahr einer ,,sozialen Erosion'' ist dadurch gemin-dert,

Spill-over-Effekte – regionale Wachstumsimpulse *(,,spill-over'')* werden induziert, jedoch
– besteht eine direkte Abhängigkeit in Gestalt einer vertikalen Integration der Zweig-betriebe zu den Zentren in den Bereichen Produktionsvorgabe, Absatzmarkt und Gewinnverwendung.

Das zweite Beispiel:
Die **Grundig** AG (mit 2,75 Mrd. DM Umsatz und 32 000 Beschäftigten) zählt ebenfalls zu den führenden Oligopolisten der Elektrobranche. Inzwischen gehört sie jedoch zum Philips-Konzern. Das Unternehmen ist durch eine funktionale Organisation mit produktorientierten Teilbereichen (Video, Audio, Hifi und Elektronik) gegliedert. Die Produktmanager sind unmittelbar dem Konzernvorstand unterstellt, die Beschaffung von Rohstoffen und Vorleistungen sowie der Absatz der Produkte werden zentral von Fürth aus gesteuert. D. h. die Zweigbetriebe von Grundig sind reine Produktionsstät-ten, die aus Gründen der Kostenersparnis ausgelagert wurden.

Der bedeutendste Zweigbetrieb von Grundig in Oberfranken ist das Werk 7 in Bay-reuth im Hifi-Produktbereich mit rd. 1200 Beschäftigten (davon 800 Frauen). Das Werk nimmt Montagearbeiten in zwei Produktstufen vor, wobei die benötigten Materialien zentral aus Fürth bezogen und in billig angemieteten Lagerhallen (aus Zeitersparnis und zur Vermeidung von Lieferengpässen) gelagert werden. Diese Lagerhallen kön-nen als sog. ,,Rucksack-Betriebe'' bezeichnet werden, da sie weder örtlich noch zeitlich gebunden sind, wie der häufige Wechsel in der Vergangenheit zeigte.

Die aus dieser Unternehmensorganisation resultierende Problematik für die regionale Wirtschaftsstruktur der peripheren Räume ist, da die Kennzeichen ,,verlängerter Werkbänke'' weitgehend erfüllt sind, weit kritischer als die bei Siemens zu werten:

Kern- und Rand- – relativ hohe Krisenanfälligkeit, insbesondere in der sog. Randbelegschaft, unter-
belegschaft   strichen noch durch die rezessive Produktpalette der Unterhaltungselektronik
– weitgehend unqualifizierte Arbeitsplätze für un- und angelernte Arbeitskräfte ohne größere berufliche Aufstiegsmöglichkeiten
– geringe regionale Wachstumsimpulse und
– hochgradige Abhängigkeit von Entscheidungen der Zentrale in Fürth.

Versucht man nun die verschiedenen Aspekte von Zweigbetrieben zusammenzufas-sen und einer Bewertung zu unterziehen, so lassen sich – theoretisch – zwei Bereiche unterscheiden:
○ Wirkungen auf den regionalen Arbeitsmarkt
○ Wirkungen auf den sonstigen regionalwirtschaftlichen Kreislauf.

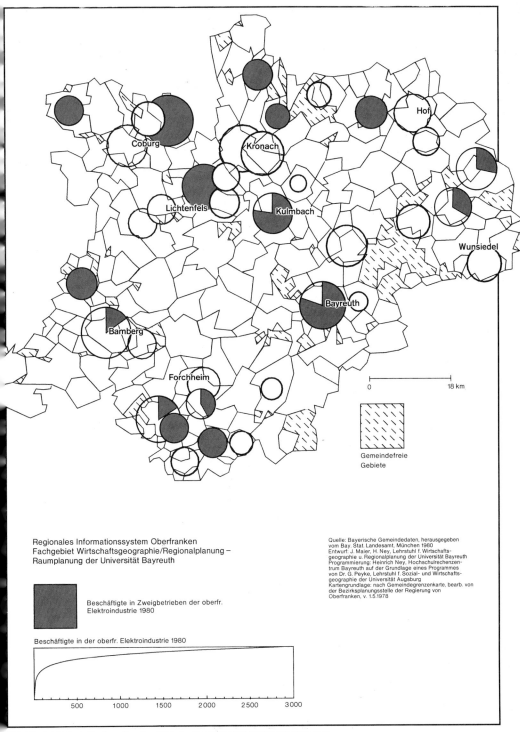

Regionales Informationssystem Oberfranken
Fachgebiet Wirtschaftsgeographie/Regionalplanung –
Raumplanung der Universität Bayreuth

Beschäftigte in Zweigbetrieben der oberfr.
Elektroindustrie 1980

Beschäftigte in der oberfr. Elektroindustrie 1980

Gemeindefreie
Gebiete

0   18 km

Quelle: Bayerische Gemeindedaten, herausgegeben
vom Bay. Stat. Landesamt, München 1980
Entwurf: J. Maier, H. Ney, Lehrstuhl f. Wirtschaftsgeographie u. Regionalplanung der Universität Bayreuth
Programmierung: Heinrich Ney, Hochschulrechenzen-
trum Bayreuth auf der Grundlage eines Programmes
von Dr. G. Peyke, Lehrstuhl f. Sozial- und Wirtschaftsgeographie der Universität Augsburg
Kartengrundlage: nach Gemeindegrenzenkarte, bearb. von
der Bezirksplanungsstelle der Regierung von
Oberfranken, v. 1.5.1978

500   1000   1500   2000   2500   3000

Abb. 76: Anteil der in Zweigwerken Beschäftigten in der Elektroindustrie Oberfrankens

– Wirkungen auf den regionalen Arbeitsmarkt

Unter dem Aspekt der Arbeitsplatzstabilität werden Zweigbetriebe häufig als eher negativ bewertet (Pufferfunktion bei konjunkturellen Schwankungen). Auch wenn Arbeitsmarkt dies sicherlich grundsätzlich zutrifft, so muß doch betont werden, daß größere und kapitalintensivere Betriebsstätten durchaus beschäftigungsstabilisierende Wirkungen besitzen. So konnten *Lepping* und *Hösch*[1] feststellen, daß Zweigbetriebe im peripheren Raum ähnlich stabil sind wie Stammbetriebe in diesen Regionen. Formen der Instabilität treten insoweit auf, als die Zweigbetriebe im Konjunkturverlauf in der Regel größere Beschäftigungsschwankungen aufweisen als ihre Stammbetriebe in den Wirtschaftszentren. Diese konjunkturelle Anpassungsstrategie gilt es zu kritisieren, weil davon überwiegend weibliche Arbeitskräfte betroffen sind, die an einer langfristigen Teilzeitarbeit interessiert sind.

Wirkungen auf den sonstigen regionalwirtschaftlichen Kreislauf

Regionalwirtschaft Versucht man diese Überlegungen zu erweitern, im Sinne der Zentrum-Peripherie-Diskussion, so kann man – etwas generalisierend – folgendes feststellen:

Zweigbetriebe mit Stammsitz in den Verdichtungsräumen können sicherlich als „Brückenköpfe" bezeichnet werden. Ihre Gründung erfolgt in der Regel mit der Intention, durch die Abschöpfung günstiger Arbeitsmarktressourcen in den peripheren Gebieten Ersparnisse zu erzielen. Dadurch entstehen im allgemeinen auch vertikale Interaktions- oder Abhängigkeitsbeziehungen, wobei die Institutionalisierung der Zweigbetriebe – etwa der oberfränkischen Elektroindustrie – hauptsächlich in der mehr oder weniger festen Integration in das gesamtunternehmerische Organisationssystem bzw. in festen vertraglichen Bindungen an das Gesamtunternehmen besteht. Deutliche Differenzierungen gegenüber diesen grundsätzlichen Aussagen können bei Zweigbetrieben mit einer relativ breiten, fast eigenständigen Entscheidungsfreiheit auftreten, ferner bei Großbetrieben, insbesondere des Investitionsgüterbereiches mit entsprechendem Aufwand an Gebäude- und Maschinenkapital.

6. Funktion und räumliche Muster unternehmerischen Verhaltens

Jörg Maier

6a) Zum Begriff und zur Funktion des Unternehmers

Wissenschaftshistorische Vorbemerkungen

Nach der Diskussion der Standortproblematik in den Kapiteln 2–4 soll sich nun die Analyse der Entscheidungsträger dieser Standorte anschließen. Das Verhalten von Unternehmern und Betriebsleitern steht damit im Vordergrund sowie die dabei auftretenden Aktivitäts- und Aktionsfelder. Es geht folglich nicht um die Fragen des Standorts an sich, sondern in einem ersten Teil um *Standortwirkungen*. Ausgangspunkt dieser Überlegungen ist, daß die Industriegeographie neben ihrer Aufgabe, regional differenzierte Erscheinungsformen der Geofaktoren auf der Erdoberfläche (im Bereich der Industrie z. B. die Analyse der Standorte der Industrie, der Struktur dieser

---

[1] *G. Lepping* u. *F. Hösch*, a. a. O.

Betriebe und deren räumliche Verflechtungen) zu beschreiben, auch die Erfassung der hinter den Strukturen stehenden Kräfte zum Ziel haben muß. Die Analyse muß deshalb auch die Tätigkeiten dieser Kräfte, d. h. neben staatlichen Organisationen bzw. ihren Trägern, die Arbeitnehmer und vor allem die in unserer Gesellschaft wesentliche *Gruppe der Unternehmer* oder betrieblichen Entscheidungsträger, mit umfassen. Dies scheint gerade in der Industriegeographie wichtig, da jeder Betrachter angesichts der erheblichen betriebs- und/oder volkswirtschaftlichen Einflußgrößen und Wirkungen sowie vielleicht auch physiognomischer Eindrücke geneigt ist, zuerst die Betriebe als Objekt der Analysen anzusehen.

Lange Zeit traten Unternehmer oder betriebliche Entscheidungsträger nur im Rahmen von Untersuchungen über Standortwahl und -entscheidung auf. Doch läßt bereits eine oberflächliche Beschäftigung mit unternehmerischen Persönlichkeiten, wie etwa *Werner von Siemens* oder *Emil Rathenau,* die z. B. Berlin für Jahrzehnte zum bedeutenden Standort der deutschen Elektroindustrie machten, erkennen, daß gerade die über die Standortfrage hinausreichenden Tätigkeiten dieser Personengruppe nicht weniger raumwirksam sind.

Der verhaltenstheoretisch orientierte Ansatz der Industriegeographie, mit Verbindungen zur Industriesoziologie und Unternehmerpsychologie hat Vorbilder in den soziologischen Untersuchungen über kommunalpolitische Entscheidungsträger (vgl. *Dahl* oder *Hunter*)[1] sowie in Analysen über Unternehmensführung und deren Zielfunktionen (z. B. *Heinen* oder *Kirsch*)[2] und wurde Anfang der 70er Jahre von verschiedenen Industriegeographen aufgegriffen (vgl. u. a. etwa *Grotz* und *Krumme* im Hinblick auf unternehmensinterne Entscheidungsabläufe oder *Labasse* mit seiner finanzwirtschaftlich orientierten Betrachtungsweise bzw. *Arbter* mit seiner Betonung sozialer Wirkungsfelder gerade klein- bis mittelbetrieblicher Strukturen).[3]

Unternehmerische Zielfunktion

Industrielles Raumverhalten wird damit nicht mehr nur auf der beschreibenden Ebene von Unternehmensform, Betriebsart und -größenklasse analysiert. Es werden darüber hinaus auch interne Organisationsstrukturen (vgl. die Darstellung der Zweigbetriebe unter Punkt 5b.), persönlichkeitsbezogene Faktoren und unternehmerische Zielsetzungen als Entscheidungselemente herangezogen. Diese Konzeptionen führen einmal zu Auseinandersetzungen von Auswirkungen unternehmerischer Aktivitäten (vgl. *Lloyd* und *Dicken*)[4] mit den Grundlagen dieses Handelns als Diskussion zwischen *homo oeconomicus – versus satisficer –* Verhalten oder einem Entscheiden nach dem Konzept der begrenzten Rationalität (Collins und Walker).[5]

Industrielles Raumverhalten

Zum Begriff des Unternehmers

Bislang wurde der Begriff des *Unternehmers* oder betrieblichen Entscheidungsträgers nicht näher erläutert und darüberhinaus als Alternativ-Begriff verwendet. Dies liegt vor allem daran, daß es einen einheitlichen Begriff des Unternehmers nicht gibt, weder in der Umgangssprache noch in der wissenschaftlichen Literatur. Da die Betrachtung notwendigerweise die Funktion des Unternehmers einbeziehen muß und diese nicht nur ökonomisch, sondern auch in sozialer und gesellschaftspolitischer Hinsicht zu sehen ist, gilt es einen Begriff zu finden, der sowohl wirtschaftswissenschaftlichen als auch raumwissenschaftlichen Überlegungen gerecht wird. Innerhalb der Wirtschaftswissenschaften wurde bis in die 60er Jahre hinein der Unternehmerbegriff überaus intensiv diskutiert; insbesondere in der Betriebswirtschaftslehre wurde

---

[1] *R. A. Dahl,* 1962, *F. Hunter* 1953
[2] *E. Heinen,* 1971, *W. Kirsch,* 1977
[3] *R. Grotz,* 1971, *G. Krumme,* 1972, S. 101–108, *K. Arbter,* 1973, *J. Labasse,* 1974, S. 329–348
[4] *P. E. Lloyd* u. *P. Dicken,* 1977
[5] *L. Collins* u. *D. F. Walker,* 1979

er mit Hilfe der Analysekategorie Person, Funktion, Position und Institution beschrieben. Jedoch reicht dies für eine raumwissenschaftliche Darstellung nicht aus. In der Regel leiden diese Begriffsabgrenzungen darunter, daß sie entweder ausschließlich auf Merkmalskategorien aufbauen, aus denen kein gleichartiges raumbezogenes Verhalten abgeleitet werden kann; oder aber sie sind so allgemein gefaßt, daß sie wenig brauchbar für eine empirische Untersuchung erscheinen. Daher wird in der neueren Literatur unter dem Begriff des Unternehmers oder besser des *betrieblichen Entscheidungsträgers* eine Person oder eine Gruppe von Personen verstanden, die Träger einer gehobenen Position sind und hohen sozialen Status besitzen sowie befugt sind, langfristige, strategische, insbesondere auf die gesamte Institution Betrieb sich auswirkende und wenig programmierbare Entscheidungen zu treffen *(Weber).*[1]

Entscheidungs-orientierung (Randnotiz)

Inwieweit handelt es sich dabei um einen allgemeingültigen Begriff, d. h. kann nun dieser Begriff des Unternehmers auf verschiedene Gesellschafts- und Wirtschaftssysteme übertragen werden? Man könnte die Hypothese aufstellen, daß der Begriff des Unternehmers, so wie er hier umschrieben wurde, systemindifferent sei. Dafür spricht, daß betriebswirtschaftliche Aktivitäten in allen Wirtschaftszweigen und Produktionsstufen einer Volkswirtschaft, sei sie zentralverwaltet oder verkehrswirtschaftlich orientiert, auf bestimmte Weise zu Betrieben zusammengefaßt werden, wobei die Leistungserstellung und -verteilung einer geregelten Koordination und Überwachung, die von Personengruppen durchgeführt wird, bedarf. Dieser Argumentation kann dann zugestimmt werden, wenn die einzelnen Kriterien zur Definition des Unternehmers so festgelegt werden, daß sie nicht systemabhängig sind. Bei dem Begriff „Entscheidung" ist aber gerade dies nicht der Fall. Die Einbeziehung einer entscheidungsorientierten Konzeption ist nämlich nur dann als sinnvoll zu erachten, wenn die Gesellschaft auf einem Menschen aufbaut, der in der Lage ist, sich zu informieren, Lösungshypothesen aufzustellen und sich zu entscheiden. Diese Kennzeichen aber sind nicht auf alle Gesellschaften übertragbar, so daß eine Anwendung dieses Begriffs nur auf jene Gesellschaften sinnvoll erscheint, die aufgeklärte, mündige, aktiv handelnde Menschen voraussetzen und dem einzelnen Menschen bei seinen Entscheidungen einen hohen Freiheitsgrad einräumen. Insoweit ist der Gedanke, den Begriff „betriebliche Entscheidungsträger" etwa auch auf Länder der Dritten Welt auszudehnen, von vornehein problematisch.

System-bezogenheit? (Randnotiz)

Nehmen wir als Beispiel die Situation in Afrika, genauer gesagt von West-Afrika, wozu in den letzten Jahren eine Reihe von Arbeiten vorgelegt worden sind (vgl. die Untersuchungen von *Schätzl, Schamp, Rauch* oder *Maier)*[2], so ist es keineswegs selbstverständlich, von der Existenz von Unternehmern oder betrieblichen Entscheidungsträgern im europäisch definierten Sinn auszugehen.

Dies hat einmal historische Gründe, begründet in der Kolonialpolitik und im Kapitalismus. *Halbach*[3] erwähnt als Begründung für den Mangel an afrikanischer Unternehmerinitiative das formale, jedoch nicht berufsbildende koloniale Erziehungssystem, die im wesentlichen auf Verwaltungsaufgaben konzentrierte Verantwortung autochthoner Mandatsträger des englischen „indirect rule" und die dadurch geförderte Einwanderung wirtschaftlich-dynamischer, jedoch nicht-afrikanischer Minderheiten als Bestimmungskräfte zahlreicher Märkte. Dazu gehören jedoch auch sozio-kulturelle Determinanten, wie etwa die ethisch-philosophische Grundausrichtung und das System der Großfamilie.

Bei Untersuchungen in Nigeria müssen bezüglich der Richtigkeit dieser letztgenannten Überlegungen erhebliche Zweifel angemeldet werden[4]. Vielmehr können wirtschaftliche Aspekte, z. B.

---

[1] *J. Weber,* 1980, S. 23 ff.
[2] L. Schätzl, *1973,* E. Schamp, *1979, S. 102–108,* Th. Rauch, *1981,* J. Maier, *1981, S. 59–98*
[3] *A. Halbach* u. a., 1975
[4] *H. D. Seibel,* 1968

die häufig unzureichende materielle und soziale Infrastruktur, die unzureichenden Beschaffungsmöglichkeiten von Kapital und Krediten sowie die mangelnde Kenntnis im Organisations- und Geschäftsführungsbereich weit eher als Erklärung für fehlende unternehmerische Initiative dienen.

Faßt man nach dieser Diskussion des Unternehmers als gesellschaftsabhängiger Persönlichkeit noch einmal die grundlegenden Überlegungen zum räumlichen Aktionsbereich zusammen, so werden diese Tätigkeiten mit der regionalen und örtlichen Standortwahl beginnen; über die Beschaffungs- (von Rohstoffen, Halb- und Fertigfabrikaten, Arbeitskräften und Finanzmitteln) und Absatzmärkte reichen sie bis zu den sozialen Wirkungsfeldern (im betriebsinternen und -externen Bereich vgl. Abb. 77).[1]

Räumlicher Aktionsbereich

6b) Räumliche Muster unternehmerischen Verhaltens im Produktions-, Absatz- und Sozialsystem

– Zielfunktionen und Persönlichkeitsstrukturen

Aus der sog. Thuringia-Studie[2] über die Selbständigen im Mittelstand wird ersichtlich, daß 47% der Selbständigen in der Bundesrepublik Deutschland ihr Unternehmen selbst gründeten, 17% haben es gekauft und 36% haben es übernommen bzw. geerbt. Nimmt man davon nur einmal die „Gründer" und ermittelt, welche Motivation zur Gründung führte, so wird von rd. 68% der Wunsch nach Selbständigkeit vor allen anderen Beweggründen genannt.

Mittelstand

Beweggründe für die Gründung oder den Kauf eines Unternehmens (Mittelstand)

Gründungs- bzw. Kaufanlaß:	Gründer %	Käufer %
Persönlicher Wunsch nach Selbständigkeit	68	43
Höherer Verdienst, Einkommen	23	9
Günstige Gelegenheit, Kapitalanlage	10	21
Berufliche Notwendigkeit	19	18
Freude, Unternehmensgeist	10	6
Karriere machen, mehr erreichen	10	–
Sonstiges	7	5
Summe in Prozent*	147	102
Keine Angaben eines Anlasses	6	4

Quelle: Thuringia-Studie, a. a. O., S. 8
* Mehrfachnennungen möglich

Dies leitet direkt über zur Frage der *Zielfunktion* für den Unternehmer. So zeigte sich etwa bei den Befragungen ausgewählter Betriebsleiter und Unternehmer in Niederbayern nach den die betriebliche und damit auch räumliche Tätigkeit grundlegend bestimmenden Erwartungen und Einstellungen, daß bei den Einzelunternehmern und Personengesellschaften der Wunsch nach Selbstverantwortung sowie nach guten Einkommenschancen, bei den Zweigstellenleitern verständlicherweise die Einkommensaussichten als dominant angesehen wurden. Verglichen mit den Ergebnissen der Industriebetriebslehre im Sinne etwa von *Heinen*[3] entsprechen diese Motivationen den dort genannten betrieblichen Oberzielen *Unabhängigkeits-, Prestige-* oder *Machtstreben* einerseits oder dem *Streben nach Gewinn* oder finanzwirtschaftlicher Flexibilität andererseits.

Zielfunktion

---

[1] *J. Maier* u. *J. Weber*, 1979, S. 80
[2] Thuringia-Studie, 1974
[3] *E. Heinen*, 1977

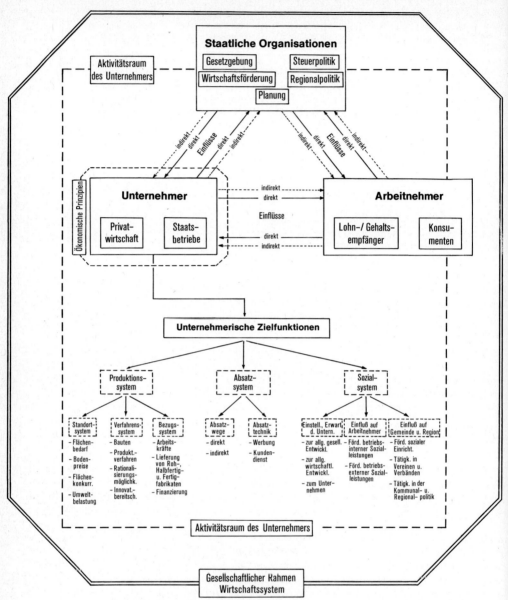

Abb. 77: Einflußkräfte räumlicher Struktur- und Prozeßmuster für industriegeographische Fragestellungen

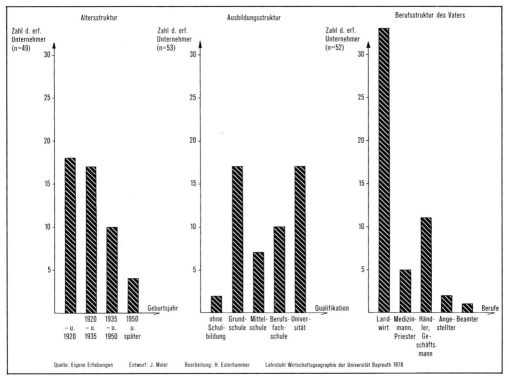

Abb. 78: Ausgewählte Strukturdaten zur Person des Unternehmers in Ostnigeria (Testgebiete: Enugu, Onitsha und Aba)

Zur weiteren Differenzierung der räumlichen Tätigkeiten der betrieblichen Entscheidungsträger soll deshalb untersucht werden, welche Einflußgrößen auf den Entscheidungshorizont der Unternehmer einwirken. Ohne Zweifel beeinflussen das räumliche Handeln von Unternehmern neben der Marktposition, der Branchenzugehörigkeit   Persönlichkeits-
bzw. Produktionsstruktur vor allem die Lage des Betriebes, die Situation der Mitkon-   struktur
kurrenten und nicht zuletzt die Persönlichkeit des Unternehmers selbst. Gilt dies nun auch bezüglich der persönlichen Strukturdaten des Unternehmers, wie Alter, regionale Herkunft oder Ausbildungsniveau?

Beim Vergleich der Durchschnittswerte persönlicher Daten von niederbayerischen Unternehmern, d. h. von Unternehmern im ländlichen Raum (30- bis 55jährige mit einem beachtlich hohen Ausbildungsniveau und überwiegend autochthoner Herkunft[1]) mit Strukturdaten von Unternehmern im Ruhrgebiet[2], allerdings aus dem Jahre 1969, erhält man ein fast deckungsgleiches Verteilungsbild. Dies läßt darauf schließen, daß die soziale Schichtung der Unternehmer in den Vergleichsräumen nur wenig differiert, trotz ihres erheblich unterschiedlichen räumlichen Verhaltens. Zieht man zur Überprüfung dieser Aussage wiederum ein Fall-Beispiel aus einem Entwicklungsland, aus SO-Nigeria heran, so zeigt sich, daß nur rd. 20% der Unternehmer keine Schulausbildung oder nur den Besuch einer Grundschule nachweisen. Abgesehen davon, daß dies noch wenig über den Erfolg eines Unternehmers aussagt, wird

---

[1] *J. Maier* u. *J. Weber,* 1974
[2] *Friedrich-Ebert-Stiftung* (Hrsg.), 1971

ebenso ersichtlich, daß 17% bereits Universitätsausbildung haben, was allerdings
Unternehmerische ebenso nur teilweise etwas über den Unternehmererfolg belegt. Je größer das Unter-
Tradition nehmen und je höher der staatliche Kapitalanteil, um so eher ist jedoch die Hoch-
schule Voraussetzung für den Zugang zu den Management-Positionen. Das durchschnittliche Alter von 35 bis 55 Jahren unterscheidet sich nicht gravierend von mittel-
europäischen Strukturen. In bezug auf die unternehmerische Tradition ergibt sich
jedoch eine wesentliche Differenzierung: Der Großteil der Väter der befragten Nige-
rianer war von Beruf noch Bauer, Händler oder Geschäftsmann, was eben wiederum
die junge industrielle Entwicklung zum Ausdruck bringt.

– Räumliche Verhaltensmuster von Unternehmern im Beschaffungs- oder Bezugs-
system von Rohstoffen, Halb- und Fertigfabrikaten
Da bereits auf S. 130 ff. ausführlich zu Standortfaktoren und -entscheidungsgrößen in
der Industrie Stellung genommen wurde, soll hier nur noch einmal darauf hingewiesen werden, daß in der Regel die Pionier-Unternehmer im Sinne von Schumpeter bzw.
die innovativen Unternehmer stark raumprägend wirken. Ein treffendes Beispiel dafür
ist die Entscheidung der Siemens-Unternehmensleitung nach dem Zweiten Weltkrieg,
ihre Hauptverwaltung von Berlin nach München und Erlangen zu verlegen. Dies hat
nicht nur ganz wesentlich zur wirtschaftlichen Aufwärtsentwicklung des mittelfränkischen und Münchner Verdichtungsraumes beigetragen, sondern die Standortstruktur
in der Elektroindustrie grundsätzlich verändert[1].

Reichweite In den unternehmerischen Aktivitäten im Beschaffungs- oder Bezugssystem und beim
Absatzsystem kommt dabei sowohl eine branchenspezifische als auch eine persön-
lichkeitstypische Differenzierung zum Ausdruck. Dies trifft im besonderen Maße auf
die Strategieentfaltung zu. Je nach Betriebsgröße, Produktionsspektrum und der Art
der Marktdurchdringung ergeben sich dabei Räume unterschiedlicher Reichweite.
Die Abhängigkeit unternehmerischer Tätigkeitsfelder von der Branche bzw. dem
Produktionsspektrum zeigte sich besonders in Beispielen der Industrie im ländlichen
Raum (Abb. 78). Dabei zeigte sich, daß auch innerhalb einer Branche Beispiele mit
ausschließlich regionalen Lieferbeziehungen, wie etwa dem Betrieb der Nahrungs-
und Genußmittelindustrie in *Hartkirchen* neben jenen mit erheblich größeren Reich-
weiten im Liefersystem vorhanden sind. Der in *Eggenfelden* untersuchte Betrieb der
Nahrungs- und Genußmittelindustrie bezieht z. B. einen Großteil der zu verarbeiten-
den Produkte aus dem Ausland (u. a. Paprika aus Jugoslawien und Bulgarien).
Ebenso wird deutlich, daß sich mit zunehmender Betriebsgröße die Reichweiten von
Bezugs- und Absatzgebieten vergrößern. Andererseits beleuchten gerade die unter-
schiedlichen Reichweiten in der Nahrungs- und Genußmittelindustrie, daß neben
Preisen, Lieferfristen und Serviceleistungen auch die Einstellungen des Unterneh-
mers für die Dimension dieser Bezugs- und Absatzräume eine Rolle spielen.
Gilt diese Feststellung nur für ländliche Räume ganz allgemein? Wählen wir zur
Beantwortung ein Beispiel aus einem altindustrialisierten Raum aus: den nordöstlichen Teil Oberfrankens mit regionalen Industriedichten, die knapp nach denen des
Ruhrgebietes rangieren. Hier konnte *Weber*[2] z. B. in der Konsumgüterindustrie eine
Zunahme der Reichweiten mit steigender Beschäftigtenzahl feststellen. Dominieren
bei den Betrieben mit bis zu 30 Beschäftigten Lieferungen aus Oberfranken, so
standen bei den größeren Betrieben mit mehr als 500 Beschäftigten neben Herkunfts-
regionen in der gesamten Bundesrepublik Deutschland auch solche des Auslandes

---

[1] *F. Welzel,* 1974, S. 16 ff.
[2] *Weber,* 1980/81, S. 86 ff.

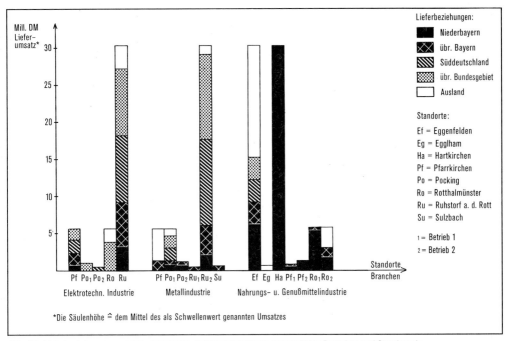

Abb. 79: Lieferbeziehungen von Roh-, Halbfertig- und Fertigfabrikaten ausgewählter Branchen und Standorte in Bayern 1976

im Vordergrund. Zum Teil ist dies auch durch die Branche bedingt, z. B. bei den Unternehmen der Porzellanindustrie mit ihrem Rohstoffbezug aus dem Ausland. Die Branchenbezug Investitionsgüterindustrie hat demgegenüber eine andere Bezugsstruktur. So überwiegen bis zu einer Betriebsgröße von 400 Beschäftigten Bezugsquellen in Oberfranken und im übrigen Bayern. Dies liegt nicht zuletzt wiederum an branchenspezifischen Einflüssen, denn es handelt sich vorwiegend um Unternehmen der Branchen Bau, Steine und Erden bzw. des Maschinenbaus (mit regionalem Rohstoffbezug). Als drittes Beispiel soll der Verdichtungsraum Stuttgart herangezogen werden. *Grotz*[1] hatte durch seine Untersuchungen bereits die genannten Thesen bestätigt. Fast 30% der dort ansässigen Betriebe versorgen sich aus ihrem Wirtschaftsraum, Kleinbetriebe in weitaus stärkeren Maße als Großbetriebe, Unternehmen der Konsumgüterindustrie stärker als jene der Investitionsgüterindustrie. Daraus ergibt sich, daß die Reichweiten um so größere sind, je komplexer die Struktur des Endprodukts ist, je größer das Unternehmen ist und je dynamischer das Unternehmen geführt wird.

– *Räumliche Verhaltensmuster von Unternehmern bei der Beschaffung von Finanzmitteln*

Fragen der betrieblichen Finanzierung und Kapitalverflechtung spielen in den Untersuchungen der deutschen Industriegeographie, im Gegensatz zur französischen (vgl. etwa nur *Labasse*[2]), eine sehr geringe Rolle, obwohl die Konzentration der Banken (gemessen etwa an den Einlagen oder Kreditsummen) in den Ballungsgebieten erste Hinweise auf wirtschaftliche Machtstrukturen und Abhängigkeitsbeziehungen (etwa Rolle der Banken

---
[1] *R. Grotz*, 1971, S. 31 ff.
[2] *J. Labasse*, 1965

der peripheren Räume) geben könnten; diese Überlegung wird durch die regionale Differenzierung der Organisationsformen der Banken z. B. in Bayern noch erhärtet (vgl. Abb. 80). Auf Unternehmerseite könnten Kapitalentscheidungen Hinweise auf räumliche Strategien geben. Aus dem Anteil des Eigenkapitals oder der Zahl an Fremdkapital-Gebern könnte auf die Freiheitsspielräume des Unternehmens bzw. seine Abhängigkeit, auch in räumlicher Hinsicht geschlossen werden.

Versucht man, trotz der in der Bundesrepublik Deutschland bestehenden strengen Bestimmungen zur Wahrung des Bankgeheimnisses, bei Umfragen auf freiwilliger Auskunftsbasis zu Aussagen zu kommen, so können dazu wiederum die Ergebnisse von *Weber*[1] für Oberfranken herangezogen werden.

Kapitalstruktur Aufgrund der Lage im peripheren Raum und der mittelständischen Struktur der Unternehmen herrschen zwei Gruppen von *Kapitalausstattung* vor:

– *mittlere bis hohe Anteile an Eigenkapital* und Orientierung am regionalen Finanzmittelmarkt

– *geringe Eigenkapitalanteile* mit teilweise hoher Fremdkapitalbereitstellung durch überregionale Banken.

Das starke Vorhandensein von Personengesellschaften als juristische Unternehmensform der Industrie im ländlichen Raum bewirkt häufig Kapitalströme mit geringen Reichweiten. Ein besonderes Problem ergibt sich vor allem dann, wenn investitionsintensive Neuerungen durchgeführt werden müssen. Solche Investitionen werden bis **Schubinvestition** zuletzt zurückgehalten und häufig erst dann vorgenommen, wenn sie unbedingt notwendig werden. Meist ist dabei der Kapitalbedarf der kleinen und mittleren Betriebe völlig überfordert (Problem der sog. *Schubinvestitionen*).

– Räumliche Verhaltensmuster von Unternehmern im Absatzbereich

In weit stärkerem Maße als im Bezugssystem sind die räumlichen Dimensionen unternehmerischen Handelns im Absatzsystem abhängig von der Dynamik der Unternehmensführung sowie vom Wandel kommerzieller Beziehungen und dem Einfluß politi- **Unternehmens-** scher Entscheidungen (vgl. nur etwa den Bereich der Außenhandelsbeziehungen). **führung** Der Grad des Werbeeinsatzes und der Marktdurchdringung seitens des Unternehmers gestaltet dabei entscheidend die Reichweiten des Absatzraumes. Vor allem die größeren und/oder die stark spezialisierten Betriebe besitzen besonders große Reichweiten, während branchenspezifische Unterschiede, obwohl vorhanden, hierbei weit weniger auftreten (vgl. Abb. 81)[2]. Demgegenüber ist eine Differenzierung der Absatzräume aufgrund der Einschätzung des Marktes und darauf aufgebauter Entscheidung zur regionalen Schwerpunktbildung durch die Unternehmer beim Vergleich der einzelnen Standorte in Niederbayern direkt ablesbar, gerade etwa für den Bereich der Nahrungs- und Genußmittelindustrie. So sind Unternehmertypen festzustellen, die eher regionale oder süddeutsche Absatzgebiete im Auge haben, also den vertrauten Markt anstreben, während andere ihre Chance im ausländischen, mit größerem Risiko versehenen Markt suchen.

Der trotz aller Dynamik beachtlich hohe Anteil, den der süddeutsche Absatzmarkt – im Durchschnitt aller Betriebe gesehen – besitzt, unterscheidet das räumliche Verhalten betrieblicher Entscheidungsträger im ländlichen Bereich deutlich von den Konkurrenten im Verdichtungsgebiet. So wies z. B. *Grotz*[3] für den Raum Stuttgart nach, daß im Durchschnitt 20%, bei verschiedenen Betrieben über 60% und in Einzelfällen über 80% des Umsatzes in den Export gehen. Im altindustrialisierten Raum Oberfranken

---

[1] *J. Weber*, 1980/81, S. 91
[2] *J. Maier* u. *J. Weber*, 1979
[3] *R. Grotz*, 1971

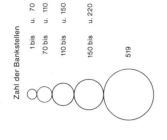

Regionale Verteilung der Banken in Bayern

Anteil der verschiedenen Organisationsformen an der Gesamtzahl der Bankstellen 1979

Zahl der Bankstellen

1 bis u. 70
70 bis u. 110
110 bis u. 150
150 bis u. 220
519

Art der Banken

Großbanken
Regionalbanken und Privatbanken
Sparkassen
Genossenschaftliche Banken und sonstige Kreditinstitute

Quelle: Landeszentralbank München, August 1980
Entwurf: J. Maier, M. Slavicek
Bearbeitung: A. Greißinger-Weiskopf, K. Keil
Lehrstuhl Wirtschaftsgeographie und Regionalplanung
der Universität Bayreuth 1982

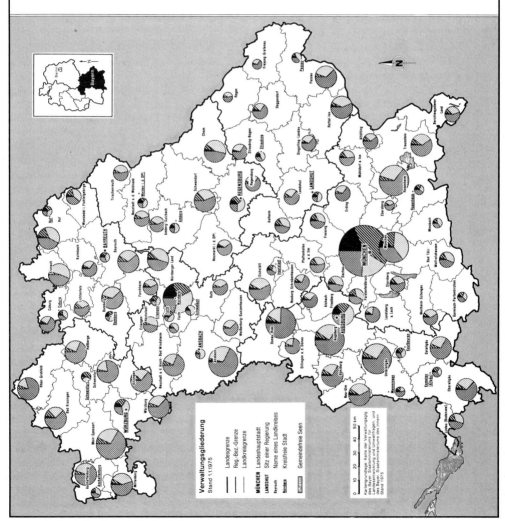

Verwaltungsgliederung
Stand 1.1.1975

Landesgrenze
Reg.-Bez.-Grenze
Landkreisgrenze

MÜNCHEN Landeshauptstadt
LANDSHUT Sitz einer Regierung
Bayreuth Name eines Landkreises
Nürnberg Kreisfreie Stadt
Gemeindefreie Seen

0 10 20 30 40 50 km

Kartengrundlage: Karte der Verwaltungsgliederung
des Bayer. Staatsministeriums für
Landesentwicklung und Umweltfragen, und
des Bayer. Staatsministeriums des Innern
Stand 1975

Abb. 80: Regionale Verteilung der Banken in Bayern

weisen Unternehmen der Konsumgüterindustrie überwiegend große Reichweiten auf, während Betriebe der Investitionsgüterindustrie mit bis zu 400 Beschäftigten eine starke Orientierung auf Oberfranken haben (aufgrund ihrer Funktion als Ergänzungs- oder Zulieferindustrie für die Konsumgüterindustrie). Bei Unternehmen mit darüberhinaus reichender Betriebsgröße existiert ein nationaler, in verschiedenen Fällen auch internationaler Absatzmarkt.[1]

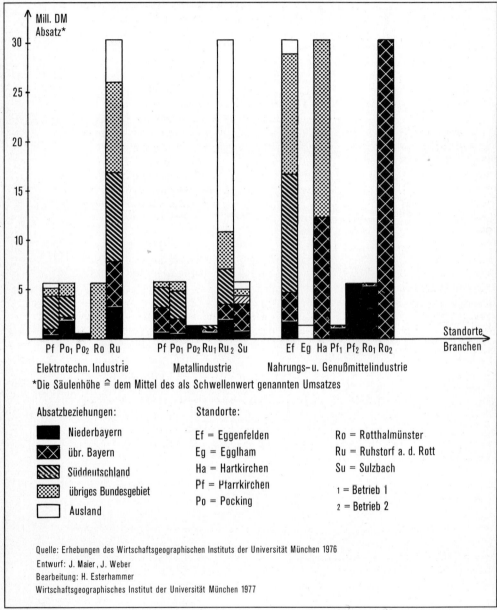

Abb. 81: Streuung des Absatzes ausgewählter Branchen und Standorte in Niederbayern 1976

---

[1] *J. Weber*, 1980/81, S. 93

Ein nicht unwesentlicher Faktor ist der eingeschlagene Absatzweg (Produzent – Endverbraucher, Produzent – Einzelhandel, Produzent – konsumorientierter Sortimentsgroßhandel, Produzent – produktionsnaher Spezialgroßhandel).[1]

– Räumliche Muster unternehmerischen Verhaltens im Sozialsystem
Bezüglich des unternehmerischen Verhaltens im Sozialsystem stellt sich die Frage vor allem nach den betriebsexternen, auf das wirtschaftliche und kulturelle Leben der Standortgemeinde und darüberhinaus wirkenden Aktivitäten der Unternehmer. Hier, so scheint es, liegt ein besonders raumwirksamer Handlungsspielraum, denn hinter einer persönlichen Machtentfaltung auf der einen oder einem sozialen Verantwortungsbewußtsein auf der anderen Seite verbirgt sich der Typ eines Unternehmers mit entsprechenden räumlichen Folgeerscheinungen. Als ein Beispiel für diese These sei der im ausgehenden letzten Jahrhundert in verschiedenen Branchen vorhandene Typus des *Unternehmer-Patriarchen* erwähnt. Er leitete autoritär sein Unternehmen als Familienbetrieb, alle Entscheidungen selbst tragend. Charakteristisch für diesen Unternehmertyp war sein ausgeprägtes soziales Verantwortungsbewußtsein. Räumlich führte dies zu den typischen Werkssiedlungen direkt neben dem Industriebetrieb. Der Einfluß des Unternehmers reichte in die verschiedensten Lebensbereiche der Arbeitnehmer und bestimmte damit auch deren räumliche Tätigkeitsfelder. Obwohl heute dieser Typus nur noch wenig anzutreffen ist, haben zahlreiche Unternehmen den auf das räumliche Verhalten ihrer Beschäftigten erheblich Einfluß nehmenden „Firmengeist" (ein „Wir-Gefühl") übernommen (vgl. etwa Krupp, Grundig oder Siemens). *(Randnotiz: Patriarchenverhalten)*

Bei der industriegeographischen Strukturanalyse eines Gebietes wird der gesellschaftliche Einfluß des Unternehmers (der Sozialraum) bereits bei der Erfassung der Kommunikationswege zwischen dem oder den Unternehmer(n) und verschiedenen anderen gesellschaftlichen Gruppen der Standortgemeinde deutlich. Dazu gehört etwa sein Engagement in fachspezifischen Verbänden und Einrichtungen mit einer gewissen sozialen Auslese, wie Unternehmer-Stammtischen bzw. dem Lions-/Rotary-Club oder die Mitgliedschaft in lokalen Vereinen mit breiter Publizität (dies scheint eher für die Situation von Monopol-Betrieben in kleinen ländlichen Gemeinden zuzutreffen). Die Bedeutung der Vereinstätigkeit für räumliche Wirkungen liegt aber vor allem darin, daß etwa im ländlichen Bereich ein großer Teil des gesellschaftlichen Lebens in solchen Gruppierungen bereits vorentschieden oder die Entscheidungen zumindest vorbereitet werden. Die weitere raumwirksame Tätigkeit des Unternehmens, etwa als Förderer kommunaler Infrastruktureinrichtungen (Spendenpolitik) oder selbst die Beteiligung an politischen Entscheidungsgremien ist daher nur eine weitere Folge der grundsätzlichen Einstellung des Unternehmers zur Standortgemeinde oder -region. *(Randnotizen: Sozialraum; Spendenpolitik)*

– Unternehmerverhalten als Ausdruck unterschiedlichen Raumverhaltens sozialgeographischer Gruppen
Faßt man die verschiedenen Aspekte räumlicher Tätigkeit von Unternehmern zusammen und versucht zu einer ersten Typenbildung räumlichen Handels zu gelangen, so kann dabei auf vorliegende Ansätze aus der Volks- und Betriebswirtschaftslehre Bezug genommen werden. So unterscheidet etwa *Winkelmeyer*[2] im Sinne einer historisch-genetischen Betrachtung dieses Themas den Typ des Eroberers, des feudalherrschaftlichen Unternehmers, des Verlegers, des Technologen und den des Funk-

---

[1] *G. Wöhe,* 1962, S. 291
[2] *G. Winkelmeyer,* 1951, S. 302–310

tionärs. Eine Arbeitsgruppe der *Friedrich-Ebert-Stiftung*[2] wiederum geht von den Einstellungen der Unternehmer zu Kapitaleinsatz, zu Neuerungen im Produktionsprozeß und zu Risikobereitschaft aus und unterteilt somit die Unternehmer im Ruhrgebiet in dynamische oder flexible, mittlere und undynamische oder unflexible Unternehmer. Während damit besonders die Orientierung auf das betriebswirtschaftliche Verhalten angesprochen wird, das durchaus auch zu räumlichen Mustern führen kann, ist jedoch für beide Ansätze festzuhalten, daß der Raumbezug nicht das Ziel, sondern – wenn überhaupt – ein Zufallsprodukt darstellt.

Bestimmungs-kriterien von Unter-nehmertypen

Eine industriegeographische Analyse sollte zwar die inner- und außerbetrieblichen Tätigkeiten der Unternehmer registrieren und sie für ihre Zielsetzung nutzbar machen, jedoch eindeutig den Aspekt der Distanzen und der Wirkungsbreite unternehmerischen Handelns in den Vordergrund der Analyse stellen. Um auf den verschiedenen Entscheidungsstufen dieses Handelns Beispiele auszuwählen und gleichzeitig unterschiedliche Reichweiten der verschiedenen Teilsysteme einzubeziehen, wurde etwa bei Untersuchungen im ländlichen Raum Niederbayern von der Komponente *regionale Standortpräferenz*, der raumdistanziellen Komponente im *Absatzsystem*, der Breitenwirkung unternehmerischer Tätigkeit im *betriebsexternen Sozialsystem* und der grundsätzlichen Einstellung des Unternehmers zum *Markt* und zu seinem Betrieb ausgegangen. Durch weitere regionale oder bewußt gesetzte Schwellenwerte, im Bereich des sozialen Einflusses auf die Standortgemeinde zum Beispiel mit Hilfe der Kriterien Anteil des Betriebes an den Arbeitsplätzen und am Steueraufkommen der Gemeinde insgesamt sowie der Beteiligung am Vereinsleben und an der Kommunalpolitik, wurden in der Doppelmatrix von 72 theoretisch denkbaren Typen ausgegangen, die jedoch gemessen an den empirischen Daten mehr oder weniger zu sechs Grundtypen zusammengefaßt werden konnten (Abb. 82).

---

[2] *Friedrich-Ebert-Stiftung,* a. a. O.

Zu Abb. 82 auf S. 231: Bestimmungsversuch räumlicher Unternehmertypen: Beispiel ländlicher Raum

Typ I: Abhängig von Entscheidungen anderer Unternehmer und extrem regional orientiert (räumlicher Mengenanpasser)

Typ II: Abhängig von Entscheidungen anderer Unternehmer, jedoch mit größeren Reichweiten und dynamischer Unternehmensstrategie

Typ III: Vergleichbar zu Typ II, jedoch mit Standortpräferenz für Mittelzentren und schon mittlerer Betriebsgröße

Typ IV: Vergleichbar zu Typ III, jedoch aufgrund komplexerer Unternehmensstrategie mit nur mittlerem Einfluß auf die Standortgemeinde

Typ V: Kennzeichnend für zahlreiche Zweigbetriebsleiter in mittelzentraler Lage

Typ VI: Kennzeichnend für zahlreiche Übergangsformen zu Unternehmerbildern im Verdichtungsraum

Typenraster			Einflußkraft auf die Standortgemeinde					
			dominant		stark bis mittel		schwach	
			Entscheidungsverhalten im Betrieb					
			dynamisch	adaptiv	dynamisch	adaptiv	dynamisch	adaptiv
Standortpräferenzen / Absatzmarktstruktur (überwiegende Schwerpunkte)	ländl. Gemeinde	regional		Typ I				
		national						
		internat.						
	Unterzentrum/Kleinzentrum	regional						
		national	Typ II					
		internat.						
	Mittelzentrum	regional						
		national	Typ III		Typ IV			Typ V
		internat.						
	Oberzentrum	regional						
		national						
		internat.					Typ VI	

Abb. 82: Bestimmungsversuch räumlicher Unternehmertypen: Beispiel ländlicher Raum

7. Staatliche Einflüsse im Industriebereich und ihre räumlichen Muster

Jörg Maier

7a) Der Einfluß staatlicher Kräfte beim Auf- und Ausbau industrieller Standorte

– Grundlagen staatlicher Einflußmöglichkeit

In der Wirtschaft der Bundesrepublik Deutschland besitzt der Unternehmer eine überaus hohe Einflußkraft, bis hin zur Beeinflussung politischer Strukturen. Andererseits darf man aber die Rolle staatlicher Kräfte beim Auf- und Ausbau industrieller Standorte nicht übersehen. Dazu gehören staatliche Organisationen auf Bundes- und Landesebene sowie – in weit bescheidenerem Maße – auf Regional- und Kommunalebene. Der Einfluß ist in der Regel **indirekt** (auf der Einnahmen- ebenso wie auf der Ausgaben-Seite). **Direkte** Eingriffe umfassen etwa die Gestaltung durch eigene staatliche Betriebe (z. B. Bundesbahn, Bundespost) oder industrielle Organisationen, etwa die Salzgitter-Peine-Stahlwerke in der Investitionsgüter- oder die Hofbräu in München in der Konsumgüterindustrie.

Direkte Einflüsse

Diese Funktion des Staates ist durch die zunehmende wirtschaftliche Konzentration in der Industrie der letzten zehn Jahre noch verstärkt worden, denkt man nur an die arbeitsmarktpolitische Regelungsaufgabe bei Branchenkrisen wie der Stahlindustrie, der Werftindustrie oder bei wirtschaftlichen Schwierigkeiten einzelner Konzerne wie AEG oder Grundig.

Zieht man als ersten Aspekt den direkten Einfluß solcher Staatsbetriebe heran, so zeigt etwa das Beispiel der *Stahlwerke Peine-Salzgitter AG,* – angefangen von Standortfaktoren, Betriebsstrukturen und Aktivitätsräumen bis hin zu den branchenspezifischen Problemen – daß die Werke die gleichen Probleme wie die Privatindustrie haben. Darüber hinaus haben sie heute ebenso einen ungünstigen Standort wie etwa die zum Klöckner-Konzern gehörende Maxhütte in Sulzbach-Rosenberg (Oberpfalz). Die Nachteile dieser Lage können weder durch die eigene Erzbasis noch durch kostengünstigere Importkohlelieferungen ausgeglichen werden.

Als erster Überblick einer indirekten Beeinflussung des industriellen Geschehens durch den Staat bietet sich die Arbeit von *Mock* und *Kundt*[1] an. Sie unterteilen die Effekte wie folgt:

1. Beeinflussung der infrastrukturellen Standortvoraussetzungen

a) Direkte Beeinflussung durch die Errichtung von Infrastruktur
b) Indirekte Beeinflussung durch Gewährung von Finanzbeihilfen, durch finanzielle Beteiligungen usw.
c) Indirekte Beeinflussung durch Erteilung von Konzessionen und Bewilligungen.

Indirekte Einflüsse

2. Organisatorische Maßnahmen
3. Ordnungspolitische Maßnahmen
4. Finanzielle Unterstützung der Industrieansiedlung

a) Finanzielle Unterstützung der Gemeinden durch die übergeordneten Körperschaften
b) Finanzielle Unterstützung der Industrie durch öffentliche Mittel (Ansiedlungsförderung und Forschungsförderung)

5. Maßnahmen zur Verbesserung der Wohnverhältnisse
6. Information und Werbung
7. Absatzförderung

8. Verbesserung der Wirtschaftsgesinnung

9. Maßnahmen allgemeiner Art mit Einfluß auf die Verteilung der Industrie.[1]

Beispielhaft für den Einfluß des Staates als entscheidender Standortfaktor ist die staatliche (bes. die geschlossene) Grenze. Damit wird erneut auf die Verbindungen zu anderen Teilbereichen der Geographie, hier zur Politischen Geographie, hingewiesen. *Boesler*[2] führt dies im Zusammenhang mit dem Thema „Geographie und Kapital" aus. Dessen Schwerpunkt sieht er:

– in raumwirksamen Prozessen, die an die regionale Verteilung und räumlich-funktionale Verknüpfung von privatem Kapital gebunden sind,
– in der raumwirksamen Finanzpolitik des Staates und seiner Gebietskörperschaften,
– in dem Verhältnis von privatem Erwerbskapital und Sozial-Kapital in seiner Bedeutung für die räumliche Entwicklung in den verschiedenen Sozial- und Wirtschaftssystemen.

7b) Industriestrukturen unter dem Einfluß staatlicher Grenzen

Das Standortfaktoren-System von Unternehmen und Betrieben erfährt besonders in peripheren Lagen durch die Komponente „Grenze" eine spezifische Erweiterung. Die Rolle des Staates umfaßt nicht nur regionalpolitische, sondern auch gesamtpolitische Aktivitäten. Dabei stehen dann die Erfahrungen eingeschränkten unternehmerischen Handelns, etwa an geschlossenen Grenzen, den Thesen von *Hansen*[3] gegenüber, der speziell für das Elsaß den für die Wirtschaftsentwicklung beiderseits der Grenze positiven Einfluß eben dieser Grenze konstatiert. Deshalb soll im folgenden mit den Beispielen des Elsaß im Hinblick auf eine weitgehend *offene Grenze* (zumindest seit den Verträgen von Rom 1957) und den unter- und oberfränkischen Grenzgebieten zur DDR im Hinblick auf eine weitgehend *geschlossene Grenze* der Versuch unternommen werden, diesen Einflüssen nachzugehen.

Offene Grenzen

Geschlossene Grenzen

– *Das Elsaß als Beispiel für den Einfluß einer weitgehend offenen Grenze*

Bereits in der historischen Entwicklung des Elsaß zeigen sich die Auswirkungen des Grenzlandes, eines peripheren Raumes auch innerhalb des heutigen französischen Wirtschaftsgebietes. Die zunehmende ökonomische Abhängigkeit von Entscheidungen der Verwaltung in Paris und Strukturkrisen der traditionellen Industrien Textil, Bergbau, Holz und Möbel sowie Versuche einer Behebung durch regionalpolitische Strategien führten u. a. auch zum verstärkten Auftreten ausländischer Unternehmen. Damit ergab sich die Gefahr weiterer Abhängigkeit, nun von Entscheidungen in den Zentren Basel, Stuttgart und München.[4]

Bis Mitte der 50er Jahre war das Elsaß auf den Status einer peripheren, von außen dominierten Region abgesunken, die zudem topographisch am Rand Frankreichs lag. Eine extensive Industrialisierungspolitik der französischen Regierung hatte das Ziel, Arbeitsplätze zu beschaffen. Zwischen 1954 und 1960 wurden Großbetriebe mit 1000–1600 Beschäftigten aus den Branchen Fahrzeug- und Maschinenbau, Elektrotechnik und chemische Industrie vor allem in den Räumen Hagenau (Haguenau), Colmar und Mülhausen (Mulhouse) konzentriert. Sie konnten jedoch nur zum Teil die erheblichen Beschäftigungsrückgänge der Textilindustrie auffangen, deren relative Bedeutung von 65% der Industriebeschäftigten 1954 insgesamt auf 13% 1980 absank. 1961 bis 1968 erfolgten zahlreiche Neuansiedlungen, wobei fast alle Teile des Elsaß davon profitierten (vgl. Abb. 83). Prämien zur regionalen Entwicklung, Steuervergünstigungen und zinsverbilligte Darle-

Extensive Industrialisierungspolitik

---

[1] *H. R. Mock* u. *J. Kundt*, 1970
[2] *K.-A. Boesler*, 1974, S. 5
[3] *N. Hansen*, 1977, S. 1–14
[4] *B. Mettler-Meibohm*, 1977, S. 1–14

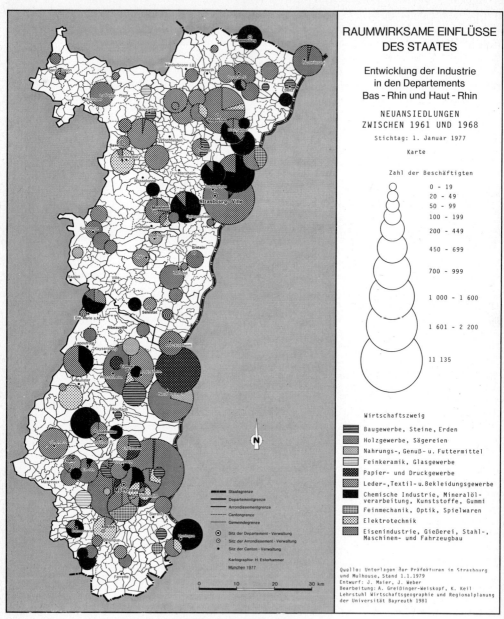

RAUMWIRKSAME EINFLÜSSE DES STAATES

Entwicklung der Industrie
in den Departements
Bas - Rhin und Haut - Rhin

NEUANSIEDLUNGEN
ZWISCHEN 1961 UND 1968

Stichtag: 1. Januar 1977

Karte

Zahl der Beschäftigten

0 - 19
20 - 49
50 - 99
100 - 199
200 - 449
450 - 699
700 - 999
1 000 - 1 600
1 601 - 2 200
11 135

Wirtschaftszweig

Baugewerbe, Steine, Erden
Holzgewerbe, Sägereien
Nahrungs-, Genuß- u. Futtermittel
Feinkeramik, Glasgewerbe
Papier- und Druckgewerbe
Leder-, Textil- u. Bekleidungsgewerbe
Chemische Industrie, Mineralöl-
verarbeitung, Kunststoffe, Gummi
Feinmechanik, Optik, Spielwaren
Elektrotechnik
Eisenindustrie, Gießerei, Stahl-,
Maschinen- und Fahrzeugbau

Staatsgrenze
Departementgrenze
Arrondissementgrenze
Cantongrenze
Gemeindegrenze

Sitz der Departement - Verwaltung
Sitz der Arrondissement - Verwaltung
Sitz der Canton - Verwaltung

Kartographie: H. Esterhammer
München 1977

Quelle: Unterlagen der Präfekturen in Strasbourg
und Mulhouse, Stand 1.1.1979
Entwurf: J. Maier, J. Weber
Bearbeitung: A. Greißinger-Weiskopf, K. Keil
Lehrstuhl Wirtschaftsgeographie und Regionalplanung
der Universität Bayreuth 1981

0   10   20   30 km

Abb. 83: Entwicklung der Industrie im Elsaß 1961–1968

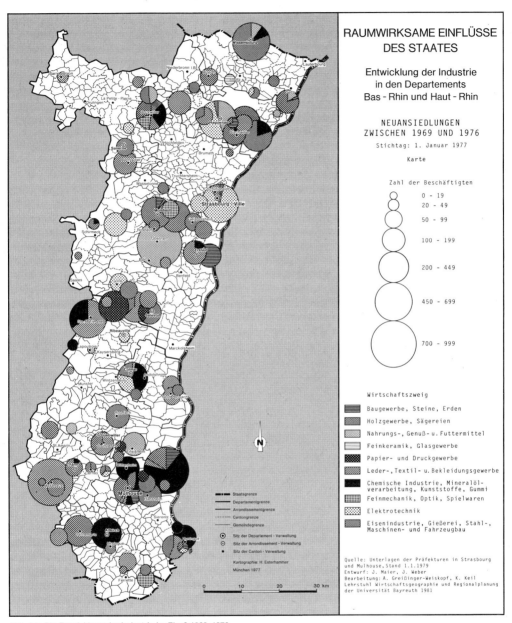

RAUMWIRKSAME EINFLÜSSE
DES STAATES

Entwicklung der Industrie
in den Departements
Bas - Rhin und Haut - Rhin

NEUANSIEDLUNGEN
ZWISCHEN 1969 UND 1976
Stichtag: 1. Januar 1977

Karte

Zahl der Beschäftigten

0 - 19
20 - 49
50 - 99
100 - 199
200 - 449
450 - 699
700 - 999

Wirtschaftszweig

Baugewerbe, Steine, Erden
Holzgewerbe, Sägereien
Nahrungs-, Genuß- u. Futtermittel
Feinkeramik, Glasgewerbe
Papier- und Druckgewerbe
Leder-, Textil- u. Bekleidungsgewerbe
Chemische Industrie, Mineralöl-
verarbeitung, Kunststoffe, Gummi
Feinmechanik, Optik, Spielwaren
Elektrotechnik
Eisenindustrie, Gießerei, Stahl-,
Maschinen- und Fahrzeugbau

Staatsgrenze
Departementgrenze
Arrondissementgrenze
Cantongrenze
Gemeindegrenze
Sitz der Departement - Verwaltung
Sitz der Arrondissement - Verwaltung
Sitz der Canton - Verwaltung

Kartographie: H. Esterhammer
München 1977

0   10   20   30 km

Quelle: Unterlagen der Präfekturen in Strasbourg
und Mulhouse, Stand 1.1.1979
Entwurf: J. Maier, J. Weber
Bearbeitung: A. Greißinger-Weiskopf, K. Keil
Lehrstuhl Wirtschaftsgeographie und Regionalplanung
der Universität Bayreuth 1981

Abb. 84: Die Entwicklung der Industrie im Elsaß 1969–1976

hen von seiten des französischen Staates einerseits und die Öffnung der Grenzen für Industrieansiedlungen zwischen den EWG-Ländern andererseits führten zu einer raschen Entwicklung vor
allem der Metall- und auch der chemischen Industrie. Die Standortverlagerung Richtung Rhein
erfolgte nicht nur wegen der günstigen Verkehrsanbindung, sondern auch wegen der besseren
Erreichbarkeit deutscher bzw. französischer Absatzgebiete unter Einbeziehung der lohngünstige-
ren Arbeitskräfte im Elsaß, typisch für die vermehrte Errichtung von Zweigbetrieben in peripheren
Räumen.[1] Demgegenüber kam es in den 70er Jahren zu weit weniger Neuansiedlungen, bevorzugt
im Konsumgüterbereich ohne bedeutende Nachfolgeindustrien (vgl. Abb. 84). Sie konzentrierten
sich in bzw. am Rand der größeren Städte und Agglomerationen, etwa um Hagenau (Haguenau),
Straßburg (Strasbourg) Schlettstadt (Séléstat) und Mülhausen (Mulhouse).[2]
Die These des Einflusses der Grenze bzw. regionaler Abhängigkeit peripherer Räume von den
Zentren soll exemplarisch an der Frage der Herkunft des Kapitals der industriellen Neuansiedlun-
gen im Elsaß untersucht werden. Nach *Kleinschmager* und *Martin*[3] stammen 54% der Betriebe aus
Frankreich, die Hälfte davon aus dem Elsaß, 24% aus der Bundesrepublik Deutschland, 8% aus der
Schweiz und 4% aus den USA und Kanada. Da es sich auch bei den Ansiedlungen von Betrieben
aus ,,Inner-Frankreich'' häufig um Zweigbetriebe handelte und etwa die Herkunft der deutschen
Betriebe deutlich auf den Stuttgarter, den mittelfränkischen (z. B. aus Herzogenaurach) sowie den
Rhein-Main-Verdichtungsraum konzentriert ist, erscheint diese These nicht abwegig.

Um dies noch detaillierter prüfen zu können, sollen Organisationsstruktur und Ver-
Zweigbetriebe flechtungsgrad dieser ausländischen Investitionen dargestellt werden. Die Betriebs-
standorte sind im Norden insbes. Weißenburg (Wissembourg), Hagenau (Haguenau),
Saarunion (Sarre-Union), Zabern (Saverne) und im Süden insbes. St. Louis. Grenznah
und meist in strukturschwachen Zonen (etwa den Vogesentälern) gelegen, deuten die
Standorte geradezu auf Zweigbetriebe bundesdeutscher und Schweizer Unternehm-
men (ca. 50% aller deutschen Niederlassungen entfallen auf die vier nördlichen Arron-
dissements im Elsaß).
Die hohe Konzentration deutschen Kapitals bei Neuansiedlungen in den Branchen
Leder, Metall, Holz bzw. Möbel weist auf den *Standortfaktor Lohnstrukturen* bei
vorhandenem Facharbeiterstamm hin.[4] Die einzelbetriebliche Analyse der Standort-
motive mit Hilfe einer Befragung 1978/79 (n = 174 Betriebe) ergab als das am
häufigsten genannte Motiv für die Ansiedlung an einem Standort im Elsaß die von der
jeweiligen Gemeinde angebotenen Vergünstigungen. Dann folgten die Motive ,,öf-
fentliche Unterstützung'', ,,günstige Kosten für Arbeitskräfte'' und ,,günstige Boden-
preise''. Auf die ausländischen Betriebe allein bezogen, kommen die guten Absatz-
Staatliche möglichkeiten auf dem französischen Markt hinzu, bei den deutschen Betrieben noch
Förderung durch die Möglichkeit ergänzt, intensive unternehmensinterne Verflechtungen mit
dem Stammhaus aufgrund der häufig relativ geringen Distanzen zu unterhalten.[5]
Welche Rolle spielten dabei die staatlichen Förderhilfen?
40% der Betriebe gaben an, daß die staatliche Förderung bei der Ansiedlung mitent-
scheidend gewesen sei. Jedoch konkretisieren nur 15% dies insoweit, daß dadurch
die Ansiedlung entscheidend beeinflußt worden sei. Für die übrigen kann eher von
einem ,,Mitnahme''-Effekt ausgegangen werden. Da dies in ähnlicher Weise auch für
die ausländischen Betriebe gilt, kann daraus geschlossen werden, daß andere Standortfaktoren für den Großteil der Betriebe für die Ansiedlung ausschlaggebend waren.
Spielt dabei die nationalstaatliche Grenze möglicherweise eine wichtige Rolle? Die
Auswirkungen von Grenzen auf Strukturen der Industrie bzw. das Verhalten von
Unternehmern muß man einmal aus der Sicht der französischen Regierung und
Wirtschaft, zum anderen aus der Perspektive ausländischer Industriebetriebe be-
trachten. Die Industrieansiedlungspolitik der französischen Regierung mit dem Ziel

---

[1] *J. C. Marandon,* 1977, S. 173–203
[2] *A. Lory,* 1978, S. 139 ff.
[3] *R. Kleinschmager* u. *J. P. Martin,* 1981, S. 81–106
[4] *H. Börkircher* u. *J. Tiedtke,* 1980, S. 36
[5] *H. Börkircher* u. *J. Tiedtke,* 1980, S. 4

der Aufwertung peripherer Räume bewirkte Betriebsgründungen, die neue Arbeitsplätze schufen und somit zu einer Verbesserung des inter- und intraregionalen Arbeitsmarktes im Elsaß beitrugen. Allerdings gewann man damit bislang nur zum kleinen Teil gerade die jungen, gut ausgebildeten und dynamischen Arbeitskräfte, die heute noch in die Bundesrepublik Deutschland oder in die Schweiz als Grenzgänger auspendeln, als Nachfrager für die neu geschaffenen Arbeitsplätze. Dies liegt auch daran, daß ein Großteil der mit französischem Kapital errichteten Betriebe kapitalintensiv und innerhalb des Produktionsprozesses zur Endfertigungsstufe gehört. Diese Betriebe benötigen häufig nur angelernte Arbeitskräfte und zeigen innerhalb der Region meist auch keine Multiplikatorwirkungen. Das heißt, die Grenze stellt für die französischen Betriebe, da die Situation peripherer Räume noch durch jene unterschiedlicher Strukturen beiderseits der Grenze überlagert wird, einen nicht unwesentlichen Standortfaktor dar, vor allem im Hinblick auf die Orientierung der regionalen Entwicklungen an zentrale Entscheidungen in Paris.

Grenzgänger

– *Die unter-/oberfränkische Grenze zur DDR als Beispiel einer weitgehend geschlossenen Grenze*

In diesem Zusammenhang sei verwiesen auf die in den 50er Jahren im Anschluß an die Ziehung der Zonengrenze entstandenen Untersuchungen von *Alwens* und *Angerer*[1] sowie auf die überaus komplex angelegte und auch durch kleinräumige Fall-Studien ergänzte Arbeit von *Ritter* und *Hajdu*[2]. Sie werden neuerdings ergänzt durch die Studie von *Braun*[3]. Zuerst muß einmal auf die Ausgangssituation verwiesen werden: Vor 1945 orientierten sich weite Teile des unter- und oberfränkischen Grenzraumes hauptsächlich nach Norden zum mitteldeutschen Industriegebiet hin; sie lagen am Rande des Leipziger Beckens, und so ergaben sich aus dieser Orientierung im Hinblick auf die räumlichen Tätigkeitsfelder der Unternehmen enge Verflechtungen zum mitteldeutschen Industriegebiet, besonders im Bereich der Beschaffung und des Absatzes. Nach 1945 entstand für diese Gebiete durch die Zonengrenzziehung eine völlig veränderte Situation. Die wirtschaftlichen Beziehungen, die nach 1945 langsam wieder aufgebaut wurden und von sich aus gewachsen waren, erfuhren von nun an grundlegende Veränderungen:

Zonenrandgebiet

– Es entstand eine ausgesprochene Randlage im Hinblick auf die westdeutsche Volkswirtschaft,
– nahegelegene Rohstoff- und Absatzgebiete gingen verloren,
– die Kommunikationsnetze nach Mitteldeutschland wurden schlagartig unterbrochen,
– es kam zu einer völligen Veränderung der verkehrsgeographischen Situation.

Diese negativen Veränderungen werden überlagert von wenigen „positiven" Folgen des Krieges; hier sind in erster Linie die neuen unternehmerischen Aktivitäten zu nennen, die durch die Ansiedlung von Flüchtlings- bzw. Vertriebenenunternehmen auftraten[3]. Als regionale Ausgangsposition der Industrieentwicklung des Untersuchungsraumes stand nach dem Zweiten Weltkrieg einem hochindustrialisierten oberfränkischen Teil ein in weiten Gebieten mäßig industrialisierter unterfränkischer Raum mit wenigen Zentren gegenüber.

Diese regionale Verschiedenheit der Industriestrukturen wurde bis heute stark abgebaut. Insgesamt führte in beiden Teilräumen des Untersuchungsgebietes ein starkes Wachstum zu einer Stabilisierung der alteingesessenen Industrien (besonders in den größeren Standorten), während die (neuen) kleineren Standorte häufig zu einer Branchenauflockerung beitrugen. Daneben gibt es aber auch eine Reihe von Problemstandorten, die seit 1966 mehr als 20% ihrer ursprünglichen Arbeitsplätze in der

---

[1] *L. Alwens*, 1955, S. 41–44; *H. Angerer*, 1957, S. 64–68
[2] *G. Ritter* u. *J. Hajdu*, 1982
[3] *K.-H. Braun*, 1983

Industrie verloren. Auffallend dabei ist, daß die absolut größten Verluste in unmittelbar an der Grenze gelegenen Standorten eintraten (z. B. Tettau, Ludwigsstadt, Kronach, Lautertal, Meroldsweisach, Bad Königshofen, Ostheim, Fladungen, vgl. Abb. 85).

Für die Unternehmer erwies sich die Zonengrenze als ein gravierender (negativer) Standortfaktor. Sie führte zu Schwierigkeiten im Hinblick auf die Verkehrsanbindung, die Distanz zu den Beschaffungs- bzw. Absatzmärkten sowie bei der Beschaffung von

Grenze als Standortfaktor qualifizierten Arbeits- und vor allem Führungskräften. Innerhalb des Beschaffungs- und Absatzsystems konnte mittels eines Zeitvergleichs (1939/1951) gezeigt werden, daß z. B. ein Teil der Unternehmer den Schwerpunkt von Mitteldeutschland in den eigenen Regierungsbezirk verlegte, während andere bereits deutlich weiter entfernte Märkte (übrige Bundesrepublik Deutschland) bevorzugten.

Auf die Frage an die Unternehmer, worin sie den gravierendsten Einfluß der Zonengrenze auf die gesamtbetriebliche Entwicklung ihres Unternehmens sehen, antworteten die Entscheidungsträger des Untersuchungsraumes wie folgt:[1]

a) negative Einflüsse

– Einengung des Absatzgebietes	29 Nennungen
– schlechte Verkehrsanbindung (nur von oberfränkischen Unternehmern!)	14 Nennungen
– hohe Transportkosten (nur ein unterfränkischer Unternehmer!)	10 Nennungen
– lange Wege zum Kunden (nur ein unterfränkischer Unternehmer!)	8 Nennungen
– Abwanderung allgemein und Abwanderung von Fachkräften	9 Nennungen
– Mangel an Fachkräften	9 Nennungen
– fehlendes Hinterland	9 Nennungen
– Ausfall der Kunden	8 Nennungen
– dezentrale Lage	6 Nennungen
– Hauptabsatzgebiet Thüringen fehlt	4 Nennungen
– höhere Kosten des Zonenrandgebietes allgemein	4 Nennungen
– schlechtes Image, geringe Attraktivität des Untersuchungsraumes	3 Nennungen
– Ausfall der Lieferanten	3 Nennungen
– sonstige negative Einflüsse	18 Nennungen

b) positive Einflüsse

– relativ stabile Lohnkosten	1 Nennung
– Arbeitskraftreserven	1 Nennung

c) keine Einflüsse   8 Nennungen

(Bei diesen Unternehmern fällt auf, daß sie schon bei der Bewertung der Standortfaktoren im Hinblick auf die Zonengrenze keinen wesentlichen Einfluß feststellen konnten.)

Ein zweiter Teil indirekten Einflusses staatlicher Tätigkeit im industriellen Bereich wird in der industriegeographischen Literatur in zunehmendem Maße behandelt: die Struktur- und Regionalpolitik. Sie soll deshalb anschließend auch diskutiert werden.

7c) Industrie und Struktur- bzw. Regionalpolitik des Staates

Neben der fiskalischen Einnahmenpolitik im Bereich Steuern und Abgaben (hingewiesen sei etwa nur auf die unterschiedliche Gewerbesteuer vor allem in den 60erJahren oder auf die höheren Abschreibungen im Grenzland) spielt die Ausgabenseite durch branchen- und regionalspezifische Förderungen innerhalb der Regional- bzw. regionalen Wirtschaftspolitik eine besondere Rolle.

---

[1] *K.-H. Braun*, a. a. O., S. 177 f.

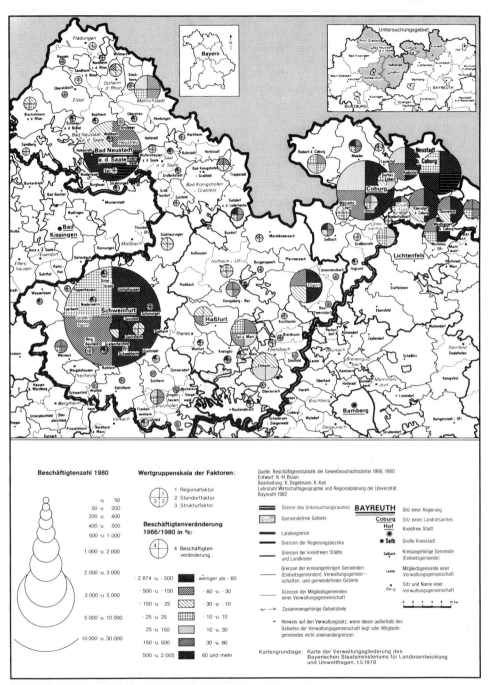

Abb. 85: Beschäftigungsentwicklung in Oberfranken 1966–1980

– Bedeutung regionalpolitischer Maßnahmen in der Bundesrepublik Deutschland
Ausgangslage der regionalen Wirtschafts- und Strukturförderung ist ein sich verfestigendes räumliches Ungleichgewicht der Arbeitsmärkte und der Infrastruktur. Allgemeines Ziel ist eine Wirtschaftsstruktur mit gleichwertigen Lebensbedingungen in
Räumliches Un- allen Teilen des Bundesgebietes. Teilziele sind:
gleichgewicht – Angleichung der Pro-Kopf-Einkommen *(Gerechtigkeitsziel)*,
– Schaffung eines ausreichenden und sicheren Arbeitsplatzangebotes durch vielfältige Beschäftigungs- und Ausbildungsmöglichkeiten *(Stabilitätsziel)*,
– Nutzung regionaler Entwicklungsreserven *(Wachstumsziel)*.

**Gemeinschaftsaufgabe „Verbesserung der regionalen Wirtschaftsstruktur" (GRW):
Ziele, Mittel, Fördergebiete**

Rahmen- pläne/ Zeit- raum	Ziele		Mittel				Fördergebiete			
	Schaf- fung von Arbeitsplätz- zen in 1000	Siche- rung	a) Mittel- bedarf, davon b) GRW Mrd DM		Vorge- sehene Gesamt- invest. (a), davon Infra- struk- tur (b) Mrd	DM	Anteil am Bundesgebiet:		Indu- strie- besatz (Beschäft. je 1000 Einw.)	Schwer- punkt- orte
			a)	b)	a)	b)	Einw.	Fläche		
1972–1975	464	240	3,1	2,1	14,7	2,2	34%	59%	107	312
1976–1978	431	178	5,1	2,4	37,2	2,4	34%	59%	105	327
1979–1982	301	173	6,1	2,1	44,5	2,1	37%	61%	102	331

Quelle: Bundesminister für Wirtschaft, Bonn 1975, 1978, 1982

Die unterschiedlichen räumlichen Standortpräferenzen der Unternehmer werden vor allem auf ökonomische Motive zurückgeführt (Kosten- und Ertragsunterschiede).
Gemeinschafts- Daher bieten Bund und Länder im Rahmen der Gemeinschaftsaufgabe *„Verbesse-*
aufgaben   *rung der regionalen Wirktschaftsstruktur"* (Art. 91a GG) Ansiedlungssubventionen in etwa 330 Schwerpunktorten der sog. „Fördergebiete". Die Investitionshilfen sind nach der Förderbedürftigkeit der Orte gestaffelt. Fast zwei Drittel des Bundesgebietes
Tafel 7   sind Fördergebiete (vgl. Tab., 61%) u. a. Zonenrandgebiet, Saarland und 21 Räume *Regionaler Aktionsprogramme.* Investitionshilfen sollen die Unternehmer veranlassen, hier Betriebe zu gründen oder zu erweitern. Gestützt auf das Exportbasis-Konzept, das als Voraussetzung regionsinterner Einkommen regionsexterne Einkommen (Exporterlöse) ansieht, gelten als förderwürdig besonders jene Betriebe mit hohem überregionalem Absatzanteil. Das Modell unterstellt, daß über Vorleistungsverflechtungen und Einkommensverwendung zusätzlich Nachfrage in Gewerbe-, Handels-, Dienstleistungsbetrieben entsteht.

ERP *(European Recovery Program)*-Mittel stocken die Bundes- und Landesmittel
ERP-Mittel   der Gemeinschaftsaufgabe auf. Es sind langfristige, zinsgünstige Kredite des Bundes, die zu festen Konditionen kleinen und mittleren Unternehmen bewilligt werden, die überwiegend lokale Güter absetzen. Die Kredite vergibt die *Kreditanstalt für Wiederaufbau.* Im Jahre 1978 z. B. betrug die Kreditsumme an 17 000 kleine und mittlere Unternehmen mit insgesamt 780 000 Beschäftigten 4,26 Mrd. DM, das Investitonsvolumen umfaßte 12 Mrd. DM. Mit den Krediten sollten 78 000 Arbeitsplätze neu geschaffen werden.

Tafel 9   Zwischen 1974 und 1977 wurden mit öffentlichen Mitteln 261 000 Arbeitsplätze in der Industrie neu geschaffen und 506 000 gesichert. Das Ziel von 464 000 neuen und 240 000 gesicherten Arbeitsplätzen wurde jedoch nicht erreicht. Der Unterschied zwischen Subvention und Investition in Fördergebieten ist dabei häufig gering. Etwa zwei Drittel der geförderten Investitonen an bevorstehenden Standorten wurden eingesetzt im wesentlichen als Ersatz-, Erweiterungs- und/oder Rationalisierungsinvestitionen.

Der Anteil der Neuinvestitionen (Neugründungen, Zweigbetriebe) nimmt jedoch ab, der Anteil der Ersatz- und Rationalisierungsinvestitionen entsprechend zu. Dies zeigt, daß innerbetriebliche Beschäftigungsveränderungen immer wichtiger werden. Vor allem verlieren solche Investitionsformen an Bedeutung, durch die neue Arbeitsplätze geschaffen werden könnten. Bei gleichzeitig zunehmenden Stillegungen wird die Bedarfslücke an Arbeitsplätzen größer.

Neuinvestitionen

Beschäftigungsänderungen – durch Ansiedlungen und Stillegungen in der Bundesrepublik Deutschland

Durch-schnitt der Jahre	Industrie-beschäf-tigte insgesamt	Beschäf-tigungs-verände-rung in 1000	Beschäf-tigte neuer-richte-ter und verlagerter Betriebe	Beschäf-tigte still-gelegter Betriebe (Zeit-punkt der Still-leg.)	Innerbe-trieb-liche Be-schäfti-gungsver-änderun-gen (Ein-stellung-gen/Ent-lassungen)	Betriebe neuerr. und verlagerte	stillge-legte
1955–1957 (1)	7076		+53	−12			
1958–1960	7509	+433	+47	−19	+461		
1961–1963	8101	+592	+53	−24	+621		
1964–1965	8381	+280	+48	−20	+308	850	
1966–1967	8114	−267	+30	−78	−315	539	363
1968–1969	8104	− 10	+45	−37	− 2	775	545
1970–1971	8571	+467	+38	−45–60 (2)	+460	664	800
1972–1973	8354	−217	+23	−47–71 (2)	−241	420	675
1974–1975	7880	−474	+13	−66–94 (2)	−527	227	825
1976–1977	7310	−570	+ 9	−38–53 (2)	−599	200	507

(1) bis einschließlich 1958 ohne Saarland, bis 1962 ohne Berlin (West)
(2) Beschäftigungshöchststand

Quelle: Bundesministerium für Arbeit und Sozialordnung, Statistisches Bundesamt

Die Welle der Betriebsgründungen der Nachkriegszeit ist praktisch zu Ende. Neugründungen erfolgen vor allem im Dienstleistungsbereich. Für die etwa 8500 Gemeinden im Bundesgebiet ist bei 200–300 neuerrichteten und verlagerten Industriebetrieben pro Jahr (Ende der 60er, Anfang der 70er Jahre waren es noch etwa 700–800 Betriebe) die Wahrscheinlichkeit einer Ansiedlung gering.

Neue Betriebe sind vor allem **Zweigbetriebe,** d. h. kostenempfindliche Betriebe mit standardisierter Massenproduktion auf eingeführten Märkten im ländlichen Raum. Wirtschaftlich stabilere Betriebe mit technologisch höher entwickelter Fertigung wählen eher Verdichtungsräume. Durch **Verlagerungen** werden Arbeitsplätze umverteilt, jedoch kaum in Fördergebiete. In ländliche Räume verlagern nur aus Verdichtungsräumen verdrängte, wachstumsschwache und krisenanfällige Betriebe mit geringer Nachfrageelastizität. Für viele dieser Betriebe ist der ländliche Raum Zwischenstandort vor einer weiteren Verlagerung ins Ausland oder einer endgültigen Stillegung.

Verlagerung in ländliche Räume

Für die neuen Industrieansiedlungen zwischen 1964 und 1975 wurden vor allem
Industrieansiedlung periphere Regionen gewählt, der Anteil der Verdichtungsräume ist gering. Mehr als
die Hälfte der neuen Betriebe zwischen 1972 und 1975 ging in einen regionalen
Aktionsraum der „Gemeinschaftsaufgabe zur Verbesserung der regionalen Wirtschaftsstruktur". In den peripheren Räumen, z. B. Kiel, Lüneburg, Kaiserslautern,
Ansbach, Regensburg, Landshut, Passau war dabei die Auswirkung auf die Errichtung neuer Arbeitsplätze höher als in den Oberzentren[1].

Ohne diese Ansiedlungen hätte sich in den peripheren Räumen das Arbeitsplatzangebot wesentlich verschlechtert. Die neuen Betriebe konnten die Arbeitsplatzverluste in
den vorhandenen Betrieben z. T. ausgleichen. Andererseits wird diese günstige Arbeitsplatzbilanz durch die relativ hohe wirtschaftliche und konjunkturelle Abhängig-
Tafel 7 keit der neuen Arbeitsplätze korrigiert. Ebenso nimmt durch die Förderung von
Zweigbetrieben im ländlichen Raum auch die Abhängigkeit dieser Räume von den
Verdichtungsräumen zu (vgl. Kap. 5b). Dadurch werden regionale Ungleichgewichte
eher verschärft, eine wirksame Deglomerationspolitik ist jedoch in der Bundesrepublik Deutschland zur Zeit politisch nicht durchsetzbar.

Gemessen an der Arbeitslosenquote ist die Wirkung der regionalpolitischen Maßnahmen für jene Regionen mit hoher Arbeitslosenquote gering. Für die Bundesrepublik
Deutschland belegen die letzten Raumordnungs- und Landesentwicklungsberichte
ein unverändert großes räumliches Ungleichgewicht trotz hoher finanzieller Aufwendungen von Bund und Ländern sowie einer interregionalen Angleichung der Infrastruktur. Die Probleme auf dem Arbeitsmarkt haben sich eher verschärft. Denn Bun-
des- und Landesmittel fördern vor allem bestehende räumliche und wirtschaftliche
Konzentrationen: Große Verdichtungsräume und große Unternehmen, die Zweigbetriebe gründen und Informationen verarbeiten können. Die meisten dieser Unternehmen können geplante Investitionen auch ohne öffentliche Hilfe finanzieren und
durchführen.

Die räumlich und produktionswirtschaftlich selektiv wirkende Industrieförderung in
der Bundesrepublik ist fast zu einem Nullsummenspiel zugunsten der Verdichtungs-
räume geworden, die ohnehin wesentlich günstigere Ausgangsbedingungen als die
Tafel 9 Fördergebiete haben. Im Unterschied zur Arbeitsmarktsituation Ende der 60er bzw.
Anfang der 70er Jahre verfügen heute auch Verdichtungsräume wieder über ein
Angebot an Arbeitskräften, begleitet von einer ausgebauten Infrastruktur und Ver-
städterungsvorteilen aus einem breiten Güter- und Dienstleistungsangebot. Wie die
Infrastruktur, so sind auch die Arbeitskräfte keine räumlichen Engpaßfaktoren mehr.
Engpaßfaktoren im ländlichen Raum sind dagegen Versorgungs-, Informations- und
Kontaktmöglichkeiten. Die Industrieansiedlungspolitik wird deshalb auch weiterhin
Human Capital das Ziel verfehlen, dauerhafte und qualifizierte Arbeitsplätze in ländlichen, industriell
unterentwickelten Räumen zu schaffen, wenn vor allem Ansiedlungssubventionen
geboten werden. Die Förderung müßte sich vielmehr an den Standortpräferenzen und
-ansprüchen der Unternehmer und Arbeitskräfte orientieren (z. B. am sog. *Human
Capital*) und neben den einzelbetrieblichen Standorteigenschaften und Finanzie-
rungsmöglichkeiten auch den allgemeinen Wohn- und Freizeitwert verbessern.

– Bedeutung der Forschungsförderung als regionalpolitisches Instrument
Allgemeines Ziel der Forschungsförderung durch öffentliche Mittel ist eine langfristige Sicherung der Arbeitsplätze. Teilziele sind:

– die *Stärkung der Wettbewerbsfähigkeit* kleiner und mittlerer Unternehmen mit vermutetem
Innovationspotential und hoher Umsetzungsfähigkeit von Neuerungen.

---

[1] *J. Strunz*, 1974

- *Entwicklung neuer Märkte* als Ersatz für verloren gehende Märkte (Produkte, Verfahren) mit der veränderten wirtschaftlichen Arbeitsteilung,
- *Mobilisierung von Eigenkapital* und verbesserter Zugang zu direkter Projektförderung,
- Übertragung von *Produkt- und Prozeßinnovationen* in periphere Räume und Umsetzung hier entwickelter Neuerungen,
- breitere *Streuung öffentlicher Forschungs- und Entwicklungseinrichtungen* als Vorleistung für erhoffte privatwirtschaftliche Ansiedlung von Forschungs- und Entwicklungseinrichtungen.

Die Mittel der direkten Forschungsförderung gehen vor allem in Verdichtungsräume. Ländliche Räume gehen fast leer aus. Die für Forschung und Entwicklung ausgege- **Förderung der** benen Mittel sind dabei eher zu ermitteln als die Qualität der geförderten Arbeiten, **Forschung** denn Forschung und praktische Anwendung sind zeitlich und sachlich einander kaum zuzuordnen. Da Forschungs- und Entwicklungsvorhaben nur da gefördert werden, wo es Initiativen von Wissenschaft und Wirtschaft gibt, verstärkt die Forschungsförderung die räumlichen und wirtschaftlichen Konzentrationen.

- *Bedeutung regionalpolitischer Maßnahmen im Ausland*
Es gibt kein Land ohne starke räumliche Ungleichgewichte zwischen entwicklungsstärkeren, meist städtischen Räumen einerseits und entwicklungsschwächeren, meist ländlichen, altindustrialisierten oder nach einer Ressourcennutzung zurückgebliebenen Räumen andererseits. Entsprechend allgemein ist das Ziel einer gleichmäßigeren Verteilung der Gewerbe- und Industriestandorte. Durchsetzungsfähigkeit und -bereitschaft sind allerdings unterschiedlich, wie auch das raumordnungs- und wirtschaftspolitische Instrumentarium. In Entwicklungsländern ist die Durchsetzungsfähigkeit politisch und wirtschaftlich wesentlich schwächer als in Industrieländern und sozialistischen Ländern mit zentraler Planung.

In allen Industrieländern werden ähnlich wie in der Bundesrepublik Industrieansiedlungen in ländlichen, strukturschwachen Räumen gefördert, z. T. unterstützt durch Ansiedlungsverbote, -kontrollen und Agglomerationssteuern (Beispiele: Schweden, Großbritannien, Frankreich, Italien). Wenn gegen ausländische Konkurrenz die Chance einer größeren Industrieansiedlung besteht, werden auch außerordentliche Zugeständnisse gemacht. So übernehmen z. B. bei einem General Motors-Getriebewerk in Wien (voraussichtlich 2800 Arbeitsplätze, 100prozentiger Export) Staat und Stadt mit umgerechnet etwa 400 Mio. DM ein Drittel der Gesamtinvestitionen und überlassen dem Werk das 123 ha große Grundstück auf 99 Jahre kostenlos.

Allgemein sind die Wirkungen der Ansiedlungsförderung in den Industrieländern jedoch gering, die industriellen Standortmuster bleiben fast unverändert. Zur Erläuterung dieser Ergebnisthese sollen abschließend zum Thema Regionalpolitik im Ausland zwei Beispiele aus dem europäischen Raum vorgestellt werden, aus Frankreich und Italien.

Für Frankreich hat Brücher in mehreren Beiträgen[1] zum Problemkreis der *décentralisation* (Entflechtung des Pariser Raumes, d. h. der Région Ile de France) und der *déconcentration* (Dezentralisierung im deutschen Sprachgebrauch, d. h. Verlagerung der wirtschaftlichen Aktivitäten von den Zentren in die ländlichen Räume) Stellung genommen. Die Regionalpolitik in Frankreich strebte neben einer weiteren industriellen Produktionssteigerung des gesamten Landes bzw. einer Förderung von bestimmten Industriebereichen die Entlastung des Pariser Ballungsraumes und gleichzeitig eine Förderung der übrigen Gebiete an. Unter Einschaltung staatlicher Betriebe (z. B. Renault) und mit Hilfe eines Restriktionsgesetzes für Betriebsansiedlungen oder -erweiterungen über 500 m² im Pariser Raum sowie unterschiedlichen (insgesamt fünf) Förderzonen in einzelnen Gebieten Frankreichs wurde zwischen 1964 und 1967 ein System staatlicher Instrumente einer Regionalpolitik eingesetzt.

---

[1] *W. Brücher*, 1982

Zwischen 1955 und 1975 wurden rd. 2500 industrielle Dezentralisierungsmaßnahmen von Paris aus durchgeführt, mit dem Ergebnis, daß 462 000 Arbeitsplätze neugeschaffen wurden. So bedeutsam dieser Entwicklungsimpuls für das übrige Frankreich war – immerhin lag etwa die Hälfte der insgesamt errichteten Arbeitsplätze außerhalb des Pariser Raumes – die Struktur der Betriebe (viele Klein- und Mittelbetriebe mit bescheidenen Zukunftschancen im Zentrum Paris) sowie die

Dezentralisierung Motivation der Betriebsleiter (Mitnahme-Effekte oder gar „Prämien-Jäger") warfen einen ungünstigen Schatten auf diese Ergebnisse. So wurde nur bei 20% der Fälle in die Verlagerung auch die Hauptverwaltung miteinbezogen, die übrigen werden von Paris aus geleitet, mit entsprechender regionaler Abhängigkeit der Fördergebiete. Darüberhinaus muß bei der Effizienz noch beachtet werden, daß 75% der Betriebe und $2/3$ der Arbeitsplätze innerhalb eines Radius von nur 300 km um Paris liegen (vgl. auch das regionale Beispiel des Elsaß in diesem Kapitel).

Alles in allem erhielt zwar die regionale Industriestruktur neue Impulse, auch neue Industriegebiete sind errichtet worden (z. B. *Fos-sur-Mer*), die traditionelle Dominanz des Pariser Raumes wurde dadurch jedoch nicht abgebaut, sondern über die zahlreichen Zweigbetriebe eher noch verstärkt.

Als zweites regionales Beispiel sei eine Untersuchung von *Wagner*[1] über Süditalien angeführt. In Verbindung mit dem Ziel eines Abbaues regionaler Disparitäten bzw. einer wirtschaftlichen Aufwertung des *mezzo-giorno* versuchte man in Italien mit Hilfe von Reformen im Agrarsektor sowie einer Förderung der Infrastruktur (bis 1957), einer direkten Unterstützung der Industrie (ab 1957, allerdings mit nur bescheidenem Erfolg), einer Förderung ganzer Branchen im Sinne des Entwicklungspol-Konzeptes (seit 1963 mit besonderer Aufgabenstellung für staatliche Unternehmen) und einer Integration der Maßnahmen (bis hin zur Aufstellung von Entwicklungsgebieten und -schwerpunkten, ab 1965) regionalpolitische Instrumente einzusetzen.

Das Spektrum finanzieller Vergünstigungen für die Ansiedlung von Industrie im Süden reichte von überaus günstigen Krediten für Grunderwerb, Baumaßnahmen und Maschinenkapital über verlorene Kapitalzuschüsse, Steuererleichterungen und erhebliche Förderungen der Infrastrukturausstattung.

Abgesehen von der sowohl in der Bundesrepublik Deutschland wie auch in Frankreich zu beobachtenden Tendenz einer besonderen Nutzung dieser Möglichkeiten durch kapitalintensive Industriebranchen mit allgemein geringen (vor allem in qualitativer Hinsicht) Beschäftigungseffekten war in Italien zu beobachten, daß auch hier die Effizienz der regionalpolitischen Maßnahmen differenziert zu beurteilen ist:

„Die positive Entwicklung einzelner Industrie-Areale (z. B. Bari, vgl. Abb. 86) zeigt, daß die Ankurbelung eigenaktiven Wachstums durchaus möglich ist. Die große Masse der geleisteten Subventions- und Fördermittel haben jedoch die erhofften Kettenreaktionen zweifellos nicht auslösen können. Die Petro-Chemie-Kombinate von *Brindisi* und *Gela,* das Stahlwerk von *Tarent* . . ., stehen noch immer relativ unverbunden, fast als Fremdkörper in einem sich nur schwach verändernden Wirtschaftsraum."[2]

7d) Industrieparks und Handwerker- bzw. Gewerbehöfe als ortsplanerische Instrumente

Gerade mit dem letzten Beispiel regionaler Förderpolitik wird auf eine Maßnahme verwiesen, die ein typisches Instrument sowohl der Strukturförderung als auch der Entwicklungspolitik, speziell im stadtplanerischen Bereich, darstellt, die Einrichtung

Industrieparks von **Industrieparks.** Entstanden sind diese Standortgemeinschaften in England (Trafford Park 1896 in Manchester). Sie fanden in den USA eine rasche Ausbreitung, in den 30er Jahren dieses Jahrhunderts dann auch in den Niederlanden, nach dem Zweiten Weltkrieg in Italien (vgl. Abb. 86) und in Frankreich (dort noch ergänzt durch die *„zones industriels"* bzw. die *„zones artisanals"* selbst in kleinen Gemeinden) sowie in

---

[1] *H. G. Wagner,* 1977, S. 49–80
[2] *H. G. Wagner,* 1977, S. 73

zahlreichen Entwicklungsländern. Hottes[1] definiert im Anschluß etwa an Ritter[2] das ins Deutsche nicht exakt zu übertragende *„industrial estate"* wie folgt:

„Ein größeres Areal, das von der öffentlichen Hand, von privaten Gesellschaften oder Privaten, als den sogenannten Trägern, mit oder ohne Subventionen der öffentlichen Hand nach einem einheitlichen Plan aufgeschlossen, mit verschiedenartiger Infrastruktur versehen und meist mit gewerblich nutzbaren Gebäuden ausgestattet wird. Die sich ansiedelnden Betriebe unterwerfen sich hinsichtlich Verwendung und ggf. Bebauung der Grundstücke bestimmten Bedingungen und erkennen Verwaltung, Instandhaltung und Vorhalten, zumindest der Infrastruktur, durch den Träger an: *industrial estates* werden durch diese enge Bindung zu einer echten Standortgemeinschaft vorwiegend kleiner und mittlerer Gewerbebetriebe".[3]

Neben den früher stärker betonten Argumenten einer Absicherung der Arbeitsplätze in Zonen mit stark rückläufiger Industrie oder in strukturschwachen Gebieten bis hin zu einer Förderung der Dezentralisierung und „Entballung" der Industrie kamen in den 70er Jahren vor allem „verdrängte" Betriebe aus den Innenstädten sowie solche Betriebe hinzu, die eine Möglichkeit suchten, mit Hilfe der neuen, in der Regel verkehrsgünstigen Standorte neue Kundenbereiche anzulocken.

In der Bundesrepublik Deutschland kam dieses Instrument relativ spät und bislang nur bescheiden zum Einsatz, sei es aus Abneigung der bundesdeutschen Unternehmer gegenüber diesen gemeinschaftlich genutzten Einrichtungen oder aus Mangel an Initiative durch entsprechende Planungsinstitutionen. Jedoch liegt mit dem Euro-Industriepark München-Nord ein Beispiel vor, das ausführlich untersucht und dargestellt worden ist.[4] Trägergesellschaft ist eine GmbH., die als Eigentümerin des Areals (insges. rd. 840 000 m² Nutzfläche) die Erschließung des Geländes, die Vergabe der Flächen in Erbbaurecht sowie die Verwaltung des Industrieparks übernommen hat. Zur Orientierung über die Bedeutung dieses Industrieparks sei erwähnt, daß in den USA von Durchschnittswerten von 1,25 Mio m² auszugehen ist, wobei allerdings ein Viertel aller „Parks" zwischen 400 000 und 800 000 m² Fläche besitzt. Dies bedeutet, daß der Euro-Industriepark München-Nord durchaus mit US-amerikanischen Verhältnissen vergleichbar ist (rd. 6000 Beschäftigte in 175 Betrieben). Dies gilt auch bezüglich der Branchennutzung. Dabei zeigt sich in den USA, daß nur 40% der Betriebe Produktionsstätten sind, während es sich bei den übrigen um Handels- und Dienstleistungsbetriebe handelt. Untersuchungen in Nord-Frankreich[5] verstärkten noch diese Aussagen. Dort sind es doch nur 21% der Betriebe bei 44% der Beschäftigten, die der Fabrikation zuzurechnen sind. Der größte Teil der Flächen wird vom Großhandel eingenommen.

Euro-Industriepark München-Nord

Bei einer Kartierung konnte 1979 festgestellt werden, daß zwar 55% der Betriebe im Euro-Industriepark in München vorwiegend Handels- und Dienstleistungsbetriebe sind. Diese sind jedoch auch im Produktionssektor tätig. Insbesondere die Großmärkte mit Waren des kurz-, mittel- und langfristigen Bedarfs treten vom Flächenverbrauch her aus dem Strukturgefüge hervor; doch kommen hier neben großen Verkaufsflächen umfangreiche Parkflächen hinzu.

Welche Möglichkeiten bieten nun Einrichtungen, die auf das Handwerk bzw. kleinere bis mittlere Gewerbebetriebe ausgerichtet sind? In erster Linie wird mit ihnen das Ziel verfolgt, in „unterversorgten" Stadtteilen und in Sanierungsgebieten Mittelstandsbetrieben Existenzchancen zu bieten und gleichzeitig dort die Versorgung der Bevölkerung zu verbessern. Eine der ersten Einrichtungen dieser Art war der **Handwerkerhof** in München im Bereich des Ostbahnhofs. Etwa 16 000 m² Nutzfläche, auf vier Geschoßflächen verteilt, wurden in Form von Erbpachtverträgen für einen Mietzins von 4,20 DM/m² an rd. 60 Handwerksbetriebe weitergegeben. Die Parallelität mit dem Euro-Industriepark ist durchaus ersichtlich, handelt es sich doch hier um eine Konzentration von (in der Regel) kleineren und mittleren Gewerbebetrieben (zw. 30–2260 m² Geschäftsfläche, zw. 1–200 Beschäftigte) in einer Anlage, die von einer Gesellschaft errichtet und vermietet wird (insgesamt 600 Beschäftigte 1975). Der Träger des Handwerkerhofs ist die Handwerkskammer Oberbayern in München.

Handwerkerhof

---

[1] *K.-H. Hottes*, 1977, S. 197–256
[2] *U. P. Ritter*, 1961, S. 125–148
[3] *K.-H. Hottes*, 1979, S. 199
[4] *K. Ruppert* u. a., 1968, S. 621–636
[5] *J.-P. Bondue*, 1962, S. 102–107

246

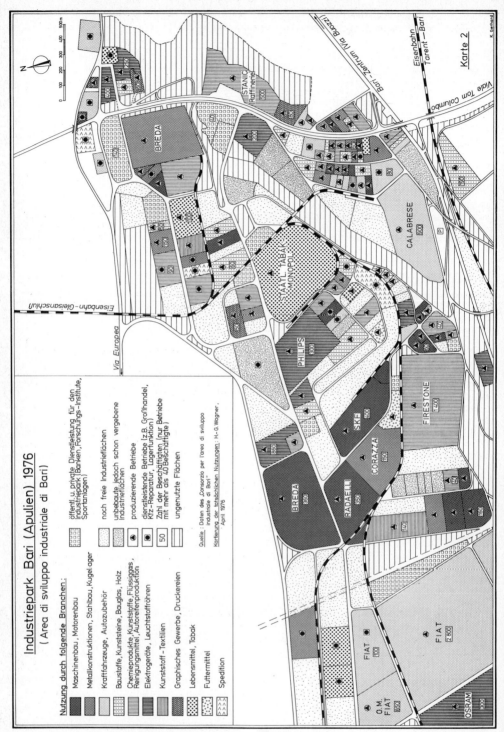

Abb. 86: Der Industriepark Bari (Apulien)

Vergleicht man dazu auch Beispiele aus anderen Städten, so muß man feststellen, daß – obwohl es eine allgemein anerkannte Definition für Gewerbehöfe nicht gibt – die bereits erwähnte Standortgemeinschaft voneinander unabhängiger Betriebe in einem Gebäudekomplex, der einheitlich geplant ist, als typisch anzusehen ist. Aufgrund der Tatsache, daß eine entsprechend große Nachfrage nach kleineren und mittleren Betriebsflächen besonders in Großstädten vorhanden ist, sind diese Einrichtungen bislang in erster Linie auch dort zu finden. Ihre Größe schwankt in der Bundesrepublik Deutschland zwischen 1400 m² und – im Extrem – 30 000 m² Nutzfläche, die Mehrzahl liegt bei 4500–8000 m². Von der Betriebszahl her gesehen schwanken die Gewerbehöfe zwischen 3 und 45 Betrieben, bei den Beschäftigten in der Regel von 2–20, in Ausnahmefällen bis 100 und 200 Mitarbeitern. *Gewerbehöfe*

Die Bewertung durch die betroffenen Betriebe, Kammern und Gemeinden ist insgesamt positiv, insbesondere bei einer Einbindung in Sanierungsvorhaben. Gewerbehöfe können daher als ein Instrument der Bestandserhaltung ortsansässiger Mittelstandsbetriebe im gewerblichen Bereich, zumindest im großstädtischen Raum, angesehen werden.

8. Die Arbeitnehmer und ihr räumliches Aktionsfeld

Jörg Maier

8a) Grundüberlegungen zum Verhältnis Arbeitnehmer und Industrieraum

Obwohl ein Großteil der Bevölkerung in den Industriestaaten davon betroffen ist und der Arbeitsbereich für die meisten Erwerbstätigen von elementarer Bedeutung für die gesamte Lebensführung ist, existieren über diesen Tätigkeitsbereich des Arbeitnehmers aus raumwissenschaftlicher Sicht – über den Problemkreis der **Distanzüberwindung zwischen Wohn- und Arbeitsstätte** hinaus – nur relativ wenige Untersuchungen. Im Bereich der Regionalpolitik zeigt sich die Vernachlässigung des Arbeitnehmers noch deutlicher, ist doch die bisherige Regionalpolitik in starkem Maße auf den Unternehmer als Person und das Sachkapital als Förderkategorie orientiert.

Deshalb soll in einem ersten Abschnitt versucht werden, dem Verhältnis von Arbeitnehmer und Industrieraum nachzugehen, soweit aus raumwissenschaftlicher Sicht dazu Untersuchungen vorgelegt wurden. Bereits der Ländervergleich innerhalb der Europäischen Gemeinschaft macht deutlich, daß die Situationen durch erhebliche regionale Disparitäten in der zeitlichen Belastung und bei Löhnen und Gehältern gekennzeichnet ist. *Regionale Disparitäten*

Eine der ersten industriegeographischen Arbeiten, die sich dem räumlichen Aktionsfeld ausgewählter Arbeitergruppen zugewandt haben, ist die Untersuchung von *Vogel*[1] mit dem Vergleich der Situationen des Steinkohlenbergmanns und des Braunkohlenarbeiters. Allein schon die Differenzierung zwischen ,,Bergmann'' und ,,Arbeiter'' macht auf die durch die spezifischen Arbeitsanforderungen und berufsständi-

---

[1] *J. Vogel*, 1959, S. 215–224

schen Eigenarten bedingten Unterschiede im Raumverhalten der beiden Berufsgruppen aufmerksam. Untertagebergbau bei Steinkohle und Tagebau bei Braunkohle
führen zu der These von Frau *Vogel,* daß verschiedene Arbeits- und Lebensbedingungen auch eine grundlegend anders geartete Sozialstruktur bewirken. Zur Überprüfung dieser These werden dann Indikatoren genannt, die bestätigen, daß die Arbeitsbedingungen die Sozialstruktur und die räumlichen Verhaltensweisen entscheidend
beeinflussen. Dazu gehören: die regionale *Herkunft,* die *Siedlungsweise* (z. B. Werks-
kolonie-Wohnungen mit lange Zeit einheitlichem sozialen Charakter bei den Stein-
kohlen-Bergleuten und undifferenziertes Wohneigentum in den teilweise noch ländlichen Siedlungen im nahen Umland der Braunkohlenreviere), die *Nebenerwerbstätig-
keit* in der Landwirtschaft und das *Konsumverhalten.* Die Auswirkungen dieser
Aspekte zeigen Beispiele branchenstrukturellen oder auch technologischen Wandels,
die nicht nur zu Arbeitslosigkeit, sondern bei den weiterhin Beschäftigten auch zu
notwendigen Wohnstandortverlagerungen und sonstigen Änderungen der Lebens-
umstände führen. Untersuchungen der *Dorsch-Consult* für die Textilindustrie in
Oberfranken¹ können hierzu ebenso als Beispiel herangezogen werden wie die Studie
von *Malézieux* über die französische Stahl-Gruppe USINOR.²

Die Beispiele aus dem Bergbau haben darüberhinaus deutlich gemacht, daß auch die
Tradition industrieller Arbeitnehmerschaft für die Raummuster von Bedeutung ist.
Besonders auffallend ist dies in ländlichen Räumen der Industrieländer (vgl. etwa
Breyer oder *Haas*)³, in den Herkunftsgebieten der ausländischen Arbeitnehmer (vgl.
Bartels, Dickel oder *Schrettenbrunner*)⁴ und in den Entwicklungsländern zu beobachten. So wurde z. B. in SO-Nigeria⁵ der enorme soziale Wandel sichtbar, den die
Industrialisierung hervorruft (in diesem Raum durch die hohe Innovationsbereitschaft
der Ibos unterstrichen) vor allem in der rapiden Umstrukturierung der Berufe. Nur
knapp ein Drittel der befragten 297 Arbeitnehmer war schon an einer früheren Ar-
beitsstelle in der Industrie tätig. Bie nur 7% war bereits der Vater Industriebeschäftig-
ter (vgl. Tab.). Da die Tätigkeit in der Industrie in der Regel auch mit einer Land-Stadt-

Margin notes: Arbeitsbedingungen; Tradition

Veränderung der Einstellung zur Industriearbeit in Südost-Nigeria
(Standorte der Analysen waren Aba, Enugu und Onitsha)

Berufskategorien in Prozent	Veränderung der Einstellungen gemessen am				
	Beruf des Großvaters	Beruf des Vaters	früheren Beruf des Probanden	derzeitigen Beruf des Probanden	gewünschten Beruf für die Söhne
Bauer	83	52	13	–	–
Handwerker	–	7	–	–	–
Kirchenamtsträger	4	2	–	–	–
Händler	7	20	12	–	–
Büroangestellter	–	7	13	17	15
Industriearbeiter	–	–	15	18	5
Industriefacharbeiter	–	–	3	41	7
Lehrer/Beamter	–	5	–	–	28
leitender Angestellter	–	–	–	24	–
Freie Berufe	–	–	–	–	45
Sonstige	6	7	43	–	–

Quelle: Erhebungen des Lehrstuhls Wirtschaftsgeographie und Regionalplanung der Universität
Bayreuth und des Geographischen Instituts der Universität Nsukka 1978 und 1979

¹ *Dorsch Consult* (Hrsg.).
² *J. Malézieux,* 1980, S. 183–196.
³ *F. Breyer,* 1970; *H.-D. Haas,* 1970.
⁴ *D. Bartels,* 1968, S. 313–324; *H. Dickel,* 1970, S. 115–132; *H. Schrettenbrunner,* 1969, S. 280–288.
⁵ *J. Maier,* 1981; *H.-D. Seibel,* 1968

Wanderung verbunden ist und diese Immigration meist im Alter von 20 Jahren beginnt, ist durch die großen Zuwanderungen in die Städte auch ein sozialer und ökonomischer Selektionsprozeß verbunden, der langfristig zu einer Krise der peripheren Gebiete führen kann. Ein wichtiges Regulativ bilden bislang die traditionellen Bindungen innerhalb der Großfamilie und die Anerkennung dabei getroffener Entscheidungen sowie die Verbundenheit mit gleichaltrigen Schulkameraden. Dies wird auch aus den zum Teil erheblichen Einkommenstransfers an Eltern und Verwandte und den mehr oder weniger häufigen Fahrten in die Heimatdörfer ersichtlich. So schickten von den durch *Meyen*[1] in Lagos befragten 1000 Arbeitnehmern 99% der Manager, 91% der Angestellten und 97% der Arbeiter Geld in die Heimatregion; sie führten allein 1976 zu schätzungsweise 85 Mio. DM an Zahlungsleistungen nach außerhalb von Lagos.

Selektionsprozeß

8b) Das Berufspendeln als Ausdruck arbeitsräumlichen Verhaltens

Gegenüber den genannten Aspekten spielt innerhalb der Industriegeographie, was den Arbeitnehmerbereich betrifft, die Darstellung des *Berufspendelns* nach quantitativer Stromstärke, Struktur, Richtung, Motivation und Bestimmungsgründen eine ungleich bedeutsamere Rolle. Innerhalb der funktionalen und auch der sozialgeographisch-chorologischen Betrachtung ist dieses Raumverhalten wohl der wichtigste Untersuchungsgegenstand räumlicher Verflechtungsanalysen, selbstverständlich nicht nur mit der Zielkategorie industrieller Betriebe. Die Untersuchung des Pendlerverhaltens besitzt gerade in der Geographie eine lange Tradition. Angefangen von den ersten landeskundlichen Ansätzen Ende des letzten Jahrhunderts oder den regionalstatistischen Arbeiten *Löschs*[2] legte vor allem *Hartke*[3] in den Jahren 1938/39 und 1949/50 grundlegende Untersuchungen über räumliche Muster des Berufspendelns bzw. deren Beitrag zu regionalen Gliederungen vor. Damit wurde die für die Industriegesellschaft in diesem Jahrhundert typische Trennung von Wohn- und Arbeitsort bzw. die unterschiedliche regionale Verteilung zwischen einem mehr oder weniger gestreuten Arbeitspotential und einer eher punktuell auftretenden Arbeitsplatzkapazität bereits klar herausgestellt. Das Phänomen des Berufspendelns erfuhr jedoch eigentlich erst ab Mitte der 50er und in den 60er Jahren eine breite Bearbeitung in der Geographie.[4]

Pendlerverhalten

Tafel 8

In der Zielorientierung waren die meisten dieser Analysen auf das *Pendlerverhalten*, weniger auf die Sparte Arbeitnehmer in der Industrie ausgerichtet; dies war teilweise auch eine Folge der statistischen Datenlage. Noch im Anschluß an die Volks- und Berufszählung 1961 wurde, da die Pendlertätigkeit besonders im ländlichen Raum meist auf Arbeitsplätze im sekundären Sektor der Städte ausgerichtet war, häufig von „Arbeiterpendelwanderung" (auch in der DDR)[5] gesprochen, wobei es aus definitorischen Gründen selbstverständlich Arbeiterpendel**verkehr** heißen muß (da „Wanderungen" ex definitione mit einem Wohnsitzwechsel verbunden sind). Ein direkter Bezug zwischen Pendlerverhalten und Industrie setzte jedoch erst mit den Analysen ausgewählter Industriebetriebe und deren Beschäftigtensituation ein. Untersucht man z. B. die räumlichen Strukturmuster der Pendlereinzugsbereiche ausgewählter Münchner Großbetriebe der Industrie, differenziert vor allem nach Branchen und

Tafel 10

---

[1] *J. Meyen,* 1977, S. 353–356
[2] *H. Lösch,* 1922, S. 237–248,
[3] *W. Hartke,* 1939, S. 185–190,
[4] *D. Klingbeil, 1969, S. 108–131,*
[5] *A. V. Käuel,* 1963, S. 10–25

Lage innerhalb Münchens (Betriebe im Weichbild der Stadt und in peripheren Lagen)
so zeigt sich, daß die Einzugsbereiche der Pendler stark sektoral entlang von regionalen Verkehrslinien ausgefächert sind. Gegenüber diesen Analysen zur Raumstruktur
gibt es auch Untersuchungen, die ausgewählte Gruppen von Pendlern als Indikator
zur Bestimmung spezifischer Raumstrukturen und -probleme heranziehen.

Hierzu gehört die Arbeit von *Ganser*[1], der am Beispiel von Rheinland-Pfalz etwa den
Anteil der im Baugewerbe beschäftigten Pendler als Indikator für Gebiete beginnen-
der industriegesellschaftlicher Entwicklung ansieht. Da es sich dabei häufig um noch

Pendler im
Baugewerbe stark landwirtschaftlich geprägte Räume handelt, „muß die außerlandwirtschaftliche
Erwerbsquelle der beruflichen Qualifikation, dem gewohnten Arbeitsrhythmus und
den arbeitspsychologischen und arbeitsphysiologischen Grundstrukturen der in der
Landwirtschaft Beschäftigten möglichst gut angepaßt sein und eine Fortführung des
landwirtschaftlichen Betriebes erlauben. Die Arbeit im Baugewerbe erfüllt diese Anforderungen. Sie erfordert keine spezielle Berufsausbildung. Ungelernte oder angelernte Tätigkeiten überwiegen. Bauliche Veränderungen und Verbesserungen am
eigenen Hof wurden schon immer selbst vorgenommen, so daß diese Art der Arbeit
bekannt ist. Die flexibel gestaltete Arbeitszeit mit ausgeprägtem Saison-Charakter
entspricht dem gewohnten Arbeitsrhythmus. Zur Zeit der Arbeitsspitzen in der Landwirtschaft wird die Tätigkeit im Bau vorübergehend eingestellt. Für Umgestaltungen
und Neubaumaßnahmen in Wohnhaus und Betriebsgebäuden kann die Arbeit ebenfalls unterbrochen werden. Auch das Streben nach Sozialleistungen in einem außer-
landwirtschaftlichen Beruf spielt eine nicht unerhebliche Rolle. Im Gegensatz zur
bisherigen sozialen Sicherheit in einer rein landwirtschaftlichen Tätigkeit bringt die
vorübergehende Tätigkeit im Baugewerbe Vorteile mit sich".[1]

Als weiterer aussagefähigen industriegeographischen Indikator für problematische
Pendler-Herkunftsstrukturen sieht *Ganser* das *Wochenpendeln* an. Die amtliche Statistik geht nur teilweise auf diese Gruppe ein. Da die Wochenpendler jedoch in
verschiedenen peripheren Räumen (etwa in Bayern im Bayerischen und Oberpfälzer

Wochenpendler Wald, in Rheinland-Pfalz etwa in der Eifel, im Hunsrück oder im Westerwald) beträchtliche Bedeutung haben und sehr häufig eine positive Einstellung zum (weit entfernt
gelegenen) Arbeitsort trotz der persönlichen/familiären Belastungen besteht, eignet
sich dieser Indikator durchaus auch als Entscheidungsgrundlage planungsbezogener
Überlegungen. So prüfen die Wochenpendler sehr sorgfältig, bis sie ihren Arbeitsplatz in den Verdichtungsräumen gegen einen Arbeitsplatz in möglicherweise nahe
gelegenen Standorten eintauschen (selbstverständlich unter der Prämisse eines vorhandenen Arbeitsplatzes im Verdichtungsraum). Andererseits besteht eine enge Korrelation zwischen hohen Wochenpendlerzahlen und Gebieten schlechter Verkehrserschließung. Mithin besteht bei entsprechender Verbesserung der Verkehrsinfrastruk-
tur und der Arbeitsplatzkapazität, also erheblicher Attraktivitätssteigerung eines Raumes, durchaus eine Chance zur Veränderung dieser Pendlerstrukturen.

8c) Die Angebotsseite des Arbeitsmarktes und seine Problemgruppen

Die zuletzt gemachten Ausführungen leiten über zu weiterführenden *Fragen der
Angebotsseite des regionalen Arbeitsmarktes*. Bei der Analyse der Angebotsseite des

Arbeitsmarkt Arbeitsmarktes geht es um die *Struktur der Arbeitskräfte* bzw. deren Veränderung
und um die *Verhaltensweisen der Arbeitskräfte*.

---

[1] *K. Ganser*, 1969, S. 20

Der Vergleich zwischen der Nachfrageseite (den Strategien der Unternehmer) und der Angebotsseite weist dann auf Problemgruppen hin, jenen Personen, deren Anpassungsverhalten nicht entsprechend dynamisch erfolgt bzw. erfolgen kann, weshalb die Arbeitsmarktpolitik zur Problemregelung eingesetzt wird.

Die Auswirkungen von konjunkturellen oder strukturellen Veränderungen machen sich besonders bei jenen Personengruppen bemerkbar, deren Interessensvertretung relativ schwach ausgeprägt ist, so daß sie sich nur bescheiden artikulieren und damit bemerkbar machen können. Dies trifft in den letzten Jahren in verstärktem Maße für weibliche, jugendliche, ausländische und ältere Arbeitskräfte zu. Zur Unterstreichung dieser Aussage sollen beispielhaft die weiblichen und die ausländischen Arbeitskräfte herangezogen werden. Problemgruppen

Die weiblichen Arbeitskräfte müssen deshalb als Problemgruppe bezeichnet werden, weil sie trotz verstärkter Anstrengungen der staatlichen Arbeitsmarktpolitik innerhalb des Berufslebens erschwerten Bedingungen unterworfen sind: Weibliche Arbeitskräfte

– Männer werden oft den Frauen für den gleichen Arbeitsplatz vorgezogen, da letztere höhere Kosten im sozialen Bereich für die Unternehmen mit sich bringen;
– Frauen bleiben häufig nach der Heirat oder nach der Geburt des ersten Kindes zumindest für einige Zeit dem Betrieb fern, obwohl das Unternehmen bereits Aus- bzw. Fortbildungsinvestitionen in die betreffende Mitarbeiterin vorgenommen hat;
– Frauen nehmen aufgrund der bestehenden Doppelbelastung von Beruf und Haushalt oft Halbtagsarbeit an oder aber arbeiten nur in einem relativ kurzen Zeitraum;
– Die Frauentätigkeit wird häufig der Männerarbeit als nicht gleichwertig angesehen."[1]

Diese Effekte sind innerhalb weitgehend geschlossener Arbeitsmärkte, wie sie für ländliche Räume eher typisch sind, gravierender als in den Verdichtungsräumen. Die Ursache dafür liegt häufig in einseitigen Branchenstrukturen, z.B. einer Dominanz der Textil- und Bekleidungsindustrie (etwa im Bayerischen Wald oder in Teilen Oberfrankens). Neben einer hohen Abhängigkeit der Frauen nur von einem Industriezweig und damit mangelnden Beschäftigungsalternativen sowie teilweise unregelmäßigen Arbeitszeiten (etwa zwischen Früh- und Spätschicht) bringt dies auch häufig große Pendlerwege mit sich. Dadurch wird die Doppelbelastung der Frauen durch Beruf und Haushalt besonders deutlich. In den Fördergebieten kommt aber noch der Umstand hinzu, daß manche Betriebe mit hohem Anteil an weiblichen Arbeitskräften nur für wenige, durch die staatlichen Fördermittel gestützten Jahre am Standort bleiben, danach ihre Tore schließen (sog. Rucksack-Betriebe). „Dieses Standortverhalten hinterläßt ein Reservoir von in der Regel arbeitswilligen Frauen, die aber mit ihrer beruflichen Situation aufgrund häufiger Entlassungen, fehlender Beschäftigungsalternativen, oftmals auftretender Veränderung der Tätigkeitsfelder und mangelnden Aufstiegschancen unzufrieden sind."[2]

Daher hat sich in peripheren Lagen sehr früh eine spezifische Form der Beschäftigung für Frauen entwickelt, die **Heimarbeit** (1975 waren 94% der Heimarbeiter Frauen). „Unter Heimarbeit versteht man ein Arbeiten zu Hause, in der eigenen Wohnung oder in einer selbstgewählten Betriebsstätte."[3] Die Zahl der Heimarbeiter schwankt im Konjunkturverlauf meist sehr stark, da gerade in wirtschaftlich ungünstigen Jahren diese Beschäftigtengruppe früher als andere entlassen wird (sog. **Pufferfunktion** bei Personalkapazitätsproblemen). Von der Branchenzugehörigkeit her unterscheidet man dabei zwischen „*moderner Heimarbeit*", d.h. in der Eisen-, Metall- und Elektroindustrie, auch der kunststoffverarbeitenden Industrie einerseits und der historisch gewachsenen „*klassischen Heimarbeit*" vor allem in der Textil- und Beklei- Heimarbeit

---

[1] *J. Weber*, 1980/81, S. 63.
[2] *A. Meusburger*, 1979
[3] *K.-H. Geyer*, 1976, S. 15–21

dungsindustrie (in Bayern besonders in Oberfranken und Niederbayern), der Spielwaren- und Christbaumschmuckindustrie (vor allem im Großraum Nürnberg – Fürth und im Raum Neustadt bei Coburg), der Korbwaren- und Möbelindustrie (mit regionalen Schwerpunkten zwischen Coburg, Kronach und Lichtenfels). Zu letzteren gehören auch die Bürsten- und Pinselmacher in Westmittelfranken, die Heimarbeiter in der leonischen Industrie (= Posamentenstickerinnen) im Raum Weißenburg oder in der Neugablonzer Glas- und Schmuckindustrie (vgl. Tab.)

Heimarbeiter in Bayern nach Wirtschaftszweigen, 1977–1980

| Wirtschaftszweig | Heimarbeiter Ende des Monats Juni | | | | | | | |
| | 1977 | | 1978 | | 1979 | | 1980 | |
	insges.	weibl.	insges.	weibl.	insges.	weibl.	insges.	weibl.
Insgesamt	**48 815**	**45 140**	**46 846**	**43 413**	**46 665**	**43 182**	**45 639**	**42 170**
dar. Kunststoff	4 032	3 767	3 874	3 622	3 891	3 614	3 571	3 309
Elektrotechnik	6 052	5 746	5 344	5 020	4 974	4 646	5 272	4 944
Feinmechanik und Optik, Uhren	1 274	1 184	1 280	1 183	1 183	1 111	1 250	1 167
Eisen-, Blech- und Metallwaren	1 773	1 688	1 974	1 867	1 973	1 844	1 950	1 808
Spielwaren, Christbaumschmuck	4 414	4 177	4 055	3 831	4 344	4 095	3 602	3 368
Edel- und Schmucksteine, Schmuckwaren	1 765	1 564	1 691	1 491	1 552	1 374	1 554	1 341
Drechsler-, Korb- und Schnitzw. usw.	3 819	3 374	3 782	3 333	3 728	3 332	3 815	3 390
Papier	2 121	2 014	2 010	1 855	2 254	2 079	2 176	2 004
Leder	1 923	1 834	2 137	2 052	2 439	2 309	2 239	2 167
Textil	5 520	5 234	5 491	5 211	4 567	4 332	4 680	4 480
Oberbekleidung, Wäsche	3 961	3 544	3 604	3 215	3 600	3 198	3 439	3 059
Hüte, Mützen, Kappen, Felle usw.	1 572	1 490	1 599	1 481	1 827	1 693	1 761	1 639
Handel	2 865	2 596	2 717	2 616	3 171	2 925	2 856	2 640
Dienstleistungen	1 173	1 074	1 304	1 219	1 149	1 029	953	841

Quelle: Statist. Jahrbuch Bayern 1981

Die grundlegende Frage, warum es eigentlich immer noch Leute gibt, die Heimarbeit ausüben und weshalb sich die vielen Prophezeiungen über ein Ende der Heimarbeit bis heute nicht erfüllt haben, beantwortet *Geyer* folgendermaßen: ,,Nach unseren Feststellungen gibt es verschiedene Gründe für die Ausübung von Heimarbeit. Wie schon ausgeführt, ist die Heimarbeit im allgemeinen eine Domäne der Frauen. Zwei Drittel aller Heimarbeiterinnen sind zwischen 20 und 49 Jahre alt, davon allein ein Drittel zwischen 30 und 39 Jahren. Die meisten dieser Frauen haben Kinder oder kranke Familienangehörige und können oder wollen deshalb keine Voll- oder Teilzeitarbeit in einem Betrieb annehmen. Auf der anderen Seite reicht das Geld des Ehemannes nicht aus, um Anschaffungen zu tätigen oder Schulden zu bezahlen. Der Wunsch nach einem zusätzlichen Nebenverdienst veranlaßt auch viele Rentner zur Übernahme von Heimarbeit. Jeder zweite männliche Heimarbeiter ist älter als

Motive für 50 Jahre, rund ein Drittel der Männer steht im Rentenalter. Schätzungsweise ein
Heimarbeit Drittel aller Heimarbeiter ist auf einen Nebenverdienst tatsächlich angewiesen oder muß aus der Heimarbeit seinen Lebensunterhalt bestreiten.

Gelegentlich sind es auch schwere körperliche Behinderungen oder ungünstige Verkehrsverhältnisse, die zur Ausübung von Heimarbeit zwingen.

In den klassischen Heimarbeitsgebieten spielen ferner psychologische Gründe eine Rolle. Besonders auf dem Lande findet sich oft noch ein sehr ausgeprägtes Gefühl für persönliche Freizeit, so daß die gering bezahlte Heimarbeit größeres Ansehen genießt als die besser entlohnte abhängige Tätigkeit.''[1]

---

[1] *K. H. Geyer,* 1976, S. 16

„Auch die Bindung an ein eigenes Häuschen oder an eine kleinere Landwirtschaft führt oft zum Festhalten an der ererbten Betätigungsform. Es besteht auch nach wie vor ein Interesse der Wirtschaft an der Vergabe von Heimarbeit; denn ihr steht hier selbst in Zeiten der Hochkonjunktur noch ein ungenutztes Arbeitskräftepotential zur Verfügung. Die Nachfrage nach Heimarbeit ist größer als das Angebot. Mit der Ausgabe von Heimarbeit erspart sich der Arbeitgeber die Bereitstellung von Arbeitsräumen und den Aufwand für deren Betrieb.

Gesetz von 1974

Darüberhinaus verlocken die verhältnismäßig niedrigen Heimarbeitsentgelte in den meisten Wirtschaftszweigen. Bis zur Novellierung des Heimarbeitsgesetzes (im Jahre 1974) war auch der geringe Schutz des Heimarbeiters im Vergleich zum Betriebsarbeiter von Bedeutung: Der Auftraggeber konnte in aller Regel die Vergabe von Heimarbeit von heute auf morgen einstellen; der Heimarbeiter hatte keinen Kündigungsschutz.

In einigen Branchen veranlaßt die besondere Qualifikation und Fachkunde der Heimarbeiter zur Vergabe von Heimarbeit, etwa bei den *Geigenbauern,* den *Puppenbemalern,* den *Gablonzern,* den *Spitzenklöpplerinnen* oder den *Strickerinnen.*

Die weitere Zukunft der Heimarbeit läßt sich nur schwer vorhersagen. Konjunktur, Entgelthöhe und betriebliche Mechanisierung sind die drei wesentlichsten, die Zukunft der Heimarbeit bestimmenden Faktoren. Stagnation und Rezession in der Wirtschaft führen sofort zu einem erheblichen Rückgang besonders der sog. modernen Heimarbeit. Kommt die Heimarbeit nicht mehr wesentlich billiger als die Betriebsarbeit, sind eigene Investitionen im Betrieb auf lange Sicht lohnender, wird Heimarbeit nicht mehr vergeben. Einfache, routinemäßige Heimarbeiten werden zunehmend durch Maschinen ersetzt. Insgesamt gesehen dürfte die Heimarbeit trotz möglicher starker Schwankungen in Krisen- und Hochkonjunkturzeiten in etwa ihren heutigen Umfang behalten."[1]

Neben den Frauen, den hier nicht diskutierten jugendlichen und älteren Arbeitnehmern stellen die *ausländischen Arbeitnehmer* eine weitere Problemgruppe des Arbeitsmarktes dar. In der Geographie in der Regel innerhalb der Bevölkerungsgeographie[2] diskutiert, muß diese Personengruppe jedoch auch Gegenstand der Industriegeographie sein. Es sollen dabei weniger die Auswirkungen dieser Erwerbstätigkeit auf das Herkunftsland diskutiert werden, sondern vielmehr ausgehend von ihrer Beschäftigung in der Industrie des Ziellandes auf die ökonomischen und sozialen Effekte bzw. Probleme für die ausländischen Arbeitnehmer eingegangen werden. In diesem Zusammenhang ist es sicherlich wichtig zu wissen, daß die Wanderungsbewegung nicht erst nach dem Zweiten Weltkrieg, etwa in Verbindung nur mit der Situation der Vollbeschäftigung auftrat, sondern daß Zuwanderungen aus dem Ausland schon Ende des 19. Jh.s als Begleiterscheinungen des industriegesellschaftlichen Wandels zahlenmäßig einen ersten Höhepunkt erreichten. Vor allem bildeten sich in den neu entstandenen Wirtschaftsräumen und städtischen Agglomerationen Ausländerviertel. Im Jahre 1907 waren z. B. bereits 800 000 ausländische Arbeiter in Deutschland. Vor dem ersten Weltkrieg stieg diese Zahl bis auf 1,2 Mio an;[3] eine beachtlich hohe Zahl, gerade im Vergleich zu den 2,3 Mio 1972 oder den 4,53 Mio (einschließlich Familienangehörige) im Jahre 1983. Noch Ende der sechziger Jahre wurde argumentiert, es handele sich in erster Linie um ein Arbeitsplatzangebot, das im konjunkturellen Ablauf flexibel gehandhabt werden könne. Die ausländischen Arbeitnehmer wurden zu einer Art „industrieller Reservearmee" für konjunkturell günstige Zeiten stilisiert. Dem kann heute angesichts der Entwicklung der letzten

Ausländische Arbeitnehmer

---

[1] *H. Geyer,* 1976.
[2] *J. Bär,* 1983 u. Harms, Sozial- u. Wirtschaftsgeographie Bd. 1
[3] Stadtentwicklungsreferat München, 1972, S. 23.

Jahre nicht unbedingt gefolgt werden. Vielmehr haben sich die ausländischen Arbeitnehmer im Laufe der Jahre feste Arbeitsplätze erarbeitet, teilweise durch das Zurücktreten deutscher Arbeitnehmer, aber auch infolge von Umstrukturierungsprozessen der deutschen Industrie. Hinsichtlich der relativen Bedeutung der Tätigkeiten dieser Personengruppe innerhalb der verschiedenen Wirtschaftszweige weist das Statistische Jahrbuch der Bundesrepublik Deutschland für 1982 mit 41,7% den höchsten Anteilswert im Bereich des verarbeitenden Gewerbes (einschl. Baugewerbe) aus. Wenn man gleichzeitig berücksichtigt, daß die durchschnittliche Aufenthaltsdauer dieser Personengruppe in der Bundesrepublik Deutschland erheblich angewachsen ist (1973 waren 22,7% länger als 8 Jahre in Deutschland, 1982 betrug der Anteil 60,2%), so ergibt sich daraus, daß die ausländischen Arbeitnehmer wohl nicht länger mehr als Gastarbeiter, sondern weitgehend als Einwanderer anzusehen sind. Dies hat auch beträchtliche Auswirkungen im siedlungsstrukturellen, im sozialen und ökonomischen Bereich, was im folgenden Kapitel ganz allgemein diskutiert werden soll.

Gastarbeiter-Einwanderer

9. Soziale, politische und ökonomische Auswirkungen industrieller Strukturen

Jörg Maier

9a) Ziele von Wirkungs- und Konflikt-Analysen

Nach den Darstellungen der industriellen Standorte und ihren Bestimmungsgrößen sowie den am industriell-gewerblichen System beteiligten Personengruppen (den sozialen Akteuren) wird nun in den beiden abschließenden Kapiteln auf die *Wirkungen im sozialen, politischen und ökonomischen sowie im ökologisch-umweltplanerischen Bereich* eingegangen. Obwohl in der Industriegeographie zahlreiche (meist beschreibende) Beiträge zum Verhältnis Siedlungen und Industrieeinfluß (vgl. etwa *Brücher*[1] oder *Quasten* und *Soyez*)[1] oder in der Industriesoziologie (vgl. etwa *Hilterscheid* oder *Schwonke/Herlyn*)[3] vorliegen, fehlt es bislang an umfassenden empirischen, kleinräumig angelegten Wirkungsanalysen. Diese sind jedoch zu einem wichtigen Faktor der politischen Entscheidungsfindung geworden, um auf diese Weise zu einer Verbesserung und Weiterentwicklung des Planungsinstrumentariums und der Raumplanung selbst zu gelangen. Darüberhinaus ist die Notwendigkeit einer laufenden Überprüfung der regionalen Wirtschaftspolitik in den meisten Rahmenplänen verankert. Eine Wirkungsanalyse ist deshalb notwendig, weil eine Erfolgskontrolle allein, etwa als Soll-Ist-Vergleich, noch keine Begründung für eine erfolgreiche und wirksame regionale Wirtschaftspolitik oder regionale Förderpolitik darstellt (vgl. auch Kap. 7 bzw. entsprechende Ausführungen in Bd. 2 der Sozial- und Wirtschaftsgeographie – Beitrag Hagel). Eine Totalanalyse aller räumlich wirksamen bzw. aller raumordnungspolitischen Effekte ist jedoch kaum durchführbar. Denn einerseits wäre sie zu umfangreich, andererseits besteht das Problem, daß notwendige Zieltests der Analyse nicht vorgenommen werden können. Deshalb werden einzelne Zielbereiche herausgelöst, zu denen operable Zielkriterien vorgegeben sind[4].

Wirkungsanalyse

Zieleffizienz

[1] *W. Brücher*, 1982, insbes. S. 157–179
[2] *H. Quasten* u. *D. Soyez*, 1976, S. 254–284
[3] *H. Hilterscheid*, 1977; *M. Schwonke* u. *U. Herlyn*, 1967
[4] *G.-M. Hellstern* u. *H. Wollmann*, 1977, S. 159 ff.

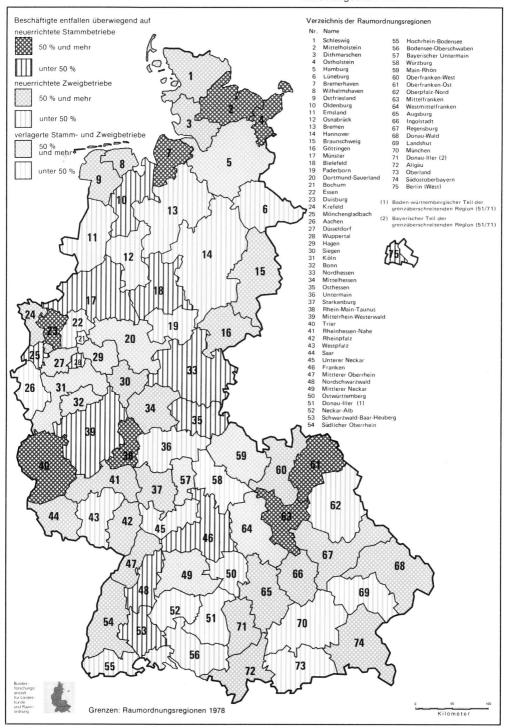

Beschäftigte entfallen überwiegend auf

neuerrichtete Stammbetriebe

50 % und mehr

unter 50 %

neuerrichtete Zweigbetriebe

50 % und mehr

unter 50 %

verlagerte Stamm- und Zweigbetriebe

50 % und mehr

unter 50 %

Verzeichnis der Raumordnungsregionen

Nr.	Name		
1	Schleswig	55	Hochrhein-Bodensee
2	Mittelholstein	56	Bodensee-Oberschwaben
3	Dithmarschen	57	Bayerischer Untermain
4	Ostholstein	58	Würzburg
5	Hamburg	59	Main-Rhön
6	Lüneburg	60	Oberfranken-West
7	Bremerhaven	61	Oberfranken-Ost
8	Wilhelmshaven	62	Oberpfalz-Nord
9	Ostfriesland	63	Mittelfranken
10	Oldenburg	64	Westmittelfranken
11	Emsland	65	Augsburg
12	Osnabrück	66	Ingolstadt
13	Bremen	67	Regensburg
14	Hannover	68	Donau-Wald
15	Braunschweig	69	Landshut
16	Göttingen	70	München
17	Münster	71	Donau-Iller (2)
18	Bielefeld	72	Allgäu
19	Paderborn	73	Oberland
20	Dortmund-Sauerland	74	Südostoberbayern
21	Bochum	75	Berlin (West)
22	Essen		
23	Duisburg	(1)	Baden-württembergischer Teil der
24	Krefeld		grenzüberschreitenden Region (51/71)
25	Mönchengladbach		
26	Aachen	(2)	Bayerischer Teil der
27	Düsseldorf		grenzüberschreitenden Region (51/71)
28	Wuppertal		
29	Hagen		
30	Siegen		
31	Köln		
32	Bonn		
33	Nordhessen		
34	Mittelhessen		
35	Osthessen		
36	Untermain		
37	Starkenburg		
38	Rhein-Main-Taunus		
39	Mittelrhein-Westerwald		
40	Trier		
41	Rheinhessen-Nahe		
42	Rheinpfalz		
43	Westpfalz		
44	Saar		
45	Unterer Neckar		
46	Franken		
47	Mittlerer Oberrhein		
48	Nordschwarzwald		
49	Mittlerer Neckar		
50	Ostwürttemberg		
51	Donau-Iller (1)		
52	Neckar-Alb		
53	Schwarzwald-Baar-Heuberg		
54	Südlicher Oberrhein		

Bundes-
forschungs-
anstalt
für Landes-
kunde
und Raum-
ordnung

Grenzen: Raumordnungsregionen 1978

0   50   100
Kilometer

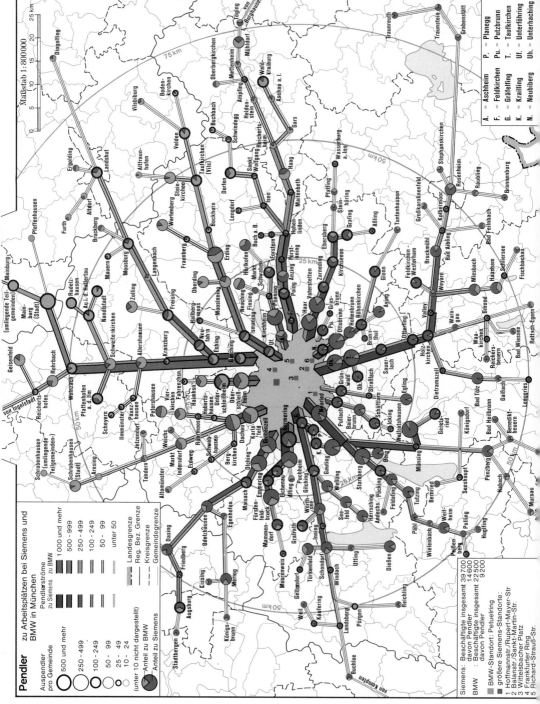

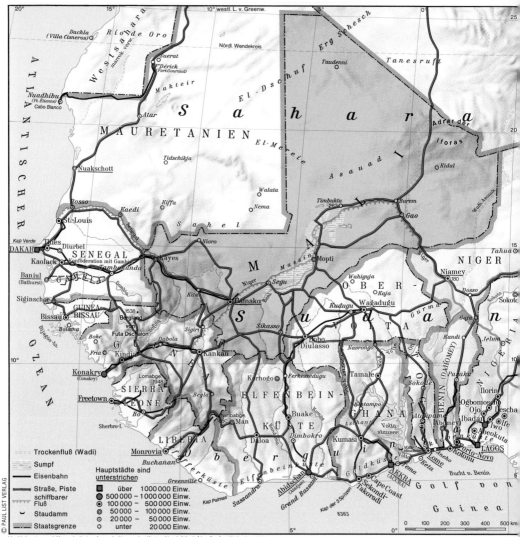

Trockenfluß (Wadi)
Sumpf
Eisenbahn
Straße, Piste
schiffbarer Fluß
Staudamm
Staatsgrenze

Hauptstädte sind unterstrichen

■	über 1 000 000 Einw.
●	500 000 – 1 000 000 Einw.
◉	100 000 – 500 000 Einw.
◎	50 000 – 100 000 Einw.
◌	20 000 – 50 000 Einw.
○	unter 20 000 Einw.

Verkleinerter und überarbeiteter Ausschnitt aus der Karte „Nordafrika", List Großer Weltatlas 1983

Entwurf nach Hillir

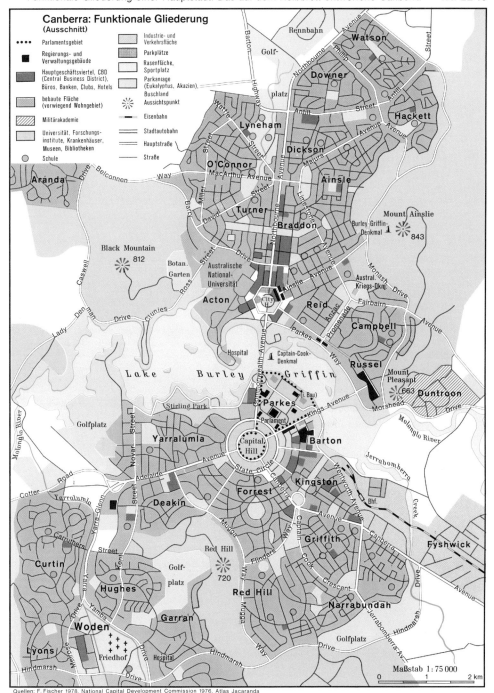

Canberra: Funktionale Gliederung
(Ausschnitt)

- •••• Parlamentsgebiet
- ■ Regierungs- und Verwaltungsgebäude
- Hauptgeschäftsviertel, CBD (Central Business District), Büros, Banken, Clubs, Hotels
- bebaute Fläche (vorwiegend Wohngebiet)
- Militärakademie
- Universität, Forschungsinstitute, Krankenhäuser, Museen, Bibliotheken
- ○ Schule
- Industrie- und Verkehrsfläche
- Parkplätze
- Rasenfläche, Sportplatz
- Parkanlage (Eukalyptus, Akazien), Buschland
- ☼ Aussichtspunkt
- Eisenbahn
- Stadtautobahn
- Hauptstraße
- Straße

Quellen: F. Fischer 1978, National Capital Development Commission 1976, Atlas Jacaranda

Maßstab 1 : 75 000

TAFEL 14   Die Fanggebiete der deutschen Hochseefischerei 1930–1980

Fangmengen   ▬ etwa 50 000 t
　　　　　　　　　▬ etwa 10 000 t
　　　　　　　　　▥ etwa　5 000 t
　　　　　　　　　▭ etwa　1 000 t
　　　　　　　　　▬ unter　1 000 t

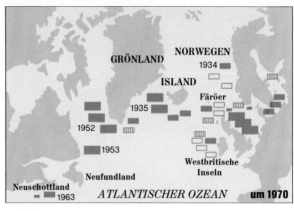

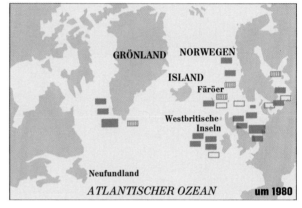

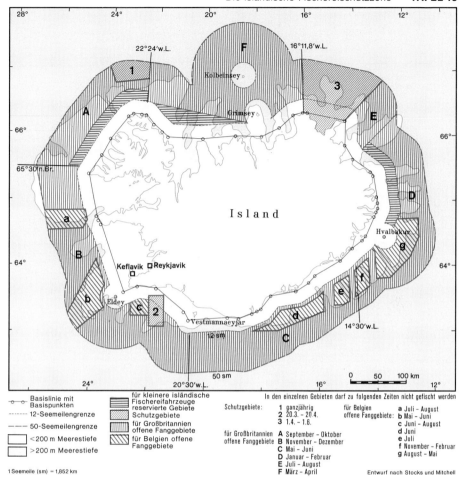

28° 24° 20° 16° 12°

22°24'w.L.   16°11,8'w.L.

F

Kolbeinsey

1

3

Grimsey

A   **E**

66°   66°

65°30'n.Br.

D

a

I s l a n d

B   Hvalbakur   **9**

64°   64°

Keflavik ☐ Reykjavik

f

b Eldey   **e**

c **2**   **d**

Vestmannaeyjar   14°30'w.L.

12 sm

ℂ

50 sm   0   50   100 km

24°   20°30'w.L.   16°   12°

○—○ Basislinie mit Basispunkten	für kleinere isländische Fischereifahrzeuge reservierte Gebiete	In den einzelnen Gebieten darf zu folgenden Zeiten nicht gefischt werden
------ 12-Seemeilengrenze	Schutzgebiete	Schutzgebiete: 1 ganzjährig
— — 50-Seemeilengrenze	für Großbritannien offene Fanggebiete	2 20.3. – 20.4.
☐ <200 m Meerestiefe	für Belgien offene Fanggebiete	3 1.4. – 1.6.
☐ >200 m Meerestiefe		

für Großbritannien A September – Oktober
offene Fanggebiete B November – Dezember
C Mai – Juni
D Januar – Februar
E Juli – August
F März – April

für Belgien a Juli – August
offene Fanggebiete: b Mai – Juni
c Juni – August
d Juni
e Juli
f November – Februar
g August – Mai

1 Seemeile (sm) = 1,852 km

Entwurf nach Stocks und Mitchell

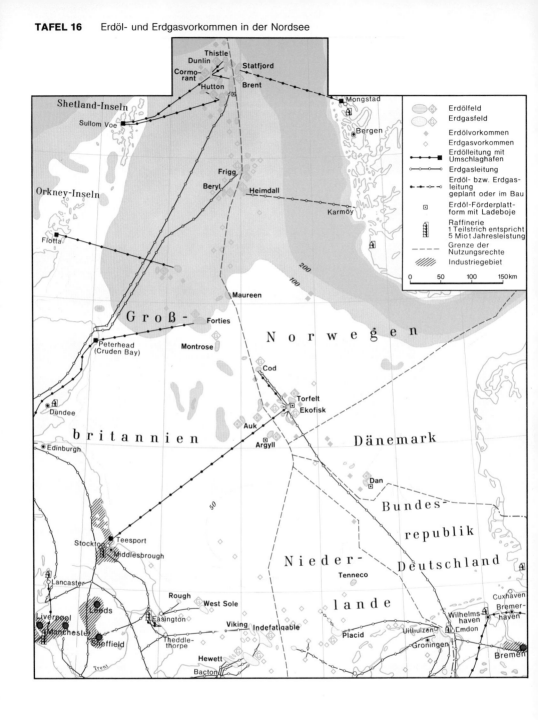

Da in der Industriegeographie Darstellungen über den Zusammenhang zwischen Industrieentwicklung und Siedlungs- bzw. Bevölkerungsstruktur dominieren, soll hier vor den konfliktorientierten Betrachtungen bzw. den (ökonomischen) Wirkungsanalysen eine Übersicht über die so verstandenen sozialen Wirkungen industrieller Tätigkeit vorangestellt werden.

9b) Zum Zusammenhang zwischen industrieller Entwicklung und Einfluß auf die soziale und politische Struktur von Städten und Gemeinden

– Zu den Ansätzen statistischer oder siedlungsstruktureller Gemeindetypisierungen
Bereits in der funktionalen Betrachtung geographisch-räumlicher Forschung, in Verbindung mit induktiven Methodenkonzepten wurde versucht, aus der Vielzahl unterschiedlicher industrieller Standorte zu gewissen Typisierungen, d. h. ersten Generalisierungen zu gelangen. Gewerblich-industriell geprägte Gemeindetypen, von der ländlichen Gewerbegemeinde bis zur Industriestadt wurden herausgefiltert, anhand unterschiedlicher statistischer Indices. So sah etwa *Linde*[1] in Niedersachsen jene Gemeinden als „ausgesprochene" Industriestädte und -dörfer an, in denen über 60% der Erwerbspersonen Arbeiter waren. *Harris* bezog 1943 in seinen Subtypus A (reine Industriestädte) solche ein, in denen 74% oder mehr aller in Industrie, Groß- und Einzelhandel tätigen Erwerbspersonen im Bereich Industrie ihren Arbeitsplatz haben. Die Aussagen dieser statistisch orientierten Versuche sind aufgrund der Nichtberücksichtigung von Branchen und deren differenzierter Raumwirksamkeit sehr fraglich, nimmt man nur etwa die höchst unterschiedliche Umweltbelastung eines Stahlwerks auf der einen oder einer Mikro-Chips-Herstellung auf der anderen Seite. Für die Raumplanung geben sie nur allererste Hinweise. Daher geht *Polivka*[2] 1974 im Raum Basel davon aus, daß auch die Kriterien der Siedlungsplanung (etwa die räumliche Trennung oder Mischung der grundfunktionalen Bereiche) von Bedeutung für den industriellen Einfluß sind. Er unterscheidet deshalb:

(Randnotiz: Gemeindetypisierungen)

– Reine Industrieansiedlungen, die ohne Beziehung zu Wohngebieten entstanden: Beispiel (aus der *Regio Basiliensis*) Schweizerhalle.
– Industriegebiete, die wohl in Beziehung zu einem Wohngebiet stehen, von diesem jedoch durch natürliche oder künstliche Hindernisse getrennt sind: Beispiele Chalampé oder Waldshut.
– Industriegebiete, die ohne typische Trennlinie mit Wohngebieten zusammenstoßen: Beispiele Grenzach oder Hüningen.
– Mischsiedlungen, in denen die Industriegebiete in die Wohngebiete eingestreut bis integriert sind: Beispiele Klein- und Großbasel oder Muttenz.

Hinsichtlich der räumlichen und sozialen Konflikte bewertet Polivka die Typen 1 und 2 als solche mit im allgemeinen gesunder Entwicklung der Siedlungsstruktur innerhalb der Regio, während die Typen 3 und 4 Ansätze oder schon fortgeschrittene Stadien einer Fehlentwicklung aufweisen, vor allem, wenn es sich dabei um Betriebe der chemischen Industrie handelt (die neben dem Umweltaspekt auch aufgrund der großbetrieblichen Organisationsstruktur und eigener Wohngebietsentwicklungen mit sozialen Gettobildungen zu sehen sind).

(Randnotiz: Konflikte)

Hieraus wird auch verständlich, daß – insbesondere im Rahmen einer historisch-genetischen Betrachtung – bei weiterer kleinräumiger Differenzierung und einer Brückenbildung zur (historischen) Stadtgeographie eine Fülle von Studien über die Wechselwirkungen zwischen Industrie und Siedlungen entstanden sind (z. B. in Gestalt der Industrieviertel).[3]

---

[1] *H. Linde*, 1952, S. 58–141
[2] *H. Polivka*, 1974
[3] *F. Bollerey* u. *K. Hartmann*, 1982

– Zum Einfluß der Industrie auf Siedlungs- und Bevölkerungsstruktur

Um den Einfluß industrieller Tätigkeit und ihre Auswirkungen auf Siedlungs- **und** Bevölkerungsstruktur herausarbeiten zu können, soll von der Differenzierung zwi-

Altindustrialisierte schen alt-industrialisierten, auch teilweise im ländlichen Raum gelegenen Gebieten
Räume und jüngeren Industrieansiedlungen ausgegangen werden. Für die erste Gruppe sozialer Wirkunsanalysen wird dabei auf drei Beispiele des Ruhrgebietes und die lokal dimensionierten Standorte der Städte Penzberg/Oberbayern und Bärnau/nördliche Oberpfalz zurückgegriffen:

Das **Ruhrgebiet** war ein bevorzugter Standort für die Eisen- und Stahlindustrie der früh- und hochkapitalistischen Wirtschaft. In einem guten halben Jahrhundert entwickelte es sich von einem ehemals ländlichen Raum zum bedeutendsten Industriezentrum des damaligen Deutschland. Die Bevölkerung wuchs zwischen 1850 und 1900 um das 6-fache (1905: 2,4 Mio; 1982: 5,5 Mio
Ruhrgebiet Menschen). Die Zahl der Bergleute stieg bis zum ersten Weltkrieg um das 30-fache an (auf 1 445 000 im Jahre 1913)[1].

Auch heute noch kennzeichnet die Wirtschaftsstruktur eine Konzentration der Montanindustrien, ein weitgehend unterentwickelter tertiärer Sektor und eine im Vergleich zu anderen Verdichtungsräumen ungünstige industrielle Branchen-, Betriebsgrößen- und Betriebsaltersstruktur. Die Entwicklung in Teilräumen des Ruhrgebiets verweist auf Prozesse der interregionalen Arbeitsteilung, aber auch auf eine unterschiedliche Anpassungsfähigkeit der einzelnen Räume an Veränderungen der ökonomischen Ausgangssituation. So konzentriert sich die Kohleförderung heute weitgehend auf die Emscher-Lippe-Zone (im Norden des Ruhrgebietes); Stahlproduktion und Stahlverarbeitung dominieren in den Zentren des westlichen (Duisburg) und des östlichen (Dortmund) Reviers, während das mittlere Ruhrgebiet (Mülheim, Essen, Bochum) eine vergleichsweise stark diversifizierte Industriestruktur aufweist und das Ansiedlungspotential im Dienstleistungsbereich bereits ab Mitte der 50er Jahre im wesentlichen auf sich vereinigte[1].

In der Siedlungsstruktur des Ruhrgebietes herrscht aufgrund des raschen Industrialisierungsprozesses und der innerregionalen Verlagerungen eine starke Mischung von Wohn- und Gewerbebereichen vor. Daraus leitet sich eine Reihe von Konflikten der Flächennutzung und der Wohnsituation ab bis hin zu einem hohen Bedarf an Stadterneuerung und Kernstadtproblemen, mit hohen Anteilen älterer und einkommensschwacher sowie ausländischer Bewohner.

Kohlebergbau in Das zweite Beispiel zeigt noch deutlicher die überaus enge Anbindung einer Gemeinde an einen
Penzberg Industriezweig, stellte doch die Pechkohle und ihr Abbau bis zur Zechenstillegung 1966 die wichtigste Grundlage der **Stadt Penzberg** dar[2]. Sie entwickelte sich aufgrund des Kohlebergbaues von einem unbedeutenden Weiler zu einer Stadt von mehr als 11 000 Einwohnern. In sozial- wie auch politisch-struktureller Hinsicht hebt sich Penzberg von den umliegenden, noch stark landwirtschaftlich orientierten oder dem Tourismus sich zuwendenden Gemeinden des Alpenvorlandes ab. Ebenfalls wie im Ruhrgebiet begann die industrielle Entwicklung in Penzberg um die Mitte des letzten Jahrhunderts, ab 1870 unter dem ökonomisch und auch sozial dominierenden Einfluß der „Oberbayerischen Aktiengesellschaft für Kohlebergbau", kurz „Oberkohle" genannt. Die rasche Entwicklung der Kohleförderung brachte nicht nur eine große Zahl von Bergleuten aus dem Ruhrgebiet und Saarland, aus Schlesien, Böhmen, der Steiermark und selbst Slowenien nach Penzberg, sondern führte auch zum Auf- und Ausbau mehrerer Wohnsiedlungen. Die Bevölkerung stieg von 1620 Einwohnern 1880 innerhalb von 30 Jahren auf rd. 4000 Bewohner an. Nach der Stillegung des Bergwerkes 1966 gelang es nach einigen Schwierigkeiten verschiedene Industriebetriebe, insbesondere aus dem Fahrzeugbau und der Elektrobranche, anzusiedeln. So hat sich zwar die frühere Bergwerksstadt zu einer modernen Industriestadt im ländlichen Raum gewandelt, die sozioökonomische Differenzierung gegenüber dem Umland ist jedoch durchaus noch vorhanden, wenn auch etwas abgeschwächt.

Das dritte Beispiel eines altindustrialisierten Status ist die **Stadt Bärnau,** in der nördlichen Oberpfalz. Auch sie wurde lange Zeit von einer wirtschaftlichen Monopolsituation geprägt, der traditionellen Knopfindustrie[3]. Der Verwaltungsmittelpunkt Bärnau ist auch heute noch ein kleines Städtchen mit etwa 3800 Einwohnern. Lange Zeit hatte es eine kleinbäuerlich-handwerkliche Sozialstruktur. Die Industrialisierung führte zu einem Rückgang im Handwerk, ohne daß die Bevölke-
Knopfindustrie rung wesentlich zunahm. Die Knopfindustrie mit ihrer klassischen Perlmutt-Materialverarbeitung
in Bärnau blieb eine Kleinindustrie, auch als es Anfang der 50er Jahre dieses Jahrhunderts zu zahlreichen Betriebsgründungen kam. Die Betriebe sind heute wieder zusammengeschmolzen. Geblieben ist ein gerade durch die Betriebe der Knopfindustrie herbeigeführter sozialer Wandel und eine

---

[1] *J. J. Hesse,* 1982
[2] *F. Schaffer,* 1972
[3] *H. Arbter,* 1973

Umstrukturierung auf eine industriell-gewerbliche Kleinstadt, die durch den Einfluß der nahen Grenze zur ČSSR, abseits von größeren Städten, auch durch die Branchenprobleme der Knopfindustrie belastet ist. Überalterungstendenzen der Bevölkerung und teilweise erhebliche Abwanderungen junger Personen kennzeichnen neben den wirtschaftlichen Aspekten die Gefahrenmomente einer sozialen Erosion im peripheren Raum.

Die Aussagen zum zweiten räumlichen Wirkungsbereich, die Beispiele jüngerer Industrieentwicklungen, können teilweise kürzer gefaßt werden, weil bei ihnen häufig durchaus vergleichbare Prozesse sozialen und wirtschaftlichen Wandels abgelaufen sind, wenn auch mit einem erheblichen Zeitraffer. Zwei Beispiele, die im Zusammenhang mit raumordnungs- und sicherheitspolitischen Überlegungen vor und während des zweiten Weltkriegs entstanden sind, nämlich Wolfsburg und die „Neuen Städte" in Bayern sowie ein Beispiel neuer Industrieansiedlungen der 60er Jahre, Wörth am Rhein, sollen das demonstrieren.

„Junge" Industrieansiedlungen

Vor 45 Jahren im Bereich der beiden Dörfer Heßlingen und Rotherfelde als „Stadt des KdF-Wagens" gegründet, wurde der Standort **Wolfsburg** in erster Linie aus politischen, zum Teil auch raumordnungspolitischen Gründen gewählt. Im zentralistischen Wirtschaftssystem des Nationalsozialismus standen Entscheidungsüberlegungen der „Blut- und Boden-Ideologie" noch vor wirtschaftlichen und verkehrspolitischen Faktoren.

Wolfsburg

„Binnenkolonisation und Erschließung eines bisher vorwiegend landwirtschaftlichen Gebietes sprachen . . . für Wolfsburg. Außerdem war durch diese Planung die Autarkie-Politik ungefährdet, die die Bebauung guten Bodens nicht zuließ . . . Bedenken, die sich aus der Nähe zu den gleichzeitig erbauten Hüttenwerken in Salzgitter ergaben, wurden ignoriert. Die sich heute abzeichnende bedenkliche Entwicklung zum industriellen Großraum um Salzgitter, Braunschweig und Wolfsburg lag damals noch in weiter Ferne.

Wenn auch die politisch-strategischen Überlegungen damals wichtiger waren als rationale Kriterien: ganz außer acht gelassen werden konnten sie . . . nicht. Für den Standort des VW-Werkes sprach 1938 folgende Situation:

Der Mittellandkanal war fast fertig. Damit war eine Verbindung von Werk und Stadt Wolfsburg mit Rhein, Oder- sowie Nord- und Ostseeraum gewährleistet. Zudem berührte die Autobahn Hannover-Berlin den Wolfsburger Wirtschaftsraum. Die Nord-Süd-Verbindung sollte zügig ausgebaut werden. Die Reichsbahnhauptstrecke Hannover-Berlin lief durch Wolfsburg, das zur D-Zug-Haltestelle wurde. Zahlreiche zusätzliche Verbindungen waren geplant. Alle mit dem Ziel, Wolfsburg in jeder Hinsicht verkehrsmäßig abzusichern.

Wichtig war bei den Standortüberlegungen auch die Rohstoffversorgung. Steinkohle, Braunkohle, Eisenerz, Blei, Silber, Kupfer und Zink – jeder dieser Rohstoffe lag in einem Radius von 150 Kilometer um Wolfsburg. Allerdings bezogen um die Planer damals auf die mitteldeutschen Industrie-Reviere, nicht etwa auf Rohstoffquellen im Ruhrgebiet.

Die ursprünglich günstige Lage änderte sich schlagartig nach dem Zweiten Weltkrieg. Die Standortproblematik des VW-Werkes gilt als Schulbeispiel dafür, daß aus günstigen Voraussetzungen durch politische Ereignisse die denkbar schlechtesten werden können.

Die Versorgungsmärkte fürs VW-Werk kristallisierten sich bald heraus – und sie sind bis heute fast unverändert erhalten geblieben: Die Bleche liefert das Ruhrgebiet, elektrische und feinmechanische Ausrüstungen kommen überwiegend aus dem Rhein-Main-Raum sowie aus dem mittleren Neckarraum um Stuttgart. Die nach dem Krieg rasch ausgebauten Verkehrswege auf der Schiene und der Straße haben den Standort an der Grenze in bezug auf die Materialversorgung schnell kompensiert."[1]

Bei Kriegsende hatte die „geplante" Stadt Wolfsburg nicht wie vorgesehen 90 000, sondern rd. 17 000 Einwohner, darunter 9000 Ausländer. Nach den ersten Jahren mit hoher Fluktuation (Flüchtlinge, Heimatvertriebene) begann dann ab Anfang der 50er Jahre eine stürmische Aufwärtsentwicklung, die von 10 000 Beschäftigten 1949 auf 37 000 im Jahre 1960 und zu 56 000 im Jahre 1983 sowie nach verschiedenen Eingemeindungen 1972 zu einer Bevölkerungszahl von 130 000 führte. Dabei umfaßt der gesamte Konzern 1983 240 000 Beschäftigte in verschiedenen Ländern der Erde, mit größeren Betrieben (außerhalb der Bundesrepublik Deutschland) in Brasilien (36 300 Besch.), Mexiko (13 600 Besch.), USA (8200 Besch.) und Südafrika (7800 Besch.) mit einem Gesamtumsatz von 37,4 Mrd. DM.[2]

---

[1] *P. Groschupf*, 1983
[2] *M. Schwonke* u. *M. Herlyn*, 1967, S. 29

Bezogen auf die angesprochene Problematik des Einflusses zwischen Industrieansiedlung und Sozialstruktur kann man im Falle Wolfsburg feststellen, daß etwa $^2/_3$ der
Erwerbstätigen der Stadt im VW-Werk beschäftigt sind. Lange Zeit war Wolfsburg
eine „Arbeiterstadt" und erst mit den innerbetrieblichen, durch Veränderung der
technologischen Bedingungen bewirkten Umstrukturierungen entwickelte sich ein
sozialer Mittelstand. Im Unterschied zu historisch gewachsenen Städten sind es
weniger selbständige Handwerker und Geschäftsleute als vielmehr Personen des
gehobenen und leitenden Mitarbeiterstabes des VW-Werkes. Das VW-Werk bestimmt
nicht nur die Berufsstruktur, sondern auch die Berufswahl und den Berufsweg. Aufgrund des hohen Grades an sozialer Kontrolle reicht der Einfluß des Werkes weit in
die Privatsphäre hinein, in das Freizeit- und Konsumverhalten. Die stark hierarchisch
aufgebaute Organisationsstruktur des Werkes führt häufig zu Anpassungsverhalten
vorgegebener Sozialnormen.

Ähnliche Strukturen lassen sich für die nach dem zweiten Weltkrieg auf der Basis
ehemaliger Munitionsfabriken errichteten **„Neuen Städte"** in Bayern feststellen. Hier
„Neue Städte"   kommen enge landsmannschaftliche Bindungen bei den angesiedelten Heimatver-
in Bayern   triebenen hinzu. Beispiele sind *Geretsried, Traunreut, Waldkraiburg* sowie die Gemeinden *Neutraubling* und *Neuwildflecken* und der Stadtteil *Kaufbeuren-Neugab-
lonz.* Sie entstanden in früheren Munitionsfabriken der Wehrmacht und konnten auf
eine vorhandene Infrastruktur (Straßen, Energie- und sonstige Ver- und Entsorgung)
aufbauen. Sowohl baulich, siedlungsstrukturell, sozioökonomisch und in der Regel
auch wahlpolitisch unterschieden sie sich von den umliegenden Gemeinden. So
besitzen sie im allgemeinen kein Ortszentrum im traditionellen Sinne, andererseits
sind meist mehr als 70% der Erwerbspersonen im sekundären Sektor tätig, im Falle
von Geretsried oder Neugablonz wiederum in Klein- und Mittelbetrieben der Glas-
und Schmuckwaren- bzw. der Spielwarenindustrie (häufig auch als Heimarbeiter)[1].

Als Beispiel seien hier nur einige Strukturdaten des Ortsteiles Neugablonz der Stadt Kaufbeuren
erwähnt: Rd. 14000 Einwohner, etwa 500 Betriebe mit 7700 Beschäftigten, von denen 25% als
Heimarbeiter tätig sind und rd. 460 Mio. DM Jahresumsatz erarbeiten. Fast ein Drittel der Produktion geht in den Export, 50% davon in die USA.

Die grundsätzlichen Auswirkungen einer Industrieansiedlung, insbesondere im ländlichen oder auch im suburbanen Bereich, die Veränderung des Landschaftsbildes,
der Siedlungsstruktur sowie der sozioökonomischen und finanziellen Struktur eines
Wörth am Rhein   Raumes zeigen sich auch bei den neueren Ansiedlungen, unter denen exemplarisch
die Gemeinde **Wörth am Rhein** herausgegriffen werden soll:[2] In Wörth, 1306 erstmals
urkundlich erwähnt und westlich von Karlsruhe am Rande des Überschwemmungsge-
bietes des Rheins gelegen, gab es bis zum zweiten Weltkrieg Landwirtschaft, insbe-
Tafel 11   sondere Tabakanbau in kleinen Betrieben und Handwerksbetriebe. Durch erste Industrieansiedlungen am Rhein entwickelte sich die Gemeinde zu einem Arbeiter-Bau-
ern-Dorf. Die entscheidende Umstrukturierung begann 1962 mit der Ansiedlung eines
Lkw-Werkes der Daimler-Benz AG auf einem etwa 150 ha (heute 230 ha) großen
Gelände auf der sog. „Wörther Insel". Es ist mit rd. 11000 Beschäftigten das größte
Lkw-Montagewerk Europas.

Die Veränderungen durch diesen Industrialisierungsprozeß sind gravierend (Tafel 11):

– Aus den z.T. landwirtschaftlich genutzten Flächen wurden Industrie- und Wohnflächen. Links
unten im Bild ist die Karlsruher Stadtrandsiedlung Maximiliansau mit einigen älteren Industrieanlagen entlang der Bahnlinie zu sehen. Nordwestlich von Maximiliansau der alte Ortskern mit

---

[1] *O. Schulz*, 1967; *Chr. Borcherdt* u. *K. Ruppert*, 1955
[2] *A. Pemöller*, 1972

seinen ehemals und teilweise noch heute als Nebenerwerbsbetriebe funktionierenden bäuerlichen Anwesen sowie links davon zwischen der Bahnlinie und der Autobahn den neuen Kern von Wörth. Er beherbergt heute neben Schulen, Einkaufszentrum und Freizeiteinrichtungen auch das Rathaus.

- Die Bevölkerung wuchs von rd. 1500 Einwohnern Mitte des letzten Jahrhunderts nur langsam bis 1961 auf 3500 Einwohner. In den 60er und 70er Jahren erfolgte eine sprunghafte Aufwärtsentwicklung auf 7900 1970 und 9500 1983, in erster Linie durch Zuwanderung, vor allem jüngerer Personen.
- Die Erwerbsstruktur veränderte sich ebenso gravierend. Waren im Jahre 1950 noch 35% der Erwerbspersonen von Wörth in der Landwirtschaft tätig, so ging dieser Anteil bis 1970 auf rd. 5% zurück; der Anteil des produzierenden Gewerbes stieg dafür von 44% auf 55% an. Somit wurde aus dem Auspendlerort Wörth bis 1970 eine Einpendlergemeinde. Allein 2500 Einpendler kommen aus verschiedenen Gemeinden des Elsaß (Dep. Bas-Rhin mit Distanzen bis Hagenau und Niederbronn-les-Bains).
- Die Ausrichtung der Gemeinde auf das große Industriewerk führte zu eigenen Viertels-, fast Ortsbildungen und damit durch soziale Kontrollen geprägten Lebensformen, aber auch zu einer günstigen finanziellen Basis der Gemeinde.

- *Soziale und politische Konflikte bei der Ansiedlung eines Industriebetriebes.*
Abgesehen von innerbetrieblichen Konflikten bei den ansiedlungswilligen Unternehmen selbst entstehen Konflikte außerhalb des Betriebes häufig wegen der infrastrukturellen Ausstattung (z. B. Straßenerschließung oder Ver- und Entsorgung). Dies tritt in verstärktem Maße auf, wenn dadurch Probleme zunehmender Umweltbelastung entstehen.

Anhand von drei konkreten Untersuchungen sollen die unterschiedlichen sozialen und politischen Konflikte, ihre Entstehung, Austragungsformen und – soweit bereits erfolgt – Regelungsinstrumente erläutert werden.

Im ersten Beispiel sei auf das VEBA-Chemie-Projekt am Niederrhein[1] eingegangen. Im Jahre 1971 plante die VEBA-Chemie bei Rheinberg die Ansiedlung eines Werkes, als Standortverlagerung aus Gelsenkirchen. Kostengünstige Beschaffungsmöglichkeiten der Rohstoffe (etwa Rohöl aus Wilhelmshaven), kostengünstige Schiffstransporte und die lokale Standort-Infrastruktur wurden als positiv beurteilt. Im Gebietsentwicklungsplan 1966 war die angestrebte Fläche allerdings als Freizone ohne industrielle, gewerbliche oder siedlungsmäßige Nutzung vorgesehen. Mithin hätte die Betriebsansiedlung eine Flächenumwidmung bedeutet. Es kam zu einem Konflikt zwischen den Interessen der Unternehmensleitung und den Bewohnern der umliegenden Siedlungen. Was der einen Seite als notwendige Strukturverbesserung und Lebensstandarderhöhung erschien, sah die andere Seite als Umweltschädigung und dadurch Minderung der Lebensqualität an. *(Randnotiz: Flächen- umwidmung)*

Beim zweiten Beispiel, dem bereits in anderem Zusammenhang aufgeführten Beispiel des VW-Werkes in **Wolfsburg** ging es in der Studie von *Herlyn* und *Schwonke*[2] bzw. bei *Hilterscheid*[3] um den Teilaspekt des Einflusses eines Industriebetriebes auf die kommunale Verwaltung. Hilterscheid geht von der These aus: ,,Das Volkswagenwerk beeinflußt aufgrund seiner ökonomischen Macht die kommunal-politischen Entscheidungen der Stadt und verletzt dadurch den Grundsatz der kommunalen Selbstverwaltung.'' Er überprüft diese Aussage anhand von Konflikten zwischen Stadt und VW-Werk am Beispiel der Lokalpresse, der Energieversorgung und des Meinungs- und Willensbildungsprozesses der Selbstverwaltungsorgane. Bezüglich des Einflusses des VW-Werkes auf die lokale Presse stellt Hilterscheid fest, daß die Presse keine Fragen zum Verhältnis Stadt und Werk stellt, daß auch keine Mitteilungen seitens der Stadt an die Presse erfolgen. Über das Verhältnis Presse – Werk wird aufgeführt, daß nur das berichtet wird, was aus der Pressestelle des VW-Werkes verlautet. Obwohl *(Randnotiz: Kommunalstruktur)*

[1] *P. Sedlacek,* 1975, S. 67
[2] *U. Herlyn* u. *M. Schwonke,* 1967
[3] *H. Hilterscheid* 1977

nach außen hin eine gute Zusammenarbeit aller Konfliktparteien dokumentiert wird, steckt dahinter doch nach Meinung des Autors dieser Studie ein wesentlicher Konflikt zwischen Informationspflicht der Presse und Informationsbedürfnis der Bevölkerung auf der einen Seite und den Interessen der übrigen Konfliktpartner auf der anderen Seite.

Industriestandort Unterelbe Eine dritte Fall-Studie, die den angesprochenen Problemkreis behandelt, wurde 1982 von Ossenbrügge[1] vorgelegt. Dabei dominiert die Analyse eines Konflikts, der durch die Verlagerung flächenintensiver Grundstoffindustrien an Standorten der **Unterelbe** mit seeschifftiefem Fahrwasser eingetreten ist. Anfang der 70er Jahre wurden hierfür erhebliche Mittel der regionalen Wirtschaftsförderung zur Verfügung gestellt sowie durch Beschluß der Landesregierung von Schleswig-Holstein im Jahre 1973 die Umwidmung des ehemals landwirtschaftlich genutzten Bodens zwischen Brunsbüttel und Stade in Industrieflächen betrieben (vgl. Abb. 87). Besonders gravierend ist der dadurch bewirkte Strukturwandel in den als Feuchtgebiete und damit als ökologische Ausgleichsräume zu wertenden Außendeichsflächen im Bereich der Gemeinden Stade – Bützfleth und Drochtersen. *Ossenbrügge* versucht in seiner Untersuchung die Konflikte und ihre Regelung zwischen den konkurrierenden Flächenansprüchen der verschiedenen gesellschaftlichen Gruppen herauszuarbeiten und dabei auch zu erläutern, wie Meinungen und Bewertungen sich im Laufe von Jahren ändern können bzw. welche Manipulationen denkbar und welche Abhängigkeiten einzelner Gruppen voneinander möglich sind; ein Thema, das wiederum die Brücken von der Industriegeographie zur Politischen Geographie, zur Raumordnungspolitik und zur Machtsoziologie aufzeigt. Zur Konkretisierung der Entwicklung dieses Konfliktfalles seien kurz die Phasen der Entscheidungsabläufe notiert:

Übersicht über die Entwicklungs- und Entscheidungskomponenten zur industriellen Entwicklung im Raum Stade-Bützfleth und Drochtersen

Jahr		räumlicher Schwerpunkt der Untersuchung
1968	Planung von Großindustrieanlagen in Bützfleth	Bützfleth
	Große Erwartungen über die positiven Effekte der Großindustrie bei den lokalen Entscheidungsträgern bestimmen kommunale Entscheidungen	
1969	Baubeginn der Großindustrie	
1970	Nach einer Umfrage sind 70% der Bevölkerung in Bützfleth für die Ansiedlung	
	Veröffentlichung einer kommunalen Entwicklungsplanung für Bützfleth und der Zielvorstellungen der Landesplanung	
1971	Umweltschutzauflagen der Gemeinde für die Großindustrie	
1972	Produktionsbeginn der Großindustrie	
1973 bis 1979	Aufstellung von Flächennutzungsplänen der Gemeinde Drochtersen mit möglichst ausgedehnten Industrieflächen, Drochtersen wird als Teil des Schwerpunktraumes Stade Industriestandort in der Landesplanung	Drochtersen
1976	Veröffentlichung des Landesplanerischen Rahmenprogrammes für den Nahbereich Drochtersen	
1975– 1977	Planfeststellungsverfahren für einen neuen Hauptdeich im Bereich der Gemeinde	
1979	Beschluß des ,Grünen' Flächennutzungsplanes	

Quelle: Ossenbrügge, J., a. a. O., S. 44

Marginalien: Ablauf des Konfliktes

---

[1] *J. Ossenbrügge*, 1982, S. 19–87

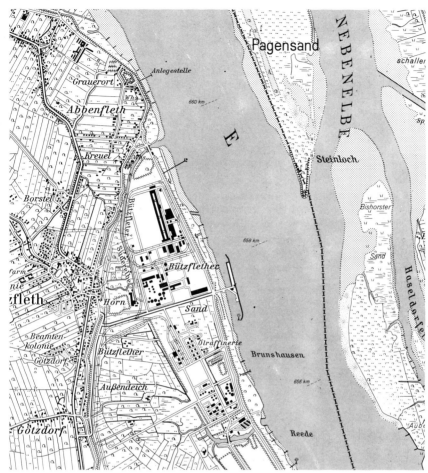

Vervielfältigt mit Erlaubnis des Herausgebers:
Niedersächsisches Landesverwaltungsamt – Landesvermessung – B 5 – 76/79.
Kartengrundlage: Topograph. Karte 1:50 000 L 2322.

Abb. 87: Die Industrieansiedlung bei Butzfleth an der Unterelbe

Als Ergebnis der Untersuchungen im Unterelberaum ist festzuhalten, daß „kommunale Entscheidungsprozesse in der Bundesrepublik Deutschland die rechtlich-formellen Steuerungsmechanismen für die Nutzung des Raumes sind, wobei aber durch die Politikverflechtung zwischen Gemeinde, Land und Bund überkommunale Einflußfak- Politikverflechtung
toren bei der Verteilung und Nutzung des Raumes wirksam werden. An den Entscheidungsprozessen zur Ansiedlung der Großindustrie in Bützfleth und zum geplanten industriellen Ausbau in der Flächennutzungsplanung der Gemeinde Drochtersen lassen sich somit Interessen- und Machtstrukturen aufzeigen, die die räumliche Entwicklung determinieren." Und: „Interessenkonflikte brechen dann aus, wenn – wie am Beispiel Bützfleth – landesplanerische Zielvorstellungen im Gegensatz zu kommunalen Planungen stehen, oder – wie im Beispiel Drochtersen – andere gesellschaftliche Gruppen und politische Instanzen den Planungsprozeß beeinflussen."[1]

---

[1] *J. Ossenbrügge*, 1982, S. 87

Die Frage der Beteiligung betroffener Gesellschaftsgruppen am Planungsprozeß, die Frage der Bürgerbeteiligung, rückt damit in den Mittelpunkt der Betrachtungen.

Betroffene Gruppen Allerdings ist das gewonnene Ergebnis im Falle der Untersuchungen im Unterelberaum unbefriedigend für eine Novellierung vorhandener gesetzlicher Grundlagen, weil zuvor noch erhebliche Öffentlichkeits- und Überzeugungsarbeit bezüglich Demokratieverständnis und öffentliches Bewußtsein notwendig sein werden. „Wegen der Unerfahrenheit mit flächenintensiven Industrieunternehmen war in Bützfleth in der eigentlichen Phase der Standortfestlegung breite Zustimmung festzustellen.

Dies änderte sich erst mit dem Wahrnehmungsprozeß der großindustriellen Effekte auf die Regionalstruktur und lokale Physiognomie. Trotzdem ist der Partizipationsgrad bei den industriellen Planungen in Drochtersen nicht sonderlich hoch. Die Diskrepanz zwischen Einstellung und Verhalten der Bevölkerung wird in diesem Beispiel besonders deutlich. Die Funktionsdefizite der kommunalen Parlamente verhindern weiterhin eine breitere lokale Kontrolle und Einflußnahme an derartigen Entscheidungen. Die Inhaber kommunaler Macht sind damit die einzigen, die die lokale Ebene vertreten, obwohl sie nicht demokratisch legitimiert zu sein brauchen und Partikularinteressen vertreten können.[1]

9c) Ökonomische Wirkungseffekte einer Industrieansiedlung

Da gerade im letzten Abschnitt die Frage der sozialen und politischen Wirkungen im Mittelpunkt stand, soll nun noch der Bereich der ökonomischen Effekte dargestellt werden. Diese Effekte werden in der Produktions- und der Investitionsphase kurz skizziert und am konkreten Beispiel des Industriestandortes Dingolfing und des dort vorhandenen Werkes 2 der Bayerischen Motorenwerke überprüft. Dabei kann auf eine Reihe vergleichbarer Studien von *Geipel/Pauli, Hösl, Maier/Weber* und *Pietrusky* zurückgegriffen werden.[2]

– Effekte der Produktionsphase
Bei diesen Effekten ist grundsätzlich zwischen arbeitsplatzbezogenen bzw. arbeitskräftebezogenen (Primär-)Wirkungen und Sekundärwirkungen zu unterscheiden:

– Primär-Wirkungen
Auf das Gesamtvolumen und die Struktur der Beschäftigten wirken Faktoren ein,
Primärwirkungen deren Zusammenspiel zu einer spezifischen Art regionaler Beschäftigungseffekte führt. Diese Faktoren werden weitgehend von Art, Ausstattung und Qualifikation der Arbeitsplätze bestimmt, sind also objekt- bzw. arbeitsplatzbezogen. Als Ausgangsbasis der Untersuchungen dient dabei die Gesamtzahl der erfaßten Beschäftigten. Hierzu müssen *quantitätsmindernde Faktoren* berücksichtigt werden: Anteil der Arbeitskräfte bei Betriebsverlagerungen, zugewanderte Arbeitskräfte, Teilzeitbeschäftigte, Saisonbeschäftigte und vernichtete Arbeitsplätze in ansässigen Betrieben.

Als weiterer Schritt wird dann die *Qualität der Arbeitsplätze* untersucht, etwa durch eine Analyse der Struktur der Qualifikationsforderungen sowie durch eine Festlegung der Bestimmungsfaktoren der Qualität des einzelnen Arbeitsplatzes und der Untersuchung der Arbeitsplatzsicherheit.

Zu den arbeitsplatz- und arbeitskräftebezogenen Wirkungen muß dann noch eine Prognose über die *zukünftigen Veränderungen der Beschäftigtenzahlen* als Folge

---

[1] *J. Ossenbrügge,* 1982, S. 37
[2] *R. Geipel* u. *K. H. Pauli,* 1978, S. 155–180; *E. Hösel,* 1976, S. 31–38; *J. Maier* u. *J. Weber,* 1982; *U. Pietrusky,* 1980.

von Ausbauplänen der neuangesiedelten Unternehmen vorgenommen werden. Als letzter Primäreffekt der Förderungsmaßnahmen wird der *Zielbereich Einkommen* untersucht. Zunächst wird das Einkommen der Arbeitnehmer in den neuangesiedelten Betrieben analysiert, wobei wiederum quantitätsmindernde Faktoren, wie Betriebsverlagerer, zugewanderte ausländische Arbeitnehmer, Betriebe ohne Primäreffekte sowie die Verfälschung der Einkommensrelationen durch die Rezession berücksichtigt werden müssen. Als zweiter Aspekt sind die Einkommen aus Unternehmertätigkeit und Vermögen zu erforschen, was auf der Basis von Bruttoerträgen geschieht.

– Sekundärwirkungen

Infrastrukturinvestitionen und Betriebsansiedlungen initiieren produktionsabhängige sekundäre Wirkungsketten. Hierbei können die Sekundärwirkungen nicht mehr nach arbeitsplatz- und arbeitskräftebezogenen Aspekten gegliedert werden. Als Ursachen sekundärer Beschäftigungs- und Einkommenswirkungen gelten: Resultate aus der Verwendung der Wertschöpfung, die im Rahmen des laufenden Betriebes der in der Primärphase betrachteten Wirtschaftseinheiten erzielt werden. Resultate aus dem Bezug produktionserforderlicher Vorleistungen an Werkstoffen und externen Dienstleistungen.

Sekundärwirkungen

Da die ermittelten Komponenten der Wertschöpfung „Einkommen aus unselbständiger Arbeit" und „Einkommen aus Unternehmertätigkeit" multiplikative Effekte auslösen, bewirken sie weitere Veränderungen von Beschäftigung und Einkommen. Hierbei ist die Berechnung der Bruttolohnsumme und die Verwendung des verfügbaren Einkommens für die Analyse der Beschäftigungs- und Einkommenseffekte Voraussetzung. Parallel dazu müssen auch die Abgaben vom Einkommen in Form von Steuern und deren regionale Folgeeffekte berücksichtigt werden.

Die Wirkungskette läßt sich mit den Tertiäreffekten fortsetzen und erreicht aufgrund der permanenten Verflechtungen einer arbeitsteiligen Wirtschaft nie einen Endpunkt. Eine Wirkungsanalyse kann also auf diese Weise nicht voll erstellt werden und kann keinen Anspruch auf Vollständigkeit erheben.

2. Praktische Übertragungsmöglichkeiten einer Wirkungsanalyse anhand bestimmter Erfassungsmethoden

Um die theoretischen Überlegungen einer Wirkungsanalyse in die Praxis übertragen zu können, ist eine gewisse Methodik und technische Vorgehensweise erforderlich, die oft die Grenzen einer theoretischen Konzeption aufzeigen. Die Grunddaten der produktionsbezogenen Effekte der Förderungspolitik werden aus der amtlichen Statistik ermittelt, ferner werden Unternehmens-, Arbeitnehmer- und Lieferantenbefragungen durchgeführt.

Empirische Erfassung

Die Einkommenswirkungen der Investitionsphase können bei der „Arbeitnehmertätigkeit" durch eine Multiplikation der Beschäftigtenwirkungen mit den durchschnittlichen Arbeitsentgelten ermittelt werden.[1]

Beim Bereich Unternehmertätigkeit sind die Einkommenseffekte nur mit Hilfe globaler Anteilswerte der volkswirtschaftlichen Gesamtrechnung möglich, was allenfalls zu einer Grobeinschätzung führen kann. Die Wirkungen der Investitionen auf die Unternehmertätigkeit könnte anhand von Investitionsfunktionen graphisch dargestellt und mathematisch berechnet werden, wenn einerseits einheitliche theoretische Konzeptionen vorliegen würden und andererseits genaue Daten verfügbar wären. Da diese Prämissen aber nicht gegeben sind, können die Effekte der Investitionen nicht rational erfaßt werden.

---

[1] Schriftenreihe des Bundesministers für Raumordnung, Bauwesen und Städtebau, Raumordnung, Regionale Wirkungen der Wirtschaftsstrukturförderung, a. a. O., S. 21–25

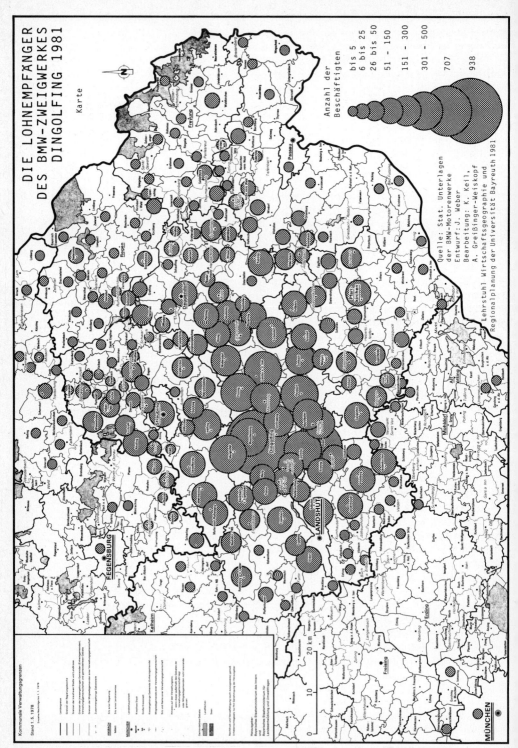

Abb. 88: Die Lohnempfänger des BMW-Werkes Dingolfing

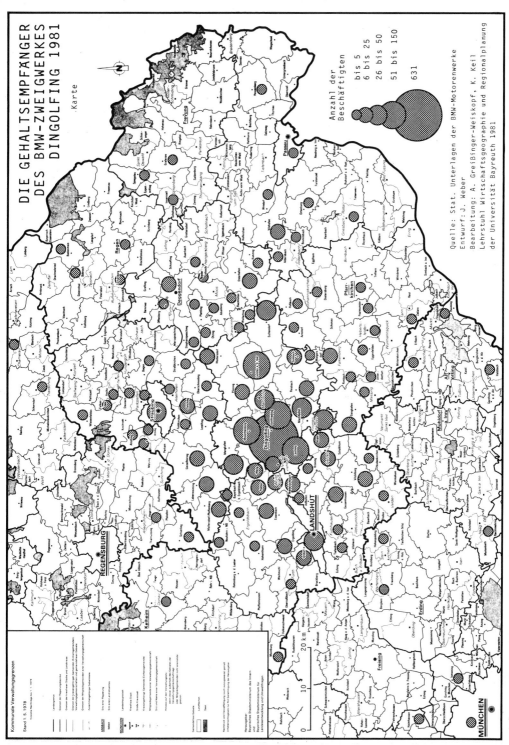

Abb. 89: Die Gehaltsempfänger des BMW-Werkes Dingolfing

– Die Fall-Studie Dingolfing und das BMW-Werk (Abb. 88 u. 89)

Dingolfing, ein Mittelzentrum im niederbayerischen Isartal mit rd. 13 000 Einwohnern, bildete innerhalb der Industriestruktur dieses Raumes bereits vor der Ansiedlung des BMW-Werkes eine Ausnahme. Seit über 50 Jahren war dort schon Industrie vorhanden, zuerst im Landmaschinen-, später im Automobilsektor (Glas-Werke). Im Jahre 1966 verkaufte der Fabrikant Glas seinen Betrieb an BMW, die in den Jahren 1970 bis 1973 in Dingolfing einen neuen Produktionsbetrieb mit heute über 13 000 Beschäftigten errichteten. Das frühere Werksgelände der Glas-Werke, die vorhandenen Fachkräfte und Reserveflächen waren genügend positive Standortfaktoren für die Entscheidung zur Ansiedlung. Durch die geringe Einwohnerzahl und damit ein bescheidenes Beschäftigtenpotential wurde es jedoch notwendig, mit Werksbussen aus erheblichen Distanzen Beschäftigte zum Werk zu bringen; ein großer Vorteil in der regionalpolitischen Bewertung, wie sich heute zeigt. Sicherlich spielten auch die Inaussichtstellung einer verbesserten interregionalen Infrastruktur (Autobahnbau Freising-Deggendorf) und die Kredite des Landes Bayern eine nicht unwichtige Rolle bei der Schwerpunktbildung.

Als Primärwirkung ist somit einmal die geringe Arbeitslosenquote zu erwähnen, als Sekundärwirkung die Entwicklung der regionalen Kauf- und Steuerkraft. So entwickelte sich nicht nur der Landkreis Dingolfing zu einem steuerstarken Raum innerhalb Bayerns, sondern die Stadt Dingolfing erbringt heute zwei Drittel des Gewerbesteuer-Aufkommens (1967 1,2 Mio DM, 1980 47,6 Mio DM) im Landkreis. Empirische Untersuchungen von *Spehl* und *Töpfer*[1] ergaben, daß die regionalen Einkommenseffekte einer Neusiedlung mit der Integration des neuen Unternehmens in die regionalen Bezugs- und Lieferverflechtungen des Standorts steigen. Zur Überprüfung dieser These soll als erstes die regionale Ausgabenstruktur der Lohn- und Gehaltsempfänger aufgezeigt werden. Von den 12 400 bei BMW Dingolfing 1981 Beschäftigten mit einer Lohn- und Gehaltssumme von 439,3 Mio DM wohnen 98% in Niederbayern. Ihre Einkommen geben sie, abgesehen von einer nicht unerheblichen Sparquote, zu 42% am Heimatort bzw. 26% in Dingolfing und insgesamt zu 90% in Niederbayern (zumindest auf der ersten Umsatzstufe) aus. Von Bedeutung ist, daß damit nach Meinung der dortigen Betriebsleiter 23% zusätzlich Beschäftigte allein in den Betrieben Dingolfings und 30–40% an Mehr-Umsatz in den Betrieben des Umlandes vorhanden sind, folglich eine Reihe weiterer Multiplikator- und auch Akzeleratorwirkungen auftreten.[2]

Von den *,,direct income effects"* (z. B. Löhne und Gehälter), den *,,indirect effects"* (z. B. Einkommen bei den Zulieferbetrieben) und den *,,induced effects"* (z. B. Einkommen über Konsumausgaben der BMW-Beschäftigten) verbleiben anteilig mehr Gehälter als Löhne in Dingolfing. Von den 2,6 Mrd. DM Ausgaben/Jahr der ersten Umsatzstufe (Ausgaben an Beschäftigte, Zulieferer, Gemeinde usw.) verbleiben 9% in Dingolfing und 24% im sonstigen Niederbayern, 67% jedoch fließen in andere Teile Bayerns, der Bundesrepublik Deutschland und das Ausland ab. Dazu gehören allein 1,2 Mrd. DM Ausgaben für Zubehörteile für die Fahrzeug-Produktion. Auf der zweiten Umsatzstufe mit geschätzten 620 Mio DM Ausgabensumme kommen 13% der Stadt Dingolfing und weitere 48% dem übrigen Niederbayern zugute, während 39% ins sonstige In- und Ausland abfließen.

Aufbauend auf der Annahme, daß weiterhin bei der Stadt Dingolfing rd. 35% und im übrigen Niederbayern rd. 50% auch auf den nächsten Umsatzstufen verbleiben, kann von einem regionalen Multiplikatoreffekt von 1,64 ausgegangen werden, einem für Industrieansiedlungen im ,,ländlichen Raum" recht respektablen Ergebnis.

Steuerkraft (margin note)

Multiplikator-wirkung (margin note)

---

[1] *H. Spehl, K. Töpfer u. P. Töpfer*, 1975, S. 46
[2] *E. Lauschmann*, 1970, S. 146

10. Ökologische Auswirkungen industrieller Strukturen und umwelt-planerische Konsequenzen

Jörg Maier

Nach den Analysen der sozialen und ökonomischen Wirkungen industrieller Aktivität und ihrer Einbeziehung in geographische Untersuchungen soll nun der *ökologische Wirkungsbereich* untersucht werden, vor allem deshalb, weil die Beantwortung gerade dieser Fragen in Zukunft für die Gesamtgesellschaft von großer Bedeutung sein wird. Dabei werden sowohl grundsätzliche gesellschaftliche Leitideen wie auch unterschiedliche Planungsphilosophien und -ideologien angesprochen. Der Fragen- **Planungs-** kreis „Industrie und Umwelt" steht in enger Beziehung zu den Themen „Industrie und **philosophien** staatlicher Einfluß" bzw. „Industrie und Planung".[1] Damit wird ein klassisches Arbeitsfeld der Geographie, die angewandte Physische Geographie betreten (erinnert sei nur an die früheren [ökologischen] Arbeiten von *Troll* oder *Schmithüsen*)[2]. Auch zeigen sich Bezüge zu anderen Teilbereichen der Geographie und den Naturwissenschaften.

Im industriegeographischen Bereich sind in den vorliegenden Studien drei unterschiedliche Ansätze festzustellen:

- räumliche Analysen industrieller Aktivität mit einer Betonung von Flächenkonkurrenzen (in der Regel beschreibende Analysen)[3],
- Analysen des Einflusses industrieller Aktivität auf Siedlungen und Bevölkerung anhand naturökologischer Indikatoren,[4]
- Analysen einzelbetrieblicher Effekte mit detaillierten, naturwissenschaftlich fundierten Methoden und Techniken.[5]

Im weiteren Verlauf soll diese Differenzierung wieder aufgegriffen werden. Der erste Gliederungspunkt wird jedoch aufgrund seiner weitgehenden Parallelität zum vorhergehenden Kapitel hier nicht mehr diskutiert.

10a) Zur Bewertung des Faktors „Umwelt" im Zusammenhang mit der industriellen Entwicklung

Vorab sei kurz der Begriff „Umwelt" umschrieben, da dazu höchst differenzierte Meinungen vorliegen. Der Mensch in den Industrieländern konnte insbesondere seit **Begriff „Umwelt"** der Industrialisierung nicht nur seinen Wohlstand in relativ kurzer Zeit beträchtlich vermehren, sondern er nahm auch in zunehmendem Maße Einfluß auf seine Umwelt. Dieser Einfluß ist gravierender als in früheren Zeiten, denn im Zusammenhang mit der Industrialisierung wurde dieser Prozeß begleitet von

- einer zunehmenden Verdichtung oder regionalen Konzentration der Bevölkerung,
- einem raschen wirtschaftlichen Wachstum, verbunden mit neuen Technologien und neuen Verhaltensmustern menschlicher Gruppen (von der Motorisierung bis zu Formen der Ver- und Entsorgung),
- einer damit in Beziehung stehenden Zunahme des Energieverbrauchs.

---

[1] *M. J. Büchi*, 1966; *N. Lutzky* u. *H. Martin*, 1979, S. 77–89; *H. W. Schlipköter*, 1972, S. 202–204
[2] *C. Troll*, 1966; *J. Schmithüsen*, 1974
[3] *L. Finke* u. *S. Panteleit*, 1981; *H. Quasten* u. *D. Soyez*, 1975, S. 188–201
[4] *H. Quasten* u. *D. Soyez*, 1976, S. 245–284
[5] *H.-J. Geßner*, 1973, S. 5–165

Der Einfluß der Industrie ist um so bedeutsamer, je konzentrierter bestimmte Belastungsfaktoren des ökologischen Systems bei der industriellen Verarbeitung auftreten bzw. je ausgeprägter diese auf nur wenige Standorte beschränkt sind. „Umwelt" umfaßt nach der Definition der WMO (Weltorganisation für Meteorologie) 1971 „alle physikalischen, chemischen und biologischen Dinge und Prozesse, die direkt oder indirekt einen deutlichen Einfluß auf das soziale und wirtschaftliche Wohlergehen haben . . . ". Damit wird ein sehr breiter Wirkungsbereich angesprochen, zu dem von seiten geographischer Forschung nur zu ausgewählten Bereichen Studien vorliegen. Ferner kommen bei den Industriebetrieben als Teil-Verursachern ökologischer Belastungen einzelbetrieblich differierende Umweltbereiche in Betracht.

Dem entsprechend werden weitere Maßnahmenbereiche des betrieblichen Umweltschutzes unterteilt in:

Bereiche des Umweltschutzes

– Reinhaltung der Luft,
– Gewässerschutz,
– Schutz vor Lärm und Erschütterungen,
– Abfallbeseitigung und -verminderung,
– Natur-, Boden- und Landschaftsschutz,
– Strahlenschutz und
– Schutz von Ökosystemen vor Chemikalien und Bioziden.[1]

10b) Ausgewählte Belastungsbereiche im Umweltsystem

In der Industriegeographie gibt es im wesentlichen Darstellungen zu vier Themenbereichen, die im folgenden erörtert und durch Fall-Studien, auch für einzelne Unternehmen bzw. Betriebe erweitert werden sollen:

– Luftverunreinigung,
– Lärmbelästigung,
– Wasserverunreinigung
– Müllproblem.

Vorab sei vermerkt, daß zu diesen Themen noch ein Mangel an tiefergehenden naturwissenschaftlichen Analysen besteht. Deshalb werden hier meist Fallstudien zur Diskussion herangezogen. Weitere Wirkungseffekte, etwa die Rückwirkungen derartiger Belastungen auf den Menschen, in bezug auf seine physische und psychische Konstitution, werden nur randlich angesprochen.

– Belastungsbereich Luftverunreinigung:
Überblick und regionale Fallstudien

Der Belastungsbereich Luftverunreinigung wird häufig in den Vordergrund gestellt, weil er durch verschiedene Katastrophen in das öffentliche Bewußtsein gerückt ist, z. B. bei Smog-Katastrophen, die bereits in London im letzten und auch in diesem

Luftverunreinigung

Jahrhundert auftraten und die Forschung auf diesem Gebiet stark stimulierten. Dabei treten ein oder mehrere luftverunreinigende Stoffe in solchen Mengen und so lange auf, daß sie für Menschen, Tiere und Pflanzen schädlich sind.[2] Man kann grundsätzlich zwei Gruppen von Luftverunreinigung unterscheiden:

– Schwebstoffe, die aus festen oder flüssigen Teilchen bestehen,
– Gase und Dämpfe.

---

[1] Vgl. hierzu auch die Unterscheidung der einzelnen Umweltbereiche im Materialienband zum Umweltprogramm der Bundesregierung; in: BT-Drucksache VI/2710; Umweltbericht des Bayerischen Staatsministeriums für Landesentwicklung und Umweltfragen, München 1972; Umweltgutachten 1974 des Rats von Sachverständigen für Umweltfragen, Stuttgart und Mainz 1974
[2] vgl. *M. J. Büchi,* a. a. O., S. 4

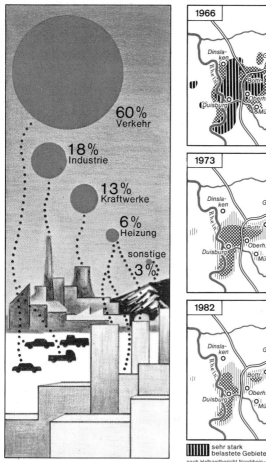

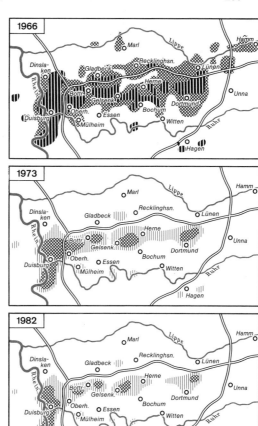

Abb. 90: Verursacher der Luftverschmutzung in der Bundesrepublik Deutschland

Abb. 91: Abnahme der Luftverschmutzung im Ruhrgebiet 1966–1982

Für die Bundesrepublik Deutschland steht als Emission eindeutig das Kohlenmonoxid an erster Stelle vor den Stäuben und dem Schwefeldioxid, den Stickoxiden und den Kohlenwasserstoffen (vgl. Abb. 90). Eine besonders hohe Belastung ist in den industriellen Ballungsgebieten zu beobachten (vgl. Abb. 91 u. 92).

Nach den Wirkungen wird unterschieden zwischen **Emissionen** (= Abgabe von luftverunreinigenden Stoffen von einem Verursacher) und **Immissionen** (= die durch Luftverunreinigung hervorgerufenen Einwirkungen auf Personen oder Sachen). Bei den Analysen sind aufwendige Erfassungstechniken erforderlich. Als Verursacher kommen, abgesehen von wenigen natürlichen Quellen, in erster Linie Menschen und ihre räumlichen Aktivitäten in Frage. Hauptverursacher sind neben dem Hausbrand (insbes. seit der Ölbefeuerung) die Industrie und der Verkehr mit unterschiedlichen Anteilswerten je nach der Art der Belastungen, der Jahreszeit und der Struktur der Emittenden. Dazu gehören dazu vor allem Gießerein und Hüttenwerke, Holz-, Kohlen- und Teerindustrie, Mineralölindustrie, Nahrungsmittelindustrie, Chemische Industrie.

Emissionen
Immissionen

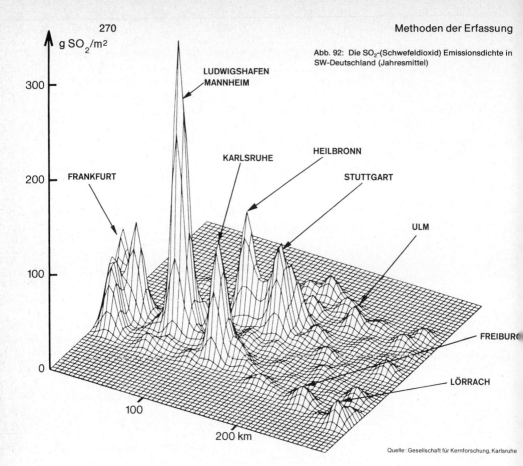

Abb. 92: Die SO₂-(Schwefeldioxid) Emissionsdichte in SW-Deutschland (Jahresmittel)

Quelle: Gesellschaft für Kernforschung, Karlsruhe

Bereits im Jahre 1881 wurde in England eine Liste genehmigungspflichtiger neuer
TA Luft Industrien aufgestellt. In der Bundesrepbulik Deutschland ist heute die **TA** (Technische Anleitung) **Luft** Entscheidungsgrundlage der Raum- und Umweltplanung.
Untersuchungen im Raum Ingolstadt in Bayern mit hoher Flächendichte der Mineralölindustrie, der Petrochemie und zwei Großkraftwerken ergaben in einem noch eher
ländlich strukturierten Umland erhebliche Belastungen mit Schwefeldioxid. Bereits
1972 und 1973 wurden mittlere monatliche Emissionsraten zwischen 3500 kg/h und
9500 kg/h SO_2, maximal allerdings bei 15 000 kg/h ermittelt. Der Grenzwert für die
gewerberechtliche Genehmigung liegt allerdings bei 28 500 kg/h SO_2, so daß dieser
erst bei einer Erweiterung der bisherigen Emittenten erreicht würde. Heute zählt
jedoch der Raum Ingolstadt bereits zu den durch SO_2 lufthygienisch relativ stark
belasteten Gebieten Bayerns.[2]

Methoden zur Erfassung der Luftverunreinigung
Messungen der Luftverunreinigungen erfordern ein entsprechendes technisches
Meßstellennetz oder ein Bioindikatorennetz, wie es etwa in Bayern das Landesamt für
Umweltschutz seit 1973 im Raum Ingolstadt eingerichtet hat. Dort wird auf einer
Fläche von 7000 km² der Schwefelgehalt in einjährigen Trieben des oberen Kronenbe-
reichs von Fichten und Kiefern erfaßt. Die umweltplanerischen Maßnahmen stützen

---

[2] *R. Strauss*, 1975, S. 4–5

sich auf Untersuchungen der Geowissenschaften[1]. Ihre Resultate stehen in engem
Zusammenhang mit den Emittenden der Industrie. Dabei wird versucht, mit Hilfe
meteorologisch-klimatologischer Daten, der Verbreitung der natürlichen Flechtenve-
getation in einem bestimmten Zeitraum und mit physikalisch-chemischen Methoden
Luftverunreinigungen (insbes. SO_2- und Staubemissionen) und ihre Veränderung zu
messen (vgl. Abb. 93)

Bioindikator
Fichten- und
Kiefernnadeln

„Die als stark und sehr stark verunreinigt ausgewiesenen Gebiete (in München) decken sich mit
den dicht bebauten und mit zahlreichen kleineren, mittleren und großen Emittenden ohne immis-
sionsvermindernde Grün- oder Waldflächen genutzten Gebieten. Dies gilt vor allem für das
Bahnhofsviertel, Altstadt, Schwanthalerhöh, mit Ausweitung über die Isar nach Haidhausen, Au
und im Westen nach Pasing".[2]

Vergleicht man Karten der Meßergebnisse der Luftverunreinigungen mit Industrie-
Standort-Karten in München, so zeigt sich, daß in Gebieten mit hoher Luftverschmutzung überwiegend emissionsreiche Industrien, wie Brauereien, Chemische und Metallverarbeitende Industrie sowie drei Fernheizwerke angesiedelt sind. In Gebieten mit
größeren Grünflächen ist deren positiver Einfluß auf das Lokalklima erkennbar, denn
die „Flechtenwüste" weist bei den Grünflächen einen deutlichen Einschnitt auf.

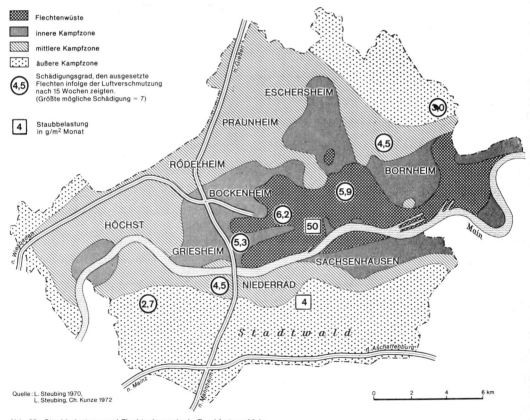

Flechtenwüste

innere Kampfzone

mittlere Kampfzone

äußere Kampfzone

(4,5) Schädigungsgrad, den ausgesetzte
Flechten infolge der Luftverschmutzung
nach 15 Wochen zeigten.
(Größte mögliche Schädigung = 7)

[4] Staubbelastung
in g/m² Monat

Quelle: L. Steubing 1970,
L. Steubing, Ch. Kunze 1972

Abb. 93: Staubbelastung und Flechtenbewuchs in Frankfurt am Main

---

[1] M. Domrös, 1979; A. Thiele, 1974; W. Thomas, 1981
[2] A. Thiele, a. a. O., S. 65

Das Vorkommen von Flechten ist zwar nur ein Indikator für Luftverunreinigungen,
kann jedoch eine Hilfe bei Entscheidungen über die Ansiedlung weiterer oder der
Gewerbeplanung Verlagerung von Industriebetrieben sein. Da inzwischen derartige Kartierungen für
zahlreiche Groß- und Mittelstädte vorliegen, ist diese Methode fast schon Bestandteil
innerstädtischer Gewerbeplanung geworden. In den letzten Jahren wird die Industrie
durch öffentliche Proteste und amtliche Vorschriften, etwa der „TA Luft" aufgefor-
dert, durch Staubfilter und durch Wasch- und Neutralisationsanlagen am Kamin, die
Belastungen zu reduzieren. Diese sehr kostspieligen Anlagen bedeuten für die Betriebe eine erhebliche Belastung. Aufgrund vorliegender Erkenntnisse über chemisch-
technologische Methoden des Emissionsschutzes sind Lösungen dadurch durchaus
möglich.

– Belastungsbereich Wasserverunreinigung:
Überblick und regionale Fallstudien
Auch für diesen Bereich der Verunreinigung gibt es geowissenschaftliche bzw. industriegeographische Untersuchungen. Dagegen tritt der Aspekt der Lärmbelästigung,
obwohl am Arbeitsplatz, im Verkehr oder im privaten Bereich als Streßfaktor sicherlich von großer Bedeutung, in den Hintergrund. Dieses Thema wird – mit Ausnahme
Baunutzungs- vereinzelter Hinweise auf planerische Vorgaben (lt. Baunutzungsverordnung vom
verordnung 26. 11. 1968 wird für Industriegebiete 70 dB ([Dezibel] tags wie nachts als maximaler
Richtpegel angesehen) – bislang im Rahmen der Industriegeographie nicht angesprochen. Eine der wenigen Untersuchungen über die Bewertung findet sich in der
sowohl funktionale, ökologische und wahrnehmungsgeographische Aspekte verbin-
denden Studie von *Quasten*[1] über Völklingen.
Die Belastung des Wassers hat, trotz aller Gegenmaßnahmen, besorgniserregende
Dimensionen angenommen. Die Selbstreinigungskraft des Wassers – nicht nur in
Europa – ist teilweise bereits überfordert. Zu der Abwasserbelastung kommen noch
aufgewärmte Kühlwasser, die den Sauerstoffgehalt verringern sowie weitere
Schmutz- und giftige Stoffe (Abb. 94).
Verklappen auf Neben den Abwässern der Siedlungen spielen die Abwässer der Industrie eine be-
hoher See deutsame Rolle, wobei das „Verklappen" belastender Stoffe auf hoher See ebenso
mit eingerechnet werden muß.[2]

Abfalleinbringung mit Schiffen (Dumping) in die Nordsee 1980

a) Abfälle und ihre regionale Herkunft	insges. in Mio to	davon aus			
		D	NL	B	GB
Industrieabfälle (nahezu 50% aus der Produktion von Titanoxid)	4,7	1,7	0,1	0,5	2,4
Klärschlämme	5,7	0,2	–	–	5,4
Baggergut	96,7	0,7	39,7	43,4	12,5

b) Abfälle und ihre chemische Struktur	Hg	Cd	Pb	Zn	Cr	Organo-halogene
			(Angaben in to)			
Industrieabfälle	0,5	0,4	250	500	190	> 5
Klärschlämme	2,5	6,5	130	500	160	> 1
Baggergut	35,0	85,0	3400	14 200	1600	30
insgesamt	38,0	92,0	3800	15 200	2000	>36

Quelle: E. Rachor.

[1] *H. Quasten,* 1980, S. 129–156
[2] *E. Rachor,* 1983, S. 292–299

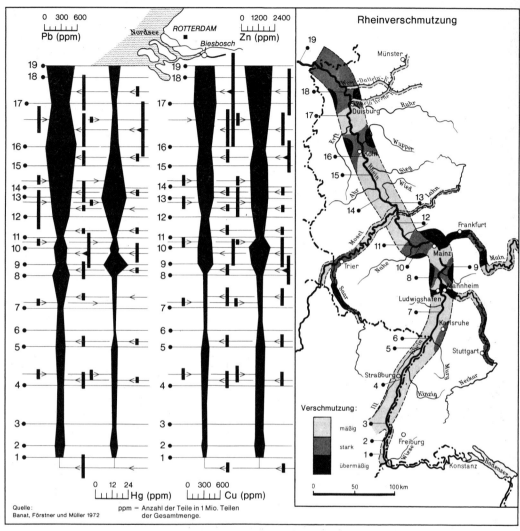

Abb. 94: Verschmutzung (rechts) und Schwermetallgehalte im Rhein (links)

Als besonders belastend und von großem Wirkungseffekt sind die mit Fäkalien und
Waschmittel eingebrachten Phosphate, da sie in Kläranlagen ohne chemische Reini- Eutrophierung
gungsstufe nicht aus dem Wasser entfernt werden und somit zu weiteren Nährstoffan-
reicherung, der sog. Eutrophierung beitragen.
Diese Einbringung kann auch durch Düngergaben der Landwirtschaft erfolgen. Eine
enorme Belastung der Flüsse verursachen die Kaliwerke, etwa die Rheinverschmut-
zung durch die Werke im oberen Elsaß zwischen Mülhausen (Mulhouse) und Thann.
Allein aus diesem Gebiet wird der Rhein jährlich mit rd. 3 Mio to Salz belastet, wie die
Gärtner in den Niederlanden noch feststellen können.
Nicht minder katastrophal ist die Verschmutzung von Werra und Weser. Die Verursa-
cher sind neun Kaliwerke auf bundesdeutschem und drei Kaliwerke auf DDR-Gebiet.

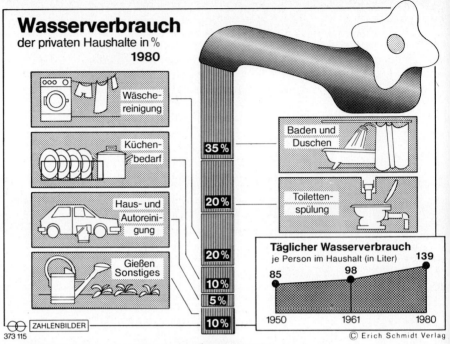

Abb. 95: Wasserverbrauch in der Bundesrepublik Deutschland 1980

„Die Rohsalze im Hannoverschen Revier haben einen Kaligehalt (K_2O) zwischen 11 und 18%. Die Werke produzieren im wesentlichen Kalidüngesalze in Form von Kaliumchlorid. Bei dieser Produktion fällt als Rückstand hauptsächlich Steinsalz in fester Form an. Es wird – soweit möglich – **Kaliwerke** in die ausgebeuteten Bergbaufelder eingelagert. Da aber nicht das gesamte Rückstandssalz eingelagert werden kann, muß der Rest aufgehaldet werden. Salzabwässer fallen bei der Produktion nur in geringen Mengen an. Problematischer sind dagegen schon die Haldenwässer. Die auf der Halde liegenden Abfallsalze werden durch Niederschläge teilweise gelöst und gelangen in die Gewässer . . .

In den Kaliwerken fällt zunächst Salzabwasser bei der Produktion von Kali an. Es wird verursacht
– durch Magnesiumchlorid im Carnallit
   (KCL · $MgCl_2H_2O$) der Lagerstätten im Werra-Fulda-Revier
– durch Magnesiumchlorid, das bei der Herstellung von Kaliumsulfat zwangsläufig mit anfällt.
Magnesiumchlorid ist eines der am leichtesten in Wasser löslichen Salze. Es kann nicht aufgehaldet werden, da es bereits bei normaler Luftfeuchtigkeit in Lösung geht.
Die weitaus größte Menge an Salzabwasser entsteht aber bei der Produktion von Kieserit ($MgSO_4$ · H_2O). Der Kieserit reichert sich in den Rückständen der Kaliverlösung an, die überwiegend aus Steinsalz bestehen. Da Kieserit in kaltem Wasser eine erheblich geringere Lösegeschwindigkeit als Steinsalz hat, gelingt durch die sogenannte Kieseritwäsche die Trennung des Steinsalzes vom Kieserit. Steinsalz wird vollständig aufgelöst und ergibt eine hochkonzentrierte Salzlösung; der Kieserit bleibt ungelöst zurück.''[1]

Chemische Obwohl gerade in diesem Gebiet bereits Ende des letzten bzw. zu Beginn dieses
Industrie Jahrhunderts rechtliche Lösungen zur Handhabung des Problems entwickelt wurden und richtungsweisende Grundlinien erarbeitet wurden, lag etwa 1976 die Chloridkonzentration der Werra unterhalb der Kaliwerke etwa sieben mal so hoch wie festgesetzt. Sie wirken sich auf den gesamten Weserlauf aus.

Der Wasserverbrauch der Industrie ist nach dem zweiten Weltkrieg stark angestiegen. Dabei spielt die Chemische Industrie eine wichtige Rolle, denn sie benötigt mehr als

---

[1] *J. Hülsch* u. *G. M. Veh*, 1978, S. 367–377

ein Viertel des industriellen Wasserverbrauchs und steht damit noch vor dem Kohlebergbau.[1]

Dies wirkt sich besonders am Rhein aus, dessen Wasserqualität durch die Einleitung von Industrieabwässern beträchtlich gelitten hat. Dabei kann die Existenz des Lachses als Indikator dienen: Noch vor dem ersten Weltkrieg wurden jährlich 150 – 170 000 Lachse gefangen. Heute ist der Lachs aus dem Rhein so gut wie verschwunden. Einzelne gefangene Exemplare sind zudem ungenießbar. Dabei spielt vor allem die Einleitung von Schwermetallen (z. B. *Cadmium* aus der Galvanotechnik und Farbenindustrie oder *Quecksilber* aus der Chloralkali-Elektrolyse ebenso wie *Zink* und *Mangan* aus Dünge- und Spritzmitteln sowie Deponien) eine wichtige Rolle. Daneben ist ebenso die thermische Belastung aus Kühlwasserabgaben zu nennen. *(Lachs als Bioindikator)*

Ein weiteres regionales Fallbeispiel zu diesem Themenkomplex haben *Haas* und *Hannss* mit einer Untersuchung der Gewässerverschmutzung des Filstales vorgelegt[2], einem Gebiet mit einer beachtlichen Bevölkerungs- und Industriekonzentration, zumindest bis Geislingen. Neben einer Analyse der Wirkungen dieser beiden Komponenten kommen die beiden Autoren letztlich zu umweltpolitischen Forderungen:

„Vom gewässerkundlichen Standpunkt könnte einer weiteren Expandierung des Wirtschaftsraumes unteres und mittleres Filstal erst dann zugestimmt werden, wenn die bisher nur mechanischen Kläranlagen ihren biologischen Teil erhalten haben, die bisher biologisch-mechanischen Anlagen kapazitätsmäßig so ausgebaut worden sind, daß sie alle den an sie gestellten Anforderungen gerecht werden und somit eine wesentliche Verbesserung der Gewässergüte der unteren und mittleren Fils erreicht worden ist . . . "[2] *(Filstal)*

Die Zellstoff- und Papierindustrie als Verursacher von Umweltbelastungen

Die Zellstoff- und Papierindustrie ist der viertgrößte Wasserverbraucher in der Bundesrepublik Deutschland. Für sie neue Standorte zu finden, ist heute deshalb ein besonderes Problem. Das neue Papierwerk in der Nähe von Plattling in Niederbayern ist dafür ein gutes Beispiel, hat es doch mehrere Jahre gedauert, bis dieser Standort bestimmt war. Bei der Zerlegung des Holzes in seine Einzelfasern werden erhebliche Mengen Wasser benötigt. Andererseits geht etwa die Hälfte der eingesetzten Holzsubstanz biologisch nur schwer abbaubare Ligninverbindungen ein und bleibt als Cellulose erhalten. Damit entspricht der Wasserverbrauch einer Zellstoff-Fabrik demjenigen einer Großstadt mit 100 – 500 000 Einwohnern.[3] *(Zellstoffindustrie)*

Ein Beispiel zu dieser Thematik hat kürzlich *Herrmann*[4] für ein Zellstoffwerk in Valkeakoski, einer kleinen Industriestadt (23 000 E.) in Süd-Finnland vorgelegt. Anhand zahlreicher Stichproben zweier in den Haupt-Windrichtungen angelegten Untersuchungsprofile wurden an 13 Meßstellen in und um die Stadt die Konzentration und regionale Verteilung von anorganischen und organischen Spurenschadstoffen auf Moosen (*Hypnum cupressiforme*) analysiert. Damit sollten die verschiedenen Quellen der Luftverunreinigung festgestellt werden. Neben Wirkungseinflüssen möglicher Schadstoff-Ferntransporte galt es vor allem die vorhandene Papier-, die Zellstoff- und die Kunststoffindustrie bzw. Chemische Industrie zu berücksichtigen. Abb. 96 stellt die Mengenbelastungen im Verhältnis zur Distanz von den Verursachern in Valkeakoski dar.

---

[1] *H.-J. Geßner,* 1973, S. 23.
[2] *H.-D. Haas* u. *Chr. Hannss,* 1974, S. 1–58
[3] Daten aus einem Vortrag von Prof. Dr.-Ing. *L. Göttsching,* Direktor des Instituts für Papierfabrikation der TU Darmstadt
[4] *R. Herrmann* u. *D. Hübner,* 1983

276

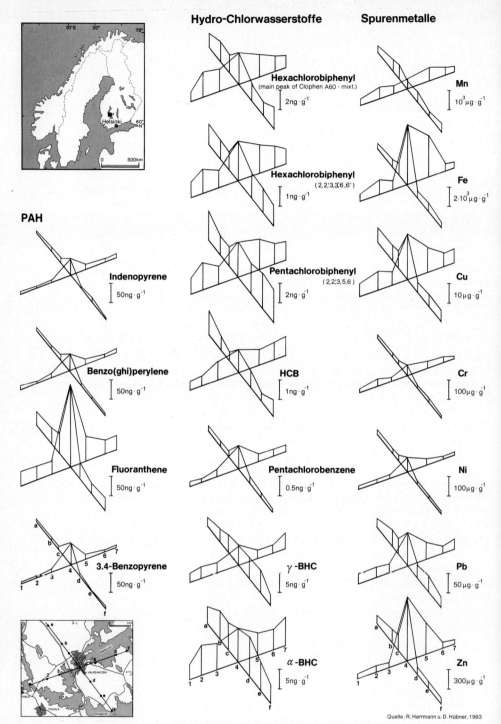

Hydro-Chlorwasserstoffe

Hexachlorobiphenyl
(main peak of Clophen A60 - mixt.)
2ng·g⁻¹

Hexachlorobiphenyl
(2,2',3,3'6,6')
1ng·g⁻¹

Pentachlorobiphenyl
(2,2',3,5,6)
2ng·g⁻¹

HCB
1ng·g⁻¹

Pentachlorobenzene
0.5ng·g⁻¹

γ-BHC
5ng·g⁻¹

α-BHC
5ng·g⁻¹

Spurenmetalle

Mn
10³µg·g⁻¹

Fe
2·10³µg·g⁻¹

Cu
10µg·g⁻¹

Cr
100µg·g⁻¹

Ni
100µg·g⁻¹

Pb
50µg·g⁻¹

Zn
300µg·g⁻¹

PAH

Indenopyrene
50ng·g⁻¹

Benzo(ghi)perylene
50ng·g⁻¹

Fluoranthene
50ng·g⁻¹

3.4-Benzopyrene
50ng·g⁻¹

Quelle: R. Herrmann u. D. Hübner, 1983

Abb. 96: Profile von Schadstoffmessungen um die Stadt Valkeakoski (Finnland)

10 c) Die Umweltschutzindustrie – ein relativ junger Industriezweig

Die teilweise erheblichen Belastungen der Umwelt durch industrielle Tätigkeiten veranlaßten sowohl den Gesetzgeber als auch die Industrie selbst zu zahlreichen Maßnahmen zur Reduzierung der Belastungen. Ein eigener Forschungsbereich entstand, der auch auf den Produktionssektor Einfluß nahm. Er ist heute bereits ein wichtiger Wirtschaftszweig mit hohen technischen Innovationsraten und kann für **Neues Berufsfeld** Studenten der Studienfächer Geoökologie, technische Physik und auch Diplom-Geographie als späteres Berufsfeld von Bedeutung sein. Das Münchner Ifo-Institut für Wirtschaftsforschung hat bereits 1975 eine umfangreiche Analyse über die Entwicklung und arbeitsmarktpolitische Bedeutung der Umweltschutzindustrie vorgelegt[1], aus der einige wichtige Ergebnisse entnommen werden sollen. So werden die (positiven) Beschäftigungseffekte dieses in Zukunft wohl noch erheblich wachsenden Industriezweigs betont:

– durch *umweltschutzinduzierte Investitionen*
„Von den gesamten Beschäftigungseffekten industrieller und öffentlicher Umweltschutzinvestitionen, die in den Jahren 1971 bis 1977 bei durchschnittlich gut 110 000 Beschäftigten lagen, waren rund 64% auf staatliche Investitionsgüterkäufe für den Umweltschutz zurückzuführen und etwa ein Drittel auf die umweltschutzinduzierten Investitionen der (einzelnen) Industriebereiche".[2] Allerdings muß man hinzufügen, daß diese Investitionen nicht zwangsläufig auch zu neuen Arbeitsplätzen geführt haben. Vielmehr werden sie eher zur besseren Auslastung bereits bestehender Arbeitsplätze beigetragen und nur zum kleinen Teil zur Schaffung neuer Arbeitsplätze geführt haben.
– durch *laufende Sachaufwendungen*
Dadurch werden ebenso Beschäftigungseffekte entstehen, wobei nach Schätzungen des Frankfurter Batelle-Instituts diese Sachaufwendungen im Jahre 1975 rund 3,1 Mrd. DM betrugen und damit zu einer Beschäftigung von rund 21 800 Arbeitskräften geführt haben sollen.[3]
– durch *Beschäftigte mit Umweltschutzaufgaben in der Industrie*
Das Ifo-Institut für Wirtschaftsforschung geht davon aus, daß diese Personengruppe von etwa 9300 im Jahre 1970 auf ca. 17 800 1975 angewachsen war und schätzte für das Jahr 1980 eine Beschäftigtenzahl von 21 500.[2] Als Erklärung für das rasche Anwachsen wird der Anpassungszwang der Industrie unter den veränderten umweltpolitischen Rahmenbedingungen angeführt.
– durch *Beschäftigte in den öffentlichen Entsorgungsbetrieben*
Verschiedene Forschungsinstitute erwarten besonders bei den durch die gesetzlichen Richtlinien geforderten und investierenden Gemeinden, Gemeindeverbänden und Stadtstaaten ein Anwachsen der Beschäftigten, etwa im Bereich Mülleinsammlung und -beförderung sowie beim Betrieb, der Überwachung und Instandhaltung der öffentlichen Abfallbeseitigungs-, Kanalisations- und Abwasserbehandlungsanlagen. Nach Schätzungen des Ifo-Instituts waren 1975 etwa 37 000 Beschäftigte zu rd. 42% im Bereich Abwasserbeseitigung und zu 58% in der Abfallbeseitigung eingesetzt[4].
– durch die sog. *Umweltschutzbürokratie*
Hierzu gehören vor allem Arbeitskräfte mit umweltschutzbezogenen Planungs-, Verwaltungs- und Vollzugsaufgaben, wobei etwa die *Hagen Councelling* in Köln annimmt[5], daß 1976 rund 21 000 Arbeitskräfte bei Bund, Länder und Gemeinden mit diesen Aufgaben befaßt waren. Für das Jahr 1980 schätzte das gleiche Institut einen Bedarf von 28 800 Arbeitskräften voraus.

Faßt man die bislang erwähnten Effekte, unabhängig von der Skepsis an arbeitsmarktpolitischen Prognosen, zumal auf Teilmärkten zusammen, so ergibt sich für das **Arbeitsmarkt** Jahr 1975 in der Bundesrepublik Deutschland ein umweltschutzinduzierter Beschäftigungseffekt von etwa 200 000 Arbeitslätzen, d. h. etwa 0,8% der Beschäftigten insge-

---

[1] Ifo-Institut (Hrsg.), 1975
[2] *R.-U. Sprenger*, 1979, S. 4–7
[3] *E. Herwig* u. *M. Dippner*, 1977, S. 19 u. 23
[4] *R.-U. Sprenger*, 1979, S. 7
[5] *Hagen Councelling* Hrsg., 1978, S. 182

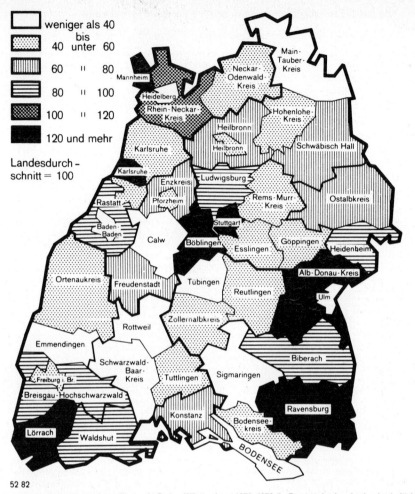

52 82

Abb. 97: Umweltschutzinvestitionen in Baden-Württemberg 1972–1979 (in Prozent des Landesdurchschnitts)

samt. Für 1980 schätzte das Ifo-Institut 250 000 Arbeitsplätze, eine sicherlich nicht allzu große Zahl. Gemessen an den Gesamtinvestitionen der Industrie werden die Umweltschutz-Investitionen in den folgenden Jahren erheblich steigen. Für industrie-

Investitionen für den Umweltschutz geographische Fragestellungen zu den regionalen Wirkungen und Strukturen von Umweltbelastungen kann eine Untersuchung von *Büringer* herangezogen werden.[1] Danach weichen die Kosten für Umweltschutzmaßnahmen in den einzelnen Branchen erheblich voneinander ab, z. B. 4,5% im Ernährungsgewerbe und 10,6% in der Chemischen Industrie, bei einem Durchschnittswert von 7,3% in Baden Württemberg 1980 (Abb. 97 u. 98). Büringer belegt auch, daß das Verarbeitende Gewerbe die Umweltschutzinvestitionen von 1971 bis 1979 fast verdreifacht hat. Regionale Differenzierungen sind besonders in Korrelation zu den jeweiligen Wirtschafts- und Industriestrukturen zu sehen. In Baden-Württemberg konzentrieren sich die Investitionen für Um-

---

[1] *H. Büringer,* 1982, S. 91–94

weltschutz in wenigen Stadt- und Landkreisen. Etwa die Hälfte der Investitionen wird in 5 der 44 Kreise aufgewendet, wobei die Stadt Karlsruhe vor Stuttgart und Mannheim sowie den Landkreisen Lörrach und Böblingen steht. Vergleicht man dies mit der Branchenstruktur, so dominiert in Karlsruhe die Mineralölverarbeitung und die Zellstoff-, Holzschliff-, Papier- und Pappeerzeugung. In Mannheim sind es ebenfalls die Zellstoff- und damit verbundene Industrien, im Landkreis Lörrach die Chemische Industrie und im Stuttgarter Raum die Fahrzeug- und die Computerindustrie. Die Umweltschutzinvestitionen fallen einmal bei den Verursachern an, die meist aufgrund ihrer dynamischen Entwicklung auch dazu die finanziellen Möglichkeiten besitzen. Wie ist es jedoch um solche Branchen bestellt, die nicht über diese günstige Entwicklung verfügen, etwa Mittel- und Kleinbetriebe außerhalb der Verdichtungsräume und größeren Städte? Ein interessantes Arbeitsfeld eröffnet sich gerade hier dem Industriegeographen, insbesondere in Verbindung mit geoökologischen Betrachtungen und Analysen.

Hohe regionale Konzentration

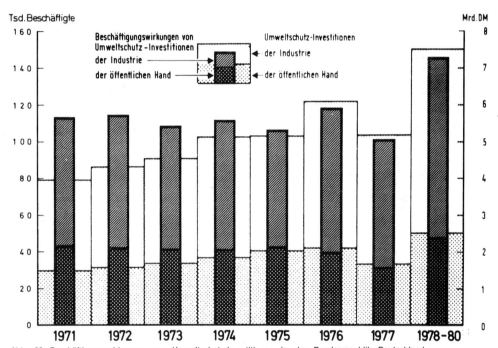

Abb. 98: Beschäftigungswirkungen von Umweltschutz-Investitionen in der Bundesrepublik Deutschland 1971–1980 (direkte und indirekte Beschäftigungswirkungen). Quelle: IFO-Institut

Politische Geographie

Jürgen Hagel

1. Von den Anfängen bis zur Gegenwart

Der Begriff „Politische Geographie" ist schon seit mindestens zwei Jahrhunderten geläufig. Er setzte sich stärker durch, als sich die Geographie in der zweiten Hälfte des 18. Jahrhunderts von der Geschichte, der man sie bis dahin zugerechnet hatte, zu lösen und eigene Fragestellungen zu entwickeln begann. Neben der *Mathematischen* und der *Physischen Geographie* wurde die **Politische Erdbeschreibung** damals als das dritte Teilgebiet angesehen. Sie umfaßte jedoch ein Arbeitsfeld, das man als *kulturgeographische Landeskunde* bezeichnen kann. Als Wegbereiter dafür muß wohl *A. F. Büsching*[1] mit seiner „Vorbereitung zur gründlichen und nützlichen Kenntnis der geographischen Beschaffenheit und Staatsverfassung der Europäischen Reiche und Republiken" gelten, die bis 1802 sechs Auflagen erlebte. Es war die Zeit des Absolutismus und des Merkantilismus, in der sich der Blick vornehmlich auf den Staat (einschließlich Verfassung und Verwaltungsgliederung) und auf seine Wirtschaft richtete. In dieser Blickrichtung überschnitt sich die Politische Erdbeschreibung mit der noch jungen Statistik. Diese sollte alles Wissen vermitteln, das ein Staatsmann braucht und war deshalb vorrangig staatswissenschaftlich ausgerichtet.

Die Aufgaben der Politischen Geographie umriß Fr. Chr. Franz[2] folgendermaßen:

„Die Einrichtungen und Veränderungen, welche die Menschen auf der Erde gemacht haben, z. B. Städte, Festungen, Flecken, Landstraßen, Kanäle, Manufakturen und Fabriken, Religion, Sitten, Gebräuche, Regierungsform, Kriegsmacht, Einkünfte – dies gehört besonders in das Fach der politischen oder bürgerlichen Erdbeschreibung."

Der Ansatz *Turgots* von 1750, geographische Sachverhalte mit dem politischen Prozeß in Beziehungen zu setzen, wurde damals nicht weiterverfolgt.[3]

Die neuere Politische Geographie erfuhr ihre wissenschaftliche Begründung durch *Friedrich Ratzel*[4] 1897, in einer Zeit starker politischer Veränderungen sowie rascher wirtschaftlicher und technischer Entwicklung. Ratzel befaßte sich in seinem Werk mit dem „Zusammenhang zwischen Boden und Staat", mit der geschichtlichen Bewegung und dem räumlichen Wachstum der Staaten, mit der Bedeutung von Lage, Raum, Grenzen, Land-Meer-Übergängen, Gewässern sowie Gebirgen und Ebenen. Er verglich den Staat mit einem „bodenständigen Organismus", der „als ein Ganzes sich bewegt und wächst". Die Rolle des Menschen und des Volkes, das ja der Träger des Staates ist, hat er durchaus gesehen und auch angesprochen (vgl. auch *Overbeck*[5]), jedoch nicht hinreichend herausgestellt. Erst *Otto Maull*[6] hat den kulturgeographischen Aspekten breiteren Raum gewidmet.

Die Herausstellung der physisch-geographischen Gebundenheit der Staaten und der politischen Vorgänge hat in der Folgezeit zu einer Überbetonung dieses Gesichtspunktes geführt[5], die in der deterministischen Auffassung gipfelte, die Wesenheit der Erdräume sei für den Ablauf der politischen Vorgänge bestimmend[7] und die Staaten

---

[1] *A. F. Büsching*, 1758
[2] *Fr. Chr. Franz*, 1784
[3] *U. Ante*, 1981, S. 10
[4] *F. Ratzel*, 1897
[5] *H. Overbeck*, 1957
[6] *O. Maull* 1925
[7] *K. Haushofer, E. Obst, H. Lautensach u. O. Maull*, 1928

paßten sich unter den „dirigierenden Einflüssen der Vorbedingungen, des Naturraumes und des Kulturraumes" an bestimmte Landschaftstypen und Lebensräume an. Auch Ratzels Vergleich des Staates mit einem Organismus hat sich, obwohl Ratzel selbst ihn etwas eingeschränkt hat, nachteilig ausgewirkt und nicht nur bei *Maull* (1925) eine Ausarbeitung erfahren, sondern ist auch in die Geopolitik eingegangen (*Hennig* 1928). Auf Ratzel fußend, hat 1916 der Schwede *Kjellén* seine Staatslehre veröffentlicht, die die fünf Zweige Öko-, Demo-, Sozio-, Krato- (Herrschafts-) und Geopolitik umfaßte. Die Letztere fand angesichts der politischen Situation nach dem ersten Weltkrieg (neue Grenzziehungen) in Deutschland rasch Verbreitung.

Wegen unzureichender Abgrenzung wurden Politische Geographie und Geopolitik in der Folgezeit häufig gleichgesetzt. *Maull*[1] stellte sie als wissenschaftlichen und angewandten Zweig einander gegenüber. Nach *Haushofer* u. a.[2] sollte die Geopolitik „die Frage nach den Zügen im Ursachengeflecht der politischen Vorgänge, die erdgebunden, raumbedingt sind", klären, d. h. „die Lehre von der Erdgebundenheit der politischen Vorgänge" sein sowie „Rüstzeug zum politischen Handeln liefern und Wegweiser im politischen Leben sein". Demgegenüber bezeichneten sie die Politische Geographie als die „Lehre von den politischen Raumorganismen und ihrer Struktur", während *Maull*[3] in ihr „die Lehre vom Staate in seiner geographischen Gebundenheit, in seiner Abhängigkeit von der Natur- und Kulturlandschaft" und die „Lehre von der Landschaft als dem politischen Lebensraum" sah. Haushofer u. a. rechneten die Geopolitik bewußt nicht der Geographie zu, doch ist die hier versuchte Trennung ohne dauerhafte Nachwirkung geblieben[4]. Von Seiten der Geopolitiker ist nämlich immer wieder die starke Bindung der Geopolitik an die Politische Geographie herausgestellt und die Abgrenzung beider unscharf vorgenommen worden. Andererseits zeigt die spätere Darstellung von *Maull*[5] deutlich, daß die Geopolitik Ende der Dreißiger Jahre als Staatswissenschaft angesehen wurde, die derart viele Wissenschaften zusammenfassen und durchdringen sollte, daß die Vorsilbe „Geo-" nicht mehr gerechtfertigt war. Mit ihrer Auffassung, daß der Staat wie ein Organismus entsprechend den von der Natur vorgegebenen Bedingungen des Raumes wachsen müsse und daß „Geopolitik eines der mächtigsten Kampfmittel für gerechte Verteilung des Lebens- und Atemraumes auf der Erde"[6] sei, eignete sich die Geopolitik im Dritten Reich als Instrument der Propaganda und wurde als solches genutzt. Da diese Auffassung nicht haltbar ist, mußte der Weg in die Irre führen. Dementsprechend und wegen ihrer ideologischen Belastung fand sie mit dem zweiten Weltkrieg in Deutschland weitgehend ein Ende.

Politische Geographie und Geopolitik

Ein zweiter Ansatz der Politischen Geographie geht von der *Landschaftslehre* aus. Er wird in dem anschaulichen Beitrag von *Hassinger*[7] besonders deutlich. Dieser sah die Aufgabe der Politischen Geographie darin, die Landschaft einerseits als Mitgestalter des Staates, andererseits als ein vom Staat mitgeprägtes Gebilde zu untersuchen und hier die staatliche Komponente beim Werden der Kulturlandschaft darzustellen. **Das Bild der Landschaft** stand für ihn im Vordergrund, so etwa: das Bild der Grenze in der Landschaft, die Hauptstadt als Spiegelbild des Staates, die Veränderung des Landschaftsbildes durch Agrarreform. Der Staat wird damit als Geofaktor aufgefaßt[8].

Landschaftslehre als Ausgang

---

[1] *O. Maull*, 1926
[2] *K. Haushofer*, u. a. 1928, S. 26–27
[3] *O. Maull*, 1925, S. 44 u. 601
[4] *A. Haushofer*, 1951, S. 18
[5] *O. Maull*, 1939, S. 34–36
[6] *K. Haushofer*, u. a. 1928, S. 41
[7] *H. Hassinger*, 1932, S. 118, 119, 121, 184, 187
[8] *K. A. Boesler*, 1974, S. 12

Viele der von Hassinger genannten Beispiele zielen bereits auf die Darstellung struktureller Veränderungen im Raum, die durch politische Maßnahmen bedingt sind. Damit steht Hassinger der Gegenwart gedanklich recht nahe, wenngleich das Bild der Landschaft heute einen anderen Stellenwert hat.

Hassinger wies z. B. darauf hin, daß sich Betriebe in ausländischen Zollgebieten ansiedeln (s. S. 319) und daß der Staat Maßnahmen zur Landeskultur und Landesentwicklung durchführt (s. Bd. 2, Kapitel Raumordnung und Landesentwicklung). Er sah die Bedeutung der Naturausstattung sowie die von Nah- und Fernwirkungen, die von anderen Räumen ausgehen. Auch sprach er durch Grenzziehungen bewirkte strukturelle Veränderungen an, etwa das Verkümmern von Städten, die Teile ihres Einzugsgebietes verloren haben, ferner die Neugründung oder Verlagerung von Betrieben, den Neu- oder Ausbau von Bahnlinien oder ihre Unterbindung durch eine neue Grenze wie auch den Bau eines neuen Hafens. Die Einrichtung von Plantagen in Kolonialgebieten mit einer Änderung auch der rassischen Zusammensetzung der Bevölkerung (durch Zuführung von Arbeitskräften aus anderen Gebieten), die Ausdehnung von Weidewirtschaft in verkehrserschlossenen Grasgebieten und die Verlagerung von Hauptstädten sind weitere Beispiele (S. 182–186). Entsprechende Themen wurden schon damals und auch später verschiedentlich bearbeitet (z. B. *Kötter* 1952, *Hagel* 1957, *Huttenlocher* 1957, *Boesler 1969, Mahnke 1970*). Sieger hatte bereits 1925 darauf hingewiesen, daß auch inner- wie überstaatliche Einheiten berücksichtigt werden müßten[1], doch wurde diese Auffassung damals kaum beachtet.

Durch das Ende der Geopolitik kam auch die Politische Geographie in Deutschland in Mißkredit. Man vermied es, sich mit ihr zu befassen, obwohl man sich auch mit Fragen der Raumordnung zu beschäftigen sowie Diplomgeographen als Raum- und Stadtplaner auszubilden und damit doch Politische Geographie zu betreiben begann. Der modern gewordene Begriff der *„Raumwirksamkeit" des Staates* (oder: „raumwirksame Staatstätigkeit") ist schließlich nichts anderes als eine Umschreibung für „Politische Geographie". Immerhin ist in jüngster Zeit das Interesse an der Politischen Geographie wieder gewachsen. Auch neue Forschungsansätze sind entwickelt worden (z. B. *Boesler* 1969, 1974; *Herold* 1972, 1973; *Leupold/Rutz* 1976; *Sauerwein* 1980; *Sandner* 1981).

Neue Ansätze

Mit der Allgemeinen Staatengeographie von *Schwind* (1972), dem ersten einschlägigen deutschen Lehrbuch nach dem Zweiten Weltkrieg, wurde ein wichtiger Schritt getan; allerdings kann eine „Staatengeographie" nur Teilgebiet der Politischen Geographie sein.

Entwicklung in den USA

In den USA lebte die Geopolitik auch nach dem Zweiten Weltkrieg weiter. So wurde die von *Mackinder* 1904 aufgestellte Hypothese, das Gebiet Russisch-Zentralasien (das Tiefland von Turan) sei das „Herzland" der Welt, und wer dieses beherrsche, der beherrsche auch das „Randland" Eurasiens und Afrikas und damit die Welt, lange diskutiert[2]. *Herold*[3] hat die jüngere Entwicklung der angelsächsischen Geopolitik kurz beschrieben. Der Determinus wirkte in den USA gleichfalls weiter (vgl. *Schöller*[2]). Andererseits wurde auch die Politische Geographie weiterentwickelt. Hier sei insbesondere *Hartshorne*[4] erwähnt, der das Kernanliegen der Politischen Geographie darin sieht, die regionalen Verschiedenheiten der politisch organisierten Räume zu untersuchen (in *de Blij*[5]). Genese (d. h. Geschichte), Struktur und Funktion könnten dabei als Ansätze dienen, wobei Hartshorne dem funktionalen Ansatz besondere Bedeutung beimißt. Aus dieser Sicht heraus ist das Muster der in einem Staat wirksamen zentripetalen und zentrifugalen Kräfte ebenso zu untersuchen wie das Gefüge der territorialen, wirtschaftlichen, politischen und strategischen Verflechtungen mit den anderen Staaten der Erde. In neueren angelsächsischen Veröffentlichungen werden politi-

---

[1] *U. Ante*, 1961, S. 16
[2] *P. Schöller*, 1957, S. 9; *H. J. de Blij*, 1967, S. 101–138
[3] *D. Herold*, 1974
[4] *R. Hartshorne*, 1950
[5] *H. J. de Blij*, 1967, S. 192

sche Phänomene und Abläufe, Aktivitäten und Systeme stark in den Vordergrund gerückt und auch machtpolitische Fragestellungen einbezogen[5]. Dabei wird die Grenze der Geographie nach unserer Auffassung nicht selten überschritten (siehe unten).

Insgesamt läßt sich die Nachkriegs-Entwicklung im angelsächsischen Sprachraum, vor allem in der nordamerikanischen Literatur, in drei Abschnitte gliedern:
eine Phase möglichst vollständig **beschreibender Darstellung** (1945–1960),
eine Phase **systematischer Analysen** (bis etwa 1970)
und (seit etwa 1970) eine Phase **konzeptioneller und theoretischer Überlegungen**[1].

In Deutschland sind in den letzten Jahren zwei neue zusammenfassende Darstellungen erschienen, die belegen, welches wachsende Interesse die Politische Geographie bei uns findet. Die Arbeit von *Ante* (1981) bleibt allerdings mehr den theoretischen und politischen Aspekten verhaftet, so daß die geographische Fragestellung, d. h. die Raumwirksamkeit der Politik zwar nicht fehlt, aber doch etwas kurz kommt. Auch *Boesler* (1983) behandelt mehr das Allgemeine, bewegt sich vielfach auf den Brücken zu den Nachbarfächern und deutet die politisch-geographischen Fragestellungen oft nur an, ohne sie konkret zu erörtern. In den folgenden Ausführungen soll versucht werden, durch die Schilderung konkreter Beispiele das Anliegen des Faches zu verdeutlichen und ein Überwiegen der Theorie zu vermeiden.

Jüngste Ansätze in Deutschland

1a) Die Aufgabe der Politischen Geographie

Wie jeder andere Zweig der Geographie, so muß sich auch die Politische Geographie an denjenigen Aufgaben und Zielsetzungen orientieren, die der Geographie als Wissenschaft insgesamt gegeben sind: Erforschung der räumlichen Strukturen und Verflechtungen sowie der sie bedingenden und sie verändernden Kräfte und Prozesse, d. h. der raumbezogenen Wirkgefüge, und Darstellung der ihnen zugrundeliegenden oder in ihnen nachweisbaren Regelhaftigkeit. **Gegenstand der Politischen Geographie** sind demnach die Wechselwirkungen zwischen räumlichen Strukturen und Prozessen einerseits und dem raumwirksamen Handeln des Menschen auf den verschiedenen politischen Ebenen bzw. den politischen Zuständen und Prozessen andererseits.

Gegenstand

Abgrenzung und Kernfragen der Politischen Geographie

So wie die Geographie nicht definiert, was Wirtschaft, Verkehr oder auch Böden sind, sondern diese Begriffe von den zuständigen Wissenschaften übernimmt, so hat sie auch nicht zu klären, was das „Wesen des Staates" ist[3]. Die in der amerikanischen Literatur oft angesprochene „Staatsidee" kann zwar Menschen verschiedener Sprache oder Religion in einem Staat zusammenführen (Kanada, Schweiz, UdSSR), aber ist sie als solches damit schon Gegenstand der Geographie? Ebenso können nicht Gegenstand geographischer Forschung sein: Staatsformen und Staatsverfassung, die Gliederung politischer Institutionen wie des Staates und der Staatspartei oder der Verwaltung, politische Handlungen und Strukturen, Machtverhältnisse und Machtblöcke an sich, es sei denn, es steht im Vordergrund die Frage nach ihren direkten und indirekten Auswirkungen auf bzw. nach ihrer Bedeutung für räumliche Strukturen, Prozesse und Verflechtungen.

Abgrenzung

[1] *K. A. Boesler,* 1974, S. 14–15; *D. Herold* 1974, S. 207
[2] *A.-L. Sanguin,* 1975
[3] *M. Schwind,* 1972

Von welcher Seite her kommend man auch immer die Themen bearbeitet: Wo nicht die geographische Fragestellung zugrunde liegt, wird die Grenze zu den Nachbarwissenschaften überschritten. Zwar berücksichtigen beispielsweise auch Geobotanik und Geomedizin räumliche Aspekte, dennoch sind sie – wegen ihrer Fragestellung – nicht Zweige der Geographie. Ebenso ist die Geopolitik nicht der Geographie zuzurechnen; vielmehr ist sie eine spezifisch politische und historische Forschungsrichtung, die als solche den Raum unter politisch-historischer Fragestellung betrachtet[1]. Deshalb können beispielsweise auch jene Essays in *Fisher*[2], die lediglich die jüngste politische Geschichte einzelner Räume beschreiben, im Gegensatz zum Titel des Werkes nicht als geographisch bezeichnet werden. Auch *Blacksell*[3] gibt in seinem Buch über das Nachkriegs-Europa – entgegen dem Untertitel – mehr eine Geschichte der politischen Zusammenschlüsse als eine Darstellung politisch bedingter Raumstrukturen und räumlicher Verflechtungen. Die Auffassung von *Johnston*[4], Politische Geographie sei die Lehre jener ökonomischen und sozialen Konflikte, die den Staat betreffen und deutlich räumliche und/oder die Umwelt betreffende Komponenten haben, trifft im Kern zwar zu, lenkt in dieser Formulierung den Blick aber zu sehr von den Kernfragen der Geographie weg.

Kernfragen   Die so abgegrenzte **Aufgabe der Politischen Geographie** läßt sich durch zwei Kernfragen umreißen:

1. Wie wird politisches Handeln durch geographische (räumliche) Strukturen beeinflußt? Dabei geht es insbesondere um *„die geographische Umwelt als Herausforderung an den Staat"* und die von diesem gegebenen Antworten[5]. Doch gerade hier bewegen wir uns bereits an der Grenze zur Geopolitik.

2. Auf welche Weise verändern politische Entscheidungen und die ihnen entsprechend angewendeten Maßnahmen Struktur, Funktionen und Dynamik eines Raumes? Es ist dies die Frage nach der *„landschaftsgestaltenden Tätigkeit des Staates"*[6], nach der „staatsbedingten Landschaftsgestaltung"[7] oder besser, da vom Landschaftsbegriff gelöst, nach der **„raumwirksamen Staatstätigkeit"**[8], Raumordnung und Landesentwicklung inbegriffen.

Die Bedeutung räumlicher Strukturen

Begriff der Raum-   Als „raumwirksam" wird hier jede Tätigkeit (bzw. Maßnahme) angesehen, die eine
wirksamkeit   deutliche Änderung der Struktur eines Raumes, seiner Funktionen (räumlicher Verflechtungen) und seiner Dynamik bewirkt, die ohne diese Tätigkeit (bzw. Maßnahme) nicht eingetreten wäre. Dazu gehören etwa *Bodennutzung, Wirtschafts-, Siedlungs-, Verkehrs-, Bevölkerungsverhältnisse, Naturhaushalt.*

Im Raumordnungsgesetz der Bundesrepublik Deutschland (1965) werden in § 3 (1) als „raumbedeutsame" Planungen und Maßnahmen solche bezeichnet, „durch die Grund und Boden in Anspruch genommen oder die räumliche Entwicklung eines Gebietes beeinflußt wird". In der Literatur werden die ersteren auch als *„raumbeanspruchende"*, die letzteren als *„raumbeeinflussende"* Maßnahmen bezeichnet[9]. Jede dieser beiden Arten von Maßnahmen verändert die Struktur des betroffenen Raumes oder/und Ausmaß und Ablauf von Prozessen. Sie sind aber gar nicht scharf zu trennen. In der Geographie hat sich für derartige strukturbezogene Maßnahmen die Bezeichnung „raumwirksam" eingebürgert.
Sie schließt auch funktionale Veränderungen insofern mit ein, als die Funktionen eines Raumes seine Struktur mitbestimmen. Tempo und Ausmaß dieser Änderungen sind ein Merkmal für die Dynamik des Raumes. *Jochimsen* u. a. erläutern „räumliche Struktur" als „die Siedlungs-, Bevölkerungs- und Wirtschaftsstruktur"[9]. Diese Interpretation ist zweifellos zu eng; insbesondere bleibt dabei der Naturhaushalt (Umweltprobleme) völlig außer Betracht.

---

[1] vgl. dazu: *A. Grabowski, 1960; N. J. G. Pounds, 1963*
[2] *Ch. A. Fisher, 1968*
[3] *M. Blacksell, 1977*
[4] *R. Johnston, 1980, S. 440*
[5] *M. Schwind, 1982, S. 2*
[6] *H. Hassinger, 1932*
[7] *P. Schöller, 1957*
[8] *K. A. Boesler, 1969*
[9] *R. Jochimsen, u. a., 1972, S. 15 und 16*

Geht man den genannten Fragen im Hinblick auf die Ermittlung allgemeiner Regel-
haftigkeiten nach, so ergibt sich daraus ein Beitrag zur Allgemeinen Politischen
Geographie, bei der Untersuchung eines konkreten Raumes dagegen ein Beitrag zur
Regionalen Politischen Geographie.

Die Wirkung räumlicher Strukturen auf politisches Handeln und die Veränderung von
Raumstrukturen durch politische Entscheidungen sind in der Regel eng miteinander
verflochten. Das wird in der **Raumordnung und Landesentwicklung** besonders deutlich: Eine räumliche Struktur oder ein sie verändernder Prozeß lösen – nach einer
Bewertung durch die Entscheidungsträger anhand eines Leitbildes – politische Entscheidungen über die Durchführung von Maßnahmen oder über deren Unterlassung
aus. Dadurch werden wiederum die Struktur oder der raumwirksame Prozeß verändert. Diese Änderungen können – nach neuerlicher Bewertung – zu weiteren Entscheidungen führen, zumal wenn anfangs nicht berücksichtigte Sachverhalte bedeutsam werden (Abb. 99). *Raumordnung und Landesentwicklung* sind damit – soweit es
um geographische Aspekte geht – eines der Hauptgebiete der Politischen Geographie
(vgl. Band 2).

Raumordnung und
Landesentwicklung

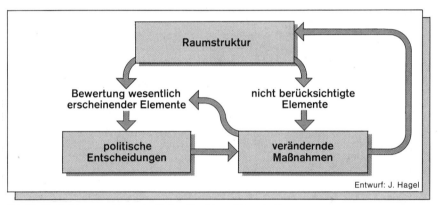

Abb. 99: Die Beziehungen zwischen politischem Handeln und Raumstruktur

Die Beeinflussung politischer Aktivitäten durch geographische Strukturen oder Strukturelemente
läßt sich an vielen Beispielen nachweisen. Als Faktoren treten dabei physisch-geographische
Sachverhalte ebenso wie anthropogeographische in Erscheinung. Allerdings handelt es sich nicht
um Zwangsabläufe, vielmehr ist entscheidend, welche Bewertung die einzelnen Sachverhalte
(einschließlich der nichtgeographischen) des komplexen Beziehungsgefüges durch die Entscheidungsträger erfahren. Zwei Beispiele mögen das erläutern:
1. Das Vorhandensein von **Phosphatlagerstätten in Spanisch-Sahara** (physisch-geographischer
Faktor), die für den Welthandel von Bedeutung sind (anthropogeographischer Faktor), hat sicherlich Marokko 1976 mit dazu veranlaßt, Teile dieses Gebietes zu beanspruchen. Bei stärkerer
Bewertung der Weltmeinung (UNO) wäre es zu einer Volksabstimmung gekommen. Auch die
Beibehaltung des status quo oder ein Zusammengehen mit Spanien wären denkbar gewesen.
2. Die **Bedrohung der Niederlande** mit ihrer dichten Bevölkerung **durch schwere Sturmfluten** hat
die Regierung veranlaßt, große Meeresteile abzuriegeln. Diese füllen sich nun mit Süßwasser und   Deltaplan
wirken der vom Meer her im Untergrund vordringenden Versalzung entgegen. Die Dämme ermöglichen den Bau neuer Verkehrswege, die ihrerseits in ehemals abgelegenen Gebieten eine Änderung der Wirtschaftsstruktur herbeiführen.

Diese und ähnliche Beispiele lassen die Beziehungen zwischen Gesellschaft und
Natur erkennen; man kann in ihnen die geographische Umwelt als Herausforderung
an den Staat ansehen. Vorwiegend sind es allerdings anthropogeographische Strukturen, die staatliche Maßnahmen oder Prozesse auslösen. So kann das Regionalbewußtsein der Bevölkerung staatliche Maßnahmen zum Scheitern verurteilen – man

denke an die Verselbständigung Ostpakistans 1971 *(Bangla Desch)*, an die Auseinandersetzungen in Nordirland oder an die Schwierigkeiten bei der Bodenreform in Sizilien. Auch können die Abgrenzung oder Neugliederung von Verwaltungseinheiten entsprechend dem Regionalbewußtsein der Bevölkerung erfolgen; genannt sei die Gewährung der Autonomie in Italien für *Südtirol* (Trentino-Alto Adige, mit überwiegend deutschsprechender Bevölkerung), *Aosta* (mit französischsprechender Bevölkerung), *Giulia/Friaul-Venezia* (mit z. T. slowenischer Bevölkerung) sowie für *Sardinien* und *Sizilien*[1]. Diese Beispiele weisen auf zentrifugale Kräfte hin.

Sicherlich läßt sich die Bedeutung geographischer Faktoren bei politischen Entscheidungen vielfach nicht genau nachweisen; das Denken und Empfinden politischer Entscheidungsträger oder – anders ausgedrückt – die politischen Handlungsziele **Rolle der** haben oft ein stärkeres Gewicht als strukturelle Gegebenheiten des räumlichen Po **Entscheidungs-** tentials[2]: Auch ist die Rolle der Einzelpersönlichkeit zu berücksichtigen: Der Stand **träger** des geographischen Wissens eines wichtigen Teilnehmers einer Grenzkommission kann ebenso entscheidend sein wie der persönliche Charakter eines Unterhändlers[3]. Dabei ergibt sich die Frage, ob alle Faktoren vom Entscheidungsträger wahrgenommen und richtig bewertet werden; nicht wahrgenommene oder falsch bewertete Faktoren können in unerwarteter Weise wirksam werden (s. Abb. 90). So manche Grenzen – vor allem in Afrika, Asien und Amerika – sind wegen unzureichender geographischer Kenntnisse von Kommissionsmitgliedern unpräzise festgelegt und damit zu Quellen von Konflikten gemacht worden, wie auch z. B. die Eingliederung Südtirols nach Italien 1919 offenbar durch unzureichende Kenntnisse der Kommissionen wesentlich mitbestimmt worden ist.

Sadd-el-Ali- Die Veränderung räumlicher Strukturen durch Staatsmaßnahmen kann das **Sadd-el-Ali-Projekt** **Projekt** verdeutlichen: Die starke Bevölkerungszunahme in Ägypten machte eine Abhilfemaßnahme erforderlich. Die Regierung entschied sich für den Bau eines Nil-Staudamms; denn einmal konnte mit Hilfe des entstehenden Stausees die Bewässerung ausgeweitet, zum anderen durch Energiegewinnung die Industrialisierung vorangetrieben werden. Allerdings wurde durch das Projekt u. a. die Fischerei vor dem Nildelta nachteilig beeinflußt. In Abb. 100 ist das Beziehungsgefüge schematisch dargestellt. Dieses Beispiel zeigt, daß bewußt durchgeführte Maßnahmen, die auf gewollte Veränderungen abzielen, auch ungewollte Folgen zeitigen können. Es macht zugleich deutlich, daß eine Untersuchung politisch-geographischer Wirkgefüge die Auswirkungen politischer Maßnahmen auf den Naturhaushalt heute nicht mehr übergehen kann.

Schon eine politische Erklärung kann Raumwirksamkeit besitzen. Als Großbritannien im November 1965 erklärte, es werde Sanktionen über Rhodesien verhängen, falls dieses seine Unabhängigkeit ausrufe, orderten rhodesische Firmen größere Importe; sie suchten neue Handelskontakte und transferierten ihre Gelder in andere Länder[4]. Da es – wie in der Geographie allgemein – in der Politischen Geographie darum geht, Regelhaftigkeiten raumwirksamer Prozesse zu erkennen, sind auch historische Beispiele von Interesse, soweit sie in ihrem Ablauf (hinsichtlich des *Warum?*, des *Wie?* und des *Ergebnisses*) überschaubar sind. Durch Vergleiche – z. B. von gleichartigen Maßnahmen in verschiedenen Räumen und zu verschiedenen Zeiten, d. h. unter (berücksichtigenden) verschiedenen Leitbildern und Bewertungen bzw. normativen Voraussetzungen – lassen sich Parallelen oder Unterlassungen, Fehler und Mängel, aber auch Nebenwirkungen erkennen. Damit lassen sich diese Einsichten für die Gegenwart und Zukunft nutzbar machen sowie schließlich heutige Maßnahmen relativieren. Überdies sind auch viele Elemente der heutigen Struktur eines Raumes nicht anders denn als Erbe der Vergangenheit zu verstehen (s. S. 302 ff.).

---

[1] *N. J. G. Pounds*, 1963, S. 45
[2] *J. R. V. Prescott*, 1975 a, S. 24, *K. A. Boesler*, 1974, S. 20
[3] *J. R. V. Prescott* 1975 a, S. 79–80
[4] *J. R. V. Prescott*, 1975a, S. 24; dort weitere Beispiele

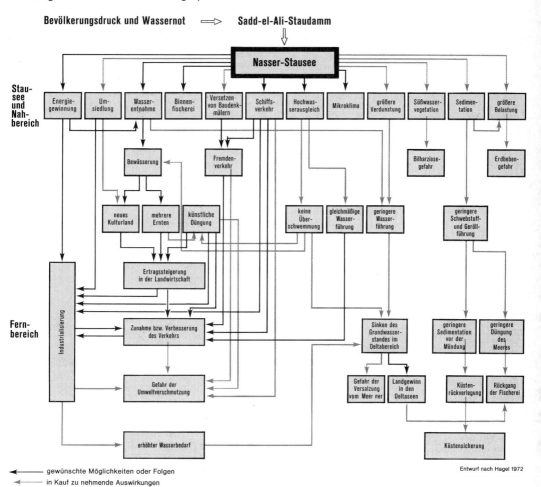

Abb. 100: Das Wirkgefüge des Sadd-el-Ali-Projektes

1b) Arbeitsgebiete der politischen Geographie

Aus diesen Überlegungen heraus läßt sich die Politische Geographie in mehrere **Arbeitsgebiete** untergliedern, die sich allerdings überschneiden können.

– Allgemeine Politische Geographie

1. **Strukturelemente des Raumes** – *Schwind* 1972 spricht von geographischer Umwelt und geographischem Inhalt des Staates – in ihrer Bedeutung für die politische Organisation und für politische Maßnahmen (Raumgebundenheit politischer Aktivitäten und Prozesse).

Als wichtigste Elemente seien genannt: Territorium, Bevölkerung, Wirtschaft mit Verkehr und Kommunikation, Staats- und räumliche Organisation, Kerngebiete und Hauptstädte, Grenzen, das Erbe der Vergangenheit, Verflechtungen nach außen.

2. **Veränderungen der Elemente,** d. h. von Struktur und Funktionen, durch politisch organisierte Einheiten (Raumwirksamkeit politischer Aktivitäten und Prozesse = „raumwirksame Staatstätigkeit").

Hier sind insbesondere Raumordnung und Landesentwicklung zu nennen einschließlich der Aktivitäten von Verwaltungen, soweit sie sich sichernd oder verändernd auf Struktur und Funktion des Raumes auswirken. Hierzu gehören auch Auswirkungen von Konflikten (insbesondere Kriegen) und Verteidigungsmaßnahmen, Vertreibungen, Einwanderungspolitik, Wirtschafts-, Finanz-, Agrarpolitik usw. einschließlich Reformen, aber auch Veränderungen des Naturhaushalts durch Staatsmaßnahmen. In erster Linie ist an direkte Maßnahmen zu denken, doch sind auch indirekte Veränderungen der Elemente zu berücksichtigen.

3. **Typisierung der Staaten und Regionen** nach ihren staatengeographischen Merkmalen, ihren raumwirksamen Aktivitäten und ihrer raumprägenden Kraft.

– Regionale oder Angewandte Politische Geographie

Sie untersucht einen konkreten Raum im Hinblick auf die von ihm ausgehende Herausforderung an die politische Einheit und auf seine bereits erfolgte oder seine mögliche Gestaltung durch politisches Handeln (einschließlich Raumordnung und Landesentwicklung). Durch Vergleiche mit anderen Räumen lassen sich räumliche Unterschiede und Ähnlichkeiten erkennen sowie Ergebnisse für die Allgemeine Politische Geographie gewinnen.

Auf allen diesen Arbeitsgebieten sind als politische Einheiten nicht nur die Staaten und die supranationalen Zusammenschlüsse anzusehen, sondern auch Kommunen, Länder oder staatliche Gebietskörperschaften, denn raumwirksames Handeln kann

Politische Einheiten   auf verschiedenen politischen Ebenen erfolgen. Ja es müssen regionale Untersuchungen unvollständig bleiben, wenn sie die Fragestellungen der Politischen Geographie unberücksichtigt lassen.

Eine so verstandene Politische Geographie vermag mit dem Erkennen von Regelhaftigkeiten oder zumindest Ähnlichkeiten in Ablauf und Auswirkungen politischer Maßnahmen Hilfen für politische Entscheidungen über den Einsatz raumwirksamer Mittel zu geben. Naturgemäß ergeben sich dabei Überschneidungen zu Nachbargebieten und damit die Notwendigkeit zu einer Zusammenarbeit. Dies ist – wie in den anderen Gebieten der Geographie – ebenso selbstverständlich wie die Schwierigkeit der scharfen Abgrenzung.

In den folgenden Kapiteln sollen einige der eben angesprochenen Themen kurz skizziert, andere exemplarisch etwas ausführlicher und z. T. die Arbeitsgebiete übergreifend dargestellt werden. Auf Darstellungen zur Regionalen Politischen Geographie muß allerdings verzichtet werden; Beispiele für regionale Untersuchungen bieten die Arbeit *Lechleitners*[1] über Libanon, in der die verschiedenen Zweige des Wirtschaftslebens und die staatlichen Maßnahmen der 1950er und 1960er Jahre dargestellt werden, die staatengeographischen Entwürfe bei *Schwind*[2], *Sandners*[3] Abhandlung über den karibischen Raum sowie *Sauerweins*[4] Arbeit über das Spannungsfeld in der Ägäis.

Arbeitsmethoden sind hier nicht zu erörtern, da die Politische Geographie nicht über eigenständige Methoden verfügt, sondern diese mit anderen Zweigen der Geographie teilt.

---

[1] *H. Lechleitner,* 1972
[2] *M. Schwind,* 1972
[3] *G. Sandner,* 1981
[4] *F. Sauerwein,* 1980

2. Politisch-geographische Strukturelemente des Raumes

Kennzeichnend für ein **Territorium** – bei einem Staat jenes Gebiet, über das er die Souveränität besitzt, bei anderen Instanzen dasjenige, für das sie zuständig sind – ist zunächst die Lage im Raum.

– *Die Lage im Raum*
Neben der Lage auf der Erdkugel, die das Klima und damit durch Vegetation und Fauna die Nutzbarkeit bestimmt, ist auch die Lage im Kulturerdteil wesentlich, weil durch sie Denk- und Verhaltensweisen der Menschen beeinflußt werden. Die Bedeutung der Lage zum Meer wird an typischen Problemen von Binnenstaaten deutlich. Ein Zugang zum Meer erleichtert den Austausch mit anderen Kultur- und Wirtschafts- räumen und macht den betreffenden Staat unabhängiger von seinen Nachbarstaaten. Häufig schon wurde versucht, diesen Zugang wenigstens durch einen Korridor zu schaffen; als Beispiele seien genannt: *Petsamo* (Finnland, 1920–1945 als Winterhafen an der Barentssee), *Gdingen* (Polen 1918–1939), *Irak* (seit 1922), *Belgisch-Kongo/Zai- re* (seit 1927) und *Eilat* (Israel, seit 1948). Auch Durchfahrtsrechte wie die der Tsche- choslowakei nach Hamburg und Stettin zwischen den beiden Weltkriegen und die Internationalisierung eines schiffbaren Flusses können eine freie Verbindung eines Binnenstaates zum Meer ermöglichen, doch ist eine Abhängigkeit vom Nachbarland in diesem Fall nicht unbedingt auszuschließen. Die große Bedeutung, die das antike Griechenland, Portugal, Spanien, die Niederlande und Großbritannien einst besaßen, war nicht zuletzt bedingt durch ihren Zugang und ihr Verhältnis zum Meer. Anderer- seits kann der Besitz eines Küstenstriches fragwürdigen Wert haben, wenn der Zu- gang zum Weltmeer nur über eine Meerenge möglich ist. So war die Sperrung des Golfes von Akaba einer der Gründe, die zum Sechstagekrieg Israels (1967) führten. In den Seerechtskonferenzen der siebziger Jahre dieses Jahrhunderts spielten derartige Fragen eine wichtige Rolle (s. S. 328 ff.).

Verbindung zum Meer.

Mit der Auflösung der großen Kolonialreiche in Afrika ist eine Vielzahl von Binnenstaaten entstan- den. Das hat manche Probleme mit sich gebracht. Als Beispiel mag *Mali* dienen[1]. Im Jahre 1959 schlossen sich Sudan und Senegal zur *Föderation Mali* zusammen. Damit stand für das Gebiet des heutigen Mali die Bahnlinie Kulikoro-Bamako-Dakar für den Erdnußexport und die Einfuhr von Fertigprodukten unbehindert zur Verfügung, und in Dakar wurde ein Teil des Hafens für den sudanesischen Transit reserviert. 80% des Außenhandels von Sudan gingen 1959 über Dakar und sicherten der Bahn einen wesentlichen Teil ihrer Einnahmen. 1960 jedoch brach die Föderation auseinander; Senegal schloß die Grenze. Der Binnenstaat Sudan, der sich nun in Mali umbenann- te, war damit in seinem Außenhandel stark behindert. Er verlor zeitweise einige Märkte, und die Lebenshaltungskosten stiegen erheblich. Mali suchte deshalb eine neue Verbindung zum Meer. Die Verkehrsverbindungen durch Guinea zum Hafen Conakry waren unzureichend und konnten auch nicht rasch genug ausgebaut werden. Deshalb verhandelte die Regierung von Mali mit der Elfenbeinküste über den raschen Ausbau der zwar längeren, aber leistungsfähigeren Verbindung zum Hafen Abidjan. Mali baute seine Straßenverbindung in Richtung auf die nach Abidjan führen- de Bahn aus und kaufte über 400 Last- und Tankkraftwagen. Der Umschlag Abidjans stieg von 1,7 Millionen t 1960 auf 2,4 Millionen t 1961, während die Kapazität von Dakar nicht ausgenutzt werden konnte. Nach der afrikanischen Gipfelkonferenz in Addis Abeba 1963 wurde allerdings die Grenze Senegal/Mali wieder geöffnet, doch muß sich Dakar die Aufgabe, Export- und Importhafen für Mali zu sein, nun mit Abidjan teilen.

Tafel 12

Singapur, Kapstadt, Sues, aber auch Panama beweisen, welche Bedeutung der Lage an Weltverkehrslinien zukommt. Sie hat mehrmals große Seemächte dazu herausge- fordert, an solchen Angelpunkten des Seeverkehrs Stützpunkte zu bilden. Panama verdankt dieser Lage sogar seine Existenz als Staat.

Schließlich sei die Bedeutung von politischen Nachbarn für einen Staat erwähnt. Der exponierten Lage zwischen Interessensphären verdanken manche Staaten, insbeson-

---

[1] *Hilling*, in: *Ch. A. Fisher*, 1968, S. 255–258

dere die Pufferstaaten, ihr Dasein, andere Gebiete den Verlust ihrer Selbständigkeit.
Welche Bedeutung die Lage zu den Nachbarn haben kann, wird am Beispiel Israels
Nachbarschaft deutlich, für das sie eine ganz besondere Herausforderung zur Raumentwicklung
.darstellt. Andererseits kann sie eine Rücksichtnahme bei raumwirksamen Entschei-
dungen erfordern oder eine starke Sicherung der Grenze auslösen (z. B. Maginotlinie,
Westwall). Auf die Raumstruktur wirkt sie sich auch durch die Freiheit oder die
Unterbindung der Grenzgängerei aus – man denke an die unterschiedliche Frequenz
des Arbeiterpendelverkehrs an der West- und der Ostgrenze Österreichs.

– Größe, Gestalt und Ausstattung eines Territoriums

Die **Größe** des Territoriums kann als Herausforderung empfunden werden, das
Größe und Gestalt Staatsgebiet weiter auszudehnen (Nordamerika: von Meer zu Meer), nur schwach
des Staates besiedelte Gebiete zu erschließen und sie durch den Bau von Verkehrswegen an das
Kernland zu binden. Ein größeres Gebiet hat meist auch mehr ethnische Gruppen.
Andererseits kann die geringe Ausdehnung eines Staatsgebietes zu besonderen Akti-
vitäten herausfordern, z. B. zu Aufschüttungen an der Küste zur Gewinnung weiterer
Baugrunds (Monaco, Hongkong, Japan). Die Typisierung der Staaten nach ihrer
Flächengröße in transkontinentale (von Meer zu Meer reichende), subkontinentale,
makro-, meso-, mikro- und minitope Staaten[1] kann in der Kombination mit anderen
Merkmalen Aussagekraft gewinnen.
Zweifellos kann auch die **Gestalt** (Umrißform) eines politischen Raumes dessen Funk-
tion und Struktur beeinflussen und als Herausforderung zu möglichst effektiver
Raumgliederung und -erschließung wirksam werden. In einem Staat wie Chile mit
rund 4300 km Länge und durchschnittlich nur 200 km Breite ist die Verbindung der
Landesteile untereinander sehr erschwert, zumal wenn die Reliefenergie sehr groß ist.
Das mag mitbegründen, weshalb in Norwegen die lokale Verwaltung relativ stark ist[2].
Bei mehrteiligen Staaten, Archipel-, Insel-, Halbinselstaaten und Staaten mit Außen-
besitz fordert die Gestalt dazu heraus, die einzelnen Teile miteinander zu verknüpfen
und den Zusammenhalt zu festigen. In diesem Bestreben sind Japan und Dänemark
zu Ländern der Fähren, Brücken und Tunnel geworden.
Andererseits hat die räumliche Trennung von Ost- und Westpakistan die Teilung in
zwei selbständige Staaten (Bangla Desch und Pakistan) begünstigt. Enklaven und
Exklaven bringen weitere Erschwernisse mit sich, z. B. in den Transitverbindungen.
Ein bekanntes Beispiel hierfür ist Berlin (West). Vor allem frühere Stützpunkt-Exkla-
ven (z. B. Menorca, Malta, Macao) zeigen in ihrer Kulturlandschaft oft deutlich Züge
ihres damaligen Mutterlandes und heben sich damit vom Nachbarland ab. Auch Zipfel
und Korridore sind in diesem Zusammenhang zu erwähnen.
Die **natürliche Ausstattung** eines Territoriums ist für die Tragfähigkeit (s. Bd. 2,
S. 319) oder – als Basis des Wirtschaftens – für das Potential des Raumes wesentlich
Ausstattung des mitbestimmend. Dies gilt sicherlich nicht nur für die Ausstattung mit Bodenschätzen
Raumes (Ressourcen), wenngleich sie ein wichtiges Element der Macht eines Staates sein
mag. Deshalb werden häufig Staaten mit potentiell reicher und mit potentiell armer
sowie solche mit vielseitiger oder einseitiger Ausstattung einander gegenübergestellt.
Dies gilt auch für die Faktoren Relief, Böden, Klima, Vegetation und Wasserhaushalt
in ihrem Zusammenwirken. Die Landgewinnungs- und Landsicherungsmaßnahmen
der Niederlande, der Bau des großen Nilstaudamms und der Ausbau des Wolga-Groß-
schiffahrtsweges sind nicht ohne die Bewertung der Naturausstattung der betreffenden Räume zu verstehen.

---

[1] *M. Schwind*, 1972, S. 11–13
[2] *N. J. G. Pounds*, 1963, S. 49

Hinsichtlich des Reliefs wurden in früheren Lehrbüchern[1] Talschafts-, Becken-, Wannen-, Riedel-, Mittelgebirgs-, Hochflächen-, Stufenrand-, Flachland-, Küstenhof- und Deltastaaten als politisch-geographische Raumtypen herausgestellt. Hinsichtlich der Vegetation wurden in ähnlicher Weise Wald-, Steppen-, Savannen- und Oasenstaaten, hinsichtlich der Lage an Gewässern Insel-, Halbinsel-, Endland- und Isthmusstaaten unterschieden. Raumtypen

Bei vielen dieser Typen ist jedoch nicht ohne weiteres ersichtlich, inwieweit durch die Zugehörigkeit zu ihnen bestimmte Staatsmaßnahmen ausgelöst, beeinflußt oder verhindert werden. Mit anderen Worten: Eine Typisierung nur nach einzelnen Natur- oder Kulturelementen ist in politisch-geographischer Sicht nicht befriedigend. Orographische Leitlinien
Als Teil der natürlichen Ausstattung eines Landes sind seine orographischen Leitlinien[2] herauszustellen. Die Rhein-Rhône-Furche zeigt z. B., daß solche Leitlinien Achsen bevorzugter wirtschaftlicher Entwicklung sind und den Staat häufig zu raumwirksamen Maßnahmen wie Ausbau der Infrastruktur veranlassen. Andererseits kann auch in dem Mangel an derartigen Leitlinien eine besondere Herausforderung liegen. Schwind sieht deshalb in der Analyse des orographisch bedingten Leitliniensystems eine Grundlage zum Verständnis der Inwertsetzung der naturräumlichen Struktur – besser: des Potentials. Eine politisch-geographische Untersuchung eines Raumes kommt also an einer landeskundlichen Analyse nicht vorbei.

– Bevölkerung

Hinsichtlich der Bevölkerung sind nicht nur deren Zahl und Verteilung (einschließlich Verstädterungsgrad) anzusprechen, sondern auch ihre Struktur, Einstellungen, Fähigkeiten und Wanderungsbewegungen. Der ethnische, sprachliche und konfessionelle Pluralismus der Bevölkerung stellt für viele Staaten ein ernstes Problem dar, zumal bei Diskriminierungen. Als Beispiele seien genannt: die Kurdenaufstände in Iran, im Irak und in der Türkei, der Sprachenstreit in Belgien, die Auseinandersetzungen in Nordirland und in Libanon sowie die Apartheidspolitik Südafrikas. Nicht selten kommt es zu scharfen, die raumwirksamen Prozesse erheblich beeinflussenden Auseinandersetzungen, die zu einem wirtschaftlichen Niedergang führen (Libanon seit 1976). Gruppen mit starkem eigenen Bewußtsein streben häufig zu einer regionalen Verselbständigung innerhalb des Staates (,,Regionalismus'') oder neigen zu separatistischen Tendenzen (Basken, Kurden), die zur Einrichtung von Reservaten (USA, Australien) oder ,,Homelands'' (Südafrika), aber auch zum Auseinanderbrechen des Staates führen können (Indien/Pakistan/Bangla Desch, Biafra/Nigeria 1967–1971). Andererseits lösen starke verwandte Gruppen in einem Nachbarstaat oft Angliederungsbestrebungen aus (Deutsches Reich gegenüber Österreich und der Tschechoslowakei 1938, Somalia gegenüber Äthiopien). Es spielt also nicht nur das Vorhandensein einer Minderheit an sich ein Rolle, sondern auch ihre Verteilung: ob verstreut innerhalb der Majorität oder konzentriert, sei es im Innern oder – meist problembeladener – in Grenzlage. Dünn besiedelte Räume wirken auf sich weiterentwickelnde Staaten als Herausforderung zur Inwertsetzung, zumal wenn sie über wertvolle Bodenschätze verfügen. Ethnischer Pluralismus
Wesentlich sind auch das Gesellschaftssystem und der Wirtschaftgeist einer Bevölkerung. Das generative Verhalten wird durch eine gezielte Bevölkerungspolitik (Verminderung der Fruchtbarkeit oder Gewährung von Kindergeld) zu beeinflussen versucht. In der angelsächsischen Literatur wird dem Wahlverhalten breiter Raum innerhalb der Politischen Geographie gewidmet. Bei uns sind derartige Untersuchungen bisher vornehmlich in der Sozialgeographie (im engeren Sinne) angesiedelt. Es kommt jedoch auch hier auf die zugrundeliegende Fragestellung an. Das Wahlverhalten kann Wahlverhalten

---

[1] z. B. *O. Maull*, 1925 u. 1956
[2] *M. Schwind*, 1972, S. 171–175

Wahlverhalten   durchaus zur Untersuchung sozial-räumlicher Strukturen herangezogen werden, es kann aber auch direkt wie indirekt für raumwirksame Entscheidungen von Bedeutung sein. So wird heute angenommen, daß Gebiete mit unterdurchschnittlicher Wahlbeteiligung Problemgebiete sind.

Es ist bekannt, daß die Zugehörigkeit zu einer bestimmten Volksgruppe, zu einer Religion, einem Beruf oder einer sozialen Schicht das Verhalten eines Wählers beeinflußt. Z. B. stimmen katholi-

Wahlbeeinflussung   sche Wähler in Nordirland für nicht-unionistische Parteien, und in der Bundesrepublik Deutschland werden in Wohnvierteln mit höherem Arbeiteranteil mehr Stimmen für die SPD abgegeben. So entfielen bei den Frankfurter Gemeinderatswahlen 1977 im Riederwald 60% auf die SPD, in der Villensiedlung Lerchesberg dagegen 89% auf die CDU. Aus politisch-geographischer Sicht ist zu fragen, ob durch das Wählerverhalten raumwirksame Tätigkeiten beeinflußt werden, beispielsweise ob die Infrastrukturpolitik (Straßenbau, Schulhausbau, Krankenhausbau) und die Umweltschutzpolitik in einer CDU-regierten Stadt andere Ergebnisse bringen als in einer SPD-regierten. Dies dürfte angesichts der örtlich unterschiedlichen Sachzwänge allerdings schwer zu ermitteln sein.

In der angelsächsischen Literatur wird der Beeinflussung von Wahlen breiter Raum gewidmet. So erwähnt *Prescott*[1], daß in einigen Wahlkreisen die Nominierung von Kandidaten der Opposition erschwert wurde oder daß in Gebieten mit starker Opposition keine Wahlurnen aufgestellt wurden, daß man die Wahllokale in einer Art anordnete, die eine Stimmabgabe für die Opposition erschwerte, und daß Wahlergebnisse frisiert wurden. Eine Beeinflussung kann auch dadurch erfolgen, daß die Entscheidungsmöglichkeiten eingeschränkt werden. In Westkamerun z. B. konnte die Bevölkerung nach dem Ende der britischen Treuhänderschaft nur zwischen dem Anschluß an Nigeria und der Angliederung an Kamerun wählen, nicht aber für Selbständigkeit stimmen. Insbesondere wird in der angelsächsischen Literatur auf die ,,Gerrymander'' eingegangen; dies sind Wahlbezirke, die so abgegrenzt sind, daß eine bestimmte Partei begünstigt ist; sie sind nach dem Gouverneur *E. Gerry* von Massachusetts benannt, der 1812 mit einer solchen Absicht einen seltsam geformten Wahlbezirk bildete[2].

,,Gerrymander'' gibt es nicht nur in den USA, und sie entwerten zweifellos die Interpretation des Wahlergebnisses. Ohne eine Untersuchung der raumstrukturellen Auswirkungen bleibt eine Untersuchung derartiger Manipulationen jedoch außerhalb der Geographie.

Bei den **Wanderungsbewegungen** sind Ein-, Aus- und Binnenwanderung von Interesse, sei es, daß der Staat sie fördert oder unterbindet oder sie auch zwangsweise herbeiführt – etwa durch Vertreibung oder Umsiedlung. Zu diesem Themenkreis sei auf das Kapitel Bevölkerungsgeographie (Bd. 1) sowie auf S. 311 ff. verwiesen.

– Wirtschaft und Verkehr

Bei **Wirtschaft, Verkehr und Kommunikation** richtet sich das Augenmerk auf ihre Bedeutung für die Entwicklung des Staates und auf ihre Beeinflussung durch diesen. Erinnert sei an das wachsende Gewicht der erdölproduzierenden Länder und auf ihre jungen Strukturwandlungen, die in starkem Maße vom Staat getragen werden, sowie an die Maßnahmen verschiedener Staaten zum Schutze ihrer Fischereiwirtschaft (s. S. 324 ff.).

Schwind[3] gliedert die Staaten nach ihrer wirtschaftlichen Ausstattung in

1. rohstoffreiche, produktionsstarke Industriestaaten
    a) mit weltmarktoffener Wirtschaft (USA)
    b) mit weltmarktdistanzierter Wirtschaft (UdSSR)
2. rohstoffbeschränkte, produktionsstarke Industriestaaten

Raumtypen   a) im Bereich der freien Marktwirtschaft (BR Deutschland, Japan)
    b) im Bereich der Planwirtschaft (Tschechoslowakei, Polen)
3. Industriestaaten mit nur lokal entwickelter Schwerindustrie
    a) im Bereich der freien Marktwirtschaft (Schweden, Schweiz, Australien)
    b) im Bereich der Planwirtschaft (Ungarn)
4. montanwirtschaftlich geprägte Staaten (Nauru: Phosphat, Kuwait: Erdöl)

[1] *J. R. V. Prescott*, 1975a, S. 95
[2] *N. J. G. Pounds*, 1963, S. 213–214
[3] *M. Schwind*, 1972, S. 276–302, 344–348

5. industrialisierte Agrarstaaten (China, Türkei, Peru)
6. Agrarstaaten (Äthiopien, Nigeria, Mali)

Durch die Einbeziehung weiterer Kriterien, insbesondere der Bevölkerungszahl und der Flächengröße, kommt man zu einer sehr weitgehenden Differenzierung und erhält damit eine ausführliche Typologie der Staaten. Für einfachere Zwecke genügt eine Untergliederung in

– Staaten mit vielseitiger Wirtschaftsstruktur,
– mit einseitiger Wirtschaftsstruktur – mit oder ohne Monopol – und
– mit einer Wirtschaft mit stark dominierenden Zweigen.

– Staatsorganisation und Verwaltung

Die raumwirksame Tätigkeit eines Staates wird auch durch seine Organisation, das heißt durch seine Verfassung und Gliederung gesteuert. Ob er zentralistisch oder föderalistisch organisiert ist und Gebiete mit teilweise oder vollständiger Autonomie (z. B. Eingeborenenreservate; Sizilien und Sardinien) besitzt, ob es sich um eine Demokratie oder um eine Diktatur handelt, ob er marktwirtschaftlich bzw. kapitalistisch oder zentralverwaltet bzw. staatsmonopolistisch ausgerichtet ist, kann bei der Bewertung des Potentials, bei strukturwirksamen Fördermaßnahmen, in der Umwelt- und in der Wirtschaftspolitik von Bedeutung sein, weil dadurch die Verwaltungsgliederung und -organisation sowie der Handlungsspielraum für die raumwirksame Tätigkeit bestimmt werden. So ist es denkbar, daß in einem föderalistisch gegliederten Staat die Binnengrenzen stärker hervortreten als in einem zentralistischen, z. B. durch unterschiedliche Fördermaßnahmen in zwei aneinandergrenzenden Ländern. In der Zentralverwaltungswirtschaft wird die räumliche Struktur durch Vorgaben für einzelne Wirtschaftszweige erheblich beeinflußt, wie durch den bevorzugten Ausbau der Schwer- statt der Konsumgüterindustrie in der Sowjetunion nach dem Zweiten Weltkrieg oder durch die Bildung großer spezialisierter Produktionseinheiten in der Landwirtschaft der DDR in den 1970er Jahren. In der Umweltpolitik erweist sich ein Staat mit zentralverwalteter Wirtschaft als weniger fortschrittlich, weil er als Unternehmer offenbar die Kosten scheut. Wo Grund und Boden dem Staat gehören, kann dieser umweltverändernde Großprojekte sehr viel leichter verwirklichen. In freiheitlichen Demokratien mit einer umweltbewußten Bevölkerung werden Großprojekte in jüngster Zeit durchaus kritisch bewertet. Nicht selten werden sie durch Aktionen verzögert (z. B. der Bau von Kernkraftwerken) oder durch gerichtliche Verfügungen gestoppt.

Organisation des Staates

Die Bedeutung der Staatsorganisation wird deutlich an den Vorschlägen zur optimalen Gliederung der Bundesrepbulik Deutschland. Diese müßte umfassen:

als föderalistischer Bundesstaat	5– 8 Länder
als dezentralisierter Einheitsstaat	12–16 Provinzen
als hochzentralisierter Einheitsstaat	40–48 Bezirke

Für den dezentralisierten Einheitsstaat kann Frankreich, für den hochzentralisierten die DDR als Beispiel gelten.

Je stärker die Zentralisation, desto weniger Einfluß können Minderheiten in der Regel ausüben und umso weniger werden regional unterschiedliche Bedürfnisse befriedigt.

Hier mag an die heftigen Auseinandersetzungen um Südtirol nach dem Zweiten Weltkrieg erinnert werden. Das 1946 zwischen Italien und Österreich geschlossene „Pariser Abkommen" gewährte den Südtirolern die Autonomie. Deren Auslegung erwies sich jedoch als strittig. Unruhen in Südtirol mit einer Serie von Anschlägen 1961 und harte Maßnahmen der Staatsregierung verschärften die Lage. Damit wurden neue Verhandlungen notwendig, die 1961 mit der Ratifizierung des „Südtirol-Pakets" in Wien und Rom endeten. Südtirol erhielt darin Zugeständnisse hinsichtlich der kulturellen und sprachlichen Autonomie sowie hinsichtlich der Regionalpolitik. Damit nimmt Österreich – durch die vertragliche Bindung Italiens – indirekt Einfluß auf die Entwicklung Südtirols.

3. Die raumwirksame Tätigkeit von Staaten

Raumwirksame Aktivitäten

Die raumwirksamen Aktivitäten politischer Institutionen lassen sich in zwei Gruppen gliedern:

1. Die *regional gezielte Aktivität,* d. h. die direkt raumwirksame Tätigkeit, sei sie fördernd oder hemmend. Es handelt sich um den weiten Bereich der Raumordnung oder Regionalpolitik. (Er wurde in Bd. 2, S. 277 ff., näher dargestellt.)

Räumlich gezielte und allgemeine Aktivitäten

2. Die *allgemeine Aktivität,* auch in einem bestimmten Sektor, ohne besondere räumliche Zielsetzung. Auch bei einer solchen Aktivität treten Auswirkungen auf die räumlichen Strukturen und Verflechtungen auf; der Staat wird damit indirekt raumwirksam tätig.

Zweifellos können sich beide Gruppen überlagern. So zog die machtpolitisch für notwendig gehaltene Vergrößerung der Kriegsflotte im deutschen Kaiserreich den Ausbau von Flottenstützpunkten nach sich. Als solche kamen jedoch nur wenige Standorte in Frage: Kiel und Wilhelmshaven erlebten seit 1871 eine ungestüme Entwicklung. Im Rahmen der allgemeinen Aktivität wurde der Staat also räumlich gezielt tätig. Das wiederholte sich mit umgekehrtem Vorzeichen nach der allgemeinen Zerstörung der deutschen Kriegsmacht 1918 und vor allem 1945 durch die Siegermächte, als Kiel und Wilhelmshaven ihre Hauptfunktion vollständig verloren und damit zu Problemgebieten wurden.

Die indirekt raumwirksame Tätigkeit des Staates reicht in alle Bereiche politischen Handelns, in die Wirtschafts-, Verkehrs- und Finanzpolitik ebenso wie in Bevölkerungs-, Verteidigungs- oder Umweltpolitik, ja sogar in die Wohnungsbaupolitik hinein. In der Regel sind sogar mehrere Bereiche gleichzeitig beteiligt. Ihre Raumwirksamkeit erlangt eine solche Aktivität hauptsächlich über ihre wirtschaftlichen Auswirkungen[1] und über die ausgelösten Veränderungen der Bevölkerungsstruktur.

Wirtschaftspolitische Maßnahmen

Zur Förderung des Schiffbaus hat die Bundesrepublik Deutschland in den letzten Jahrzehnten Steuervergünstigungen gewährt. Sie hat damit sowohl die Werftstandorte als auch die Seeschifffahrt wirtschaftlich gestärkt, konnte aber die Auslandskonkurrenz nicht schwächen und die Krisen bei den Werften nicht verhindern. In diesem Fall wurde ein Mittel der Finanzpolitik eingesetzt, um ein Ziel der Wirtschafts- und Regionalpolitik zu erreichen.

In der Landwirtschaft führt eine Förderung der Aufstockung bei gleichbleibender Zahl der Arbeitskräfte je Betrieb zu einer Änderung der Bodennutzung, weil die größere Betriebsfläche nicht mit gleicher Arbeitsintensität wie die ursprüngliche kleinere bewirtschaftet werden kann; Getreide-, Feldfutter- und Dauergrünlandflächen nehmen hierbei zu, Hackfruchtflächen ab[2].

Pakistan hat in den 1950er Jahren den Export von Rohjute mit einem Ausfuhrzoll belegt. Damit konnte die eigene juteverarbeitende Industrie gefördert, die eigene Wirtschaft also gestärkt werden. Die Maßnahme hatte jedoch auch eine Auswirkung auf andere Staaten: Die deutschen Rohjuteverarbeiter gerieten in Schwierigkeiten, weil nun die pakistanischen Fertigprodukte billiger waren. In Hamburg wurde dadurch die Juteverarbeitung bedeutungslos[3], in Kassel und Bad Hersfeld hat sie sich auf die Herstellung von Haargarn- und Tuftingteppichen umgestellt[4].

Auch die Einrichtung von Freihafenzonen als Mittel zur Förderung der eigenen Schiffahrt und Industrie kann hier als Beispiel für die Kombination finanz- und wirtschaftspolitischer Maßnahmen angeführt werden.

Stadtrandsiedlungen nach 1931

Ein Beispiel für die Auswirkung innen-, wirtschafts- und sozialpolitischer Maßnahmen kann der Anfang der 30er Jahre durch eine „Notverordnung" jener Zeit eingeleitete Siedlungsbau bieten. In den Jahren bis 1925 hatte die Weimarer Republik die Kleinsiedlungspolitik fortgeführt, wie sie im Ersten Weltkrieg eingeleitet worden war (1915 Kriegsheimstättengesetz, 1920 Reichsheimstättengesetz). Dabei wurden durch öffentliche Mittel ausschließlich gemeinnützige Wohnungsbaugesellschaften gefördert. In einer weiteren Phase wurde der Mietwohnungsbau solcher Gesellschaften unterstützt. Sie wurde abgelöst mit der „Dritten Verordnung des Reichspräsidenten zur

---

[1] *E. Wirth,* 1969, S. 174
[2] *K. A. Boesler,* 1969, S. 149 ff.
[3] *J. K. Zeidler,* 1966, S. 23
[4] *W. Vigener,* 1966, S. 40

Sicherung von Wirtschaft und Finanzen und zur Bekämpfung politischer Ausschreitungen" vom 6. Oktober 1931. Diese sah die Förderung der „landwirtschaftlichen Siedlung", der „vorstädtischen Kleinsiedlung" und der „Bereitstellung von Kleingärten für Erwerbslose" vor. Die Maßnahmen sollten dazu dienen, den Erwerbslosen den Lebensunterhalt zu erleichtern. Bedingung war, daß der Erwerbslose bei der Erschließung des Geländes oder beim Bau mitarbeitete, während er die Unterstützung weiter bezog. Auch mußte er sich bestimmten Bedingungen unterwerfen. Noch 1931 wurden für diese Förderung 48 und 1932 weitere 25 Millionen Mark bereitgestellt. Körperschaften des öffentlichen Rechts mußten das Land zur Verfügung stellen, das dann in Pacht oder Erbbaurecht vergeben werden sollte. Aufgrund dieser Bestimmungen entstanden in Deutschland am Rande größerer Städte zahlreiche Siedlungen von Doppelhäusern einfacher Bauweise mit Grundstücken von 600–1000 m². Mochten sich die einzelnen Siedlungen auch unterscheiden, innerhalb einer Siedlung wurde in der Regel ein und derselbe Grund- und Aufriß verwendet. Als Beispiele für solche „vorstädtischen Kleinsiedlungen" seien genannt:

Siedlung		Siedler-stellen	Grundstücks-größe ca. m²
Ebertstraße	Hamburg-Farmsen	50	.
Wolfskamp	Hannover	202	765–1000
Schönforst	Aachen	66	.
Kietzer Feld	Berlin-Köpenick	120	1000
Mockau	Leipzig	278	1000
Goldstein	Frankfurt	920	750
Neuwirtshaus	Stuttgart	305	850
Kleinlappen	München	166	.

Inzwischen sind diese Siedlungen großenteils von den Siedlern erworben und die Häuser weiter ausgebaut worden.
Für die Gegenwart kann als Beispiel das Städtebauförderungsgesetz der BR Deutschland genannt werden.

Auch die **Auswirkungen von Kriegen,** Konflikten und Verteidigungsmaßnahmen gehören in diesen Zusammenhang. Sie reichen von der Förderung bestimmter Wirt-

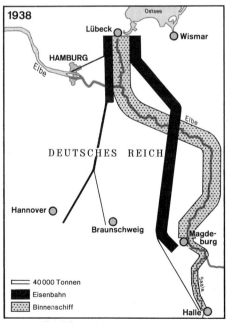
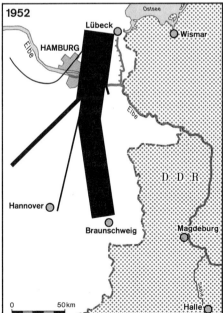

Nach Hagel 1957

Abb. 101: Verlagerung von Verkehrsströmen durch politische Einwirkung: Der Salzbezug Lübecks 1938 und 1952

schaftsbereiche und der Verlagerung von Industriebetrieben über die indirekte Stärkung von Industriegebieten durch Ankauf von Rüstungsgütern und den Ausbau strategisch wichtiger Verkehrswege bis zu Zerstörungen, Vertreibungen, Störungen der
Wirtschaft, Grenzziehungen, Verlagerung von Verkehrsströmen und zur Akkulturie-
rung eroberter Gebiete. *Sauerwein*[1] zeigte dies für die Konflikte auf Zypern und in der
Ägäis.

Bezüglich der Auswirkungen von Kriegen mag an die Situation in Deutschland nach
dem 8. Mai 1945 erinnert werden, als das Deutsche Reich von alliierten Truppen
besetzt wurde. Die Besatzungsmächte entschieden, wo Flüchtlinge unterzubringen
waren, wie lange und in welchem Ausmaß Industriebetriebe demontiert und Wälder
(z. B. im Harz und im Südschwarzwald) abgeholzt wurden. Weitere Auswirkungen, bis
in die heutige Zeit, hatten die Beschlüsse, in welchem Umfang die gemeinsam beschlossene Bodenreform durchgeführt werden sollte und wo unter Vertreibung der
Bevölkerung Gebiete abgetreten werden mußten – wie also die bestehenden Strukturen zwangsweise verändert wurden. In der sowjetisch besetzten Zone wurden alle
Betriebe ab 100 ha vollständig und entschädigungslos enteignet, wogegen in der
britisch besetzten Zone lediglich Besitz ab 150, in der französischen ab 450 und in der
amerikanischen ab 1600 ha gegen Entschädigung erfaßt wurde[2]. Ebenso erwies es
sich für den Güterumschlag der Seehäfen als entscheidend, in welcher Besatzungs-
zone die Häfen und in welcher ihre Hinterländer lagen[3].

Deutschland nach 1945 *(Marginalie)*

Auch die israelisch-jordanische Grenze in Samaria hatte in der Form, wie sie 1949–1967 bestand,
eine erhebliche Umstrukturierung zu beiden Seiten zur Folge[4].

Die Entwicklung der Industrie in den *Südstaaten der USA* ist durch kriegsbedingte Maßnahmen
erheblich beeinflußt worden[5]. Vom Juli 1940 bis zum Juni 1945 stieg der Wert der Industrieanlagen
dieser Staaten ungefähr um das Doppelte des Wertes von 1939, nämlich um 4,4 Mrd. Dollar. Aus
strategischen Gründen wie auch aus Gründen des Arbeitsmarktes wurden neue Betriebe großenteils in Gemeinden angesiedelt, die vorher nur wenig oder keine Industrie hatten. Die notwendige
Energie lieferte im wesentlichen die Tennessee Valley Authority. Außerdem wurden neue Militärstützpunkte mit Ausbildungs- und Forschungsaufgaben eingerichtet, die neben dem Militärperso-
nal Tausende von Zivilisten beschäftigen und Zulieferbetriebe anzogen. Insgesamt stieg die Zahl
der Industriebeschäftigten in den Südstaaten ganz erheblich an (1929: rd. 1,4 Mio., November
1943 2,8 Mio.), und zugleich erhöhte sich das Lohnniveau beträchtlich. Damit verbesserte sich der
Markt für Konsumgüter, so daß sich die Industriestruktur verbreitern konnte. Ab Ende 1943 ging
zwar die Zahl der Industriebeschäftigten zurück, doch blieben etwa 60% aller im Krieg neuge-
schaffenen Arbeitsplätze erhalten. Durch den Koreakrieg (1950–1953) und den Vietnamkrieg
wurde die kriegswichtige Industrie nochmals ausgeweitet.

Eine besondere Kriegsfolge stellen mehrere *Überschwemmungen in den Niederlanden* dar. Die
Lage der Polder unter dem Meeresspiegel forderte nämlich wiederholt dazu heraus, zur Verteidi-
gung oder zur Vertreibung des Gegners das Wasser einzusetzen. Berühmt ist die Öffnung der
Schleusen 1574, durch die man die Spanier zwang, die 66 von ihnen um die Stadt Leiden
errichteten Schanzen nach 131 Tagen Belagerung zu verlassen. Als die Niederländer 1583 im
Kampf gegen die Spanier Seeländisch-Flandern weitgehend überfluteten, ahnten sie nicht, was
sie anrichteten. Es dauerte Jahrzehnte, bis das Land wieder trocken lag, da sich durch die
Gezeiten große Stromrinnen bildeten, die schwer zu schließen waren. Das damals überflutete
Land von Saaftinge ist bis heute nicht zurückgewonnen. Auch später bedienten sich Freund wie
Feind wiederholt des Wassers, zuletzt Ende 1944 die Briten, als sie die Dünen bei Westkapelle auf
Walcheren zerbombten, um die deutschen Truppen durch die Überflutung auszuschalten; 12–16
Monate währten die Arbeiten zur Abdämmung des Salzwassers, und noch heute mahnt eine lange
Stromrinne hinter der Düne gegen den Wahnsinn des Krieges.

Südstaaten der USA *(Marginalie)*

Überschwemmungen in den Niederlanden *(Marginalie)*

Es stellt sich die Frage, welche treibenden Kräfte hinter den raumwirksamen Aktivitäten stehen. Viele Maßnahmen lassen sich auf Unterschiede im gesellschaftlichen

[1] *F. Sauerwein*, 1980
[2] *G. J. Trittel*, 1982
[3] *J. Hagel*, 1957
[4] *M. Brawer*, 1978
[5] *U. Brand*, 1968

Bereich zurückführen, z. B. in Einkommen, Besitzverhältnissen, Bevölkerungsverteilung. Eine wesentliche Rolle spielen aber auch die (veränderliche) Bewertung von
Lebensstandard und Lebensqualität, einschließlich der persönlichen Freiheiten. Eine
weitere Ursache sind die (sich wandelnden) Vorstellungen über Notwendigkeit, Möglichkeiten und Wege, diese Qualitäten zu erhöhen, sei es nur für einzelne Gruppen
oder für die gesamte Gesellschaft. Hier werden ideologische Leitbilder wirksam.
Die merkantilistischen Maßnahmen zur Landesentwicklung und die Fördermaßnahmen der Gegenwart bezwecken ebenso wie Unabhängigkeitsbewegungen, durch
politische Maßnahmen „Rückständigkeiten" auszugleichen und dadurch räumliche
Strukturen zu verändern. Auch das Streben Einzelner oder führender Gruppen nach
Macht tritt immer wieder in Erscheinung, leider meist gepaart mit Unduldsamkeit
gegenüber Minderheiten oder einer Opposition.

– *Das Instrumentarium*
Das von den politischen Institutionen eingesetzte Instrumentarium umfaßt eine Vielzahl von Maßnahmen; sie lassen sich in vier Kategorien zusammenfassen:
1. **Rechtliche Maßnahmen.** In erster Linie handelt es sich um Erlaß und Durchführung von Gesetzen und Verordnungen, z. B. zu Agrarreformen, Neugliederung der
Verwaltungseinheiten, über Zölle und Steuern, Subventionen und Vorzugstarife, För-
auch um Wirtschaftspläne, Raumordnungsprogramme und Bauleitpläne sowie Um-
siedlungsmaßnahmen. Außerdem gehören hierzu internationale Verträge wie Han-
delsabkommen (z. B. über Erdgaslieferungen), Fischereiabkommen, Militär- und Wirt-
schaftsverträge, ferner die Gewährung von Privilegien und Monopolen und die einseitige Erhebung von Ansprüchen (z. B. des alleinigen Fischereirechts). Maßnahmen
dieser Kategorie bilden in der Regel auch die Grundlage für Maßnahmen der folgenden Kategorien.
2. **Lenkung öffentlicher Mittel,** insbesondere für öffentliche Investitionen und zum
Finanzausgleich. Staatliche und kommunale Mittel sind wesentliche Bestandteile und
Steuerinstrumente der staatlichen, regionalen und lokalen Entwicklung; sie eignen
sich deshalb auch als Indikatoren bei der Untersuchung der raumwirksamen Staatstätigkeit[1].
3. **Staat oder Kommune als Unternehmer,** Mitunternehmer oder Auftraggeber. Neben Betrieben der öffentlichen Hand in Land-, Forst-, Industrie- und Versorgungswirt-
schaft sowie neben Hochschulen und Garnisonen (vgl. Bd. 2, Kap. C VII) sind hier
auch Meliorationsmaßnahmen (Trockenlegungen, Flußregulierungen, Aufforstungen
u. a.) zu nennen. Sie werden häufig von eigens hierfür gegründeten Gesellschaften
durchgeführt (z. B. Tennessee Valley Authority, Emsland GmbH).
4. **Öffentlichkeitsarbeit und Bildungswesen.** Hierzu gehört auch die Beratung (z. B.
in der Landwirtschaft, in Entwicklungsländern).
Insbesondere bei den rechtlichen und den Lenkungsmaßnahmen zeigt sich der Unterschied zum privaten Bereich; denn hier handelt es sich eindeutig um politische Mittel.
Bei unternehmerischen Tätigkeiten dagegen läßt sich keine scharfe Grenze ziehen,
wenngleich die öffentliche Hand bei ihren Unternehmungen sich nicht ausschließlich
von ökonomischen Gesichtspunkten leiten läßt, sondern auch soziale, innenpolitische oder strategische Aspekte berücksichtigt. Die Maßnahmen der einzelnen Kategorien werden z. T. für sich, meist jedoch in Kombination miteinander angewendet
(vgl. auch Bd. 2 Kap. C VII).

Als Beispiele für die Kombination von Mitteln aller vier Kategorien seien die Bestrebungen der
Landesherren Schleswig-Holsteins im 17. Jahrhundert genannt, den Handel des eigenen Territo-

---

[1] *K. A. Boesler,* 1974

riums zu stärken. Graf Ernst II. von Holstein-Pinneberg gewährte der Stadt Altona Religions- und Gewerbefreiheit, so daß viele Handwerker dorthin zogen. Die Herzöge von Holstein-Gottorf förderten Husum (Stadtrecht 1603) und Tönning (Stadtrecht 1590, Hafen 1613), ehe Herzog Friedrich III.

Schleswig-Holstein im 17. Jahrhundert 1621 Friedrichstadt an der Eider gründete. Er besiedelte die Stadt mit niederländischen Glaubensflüchtlingen (sicherlich nicht ohne „Öffentlichkeitsarbeit") und gewährte ihnen Abgabenerlaß und andere Privilegien. Im königlichen Anteil des Landes erbaute König Christian IV. 1616 Hafen und Festung Glückstadt. Auch er siedelte Flüchtlinge aus den Niederlanden und spanische Juden an. Alle drei Häfen – Altona, Friedrichstadt, Glückstadt – sollten Funktionen Hamburgs auf sich ziehen. Auch Glückstadt und Friedrichstadt erhielten das Recht der freien Glaubensausübung, Friedrichstadt außerdem das Recht auf Selbstverwaltung, unter dem sich die Stadt zu einer aristokratischen Republik wie Amsterdam entwickelte. Angehörige mehrerer Konfessionen, vor allem Glaubensflüchtlinge, lebten in beiden Städten tolerant nebeneinander, während in Europa Religionskriege tobten. Herzog Friedrich ließ Gesandtschaften in Frankreich, Spanien und Portugal, in Algier und der Levante verhandeln, um Handelsverbindungen zu knüpfen. 1633 reiste eine Gesandtschaft nach Moskau, 1636 nach Isfahan, um den Seidenhandel von Persien über Wolga, Düna und Ostsee nach Kiel zu ziehen (wo der Herzog am Markt „Persianische Häuser" errichtete) und ihn von dort eiderabwärts zur Nordsee weiterzuführen; doch Rußland verweigerte die zollfreie Durchfuhr. Im königlichen Glückstadt eröffneten die Guinesische, die Isländische und die Nordische Handelskompanie ihre Kontore; Frachtschiffe, Walfänger und Robbenschläger hatten hier einen Heimathafen. Zucker-, Salz- und Seifensiedereien entstanden, eine Ölmühle und eine Münze wurden errichtet. Die 1632 in Glückstadt gegründete Druckerei, die Bücher auch in orientalischen und asiatischen Schriften druckt, gehört heute zu den bekanntesten der Welt. Christian IV. stärkte Glückstadt auch dadurch, daß er die Kanzlei für seine Landesteile in Schleswig und Holstein dorthin legte. Trotz allen Bemühungen konnten sich jedoch weder Glückstadt noch Friedrichstadt gegenüber Hamburg mit seiner günstigen Lage durchsetzen und sanken zurück. Altona jedoch, das 1640 im Erbgang an Christian IV. fiel, nahm einen beachtlichen Aufschwung. 1667 wurde es zur Stadt erhoben und durch zollfreies Umschlag- und Stapelrecht gefördert; 1780 stieg es zum zweitgrößten Hafen Dänemarks auf. Um 1800 übertraf es mit der Abfertigung von 300 Seeschiffen vorübergehend sogar Hamburg[1].

Libanon Als Beispiel aus neuerer Zeit seien Maßnahmen zur Förderung der Landwirtschaft in *Libanon* in den 1950/60er Jahren genannt[2]: Abgabe von Baumsetzlingen (Obstbäume, Maulbeerbäume), Qualitätskontrolle, Werbung für Landesprodukte im Ausland, Kontingentierung des Exports und Verbot der Ausfuhr von zu kleinen Früchten zur Vermeidung von Preisverfall, Charterung von Schiffen für den Obstexport, Beratung der Bauern, Gründung eines Forschungsinstituts 1953, Aufforstungen.

Schwind[3] unterscheidet drei Bereiche staatlichen Handelns, das allerdings zumeist übergreifend erfolgt:

Bereiche staatlichen Handelns
– *ausschließliche Staatstätigkeit* (Innen-, Finanz-, Militär- und Außenpolitik)
– *konkurrierende Staatstätigkeit* (Wirtschafts- und Ernährungspolitik, Beteiligung im Verkehrs- und Nachrichtenwesen, Tätigkeiten im sozialen und kulturellen Bereich)
– *außerordentliche Staatstätigkeit* (Landesentwicklungsmaßnahmen, Katastrophenhilfe).

Für die Untersuchung von Prozessen dürfte sich diese Gliederung jedoch weniger eignen. Ähnliches gilt für die von *Prescott*[4] aufgeführten Klassifikationen von Maßnahmen.

Die Frage nach dem Instrumentarium und nach den Auswirkungen politischer Maßnahmen auf Strukturen, Verflechtungen und Prozesse ist im Hinblick auf die Anwendbarkeit der Politischen Geographie von besonderer Bedeutung. Gerade sie geht jedoch in den älteren Lehrbüchern vor lauter Typisierung, die nach einer Bedeutung für die Praxis nicht fragte, unter.

---

[1] *Chr. Degn* u. *U. Muuß*, 1963 und 1965
[2] *H. Lechleitner*, 1972
[3] *M. Schwind*, 1972, S. 365–375
[4] *J. R. V. Prescott*, 1975a, S. 118–119

4. Hauptstädte und politische Zentren

Jede politische Raumeinheit besitzt ein politisches Zentrum: in der Regel ist es die *Hauptstadt.* Mitunter gesellen sich der Landeshauptstadt einige *Teilhauptstädte* zu, die – wie Hamburg, Köln, Frankfurt und München – auf Teilgebieten Funktionen für Ränge und Kennzeichen das ganze Land wahrnehmen. Häufig ordnen sich ihr *Regionalhauptstädte* unter – wie Hannover, Düsseldorf, Stuttgart u. a. Meist ist die Landeshauptstadt eine größere, wenn auch nicht immer die größte Stadt des Landes (z. B. Ankara, Bern, Bonn, Delhi). Oft wird sie als ,,Schaufenster der Nation'' oder als nationales Symbol besonders gefördert (z. B. Ankara, Brasilia). Größe und Verwaltungsgliederung des Staates entscheiden über die Zahl und die Anordnung der Zentren mittleren und unteren Ranges und damit zugleich über Versorgungssituationen.

Kennzeichen der Hauptstadt sind ihre hochrangigen Verwaltungsfunktionen. Wegen der Kommunikationsvorteile lassen sich in ihr aber auch Repräsentanten zahlreicher Organisationen, Institutionen und Interessengruppen nieder, die an Entscheidungsfindungen mitwirken wollen oder sollen. Diese Funktionen ziehen eine entsprechende Ausstattung an Institutionen (Ministerien, Botschaften, in- und ausländische Wirt- Tafel 13 schaftsvertretungen usw.) und Folgeeinrichtungen (Presseagenturen, Hotels, Banken usw.) nach sich, die sich in bestimmten Vierteln konzentrieren (Tafel 13). Das Gleiche gilt für Verwaltungssitze supranationaler Organisationen (Brüssel mit dem EG-Verwaltungszentrum und dem Wohngebiet ,,Europaquartier'' in Vilvoorde, Straßburg, Genf u. a.).

Schwind[1] unterscheidet weltweit (in Klammern die Anzahl): Hauptstadttypen
1. von der Regierungsfunktion geprägte Hauptstädte (11), z. B. Bern, Bonn, Brasilia, Canberra;
2. multifunktionale Hauptstädte mit zugleich bedeutender Fernwirkung (34), z. B. Belgrad, Helsinki, Santiago, Teheran;
3. multifunktionale Hauptstädte im Rang einer Weltmetropole (17), z. B. London, Moskau, Tokio;
4. multifunktionale Hauptstädte mit gehemmter Entwicklung (13), vor allem in Staaten mit geringem Potential, z. B. Addis Abeba, Kabul, Reykjavik;
5. unentwickelte Hauptstädte (45), z. B. Abidjan, Brazzaville, Kinshasa.

Die hohe Zahl der unentwickelten Hauptstädte erklärt sich daraus, daß die Kolonialhauptstädte mit der Entkolonialisierung meist zu Landeshauptstädten aufgerückt sind, weil sie bereits über die beste entsprechende Ausstattung verfügten, wenngleich diese für die neuen Anforderungen keineswegs ausreichte. *Mahnke*[2] spricht vom Kümmertyp, wenn der Hauptstadt wirtschaftliche und kulturelle Funktionen weitgehend fehlen und zudem eine Dezentralisierung der hauptstädtischen Funktionen ihre Entwicklung beeinträchtigt hat.

Neben den Hauptstädten sind auch andere führende Städte des Landes zu berücksichtigen. Mit einer Vielzahl von Funktionen ausgestattet, stehen sie in einem Wechselspiel mit den Hauptstädten. Wenn sie größer sind als die Hauptstadt, weisen sie oft eine günstigere Verkehrslage auf.

Die Hauptstädte liegen häufig in den Kerngebieten des Landes (Paris, Moskau) oder an Plätzen mit günstigen Verbindungen zur übrigen Welt (früher Sankt Petersburg Lage und Konstantinopel). Die auch zum Teil noch heute vertretene Auffassung, die Landeshauptstadt müsse in der Mitte des Landes liegen, hat schon verschiedentlich zur Verlegung des Regierungssitzes geführt, auch wenn damit ein Verkehrsgunstraum verlassen wurde. 1560 wurde Madrid, 1923 Ankara zur Hauptstadt erhoben, 1957 Brasilia begonnen. Dennoch liegen nur rund 25% der Hauptstädte in der Mitte ihres Landes, 75% dagegen exzentrisch, und von diesen ist die Hälfte zugleich Hafenstadt. Eine Küstenlage weist viele Vorteile gegenüber einer zentralen Lage auf. Das gilt besonders für Staaten mit großem Urwald- und Wüstenanteil[1].

---

[1] *M. Schwind,* 1972, S. 165–168
[2] *H. P. Mahnke,* 1970, S. 82

Eine Schwerpunktverlagerung nach außen dagegen bedeutete die Gründung von Sankt Petersburg im Jahre 1703 und die Erhebung zur Residenz 1712. Peter der Große erstrebte damit einen stärkeren Anschluß Rußlands an das weiter entwickelte Europa, die Sicherung neu gewonnener Territorien und einen für den Handel mit Europa günstiger gelegenen Seehafen als Archangelsk. Militärisch ausgerichtete Manufakturen und Werften leiteten die Industrialisierung der Stadt ein, und deren Versorgung mit Rohstoffen und Zulieferungen machte den Ausbau von Wasserstraßen nötig[1].

Gerade in den ehemaligen Kolonien liegen die Hauptstädte meist an der Küste, denn sie stellten früher die Brücke zu den Mutterländern dar, über welche die Hauptverkehrsströme liefen. Die Erlangung der Selbständigkeit hatte denn auch bei einigen Staaten die Verlegung des Regierungssitzes zur Folge (Tansania: Von Daressalam nach Dodoma). In einigen Fällen wurde bei der Verlegung der Hauptstadt an die Geschichte des Landes angeknüpft und ein früheres Zentrum wiedergewählt (Moskau, Ankara, Delhi). Bei Brasilia hatte man auch die Erschließung des Landesinneren im Auge. Allgemein sind also die Gründe für die Verlegung und die Wahl des neuen Standortes sowie deren Auswirkungen zu untersuchen.

Verlegungen der Hauptstadtfunktion sind nicht selten: Durlach → Karlsruhe (1715); Stuttgart → Ludwigsburg (1724) → Stuttgart (1734) → Ludwigsburg (1764) → Stuttgart (1775); Moskau → Sankt Petersburg (1712) → Moskau (1918); Brussa (heute Bursa, 1326) → Adrianopel (heute Edirne, 1361 gemeinsam mit Brussa Hauptstadt) → Konstantinopel (1458) → Ankara (1923). In den USA haben nur Massachusetts, Wyoming und Nevada noch ihre ursprünglich gewählte Hauptstadt; in allen anderen Staaten sind die Hauptstädte zwei- bis dreimal, in einigen sogar fünfmal verlegt worden. Insgesamt lassen sich in den USA 130 Hauptstadtverlegungen nachweisen[2].

Jede Verlegung bringt erhebliche Veränderungen im Gefüge der Infrastruktur mit sich. So klagte die Stadt Stuttgart 1730, bald nach der ersten, durch Fürstenlaune bedingten Verlegung der Residenz nach Ludwigsburg, daß fast alle Gewerbe überbesetzt und erhebliche Steuerausfälle zu verzeichnen seien. Kurz nach der zweiten Verlegung, nämlich 1766, standen viele Häuser leer, obwohl man jetzt nur 20 Gulden Miete verlangte, wo man vorher noch 50 hatte fordern können. Die Einwohnerzahl sank von 17 610 im Jahre 1763 auf 15 820 im Jahre 1765, stieg aber von 17 018 in 1774 nach der Rückverlegung der Residenz bis 1776 auf 18 275 und bis 1795 auf 19 800, wozu noch rund 4000 Angehörige von Hof und Militär hinzukamen.

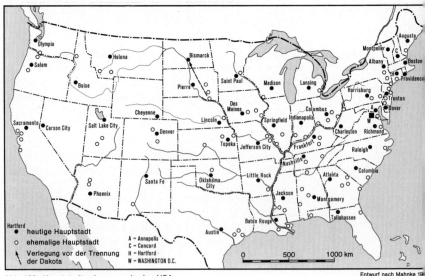

Abb. 102: Hauptstadtverlegungen in den USA

Entwurf nach Mahnke 19

---

[1] *I. M. Matley*, 1981
[2] *H. P. Mahnke*, 1970, S. 52

Rivalitäten zwischen Volksgruppen, Bundesstaaten oder Städten haben mitunter dazu geführt, die Hauptstadtfunktion zu teilen[1]. Das bewirkt eine polyzentrische Ausbildung der Infrastruktur. Gerade in der Bundesrepublik Deutschland befinden sich viele Bundesbehörden nicht in Bonn. Weitere Beispiele sind Amsterdam/Den Haag, Sucre/La Paz, Taipeh/Taichung, Kapstadt (Legislative) / Pretoria (Exekutive) / Bloemfontein (Rechtsprechung). Die Politische Geographie muß hier nach Grund, Art, Ausmaß und räumlichen Auswirkungen der Funktionsteilung fragen.

Bei der Wahl von Bundeshauptstädten kann ein Interessenausgleich notwendig erscheinen: Washington liegt zwischen den Nord- und den Südstaaten, Ottawa an der Grenze zwischen der englisch- und der französischsprechenden Bevölkerung. In mehreren Fällen wurden Bundeshauptstädte aus innenpolitischen Gründen aus den Bundesstaaten herausgelöst und bilden einen Distrikt für sich (Washington, Canberra, Brasilia, Kuala Lumpur). *Tafel 13*

Die günstige Erreichbarkeit der Hauptstädte und der führenden Städte, ihre guten Verkehrsverbindungen mit allen oder zumindest den wichtigen Teilen des Inlandes und den großen Zentren der Welt, ihre Rolle als Zentren der wirtschaftlichen und politischen Macht sowie ihre Bedeutung als „Schaufenster" des Landes bzw. der Region verleihen ihnen eine Vorrangstellung, die auf das Staatsgebiet oder die Region ausstrahlt: Sie sind in vieler Hinsicht die Schrittmacher der Entwicklung oder Umstrukturierung ihres Raumes, Mittler der sozialen, technischen und wirtschaftlichen Neuerungen. Sie sind aber auch der Ort von Demonstrationen, Streiks, Guerilla-Tätigkeit und Revolutionen[2]. Diese erreichen in den großen Städten eine stärkere Aufmerksamkeit und größere Wirkung; denn dort sind nicht nur größere Menschenmassen zu mobilisieren, es bestehen auch bessere Kommunikationsmöglichkeiten, und die Störanfälligkeit ist größer. Andererseits treten in diesen Städten auch die Gegensätze von Arm und Reich sowie Minderheitenprobleme, Arbeitslosigkeit, Umweltbelastung, Ver- und Entsorgungsschwierigkeiten und kommunale Finanzprobleme stärker vor Augen. Damit gehen von den großen Städten zweifellos auch dann, wenn sie nicht Regierungssitz sind, politische Impulse aus, die zu raumwirksamen Entscheidungen führen können. *Schrittmacher der Entwicklung*

– *Großstadtwachstum und Politik*

Herold[2] ist der Frage nachgegangen, wie sich das Großstadtwachstum auf die Außen- und Innenpolitik auswirkt, und schildert einige Zusammenhänge. Von den 164 politischen Unruhen mit internationaler Reichweite, die sich in den acht Jahren von 1958 bis 1966 ereigneten, waren betroffen: von den reichen Nationen (Durchschnittseinkommen mindestens 750 $ pro Kopf im Jahr) 4%, von den mittelbegüterten 48%, von den armen 69% und von den sehr armen (Durchschnittseinkommen unter 100 $ pro Kopf im Jahr) 87%. Wirtschaftlich rückständige Staaten sind demnach labiler als wohlhabende. Allerdings gingen von den Elendsvierteln der Großstädte in Entwicklungsländern bisher keine politisch motivierten Aktionen aus, da doch in diesen Vierteln politisches Bewußtsein und Gefühl für Solidarität noch wenig entwickelt sind. In den Industrieländern USA und Nord-Irland sind unterprivilegierte Minderheiten Träger solcher Aktionen. Als Motive für Unruhen werden in den USA genannt: Praktiken der Polizei und Diskriminierung, ferner Arbeitslosigkeit oder Unterbeschäftigung, unzulängliche Wohnverhältnisse, unbefriedigende Erziehungsverhältnisse, unzureichende Regierungsprogramme, mangelhafte Sozialfürsorgeprogramme und ungenügende kommunale Dienstleistungen. *Politische Unruhen*

---

[1] vgl. N. J. G. Pounds, 1963, S. 196; *H. J. de Blij* 1967, S. 411–412; *U. Ante,* 1981, S. 89–93
[2] *D. Herold,* 1972 u. 1973

5. Kern- und Randgebiete

Kerngebiete

In der angelsächsischen Literatur[1] nimmt die Diskussion um die *Kerngebiete* (core areas) der Staaten breiten Raum ein. Darunter werden jene Gebiete verstanden, von denen aus und um die herum Staaten gewachsen sind: Preußen um die Mark Brandenburg, Rußland um Moskau, Frankreich um Paris, Italien um Rom. Hier sind also historische Kerngebiete gemeint, die nicht in jedem Fall mit den heutigen identisch sein müssen. Oft sind diese Räume durch Ausstattung oder Lage begünstigt und werden durch *zentripetale Kräfte* gestärkt. Deshalb sind sie zugleich wirtschaftliche Kernräume. Der Verdichtungsprozeß war in ihnen besonders ausgeprägt, so daß sie eine relativ starke Urbanisierung oder größere Produktivität aufweisen. Hierdurch werden sie Schrittmacher des Staates. Manche Staaten haben auch mehrere Kerngebiete, auch solche verschiedenen Ranges, manchmal getragen von verschiedenen Volksgruppen (Jugoslawien: Kroatien und Serbien). Dagegen müssen sich in Staaten, die von den Großmächten ohne Mitwirkung der Bevölkerung gegründet worden sind, (Albanien 1913, Ghana 1957), Kerngebiete erst ausbilden. So haben sich in den während der ersten Entkolonialisierungsphase (1776–1825) entstandenen Ländern inzwischen Kernzonen entwickelt (La-Plata-Mündung; Rio de Janeiro – São Paulo; Südost-Australien), mitunter in Anlehnung an vorkoloniale Kerne (Mexico City, Lima).

Randgebiete

Den Kerngebieten stehen die *Randgebiete* gegenüber, die eine weniger starke Entwicklung durchgemacht haben, ja vielleicht sogar Abwanderungs- und Rückstandsgebiete sind und deshalb heute oft eine Förderung erfahren (vgl. Bd. 2, S. 300). In ihnen können sich auch *zentrifugale Kräfte* bemerkbar machen (Kurden, Korsika, Sizilien, Sardinien, Nordirland).

6. Das historische Erbe

Viele Elemente der gegenwärtigen Struktur eines Raumes haben ihre Wurzeln in der Vergangenheit. Anders ausgedrückt: Noch heute spüren wir Auswirkungen raumwirksamer Staatstätigkeit früherer Epochen. Es ist das „historische Erbe"[2], das wir weder bei landeskundlichen noch bei allgemeingeographischen Untersuchungen übergehen können. Dazu gehören z. B. die *Mehrsprachigkeit* (Schweiz, Belgien, Kanada, Jugoslawien, Deutsche in Rumänien) und *Rassenprobleme* eines Staates (USA, Südafrika), also der ethnische, sprachliche, religiöse und kulturelle Pluralismus. Historisches Erbe sind auch *landwirtschaftliche Betriebsgrößen* und *Industrialisierungsgrad*, das *Entstehen von Notstandsgebieten* und die *Lage von Hauptstädten*. Dieses Erbe kann unter den gegenwärtigen Ansprüchen der Gesellschaft an den Raum positiv oder negativ gewertet werden. Wenn man im Elsaß das früher durch Staatsinitiative gebaute Kanal- und Eisenbahnnetz heute als entscheidend für die Industrialisierung ansieht[3], so ist das zweifellos eine positive Bewertung. Als eine Belastung erweist sich das historische Erbe z. B. dort, wo das frühere *Erbrecht* viele landwirtschaftliche Kleinbetriebe mit starker Besitzzersplitterung entstehen ließ.

Huttenlocher[4] hat gezeigt, daß Sozialstruktur und wirtschaftliche Substanz in Süddeutschland in wesentlichen Zügen in den politischen Gegebenheiten des 17. und 18. Jahrhunderts wurzeln und

---

[1] *N. J. G. Pounds*, 1963, S. 171–186, *H. J. de Blij*, 1967
[2] *M. Schwind*, 1972
[3] *V. Albrecht*, 1974, S. 159
[4] *F. Huttenlochner*, 1957

die frühere Territorialgliederung widerspiegeln. Auf ehemaligen Klosterterritorien blieben auf-grund des Anerbenrechts vollbäuerliche Betriebe erhalten. Dort wurde das Eindringen von Indu-strie verhindert, so daß dieser Klosterbesitz zu Abwanderungsgebieten wurde. Im großbäuerlichen Amt Triberg haben die landlosen Bauernsöhne das Uhrmacherhandwerk entwickelt, während im übervölkerten kleinbäuerlichen Hotzenwald Heimarbeit für die aufkommende Schweizer Textilin-dustrie übernommen wurde.   *Süddeutschland im 17./18. Jahrhundert*

Weltliche Herrscher mit großen Territorien versuchten, durch Neuansiedlung, Kolonisierung von Ödland, Gerwerbeförderung und Aufbau einer Verwaltung eine Territorialwirtschaft zu entwik-keln. Hier breitete sich die Realteilung aus und begünstigte die Aufnahme von Nebenerwerb. Die Reichsritterschaft dagegen versuchte, durch die Gründung schutzgeldpflichtiger Judengemein-den (die z. B. Viehhandel betreiben) oder durch Gründung von Bettler- und Hausierergemeinden ihre Einnahmen zu erhöhen. Die Reichsstädte zeigten eine konservative Grundhaltung, um eine Minderung des Besitzstandes der Bürger zu verhindern; hier blieben in der Regel vollbäuerliche Betriebe erhalten. Art und Größe der Territorien (weltlich oder geistlich, groß oder klein) und – im Hinblick auf den Wirtschaftsgeist – die Konfession erwiesen sich als bedeutungsvoll dafür, welche raumwirksamen Maßnahmen ergriffen wurden.

7. Kolonialisierung und Raumstruktur

Grundbegriffe

Der Begriff **Kolonie** wurde ursprünglich für die Niederlassung einer Gruppe von Menschen in einem fremden Land verwendet. Die Gründung konnte aus wirtschaftli-chen oder sozialen Gründen freiwillig erfolgen, wie bei der griechischen Kolonisation der Antike, oder gelenkt als Ansiedlung, wie bei den römischen Militär-Veteranen am Limes. In diesem Sinne bezeichnet man noch heute eine Gruppe von Menschen gleicher Nationalität, die in einer ausländischen Stadt leben (z. B. Italiener in New York), als „Kolonie". **Kolonisation** dagegen wird als planvolle Erschließung eigenen oder – nach vorheriger Besetzung – fremden Gebietes mit bislang weniger intensiver Nutzung angesehen. Ein solcher Vorgang war die deutsche *Ostkolonisation* des Mittelalters ebenso wie die *Binnenkolonisation* der verschiedensten Epochen bis in die jüngste Vergangenheit. Kolonisation mit Unterwerfung der eingeborenen Bevöl-kerung wird auch als *Imperialismus* bezeichnet[1].   *Kolonisation*

Mit den Entdeckungsreisen der Spanier und Portugiesen begann der neuzeitliche *Kolonialismus,* durch den die kolonisierenden Staaten für sich Vorteile zur Steige-rung ihrer politischen und wirtschaftlichen Macht erstrebten. In dieser Epoche wur-den also die Kolonien lediglich gemäß den europäischen Wirtschaftsinteressen er-schlossen. Die antiken griechischen Kolonien waren trotz enger Verbindungen zur Mutterstadt von dieser politisch unabhängig; auch Ausländerkolonien in den großen Städten streben nicht nach politischer Eingliederung in ihr Mutterland. Dagegen ist eine staatlich geförderte Kolonialisierung nicht ohne Hoheitsanspruch denkbar. Die neuzeitlichen Kolonien können deshalb definiert werden als von einem Staat erwor-bene und von ihm abhängige, aber politisch nicht gleichberechtigte Gebiete. Sie haben keine eigene Souveränität, können also keine eigene Politik betreiben, und ihre Einwohner besitzen meist geringere Rechte als die des Mutterlandes; allenfalls haben sie eine begrenzte Selbstverwaltung.

Motive und Epochen der Kolonialisierung

Um die in den Kolonien bewirkten Veränderungen der Raumstruktur erklären zu können, sind mehrere Fragenkreise zu untersuchen: *Fragenkreise*
- Welche Motive waren für die Kolonialisierung bestimmend?
- Welche Struktur besaß der Raum vorher?
- Zu welcher Zeit und durch welche Macht erfolgte die Kolonialisation?

[1] *U. Ante,* 1981, S. 172

Je nach den Motiven, die der Kolonisation zugrundelagen, lassen sich unter-

Typen von Kolonien scheiden[1]:

1. **Siedlungskolonien** zur Ansiedlung von Auswanderern aus dem (übervölkerten) Mutterland: z. B. Nordamerika, Sibirien, Neuseeland, Libyen 1921–1945, auch die antiken griechischen Kolonien.

2. **Wirtschaftskolonien** zur wirtschaftlichen Ausbeutung der Ressourcen (einschließlich des Arbeitskräftepotentials – Sklavenhandel!) für die Wirtschaft des Mutterlandes sowie zur Ausweitung des Marktes: z. B. „Ostindien", die spanischen Kolonien in Amerika und die meisten Kolonien in Afrika. Hierher gehören auch die Handelskolonien, die von großen Handelsgesellschaften gegründet und später von deren Heimatstaaten übernommen worden sind, z. B. die der *Hudson Bay Company* und der *British South Africa Company.*

3. **Militärkolonien** zur Sicherung oder Erweiterung der Macht und zur Sicherung der Verbindungswege: z. B. Gibraltar, Malta, Falkland-Inseln, Aden, Guam, Äthiopien 1936–1945.

4. **Strafkolonien** als offene Gefängnisse zur Isolierung von Verbrechern oder politisch unerwünschten Personen: z. B. New South Wales (Australien) 1788–1840, Französisch-Guayana 1852–1945, Neu-Kaledonien 1864–1896, Sachalin 1875–1905.

5. **Missionskolonien** zur Bekehrung der Eingeborenen, z. B. die Jesuiten-Reduktionen in Südamerika.

Überlappungen und Übergänge sind durchaus möglich. So waren die portugiesischen Kolonien in Afrika zuerst Militärkolonien und wurden später Wirtschaftskolonien; Neu-Kaledonien war anfangs Straf-, dann Siedlungskolonie. Die portugiesische wie die spanische Kolonialisation sollte überdies zugleich der Christianisierung dienen.

Die Auswahl des kolonialisierten Gebietes erfolgte häufig wegen der dort vorhandenen oder vermuteten Bodenschätze. Die Suche nach Gold und Silber stimulierte die spanischen Eroberungszüge in Südamerika und das Vordringen der Portugiesen in Moçambique. Dünn besiedelte Räume mit erträglichem Klima eigneten sich als Siedlungsräume für europäische Auswanderer. Dagegen waren tropische Gebiete für Siedler in der Regel uninteressant. In klimatischen Übergangsgebieten bildeten sich Zwischenformen der Besiedlung, so daß dort das Land weder den Eingeborenen noch den Kolonisten ganz gehört (Südafrika, Rhodesien, mittelamerikanische Hochländer); in diesen Räumen ist das Erbe des Kolonialzeitalters besonders belastend[2].

Die Frage nach der Zeit der Kolonialisierung ist insofern von Bedeutung, als in den einzelnen Epochen unterschiedliche macht-, wirtschafts- und gesellschaftspolitische Leitbilder bestanden. Zudem dominierten in den einzelnen Epochen jeweils bestimmte Kolonialmächte. *Sieber*[3] unterscheidet fünf Phasen:

1. die spanisch-portugiesische Epoche (etwa 1492–1598),

2. die niederländische Epoche (etwa 1598–1688),

Phasen 3. die französisch-englische Epoche (etwa 1688–1783),

4. die englische Epoche (etwa 1783–1870).

5. Das Zeitalter des Imperialismus (1870–1940).

Da jeweils vorzugsweise in bestimmten Kontinenten kolonialisiert wurde, ergaben sich deutliche Schwerpunkte. Insbesondere ist auf die Verschiedenheiten zwischen Südamerika, Nordamerika und Schwarzafrika hinzuweisen.

---

[1] *M. Schwind,* 1972, S. 53–54; *H. J. de Blij,* 1967, S. 493–495
[2] *N. J. G. Pounds,* 1963, S. 357
[3] Vgl. *H. Christmann,* 1975, S. 32–38, S. 85–109

Wie die Kolonialmächte jeweils vorgingen, läßt sich – in starker Verallgemeinerung –
kurz folgendermaßen umreißen:

Die *Eroberungen der Spanier* wurden mit dem Auftrag zur Missionierung begründet,   Vorgehensweisen
einzelner Mächte
in der Parxis aber durch das Streben nach Gold, Gewinn und Abenteuer bestimmt. Die
einheimische Bevölkerung wurde erheblich dezimiert. Kolonialisiert wurde insbesondere in der Neuen Welt. Kennzeichen für die Besitzstruktur ist der Großgrundbesitz
(feudalistisches Prinzip). Gegenüber christianisierten Eingeborenen bestanden keine
Rassenschranken, so daß eine Vermischung einsetzte. Die einheimische Kultur wurde
jedoch weitgehend zerschlagen.

Die *portugiesische Kolonisation* wies ähnliche Züge auf, richtete sich aber stärker
auf den Handel mit Gewürzen aus Südasien. Die in den amerikanischen Kolonien
benötigten Arbeitskräfte wurden von Spanien und Portugal z. T. über den Sklavenhandel aus Afrika beschafft.

Die *Niederländer* erstrebten keine Missionierung. Ihre Kolonialisierung wurde hauptsächlich durch eine Kapitalgesellschaft betrieben, die nicht nur das Handelsmonopol
besaß, sondern auch die Produktion steuerte. Damit setzten sich kapitalistische Prinzipien durch. Das Streben nach finanziellem Gewinn stand im Vordergrund. Hauptin-
teressengebiet war Indonesien.

Die *englische Kolonialisation* war zunächst ebenfalls auf den Handel ausgerichtet,
auch hier zunächst durch Kapitalgesellschaften (z. B. die *Hudson Bay Company*).
Nordamerika wurde dann jedoch zu der wohl wichtigsten Siedlungskolonie, die – im
Gegensatz zu den spanischen und portugiesischen Kolonien[1] – auch Auswanderer
aus anderen Staaten aufnahm. Südafrika, Australien und Neuseeland lockten ebenfalls Siedler ins Land. Außer in den Siedlungskolonien, wo die Eingeborenen meist
direkt oder indirekt (durch Seuchen und Alkohol) erheblich dezimiert wurden, blieb
die einheimische Kultur und Organisation erhalten (z. B. in Indien), und die Herrschaft
wurde indirekt ausgeübt[2]. Freiheitswille und Selbstbewußtsein der weißen Siedler
führten 1776 zur Loslösung der nordamerikanischen Kolonien vom Mutterland. Großbritannien war ab der 2. Hälfte des 19. Jahrhunderts bereit, bei hinreichenden Voraussetzungen Selbstverwaltung unter britischer Flagge zu gewähren; der Common-
wealth-Gedanke setzte sich durch. Kanada wurde 1867 selbständig, Australien 1901,
Südafrika 1910, Neuseeland 1917.

Die *französische Kolonialpolitik* zeigt z. T. ähnliche Züge. Die Organisation war jedoch zentralistisch ausgerichtet. In seinem Sendungsbewußtsein[3] strebte Frankreich
die Assimilation an und zog eine akkulturierte Elite heran, der in Afrika später viele
Staatsführer entstammten[2].

Dagegen war die *belgische Kolonialpolitik* durch Paternalismus geprägt: Brüssel
„betreute" alles – via Léopoldville – und verzichtete darauf, eine einheimische Elite
auszubilden.

Die *russische Kolonisation* Sibiriens war anfangs von Eroberungsdrang und Handel
bestimmt. Aus einer Sträflingskolonie entwickelte sich dieser Raum dann zur Siedlungskolonie und wurde schließlich gleichberechtiger Landesteil des Zarenreiches.

– *Veränderungen der Raumstruktur*

Die infolge der Kolonialisierung in den Kolonien eingetretenen Veränderungen der
Raumstrukturen können hier nur kurz angesprochen werden. Bezüglich der Veränderung der Bevölkerungsstruktur unterscheidet Pounds[1] vier Staatengruppen:

---

[1] *N. J. G. Pounds,* 1963, S. 339 u. 361
[2] *H. J. de Blij,* 1967
[3] *H. Christmann,* 1975

Bevölkerungs-
struktur

1. Staaten, in denen die Europäer die Eingeborenen ganz oder fast ganz assimiliert (Nordamerika) oder durch den Kontakt mit ihnen z. T. modifiziert haben (in Südamerika);

2. Staaten, in denen einige eingeborene Gruppen assimiliert wurden, andere aber feindlich geblieben sind (Algerien, Philippinen);

3. Staaten, in denen keine Assimilation erfolgt ist, seien es Hochländer mit europäischen Siedlern (Südafrika, Rhodesien, Kenia) oder Gebiete, wohin die Europäer des Klimas wegen nicht als Siedler gekommen sind (Britisch-Guayana, Französisch-Äquatorialafrika);

4. Gebiete, in denen zugewanderte Nichteuropäer (Nichtherrschende, z. B. Chinesen, Inder) sich nicht assimilieren.

Zu der ersten Gruppe kann man auch jene Staaten rechnen, in denen die einheimische Bevölkerung ganz oder nahezu und z. T. mit Gewalt ausgerottet worden ist (Australien, Neuseeland).

Als fünfte Gruppe wären noch jene Staaten (in Ibero- und Angloamerika) hinzuzufügen, in welche die Europäer durch Sklavenhandel fremde Bevölkerungsgruppen hineingebracht haben, wenngleich mit unterschiedlicher Neigung zur Vermischung. Auch der Exodus von vielen Millionen Sklaven aus Afrika muß als eine Veränderung der Bevölkerungsstruktur und -entwicklung angesehen werden.

Ein bis in die Gegenwart nachwirkendes Problem brachten die **Grenzziehungen** mit sich. Verwaltungs- und Hoheitsgrenzen wurden häufig ohne Rücksicht auf Stammes- und Spracheinheiten gezogen. In Afrika wurde auch auf das alte Marktortesystem oft keine Rücksicht genommen, sondern neue Zentren wurden nach den Leitbildern der Kolonialmächte entwickelt. Aufgrund der Funktionen, die den Kolonien zugedacht waren, erlangten die Küstenstädte eine besondere Bedeutung. Dadurch kam es zu einer Verschiebung des Gleichgewichts: neue Küstenorte wucherten, während manche alten Marktorte verkümmerten.

Als Beispiel dafür, wie sich Kolonialmächte über völkische Belange hinwegsetzten, sei die Teilung des Volkes der Ewe dargestellt[1]. Die Ewe bewohnen den Südteil Togos und das angrenzende Gebiet Ghanas bis zum Volta. Bei der Kolonialisierung kamen 4/5 ihres Landes zu Togo, 1/5 zur britischen Goldküste. Im 1. Weltkrieg wurde Togo von Großbritannien und Frankreich besetzt; damit gehörten 3/5 der Ewe zum britischen und 2/5 zum französischen Territorium. Nach dem 1. Weltkrieg teilten die Sieger Togo neu auf; ein Teil der Ewe lebte nun im britischen Goldküstengebiet, ein Teil im britischen und ein Teil im französischen Mandatsgebiet. Das Gebiet der Goldküste erhielt 1957 als *Ghana* die Selbständigkeit. Bei der im britischen Treuhandgebiet durchgeführten Abstimmung, ob dieses zu Ghana oder zu Togo kommen sollte, stimmten die Ewe mehrheitlich für Togo – die Frage, ob sie selbständig werden wollten, wurde gar nicht gestellt –, die Mehrheit des gesamten Treuhandgebiets jedoch für Ghana, und diese Mehrheit wurde gewertet. Damit kamen die Ewe des britischen Treuhandgebiets 1957 gegen ihren Willen zu Ghana; ihre Gesamtheit war weiterhin nicht vereinigt. Während Ghana nun zur Vereinigung dieses Volkes die Angliederung ganz Togos fordert, strebt das 1960 selbständig gewordene Togo die Herstellung der alten deutsch-britischen Grenze an, um 4/5 der Ewe zusammenzuführen. Das Problem wird dadurch erschwert, daß die ethnische Zuordnung der einzelnen Volksgruppen umstritten ist; je nachdem, welche Gruppen man zu den Ewe zählt und welche nicht, ergeben sich andere Bevölkerungszahlen, erhält die Argumentation ein anderes Gewicht (vgl. Abb. 103).

Wirtschaftsstruktur

Die Kolonialisierung hatte auch tiefgreifende Veränderungen der Wirtschaftsstruktur zur Folge: Bodenschätze wurden prospektiert, Eisenbahnen zu ihrer Ausbeutung gebaut, ausgedehnte Plantagen wurden angelegt. Die Einführung des *cash cropping* (z. B. in Tansania, Kamerun, Ghana, Nigeria) veränderte auch die Lebensverhältnisse vieler Einwohner. Viele Pflanzen wurden aus ihrer Heimat in andere Lebensräume übertragen, sei es in Kolonien (Kakao, Kautschukbaum) oder aus diesen in die Mutterländer (Kartoffel, Mais, Tomate) und von diesen gar weiter in andere Räume (Agave, Opuntie). Entsprechendes gilt für die Tierwelt (z. B. Pferde und Schweine in die Neue Welt, Kaninchen nach Australien, Truthühner nach Europa). Für Guam hat *Schwind*[2] die strukturellen Auswirkungen der spanischen Kolonialherrschaft und der anschließenden US-Herrschaft ausführlich beschrieben.

---

[1] nach *Hodder* in: *Ch. A. Fisher*, 1968, S. 271–283
[2] *M. Schwind*, 1972, S. 526–530

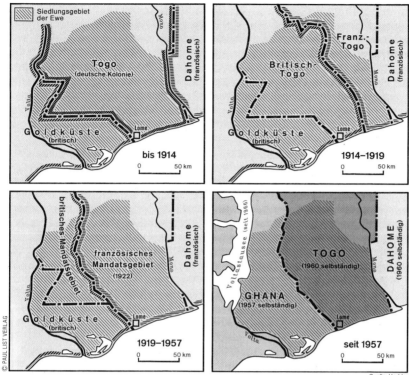

Abb. 103: Das Siedlungsgebiet der Ewe   Quelle: Hodder

Durch die Beziehungen zu den Kolonien änderten sich auch in den Mutterländern die
Wirtschafts- und damit die Raumstrukturen. *Christmann*[1] hat z. B. darauf hingewiesen, daß die Industrialisierung in England einen Wohlstand voraussetzte, der erst mit
Hilfe der Kolonien hatte erworben werden können. Außerdem bildeten aus den Kolo-
nien importierte Rohstoffe eine wichtige Stütze der industriellen Entwicklung in   Strukturänderungen
Europa. In Holland sind die großen „droogmakerijen" (Trockenlegungen) im „Golde-   in den Mutter-
nen Jahrhundert" nur möglich gewesen, weil die im Ostindienhandel reich geworde-   ländern
nen Kaufleute ihre Gewinne angesichts der Bevölkerungszunahme in Europa (mit
steigender Nachfrage nach Getreide) und in dem Bestreben, sich repräsentative
Landsitze zu bauen, in diese Arbeiten investierten. Noch heute gehört in diesem Raum
ein Großteil des Grund und Bodens Nichtlandwirten in Städten.
Eine andere Auswirkung ist in der Abwanderung überschüssiger Bevölkerung aus
dem Mutterland in die Kolonien zu sehen. Mit deren Loslösung ergab sich dann oft
eine Rückwanderung von Verwaltungspersonal (Briten aus Indien), auch von Siedlern
(Franzosen aus Algerien, Italiener aus Libyen). In einigen Fällen kamen auch farbige
Bevölkerungsgruppen ins Mutterland, die mit der Kolonialmacht zusammengearbei-
tet hatten (z. B. Indonesier und Surinamesen in den Niederlanden) und sich nach
deren Abzug keiner Gefährdung aussetzen wollten.

Entkolonialisierung
Viele Kolonien wurden mit der Erlangung der Unabhängigkeit vor schwierige Probleme gestellt. Oft hatten verschiedenartige Stämme nicht das Gefühl der Zusammenge-

[1] *H. Christmann*, 1975, S. 40

hörigkeit. Alte Rivalitäten und religiöse Gegensätze brachen auf und führten vielfach zu schweren Auseinandersetzungen (Nigeria – Biafra; Indien – Pakistan – Bangla Desch). Die in Abhängigkeit von der Kolonialmacht entwickelte Wirtschaftsstruktur erwies sich in der neuen Situation als unausgewogen. Weitere Schwierigkeiten ergaben sich aus dem Mangel an Fachleuten, Investitionskapital und Bereitschaft zur Zusammenarbeit.

Malta Mit dem Abzug der britischen Truppen von **Malta** nach dessen Unabhängigkeit (1964) verloren viele Malteser ihre Arbeitsplätze in den Militäreinrichtungen und die Inselgruppe damit eine wichtige Einnahmequelle. Malta versuchte deshalb, neue Industriebetriebe anzusiedeln. Die Werftkapazität wurde insbesondere auf die Reparatur von Tankern ausgerichtet, wofür die Lage an einem vielbefahrenen Seeweg – der allerdings mit der Suezkrise an Bedeutung verlor – günstig erschien. Erhebliche Investitionen wurden auch für den Fremdenverkehr getätigt, für den einmal die Lage im Mittelmeer, zum anderen die historischen und prähistorischen Anlagen Zugkraft besitzen. Zugleich ermunterte die neue Regierung zur Auswanderung aus dem bereits übervölkerten Archipel.

Phasen Die Entkolonialisierung erfolgte in zwei großen Phasen. Die erste begann mit der Verselbständigung der USA 1776 und reichte bis 1825; in diesem Zeitraum wurden die Länder der Neuen Welt unabhängig. Die zweite Phase (1922–1970) brachte den Kolonien der Alten Welt, von denen die in Afrika ja großenteils erst im 19. Jahrhundert gebildet worden waren, die Selbständigkeit. Daß dieser Vorgang in jenen Gebieten besonders schwierig war, in denen europäische Siedler neben einheimischer Bevölkerung lebten (Algerien, Angola, Rhodesien), ist leicht einzusehen.

Kleine Territorien Problematisch ist die Frage der Verselbständigung bei kleinen Territorien, insbesondere bei abgelegenen Inseln und Stützpunkten wie *Tristan da Cunha* (mit Gough-Inseln 209 km², 1982: 300 E), *Pitcairn* (4,6 km², 1980: 63 E) und *Ascension* (88 km², 1982: 1000 E), obwohl es bereits Staaten dieser Größenordnung gibt (*Nauru* 21 km², 1982: 8000 E; *Tuvalu* = ehem. Ellice Islands 24,6 km², 1982: 8500 E). Im karibischen Raum versuchen selbständig gewordene Inselstaaten durch ein Zusammengehen in einer „kollektiven Unabhängigkeit" einen Ausweg zu finden[1].

In einigen Fällen wurde der Kolonialstatus durch die Eingliederung des Gebietes als gleichberechtigter Teil in den Staatsverband aufgehoben (Hawaii 1959, Grönland 1963). Das hat jedoch nicht immer die Verselbständigung verhindern können: z. B. *Surinam* 1948 autonom, 1950 Selbstverwaltung, 1954 überseeisches Gebiet mit gesetzgebendem Rat, 1975 unabhängig; *Island* 1874 eigene Verfassung, 1904 Selbstregierung, 1918 unabhängiges Königreich unter dem König von Dänemark, 1944 unabhängige Demokratie.

8. Entwicklungsländer

Eine heute wichtige Klassifizierung der Länder geht von ihrem Entwicklungsstand aus. Hierzu wird eine Vielzahl von Kriterien herangezogen: Bruttosozialprodukt und Realeinkommen pro Einwohner, Anteil der im primären und im sekundären Sektor Beschäftigten, Energieverbrauch und Stahlproduktion pro Einwohner, Technisierungsgrad der Landwirtschaft, Kapitalbildung, Investitionsquote, Bevölkerungsgliederung und -entwicklung, Bildungsstand, Anteil der städtischen Bevölkerung, Infrastruktur und anderes mehr (vgl. Abb. 104).

---

[1] *G. Sandner*, 1981, S. 54

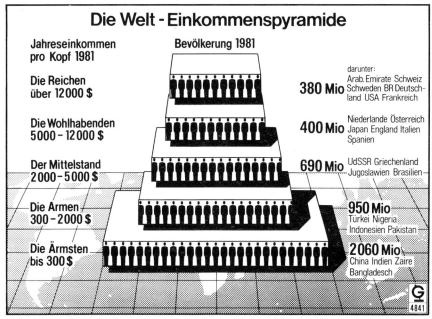

Die Welt - Einkommenspyramide

Jahreseinkommen pro Kopf 1981

Bevölkerung 1981

Die Reichen über 12000 $

380 Mio — darunter: Arab. Emirate Schweiz Schweden BR Deutschland USA Frankreich

Die Wohlhabenden 5000 - 12000 $

400 Mio — Niederlande Österreich Japan England Italien Spanien

Der Mittelstand 2000 - 5000 $

690 Mio — UdSSR Griechenland Jugoslawien Brasilien

Die Armen 300 - 2000 $

950 Mio — Türkei Nigeria Indonesien Pakistan

Die Ärmsten bis 300 $

2060 Mio — China Indien Zaire Bangladesch

4841

Abb. 104: Die Welt-Einkommenspyramide 1981

Angesichts der Vielfalt ihrer natürlichen und kulturellen Gegebenheiten kann jedoch kein für alle Länder brauchbares Typisierungsschema aufgestellt werden. Die Schwierigkeiten bestehen darin, Lebensstandard und -qualität zu bewerten. Dabei ist zu berücksichtigen, daß das Anspruchsniveau der Bevölkerung, aus welchen Gründen auch immer, regional verschieden ist. Die Feststellung, daß bestimmte statistische Kennwerte unter dem Weltdurchschnitt liegen, eignet sich daher wegen des unterschiedlichen Anspruchsniveaus allenfalls für eine grobe Orientierung, denn auch in vielen industrialisierten Ländern stehen sich hochentwickelte und zurückgebliebene Regionen gegenüber (etwa Nord- und Süditalien, England und Schottland). Es fällt allerdings auf, daß sich die Entwicklungsländer in den Tropen und Subtropen konzentrieren, wo früher auch der größte Teil der Kolonialgebiete lag.

Schwierigkeit der Typenbildung

Es wäre allerdings zu einfach, wollte man das Zurückbleiben der Entwicklung eines Landes allein mit dem Hinweis erklären, daß dieses Land durch eine Kolonialmacht ausgebeutet, unterdrückt und in Abhängigkeit gehalten wurde. Daß dies in wohl allen Kolonien vorgekommen, ja z. T. deren Merkmal ist, soll gar nicht bestritten werden. Aber eine solche Argumentation wäre nur dann stichhaltig, wenn glaubhaft gemacht werden könnte, daß das betreffende Land ohne den Kolonialstatus eine günstigere Entwicklung erfahren hätte. Auch zeigt der Hinweis auf Länder, die keine Kolonien waren, wie Afghanistan, Äthiopien, Türkei, Thailand einerseits und auf Hongkong, Singapur, Neuseeland, Israel andererseits, daß auch andere Faktoren offensichtlich eine wesentliche Rolle spielen: Naturausstattung – einschließlich des Klimas – sowie Sozialstruktur und Wirtschaftsgeist (Verhaltensmuster) – einschließlich ihres historischen Erbes – in ihrem Zusammenwirken. Auch das Klima allein kann nicht als Begründung für ein Zurückbleiben des Landes angeführt werden, entwickelten sich doch in dem zuvor genannten Klimagürtel mehrere frühe Hochkulturen (Indien, Mesopotamien, Ägypten, Mexiko).
Unterschiede im Entwicklungsstand hat es in allen Epochen gegeben – man denke an Germanien und Italien zur Römerzeit –, auch zu Beginn und während des Kolonialzeitalters, ja dieses ist ohne derartige Unterschiede gar nicht denkbar. Damit soll keineswegs der Erhaltung von Unterentwicklung das Wort geredet werden – die Verpflichtung zur Verringerung der Disparitäten steht außer Zweifel.

Die Gewährung von Mitteln zur Entwicklungshilfe ist zweifellos ein raumwirksamer politischer Akt. Im Prinzip handelt es sich dabei um eine Förderung von Raumordnung und Landesentwicklung in dem Entwicklungsland durch das Geberland. Deshalb kann hier auf eine ausführliche Darstellung von Entwicklungshilfemaßnahmen verzichtet und auf das Kapitel Raumordnung und Landesentwicklung verwiesen werden (Bd. 2 Abschnitt C). Offenkundig haben die Geberstaaten aber nicht nur humanitär-karitative Gesichtspunkte im Auge, sondern verfolgen mit der Gewährung einer Hilfe mehr oder weniger stark auch eigene wirtschaftliche oder politische Ziele. Allerdings fördern auch die Vereinten Nationen über ihre Organisationen sowie Wirtschaftsgemeinschaften Forschungs-, Aufbau- und Entwicklungsmaßnahmen in zurückgebliebenen Gebieten. Auch halbstaatliche oder körperschaftliche Organisationen (Kirchen, Gewerkschaften, Ford Foundation) bemühen sich um eine Hilfe zur Selbsthilfe. Im übrigen macht die Vielfalt der Probleme in den Entwicklungsländern auch eine Vielfalt in den Abhilfemaßnahmen erforderlich.

Beispiel Tunesien   Die Vielfalt der Förderungsmöglichkeiten und Maßnahmen wird deutlich am Beispiel der von der Bundesrepublik Deutschland an Tunesien gewährten Hilfe. Durch Kapital-, technische und Bildungshilfe wurden unterstützt[1]:

Landwirtschaft: Errichtung der Viehwirtschaftsstationen Bejaoua (heute Destour) und Sedjenane (s. Bd. 2, S. 304), weidewirtschaftliche Beispielanlage Enfida, Kartoffelanbau in der Oase Tozeur; Schädlingsbekämpfung, Aufbau von Genossenschaften, Einrichtung von Beregnungsanlagen; Forschung, Kreditfonds.
Forstwirtschaft: Bereitstellung eines fahrbaren Sägewerks, Aufforstung, Forstsiedlungsbau.
Fischerei: Ausbau des Fischereihafens und Neuorganisation der Fischverarbeitung in Mahdia; Ausbau des Fischereihafens La Goulette; Hafenbau in Tabarka.
Industrie: Errichtung von Textilfabriken; Förderung der Nahrungsmittelindustrie, Erweiterung der Zementfabrik Biserta.
Verkehrswesen: Ausbau der Flughäfen Skanès-Monastir und Djerba; Ankauf von zwei Fährschiffen für den Verkehr nach Djerba; Straßenbau.
Fremdenverkehr: Errichtung von Hotels;
Bildungswesen: Einrichtung einer Fachschule für Hotelpersonal in Biserta und in Djerba; Ausbildungszentren für metallverarbeitende Berufe in Menzel Bourguiba und für Elektromechanik in Radés; landwirtschaftliches Schulungszentrum in Jendouba; Offsetdruck-Ausbildung; Ausbildung von Abwasseringenieuren.
Gesundheitswesen: Ausbau des ländlichen Gesundheitswesens in Mitteltunesien; Bau eines Krankenhauses in Nefta, orthopädische Ausbildung; Klinik Montfleury/Tunis.
Energieversorgung: Hochspannungsleitung La Goulette-Sfax-Gafsa-Metlaoui.
Wasserwirtschaft: Talsperrenbau (Staudamm Sidi Salem) und Hochwasserschutz, Bewässerung (Bou-Hertma, Kasserine) und Trinkwasserversorgung; Sanierung des Sees von Tunis; Abwasserlabor, Wasserbauverwaltung.
Bergbau: Ausbau von Erz- und Phosphatgruben.
Im Rahmen der technischen Hilfe (die in der obigen Aufstellung enthalten ist) waren 1975 in 21 laufenden Projekten 75 deutsche Fachkräfte tätig. Bis Ende 1973 waren 25 Projekte bereits in tunesische Hände übergeben worden.
Außer der Bundesrepublik Deutschland, die für Tunesien zu den führenden Geberländern gehört, leisteten derartige Hilfe: *USA* (u. a. Wohnungsbau, Ausbau des Flughafens Tunis), *Frankreich* (Industrie – u. a. Phosphorsäurefabrik Gabés –, Nachrichtenwesen, Energieversorgung, Forschung und Bildung), *Italien* (Häfen Gabés und Skirra, Raffinerie Biserta), *Kuwait* (Erdölkraftwerk La Goulette), *VR China, Kanada* (Energieversorgung, Verkehrswesen, Massenmedien), *Schweden* (Abwasserbehandlung, Industrie), *Sowjetunion* (Staudammbau, Bewässerung), *Dänemark* (Landwirtschaft, Fremdenverkehr), *Niederlande* (Landwirtschaft), *Iran* (Staudammbau), *Jugoslawien, Bulgarien, Rumänien* (alle Bergbau), *Finnland* (Ausbildung von Forstwirten), ferner die *Weltbank,* die *UNO,* die *Internationale Finanzkorporation* und die *Afrikanische Entwicklungsbank.*

---

[1] Länderkurzberichte, hrsg. vom Statist. Bundesamt: Tunesien 1972 u. 1976, ergänzt

9. Bevölkerungsbewegungen aus politischen Gründen

Politische Entscheidungen und Maßnahmen können mehr oder weniger starke Bevölkerungsbewegungen auslösen, steuern oder verhindern. Das Ausmaß solcher Wanderungen hat in den letzten Jahrzehnten in erschreckender Weise zugenommen. Zwischen den beiden Weltkriegen haben in Europa über 5,3 Mio., im Gefolge des Zweiten Weltkrieges in Europa und Asien rund 100 Mio. Menschen aus politischen Gründen ihre Heimat verlassen oder sie verlassen müssen. Auch in Afrika sind solche Wanderungen zahlreich (Abb. 105). Ausführlicher werden derartige Wanderungsbewegungen im Kapitel Bevölkerungsgeographie besprochen (s. Bd. 1, S. 146 ff.).

Gründe politisch bedingter Wanderungen

Die Gründe für politisch bedingte Bevölkerungsbewegungen können vielfacher Art sein. Oft treffen mehrere Gründe gleichzeitig zu:

1. **Die Zugehörigkeit** von Personen oder Personengruppen **zu einer bestimmten Rasse oder Religion,** zu einem Volkstum, einem Stand (z.B. Großgrundbesitzer) oder einer politischen Gruppe ist in dem Staat unerwünscht. Es kommt deshalb zu Verfolgungen bis hin zum Massenmord: die gefährdeten Personen versuchen sich durch Auswanderung oder Flucht der Existenzbedrohung zu entziehen, oder es kommt zu Vertreibung, Zwangsumsiedlung oder Deportation. Im Grunde handelt es sich um Versuche, Minderheitenprobleme gewaltsam zu lösen, sei es durch Beseitigung der Minderheiten oder durch ihre Assimilation. Einige Beispiele:

Verfolgung von Minderheiten

Im Jahre 1775 zwangen im Chinesischen Reich die Mandschu-Kaiser Kalmükenstämme, sich verstreut zwischen anderen Stämmen anzusiedeln, um die Gefahr von Konflikten zu vermindern. In der Türkei wurden in den 20er Jahren rebellische Kurden durch Umsiedlung über das ganze Land verteilt. Auch die Dezimierung der Armenier in der Türkei Ende des 19. bis Anfang des 20. Jahrhunderts[1], die Verfolgung der Juden im „Dritten Reich" und die Bevölkerungsverschiebungen auf Cypern 1963–1974[1] sind hier zu nennen, ebenso die Verbringung von Verurteilten in Strafkolonien oder -lager und das Verbot der eigenen Sprache in der Schule.

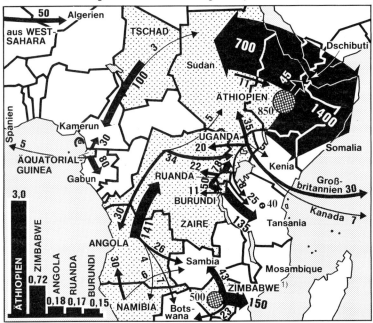

Abb. 105: Flüchtlingsbewegungen in Afrika 1980 als Folge politischer oder wirtschaftlicher Instabilität. (Angaben in Tausend; im Säulendiagramm in Mio.)

---

[1] *F. Sauerwein,* 1980

2. **Zwischenstaatliche Abmachungen,** z. B. über Gebietsabtretungen, führen zur Auswanderung,
Flucht oder (meist unfreiwilligen) Umsiedlung, wobei die Umsiedlung als Bevölkerungsaustausch
Umsiedlung erfolgen mag oder nicht. Gleiche Folgen können eintreten, wenn Kolonien unabhängig werden.
Schon wenn entsprechende Abmachungen bevorstehen, kann es zur Auswanderung bzw. Rück-
wanderung kommen. In diesen Fällen handelt es sich um Versuche, Minderheitenprobleme zu
vermeiden. Ein Beispiel: In den Jahren nach dem Ersten Weltkrieg wurden aufgrund von Staats-
verträgen 1,25 Mio Griechen, 400 000 Türken und 200 000 Bulgaren zwangsweise umgesiedelt.
Bereits vorher waren im Balkankrieg 1912–1913 rund 425 000 Griechen, 400 000 Türken und 65 000
Bulgaren geflüchtet[1].

3. Durch **innenpolitische Maßnahmen,** z. B. durch Enteignungen oder Bodenreform, wird mißlie-
bigen Personen die Existenzgrundlage genommen; sie flüchten oder wandern aus. So führte die
Neuregelung des Bürgerrechts in Kenia 1967 zur Auswanderung von Indern nach Großbritannien[2].

4. Dünn besiedelte oder durch Seuchen, Krieg oder Verfolgung von der Bevölkerung entblößte
Neuansiedlung Gebiete werden durch den Staat **neu- oder wiederbesiedelt** (Umsiedlung, Förderung der Einwan-
derung), oder es werden zur Beseitigung des Arbeitskräftemangels vom Staat Personen aus
anderen Gebieten angeworben (,,Gastarbeiter") oder zwangsweise herangeführt (Deportation).
Erwähnt seien die Peuplierungspolitik im Absolutismus, insbesondere die Ansiedlung von 600 000
Hugenotten in Deutschland, die Maßnahmen unter Chruschtschow zur Erschließung der Trockengebiete Kasachstans sowie der Einsatz von rund 10 Mio Ausländern als ,,Fremdarbeiter" in
Deutschland während des Zweiten Weltkrieges. Auch die Durchführung größerer staatlicher Projekte wie die Errichtung des Nilstausees oder die Einrichtung eines Truppenübungsplatzes, bei
der die betroffene Bevölkerung umgesiedelt wird, und die Besiedlung neugewonnener Polder
gehören hierher.

5. In der Hoffnung, anderswo eine bessere Existenzmöglichkeit oder eine freiere persönliche
Entfaltungsmöglichkeit zu finden, wandern Personen oder Gruppen aus oder lassen sie sich
Auswanderung und umsiedeln. Die starke **Auswanderung** aus Europa nach Nordamerika im 18. und 19. Jahrhundert,
Binnenwanderung die z. T. von den Regierungen unterstützt wurde, bietet hierfür ein Beispiel. Hierher gehört jedoch
auch die staatlich geförderte freiwillige Umsiedlung von deutschen Flüchtlingen und Vertriebenen
aus den überfüllten Aufnahmegebieten in andere Bundesländer (1949–1965). Durch diese Maßnahme sollte deren Eingliederung in Gesellschaft und Wirtschaft erleichtert werden. Aus Schleswig-Holstein wanderten damals rund 427 000, aus Niedersachsen 340 000 und aus Bayern 265 000
Ostvertriebene in andere Bundesländer ab[3].

6. **Gründung eines neuen Staates** (Liberia, Israel) oder Zuteilung von Land an bestimmte rassi-
sche Gruppen (Südafrika). Schon die Erklärung Großbritanniens, den Juden eine neue Heimstatt
Staatsgründung zu geben (Balfour-Deklaration 1917), hat die Auswanderung nach Palästina verstärkt[2]. Viele Israeli
sind selbst einmal Flüchtlinge gewesen. Aus dem heute von ihnen bewohnten Gebiet sind jedoch
1948–1949 rund 757 000 Palästinenser geflüchtet[3]. Dies ist eine der Ursachen des Palästinenser-
problems.

Personengruppen und ihre Eingliederung

Für die geographische Untersuchung der politisch bedingten Bevölkerungsbewegungen lassen sich folgende Migrationsgruppen unterscheiden:
Migrationsgruppen 1. Aus- bzw. Einwanderer;

2. Flüchtlinge und Vertriebene;

3. Freiwillige und unfreiwillige Umsiedler sowie Deportierte (mit Ansiedlung oder
Einweisung in Arbeitslager).

Raumstrukturelle Auswirkungen politisch bedingter Bevölkerungsbewegungen entstehen sowohl für den abgebenden wie für den aufnehmenden Raum.

Aus- und Einwanderung sind sicherlich nur zum Teil politisch bedingt. Sie werden
jedoch staatlich gesteuert, indem zum Beispiel Einwanderungsquoten festgelegt werden oder Angehörigen bestimmter Rassen die Einwanderung verwehrt wird. So hat
Australien Asiaten ausgeschlossen. Seine Einwanderungspolitik zeigt deutlich, wie
auch die politischen Verhältnisse in anderen Räumen von Einfluß auf die Einwanderungspolitik eines Staates sein können.

---

[1] *M. Schwind,* 1972, S. 409–410
[2] *J. R. V. Prescott,* 1975a, S. 27
[3] *M. Schwind,* 1972, S. 417, S. 425

Nach dem Zweiten Weltkrieg hat sich die Einwanderung nach Australien verstärkt. Die Bedrohung durch Japan während des Krieges hatte die Gefahr einer zu geringen Bevölkerung erkennen lassen. Zudem stieg durch den Wirtschaftsaufschwung nach dem Krieg die Nachfrage nach Arbeitskräften so stark an, daß sie im Lande selbst nicht zu befriedigen war, während in Europa ein Arbeitskräfteangebot bestand, insbesondere durch Deportierte *(Displaced Persons)*, die nicht in ihre osteuropäische Heimat zurückkehren wollten. Die australische Regierung ermutigte deshalb zur Einwanderung und gewährte teilweise Zuschüsse. 1947–1956 sind insgesamt 1 133 683 Personen nach Australien ausgewandert, davon 603 393 mit Unterstützung durch die australische Regierung. Ein Teil von ihnen kehrte zurück, doch sind 864 295 Personen im Lande geblieben. Bis 1951 kamen vorwiegend West- und Osteuropäer, danach Einwanderer aus den Mittelmeerländern, vor allem Griechen und Italiener. Ohne diese Einwanderer ist Australiens wirtschaftlicher Aufschwung nach dem Zweiten Weltkrieg nicht verständlich. Sie glichen die Bevölkerungspyramide aus, in der gerade die produktiven Jahrgänge zu schwach waren. Die meisten Einwanderer ließen sich in den Städten nieder, insbesondere in Melbourne, Adelaide und Perth, wobei die einzelnen Nationalitäten hinsichtlich ihrer Wahl von Wohngebiet und Beruf deutliche Unterschiede zeigten. Die Einwanderer aus Süd- und Osteuropa kamen hauptsächlich in Berufen mit schwerer körperlicher oder gefährlicher Arbeit unter. In ,,bequemeren" Berufen (in denen Sprachschwierigkeiten schwerer wiegen) sind sie dagegen unterrepräsentiert[1]. · *Einwanderung nach Australien*

Die Eingliederung von Flüchtlingen und Vertriebenen stellt den aufnehmenden Staat vor große Schwierigkeiten, insbesondere wenn es sich um Angehörige einer anderen Rasse handelt, sich also ein Minderheitsproblem ergibt, z. B. die Indonesier, die seit 1948/49, und die Surinamesen, die seit 1975 in den Niederlanden leben. Dies gilt auch für die 1972 aus Ostafrika vertriebenen ,,britischen" Inder in Großbritannien. Griechenland hat den Flüchtlingszustrom von 1923 mit einer Neulandgewinnung, einer Landreform und einem Arbeitsbeschaffungsprogramm aufgefangen; z. B. wurde durch die Flüchtlinge aus dem früheren Smyrna in Piräus und Thessaloniki eine Teppichindustrie aufgebaut. So kann ein Bevölkerungszustrom neue Impulse geben, insbesondere wenn die Flüchtlinge besondere Kenntnisse, Fähigkeiten und Unternehmungsgeist mitbringen (etwa die Hugenotten). Flüchtlinge können für den betreffenden Staat aber auch eine Last sein, nämlich dann, wenn ihre Zahl zu groß ist (Hongkong) oder wenn sie die in dem aufnehmenden Staat gerade erforderlichen Kenntnisse und Fähigkeiten nicht besitzen (Indien, Pakistan seit 1947)[2]. · *Eingliederung von Flüchtlingen*

Die Auswirkungen von Vertreibung und Wiederansiedlung auf die Raumstruktur lassen sich am Beispiel der **Moriscos** gut erläutern. Als Moriscos wurden von den Christen diejenigen Einwohner Spaniens bezeichnet, die auch nach der Reconquista dem Islam anhingen. Viele von ihnen flohen im 16. Jahrhundert nach Nordafrika. Die letzten wurden 1609–1615 durch Philipp III. des Landes verwiesen. Der königliche Befehl wurde zwar nur unvollständig ausgeführt und das historische Erbe der islamischen Epoche Spaniens durch ihn nicht ausgelöscht[3], doch wurden immerhin mehrere hunderttausend – die höchste Schätzung nennt 0,5 Mio – Moriscos auf Schiffe gebracht und in Nordafrika an Land gesetzt. Sie durften nicht mehr Hab und Gut mitnehmen, als sie tragen konnten. Zusammen mit den früher Geflüchteten mögen etwa 1,5 Mio aus Spanien deportiert worden sein. Spanien verlor damit viele fähige Handwerker, fleißige Bauern und Händler und schmälerte so seine Wirtschaftskraft. Nordafrika dagegen erfuhr durch die *Andalusier*, wie die Flüchtlinge und Vertriebenen dort ihrer Herkunft wegen genannt wurden – der jeweils islamische Teil der Iberischen Halbinsel hieß damals *Al-Andalus* –, viele Impulse. In Tunesien wurden durch sie etwa 40 Orte neu- oder wiedergegründet. An die Zuwanderer aus Spanien erinnern noch heute Namen von Stadtvierteln (in Biserta), Straßenbezeichnungen (*Rue des Andalous* in Tunis) und Ortsnamen (*Galaat el-Andaless* im Medjerda-Delta), aber auch Großdorf-Siedlungen (wie Metline) und Dörfer mit dem andalusischen Ziegeldach (z. B. Testour, bei dem die eigenartige Kartoffelanbau in der Lagune von Ghar el Melh (früher Porto Farina) sowie die Baum- und Gartenkulturen mit Brunnenbewässerung. Die ,,Andalusier" brachten ,,spanischen Pfeffer" (Paprika), Tomate, Mais, Tabak, Agave und Opuntie nach Tunesien. Von Biserta bis zur Cap-Bon-Halbinsel ist der andalusische Einfluß, wenn auch inzwischen tunesisiert, noch heute als historisches Erbe erkennbar[4]. Den · *Moriscos in Spanien und Nordafrika*

---

[1] *E. R. Woolmington,* 1968
[2] *M. Schwind,* 1972, S. 420–422
[3] *H. Lautensach,* 1960
[4] *H. Mensching,* 1968

Moriscos verdankte das Land aber auch die Seidenweberei, eine eigene Gebäckart und die „andalusische Musik". Die Fezhersteller von Tunis stammen hauptsächlich von den Moriscos ab, die die Kunst der Fezmacherei hierher brachten. Ihr Können und ihr Handel, der weit über das Mittelmeer reichte, machte ihre Zunft zur angesehensten des Landes, weshalb ihr Zunftmeister zugleich Meister aller Zünfte wurde.

Die Eingliederung von Flüchtlingen ist in einem Industriestaat relativ leicht möglich[1]. In einem Agrarstaat dagegen erweist sie sich als schwierig (Indien, Pakistan, Türkei, Griechenland), wenn nicht die Existenzgefährdung des Staates einen Entwicklungsdruck bewirkt, der zu einer Industrialisierung mit kriegswirtschaftlichem Einschlag führt (Taiwan, beide Teile Koreas, Israel). Sicherlich spielt die Struktur des aufnehmenden Landes eine nicht unwesentliche Rolle.

10. Grenzen und Grenzräume

Seit langem sind politische Grenzen und Grenzräume Gegenstände geographischer Untersuchungen, ja dieses Thema ist in Deutschland eines der am besten bearbeiteten Teilgebiete der Politischen Geographie, auch wenn man bei den Untersuchungen vom wirtschafts- oder verkehrsgeographischen Standpunkt aus vorgegangen sein mag. In der deutschen Literatur standen bisher mehr die *Grenzräume* und die durch politische Grenzen bedingten Auswirkungen auf *räumliche Strukturen* im Vordergrund[2], in der englischsprachigen Literatur dagegen mehr die *Grenzlinien*. Die Sachverhalte, um die es in der geographischen Forschung dabei geht, sind:

Fragenkreise 1. Gestalt und Art der Grenzen
2. Auswirkungen von Grenzziehungen
3. Aktivitäten von Staat und Bevölkerung beiderseits der Grenze.

Gestalt und Art der Grenzen

Die Frage nach Gestalt und Art der Grenzen ist die nach einer Typologie, zu deren
Formtypen Begründung wir jedoch weiter nach den Motiven für die Festlegung der Grenze fragen müssen. Hinsichtlich der Gestalt werden geometrische und nichtgeometrische Grenzen unterschieden. Die geometrischen Grenzen folgen oft Längen- oder Breitenkreisen, die in Karten leicht festzulegen sind, oder sie sind gerade Linien von einem Festpunkt zu einem anderen. Erinnert sei an die Aufteilung der Erde zwischen Spanien und Portugal durch den Papst 1481 und 1493 und an viele Grenzen in Nordamerika, Australien und Afrika sowie an die Demarkationslinien in Korea 1945 und Indochina 1954. Gelegentlich sind auch Kreisbögen verwendet worden, so 1760 bei der Abgrenzung von Delaware und Pennsylvania ein solcher von 12 Meilen Durchmesser um die Stadt New Castle/Delaware und 1871 bei der Festlegung der deutsch-französischen Grenze um Belfort[3]. Pounds sieht in geometrischen Grenzen ein Zeugnis dafür, daß zur Zeit ihrer Festlegungen die Kenntnis des betreffenden Raumes und seiner Bevölkerung mangelhaft war, so daß z. B. Stammesgebiete rücksichtslos durchschnitten wurden. Bei den nichtgeometrischen Grenzen lassen sich naturgeographische („morphologische" oder „natürliche") und kulturgeographische Grenzen (z. B. Volks- oder Sprachgrenzen) unterscheiden. Natürliche Grenzen sind vor allem Meeres- und Binnenseeküsten, aber auch Urwälder und Wüsten. Viele Grenzen legte man entlang natürlichen Elementen wie Gebirgs- und Höhenrücken, Flüssen und Bächen, Kanälen oder Sumpfzonen, weil sie leichter zu verteidigen und auch gut zu erkennen

---

[1] *M. Schwind*, 1972, S. 427
[2] *M. Schwind*, 1950; *J. Hagel*, 1957; *Chr. Borcherdt*, 1963; *H. E. Schöttli*, 1968
[3] *N. J. G. Pounds*, 1963, S. 89–90

sind. Dementsprechend wurden sie auch als „Hindernisgrenzen" bezeichnet. Schwind[1] schrieb mit Recht: „Es gibt keine politische Grenze, die von der Natur befohlen wurde, und jede politische Grenze ist die Objektivierung eines politischen Willens". Man sollte deshalb besser von *naturentlehnten Grenzen* sprechen[2]; denn auch Gebirgszüge und große Flußtäler wie die Oberrheinebene sind in geographischer Sicht als eine Einheit aufzufassen. Wo diese Einheit zerschnitten wurde, muß man heute z. B. über Energiegewinnung, Schiffahrt, Wasserreinhaltung, Hoch- und Niedrigwasserausgleich oder Entnahme von Bewässerungswasser auf höchster Ebene verhandeln. Wo sich zur Abgrenzung gewählte Wasserläufe seit der Grenzfestlegung verlagert haben, springt die Grenze heute in eigenartiger Weise, vielleicht Altarmen folgend, über den Fluß hin und her, wie zwischen Mississippi und Louisiana in den USA.

An seinen Außengrenzen enden die Hoheitsrechte des Staates und damit auch der Geltungs- und Wirkungsbereich seiner Gesetze. Für diesen Bereich strebt der Staat in gewissem Sinne Homogenität an. Staatsgrenzen trennen mithin häufig Gebiete mit unterschiedlich geprägter Kulturlandschaft, insbesondere wenn sehr unterschiedliche politische Systeme aneinandergrenzen. An der Grenze zwischen der Bundesrepublik Deutschland und der DDR ist diese unterschiedliche Kulturlandschaft sogar im Satellitenbild erkennbar. Dennoch ist die Abgrenzung nach kulturgeographischen Merkmalen nicht ohne Probleme, denn meist handelt es sich um Übergangszonen, nicht aber um scharfe Grenzen. Oft sind auch politische Grenzen verlegt worden, ohne daß eine Umprägung der Kulturlandschaft erfolgt ist. Beiderseits einer Grenze sind Minderheiten in Übergangszonen nicht selten (z. B. Nordschleswig). Viele Grenzen durchschneiden auch kulturell oder wirtschaftlich zusammengehörige Räume (z. B. Stammesgebiete wie bei Somalia/Äthiopien, Nigeria/Kamerun und Ghana/Togo oder Weidegebiete) und sind damit Anlaß von Konflikten (z. B. in Ogaden). Zudem kann sich der Charakter der Grenze ändern, wenn in einem der von ihr begrenzten Staaten sich das politische System ändert.

Bei einer genetischen Klassifikation lassen sich vier Arten von Grenzen ausweisen[3]:

1. **antezedente Grenzen:** Sie wurden gezogen, bevor der Raum erforscht oder besiedelt war (z. B. die Grenze zwischen Kanada und Alaska); Genetische
Typen

2. **subsequente Grenzen:** Sie wurden nach der Herausbildung des kulturellen Musters festgelegt und den Übergängen zwischen Natur- und Kulturregionen angepaßt.

3. **aufgezwungene Grenzen:** Linien, die ohne Rücksicht auf vorhandene Strukturen festgelegt wurden und Häuser und Grundstücke teilen (koloniale Grenzen in Afrika, Korea 1945);

4. **Reliktgrenzen:** Politisch aufgegebene Grenzen, deren Verlauf jedoch in der Kulturlandschaft noch erkennbar ist (z. B. die ehemalige türkische Grenze auf dem Balkan).

Schwind[4] charakterisiert die Grenzen nach ihrer Entstehung im Verhältnis zur Landschaft. Wo ein unbesiedelter Grenzsaum allmählich von beiden Seiten her erschlossen wird, bildet sich eine Zusammenwachsgrenze heraus. Den mit ihrem allmählichen Werden verbundenen Zufälligkeiten entsprechend, verläuft sie zum Teil recht unregelmäßig. Die deutsch-niederländische Grenze vom Dollart bis nach Westfalen ist eine solche Zusammenwachsgrenze, ja sie ist durch die über sie hinwegreichenden Kontakte zu einer *Begegnungsgrenze* geworden. Ganz anders dagegen die *Trennungsgrenze:* Sie wurde einer als Einheit empfundenen Kulturlandschaft aufgezwungen und trennt ursprünglich Zusammengehöriges. Sie zerschneidet alte Verkehrs-

[1] *M. Schwind*, 1950
[2] *M. Schwind*, 1972, S. 111
[3] *N. J. G. Pounds*, 1963; *H. J. de Blij*, 1967
[4] *M. Schwind*, 1950 u. 1972

und Versorgungsbeziehungen, auch familiäre Bindungen rigoros, wie alle Demarkations- und Waffenstillstandslinien seit dem Ende des Zweiten Weltkrieges. Die Trennungsgrenze kündet von einer Verschiebung der Macht und begründet nicht selten politische Spannungen. Wo eine Grenzfestlegung der Erschließung des Raumes vorausging (antezedente Grenze), bediente man sich vielfach der geometrischen Linien; sie sind das Merkmal der *Aufteilungsgrenze,* die auf die naturräumlichen Gegebenheiten keine Rücksicht nimmt.

Prescott[1] typisiert die Grenzen im West-Afrika des 19. Jahrhunderts mit teilweise ähnlichen Begriffen, doch nach anderen Gesichtspunkten. Er unterscheidet:

1. Grenzen des Kontakts, a) der Vermischung und b) des Kriegszustandes;

2. Grenzen der Trennung, a) durch Naturelemente (Flüsse, Gebirge, Sümpfe, Wälder), b) durch Entvölkerung infolge kriegerischer Auseinandersetzungen.

Die Gestalt der Grenzen kann sich in Zeit und Raum wandeln. Schon früh bedienten sich große Reiche zur Abgrenzung ihres Gebietes fester Anlagen: Die Römer zogen
Sicherung
von Grenzen ihren *Limes* in Nordafrika, Großbritannien und Germanien, die Dänen bauten im 9.–10. Jahrhundert über die schleswigsche Landenge das *Danewerk,* die Chinesen errichteten ihre *Große Mauer.* Noch in jüngster Zeit ist die Idee der befestigten Linie wirksam: Vor dem Zweiten Weltkrieg lagen *Maginotlinie und Westwall* einander gegenüber, und mitten durch Deutschland verläuft heute eine stacheldraht- und minenbewehrte Grenze. Früher war die Grenze meist ein breiter, oft schwer passierbarer Saum. So trennte der *Limes Saxoniae* im frühen Mittelalter als Waldstreifen in Holstein die Gebiete der Sachsen und Wenden. Noch 1967 verbot die Regierung von Zaire die Ansiedlung innerhalb von 2 Meilen von der Grenze gegen Uganda und untersagte den Bürgern von Uganda, Handelsgüter nach Zaire mitzuführen, während der Grenzraum in Uganda dicht besiedelt war und Einwohner von Zaire ungehindert auf den dortigen Märkten einkaufen durften[2].

Hält in dem einen Fall ein Staat den Grenzsaum siedlungsfrei, so dringt die Besied-
Frontier lung in anderen Fällen in unregelmäßiger und planloser Front über die Grenze hinaus vor und fügt das neubesiedelte Gebiet dem Staat hinzu. Die äußere Linie dieses Vordringens ist die *Frontier,* deren Eigenschaft es ist, ständig zu schwanken und nicht exakt festgelegt zu sein. Ante[3] regt an zu überdenken, ob es nicht auch eine „ideologische" Variante der Frontier gibt, die Gebiete verschiedener ideologischer Orientierung trennt (z. B. pro-westlich/kommunistisch).

Bezüglich der Art der Grenzen sind von den hier vorwiegend besprochenen Außen-
Binnengrenzen grenzen die verschiedenen *Binnengrenzen* zu unterscheiden, seien sie nun Grenzen von Bundesländern (wie sie Metz 1951 untersuchte) oder von Kreisen (an denen sich beispielsweise plötzlich der Straßenzustand ändert) oder von Gemeinden. Auch wenn sie nicht so trennend wirken wie Außengrenzen, sind sie doch von Einfluß, vor allem wenn sie Gebiete mit eigener Planungshoheit und Besteuerung oder von Disparitäten und unterschiedlichen Förderprogrammen trennen. Gerade dieses kann die Ansiedlung von Gewerbebetrieben beeinflussen. In grenzüberschreitenden Verdichtungsräumen stellt sich die Frage nach der Mitnutzung von Versorgungseinrichtungen jenseits von Binnengrenzen (Ulm – Neu-Ulm, Rhein-Neckar-Raum; vgl. Bd. 2, S. 291). Frühere Verwaltungsgrenzen können sich noch heute in den Versorgungsbeziehungen bemerkbar machen, obwohl sie längst aufgehoben sind.

---

[1] Zit. nach R. Muir, 1975, Fig. 2.1
[2] *J. R. V. Prescott,* 1975 a, S. 92
[3] *U. Ante,* 1981, S. 110

Auswirkungen von Grenzen und Grenzziehungen

Bei dieser Frage kann es nicht allein darum gehen, die Veränderungen im Grenzraum Fernwirkungen oder strukturelle Unterschiede zwischen den Räumen beiderseits der Grenze zu untersuchen, obwohl gerade hier durch den Vergleich die Raumwirksamkeit von Staatsmaßnahmen besonders gut dargestellt werden kann. Veränderungen von Grenzen haben oft ja auch Fernwirkungen zur Folge, z. B. dadurch, daß bedeutende Häfen von ihren Hinterländern abgeschnitten werden[1] oder umgekehrt diese ihre Häfen verlieren (Beispiel Mali), daß also Verkehrsströme unterbunden oder umgelenkt wer- Tafel 12 den (Tafel 12).

Am besten feststellbar sind die Auswirkungen im verkehrs- und wirtschaftsgeographischen Bereich. Viele Grenzräume befinden sich überdies in Bezug auf den Staat, zu dem sie gehören, in einer Randlage, wie z. B. das Elsaß, mochte es nun zu Frankreich oder zu Deutschland gehören[2]; sie sind damit oft Problemgebiete. Die Untersuchung von Grenzräumen erfordert deshalb auch eine Behandlung von Fördermaßnahmen[3].

Auch die Auswirkungen des Abbaus von Grenzen oder ihrer trennenden Funktionen müssen Gegenstand politisch-geographischer Untersuchungen sein, kann hier doch in gleicher Weise eine Veränderung räumlicher Strukturen und Verflechtungen auftreten (vgl. das folgende Kapitel).

Grenzen haben in erster Linie die Funktion, Räume und Menschen voneinander zu trennen, und sei es nur hinsichtlich der Souveränität und Staatsangehörigkeit oder Trennende Funktion hinsichtlich der inneren Verwaltung. Von dem Verhältnis der Regierungen und der Bevölkerung im Grenzgebiet zueinander hängt es ab, wie stark diese Funktion der Trennung ausgeprägt ist, inwieweit die Staatsgrenze zugleich scharfe Kulturlandschaftsgrenze ist. Eine starke Betonung dieser Funktion macht den Grenzraum zu einem Periphergebiet, möglicherweise noch mit starker Aktivität des Staates zur Sicherung seines Territoriums durch Militärlager, Festungsstädte und Verteidigungslinien. Andererseits können eine enge Zusammenarbeit der Staaten und ein Kontakt der Bevölkerung über die Grenze hinweg diese im Bild der Kulturlandschaft verwischen. Eine wichtige Rolle spielen die Verständigungsmöglichkeiten der Bevölkerung beiderseits der Grenze.

Verwischung der Grenze im Raum Achterhoek – Borken/Bocholt

Ergebnisse einer Befragung 1968/69	Deutsche	Niederländer
Es verstehen oder sprechen die andere Sprache	11%	64%
Nie oder nur bis zweimal jährlich gehen über die Grenze	62%	55%
Es haben Verwandte, die nach jenseits der Grenze geheiratet haben	21%	37%
Verwandte und/oder Bekannte jenseits der Grenze haben	49%	61%
Zeitungen und Zeitschriften des anderen Landes lesen:		
regelmäßig	1%	9%
ab und zu	1%	13%
Unterricht in der anderen Sprache befürworten von den Eltern mit Schulkindern	41%	73%
Fernsehsendungen des Nachbarlandes schalten ein:		
Nachrichten	2%	33%
Regionalsendungen	2%	87%
Unterhaltungssendungen	17%	83%

Quelle: Mrohs/Heukels 1970

---

[1] *J. Hagel*, 1957
[2] *V. Albrecht*, 1974, S. 49
[3] *P. Schöller*, 1957, S. 17

Eine derartige Verwischung ist in vielen Bereichen der West- und Südgrenze der Bundesrepublik Deutschland festzustellen. Die Zahlen der Tabelle auf S. 317 sprechen für sich. Sie zeigen zugleich, welche Rolle die Sprachkenntnisse spielen oder, anders ausgedrückt, inwieweit ein Informationsfluß und eine Verständigung Voraussetzung für die Verwischung der Grenze sind (Möglichkeit zum Lesen fremder Zeitungen und zum Hören fremder Sendungen). Die Niederländer, die in hohem Prozentsatz die Sprache des Nachbarlandes lernen, sind hier deutlich im Vorteil.

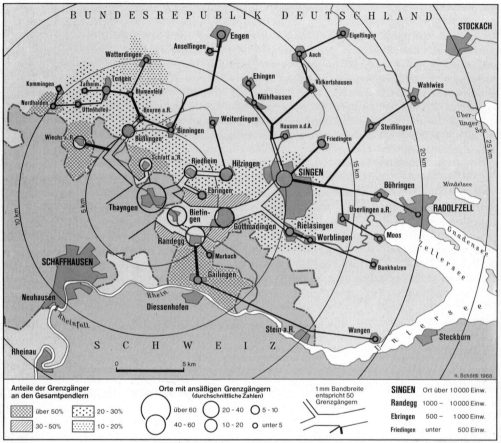

Abb. 106: Grenzgängerströme nach Thayngen 1967   Nach Schöttli 1968

Deutsch-schweizerische Grenze

An der deutsch-schweizerischen Grenze westlich des Bodensees pachten Schweizer Landwirte gerne Flächen in Deutschland dazu, weil die Pacht billiger ist als in der Schweiz. Den deutschen Landwirten wird durch diese Konkurrenz ein Aufstocken ihrer Betriebe erschwert. Da die Grenzbewohner ihre Ernte steuerfrei über die Grenze bringen dürfen, kann der Schweizer Landwirt die von ihm auf deutschen Parzellen gewonnenen Erzeugnisse in der Schweiz verkaufen, wo er höhere Erträge erzielt als in Deutschland. In der schweizerischen Gemeinde Barzheim z. B. hatten 1967 von 21 landwirtschaftlichen Betrieben 20 Nutzflächen auch in Deutschland; von der gesamten Nutzfläche aller Betriebe lagen 147 ha in der Schweiz und 50 ha in Deutschland[1]. Auch hierin wird eine Verwischung der Grenze deutlich.

[1] *H. E. Schöttli*, 1968, S. 39–44

Eine Landesgrenze, die zugleich Zollgrenze ist, kann die Industrie veranlassen, im Nachbarland Filialbetriebe oder Tochtergesellschaften zu errichten, sei es zur Sicherung oder zur Erweiterung des Marktes, auch um einem hohen Schutzzoll zu begegnen oder um ein Lohngefälle auszunutzen. Staatliche Förderungsmaßnahmen des Nachbarlandes, wie an der Nordgrenze Mexikos[1], können diese Neigung verstärken. Die Grenznähe sichert dabei die Kontakte zu den Hauptbetrieben im Mutterland, etwa derart, daß ein Teil der Beschäftigten (insbesondere das leitende Personal) als Grenzgänger in den Filialbetrieb pendelt. Auch ist eine technische und organisatorische Ergänzung gut möglich, z. B. durch zollfreien werksinternen Veredlungsverkehr. Andererseits findet die Filiale einen günstigen Arbeitsmarkt vor, weil der Grenzraum für Betriebe des Nachbarlandes eine Randlage besitzt und sie damit dort benachteiligt wären. Im Hegau hat zudem die Erbteilung die Neigung zur Industriearbeit begünstigt. Verwandte Sprache, Volksart und Sitte erleichtern eine derartige Verwischung der Grenze[2]. Überhaupt sind ausländische Industrieansiedlungen am Hoch- und Oberrhein sehr zahlreich, wobei das Kapital nicht einmal unbedingt aus dem Nachbarland stammen muß, sondern auch aus einem anderen Industrieland stammen kann (insbesondere aus den USA). Sowohl nach Standorten als auch nach Branchen haben sich dort deutliche Schwerpunkte ausländischer Betriebe gebildet[3].

Industriegründungen jenseits der Grenze

Ein Zentrum schweizerischer Filialgründungen ist Singen. Hier wurden errichtet: 1887 Maggi-Gesellschaft, zunächst als Abfüll- und Versandbetrieb (Hauptsitz: Kempthal/Schweiz), 1895 Tempergießerei Fitting (Hauptsitz: Schaffhausen), 1912 Aluminium-Walzwerk GmbH. (Hauptsitz: Neuhausen am Rheinfall; seit 1925 selbständiges Unternehmen). Die Bereitstellung günstigen Baulandes durch die Stadt und das Vorhandensein eines Bahnanschlusses begünstigten die Ansiedlungen, die Singen seit dem Ende des 19. Jahrhunderts überdurchschnittlich wachsen ließen. Als deutsche Industrieansiedlung im schweizerischen Grenzgebiet kann die Knorr Nährmittel AG in Thayngen genannt werden (gegründet 1907 als Abpackstelle, Hauptsitz: Heilbronn); sie wurde 1922 selbständiges schweizerisches Unternehmen.

Diese Beispiele aus dem Bodenseegebiet zeigen, daß derartige Firmenfilialen die Tendenz zur Verselbständigung haben. An die Stelle der Grenzgänger in den wichtigen Positionen rücken allmählich Einheimische nach; es kommen einheimische Kreditgeber hinzu, das Stammwerk wird möglicherweise in der Produktion überholt, und schließlich wird ein zentraler gelegener Standort gesucht.

Pendelverkehr

Beim Grenzgängerverkehr sind zwei Hauptgruppen zu unterscheiden: der strukturelle und der konjunkturelle Pendelverkehr. *Strukturell bedingt* ist er dann, wenn die Grenzgänger im eigenen Land unzureichende Arbeitsmöglichkeiten oder ungünstige Verkehrsverhältnisse finden. Im Hegau ist der Grenzgängerverkehr für die Bevölkerung der vorwiegend landwirtschaftlich orientierten Gemeinden zu einer Existenzgrundlage geworden. Hier gibt es Grenzgänger, die schon 10–40 Jahre in ein und demselben Betrieb in der Schweiz arbeiten. Eheschließungen über die Grenze hinweg sind dabei nicht selten.

Zeiten guter Konjunktur mit steigenden Löhnen lassen den *konjunkturellen Grenzgängerverkehr* aufkommen. Er hat sich an der Grenze am Hochrhein nach dem Zweiten Weltkrieg entwickelt, doch ging er mit der Angleichung der Löhne in beiden Ländern zurück.

Immerhin waren in dem schweizerischen Grenzort Thayngen, begünstigt durch die Bahnlinie Singen – Schaffhausen, 1957 insgesamt 457 Grenzgänger aus 23 deutschen Gemeinden beschäftigt, 1967 dagegen 292 aus 35 deutschen Gemeinden, während Thayngen rund 1900 Beschäftigte hatte (Abb. 106). Doch während hier mehr Grenzgänger aus Deutschland hinauspendeln,

[1] *C. D. Dillman*, 1976
[2] *H. E. Schöttli*, 1968. Dieser Arbeit sind auch die folgenden Angaben über den Singener Raum entnommen.
[3] *J.-C. Marandon*, 1977

kommen aus dem Unterelsaß mehr in die Bundesrepublik Deutschland[1]. Im Juni 1976 pendelten aus dem Unterelsaß 10 700 Grenzgänger nach Deutschland, aus dem Oberelsaß 1700 nach Deutschland und 14 700 in die Schweiz, aus Baden-Württemberg 11 700 in die Schweiz, davon 6000 nach Basel[2]. Die relative Bedeutung des Grenzgängertums im südlichen deutschsprachigen Raum zeigt ein österreichisches Beispiel: In Vorarlberg gab es 1971 in 85 der 96 Gemeinden Grenzgänger, die in einzelnen Gemeinden sogar mehr als 50% der Auspendler stellten. Ihre Zahl erreichte 1981 mit 10 300 Personen einen Höchststand. Etwa 5900 pendeln in die Schweiz, 2700 nach Liechtenstein und 1700 in die Bundesrepublik Deutschland[3]. Sehr enge Verflechtungen bestehen auch in der Regio Basiliensis[4].

An einer derartig durchlässigen Grenze bilden auch grenzüberschreitende Dienstleistungen kein Problem. Die schweizerische Grenzstadt Kreuzlingen z. B. leitet ihre Abwässer in die Konstanzer Kläranlage, während Konstanz mehrere schweizerische Gemeinden mit Gas versorgt. Von Basel werden Gas, Strom und Trinkwasser über die Grenze geliefert, und andererseits nehmen die ausländischen Nachbargemeinden die Basler Spitäler in Anspruch. Der Flugplatz für Basel liegt im Elsaß.

Einkaufs-
beziehungen
Ebenso reichen die Einkaufsbeziehungen über die Grenze hinweg. Dabei sind vor allem Waren gefragt, die im anderen Land billiger sind (z. B. im eigenen Land hoch versteuerte Tabakwaren, Kaffee, Alkoholika oder Treibstoffe, aber auch Lebensmittel aller Art) oder Produkte die – auch bei höherem Preis – als qualitativ besser gelten sowie Spezialartikel, die im eigenen Land nicht erhältlich sind. Ein entsprechendes Gefälle ist schon im Angebot der Kioske an der Grenze zu erkennen. In Vorarlberg sind 1973 rund 500 Mio Schilling Kaufkraft in die ausländischen Grenzgebiete abgeflossen[5]. Eine Änderung des Preisgefüges wird hier besonders spürbar. So hatte das Gefälle des Zuckerpreises von Österreich, das sich selbst mit Zucker versorgt und wo Ende 1973 1 kg 7,– Schilling kostete, gegenüber der importabhängigen Schweiz (4,– ÖS/kg) zur Folge, daß Vorarlberger Einwohner 1973 für rund 39,6 Mio ÖS Zucker und Süßwaren in der Schweiz kauften; bis zum Jahresende stieg der Zuckerpreis in der Schweiz weltmarktabhängig bis auf 21,50 ÖS/kg an, während er in Österreich etwa gleich blieb. Plötzlich kehrte sich damit der Käuferstrom um und führte in Österreich bei einer großen Handelsorganisation (Konsumgeschäfte) zu einem Mehrumsatz von 80%[6]. Damit wird für die Grenzräume ein besonderes Risiko offenbar.

Ein beträchtliches Preisgefälle, das selbstverständlich durch die Währungs-, Steuer- und Zollpolitik wesentlich mitbestimmt wird, läßt bei offenen Grenzen einen starken Reiseverkehr entstehen. Mitunter werden über die Grenze im großen Stil Ausflugsfahrten organisiert, etwa Schiffsfahrten von Deutschland nach Dänemark zum Butterkauf, von Dänemark wegen der Alkohol-Prohibition in andere Länder zum Schnapseinkauf. Eine Veränderung der dänischen Zollbestimmungen im Jahre 1964 machte viele ,,Schnapsfähren'' in kurzer Zeit unrentabel.

11. Die Raumwirksamkeit von Zusammenschlüssen mehrerer Staaten

In der Geographie wurde bisher wenig untersucht, wie sich Zusammenschlüsse mehrerer Staaten auf deren Struktur auswirken und welche raumwirksamen Prozesse sie auslösen. Die Frage ist insofern durchaus aktuell, als sich in den Jahren seit dem Zweiten Weltkrieg viele supranationale Organisationen gebildet und auf die Raumentwicklung starken Einfluß genommen haben: strategische Organisationen (z. B. NATO, Warschauer Pakt), politische Verbände (z. B. Europarat), kulturell-politische Organisationen (Organisation für Afrikanische Einheit, Arabische Liga) und Wirtschaftsverbände (EG). Am deutlichsten wird die Raumwirksamkeit bei den wirtschaftlichen Zusammenschlüssen. Die Einordnung von Angebot und Nachfrage in einen größeren

[1] V. Albrecht, 1974, S. 82
[2] Neue Züricher Zeitung, 23. 7. 1976
[3] P. Meusburger, 1983, S. 99–100
[4] J. F. Jenny, 1969
[5] P. Meusburger, 1983, S. 99–100
[6] P. Meusburger, 1975

Markt oder die Vereinbarung einer Arbeitsteilung (Spezialisierung, z. B. im Ostblock) verbessern die Produktionsfaktoren für einzelne Gebiete, verschlechtern sie aber unter Umständen für andere. Die Entwicklung der Europäischen Wirtschaftsgemeinschaft (EWG, heute EG) bietet hierfür gute Beispiele.

Die deutsche Landwirtschaft trat mit einem historischen Erbe in die EWG ein: Dänemark und die Niederlande hatten ihre Landwirtschaft Ende des 19. Jahrhunderts dem Druck des Weltmarkts ausgesetzt (steigende Getreideproduktion in Übersee) und dadurch zum Übergang zur Veredelungswirtschaft, d. h. zu einer Spezialisierung veranlaßt. Die deutsche Landwirtschaft war hingegen durch Zollmaßnahmen vom Weltmarkt und damit vom freien Wettbewerb abgeschirmt worden. Dahinter mögen die Interessen einflußreicher Kreise wie des ostelbischen Großgrundbesitzes ebenso gestanden haben wie die Absicht, das Bauerntum aus innenpolitischen Gründen zu stärken. Gewiß war auch der Gedanke mit im Spiel, daß ein Land wie Deutschland nicht erfolgreich zu verteidigen und damit eine Großmachtpolitik nicht zu betreiben sei, wenn die Nahrungsmittel zu einem großen Teil aus Übersee bezogen werden müßten[1]. Mit den Autarkiebetrebungen vor dem Zweiten Weltkrieg wurde dieser Weg fortgesetzt. Damit konnten sich auch kleinere Betriebe halten, während z. B. in Dänemark seit langem vor allem die Mittelbetriebe gestärkt worden sind. Mit der Einführung des Gemeinsamen Agrarmarktes änderten sich die Bedingungen: Die westdeutsche Landwirtschaft wurde nun in ein gemeinsames Preissystem eingebunden (vgl. Abb. 107).

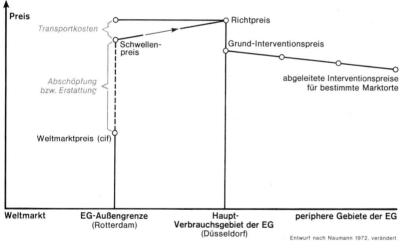

Abb. 107: Das Preissystem für Getreide in der EG   Entwurf nach Naumann 1972, verändert

Für Duisburg als Zentrum des Gebiets mit dem größten Getreidezuschußbedarf wird alljährlich ein *Richtpreis* festgesetzt, der leistungsfähigen Betrieben einen angemessenen Erzeugerpreis sichern soll. Außerdem wird ein *Grundinterventionspreis* festgelegt, der um 5–10% unter dem Richtpreis liegt. Von ihm werden für wichtige Orte der Gemeinschaft *regionale Interventionspreise* abgeleitet. Sinkt der tatsächliche Preis tiefer, so kauft die Gemeinschaft Überschüsse zum Interventionspreis auf. Dem Erzeuger ist also ein *Mindestpreis* gesichert. Der *Weltmarktpreis* liegt allerdings erheblich niedriger. Deshalb wird – unter Berücksichtigung der günstigsten Einkaufsmöglichkeiten – für Rotterdam ein *cif-Preis* festgesetzt (cif = cost, insurance, freight, d. h. frei von Kosten für Verladung, Versicherung und Fracht). Durch einen Differenzbetrag, der von der Gemeinschaft eingezogen wird (Abschöpfung), wird der cif-Preis so auf den *Schwellenpreis* angehoben, daß das eingeführte Getreide bei Einberechnung der Transportkosten zum Richtpreis auf den Markt kommt. Bei Exporten wird die Differenz gegenüber dem Weltmarktpreis erstattet.

---

[1] *Th. Rolle,* 1971, S. 23–24

Für die Auswirkungen dieses Systems der Marktregulierung ist von Bedeutung, daß die Erzeugerpreise in Deutschland 1958/59 zu den höchsten innerhalb der EWG gehörten und deshalb kaum stiegen, sondern zeitweise sogar sanken. Der Preisindex innerhalb der EWG – bezogen auf 1957–1959 – erhöhte sich bis 1969 bei pflanzlichen Produkten auf 113, bei tierischen auf 129 und insgesamt auf 123. In der Bundesrepublik Deutschland veränderte er sich im selben Zeitraum aber auf 91 bzw. 108 und 104. Dies sind die niedrigsten Indexwerte aller EWG-Länder. In den anderen Ländern, insbesondere in Frankreich, stiegen die Werte z. T. erheblich und führten zu Steigerungen der Produktion mit erheblichen Überschüssen. Gleichzeitig zogen in der deutschen Landwirtschaft die Löhne sowie die Kosten für Maschinen und Düngemittel beträchtlich an. In dieser Situation können kleinere Betriebe nicht mehr rentabel wirtschaften, zumal wenn sie sich in Mittel- oder Hochgebirgslagen und noch dazu in Randlage (z. B. im Bayerischen Wald) befinden. Eine Umstrukturierung ist unumgänglich; sie zeigt sich in einer Zunahme der durchschnittlichen Betriebsgröße bei gleichzeitiger Abnahme der Zahl der Betriebe, der in der Landwirtschaft Beschäftigten und der landwirtschaftlich genutzten Fläche sowie in stärkerer Mechanisierung und Spezialisierung bei zunehmender Kooperation (vgl. Kapitel Agrargeographie, S. 22 ff.).

Für die Industrie veränderten sich in der EG die Marktverhältnisse uneinheitlich. Ursachen hierfür sind unterschiedliche Wechselkurse, Lohnniveaus, Soziallasten sowie Steuerbe- und -entlastungen in den einzelnen Ländern der Gemeinschaft. So konnte die französische Gießereiindustrie infolge derartiger Wettbewerbsverzerrungen um 1960 auf dem deutschen Markt erheblich günstiger anbieten als die deutsche. Infolgedessen verwandelte sich der hohe deutsche Ausfuhrüberschuß bei Gußerzeugnissen von 1958 bis 1962 in einen beträchtlichen Einfuhrüberschuß, der zu einem großen Teil aus Frankreich kam.

Tendenzen
der Industrie

Mit dem größeren zollfreien oder -begünstigten Markt einer Wirtschaftsgemeinschaft – sei sie markt- oder planwirtschaftlich orientiert – nimmt generell die Tendenz zum Großbetrieb zu, zumal ein größeres Produktionsvolumen eine Spezialisierung erleichtert und die Konkurrenzfähigkeit verbessert. Die Bereitschaft zu Betriebszusammenschlüssen ist in der EG gestiegen, auch über Landesgrenzen hinweg. Für viele Betriebe verschärft sich die Konkurrenz, so daß Rationalisierung und Spezialisierung – evtl. in Absprache mit anderen Firmen –, Zusammenarbeit (z. B. AEG) bzw. Zusammenschluß oder auch die Stillegung erforderlich werden. Außerdem suchen Firmen bei Neugründungen oder mit Filialbetrieben die Schwerpunkträume der Gemeinschaft auf (Gebiete mit höchsten Einkommen und geringsten Transportkosten); das ist in der EG die Rhein-Rhône-Linie, die sich damit auch zu einer Verkehrsachse entwickelt. Das Ruhrgebiet, das im Deutschen Reich früher randlich lag, ist mit der Bildung des Gemeinsamen Marktes in eine zentrale Lage gerückt[1]. Dagegen geriet Hamburg in eine Randlage und ist gegenüber dem Rheinmündungsgebiet benachteiligt. Die Folgen für Hamburg: Die Hamburger Ölmühlen wurden stillgelegt, weil Ölsaaten nun aus den assoziierten Mittelmeerstaaten vorzugsweise über Marseille kommen; und die Hamburger Getreidemühlen wurden geschlossen, weil durch die oben erwähnte Abschöpfung das überseeische Getreide nicht mehr wesentlich preisgünstiger zu haben ist. Der Getreidebedarf wird vielmehr durch die Länder der Gemeinschaft befriedigt und das Getreide möglichst per Binnenschiff in die Verbrauchsgebiete gebracht. Die Beschränkung der Einfuhr von Agrarprodukten z. B. aus Argentinien, die sich aus der Anhebung des Weltmarktpreises durch die Abschöpfung ergibt, behindert wiederum den Absatz von Industrieerzeugnissen bei diesem traditionellen Hamburger Partner[2].

---

[1] *Th. Rolle*, 1971
[2] *J. K. Zeidler*, 1966

Die größeren Investitionen in den Schwerpunkträumen verschärfen die regionalen Ungleichgewichte und verstärken damit die Binnenwanderung innerhalb der Gemeinschaft aus den Rückstands- in die Wachstumsgebiete, zumal sie durch die Freiheit der Arbeitsplatzwahl innerhalb der EG begünstigt wird. Zum Abbau der Ungleichgewichte unterstützt die Gemeinschaft allerdings regionale Fördermaßnahmen. Dennoch zeigen selbst die Binnengrenzen des EG-Raumes z.T. erhebliche trennende Wirkung. Ende 1976 mußte das Europäische Parlament im Dokument 355/76 feststellen, daß die Grenzregionen „eine weniger günstige wirtschaftliche Entwicklung genommen haben als die Zentralregionen. Die Grenzregionen sind, obwohl sie – europäisch gesehen – in der Mehrzahl der Fälle zentral liegen, in bezug auf die Wirtschaft des Landes, dem sie angehören, Randgebiete", woraus sich räumliche Ungleichgewichte ergeben, die sich „in einem oftmals negativen Wanderungssaldo bemerkbar machen". Das Parlament forderte deshalb dazu auf, in grenznahen Verdichtungsräumen grenzüberschreitende Bauleit- und Flächennutzungsplanung zu betreiben und grenzüberschreitende Versorgungs-Zweckverbände und -Einrichtungen sowie darüber hinaus grenzüberschreitende Regionalverbände zu gründen.

Militärische Bündnisse können dadurch raumwirksam werden, daß infolge der politischen Bindungen einige Maßnahmen – insbesondere zur Landesentwicklung – begünstigt, andere – etwa die Ausfuhr bestimmter Güter (man denke an das Röhrenembargo im Handel mit der Sowjetunion in den 1950er Jahren) – dagegen möglicherweise eingeschränkt werden. Der Ausbau der Infrastruktur aus strategischen Gründen kommt in der Regel auch der Bevölkerung des betreffenden Raumes zugute. Militärstützpunkte des Bündnisses sind mit den Arbeitsplätzen, die sie der einheimischen Bevölkerung bieten, und mit den Versorgungskäufen ein nicht unwesentlicher Faktor für die regionale Entwicklung.

Militärische Maßnahmen

Wie sich die Einbeziehung eines Staates in ein Bündnissystem auf die Entwicklung der Struktur und der funktionalen Verflechtungen seines gesamten Staatsgebietes oder von Teilgebieten auswirkt, ist aus geographischer Sicht bisher kaum untersucht worden. Hier bieten sich für die Forschung noch wichtige Aufgaben.

12. Politische Geographie der Meere

Früher hatte sich die Politische Geographie der Meere mit der Bedeutung des Meeres für Nationalcharakter und Politik sowie mit der politischen Bedeutung bestimmter Küstentypen beschäftigt, mit Fragestellungen, die leicht zu einer deterministischen Auffassung führen[1]. Heute stehen drei Themenkreise im Vordergrund: Die Festlegung von Grenzen (Staats-, Hoheits-, Nutzungsrechtsgrenzen) und ihre Auswirkungen, die wirtschaftliche Nutzung der Meere sowie die Verhütung der Meeresverschmutzung.

Von der Drei- zur Zweihundert-Meilen-Zone
Ansprüche auf Teile des Meeres wurden bereits im Mittelalter erhoben. So bestimmte im 13. Jahrhundert ein norwegisches Gesetz, daß kein fremdes Fahrzeug ohne königliche Genehmigung weiter nordwärts als bis Bergen fahren durfte. Auch war schon im 16. Jahrhundert, vor allem begründet durch den italienischen Juristen Gentilis, die Auffassung verbreitet, daß sich ein Territorium über die Küste hinaus erstrecke und damit auch die Küstengewässer der Rechtsprechung des Landesherrn unterstehen. Spanien und Portugal beanspruchten im 16. Jahrhundert sogar große Teile der Meere.

Frühere Meeresgrenzen

---

[1] *J. R. V. Prescott,* 1975b

Die Dänen erklärten 1590 eine Zone von 8 nautischen Meilen um Island als ihr Eigentum, bald darauf auch um andere Besitzungen; sie erweiterten die Zone im Hinblick auf den Fischreichtum dieser Gewässer. Mitte des 17. Jahrhunderts sogar auf 25 Meilen[1]. Die Briten definierten ihre Hoheitsgewässer, indem sie die Verbindungslinien zwischen vorgeschobenen Küstenpunkten als Seegrenzen erklärten. Dies sind nur einige Beispiele von vielen.

Bereits 1610 vertraten die Holländer in einem Streit mit den Briten die Auffassung, der Hoheitsbereich erstrecke sich bis zur Kanonenschußweite[1] – ein Anspruch, der 1703

Dreimeilenzone von dem holländischen Juristen *Cornelius van Bijnkershoek* begründet wurde. Die Auffassung konnte jedoch auf die Dauer nicht befriedigen, da die Schußweite sowohl von der Höhe der Küste als auch von der verwendeten Kanone abhängt. Der italienische Nationalökonom *Ferdinando Galiani* schlug deshalb vor, die Hoheitszone auf 3 Meilen festzulegen.

Über diese Zone war bereits 1756 von Schweden ein Anspruch erhoben worden. Sie wurde im Laufe der Zeit von den meisten Staaten übernommen, war allerdings nicht durch internationalen Vertrag allgemein gültig. 1951 waren 80% der Welthandelsflotte in Ländern beheimatet, die ein Hoheitsgebiet von 3 nautischen Meilen beanspruchten, 10% in Ländern mit einem Anspruch von 4 sm. Auch legten einige Länder ihre Zollgrenzen über die Hoheitsgebiete hinaus.

Auf den Grundgedanken der Schußweite berief sich Lousiana noch 1938, als es die Grenze der Hoheitsgewässer auf 27 sm, gemessen bei Niedrigwasser, hinausschob (Vorkommen von Bodenschätzen!). Im Zeitalter der Interkontinentalraketen ist die Schußweite als Grundlage für die Bemessung von Hoheitsgebieten jedoch nicht mehr haltbar. Weitere Beispiele für Hoheitsansprüche s. bei *Prescott*[2].

Die Gründe für die Festlegung einer Hoheitsgrenze auf See waren strategischer und fiskalischer Art. Zur Verhinderung von Schmuggelei nahm Großbritannien früher das Recht auf Durchsuchung von Schiffen für einen Bereich von etwa 300 sm vor der Küste in Anspruch, ging jedoch 1876 auf 9 sm zurück; die Vereinigten Staaten beanspruchten dieses Recht 1790 für 12 sm, Spanien 1760 für 6 sm. Einige Länder erweiterten ihre Zone während des Ersten Weltkrieges, die Sowjetunion 1927 auf 12 sm[3].

Nach dem Zweiten Weltkrieg erhoben immer mehr Länder derartige Ansprüche. Dabei

Fischereiwirtschaft traten andere Gründe als bisher in den Vordergrund; vor allem der Wunsch, die Existenz der eigenen Fischereiwirtschaft zu sichern (z. B. Norwegen, Island) oder eine solche Wirtschaft aufzubauen (Peru). Auch das Bestreben, sich untermeerische Bodenschätze zu sichern, veranlaßte viele Staaten, die von ihnen beanspruchte Meereszone erheblich zu erweitern.

Folgen für die Hochseefischerei

Solange die Fischerei mit kleinen Fahrzeugen und relativ einfachen Geräten betrieben wurde, ergaben sich bezüglich einer Gebietsabgrenzung keine wesentlichen Probleme. Die Hoheitsgewässer eines Staates blieben den eigenen Fischern vorbehalten. Mit wachsender Schiffsgröße, verfeinerter Fang- und Verarbeitungstechnik, verbesserten Transportmöglichkeiten (Kühlkette) und damit steigender Nachfrage wurden die Fischbestände jedoch zunehmend stärker beansprucht, so daß Rückgänge in den Fangerträgen auftraten. Heute sind einige Fischarten bereits in ihrem Bestand bedroht.

Größere politische Probleme ergaben sich erstmals 1952. Norwegen hatte bereits 1935 vor seiner Küste eine von vorspringenden Küstenpunkten, Inseln und Felsen im

---

[1] *H. J. de Blij*, 1967

[2] *J. R. V. Prescott*, 1975b

[3] *N. J. G. Pounds*, 1963, S. 101; *A. A. Archer* u. *P. B. Beazley*, 1975, S. 2

Meer gebildete Basislinie festgelegt, vor der es 4 sm als Hoheitsgebiet beanspruchte, um fremde Fischer fernhalten zu können[1]. Die britischen Fischer wurden von ihrer Regierung bestärkt, die über die bisher übliche Festlegung hinausgehenden Ansprüche zu mißachten. 1951 kam es deswegen zu einer Auseinandersetzung zwischen Großbritannien und Norwegen vor dem Internationalen Gerichtshof, der Norwegen bezüglich der Basislinie Recht gab[2].

Deutlicher wird der Zusammenhang zwischen dem ökologischen, ökonomischen, rechtlichen und politischen Bereich am Streit um die isländischen Fischereigründe[3].

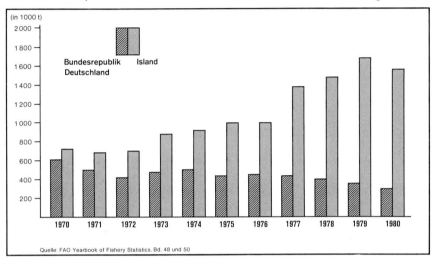

Abb. 108: Fischanlandungen in der Bundesrepublik Deutschland und Island 1971–1980

1952 erweiterte Island, dessen Export zu 80–90% aus der Fischereiwirtschaft stammt, seine Hoheitsgewässer auf 4 sm, wobei es ebenfalls von einer (neu festgelegten) Basislinie ausging. Daraufhin boykottierten britische Hafenarbeiter isländische Fisch-Anlandungen in britischen Häfen, die zuvor etwa 25% der isländischen Fänge ausgemacht hatten. Im folgenden Jahr trat die Sowjetunion als Fischkäufer in Island auf und rückte an Großbritanniens Stelle. Der Streit Großbritannien-Island dauerte bis 1956. Zwei Jahre später (1958) erweiterte Island, weil es eine Überfischung der für das Land lebensnotwendigen Fischgründe befürchtete, sein Fischereigebiet auf 12 sm. In dieser Zone wurde ausländischen Fischern das Fangen ganz verboten, den einheimischen Fischern wurden Beschränkungen auferlegt. Damit wurden die ausländischen Fischer vom Schollenfang ganz, vom Kabeljau- und Schellfischfang weitgehend ausgeschlossen. Das führte zum „Kabeljaukrieg" (bis 1961). Frankreich, die Niederlande und die BR Deutschland beschränkten sich auf Proteste, hielten die Grenze aber ein; Großbritannien, dessen Fischer schon seit etwa 1400 vor Island fingen und das nun viele Arbeitsplätze bedroht sah – 40% der Schellfischanlandungen in britischen Häfen stammten aus Gewässern um Island[4] –, lehnte sie dagegen ab und setzte Kriegsschiffe ein, um seine Trawler gegen Behinderungen zu schützen. 1961 kam es zu einer Einigung mit Großbritannien und der BR Deutschland, denen in bestimmten Gebieten Fangrechte zugebilligt wurden. Politisch fand die 12-Meilen-Grenze ihre Anerkennung durch die Londoner Fischerei-Konvention von 1964; diese begrenzte das Hoheitsrecht auf 6, das Fischereirecht auf 12 sm.

1972 legte Island die Fischereigrenze auf 50 sm und eine Grenze zum Schutz des Meeres vor Verschmutzung auf 100 sm fest. Großbritannien sah darin eine Verletzung des internationalen Rechts und betrachtete das Gebiet außerhalb der Zwölfmeilenzone weiterhin als Hohe See. Als isländische Fischereischutzboote die Netze britischer Trawler kappten, setzte Großbritannien

Islands „Kabeljaukrieg"

Tafel 14

[1] *N. J. G. Pounds,* 1963, S. 102–111
[2] *A. A. Archer* u. *P. B. Beazley,* 1975, S. 3; *H. J. de Blij,* 1967, S. 369. Weitere Beispiele bei *Prescott* 1975b, S. 116 f.
[3] *B. Mitchell,* 1976
[4] *A. D. Couper,* 1978, S. 17

wiederum Fregatten ein. Mit der weiteren Zuspitzung des Streits verbot Island 1973 britischen Flugzeugen, auf dem Flugstützpunkt Keflavik zu landen und boykottierte eine NATO-Konferenz. Es kam noch 1973 zu einer Einigung: Großbritannien verringerte seine Fangmenge um 70 000 t auf 130 000 t im Jahr (bezogen auf den Durchschnitt von 1960–1969); drei Seegebiete wurden als Schutzgebiete ausgewiesen, drei weitere für kleine isländische Fahrzeuge reserviert. Ferner wurde der Gürtel zwischen der 12- und der 50-sm-Grenze, soweit er nicht zu den bereits genannten Gebieten gehört, in sechs Streifen unterteilt, in denen britische Fischer im rotierenden System zu bestimmten Zeiten fangen durften. In ähnlicher Weise wurden in Verhandlungen mit Belgien 1972 Gebiete festgelegt, in denen 19 belgische Fischereifahrzeuge jeweils zu bestimmten Zeiten fischen durften (Tafel 14). In Verhandlungen Islands mit Norwegen einigte man sich, daß Norwegen in dem 12- bis 50-sm-Gürtel höchstens 45 Fahrzeuge einsetzt.

Tafel 15   Als Island 1975 den Fischereigebietsgürtel sogar auf 200 sm erweiterte, lebte der Streit sehr heftig wieder auf, wobei Island schließlich seinen Botschafter aus London abberief. Neue Verhandlungen (1976) brachten für Großbritannien ganz erhebliche Einschränkungen hinsichtlich der Fangmengen. Die britische Fischereiindustrie rechnete im Juni 1976 mit dem Verlust der Arbeitsplätze von 1500 Fischern und 7500 Beschäftigten an Land und mit dem Ausfall von 60 Trawlern, die anderswo nicht einzusetzen sind, sowie mit einem starken Ansteigen des Kabeljaupreises (Stuttgarter Zeitung 1. 6. 1976). Zum Ausgleich wollte Großbritannien sein Fischereigebiet von den 1964 festgelegten 12 sm (s. o.) auf 50 sm erweitern. Die BR Deutschland einigte sich mit Island ebenfalls in einem Vertrag; ihre Fischereirechte vor Island sind Ende 1977 ausgelaufen (vgl. Abb. 108 und Tafel 15).

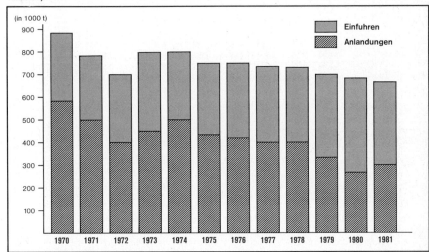

Quelle: Jahresberichte über die deutsche Fischwirtschaft

Abb. 109: Entwicklung der Fischversorgung in der Bundesrepublik Deutschland 1970–1981

Der „Kabeljaukrieg" hat auch politische Auswirkungen. Sowohl Island als auch Großbritannien gehören der NATO an. Sowohl Island aus auch Großbritannien bezeichneten den Einsatz bewaffneter Schiffe durch den anderen Staat als Verstoß gegen das Bündnis. Großbritannien berief sich außerdem auf internationales Recht, während Island 1973 drohte, den NATO-Stützpunkt Keflavik zu schließen, wenn es von der NATO nicht unterstützt werde. In Großbritannien sind die in England gelegenen Häfen Hull, Grimsby und Fleetwood als Stützpunkte der Hochseefischerei besonders betroffen; demgegenüber hat die schottische Küstenfischerei von der Einengung der Hochsee-Fanggebiete profitiert. Der Widerstreit englischer und schottischer Interessen schwächt die Position der britischen Regierung. Die Beschränkung der Fischerei um Island führt zu einem verstärkten Druck auf andere Fanggebiete. So verlegten sich an der britischen Ostküste beheimatete Trawler nun auf den Makrelenfang vor Cornwall und traten damit zu den Fischern des Südwestens in Konkurrenz[1].

---

[1] A. D. Couper, 1978, S. 18

Ähnliche Probleme ergaben sich bei der Suche nach **Bodenschätzen,** insbesondere nach Erdöl und Erdgas im Meeresboden *(off shore).* Schon 1858 hatte ein britisches Gesetz alle Minen und Mineralien unter der offenen See jenseits der Niedrigwasserlinie vor Cornwall als Eigentum der Krone bezeichnet. Die jüngere Entwicklung auf diesem Gebiet setzte während des Zweiten Weltkriegs ein: 1941 schob Texas seine Hoheitsrechte bis zum Schelfrand vor, und 1942 schlossen Venezuela und Großbritannien ein Abkommen über die Aufteilung des Meeresbodens zwischen Venezuela und Trinidad[1]. Entscheidend war jedoch die 1945 von Präsident Truman abgegebene Erklärung, daß Meeresboden und -untergrund vor der Küste der USA bis zum Schelfrand Eigentum der Vereinigten Staaten seien; denn diese Erklärung bewirkte eine Innovation. Truman forderte allerdings nicht die Hoheit über die Meeresgebiete jenseits der bisherigen Hoheitsgrenze.

Erhebung von Ansprüchen

Rasch folgten andere Staaten, die jedoch vollen Hoheitsanspruch erhoben, zum Beispiel 1945 Mexico, 1946 Argentinien mit Anspruch bis zum Schelfrand, ferner Chile, Peru, Ecuador und El Salvador mit Anspruch über 200 sm (der Schelf dehnt sich dort nicht über 40 sm aus), außerdem die Ölländer des Vorderen Orients, wobei jedoch am Persischen Golf, wo kein Kontinentalabfall vorhanden ist, Grenzen festgelegt werden mußten[2]. Von 1945 bis 1958 legten nicht weniger als 38 Staaten eigene Hoheits- und Wirtschaftszonen fest. Infolge dieser Ansprüche kam es, um nur einige Beispiele zu nennen, 1952 zwischen Peru, Chile und Ecuador einerseits und den USA andererseits zum „Thunfischkrieg"; Brasilien und Frankreich, später auch die USA, führten einen „Hummerkrieg", und 1954 brachte Peru die Walfangflotte des griechischen Reeders Onassis auf und gab sie erst gegen 3 Mio Dollar Entschädigung frei[3].

Die europäischen Staaten bildeten hier keine Ausnahme. Als der Untergrund der Nordsee in den 1960er Jahren wegen der Erdöl- und Erdgasfunde wirtschaftlich und politisch interessant wurde, erhoben die Anrainer Ansprüche auf die an ihre Küsten grenzenden Meeresgebiete. Dabei hätte die Bundesrepublik Deutschland wegen ihrer Lage im Inneren der Deutschen Bucht das Nutzungsrecht nur für einen kleinen Teil erhalten, wenn man nach dem „Prinzip der Äquidistanz" verfahren wäre. (Nach diesem Prinzip müssen die Punkte einer Grenze auf dem Meer jeweils gleichweit von den Küsten der beiden Nachbarländer entfernt sein.) Deshalb schloß die Bundesrepublik Deutschland mit Dänemark, den Niederlanden und Großbritannien 1971 Verträge ab, in denen ihr nach dem „Billigkeitsprinzip" ein weit nach Nordwesten reichender Zipfel zugestanden wurde, der als „Entenschnabel" bekannt geworden ist (Tafel 16). Der ungleichmäßige Verlauf seiner Begrenzung erklärt sich daraus, daß man bereits bekannte Ölfelder sorgsam ausklammerte.

Tafel 16

Im Jahre 1977 übertrugen die EG-Staaten ihre Fischereirechte in Nordsee und Atlantik an die Gemeinschaft, die im Vorgriff auf die zu erwartende internationale 200-sm-Regelung entsprechende Gebiete beanspruchte. Damit wurde die Nordsee zum „EG-Meer". Die Ostsee ist seit 1978 unter die Anlieger fischereirechtlich aufgeteilt, wobei die Bundesrepublik Deutschland mit 3% den kleinsten Anteil hat. Hier streiten sich jedoch Polen und Dänemark um ein Gebiet südöstlich von Bornholm, die Sowjetunion und Schweden um ein solches bei Gotland. Man verfuhr bei der Abgrenzung nämlich nach dem „Prinzip der Äquidistanz", doch Polen und die Sowjetunion wollten diese von der Festlandsküste aus berechnen, Dänemark und Schweden dagegen von den Inseln aus. So entstanden zwei „Grauzonen", auf die die beiden jeweiligen Nachbarn Ansprüche erheben. Sobald nun deutsche Fischer in der Grauzone bei Bornholm in der Annahme fingen, es handele sich um dänische und damit um EG-Gewässer, wurden ihre Kutter von polnischen Fahrzeugen aufgebracht und ihre Fänge beschlagnahmt.

EG-Regelung

---

[1] *J. R. V. Prescott,* 1975b, S. 144
[2] *N. J. G. Pounds,* 1963, S. 104–106. Vgl. die Tabelle bei *U. Ante,* 1981, S. 190–193.
[3] *H. J. de Blij,* 1967, S. 294; *A. D. Couper,* 1978, S. 17.

Die internationalen Seerechtskonferenzen

Die reichen Erdöl- und Erdgasfunde, die Entdeckung großer Erzvorkommen auf dem Meeresgrund (Erzschlämme; Manganknollen, allein im Pazifik mindestens 1700 Mrd Tonnen) und die Überfischung einzelner Bestände haben die Bedeutung des Meeres in Wirtschaft und Politik in den letzten zwei Jahrzehnten erheblich anwachsen lassen. Um eine einseitige Ausbeutung zu verhindern, beschloß die Generalversammlung der Vereinten Nationen 1969 ein Moratorium für jeden Abbau von Ressourcen und erklärte 1970 den Ozeanboden und -untergrund zum gemeinsamen Erbe der Menschheit, dessen Nutzung durch eine internationale Behörde zu regeln sei. Die Vereinten Nationen versuchten überdies schon seit 1947, als die ersten Länder ihre Ansprüche erhoben (siehe oben), internationale Vereinbarungen über die Hoheits- und Nutzungsrechte herbeizuführen.

Eine erste Konferenz fand 1958 in Genf statt, brachte aber als Ergebnis nur neue Vereinbarungen über die Festlegung von Grenzen auf dem Meer. Die zweite internationale Seerechtskonferenz (Genf 1960) blieb ohne Ergebnis. Wie schwierig die Materie war und wie schwer die unterschiedlichen Ansprüche befriedigt werden konnten, geht daraus hervor, daß die dritte derartige Konferenz zehn Jahre benötigte (1973–1982), um ein Ergebnis zu erzielen. Am 30. 4. 1982 wurde die Internationale Seerechtskonvention beschlossen und am 10. 12. 1982 in Montego Bay (Jamaika) die Schlußakte unterzeichnet: Ein neues Seerecht war geschaffen, doch werden die USA und die Türkei das Abkommen nicht unterzeichnen; 17 Staaten, darunter auch die Bundesrepublik Deutschland haben sich der Stimme enthalten. Es ist also keine volle Übereinstimmung erzielt worden, vor allem weil die Interessen der Industrieländer zu wenig berücksichtigt worden sind.

Meereszonen Aufgrund dieser Vereinbarungen werden die Meeresgebiete nunmehr in drei Zonen unterteilt:

1. das 12 sm breite *,,Küstenmeer"*,
2. eine daran anschließende, 188 sm breite *,,Ausschließliche Wirtschaftszone"*,
3. die *,,Hohe See"*.

Diese drei Zonen sollen im folgenden zusammen mit ihren Besonderheiten und Problemen näher beschrieben werden.

1. Das Küstenmeer

Jeder Küstenanlieger hat nunmehr das Recht, sein Hoheitsgebiet auf einen 12 sm breiten Streifen im Meer festzulegen. Das Recht auf ,,friedliche Durchfahrt" bleibt jedoch wie bei der bisherigen Hoheitszone bestehen. Seewärts anschließend kann der Küstenstaat eine Anschlußzone von ebenfalls 12 sm einrichten, um Zoll-, Steuer-, Einwanderungs- und Gesundheitsbestimmungen durchzusetzen.

Festlegung von   Die angegebenen Entfernungen werden bei einfach gestalteten Küsten von der Linie des mittleren
Hoheitsgebieten Niedrigwassers aus gemessen, in einem inselreichen Gebiet (Indonesien, Philippinen) dagegen von einer Basislinie aus, die man durch Verbinden ausgewählter Punkte erhält. Ständige Hafenanlagen, z. B. ins Meer hinausragende Piers, gelten als festes Land. Inseln haben ein gleich breites Hoheitsgebiet. Von Watteninseln aus wird nur dann gemessen, wenn sie innerhalb der Hoheitsgewässer liegen oder feste Bauwerke haben, andernfalls bleiben sie unberücksichtigt. Bei Buchten gilt die Verbindungslinie zwischen den beiden äußersten Landpunkten als Basislinie, sofern diese nicht mehr als 24 sm (= 2 x 12 sm) voneinander entfernt sind. Eine Ausnahme gibt es dann, wenn ein Staat in einer größeren Bucht schon lange Hoheitsrechte ausgeübt hat – man spricht dann von ,,historischen Gewässern" –, wie am Varangerfjord (Norwegen, an der Grenze zur UdSSR), am Wash und am Moray Firth (Großbritannien), an der Donegal-Bai (Irland) und an der Hudson-Bai (Kanada). Wo sich Staaten an engeren Gewässern einander gegenüber liegen, bildet die Mittellinie die Grenze der Hoheitsgewässer *(Äquidistanzprinzip)*.

Die Ausweitung der Hoheitsgebiete von bisher (meist) drei auf jetzt 12 sm bedeutet nicht nur, daß rund 5% der Meeresoberfläche nationalisiert, sondern auch 124 bisher freie *Meerengen* der nationalen Hoheit der Anlieger unterstellt werden, darunter die Straßen von Dover, Gibraltar, Messina, Bab el-Mandeb, Hormuz, Malakka, die Beringstraße sowie die Einfahrt zum Bottnischen Meerbusen und die gesamte Ägäis mit der Zufahrt zu den Dardanellen[1]. Für sie gilt jedoch das Recht der ,,Transitpassage'', das weniger eingeschränkt ist als die ,,friedliche Durchfahrt'' und die Rechte des Überfliegens und der getauchten Durchfahrt einschließt. Besondere Meerengenverträge (z. B. für die Ostseezugänge, für Bosporus und Dardanellen) bleiben allerdings unberührt, und für die Malakkastraße haben die drei Meerengen- und die sechs bedeutendsten Benutzerstaaten eine besondere Interpretationserklärung abgegeben.

Archipelstaaten erhalten das Recht, die äußeren Inseln durch Basislinien zu verbinden, die bis 100, ausnahmsweise 125 sm lang sein dürfen. Das Verhältnis von Land- und Wasserfläche muß dabei zwischen 1:1 und 1:9 liegen. Innerhalb dieser Basislinien gelten jedoch das Recht auf friedliche Durchfahrt und – bei den Archipel-Seewegen – der Transitpassage.

2. Die Ausschließliche Wirtschaftszone

An das Küstenmeer schließt sich die 188 sm – oder einschließlich der Hoheitszone 200 sm – breite Ausschließliche Wirtschaftszone an. In dieser haben die Küstenstaaten Rechte im Hinblick auf die Suche und Nutzung der Bodenschätze und der Fischbestände sowie für eine sonstige wirtschaftliche Tätigkeit (Energieerzeugung, Ausbeutung von Schwämmen, Korallen, Muscheln, Kies u. a.), für die Errichtung von Bauwerken und für den Umweltschutz. Küstenstaaten, deren Festlandssockel über 200 sm hinausreicht, erhalten diese Rechte sogar bis zum Sockelrand, doch reichen die Rechte höchstens bis 350 sm oder bis 100 sm seewärts der 2500-m-Tiefenlinie (wobei ozeanische Gebirgsrücken unberücksichtigt bleiben). Für die Nutzung des über 200 sm hinausreichenden Gebiets muß jedoch vom 5. Jahr an eine Abgabe zugunsten der Entwicklungsländer an die internationale Meeresbehörde entrichtet werden. Die traditionellen Freiheiten der Hohen See (Schiffahrt, Überflug, Kabellegen, militärische Schiffahrt) bleiben für alle Länder erhalten. *(Randnotiz: Begrenzung)*

In der 1. Seerechtskonferenz (1958) war vereinbart worden, die Grenze des Schelfs bei 200 m Tiefe anzusetzen. Bis dorthin sollten die Küstenstaaten den Meeresboden als Wirtschaftszone nutzen dürfen. Dies hätte jedoch die Länder mit schmalem Schelf (z. B. das westliche Südamerika) gegenüber solchen mit breitem Schelf (z. B. die Nordküste der Sowjetunion) benachteiligt. Deshalb wurde die 200-sm-Grenze gewählt. Allerdings standen zwischenzeitlich auch noch andere Abgrenzungen zur Diskussion wie der geologische Kontinentalrand, die Sedimentmächtigkeit sowie Kombinationen und Variationen dieser Kriterien[2].

Mit der Schaffung einer Wirtschaftszone, die um 188 sm oder gar mehr über die Hoheitsgewässer hinausreicht, werden große Teile des Meeresgebietes nationalisiert. Gerade in diesem Gebiet liegen 95% der nachgewiesenen Erdöl- und Erdgasvorkommen, und aus ihm stammen 85% des Weltfischerei-Ertrages. Damit kann zwar eine Überfischung leichter verhindert werden (siehe oben: Island), doch verlieren die Staaten mit technisch hochentwickelter Fernfischerei, insbesondere die Bundesrepublik Deutschland, Japan, die UdSSR, Großbritannien und Frankreich dadurch wichtige Fanggebiete. ,,Fernab'' gelegene Inseln werden jetzt wegen der sie umgebenden Wirtschaftszone interessant. Um diese Ansprüche auch zu sichern, werden plötzlich bislang unbewohnte Inseln ,,aktiviert'', z. B. mit Bauten versehen. Der Krieg um die Falkland-Inseln (1982) ist nicht zuletzt vor diesem Hintergrund zu sehen. *(Randnotiz: Folgen der neuen Regelung)*

---

[1] *D. Herold*, 1975, S. 279; *J. G. Pounds*, 1963, Tab. S. 265 und 108
[2] *R. Platzöder*, 1979

Das Ergebnis der neuen Konvention ist eine ausgedehnte „Seenahme" (= Landnahme zur See), bei der man landgebundene Vorstellungen auf das Meer überträgt. Australien, Großbritannien, Japan, Kanada, Norwegen, die Sowjetunion und die Vereinigten Staaten von Amerika erhalten Rechte über ungleich größere Gebiete als etwa Deutschland, Uruguay oder Singapur. Die zehn Langküstenstaaten sind jetzt „maritime Großgrundbesitzer" und verfügen über etwa 50% aller Wirtschaftszonen der Erde. Auch Brasilien, Argentinien und Indien gehören zu den Gewinnern. Im Südpazifik mit seinen zahlreichen Inseln besitzen die 23 Inselstaaten und -territorien jetzt 567 141 km^2 Landfläche und 32 518 000 km^2 maritime Wirtschaftszonen, womit dort 40% des Meeres einer nationalen Kontrolle unterstehen.[1]

Die kleinen Inselstaaten und die Entwicklungsländer haben aber weder das Kapital noch das Wissen und die Fachkräfte, um ihre Wirtschaftszonen voll nutzen und die Fänge bzw. Produkte verarbeiten und vermarkten zu können, während hochentwickelte Länder zum Teil verdrängt worden sind. Auch die Überwachung der Meeresgebiete ist für diese Länder ein Problem. Eine Möglichkeit zur Meeresnutzung kann hier zur Notwendigkeit werden: die Vergabe von Lizenzen, wie im Pazifik an Japan[1], oder die Gründung von Gemeinschaftsunternehmungen mit den bisherigen Fernfischereiländern.

3. Die Hohe See

Seewärts von der Wirtschaftszone liegt die Hohe See. Dort haben alle Staaten das Recht auf freie Seefahrt, freien Luftverkehr, militärische Schiffahrt, freie Meeresforschung, Verlegen von Kabeln und Rohrleitungen. Sie haben jedoch nicht das Recht zur freien Nutzung der Meeresbodenschätze. Gerade diese Frage bereitete bei den Verhandlungen über das neue Seerecht die größten Schwierigkeiten.

Verschiedenartige Interessen

Das Problem bestand darin, daß sich Länder mit den verschiedensten Interessen gegenüberstanden. Die *Entwicklungsländer* wünschten Beteiligung an den Rohstoffen und kostenlosen Technologietransfer. Die *erzfördernden Länder* mit Monopolen (Peru, Chile, Sambia, Zaire, Simbabwe) wollten verhindern, daß durch die Nutzung der Meeresbodenschätze eine preisdrückende Konkurrenz erwächst. Andererseits wollten *die Industrieländer* ihre wirtschaftliche Betätigung nicht eingeengt und ihren technologischen Vorsprung nicht gefährdet sehen und zudem nicht von den Entwicklungsländern überstimmt werden können. *Rohstoffreiche Länder* – und hier insbesondere solche mit langer Küste (USA, UdSSR) – hatten dabei jedoch andere Interessen als rohstoffarme (Japan), zumal solche mit nur kurzer Küste (Deutschland). Die *Binnenländer* wollten ebenfalls an den Erträgen vom Meeresboden beteiligt sein; sie erstrebten Berechtigung zum Fischfang in der Wirtschaftszone benachbarter Küstenstaaten sowie freie Durchfahrt für die vom Meeresboden gewonnenen Bodenschätze durch die Küstenländer. Die *Schiffahrtsländer* (Liberia, Japan, Großbritannien, Griechenland, Norwegen, UdSSR, Panama) befürchteten eine Einschränkung der freien Seefahrt und wollten die bisherigen Rechte erhalten wissen, besonders in den Meerengen, die *Großmächte* (USA, UdSSR) auch im Hinblick auf ihre Kriegsflotten.

Das größte Problem boten die Verhandlungen über den *Tiefseebergbau*. Hier konnten weder die Entwicklungsländer ihre Forderung durchsetzen, daß nur die Tiefseebergbaubehörde ein Abbaurecht haben sollte, noch die Industrieländer ihre Vorstellungen von einem liberalen Lizenzsystem. Man einigte sich auf ein sogenanntes „Parallelsystem", das einmal der Meeresbehörde und zum anderen staatlichen und privaten Unternehmen je zur Hälfte die Abbaurechte zuspricht, wenn auch zunächst nur für Manganknollen. Die internationale Meeresbodenbehörde soll die Rohstoffpolitik für das gesamte Meeresgebiet außerhalb der Wirtschaftszonen bestimmen.

Abbauberechtigungen an staatliche oder private Tiefsee-Bergbauunternehmen werden unter folgenden Bedingungen vergeben: Von zwei prospektierten Abbaufeldern wird nur eines genutzt, das andere an die Behörde für die Nutzung durch diese oder durch interessierte Entwicklungslän-

---

[1] *H. J. Buchholz*, 1983 a.

der zurückgegeben; die Unternehmen müssen sich zu einem Technologietransfer an die Behörde oder an entsprechend qualifizierte Entwicklungsländer zu fairen und kommerziellen Bedingungen verpflichten; für die Nutzung ist eine (hohe) Gebühr zu entrichten, und die Produktion kann beschränkt werden. Die Behörde kann überdies selbst Abbau betreiben, wobei sie für die ersten zehn Jahre abgabefrei bleibt (und damit Wettbewerbsvorteile genießt). Auf jeden Fall ist die freie wirtschaftliche Entwicklung erheblich behindert; Patent-, Datenschutz- und Sicherheitsfragen bleiben ungeklärt. Insgesamt gesehen, wird es die „Freiheit der Meere" in großen Teilen der Ozeane nicht mehr geben, und das „gemeinsame Erbe der Menschheit" wird zwar gemeinsam verwaltet, aber nicht gleichmäßig verteilt werden.

Überdies gibt es noch weitere Ungereimtheiten[1].

Die *Binnenstaaten* sollen nach den neuen Übereinkünften ein Recht auf Zugang zum Meer erhalten (Transitfreiheit), doch müssen sie mit den in Frage kommenden Durchgangsländern entsprechende Abkommen aushandeln. In der Bundesrepublik Deutschland genießen übrigens die Schweiz und Frankreich auf dem Rhein und die Tschechoslowakei auf der Elbe schon lange derartige Rechte. `Binnenstaaten`

Nach der Schilderung politisch-rechtlicher Veränderungen bleibt die Frage nach deren geographischen Auswirkungen. Hier ist festzustellen, daß die *Fischereiwirtschaft* der *Bundesrepublik Deutschland* durch den Verlust bedeutender Fanggebiete vor Island und Nordamerika, aber auch in der Ostsee einen erheblichen Strukturwandel erfahren hat. So mußte die westdeutsche Hochseefischerei ihre Fangflotte von 66 Schiffen Ende 1976 auf 25 Schiffe 1982 verkleinern, und die Fischanlandungen sanken von 447 000 t im Jahre 1976 bis 1982 auf 306 000 t. Auch die Zahl der Kutter an der Ostsee nimmt ab. Der Verlust an Arbeitsplätzen auf Schiffen und Werften, in Reedereien und fischverarbeitender Industrie beträgt mehrere Tausend. Etliche der größeren Fischereifahrzeuge wurden bereits an Langküstenstaaten mit großen Wirtschaftszonen verkauft, die nun ihre eigene Fischerei aufzubauen beginnen. `Folgen für die Fischereiwirtschaft` `Tafel 14`

Für die Bundesrepublik Deutschland überlagern sich die aus der Internationalen Seerechtskonferenz erwachsenden Probleme mit jenen, die sich aus der *Fischereipolitik der EG* ergeben. Entsprechend dem „Grünen Europa" (Agrarunion) war in den Römischen Verträgen schon 1957 auch ein „Blaues Europa" (Fischereiunion) angestrebt worden. Eine gemeinsame Fischereipolitik soll den gemeinsamen Markt sichern, die notwendige Umstrukturierung (einschließlich Stillegungen) politisch und finanziell fördern. Ferner soll durch die Festsetzung von Gesamtfangmengen, durch Normen für Fanggeräte, fangbare Fischgrößen u. a. m. eine Überfischung der Bestände verhindert werden. Auch hier waren die Verhandlungen langwierig, und erst Anfang 1983 konnte ein Kompromiß gefunden werden. Danach dürfen alle Fischer der Mitgliedsländer innerhalb der 200-Meilen-Zone der Gemeinschaft frei fischen, doch bleibt die 12-Meilen-Zone nur den Fischern der Anliegerstaaten und denen, die dort „historische Rechte" besitzen, reserviert, und zwar noch bis Ende 1992. Die Fänge werden auf eine Gesamtmenge begrenzt, die jedes Jahr neu festgesetzt und auf die einzelnen Länder aufgeteilt wird. Die am 25. Januar 1983 beschlossene Quotenzuteilung gilt dabei als Bezugswert für die folgenden Jahre. Die Gemeinschaft regelt auch, welche Mengen die Fischer aus Drittländern aufgrund von bestehenden Verträgen im EG-Meer fangen und wieviel die EG-Fischer in den Gewässern dieser Drittländer einbringen dürfen.

Mit der jährlichen Festsetzung sowohl von Fangquoten als auch der Zahl der gleichzeitig einsetzbaren größeren Schiffe für die einzelnen Länder wird die EG-Kommission aktiv raumwirksam tätig; denn sie steuert damit die Fischereiwirtschaft und die mit ihr zusammenhängende Industrie in den einzelnen Ländern. So wurde in der

---

[1] Vgl. *R. Dolzer*, in *W. Graf Vitzthum* 1981, S. 288–289

EG-Verordnung Nr. 170/83 vom 25. Januar 1983 die Höchstzahl der einsetzbaren Schiffe von 26 m Länge oder mehr wie folgt festgesetzt: Frankreich 52, Vereinigtes Königreich 62, Bundesrepublik Deutschland 12, Belgien 2. Die noch vorhandenen Fahrzeuge werden damit nicht ausgelastet sein. Wie sich die EG-Maßnahmen auf die deutschen Küstenorte auswirken, bedarf noch näherer Untersuchung (Abb. 109).

Umweltschutz Die internationale Seerechtskonvention sieht auch für den *Umweltschutz* Rahmenbestimmungen vor, und zwar sowohl für die Verschmutzung vom Land her als auch aus der Luft, von Schiffen, von künstlichen Inseln, durch Tiefseebergbau und durch Abfalleinbringung. Die Ausführungsbestimmungen stehen allerdings noch aus. Die Überwachung wird den Küstenstaaten jeweils für ihre Meereszonen obliegen.

Ein erstes Übereinkommen zur Verhütung der Meeresverschmutzung wurde bereits 1954 abgeschlossen; es bezog sich auf das Ablassen von Öl. Inzwischen sind mehrere ergänzende und erweiternde Abkommen gefolgt. Seit einiger Zeit bestehen auch bereits Vereinbarungen, die der Verschmutzung bestimmter Meeresgebiete entgegenwirken sollen (Nordostatlantik 1969, 1972, 1974; Nordsee 1969; Ostsee 1972; Mittelmeer 1976)[1].

Gerade die Verhandlungen der internationalen Seerechtskonferenz lassen erkennen, daß einerseits die Bewertung naturgeographischer Elemente politische Entscheidungen mitbestimmt, andererseits aber diese Entscheidungen auf räumliche Strukturen und Verflechtungen zurückwirken. Hierher gehört auch der Beschluß, den Internationalen Seerechtsgerichtshof in Hamburg zu errichten.

13. Grenzen und Probleme im Luftraum

Zum Hoheitsgebiet eines Staates gehört auch der Luftraum über seinem Territorium. Kein fremdes *Luftfahrzeug* darf das Staatsgebiet ohne Genehmigung überfliegen. Eine Begrenzung nach oben ist bisher allerdings nicht erfolgt; man spricht von 50 Meilen, von 300 Meilen und von der Grenze der Stratosphäre. Realistischer erscheint es, als Hoheitsgebiet den von Flugzeugen technisch befliegbaren Luftraum anzunehmen oder jenen, der tatsächlich kontrolliert werden kann; der Raum darüber

Luftfahrzeuge sollte internationalem Recht unterliegen. Auch die Grenze, oberhalb welcher Satelliten frei fliegen können, wurde genannt. Hier geht es um die Sicherheit vor fremden Aufklärern und Bombern, aber auch um die Sicherheit im Flugverkehr durch die Festlegung von Luftstraßen (Flughöhen und -kurse) und Flugzeiten. Bezüglich der Satelliten ist diese Frage jedoch noch offen. Sicherlich wird kein Land darauf verzichten wollen, das bisher beanspruchte Recht, Satelliten für verschiedene Zwecke in eine frei zu wählende Umlaufbahn zu schießen, weiterhin wahrnehmen zu können. Hier stellt sich allerdings die Frage, wie die Bevölkerung eines Landes vor dem Absturz eines fremden Raumflugkörpers geschützt werden kann.

Auswirkungen auf die Struktur eines Raumes sind bei dieser Thematik lediglich durch die Standorte von Flugplätzen und die Festlegung von Luftstraßen zu erwarten, etwa in An- und Abflug- oder in Tiefflugschneisen.

Grenzüberschreitende Luftverschmutzung – ein internationale Problem
Ein aktuelles Problem stellt die grenzüberschreitende *Luftverschmutzung* (einschließlich der radioaktiven Strahlung) dar. Ihr Einfluß auf die Struktur eines Raumes

---

[1] *H. G. Gierloff-Emden,* 1980, S. 1308; *M. I. Kehden* in *W. Graf Vitzthum* 1981.

ist unbestreitbar; sie bewirkt schwerwiegende Veränderungen im Naturhaushalt, die ihrerseits wirtschaftliche Auswirkungen haben. So wurde bereits 1972 in Schweden darüber geklagt, daß Emissionen aus den Industriegebieten Englands, des Ruhrgebiets und Oberschlesiens bei entsprechenden Windverhältnissen nach Skandinavien gelangen und daß Schwefeldioxid, wenn es durch Regen ausgewaschen wird, zu einer Versauerung der schwedischen Gewässer führe, die ihrerseits die Forellenbestände und damit die Binnenfischerei beeinträchtige. Es ist jedoch bisher nicht konkret nachzuweisen, welche Schadstoffe in welchen Mengen aus welchen Ländern kommen und welche Auswirkungen sie haben.

Luftverschmutzung

Erste Bilanzierungen ergaben, daß der Bundesrepublik Deutschland mehr Schadstoffe zugeführt als aus ihr hinausgeweht wurden (vgl. Tabelle). Am deutlichsten treten derartige schädliche Auswirkungen dort hervor, wo grenznahe Betriebe starke Emissionen aussenden, z. B. im Erzgebirge, wo um den Keilberg und den Fichtelberg weithin die Fichtenbestände abgestorben sind. Die Schadstoffe kommen größtenteils aus den tschechischen Kraftwerken und Hydrierwerken im Egergraben, die mit stark schwefelhaltiger Braunkohle betrieben werden, die Abgase aber unzureichend oder gar nicht reinigen. Die DDR sieht sich deshalb veranlaßt, auf ihrem Gebiet ständig neu aufzuforsten, wenngleich ohne Aussicht auf anhaltenden Erfolg.

Andere Beispiele bieten die deutsch-schweizerische Grenze am Hochrhein und die deutsch-französische Grenze am Oberrhein, wo die Ansiedlung neuer emittierender Industriebetriebe und der Betrieb von Kernkraftwerken Proteste besorgter Grenznachbarn auslösten. Vorsorglich wurde für das dem französischen Kernkraftwerk Fessenheim gegenüberliegende deutsche Gebiet ein Katastrophenschutzplan ausgearbeitet. Sein Funktionieren setzt aber voraus, daß die deutschen Behörden hinreichend über etwaige Schäden des französischen Kernkraftwerkes informiert werden.

Austausch von Schwefeldioxid-Emissionen auf dem Gebiet der Bundesrepublik Deutschland (in Tonnen)

Abgabe aus der Bundesrepublik Deutschland		Zustrom in die Bundesrepublik Deutschland	
Großbritannien	15 000	Großbritannien/Irland	94 000
Niederlande	45 000	Niederlande	48 000
Belgien/Luxemburg	36 000	Belgien/Luxemburg	95 000
Frankreich	124 000	Frankreich	167 000
Schweiz	18 000	Schweiz	8 000
Norditalien	17 000	Norditalien	18 000
Dänemark	17 000	Dänemark	10 000
Polen	74 000	Polen	20 000
DDR	156 000	DDR	196 000
ČSSR	66 000	CSSR	90 000
Österreich	50 000	Österreich	10 000
Jugoslawien	19 000	Jugoslawien	6 000
Insgesamt:	637 000	Insgesamt:	762 000

14. Gefährdung der Umwelt durch raumwirksame Staatstätigkeit

Eine Veränderung der räumlichen Struktur durch politisches Handeln stellt für die betroffenen Personen und Personengruppen eine mehr oder weniger deutliche Veränderung ihrer Umwelt dar. In der Regel zielt solches Handeln auf eine Verbesserung der Umweltbedingungen ab. Nicht selten jedoch, vor allem im Zusammenhang mit Maßnahmen zur Landesentwicklung, haben derartige Aktivitäten direkt oder indirekt eine Verschlechterung einzelner Umweltbedingungen, wenn nicht gar der gesamten

Umweltsituation zur Folge, die dann Abhilfemaßnahmen notwendig macht. Für geographische Untersuchungen stehen zwei Themenkomplexe im Vordergrund:

Fragenkreise 1. Veränderungen der sozialen Umwelt

2. Eingriffe in den Naturhaushalt.

Themen beider Forschungsbereiche sind nicht nur die politisch-geographischen Ursachen von Veränderungen, sondern auch die raumwirksamen Rückwirkungen, sowohl die im kultur- als auch jene im phsyisch-geographischen Bereich.

Von den politisch bedingten Wandlungen der sozialen Umwelt sind für die Geographie diejenigen von Bedeutung, die das raumwirksame Verhalten sozialgeographischer Gruppen beeinflussen. Das ist zweifellos ein sehr komplexer Bereich, und hier bietet sich noch ein weites Arbeitsfeld, das sich allerdings weitgehend mit der Sozialgeographie (im engeren Sinne) überschneidet. Dafür zwei Beispiele:

Einige afrikanische Staaten bemühen sich, die Nomaden seßhaft zu machen. Dabei stellt sich die Frage, welche Veränderung der sozialen Umwelt dies bei den Betroffenen bewirkt und wie sich das raumbezogene Verhaltensmuster dieser Bevölkerungsgruppe wandelt.

Besser untersucht sind die Veränderungen der natürlichen Umwelt durch politisches Handeln, z. B. durch Bau-, Erschließungs- und Kultivierungsmaßnahmen in bisher nicht oder wenig genutzten Räumen. Dabei ist es unerheblich, ob der Staat die Maßnahmen selbst ausführt, oder ob er sie durch staatliche Gesellschaften oder Privatfirmen durchführen läßt. Ein gutes Beispiel ist die Korrektion des Oberrheins, die einmal den sozial-, wirtschafts- und verkehrspolitischen Hintergrund gut erkennen läßt, zugleich aber auch zeigt, wie die herbeigeführten Veränderungen des Naturhaushalts immer wieder zu neuen politischen Aktivitäten führen (Abb. 110–112).

Oberrhein-korrektion Früher bestand der Rhein zwischen Basel und den Mündungen von Murg und Lauter (Stromkilometer 170–350) aus einem 1–2 km breiten Gewirr von Stromarmen und „Gießen" (Nebenarmen), Inseln und Kiesgründen, deren Lage und Gestalt sich ständig veränderten. Bis zum Kaiserstuhl zeigte der Fluß starke Einschneidung; weiter nördlich lagerte er jedoch ab. Dort fanden sich auch die meisten der über 2200 Inseln, die es im Rhein zwischen Basel und Hessen gab. Im anschließenden Bereich bis Oppenheim (Stromkilometer 350–480) wies der Fluß einen geschlossenen, jedoch stark mäandrierenden Verlauf und im weiteren Abschnitt bis Bingen (Stromkilometer 480–530) bei sanften Krümmungen ein breites Bett mit langgestreckten Inseln auf[1]. Flußaufwärts war bis Schröck (heute Leopoldshafen) Treidelverkehr mit Pferdevorspann möglich. Die Kähne konnten 100 t befördern. In Schröck mußte auf kleinere Kähne umgeladen werden. Da weiter flußaufwärts Leinpfade (Treidelwege) fehlten, konnte nicht mit Pferden getreidelt werden, sondern es mußten jeweils 50–60 Mann ein Schiff ziehen, oft bis über die Hüften im Wasser watend. So wurde in 6–16 Tagen Straßburg erreicht. Nicht selten verunglückte die Zugmannschaft[2]. Hochwasserwellen und Flußverlagerungen führten immer wieder zu schweren Schäden und auch zu Menschenverlusten. So wurde das Dorf Rheinau im 16. Jahrhundert durch Hochwasser zerstört; Daxlanden wurde nach den Zerstörungen von 1651–1652 weiter landeinwärts neu erbaut, Knaudenheim (oberhalb Philippsburg) 1758 aufgegeben, Dettenheim 1813 verlassen. Die Bevölkerung siedelte sich meist an anderer Stelle wieder an. Hinzu kam, daß die Sumpfgebiete Fieberkrankheiten begünstigten. Man hat deshalb schon früher Durchstiche vorgenommen, um örtlich die Abflußverhältnisse zu verbessern: 1391 bei Liedolsheim, 1396 bei Germersheim, 1515 und 1541 bei Neupotz und Jockgrim, 1560 bei Kembs, 1652 bei Daxlanden, 1762 bei Dettenheim[3]. Die Kleinstaaterei verhinderte jedoch aufeinander abgestimmte Maßnahmen, wenngleich vereinzelt Staatsverträge abgeschlossen wurden. Ende des 18. Jahrhunderts kamen Baden und Frankreich überein, einige Durchstiche vorzunehmen, doch die politischen Wirren verhinderten die Ausführung.
Im Jahre 1809 schlug Tulla[4] eine umfassende Flußregulierung vor, worüber er 1812 eine Abhandlung veröffentlichte[5]. Wiederum kam ein Krieg dazwischen. 1816 übernahm das Großherzogtum

---

[1] E. Reinhard, 1974

[2] K. Felkel, 1972

[3] M. Honsell, 1885, W. Schäfer, 1974

[4] Johann Gottfried Tulla, badischer Ingenieur (1770–1828), Chef des Wasser- und Straßenbaues in Baden

[5] J. G. Tulla, 1812

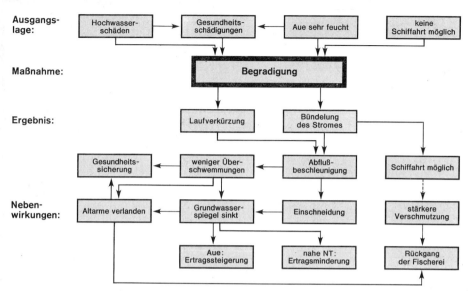

Abb. 110: Schema des Wirkgefüges der Oberrheinkorrektion   Entwurf Hagel 1976

Baden die Organisation der Bauarbeiten, ersetzte nach Vorschlägen Tullas die Flußbaufronen (Verpflichtung der Anliegergemeinden zur Errichtung der Dämme) durch ein Flußbaugeld und übernahm selbst diese Verpflichtungen. 1817–1819 wurden von Baden und Bayern (das inzwischen die Pfalz erhalten hatte) gemeinsam mehrere Durchstiche ausgeführt; 1821–1825 folgte ein badisch-französischer Durchstich bei Kehl. Politische Konflikte blieben nicht aus: Nach weiteren Maßnahmen verlangte Preußen als Unterlieger 1828, wegen der befürchteten Fernwirkungen weitere Durchstiche nicht vorzunehmen. Die Niederlande schlossen sich dem preußischen Verlangen 1829 an. Erst nach langwierigen Verhandlungen wurden die Bauarbeiten weitergeführt. Im badisch-bayerischen Gebiet wurde auf den Begradigungsstrecken jeweils ein 18–24 m breiter Leitgraben ausgehoben (bei Daxlanden 60–70 m); sodann wurde an der Ansatzstelle durch Hilfsbauten die Ableitung des Wassers begünstigt und das Ausräumen des neuen Bettes dem Fluß selbst überlassen. Im badisch-französischen Bereich erfolgte die Begradigung mit Hilfe von Dammbauten. Die Altarme wurden nirgends abgeriegelt; sie sollten als Sedimentationsbereiche dienen, um die Stromsohle möglichst von Ablagerungen freizuhalten[1]. Man förderte die Verlandung sogar und vergrößerte dadurch vor allem die Auenwald-Fläche.

Schon als Honsell 1885 seinen Bericht veröffentlichte, waren die „Wechselfieberendemien" zurückgegangen, und die Durchstiche hatten sich bei Hochwasser bewährt. Insgesamt war der Fluß zwischen 1815 und 1880 von 353,6 auf 272,8 km, d. h. um rund 81 km verkürzt worden, und zwar oberhalb der Lautermündung um 14, unterhalb derselben um 37%. Der Rhein schnitt sich, wie Tulla es erwartet hatte, auf weiten Strecken ein, doch berichtete bereits Honsell, daß sich die Flußsohle stellenweise wieder erhöhte. Insbesondere um Rheinau schotterte der Fluß auf. Insgesamt jedoch verstärkte sich das Gefälle zwischen Basel und Mannheim bis 1920 um 21%, und zwar oberhalb der Lautermündung um 5, unterhalb um 61%[2]. Das größere Gefälle und die Einengung des Flusses bewirkten eine Erhöhung der Fließgeschwindigkeit und damit eine raschere Abführung von Hochwasser sowie die Einschneidung. Diese erfolgte jedoch ungleichmäßig. Deshalb waren die Schiffahrtsverhältnisse insbesondere bei Niedrigwasser unbefriedigend. Der Nachfolger Tullas, Oberbaudirektor Honsell, ließ darum den Fluß durch Buhnenbauten regulieren. Diese Arbeit wurde 1956 abgeschlossen. Mit der Einschneidung sank der Wasserspiegel des Flusses und mit diesem der Grundwasserspiegel im Stromgebiet. Nun konnte die Rheinaue landwirtschaftlich besser genutzt werden.

---

[1] M. Honsell, 1885
[2] E. Reinhard, 1974

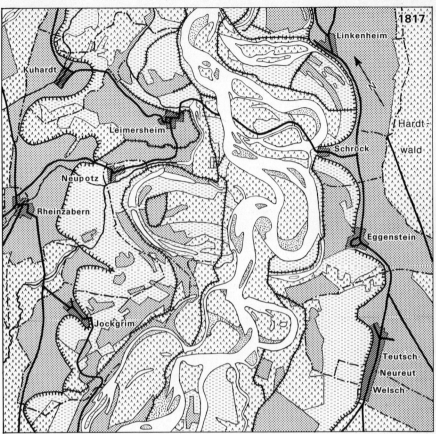

Abb. 111: Der Rhein unterhalb Karlsruhe 1817, vor der Korrektion durch Tulla

Im südlichen Abschnitt wurde dieser Effekt dadurch verstärkt, daß Frankreich dem Fluß für den 1928 begonnenen und gegen das Grundwasser weitgehend abgedichteten *Rheinseitenkanal* große Wassermengen – zeitweise bis auf geringe Reste – entnahm und damit den Flußwasserspiegel weiter absenkte. Der hochstämmige Auenwald wurde dort lichter und dürftiger. Weniger Feuchtigkeit liebende Pflanzen breiteten sich aus, ja Trockenflora drang vor. Brunnen begannen zu versiegen – schon um 1890 mußten in Steinenstadt die Brunnen um 3–4 m vertieft werden –, Altarme fingen an zu verlanden. „Versteppung am Oberrhein" war das (nicht ganz zutreffende) Schlagwort, mit dem man die Situation kennzeichnete. Selbst in Stromnähe sank der Grundwasserspiegel im Elsaß um 15–20 m und stellenweise noch in 3 km Entfernung vom Fluß um 4 m. In Südbaden wurden dadurch 10000, im Elsaß 80000 ha Kulturland geschädigt. In dem 12000 ha großen Abschnitt zwischen Basel und Breisach sank der landwirtschaftliche Produktionswert um 25–30%, und die Summe der Ertragsausfälle beträgt viele Millionen Mark. An die Stelle von Obstbaumbeständen sind Halbtrockenwiesen getreten.[1]

Zur Vermeidung weiterer Schäden wurden Gegenmaßnahmen unerläßlich. Deutschland verhandelte deshalb mit Frankreich, und beide Länder einigten sich 1956 darauf, die Schiffahrtsstraße nicht als Seitenkanal fortzusetzen, sondern zwischen Breisach und Straßburg die Staustufen in Schlingen anzulegen und das Wasser streckenweise wieder in das Flußbett zurückzuführen. Wehre im alten Bett sollten ein zu starkes Absinken des Wasserspiegels verhindern. Jeweils unterhalb der letzten Schlingenmündung setzte sich die Erosion jedoch fort, weil hier nun kein Geschiebe mehr nachgeführt wurde und der Fluß damit über freie Energie verfügte. Das wiederum gefährdete die Strombauwerke. Eine Sohlenpanzerung durch Grobkies erwies sich als unbefriedi-

---
[1] G. Hügin, 1963, E. Litzelmann, 1957

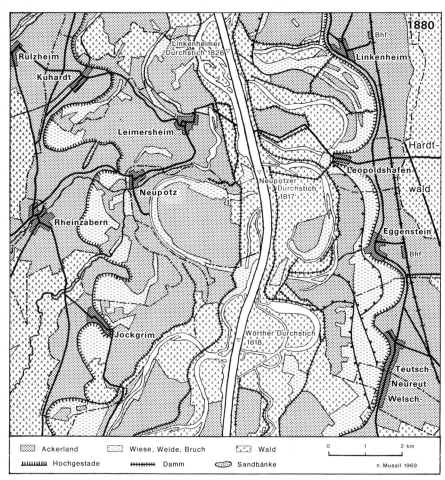

Abb. 112: Der Rhein unterhalb Karlsruhe 1880, nach der Korrektion

gend. Um weiteres Einschneiden zu verhindern, wird die Kanalisierung weitergeführt, und zwar mit Staustufen im Flußbett (Verträge von 1965 und 1969). Damit aber ergeben sich dort, wo der Wasserspiegel durch den Stau erhöht wird, neue Probleme: Das Grundwasser steigt – wenn auch wahrscheinlich nur vorübergehend –, wie in Rheinau bei Rastatt, setzt Keller tiefstehender Gebäude unter Wasser, führt zu Schwammbildung in Häusern, vernäßt Teile der Flur und macht Bebauungspläne hinfällig. Wieder sind Abhilfemaßnahmen notwendig.

Noch viele weitere Beispiele für nachteilige Auswirkungen menschlicher Eingriffe in die Natur ließen sich anführen, etwa das Tennessee-Valley-Projekt, das Wolga-Kaspi-Problem und das Sadd-el-Ali-Projekt. Vom zweiten und dritten Projekt sind auch Nachbarländer (Iran bzw. Sudan) mitbetroffen. Erwähnt sei ferner die Versalzung des Rheins, die in den Niederlanden die Trinkwassergewinnung erschwert.

In diesem Zusammenhang ist aber auch zu erwähnen, daß die mit der inzwischen erreichten Umweltbelastung verbundene Gefährdung von Gesundheit und Leben in vielen Ländern bereits politische Aktivitäten ausgelöst hat. Auch diese erweisen sich als raumwirksam. Umweltschutzbestimmungen oder -auflagen können nämlich bei der Bewertung von Standorten für Betriebsansiedlungen ein wesentlicher Faktor sein. (Vgl. auch Bd. 2, S. 320 ff.)

15. Zur Typisierung politischer Raumeinheiten

Typisierung

Die Herausarbeitung von Typen politischer Raumeinheiten oder von politisch- bzw. staatengeographischen Formationen im Sinne Ritters[1] dient vornehmlich der Darstellung von Regelhaftigkeiten. Je nach den verwendeten Kriterien lassen sich unterschiedliche Typisierungen herausarbeiten, wie sie bereits vorgestellt wurden.

Unter den hier zu behandelnden Aspekten ist eine Typisierung nur dann sinnvoll, wenn die Staaten eines Typs jeweils charakteristische politisch-geographische Merkmale oder Merkmalskombinationen aufweisen. Bei einigen der genannten Typen mag das durchaus zutreffen; so sind *Archipelstaaten* herausgefordert, die zentripetalen Kräfte durch Ausbau der Verbindungen zu stärken, und in *Hochgebirgsstaaten* mag die Kammerung den Regionalismus begünstigen. Bei vielen der genannten Typen, z. B. *Becken-, Wannen-, Riedel-, Hochflächen-, Flachland-, Stufenrandstaaten,* ist jedoch nicht ohne weiteres ersichtlich, inwieweit durch die Zugehörigkeit zu einem bestimmten Typ für diesen bezeichnende Staatsmaßnahme ausgelöst, beeinflußt oder verhindert werden. Mit anderen Worten: Eine Gliederung nach einzelnen Natur- oder Kulturelementen ist in politisch-geographischer Sicht nicht befriedigend.

Vielfach wird es notwendig sein, eine Typisierung nach mehreren Merkmalen vorzunehmen und politische Raumeinheiten mit charakteristischen Merkmalskombinationen auszugliedern. Als Beispiel sei die „deskriptive Gruppenbildung" von Schwind genannt[2]. Sie unterscheidet Industriestaaten ersten und zweiten Grades, Montanwirtschaftsstaaten, Agrar-Industriestaaten und Agrarstaaten zunächst nach Bevölkerungszahl, Industrialisierungsgrad und Flächengröße und untergliedert weiter nach ethnischer Struktur, Staatsform und Lage im Kulturerdteil. Ein weiterer Vorschlag Schwinds geht dahin, zu untersuchen, inwieweit die Staaten raumwirksame Instrumente einsetzen und in welchem Maße sie raumwirksam tätig sind, d. h., die Staaten werden nach der Intensität ihrer landschaftsprägenden Tätigkeit typisiert. Vorerst lassen sich hier jedoch nur die totalitär-volksdemokratischen Staaten allen anderen gegenüberstellen; für eine weitergehende Gliederung fehlt es noch an systematischen Analysen und staatengeographischen Gesamtdarstellungen.

Entwicklungsstand

Eine **Typisierung der Länder nach dem Entwicklungsstand** hat Rostow 1959 beschrieben. Am *Beginn der Reihe* steht die traditionelle Gesellschaft mit einer statischen und hierarchischen Gesellschaftsordnung; sie hat keine entwickelte Technik und kennt keine moderne Wissenschaft. In der folgenden *Anlaufphase* bewirken äußere Einflüsse einen Anstieg produktiver Investitionen (z. B. Straßen- und Bahnbau); eine neue soziale und politische Elite bildet sich heraus, Landwirtschaft und Bergbau nehmen Schlüsselpositionen ein. Es schließt sich als die entscheidende die 1–2 Jahrzehnte dauernde *Aufstiegsphase* an: Starke Wandlungen in Gesellschaft und Wirtschaft führen zu einem raschen Aufschwung, der anhaltendes Wachstum ermöglicht; die produktiven Investitionen steigen auf über 10% des Volkseinkommens an; einige wenige Produktionszweige verzeichnen hohe Wachstumsraten. In dem nächsten, dem „Reifestadium" – die Bezeichnung ist nicht ganz glücklich –, überträgt sich das Wachstum auf alle Zweige der Wirtschaft. Diese Phase leitet über zum *Zeitalter des Massenkonsums* mit eindeutiger Führung der Konsumgüterindustrie.

Die Industrienationen haben die letzte Phase spätestens in den 1950er Jahren erreicht, während die Sowjetunion sich zu dieser Zeit im „Reifestadium" befand. Die Türkei, Argentinien, Mexiko, China und Indien standen in der Aufstiegsphase. Heute scheint es so, als folge auf die Phase des Massenkonsums eine *Stufe der Sättigung.*

---

[1] *W. Ritter,* 1976, S. 233
[2] *M. Schwind,* 1972, S. 344–353

Didaktische Bemerkungen zur „Agrargeographie"

Ludwig Bauer

Klassen-stufe	Themen (aus den Lehr-plänen verschiedener Bundesländer)	Kennzeichnende Inhalte	Entsprechende Abschnitte im Kapitel „Agrargeographie"
Grund-schule (Kl. 1–4)	Der Mensch braucht die Erde, um seine Nahrung und Rohstoffe für Bedarfsgüter zu sichern	Arbeitsplätze in der Landwirt-schaft: Kinder beobachten und beschreiben die bäuerliche Arbeit	
Orientie-rungsstufe (Kl. 5/6)	Räumliche Bedingtheit der Daseinsgrundfunk-tionen und deren Raumwirksamkeit	„Einblick in die natürlichen und historischen Vorausset-zungen der Landwirtschaft" „Wie der Mensch das natür-liche Potential seiner Umwelt zur Versorgung nutzt (in kal-ten, trockenen, feuchtheißen Zonen, im Hochgebirge, in ge-mäßigten Zonen)"	Determinanten der Landwirtschaft: Geo-ökologische Faktoren (S. 42–69), insbes. Grenzen des agraren Nutzungsraums (S. 42), historische Faktoren (S. 86–89), soziolo-gisch-psychologische Faktoren (S. 83)
Sekundar-stufe I (Kl. 7–10)	Verschiedene Formen der Inwertsetzung von Räumen, bedingt durch natürliche Vor-aussetzungen, techni-sche Entwicklungen sowie gesellschaftliche und wirtschaftliche Systeme Der Raum als Prozeß-feld sozialer Gruppen – Notwendigkeit der Raumplanung Geoökologische Pro-zesse und Aufgaben des Umweltschutzes	Das Nebeneinander traditionel-ler und moderner Wirtschafts-formen in verschiedenen Räumen Wandlung der Agrarstruktur (in Entwicklungsländern, in den USA und in der UdSSR, in der Bundesrepublik Deutschland) Widerstreit verschiedener Bo-dennutzungssysteme Möglichkeiten zur Steigerung der landwirtschaftlichen Pro-duktion (Modelle der Raumpla-nung in ländlichen Gebieten) Eingriffe in Boden-, Wasser- und Biohaushalt durch land-wirtschaftliche Nutzung Aufgaben des Umweltschutzes im Rahmen der Landwirtschaft	Typologie der Landwirtschaft (S. 90) Maßnahmen zur Erhöhung der agraren Nahrungsmittelproduktion (S. 30) Entwicklungsstrategien (S. 35) Bodennutzungssysteme (S. 90 ff. und Ta-belle S. 94) Der landwirtschaftliche Beitrag zur Welt-ernährung (S. 23) Maßnahmen der landwirtschaftlichen Strukturpolitik (S. 32 ff.) Wirkungsweise der klimatischen und edaphischen Faktoren auf die Landwirt-schaft (S. 49) Ökosystem und Landwirtschaft (S. 67)
Kollegstufe (Kl. 11–13)	Landschaftsökologie (s. o) Strukturanalyse eines Raumes Agrargeographie	Struktur der Landwirtschaft im Untersuchungsgebiet Natürliche, soziale und techni-sche Voraussetzungen der Landwirtschaft Probleme der Landwirtschaft im Nahraum (in der Bundesre-publik Deutschland, in der DDR und in europäischen Nachbar-ländern), in Entwicklungslän-dern und bei den Weltmächten	Determinanten der Landwirtschaft: Geoökologische (S. 42), ökonomische (S. 70), soziologisch-psychologische (S. 83) und historische Faktoren (S. 86) Insbes. Probleme des Gemeinsamen Agrarmarktes in der EG (S. 77–82) Aufstellung von Modellen über (optima-le) Ordnungsmuster und Verknüpfungs-systeme (S. 95 und 104); Entwicklungsstrategien (S. 35)

Themen für unterrichtliche Schwerpunkte, Fallstudien und Unterrichtsprojekte
Für die Grundschule:

- Wir besuchen einen Bauernhof
- Der Tageslauf eines Bauern (einer Bäuerin)
- Wo liegen die Felder des Bauern, wie weit vom Hof entfernt?
- Wohin verkauft er seine Erzeugnisse (Gemüse, Obst, Milch . . . ?)
- Mit welchen Maschinen arbeitet der Bauer?
- Woher bekommen wir unsere Lebensmittel?
- Wann hält der Frühling seinen Einzug (Kirsch-, Apfelblüte) bei uns, im Gebirgsland, im Oberrheintal?

Für die 5.–10. Jahrgangsstufe:

- Das Dorf X wandelt sich – Ergebnisse einer Dorferkundung (in Gruppen)
- Die Durchführung der Flurbereinigung in einem Beispielraum (anhand von Karten, Begehung, Befragung der beteiligten Landwirte)
- Die Böden im Umkreis des Schulortes und ihre Eignung für den Anbau
- Fruchtfolge auf verschiedenen Feldern (Befragung)
- Vor- und Nachteile landwirtschaftlicher Sonderkulturen
- „Urlaub auf dem Bauernhof" – Aspekte von seiten des Angebots und der Nachfrage
- Vor- und Nachteile künstlicher Bewässerung
- Grenzen des Anbaus in verschiedenen Klimazonen
- Beschreibung der Bewässerungswirtschaft in einer Oase (in einer spanischen Huerta . . .)
- Die Reisbaulandschaft in Indien (in Südostasien) im Wechsel der Jahreszeiten
- Der Jahreslauf eines Reisbauern
- Vergleich der Bodennutzung in China und Indien
- Eingeborenen- und Plantagenwirtschaft in einem Tropenland
- Wirtschaftliche und ökologische Folgen der Monokultur in einem Entwicklungsland
- Das gescheiterte Erdnußprojekt in Tansania
- Vergleich von LPG, Kolchose, Volkskommune
- Störung des ökologischen Regelkreises durch menschliche Eingriffe (Entwaldung, Flußbegradigung, Bewässerung, Düngung . . .)
- Formen der Bodenerosion im Nahraum (in einem Mittelmeerland, in Nordamerika) und ihre Ursachen; Maßnahmen zur Eindämmung der Bodenerosion
- Beiträge der Landwirtschaft zur Landschaftspflege (z. B. im Zusammenhang mit der Durchführung der Flurbereinigung)

Für die Kollegstufe (11.–13. Jahrgangsstufe):

- Der Wandel der Agrarstruktur im Stadtumland
- Flächen- und Arbeitsproduktivität der Landwirtschaft in verschiedenen Räumen
- Einfluß verschiedener Variabler auf den Ertrag (Schultz S. 33 ff.)
- Verbreitung und Ursachen der Sozialbrache im Nahraum
- Vermarktung landwirtschaftlicher Erzeugnisse im Nahraum (in der EG, in einem Entwicklungsland . . .)
- Probleme der Agrarwirtschaft in den Great Plains/USA
- Bodenzerstörung und Bodenerhaltung in der Ukraine
- Die Neulandaktion in Kasachstan

- Ein landwirtschaftliches Entwicklungsprojekt beschreiben und beurteilen
- Untersuchung und Typisierung landwirtschaftlicher Betriebe in einem Untersuchungsgebiet nach dem Schema der *Commission on Agricultural Typology* der IGU (Schultz S. 97 ff.)
- Anwendung des Modells der Thynenschen Ringe auf das Umland des Schulortes (einer größeren Stadt)
- Umweltschädigung durch moderne Anbaumethoden
- Marktpolitik für die Landwirtschaft innerhalb der EG (Schultz S. 77 ff.)

Literatur zu Unterrichtsbeispielen (in Auswahl):

1. Grundschule und Sekundarstufe I:

Bechers, R.: Methoden zur Erforschung eines Dorfes in einer großstädtischen Agglomeration. Beiheft G.R. 2/1974, S. 25.

Brucker, A. und *Hausmann, W.:* Bodenzerstörung und Bodenerhaltung in den Prärieebenen der USA. Beiheft G.R. 2/1972, S. 36

Engel, J.: Grundzüge des amerikanischen „High School Geography Project (HSGP)": „The Game of Farming". In: Geipel. Wege zu veränderten Bildungszielen im Schulfach „Erdkunde". Beiheft 1 zum Erdkundeunterricht. Stuttgart 1971.

Engelhard, K. und *Muth, H.:* Überwindung von Disparitäten im ländlichen Raum. Beispiel Kenia/Tansania. (8./9. Klassenstufe). Beiheft G.R. 3/1978, S. 131.

Engelhardt, W. und *Hellings, B.:* Ein Dorf im Nürnberger Knoblauchsland. Beiheft G.R. 2/1974, S. 9.

Ernst, E.: Agrarprobleme als Thema eines fächerübergreifenden Erdkundeunterrichts. Der Erdkundeunterricht, Heft 8.

Geiger, F.: Landwirtschaft als Umweltgestalter, aufgezeigt am Beispiel des agraren Problemgebietes Schwarzwald. Eine Unterrichtseinheit für eine 8./9. Klasse. Beiheft G.R. 4/1975, S. 2.

Grupp, M.: Alaska – Bedingungen und Gründe für die Erschließung eines Raumes an der Siedlungsgrenze. Eine Unterrichtsstunde für die 7. Klasse Gymnasium. Beiheft G.R. 6/1978, S. 256.

Habrich, W.: Die Agrarproduktion der USA und ihre Auswirkungen auf den Binnenmarkt und die Außenwirtschaft. Ein Unterrichtsbeispiel für die Klasse 9/10 der Sekundarstufe I. G.R. 4/1974, S. 132.

Hasse, J.: Umweltschäden werden zur Grundlage eines Erholungsgebietes. Beispiel Rastede: Ammerländische Geest. Eine Unterrichtseinheit für die S I/Klasse 8. Beiheft G.R. 4/1975, S. 55.

Hasse, J.: Gewässerverschmutzung. Projekt zweier achter Hauptschulklassen, durchgeführt im deutsch-niederländischen Grenzraum. Beiheft G.R. 4/1978, S. 176.

Henkel, G.: Dorferneuerung in der Bundesrepublik Deutschland. In: G.R. 4/1984, S. 170–179.

Kästner, W.: Landwirtschaftliche Sonderkulturen in der Bundesrepublik Deutschland. In: Geogr. im Unterricht, H. 1, 1981.

Lüghausen, B.: Aus der Arbeit der Tennessee-Valley-Authority. Ein Unterrichtsbeispiel aus der Oberstufe einer Höheren Handelsschule. Beiheft G.R. 3/1974, S. 41.

Planck, U.: Vom Dorf zur Landgemeinde. In: G.R. 4/1984, S. 180–186.

Poeschel, H. G.: Ägypten und der Nil – Hunger in der Welt. Zwei Lehrprogramme für den Unterricht in der Hauptschule. Offene Welt 99/100, Köln 1969.

Stein, Ch.: Landnutzung und Landflucht in Kenia. Die Funktionen von Planspiel und Debatte im Rahmen eines lernzielorientierten Unterrichts über Probleme der Dritten Welt. G.R. 8/1976, S. 325 und 11/1977, S. 388.

Vieregge, J.: Kalifornien – ein Beispiel arbeitsteiligen Gruppenunterrichts. Beiheft G.R. 1/1975, S. 25.

Werle, O.: Flurbereinigung im Weinberg. Agrargeographische Perspektiven im Sachunterricht/Grundschule. Beiheft G.R. 1/1974, S. 36.

342

2. Sekundarstufe II:

Andreae, B.: Landbau oder Landschaftspflege? In: G.R. 4/1984, S. 187–197.

Barth, H. K. und *Hendinger, H.:* Geoökologie der Rebkultur in Wissenschaft und Unterricht. Ergebnisse eines Teamwork. Beiheft G.R. 5/1978, S. 196.

Bockenheimer, Ph., Hendinger, H. und *Elling, Ch.:* Ökologische Grundlagen und Probleme der Wasserwirtschaft in Israel. Eine Unterrichtseinheit für die Sekundarstufe II. Beiheft G.R. 5/1978, S. 223.

Börsch, D. und *Thieme, G.:* Ländliche Gemeinden im deutschen Mittelgebirge. Beiheft G.R. 3/1973, S. 24.

Fahn, H.J.: Strukturprobleme in der deutschen Landwirtschaft. In: Geogr. im Unterricht. 1980, S. 309–312.

Grau, W.: Landwirtschaft in Ballungsräumen. In: *Kistler, H.:* Der Erdkundeunterricht in der Kollegstufe. ISP-Kollegstufenarbeit. München 1974.

Härle, J.: Bachregulierung und Streuwiesenentwässerung. Ein landschaftsökologisches Projekt in einem Allgäuer Bachtal. Beiheft G.R. 5/1978, S. 206.

Haubrich, H.: Dokumentation zur Agrarentwicklung in der Bundesrepublik Deutschland. In: G.R. 4/1984, S. 208–211.

Hendinger, H. und *Neukirch, D.:* Rentabilität und Sanierung von Weinbaugebieten. Beispiel für einen Leistungskurs der Kollegstufe/Sekundarstufe II. G.R. 12/1971, S. 493.

Höllhuber, D.: Theorie und Praxis des Planspiels. Am Beispiel eines Planspiels für die Kollegstufe: Gegenwärtige Veränderungen der landwirtschaftlichen Betriebssituation in der Bundesrepublik. Beiheft G.R. 2/1976.

Kistler, H.: Die Veränderungen dörflicher Strukturen in Großstadtnähe. In: *Kistler.* Der Erdkundeunterricht in der Kollegstufe. ISP-Kollegstufenarbeit. München 1974.

Lanzl, A.: Der landwirtschaftliche Strukturwandel im Einzugsbereich des Gymnasiums Schrobenhausen. Eine Ermittlung durch Beobachtung. Beiheft G.R. 1/1975, S. 36.

Lindauer, G.: Zum Strukturwandel der ländlichen Gebiete nach dem Zweiten Weltkrieg. Materialien zur Kombination von Wirtschaftskunde und Geographie im Gemeinschaftskundeunterricht der Oberstufe. G.R. 2/1972, S. 49.

Maulbetsch, K.-E.: Einführung in die wissenschaftliche Arbeitsweise der Geoökologie. Die Bedeutung der Schneedecke im Landschaftshaushalt. Beiheft G.R. 5/1978, S. 214.

Poittner, B.: Vom Bauernhof zur Wohn- und Erholungsgemeinde – Wandlungen in der deutschen Landwirtschaft. Ein Unterrichtsmodell für Grund- und Leistungskurs. Beiheft G.R. 3/1973, S. 29.

Robinson, R. J.: Überprüfung von Beziehungen zwischen Landnutzungsmustern und Distanz. Beispiel Torquay, England. Beiheft G.R. 2/1974, S. 13.

Schrettenbrunner, H.: Die Bedeutung von großräumigen Zusammenschlüssen für die Bodennutzung (EWG und Landwirtschaft der BRD). In: *Benicke, W.* Geographie. Fischer-Kolleg 9.

Schrettenbrunner, H.: Bodenerosion (Sowjetunion). In: *Benicke, W.:* Geographie. Fischer-Kolleg 9.

Schwalm, E.: Indien und China. Zwei Länder der Dritten Welt. Politische Weltkunde II. Stuttgart 1973.

Thierer, M.: Kreuztal – eine strukturschwache Gemeinde im Allgäu. Beiheft G.R. 6/1977, S. 259.

Tribian, H.: Ein Staudamm für Lumumbia? Ein kurzes Planspiel für die Einführungsphase der Sekundarstufe II. Beiheft G.R. 2/1976.

Vieregge, J.: Landwirtschaftliche Systeme in der Bundesrepublik Deutschland und der DDR. In: *Benicke, W.:* Geographie. Fischer-Kolleg 9.

Waldau, E.: Wirtschaftsweise und soziale Situation der West-Berliner Landwirte. Beiheft G.R. 3/1974, S. 24.

Windhorst, H.-W.: Innovationen. Ihre Behandlung im Unterricht am Beispiel des Baumwollanbaus im Süden der USA. G.R. 9/1972, S. 358.

Windhorst, H.-W.: Arbeitsvorhaben zur wirtschafts- und siedlungsgeographischen Analyse eines agrarischen Intensivgebietes. Beiheft G.R. 4/1974, S. 14.

Windhorst, H.-W.: Strukturveränderungen in ländlichen Siedlungen. In: G.R. 4/1984, S. 198–207.

Didaktische Bemerkungen zur „Industriegeographie"

Ludwig Bauer

Klassen-stufe	Themen (aus den Lehr-plänen verschiedener Bundesländer	Kennzeichnende Inhalte	Entsprechende Abschnitte in der „Indu-striegeographie"
Grund-schule (Kl. 1–4)	Menschen müssen arbeiten; Arbeitsplätze in der Industrie und ihre Lage in der Stadt	Beispiele für Handwerks- und Industriebetriebe Lage von Industriebetrieben, ihre Rohstoff- und Energie-quellen	1 b u. 2a. Begriffserklärung, Industrie und Handwerk (S. 162) 2a Grundbegriffe amtlicher Industriesta-tistiken (S. 125)
Orientie-rungsstufe (Kl. 5/6)	Bergbau, Industrie, Energiewirtschaft; das Leben des Men-schen in Industriege-bieten	Gliederung der Industrie in ver-schiedene Zweige, wichtige Standortbedingungen und ihre Veränderung Umweltbelastungen durch die Industrie	3b Regionale Industriestruktur in der Bundesrepublik Deutschland (S. 149) 10 Ökologische Auswirkungen indu-strieller Strukturen
Sekundar-stufe I (Kl. 7–10)	Überblick über welt-weite wirtschaftsräum-liche Ordnungssy-steme; Formen der Industriali-sierung in Entwick-lungsländern; Entstehung, Standort-bedingungen, Struktur und räumliche Vertei-lung der Industriege-biete in Industrie-staaten	Inwertsetzung von Entwick-lungsräumen durch Erschlie-ßung von Bodenschätzen und/ oder durch Industrieansied-lung Raumwirksamkeit unterschied-licher Wirtschaftsordnungen Globale Rohstoffknappheit und Energiekrise	3d Standortstrukturen in Entwicklungs-ländern (S. 162) 1a Industrie und gesellschaftlicher Wan-del (Industrialisierung) (S. 114) 3a Standortstrukturen in Industrielän-dern (S. 144) 3c Regionale Strukturen in der DDR (S. 156)
Sekundar-stufe II (Kl. 11–13)	Raumabhängigkeit und Raumwirksamkeit wirt-schaftlicher Prozesse: Standortfaktoren der Industrie, deren Ver-flechtung und Bedeu-tungswandel in der Bundesrepublik Deutschland Industrialisierung und Industriestruktur in In-dustrie- und Entwick-lungsländern	Industrielle Konzentration Veränderung der Standortfak-toren Strukturmerkmale und Außen-beziehungen ausgewählter In-dustrieräume Wirtschaftliche und soziale Auswirkungen der Industrie und die sich daraus ergeben-den Aufgaben für die Wirt-schafts- und Sozialpolitik	4 Räumliche Konzentration der Industrie (S. 168) 5 Dezentralisierung und Peripherie (S. 205) 3 Analyse von Standortstrukturen (S. 144) insbes. 3a–d Die Situation in Industrie-und Entwicklungsländern 7 Staatliche Einflüsse im Industriebe-reich (S. 232) 9 Ökonomische und soziale Auswirkun-gen industrieller Strukturen (S. 254) 10 Ökologische Auswirkungen indu-strieller Strukturen und umweltplaneri-sche Konsequenzen (S. 267)

Themen für unterrichtliche Schwerpunkte, Fallstudien und Unterrichtsprojekte

Für die Grundschule:

– Vor- und Nachteile des räumlichen Beieinander von Wohnung und Arbeitsplatz
– Warum liegen bei vielen Berufen Wohnung und Arbeitsplatz räumlich getrennt?
– Verschiedene Berufe in Handwerk und Industrie
– Wir untersuchen einen Industriebetrieb: Was stellt er her? Welche Rohstoffe und Materialien braucht er? Woher bezieht er sie? Woher kommen die Beschäftigten (Pendler)?

Für die Orientierungsstufe:

– Wir zeichnen eine Industriekarte unserer Heimatstadt (unserer Heimatgemeinde, unseres Landkreises) und benützen dazu die gängigen Signaturen für die verschiedenen Bodenschätze und Industriezweige
– Der Energiebedarf der Heimatstadt und seine Deckung durch die verschiedenen Energieträger
– Die Bedeutung wichtiger Bodenschätze für unser tägliches Leben
– Die Umweltbelastung der verschiedenen Kraftwerktypen nennen und gegeneinander abwägen
– Wasserbedarf und Wasserversorgung eines Industriegebietes; Wasserverschmutzung durch die Industrie und Möglichkeiten ihrer Eindämmung
– Strukturwandel im Ruhrgebiet, seine Ursachen (auch für SI und SII)

Für die SI (7.–10. Jahrgangsstufe):

– Die Arbeitsverhältnisse in der Industrie und im Bergbau eines Entwicklungslandes (z. B. in den Zinngruben Boliviens, Kinderarbeit in Indien)
– Einkommen, Tageslauf, Wohnverhältnisse eines Arbeiters in Indien und in der Bundesrepublik Deutschland
– Probleme der Klein- und Dorfindustrie in Indien
– Soll die Förderung der Industrie oder der Landwirtschaft in . . . (Entwicklungsland) den Vorrang haben?
– Das „räumliche Ungleichgewicht" in einem ausgewählten Entwicklungsland (z. B. VR China, Brasilien): Ursachen des Ungleichgewichts und Möglichkeiten seiner Überwindung.
– Industrialisierung der Erdölländer – Probleme der schnellen Industrialisierung
– Geschichte der Industrialisierung: in unserer Stadt, in Großbritannien, in der Sowjetunion, in einem Entwicklungsland
– Zweigbetriebe der Industriestaaten in Südostasien
– Warum wurde Großbritannien der erste Industriestaat der Welt?
– Typische Hafenindustrien in . . . (Hamburg, Bremen, Rotterdam)
– Der „Manufacturing Belt" in den USA: Ursachen seiner Entstehung, neue Wandlungen
– Bodenständige Industrien in . . ., ihre Grundlagen, Entwicklung
– Die begrenzten Rohstoff- und Energievorräte auf der Erde: Aufgaben für die Planung und Umweltgestaltung (auch für SII)

Für die Kollegstufe (11.–13. Jahrgangsstufe):

– Vergleich industrieller Ballungsräume in der Bundesrepublik Deutschland (in Europa): historische Entwicklung, Lage, Standortbedingungen, Branchenstruktur, Zusammensetzung der Bevölkerung, landwirtschaftliche Ergänzungsräume, Naherholungsgebiete.
– Kennzeichnung umweltfreundlicher Industrien; Möglichkeiten ihrer Ansiedlung in Wohngebieten bzw. Fremdenverkehrsräumen
– Probleme der eisenschaffenden und eisenverarbeitenden Industrie
– Zielkonflikte bei der Planung eines neuen Industrieraumes (z. B. Unterelbe)
– Konzentration oder Dezentralisation der Industrie (in der Bundesrepublik Deutschland, in den USA, in der Sowjetunion, in Japan, in einem Entwicklungsland)?
– Ansiedlung neuer Industriebetriebe in der Stadtplanung: sektoral, in der Peripherie oder in „Industrieparks"?

- Die Frage der Industrialisierung ländlicher Gebiete (an Beispielen)
- Eine Großstadt (die Heimatstadt) als Einpendlerzentrum: Probleme, Folgerungen für die Planung
- Lenins Ausspruch „Entweder zugrunde gehen oder die fortgeschrittenen Länder auch wirtschaftlich einholen oder überholen" als Motiv für die Industrialisierung der Sowjetunion
- Ausbeutung der Bodenschätze und Industrialisierung in den nördlichen Gebieten der Sowjetunion: Möglichkeiten und Schranken
- Gründe und Voraussetzungen für den raschen industriellen Aufstieg Japans

Industriegeographie: Literatur zu Unterrichtsbeispielen (in Auswahl)

1. Grundschule und Orientierungsstufe:

Eckert, J.: Ingolstadt – Struktur eines Industrieraumes. In: Geogr. im Unterricht, H. 6, 1978, S. 196.

Engel, J.: Wasser ist nicht gleich Wasser. Welche Bedeutung hat das Wasser für uns und andere Menschen? (Klassenstufe 5/6). In: *J. Engel:* 12mal Geographieunterricht. Bad Heilbrunn 1979.

Ginzel, H.: Raffineriestandort Ingolstadt. In: Praxis Geographie, H. 12, 1981, S. 483.

Hendinger, H.: Methodische Möglichkeiten der Industriegeographie. Ein innerstädtischer Industriebetrieb als Beispiel – von der Beobachtungsstufe bis zum Abitur. In: Praxis Geographie H. 7, 1980, S. 288.

Piehler, H.: Papierfabrik – Lerngegenstand und Lernort. In: Praxis Geographie, H. 1, 1984, S. 15.

2. Sekundarstufe I:

Bauer, L.: Norilsk – Großstadt nördlich des Polarkreises. In: Praxis Geographie, H. 4 1981, S. 137.

Cloß, H. M.: Bimsabbau im Großraum Neuwied (Klassenstufe 9). In: Geogr. im Unterricht, H. 5 1984, S. 187–196.

Engel, J.: Soll die Wäschfab-KG nach Malaysia gehen? Ein Standortentscheidungsspiel (Klassenstufe 9/10). In: *J. Engel:* 12mal Geographieunterricht. Bad Heilbrunn 1979.

Ferger, E.: Wir vergleichen die Lage der Ballungsgebiete von Bevölkerung und Industrie in Japan und Deutschland. In: Geogr. im Unterricht, H. 3, S. 106–113.

Fick. K. E.: Hong Kong – Welthafen und Industriemetropole. In: Praxis Geographie, H. 1 1979, S. 45.

Geipel, R.: Industriegeographie als Einführung in die Arbeitswelt. Braunschweig 1969.

Haubrich, H.: Die arbeitende Bevölkerung als Trägerin und Betroffene der Industrialisierung. Beispiel Japan. In: Beiheft zur G.R., H. 2 1974, S. 52.

Heene, H.-P.: Umweltbelastung als Planungsfaktor am Beispiel des Raumes Ludwigshafen/Rhein (Klassenstufe 9). In: Geogr. im Unterricht, H. 5 1984, S. 197–205.

Jansen, U. u. a.: Industrie hinterm Deich. Eine Unterrichtseinheit für die Klassen 9–11. RCFP-Unterrichtseinheit. Braunschweig 1980.

Knübel, H.: Industrie – Bedeutung, Entwicklung, Probleme. Eine Unterrichtsreihe für Klasse 9/10. In: Praxis Geographie, H. 7, 1980, S. 292.

Peter, A.: Einbeck und Northeim – zwei Mittelstädte werben um Industrie (Planspiel für Abschlußklassen der S I und Grundkurs S II). G.R., H. 8 1978, S. 298.

Sedlacek, P.: Rohstoffverknappung. Aktuelle Unterrichtsmaterialien 8. Beihefte zur G.R. In: Praxis Geographie, H. 4, 1978.

Sieg, Manfred: Industrialisierung aus der Retorte. In: Der Überblick. Stuttgart 1980, S. 333–335.

Streit, L.: Modernisierung in Landwirtschaft und Industrie. Aktuelle Berichterstattung der Bejing-Rundschau, H. 11, 1980, S. 177.

Sturm, W.: Der Bayerische Wald wird erschlossen. In: Ehrenwirth Hauptschulmagazin H. 12, 1976 ff.

346

3. Sekundarstufe II:

Bauer, L.: Erschließung der nördlichen Gebiete in der Sowjetunion.
In: *H. Kistler:* Arbeitsmaterial S.II. München 1976, S. 21.

Benicke, W.: Raumgrenzen und Planwirtschaft im Widerstreit (Eisen und Stahl in der Sowjetunion). In: *W. Benicke:* Geographie. Fischer Kolleg 9, S. 45.

Benzing, A.G.: Am „Ende der Verschwendung"? Schüler berechnen die Reichdauer von Rohstoffen. G.R., H. 8 1979, S. 319.

Gaebe, W. und *Hofmeister, W.:* Welchen Weg nimmt Reblingen? Eine Unterrichtseinheit für S.II. RCFP-Unterrichtseinheit. Stuttgart 1981.

Haversath, J.-B.: Wandel industrieller Standortfaktoren. In: Praxis Geographie, H. 4 1982, S. 39–40.

Kirchberg, G.: Funktionale Anylse einer Industriestadt. Ein Unterrichtsmodell zur Arbeit mit Statistik am Beispiel Ludwigshafen/Rhein. In: Beiheft zur G.R., H. 3, 1973, S. 15.

Klie, W.: Entwicklung von Industriebranchen. Beispiele aus Braunschweig. In: Praxis Geographie, H. 4, 1982, S. 2–5.

Kohl, J.: Simulationsspiel „Baugruppe Südwest". Wirtschaftsgeographie als Einführung in die Arbeits- und Wirtschaftswelt. In: Praxis Geographie, H. 7 1981, S. 303.

Kreibich, P.: Industrieansiedlung. Westermann Planspiel. Braunschweig 1979.

Kremb, K.: Inwertsetzung eines Flußtales. Beispiel: Rhein-Neckar-Region. In: Praxis Geographie, H. 4 1982, S. 41–42.

Mahlendorff, S.: Die Bedeutung der Standortgegebenheiten für die Entwicklung von Industriegebieten, dargestellt am Beispiel BASF-Ludwigshafen. In: *H. Kistler:* Arbeitsmaterial S II. München 1976, S. 74.

Meyer, K.: Probleme strukturschwacher Räume – dargestellt am Beispiel des Raumes Duderstadt. Der Erdkundeunterricht, Heft 40 1981, S. 42.

Mütter, B.: Regionalgeschichte im Unterricht. Das Thema Industrialisierung in der Mainzer Studienstufe, am Beispiel des Ruhrgebietes.

In: Studienmaterialien der S II, Bd. 25. Speyer 1979, S. 107.

Nolzen, H.: Kernkraftwerk. Westermann Planspiel. Braunschweig 1976.

Pausch, R.: Die Industrialisierung Sibiriens – der Territoriale Produktionskomplex (TPK) Krasnojarsk. In: Praxis Geographie, H. 4 1981, S. 130.

Pawlitta, M.: Industrialisierungspolitik Polens. Unterrichtseinheit für S II. Geogr. Hefte, H. 8 1981, S. 47.

Poetsch, G. und *Arntz, R.:* Didaktische Überlegungen zur regionalen Problemgeographie. Beispiel Ruhrgebiet. Beihefte zur G.R., H. 5 1977, S. 202.

Reimers, M.: Industrieansiedlung in bisher vorwiegend agrarisch genutzten Gebieten – Raum Unterelbe. Ein Unterrichtsmodell für den Grundkurs Geographie. In: Beihefte zur G.R., H. 3 1973, S. 34.

Rödel, J.: Raumrelevantes Entscheidungsverhalten. Das Beispiel von VW in New Stanton/USA im Unterricht der S II. In: Praxis Geographie, H. 7 1980, S. 308.

Sander, W.: Kernenergie, pro und contra. Vorbereitung und Durchführung einer Podiumsdiskussion in der S II. In: Gegenwartskunde H. 4, 1979, S. 511.

Schrettenbrunner, H.: Die Auswirkungen der Industrialisierung und Verstädterung auf die Abwasserbeseitigung (Ruhrgebiet, oberbayerische Seen). In: *W. Benicke.* Geographie. Fischer Kolleg 9, S. 237.

Sedlacek, P.: Industrialisierung und Raumentwicklung (Fallbeispiele Henkel KG, Veba-Chemie, Ruhrgebiet). Westermann-Colleg Raum und Gesellschaft H. 3. Braunschweig 2/1980.

Väth, K.: Regionalpolitik ohne Chance? In: Geogr. Hefte, H. 2 1980, S. 42.

Voppel, G.: Die Europäische Gemeinschaft unter industriegeographischem Aspekt. In: Geographie u. Schule, H. 5 1980, S. 10.

Wuest, P.: Betriebsbesichtigungen in Zementwerken in der S II. In: Geographie u. Schule, H. 10 1981, S. 18.

Didaktische Bemerkungen zur „Politischen Geographie"

Ludwig Bauer

Politische Geographie ist eine der tragenden Säulen des Geographieunterrichts. Ihre Themen durchziehen das schulische Curriculum von der Grundschule bis zur Kollegstufe:

Klassenstufe	Themen (aus den Lehrplänen verschiedener Bundesländer und Gremien)	kennzeichnende Inhalte	entsprechende Abschnitte in der „Politischen Geographie"
Grundschule (Kl. 1–4) Orientierungsstufe (Kl. 5/6)	Zusammenleben erfordert Verwaltung (Die unterschiedliche Raumwirksamkeit verschiedener Daseinsfunktionen) Das Zusammenleben unterschiedlicher Sozialgruppen in Staaten Räumliche Auswirkungen staatlicher Entscheidungen	Die politische Gemeinde, der Landkreis; Grundstücks-, Dorf-, Stadt-, Kreis-, Landes- und Staatsgrenzen Politische Gliederung, Grenzen, Gebietsreform; die Staaten Europas u. ihre Zusammenschlüsse	Strukturelemente des Raumes in ihrer politisch-geographischen Bedeutung (S. 287); insbesondere Größe, Gestalt und Ausstattung (S. 290); Grenzen u. Grenzräume (S. 314); Raumwirksamkeit von Zusammenschlüssen mehrerer Staaten (S. 320); Zur Typisierung politischer Raumeinheiten (S. 338).
Sekundarstufe I (Kl. 7–10)	Komplexe Strukturen in Staaten, Wirtschaftsräumen u. Regionen Raumwirksamkeit staatlicher Gewalt u. gesellschaftlicher Aktivität (der Raum als Prozeßfeld der Aktivitäten sozialer Gruppen)	Abhängigkeit der Raumnutzung u. -entwicklung von Gesellschaftsordnungen Probleme der Entwicklungsländer u. der Entwicklungspolitik Einwanderung, Binnenwanderung u. Sozialgefüge. Maßnahmen der Raumplanung u. dabei auftretende Diskrepanzen	Die raumwirksame Tätigkeit von Staaten (S. 294); Kolonialisierung und Raumstruktur (303); und Entwicklungsländer (S. 308). Bevölkerungsbewegungen aus politischen Gründen (S. 311); Gefährdung der Umwelt durch raumwirksame Staatstätigkeit (S. 333).
Kollegstufe (Kl. 11–13)	(Kl. 11) Sozialräumliche Strukturen und Prozesse Strukturanalyse eines Raumes (funktionale Erfassung räumlicher Strukturen)	s. unter Kl. 7–10 Geographische Strukturen, insbes. Bevölkerung u. Bevölkerungsmobilität, Verwaltungsgliederung (auf der Grundlage historischer Territorialgrenzen), Gebietsreform	Die raumwirksame Tätigkeit von Staaten (S. 294) natürliche Ausstattung (S. 290); Bevölkerung (S. 291) u. Bevölkerungsbewegungen (S. 311); historisches Erbe (S. 302), Grenzen (S. 314).
	(Kl. 12/13) Semesterthemen: (1) Raumwirksamkeit politischer Strukturen und Prozesse (Staat, Raum und Bevölkerung)	Abgrenzung u. Integration politischer Räume, Machtblöcke, Wirtschaftsgemeinschaften; Bevölkerungsmobilität, Verstädterung	Raumwirksame Tätigkeit von Staaten (S. 294); Hauptstädte und politische Zentren (S. 299); Bevölkerungsbewegungen aus politischen Gründen (S. 311); Typisierung politischer Raumeinheiten (S. 289); insbes. für Leistungskurse: Stellung und Aufgaben der Politischen Geographie (S. 280–288).
	(2) Entwicklungsländer (Dritte Welt) (3) Weltmächte, Konflikträume	Entwicklungsproblematik naturräumliche Gegebenheiten und menschliche Aktivitäten in ihrer Bedeutung für die Inwertsetzung von Räumen, Raumabhängigkeit und Raumwirksamkeit der Wirtschaftszweige; machtpolitische Interessenkonflikte in bestimmten Erd- und Meeresräumen	Kolonialisierung und Raumstruktur (S. 303); Entwicklungsländer (S. 308). Strukturelemente des Raumes in ihrer politisch-geographischen Bedeutung (S. 289) und raumwirksame Tätigkeit von Staaten (S. 294); Politische Geographie der Meere (S. 323).

Themen für unterrichtliche Schwerpunkte und Schülerreferate:

Für die Klassen 5/6:

- Gegenüberstellung von Beispielen für offene und geschlossene Grenzen der Bundesrepublik Deutschland
- Grenzräume als Problemgebiete (z. B. an der Demarkationslinie zur DDR)
- Offene Fragen der Gebietsreform im Umkreis des Schulortes

Für die Klassen 7–10:

- „Die geographische Umwelt als Herausforderung an den Staat" (Schwind) – darzustellen an Beispielen aus dem Nahraum und aus der weiten Welt
- Untersuchung von Lage, Größe, Gestalt, natürlicher Ausstattung und Bevölkerung eines ausgewählten Territoriums
- Vorkoloniale, koloniale und nachkoloniale Herrschaftsstrukturen in einem bestimmten Entwicklungsland
- Staatliche Maßnahmen zur Regional- und Landesplanung in einem bestimmten Entwicklungsland
- Verstädterung und die Funktion der Stadt in Entwicklungsländern
- Blockbildungen in der Dritten Welt
- „Die Segregation sozialer Gruppen und deren Auswirkungen" G.R. H.8, 1975, S. 354
- Das Problem der politischen Flüchtlinge (Ursachen der Flucht, Eingliederung in den aufnehmenden Staat)
- Unbeabsichtigte ökologische Begleiterscheinungen politischer Maßnahmen (z. B. am Beispiel der Korrektur des Oberrheins)

Für die Kollegstufe (Kl. 11–13):

- Auswirkungen der staatlichen Planungspolitik auf Wirtschaft, Verkehr, Ökologie (Naturhaushalt) in einem ausgewählten Untersuchungsraum (= „Angewandte" Politische Geographie)
- Untersuchung und kritische Beurteilung der (naturgeographischen, historischen, kulturgeographischen, wirtschaftlichen, administrativen) Grenzen eines Untersuchungsraumes
- Vergleich verschiedenartiger Hauptstädte der Staaten der Erde – Versuch einer Typisierung (Leistungskurs)
- Grenzgänger und grenzüberschreitende Wirtschaft in einem ausgewählten Untersuchungsgebiet (Leistungskurs)
- Auswirkungen politischer Maßnahmen auf die raumbezogenen Verhaltensmuster sozialer Gruppen (z. B. Nomaden, Flüchtlinge, Zwangsdeportierte) an Beispielen von Weltmächten oder Entwicklungsländern (Leistungskurs)
- Auswirkungen von internationalen Zusammenschlüssen auf die Wirtschaftsstruktur der Partnerstaaten
- Auswirkungen der EG auf die Landwirtschaft in der Bundesrepublik Deutschland
- „Staats-, Hoheits- und Nutzungsgrenzen" an Meeresküsten und ihre Auswirkungen
- Seeverkehr und wirtschaftliche Nutzung der Meere als politisches Problem
- Grenzen der staatlichen Planung und der Planbarkeit von Räumen (Projektthema für Leistungskurs)

Politische Geographie: Literatur zu Unterrichtsbeispielen (in Auswahl)

1. Sekundarstufe I:

Engelhard, K.: Entwicklungsländerprobleme im Geographieunterricht der S I und S II. Beiheft zur G.R., H. 3 1978 (mehrere Beiträge);

Hanisch, M.: Länder in Westafrika. Ein Beispiel für den Unterricht im 7. Schuljahr. Beiheft zur G.R., H. 2, 1972, S. 7;

Illner, H.-P.: Asien in der Entwicklung. Quellen und Darstellungen zur Frage der Entwicklungshilfe. Westermann Taschenbuch 1966.

Sajak, D.: Die heimliche Grenze. Minderheitsprobleme am Beispiel Südtirol. In: *Engel, J.* (Hrsg.): 12mal Geographieunterricht. Bad Heilbrunn 1979, S. 146.

Sander, H.-J.: Kommunale Neuordnung und Landesplanung im Erdkundeunterricht. Ein Unterrichtsversuch aus dem Großraum Bonn. G.R., H. 1, 1974, S. 18.

2. Sekundarstufe II:

Auhuber, J.: Ausmaß und Folgen des Bevölkerungswachstums in der Dritten Welt. Beispiel Indien. In: *Kistler, H.* (Hrsg.): Der Erdkundeunterricht in der Kollegstufe. ISP Kollegstufenarbeit. München 1974.

Barth, J. (Hrsg.): Die Sowjetunion. In: Praxis Geographie H. 3 und 4 1981.

Biehl, M.: Dynamisches Japan. Diesterweg Nr. 7458. Frankfurt.

Bobek, H.: Iran. Probleme eines unterentwickelten Landes alter Kultur. Diesterweg Nr. 7474. Frankfurt.

Burrak, D.: Afrika – Entwicklung eines Kontinents. Diesterweg Nr. 7513. Frankfurt

Fischer, G.: Staaten und Grenzen. Westermann Colleg Nr. 15 1005; Unterrichtshinweise in: Kirchberg/Richter. Geographie in der Kollegstufe. Westermann 1982, S. 147.

Friese, H. W. und *Hofmeister, B.:* Die USA. Wirtschafts- und sozialgeographische Probleme. Diesterweg Nr. 7442. Frankfurt.

Hagen, M.: Europa, Idee und Wirklichkeit – Um Weltfrieden und übernationale Gemeinschaft. Materialien für die Sekundarstufe II. Hannover.

Haseloff, W.: Die Einigung Europas. Diesterweg Nr. 7554. Frankfurt.

Haseloff, W., Mitter, W. u. *Tent, F.:* Die Union der Sozialistischen Sowjetrepubliken. Diesterweg Nr. 7559. Frankfurt.

Heinzlmeir, W. u. *Michler, G.:* Welt- und Großmächte. Westermann Colleg Nr. 15 1006. Unterrichtshinweise in Kirchberg/Richter, Geographie in der Kollegstufe. Westermann 1982, S. 159.

Helbig, L.: Das Ende des Kolonialismus. Diesterweg Nr. 7555. Frankfurt.

Herde, H.: Regionale Mobilität und sozialer Wandel in Schwarzafrika. G.R., H. 11, 1972, S. 433.

Karger, A.: Die Sowjetunion als Wirtschaftsmacht. Diesterweg Nr. 7447, Frankfurt.

Knübel, H.: Kolonialismus und Entkolonialisierung am Beispiel Afrikas. Erörterungen und Ergebnisse einer Tagung für Gemeinschaftskunde. G.R., H. 1, 1965, S. 26.

Krautkrämer, E. u. *Tent, F.:* Die Vereinigten Staaten von Amerika. Diesterweg Nr. 7558. Frankfurt.

Küpper, U. J. u. *Müller van Issem, G.:* Nordirland – Auswirkungen äußerer und innerer Gegensätze auf die Entwicklung der Raumstruktur. G.R., H. 9 1973, S. 351.

Meyer, H.: USA und UdSSR – Entwicklung und Gegenwartsprobleme zweier Weltmächte. Materialien für die Sekundarstufe II. Hannover.

Ruppert, H.: Bevölkerungsentwicklung und Mobilität. Westermann Colleg Nr. 15 1002. Unterrichtshinweise in Kirchberg/Richter. Geographie in der Kollegstufe. Westermann 1982, S. 112.

Sansen, W.: Ein Leistungskurs mit dem Thema ,,Entwicklungsländer''. G.R., H. 7, 1976, S. 270.

Schamp, H.: Ägypten. Diesterweg Nr. 7443. Frankfurt.

Schrettenbrunner, H.: Segregation ethnischer Gruppen im ländlichen Raum der USA. In: *Kistler, H.* (Hrsg.). Der Erdkundeunterricht in der Kollegstufe. München 1974.

Schrettenbrunner, H.: Die Bedeutung unterschiedlicher sozioökonomischer Systeme für die Nutzung gleicher Naturfaktoren (Reschen-Scheideck-Gebiet) und Auswirkungen einer Staatsgrenze beim Verlauf durch ähnlich strukturierter Räume (deutsch-niederländischer Grenzraum). In: *Benicke, W.* (Hrsg.). Geographie. Fischer Kolleg 9.

Schule und Dritte Welt. Texte und Materialien für den Unterricht. Schriftenreihe des Bundesmin. für wirtschaftliche Zusammenarbeit. Bonn

Schwalm, E.: Die politische Karte in der Gemeinschaftskunde. G.R., H. 5, 1967, S. 161.

Schwalm, E.: Indien und China. Zwei Länder der Dritten Welt. Themen zur Geschichte, Geographie und Politik. Stuttgart 1973.

Seewald, R. u. *U.:* Wirtschafts- und sozialpolitische Probleme Israels. Beiheft zur G.R., H. 3 1973, S. 47.

Seewald, U.: Der flämisch-wallonische Konflikt in Belgien. Unterrichtsmodell. G.R., H. 7, 1970, S. 257.

Selke, W.: Die Ausländerwanderung als Problem der Raumordnungspolitik in der Bundesrepublik Deutschland. Bonner Geogr. Abhandlungen 55, 1977.

Stein, Ch.: Landnutzung und Landflucht in Kenia. Die Funktionen von Planspiel und Debatte im Rahmen eines lernzielorientierten Unterrichts über Probleme der Dritten Welt. G.R., H. 8, 1976, S. 325.

Storkebaum, W.: Entwicklungsländer und Entwicklungspolitik. Westermann Colleg Nr. 15 1007. Unterrichtshinweise in Kirchberg/Richter. Geographie in der Kollegstufe. Westermann 1982, S. 172.

Storm, K.: Der Hochrhein- und Oberrheinausbau. G.R., H. 4 1962, S. 157.

Thomä, H.: Die USA im Geographieunterricht. Praxis. Geographie, H. 2 1982, S. 2.

Verband Deutscher Schulgeographen. Arbeitstagung ,,Zur Behandlung Deutschlands im Unterricht'' (bes. die deutschen Grenzen). Berlin 1979.

Wallert, W.: Weltmacht USA in ihrer Bedeutung für die BRD heute. Materialien für die Sekundarstufe II. Hannover 1976.

Literaturverzeichnis:

Einführung in die Wirtschaftsgeographie

Bahrenberg, G.: Räumliche Betrachtungsweisen und Forschungsziele der Geographie. In: Geogr. Ztschr. Band 60, 1972, S. 8–24.

Bartels, D.: Raumwirtschaftliche Aspekte sozialer Disparitäten (Hans Bobek zum 75. Geburtstag). In: Mitt. der Geograph. Gesellschaft, Wien, Band 120, Wien 1978, S. 227–242.

Bartels, D.: Theorien nationaler Siedlungssysteme und Raumordnungspolitik. In: Geogr. Ztschr., Band 67, 1979, S. 110–146.

Bartels, D.: Wirtschafts- und Sozialgeographie. In: Handwörterbuch der Wirtschaftswissenschaften, 23. Lfg., Stuttgart 1980, S. 44–55.

Boesler, K.-A.: Raumordnung. Erträge der Forschung, Heft 165, Darmstadt 1982.

Boesch, H.: Weltwirtschaftsgeographie. Braunschweig, 4, 1977.

Böventer, E. von: Die räumlichen Wirkungen von öffentlichen und privaten Investitionen. In: *H. Arndt* und *D. Swatek* (Hrsg.): Grundlagen der Infrastrukturplanung für wachsende Wirtschaften. Schriften des Vereins für Sozialpolitik, N.F. 58, Berlin 1971, S. 167–200.

Böventer, E. von: Standortentscheidung und Raumstruktur. Veröffentlichungen der Akademie für Raumforschung und Landesplanung, Bd. 76. Hannover 1979.

Bronger, D.: Raumstrukturen und regionale Entwicklungsstrategien. Ihre Relevanz als Aufgabe der Entwicklungsländerforschung. In: Verhandlungen des Dt. Geographentages. 1982. Wiesbaden 1983, S. 457–462.

Buttler, F., Gerlach, K. u. Liepmann, P.: Grundlagen der Regionalökonomie. rororo studium 102. Reinbek bei Hamburg, 1977.

Egner, E.: Raumwirtschaftspolitik. In: Handwörterbuch der Sozialwissenschaften, 8. Stuttgart 1964, S. 694–703.

Friedmann, J. u. Weaver, C.: Territory and Function. The Evolution of Regional Planning. London 1979.

Fürst, D. u. Zimmermann, Kl.: Standortwahl industrieller Unternehmen. In: Schriftenreihe der Ges. f. Regionale Strukturforschung, Bd. 1, Bonn 1973.

Gaebe, W. u. Hottes, K. H. (Hrsg.): Methoden und Feldforschung in der Industriegeographie. Mannheimer Geogr. Arbeiten H. 7. Mannheim 1980, S. 195–231.

Haggett, P.: Geographie. Eine moderne Synthese. UTB Große Reihe. New York, 1983.

Hansen, N. M.: Development from Above: The Centre-Down Development Paradigm. In: *W. B. Stöhr; D. R. F. Taylor* (Hrsg.): Development from Above or Below? Chichester 1981, S. 15–38.

Höllhuber, D.: Modelle des wirtschaftenden Menschen in der Geographie. Wirtschaftsgeograph. Studien 1. 1979, S. 17–36.

Hottes, K.-H. (Hrsg.): Geograph. Beiträge zur Entwicklungsländerforschung. DGFK-Hefte 12, Bonn, 1979.

Isard, W. u. Reiner, T. A.: Regional Science: Retrospect and Prospect. In: Papers of the Regional Science Association, 16, 1966, S. 1–16. (Deutsche Übersetzung: Regionalforschung: Rückschau und Ausblick). In: *D. Bartels,* (Hrsg.): Wirtschafts- und Sozialgeographie, Köln, Berlin 1970, S. 435–450).

Kirsch, W.: Einführung in die Theorie der Entscheidungsprozesse. Wiesbaden 1977.

Lauschmann, E.: Grundlagen einer Theorie der Regionalpolitik. Hannover 1973.

Lloyd, R. E. u. Dicken, P.: Location in Space: A Theoretical Approach to Economic Geography. New York 1972

Lo, F. u. Salih, K.: Growth Poles and Regional Policy in Open Dulistic Economics: Western Theory and Asian Reality. In: *F. Lo; K. Salih* (Hrsg.): Growth Pole Strategy and Regional Development Policy. Oxford 1978, S. 243–269.

Otremba, E.: Der Wirtschaftsraum – seine geographischen Grundlagen und Probleme. Stuttgart ²1969.

Otremba, E.: Wirtschaftsgeographie und regionale Wirtschaftspolitik. In: Zehn Jahre Österreichische Gesellschaft für Wirtschaftsforschung, Wiener Geogr. Schriften, Heft 40. Wien 1973, S. 13–24.

Richardson, H. W.: The Economics of Urban Size. Westmead 1973.

Richardson, H. W.: Growth Pole Spillovers: The Dynamics of Backwash and Spread. In: Regional Studies, Heft 10, 1976, S. 1–9.

Richardson, H. W.: City Size and National Spatial Strategies in Developing Countries. World Bank Staff Working Paper No. 252. Washington D.C. 1977.

Richardson, H. W.: Growth Centers, Rural Development and National Urban Policy: A Defense. In: International Regional Science Review, 3/2, 1978 (a) S. 133–152.

Richardson, H. W.: The State of Regional Economics: A Survey Article. In: International Regional Science Review, 3/1 1978 (b), S. 1–48.

Sander, G.: Wachstumspole und regionale Polarisierung der Entwicklung im Wirtschaftsraum. Ein Bericht über lateinamerikanische Erfahrungen. In: Der Wirtschaftsraum. Festschrift für Erich Otremba zu seinem 65. Geburtstag. Beiheft zur Geogr. Ztschr. 1975, S. 78–90.

352

Schätzl, L.: Zur Konzeption der Wirtschaftsgeographie. In: Die Erde, H. 105, Berlin 1974,
S. 124–134.

Schätzl, L.: Wirtschaftsgeographie 1, Theorie.
Paderborn ²1981.

Schätzl, L.: Wirtschaftsgeographie 2, Empirie.
Paderborn 1981.

Schätzl, L.: Regionale Wachstums- und Entwicklungstheorien. In: G.R., H. 7, 1983.

Schamp, E. W.: Grundansätze der zeitgenössi-
schen Wirtschaftsgeographie. In: G.R., H. 2,
1983.

Siebert, H.: Regional Science. In: Handwörterbuch der Raumforschung und Raumordnung. Bd. 3, Hannover 1970, Sp. 2690–2705.

Stöhr, W. B.: Development from Below: The
Bottom-Up and Periphery-Inward Develop-
ment Paradigm. In: W. B. Stöhr u. D. R. F.
Taylor (Hrsg.): Development from Above or
Below? Chichester 1981, S. 39–72.

Stöhr, W. u. Tödtling, F.: Spatial Equity – Some
Anti-Theses to Current Regional Develop-
ment Doctrine. In: Papers of the Regional
Science Association, 38. 1977, S. 33–53.

Tinbergen, J.: Eine neue Raumwirtschaftslehre. In: Zeitschrift für die gesamte Staatswissenschaft, H. 121, Tübingen 1965, S. 625–
632.

Voppel, G.: Wirtschaftsgeographie. Stuttgart
1970.

Wagner, H.-G.: Wirtschaftsgeographie. Das
Geogr. Seminar. Braunschweig 1981.

Weber, P.: Geographische Mobilitätsforschung. Erträge der Forschung, H. 179.
Darmstadt 1982.

Weichhardt, P.: Individuum u. Raum: ein ver-
nachlässigter Erkenntnisbereich der Sozialgeographie. In: Mitteil. der Geogr. Gesellschaft München, H. 65. München 1980,
S. 63–92.

Wirth, E. (Hrsg.): Wirtschaftsgeographie. Wege
der Forschung, H. 219. Darmstadt 1969.

Wirth, E.: Theoretische Geographie. Grundzüge einer Theoretischen Kulturgeographie.
Stuttgart 1979.

Agrargeographie

Allan, W.: Studies in African land usage in
Northern Rhodesia. Rhodes-Livingstone Papers Nr. 15. Manchester 1949.

An der Lan, H.: Vergiften wir unsere Umwelt?
In: Bild der Wiss. 6, H. 11. Stuttgart 1969,
S. 1048–1057.

Andreae, B.: Betriebsformen in der Landwirtschaft. Stuttgart 1964.

Andreae, B.: Landwirtschaftliche Betriebsformen in den Tropen. Hamburg 1972.

Andreae, B.: Agrargeographie. Strukturzonen
und Betriebsformen in der Weltlandwirt-
schaft. Berlin 1977.

Andreae, B.: Weltwirtschaftspflanzen im Wettbewerb. Berlin 1980.

Andreae, B. u. Greiser, E.: Strukturen deutscher Agrarlandwirtschaft. Landbaugebiete
und Fruchtfolgen in der Bundesrepublik
Deutschland. Trier ²1973.

Arnold, A.: Die Agrargeographie als wissenschaftliche Disziplin. In: Zschr. für Agrargeographie, H. 1. 1983.

Bauersachs, F.: Regionale Auswirkungen ver-
änderter Agrarpolitik. In: G.R., H. 3., 1982,
S. 96–101.

Bergmann, Th.: Agrarpolitik u. Agrarwirtschaft
sozialistischer Länder. Saarbrücken ²1979.

Bildstein, U. (Hrsg.): Lexikon der neuzeitlichen
Landwirtschaft. 3 Bde. Essen 1974.

Carol, H.: Das agrargeographische Betrach-
tungssystem. In: Geographica Helvetica
1952, S. 17–31 u. 65–66.

Dengler, A.: Waldbau, Der Wald als Vegeta-
tionstyp und seine Bedeutung für den Menschen. Hamburg/Berlin ⁵1980.

Eckart, K.: Die Landwirtschaft der DDR im
Wandel. Paderborn 1981.

Eckart, K.: Die Entwicklung der Landwirtschaft
im hochindustrialisierten Raum. Beispiel:
Siedlungsverband Ruhrkohlenbezirk. Paderborn 1982.

Eckart, K. u. Siedenstein, U.: Die landwirtschaftliche Bodennutzung der DDR im Wandel. In: Zschr. für Agrargeographie, H. 1. Paderborn 1983, S. 45–66.

Ehrlich, A. H., Ehrlich, P. R. u. Holdren, J. P.:
Humanökologie. Berlin 1975.

Ellenberg, H.: Ökosystemforschung. Berlin
1973.

Franz, G.: Deutsche Agrargeschichte von den
Anfängen bis zur Gegenwart. Stuttgart
³1976.

Ganser, K.: Eine ökonomische u. ökologische
Perspektive für die Agrarpolitik. In: G.R.,
H. 3, 1982, S. 82–87.

Gerster, G.: Wasser im Rundlauf. Bild der Wiss.
11, H. 3. Stuttgart 1974. S. 76–80.

Jensch, G.: Das ländliche Jahr in deutschen
Agrarlandschaften. Abhandlungen des
Geogr. Instituts der FU Berlin 3, 1957.

Kostrowicki, J.: The typology of world agriculture. Principles, methods and model types.
Warschau 1974.

Manshard, W.: Die geographischen Grundlagen der Wirtschaft Ghanas. Wiesbaden 1961.

Manshard, W.: Einführung in die Agrargeographie der Tropen. Bd. 1. Hochschultaschen-
bücher Nr. 356/356a. Mannheim 1968.

Meadows, D.: Die Grenzen des Wachstums.
Bericht des Club of Rome zur Lage der
Menschheit. Stuttgart 1972.

Mesarovic, M. u. Pestel, E.: Menschheit am
Wendepunkt. Zweiter Bericht des Club of
Rome zur Weltlage. Stuttgart 1974.

Morgan, W. B. u. Munton, R. C. J.: Agricultural
Geography. London 1971.

Müller-Wille, W.: Zur Systematik und Bezeichnung der Feldsysteme in Nordwestdeutsch-

land. In: *Ruppert, K.* (Hrsg.): Agrargeographie. Darmstadt 1973, S. 183–188.

Newbury, P. A. R.: A Geography of Agriculture. London 1980.

Nitz, H.-J.: Begriffliche Erfassung kleinräumiger Nutzungseinheiten innerhalb einer Landwirtschaftsformation. In: *G. Pfeifer* (Hrsg.): Symposium zur Agrargeographie. Heidelberger Geogr. Arbeiten, H. 36. Heidelberg 1971.

Nitz, H.-J.: Agrargeographie, Wissenschaftliche Grundlegung. In: Praxis Geographie, H. 10, 1982. S. 5–9.

Otremba, E.: Allgemeine Agrar- und Industriegeographie; Handbuch der Allgemeinen Wirtschaftsgeographie, Bd. 3, Stuttgart 1960.

Otremba, E.: Stand und Aufgabe der deutschen Agrargeographie, 1983. Nachdruck aus: *K. Ruppert* (Hrsg.): Agrargeographie. Darmstadt 1973, S. 147–182.

Pfeifer, G. (Hrsg.): Symposium zur Agrargeographie. Heidelberger Geogr. Arbeiten, H. 36. Heidelberg 1971.

Priebe, H.: Alternativen der Europäischen Agrarpolitik. In: G.R., H. 3, 1982. S. 102–116.

Ross, J.: Photosynthese. In: Bild der Wiss. 10, H. 5. Stuttgart 1971, S. 514–522.

Ruppert, K. (Hrsg.): Agrargeographie. Darmstadt 1973.

Ruthenberg, H.: Organisationsformen der Bodennutzung und Viehhaltung in den Tropen und Subtropen, dargestellt an ausgewählten Beispielen. In: *P. v. Blanckenburg* u. *H. D. Cremer,* (Hrsg.): Handbuch der Landwirtschaft und Ernährung in den Entwicklungsländern. Stuttgart 1967.

Ruthenberg, H.: Farming Systems in the Tropics. Oxford 1971.

Ruthenberg, H.: Landwirtschaftliche Entwicklungspolitik. Materialsammlung der Zeitschrift für ausländische Landwirtschaft. Frankfurt 1972.

Schätzl, L.: Zur Konzeption der Wirtschaftsgeographie. In: Die Erde, 105. Jg., H. 2. Berlin 1974, S. 124–134.

Schultz, J.: The basically traditional land use systems of Zambia and their regions. Afrika-Studien, München 1976.

Seljaninow, G. T.: Agroklimatisches Welt-Nachschlagewerk. Leningrad-Moskau 1937.

Symons, L.: Agricultural Geography. London 1972.

Tarrant, J. R.: Agricultural Geography. Newton Abbot 1974.

Walter, H.: Grundlagen der Pflanzenverbreitung; 1. Teil: Standortslehre. Stuttgart 1960.

Walter, H. u. *Lieth, H.:* Klimadiagramm – Weltatlas. Jena ab 1960.

Weber, H. W.: Hoffnung für versalzte Böden? In: Bild der Wiss. 9, H. 7, Stuttgart 1972.

Wein, N.: Die sowjetische Landwirtschaft seit 1950. Paderborn 1980.

Industriegeographie

Alexander, J. W.: Economic geography. Englewood Cliffs, N. J. 1963.

Alexandersson, G.: Geography of manufacturing. Englewood Cliffs, N. J. 1967.

Alwens, L.: Grenzlandsituation und Strukturprobleme – Zur Lage der oberfränkischen Textilindustrie. In: Gemeinschaft und Politik, H. 5, 1955.

Angerer, H.: Industrielandschaft am Eisernen Vorhang. In: Gegenwartskunde, H. 6, 1957.

Arbter, K.: Sozialgeographische Studien im nordostbayerischen Grenzgebiet. Bd. 10 der WGI-Berichte zur Regionalforschung. München 1973.

Arnold, A.: Die Industrialisierung in Algerien und Tunesien als Mittel zur Verbesserung der Regionalstruktur. In: Tagungsbericht und wiss. Abhandl. des Dt. Geographentages Nürnberg/Erlangen 1971. Wiesbaden 1972.

Autorenkollektiv: Ökonomische Geographie der DDR, Bd. 1, 2. überarb. u. erg. Aufl., Gotha/Leipzig o. J.

Babiker, A.B.A.G.: Einige Aspekte bei der Entwicklung und Standortverteilung der Industrie in der Demokratischen Republik Sudan. In: Petermanns Geographische Mitteilungen. 120. Jg., H. 3, 1976.

Bade, F.-J.: Die Mobilität von Industriebetrieben. Theoretische und empirische Befunde zu den sektoralen und räumlichen Besonderheiten der Neuansiedlungen in der Bundesrepublik Deutschland. Berlin 1978 = IIM Papers.

Bade, F.-J.: Die Mobilität von Industriebetrieben. Schriften des Wiss.-Zentrums Berlin, Bd. 6, Mannheim 1979.

Bähr, J.: Bevölkerungsgeographie. Stuttgart 1983.

Bakis, H.: IBM-Contribution à l'ètude du rôle des grandes entreprises internationales dans l'organisation de l'espace. In: Recherches de Géographie industrielle. Vol. 14. Paris 1974, S. 168–223.

Bartels, D.: Türkische Gastarbeiter aus der Region Izmir. In: Erdkunde, 22. Jg., H. 4, 1968. S. 313–324.

Barthel, H.: Bergbau, Landschaft und Landeskultur in der DDR. Gotha/Leipzig 1976.

Beck, H.: Umweltschutz im Geographie-Unterricht. In: Schulgeographie in der Praxis. Köln 1980.

Benthien, B.: Die Industrie des Rostocker Raumes. In: Geographische Berichte, 45. Jg., H. 4, 1967. S. 284–298.

Bodenstedt, W., u. a.: Betriebliche Investitions-u. Standortprobleme und unternehmerisches Verhalten. Materialien u. Berichte der Robert-Bosch-Stiftung, H. 3. Stuttgart 1982.

Bodenstedt, W., u. a.: Gewerbepolitik im Verdichtungsraum. Materialien u. Berichte der Robert-Bosch-Stiftung, H. 4. Stuttgart 1982.

354

Boesch, H.: Weltwirtschaftsgeographie. Braunschweig 1977.

Boesler, K.-A.: Kulturlandschaftswandel durch raumwirksame Staatstätigkeit. Abhandl. des Geogr. Inst. der FU Berlin. Bd. 12. Berlin 1969.

Boesler, K.-A.: Geographie und Kapital. In: Geoforum, 1974, Nr. 19.

Boesler, K.-A.: Industriegeographische Probleme Europas seit der industriellen Revolution. Kollegmaterial Geographie. Frankfurt a. M. 1982.

Boettcher, E.: Entwicklungstheorie und Entwicklungspolitik. Tübingen 1964.

Bollerey, F. u. Hartmann, K.: Die Ruhrgebietssiedlungen – ein seltenes Schulbeispiel gesellschaftlicher Konflikte. In: Stadtbauwelt, 74. Jg., H. 24, 1982.

Bondue, J.-P.: Le fait non industriel sur les zones industrielles. Une analyse dans la Métropole du Nord de la France. In: L'information géographique, 1982.

Borcherdt, Chr. u. Ruppert, K.: Traunreuth – ein Beitrag zur Theorie der industriegewerblichen Neuansiedlungen. In: Informationen, H. 43/44, 1955.

Börkircher, H. u. Tiedtke, J.: Grenzgänger und Direktinvestitionen – Grenzüberschreitende Verflechtungen am Mittleren Oberrhein, Sonderheft 14 der IHK Karlsruhe, Karlsruhe 1980.

Bölting, H. M.: Wirkungsanalyse der Instrumente der regionalen Wirtschaftspolitik. Münster 1976.

Braun, K.-H.: Industriestruktur und Unternehmerverhalten unter dem speziellen Einfluß einer staatlichen Grenze. H. 21 der Arbeitsmaterialien zur Raumordnung und Raumplanung. Bayreuth 1983.

Brede, H.: Bestimmungsfaktoren industrieller Standorte. Eine empirische Untersuchung. Berlin 1971.

Breyer, F.: Die Wochenendpendler im Bayerischen und Oberpfälzer Wald. Bd. 4 der WGI-Berichte zur Regionalforschung. München 1970.

Brücher, W.: Mobilität von Industriearbeitern in Bogotá. In: Tagungsbericht und wissenschaftliche Abhandlungen des Deutschen Geographentages Kassel 1973. Wiesbaden 1974.

Brücher, W.: Industriegeographie. Das Geographische Seminar. Braunschweig 1982.

Büchi, M. J.: Industrie-Immissionen in der Orts-, Regional- und Landesplanung. ORL-Institut der ETH Zürich. Zürich 1966.

Bundesminister für Arbeit u. Sozialordnung (Hrsg.): Wirtschaftlicher und sozialer Wandel in der Bundesrepublik Deutschland. Gutachten der Kommission für wirtschaftl. u. sozialen Wandel. Göttingen 1977.

Bundesminister für Raumordnung, Bauwesen und Städtebau (Hrsg.): Raumordnung, Regionale Wirkungen der Wirtschaftsstrukturförderung. 1978.

Bundesminister für Arbeit und Sozialordnung (Hrsg.): Die Standortwahl der Betriebe in der Bundesrepublik Deutschland und Berlin (West). Neuerrichtete, verlagerte und stillgelegte Betriebe in den Jahren 1978 und 1979. Bonn 1981.

Büringer, H.: Regionale Entwicklung der Umweltschutzinvestitionen im Verarbeitenden Gewerbe. In: Baden-Württemberg in Wort und Zahl, H. 3, Stuttgart 1982.

Buttler, F.: Entwicklungspole und räumliches Wirtschaftswachstum. Tübingen 1973.

Chardonnet, J.: Géographie industrielle. Bd. 1: Les sources d'energie. Paris 1962. Bd. 2: L'industrie. Paris 1965.

Clapham, R.: Marktwirtschaft in Entwicklungsländern. Beiträge zur Wirtschaftspolitik, Bd. 1. Freiburg 1974.

Claval, P.: Eléments de géographie économique, Paris 1976.

Collins, L. u. Walker, D. F. (Hrsg.): Locational Dynamics of Manufacturing activity. London 1979.

Cunningham, S. M.: Multinational enterprises in Brazil. In: Professional Geographes, 33. Jg., 1981, S. 48–62.

Dahl, R. A.: Who governs, Democracy and power in an American City, 2 Bde. New Haven-London 1962.

Derrieux-Cecconi, R. F.: Les espaces de la firme: le cas de Creusont-Loire. In: Les Espaces Géographiques, H. 1, 1973.

Dezert, B.: L'evolution des concepts et des méthodes de recherches de la géographie industrielle. In: Cahiers Géographiques Université, No. 1. Paris 1970.

Dickel, H.: Süditalienische Gastarbeiter aus Scandale/Kalabrien in Deutschland. In: Marburger Geographische Schriften, H. 40. Marburg 1970.

Domrös, M.: Luftverunreinigung und Stadtklima im Rheinisch-Westfälischen Industriegebiet und ihre Auswirkungen auf den Flechtenbewuchs der Bäume. Marburger Geographische Schriften. Marburg 1979.

Dorsch Consult (Hrsg.): Soziale Auswirkungen des technologischen und strukturellen Wandels auf die Arbeitnehmer. München 1975.

Eifler, D.: Das Kontakt- und Informationsfeld des Hauses Siemens in Erlangen. In: Mitteilungen der Fränkischen Geographischen Gesellschaft. Erlangen 1979.

Elsner, G.: Die oberfränkische Elektroindustrie – Fragen zur Zweigstellenpolitik bzw. zu eigenständigen regionalen Entwicklungsformen. Arbeitsmaterialien zur Raumordnung und Raumplanung, Heft 30. Bayreuth 1984.

Emolike, O., Maier, J., Nwafor, J. C.: Raumwirksame Aktivitäten afrikanischer Unter-

355

nehmer. – Das Beispiel Südost-Nigeria. In: Mannheimer Geographische Arbeiten H. 7, Mannheim 1980, S. 99–121.

Finke, L. u. *Panteleit, S.:* Flächennutzungskonflikte im Ruhrgebiet. In: G.R., H. 10, 1981, S. 422–430.

Folkerts, M. (Hrsg.): Das Schlachthof-Viertel Hamburg-Sternschanze. Hamburg 1977.

Folkerts, M. (Hrsg.): Das Industriegebiet Wandsbek Nordost – Industriegeographische Untersuchung eines Hamburger Stadtteils. Hamburg 1975.

Folkerts, M. u. *Krebs, J.:* Das Industrie- und Gewerbegebiet Wandsbeker Zollstraße. Wirtschaftsgeogr. Untersuchung zur Struktur- und Standortproblematik. Hamburg 1979.

Die drei Arbeiten wurden gedruckt im Selbstverlag der Wirtschaftsgeographischen Abteilung des Instituts für Geographie und Wirtschaftsgeographie der Universität Hamburg.

Freter, H., u.a.: Marketing mittelständischer Unternehmen. In: Mittelstand und Wirtschaft, Bd. 2. Bayreuth 1981.

Friedmann, J.: A General Theory of Polarized Development. In: *Hansen, N. M.:* Growth Centres in Regional Economic Development. New York 1972.

Friedrich-Ebert-Stiftung (Hrsg.): Wachstumsprobleme des Ruhrgebiets. Bonn 1971.

Fröbel, Folker, Heinrichs, Jürgen u. *Kreye, Otto:* Die internationale Arbeitsteilung. Reinbeck 1977.

Fürst, D., Zimmermann, K. und *Hansmeyer, K.-H.:* Standortwahl industrieller Unternehmen. Ergebnisse einer Unternehmerbefragung. Schriftenreihe der Gesellschaft für Regionale Strukturentwicklung, Bd. 1. Bonn 1973.

Gaebe, W.: Die Industrialisierung in Südafrika im Konflikt zwischen machtpolitischen und gesellschaftlichen Raumordnungszielen. In: Geograph. Zeitschrift, H. 2, 1974, H. 79.

Gaebe, W.: Zur Bedeutung von Agglomerationswirkungen für industrielle Standortentscheidungen. Mannheimer Geogr. Arbeiten, H. 13. Mannheim 1981.

Gaebe, W. u. *Hottes, K. H.* (Hrsg.): Methoden und Feldforschung in der Industriegeographie. Mannheimer Geogr. Arbeiten, H. 7. Mannheim 1980.

Gälli, A.: Die sozio-ökonomische Entwicklung der OPEC-Staaten: Auswirkungen und Perspektiven des Devisenreichtums. München 1978.

Gälli, Anton: Taiwan: Ökonomische Fakten und Trends. München 1980.

Gallusser, W. u. *Muggli, H.:* Grenzräume und internationale Zusammenarbeit. Beispiel: Basel. Paderborn 1980.

Galtung, J.: Eine strukturelle Theorie des Imperialismus. In: *Senghaas, D.* (Hrsg.): Impe-

rialismus und strukturelle Gewalt. Frankfurt/Main 1980.

Ganser, K.: Pendelwanderung in Rheinland-Pfalz; Struktur, Entwicklungsprozesse und Raumordnungskonsequenzen, Mainz 1969.

Gebhardt, H.: Die Stadtregion Ulm/Neu-Ulm als Industriestandort. Eine industriegeographische Untersuchung auf betrieblicher Basis. H. 78 der Tübinger Geographischen Studien. Tübingen 1979.

Geipel, R.: Industriegeographie als Einführung in die Arbeitswelt, Braunschweig 1982.

Geipel, R. u. *Pauli, K. H.:* Arbeitsmarkt und Qualifikation – Eine Fall-Studie am Beispiel eines Münchner Automobilwerkes (BMW). In: Forschungs- u. Sitzungsberichte der Akad. f. Raumforschung u. Landesplanung, Bd. 127, Hannover 1978.

Georgii, H. W.: Die lufthygienisch-meteorologische Modell-Untersuchung im Untermaingebiet. In: Umwelt-Report. H. 1. Frankfurt/M. 1972

Gerlach, B.: Bergwerks- und Plantagensiedlungen in Liberia. In: Bochumer Geographische Arbeiten. H. 15. Paderborn 1973.

Geßner, H.-J.: Wasserversorgung und Umweltschutz in der chemischen Industrie – dargestellt am Beispiel der Badischen Anilin- und Soda-Fabrik AG. (BASF), Ludwigshafen am Rhein. In: Forschungs- u. Sitzungsberichte der Akademie f. Raumforschung u. Landesplanung, Bd. 79, Hannover 1973.

Geyer, K.-H.: Heimarbeitsprobleme sind Frauenprobleme, Heimarbeit in Bayern. In: Zeitschrift des Bayer. Statist. Landesamtes. H. 1, 1976.

Glastetter, W.: Die wirtschaftliche Entwicklung der Bundesrepublik Deutschland im Zeitraum 1950–1975. Befunde u. Aspekte. Berlin 1977.

Glebe, G.: Das Handwerk in den citynahen Misch- und Wohngebieten der Stadt Düsseldorf. In: Zeitschrift für Wirtschaftsgeographie. S. 215–220.

Gohl, D.: Wirtschaftsräume der DDR. Veränderungen 1964–1974. G.R., H. 8, 1977, S. 262–269.

Groschupf, P.: Standort an der Grenze. Wie aus einer Notlösung eine „richtige" Stadt wurde. In: Südd. Zeitung v. 16./17. 6. 1983.

Grotz, R.: Entwicklung, Struktur und Dynamik der Industrie im Wirtschaftsraum Stuttgart. Bd. 82 der Stuttgarter Geogr. Studien, Stuttgart 1971.

Grotz, R.: Räumliche Beziehungen industrieller Mehrbetriebsunternehmen. Ein Beitrag zum Verständnis von Verdichtungsprozessen. Stuttgart 1978, Stuttgarter Geographische Studien, Bd. 93, S. 225–243.

Grotz, R.: Das räumliche Verhalten von Industriebetrieben in Abhängigkeit von Größe und Standortraum. In: Mannheimer Geogr. Arb. Mannheim H. 7 1980, S. 25–47.

356

Gründke, G.: Die Bedeutung des Klimas für den industriellen Standort. In PM, Erg.-heft 255. Gotha 1955.

Haas, H.-D.: Junge Industrieansiedlungen im nordöstlichen Baden-Württemberg. Tübinger Geographische Studien, H. 35. Tübingen 1970.

Haas, H.-D.: Die Industrialisierungsbestrebungen auf den Westindischen Inseln. Tübinger Geogr. Schriften. H. 68, Tübingen 1976.

Haas, H.-D. und Hannss, Chr.: Kulturlandschaftliche Entwicklung und Landschaftsbelastung im Spiegel der Gewässerverschmutzung, dargestellt am Beispiel des Filstalgebietes. In: Tübinger Geogr. Studien, H. 55, 1974.

Hagen Councelling (Hrsg.): Analyse der Bedarfsstrukturen von Aus- und Fortbildung im Umweltbereich. Gutachten im Auftrag des Umweltbundesamtes. Köln 1978.

Hain, D.: Velbert – ein kontaktbestimmter Wirtschaftsraum. H. 29 der Bochumer Geogr. Arbeiten. Bochum 1977.

Halbach, A., Helmschrott, H., Öcher, W. u. Riedel, J.: Industrialisierung in Tropisch-Afrika. Afrika-Studien, Bd. 86, München 1975.

Hamel, H. (Hrsg.): Bundesrepublik Deutschland, DDR, die Wirtschaftssysteme: soziale Marktwirtschaft und sozialistische Planwirtschaft im Systemvergleich. München 1979.

Hamilton, F. E. I.: Multinational enterprise and the European Economic Community. In: Tijdschrift voor economische en sociale geografie, Nr. 5, 1976.

Hamilton, F. E. I. (Hrsg.): Contemporary industrialization: Spatial analysis and regional development. London/New York 1978.

Hamilton, F. E. I. (Hrsg.): Industrial Charge: International Experience and public policy. London/New York 1978.

Hamilton, F. E. I. u. Linge, G. J. R.(Hrsg.): Spatial analysis, industry and the industrial environment. Progress in research and applications. Vol. I: Industrial systems. Chicester 1979.

Hansen, N.: Border Regions: A critique of Spatial Theory and A European Case-Study. In: Annals of Regional Science, 1977.

Hartke, W.: Pendelwanderung und kulturgeographische Raumbildung im Rhein-Main-Gebiet. In: Petermanns Geogr. Mitt., 85. Jg., H. 6, 1939.

Haut, P.: Probleme regionaler Wirtschaftsförderung, dargestellt am Beispiel des Kreises Kleve. Europ. Hochschulschriften, Reihe 5, Bd. 320. Frankfurt-Bern 1981.

Heineberg, H. (Hrsg.): Einkaufszentren in Deutschland. Münstersche Geogr. Arbeiten, H. 5. Paderborn 1980.

Heinen, E.: Grundlagen betriebswirtschaftlicher Entscheidungen. Das Zielsystem der Unternehmen. Wiesbaden 1971.

Heinritz, G., Kuhn, W., Meyer, G. u. Popp, H.: Verbrauchermärkte im ländlichen Raum. Münchner Geogr. Hefte, H. 44. Kallmünz 1979.

Hellstern, G.-M. u. Wollmann, H.: Wirkungsanalysen: Eine neue Variante wissenschaftlicher Politikberatung. In: transfer 4, Planung in öffentlicher Hand. Opladen 1977.

Henckel, D.: Gewerbehöfe – Organisation und Finanzierung. Deutsches Institut für Urbanistik. Berlin 1981.

Hendinger, H.: Vom Gerberhandwerk zur Lederindustrie. In: Jahrbuch für fränkische Landesforschung 30. Neustadt/Aisch 1970, S. 15–82.

Herlyn, U. u. Schwonke, M.: Wolfsburg, Soziologische Analyse einer jungen Industriestadt. Bd. 12 der Göttinger Abhandlungen zur Soziologie. Stuttgart 1967.

Herwig, E. u. Dipper, M.: Beschäftigungspolitische Auswirkungen von Umweltschutzmaßnahmen in ausgewählten Sektoren der Wirtschaft. In: Batelle-Forschungsberichte. Frankfurt/M. 1977.

Herrmann, R. u. Hübner, D.: Regional distribution of mikropollutans (PAH, Chlorinated Hydrocarbons and Trace Metals) in the moss *hypnum cupressiforme* in and around a small industrial town in Southern Finland. In: Aqua Fenica, 1983, im Druck.

Hesse, H.: Strukturwandlungen im Welthandel. Tübingen 1967.

Hesse, J. J.: Das Ruhrgebiet – Krise ohne Ende? In: Stadtbauwelt, 74. Jg., H. 24, 1982.

Heuwinkel, L.: Autozentrierte Entwicklung und die neue Weltwirtschaftsordnung. Sozialwissenschaftliche Studien zu internationalen Problemen, H. 37, Saarbrücken 1978.

Hewings, G. J. D.: Regional industrial analysis and development. London 1977.

Hilsinger, H.-H.: Eisenerzminen in Liberia. Beispiele für bergwirtschaftliche Großbetriebe in den Tropen in technisch-geographischer Betrachtung. In: Bochumer Geogr. Arbeiten, H. 15. Paderborn 1973.

Hilterscheid, H.: Industrie und Gemeinde. Die Beziehungen zwischen der Stadt Wolfsburg und dem Volkswagenwerk und ihre Auswirkungen auf die kommunale Selbstverwaltung. In: Sozialperspektiven, Bd. 2. Berlin 1977.

Hirschmann, A. O.: Die Strategie der wirtschaftlichen Entwicklung. Stuttgart 1967.

Hoffmann, A.: Industrie im peripheren Grenzraum, unter besonderer Berücksichtigung der industriellen Zweigbetriebe, dargestellt am Beispiel der Räume Coburg/Kronach und Cham. Würzburger Geogr. Arbeiten, H. 55. Würzburg 1982.

Hoffmann, W. G.: Stichwort Industrialisierung, Typen des industriellen Wachstums. In: Handwörterbuch der Sozialwissenschaften, 5 Bde. 1956.

Hösl, E.: Die objektbezogene Erdkunde. Betriebserkundung am Beispiel des BMW-Werkes 2, Dingolfing. In: Geographie im Unterricht. H. 2, 1976.

Hottes, K. H.: Industriegeographie. Wege der Forschung, Bd. CCCXXIX. Darmstadt 1976.

Hottes, K. H.: Industrial Estates. In: Konzeption zur Industrieansiedlung. Siedlungsverband Ruhrkohlenbezirk, Essen 1977.

Hottes, K.: Gegenwartstendenzen in der Entwicklung der Industriestruktur und der Standortverflechtung. In: G. R. 1980, S. 148–155.

Hottes, K.-H.: Gegenwartstendenzen in der Entwicklung der Industriestruktur und der Standortverflechtung. G.R., H. 4 1980, S. 148–155.

Hottes, K. H. u. *Hamilton, F. E. I.*(Hrsg.): Case Studies in Industrial Geography. Bochumer Geogr. Arbeiten, H. 39. Paderborn 1980.

Hulsch, J. u. *Veh, G. M.:* Zur Salzbelastung von Werra und Weser. In: Neues Archiv für Niedersachsen. 27. Bd., H. 4, 1978.

Hunter, F.: Community Power Structure. A study of decision makers. Chapell Hill 1953.

Ifo-Institut für Wirtschaftsforschung (Hrsg.): Umweltschutz und Industrie. H. 85 der Ifo-Studien. München 1975.

Jäger, H.: Faktoren industrieller Entwicklung und Rückbildung am Beispiel fränkischer Steinindustrie. In: Würzburger Geogr. Arbeiten. H. 37 1972, S. 277–302.

Jüttner-Kramay, L.: Unternehmensgröße, Unternehmenskonzentration und technologische Entwicklung. Eine Literaturanalyse. Schriften der Kommission für wirtschaftl. u. sozialen Wandel, H. 38. Göttingen 1975.

Känel, A. v.: Arbeiterpendelwanderung im östlichen Bezirk Rostock. In: Geographische Berichte, 8. Jg., H. 1, 1963.

Kehrer, G.: Entwicklungstendenzen der Standortverteilung der Industrie in der DDR. In: PM H. 2, 1980.

Kehrer, G. u. a.: Territoriale Aspekte in der Kombinatsbildung in der DDR. In: Geographische Berichte 106 (1983), S. 17–29.

Kirsch, W.: Einführung in die Theorie der Entscheidungsprozesse. Wiesbaden 1977.

Klatt, S.: Zur Theorie der Industrialisierung. Köln 1959.

Klingbeil, D.: Zur sozialgeographischen Theorie und Erfassung des täglichen Berufspendelns. In: Geographische Zeitschrift, 57. Bd., 1969.

Kleinschmager, R. u. *Martin, J. P.:* Recherches sur l'Alsace dans la stratégie des firmes industrielles. Les créations d'établissements 1954–1978. In: Revue géographique des l'Est, No. 1–2, 1981.

Klöpper, R.: Die Gewerbebetriebe im südlichen Königreich Hannover um 1835 nach den Zusammenstellungen von *Fr. Wilhelm v. Reden*. G.R., H. 5, 1979, S. 199–203.

Knübel, H.: Umweltprobleme in Japan. In: Beiheft zur G.R., H. 5 1975, S. 50.

Knübel, H.: Arbeitsweisen der Industriegeographie. Ein Bericht vom Göttinger Geographentag 1979. In: G.R., H. 11, 1979.

Kohl, H.: Grundfragen der komplex-territorialen Entwicklung in den älteren Industriegebieten der sozialistischen Staaten. In: PM H. 2, 1976.

Kohl, H., *Marcinek, J.* u. *Nitz, B.:* Geographie der DDR. Bd. 7 der Studienbücherei für Lehrer. Gotha/Leipzig 1978.

Kolb, A.: Aufgaben und System der Industriegeographie. In: Festschrift Obst zum 65. Geburtstag. Remagen 1951.

Konze, H.: Entwicklung des Steinkohlebergbaus im Ruhrgebiet, Grundlagen und Strukturdaten für die Stadt- und Regionalplanung. Schriftenreihe SVR Nr. 56, 1975.

Kost, G.: Die regionalpolitische Bedeutung industrieller Verbundsysteme und die Beeinflussung der Standortentscheidung. Dargestellt am Beispiel Südwestdeutschland. Frankfurt 1979.

Kramm, H.-J.: Der Bezirk Frankfurt. Geographische Exkursionen. Gotha/Leipzig 1971.

Krumme, G.: Anmerkungen zur Relevanz unternehmerischen Verhaltens in der Industriegeographie. In: Zeitschrift für Wirtschaftsgeographie, 16. Jg., H. 4, 1972.

Kulinat, K.: Venezuela – Industrialisierung als problemlose Strategie für kapitalistische Entwicklungsländer? G.R., H. 7, 1983.

Labasse, J.: L'espace financier. Paris 1965.

Labasse, J.: Les capitaux et le milieu géographique. In: Geo-forum, H. 4, 1974.

Lauschmann, E.: Grundlagen einer Theorie der Regionalpolitik. In: Veröffentlichungen der Akad. f. Raumforschung und Landesplanung. Hannover 1970.

Leers, K.-J.: Die räumlichen Folgen der Industrieansiedlung in Süditalien. Das Beispiel Tarent (Tarento). Düsseldorfer Geogr. Schriften. H. 17. 1981.

Lemelsen, J.: Untersuchungen über die Auswirkungen von Industrieansiedlungen in ländlich schwach strukturierten Gebieten Niedersachsens. In: Neues Archiv für Niedersachsen, Bd. 17, H. 2. Göttingen 1968.

Lepping, B. u. *Hösch, F.:* Das Konjunkturverhalten von Zweigbetrieben in peripheren Regionen. In: Forschungs- und Sitzungsberichte der Akademie für Raumforschung u. Landesplanung, Hannover 1984.

Linde, H.: Die Grundfragen der Gemeindetypisierung. In: Forschungs- und Sitzungsberichte der Akad. f. Raumforschung und Landesplanung, Bd. III. Bremen-Horn 1952.

Lloyd, P. E. u. *Dicken, P.:* Location in space. A Theoretical approach to Economic Geography. London 1977.

Lory, A.: Die heutigen Probleme der elsässischen Wirtschaft. Nürnberger Studien zur Sozial- und Wirtschaftsgeographie, H. 5. Nürnberg 1978.

358

Lösch, A.: Die räumliche Ordnung der Wirtschaft. Stuttgart 1963.

Lösch, H.: Die Erwerbstätigen mit anderem Wohn- als Arbeitsort. In: Württembergisches Jahrbuch für Statistik und Landeskunde, 1922.

Lutzky, N. u. *Martin, H.:* Ökologische Richtwerte für eine regionalisierte Standortplanung. In: Bauwelt. 1979, S. 77–87.

Maier, J.: Die Existenz afrikanischer Unternehmer als notwendige Voraussetzung für den Aufbau einer eigenständigen Wirtschaftsentwicklung – das Beispiel Nigeria. In: Perspektiven unterentwickelter Länder unter besonderer Berücksichtigung Afrikas. Bayreuth 1981.

Maier, J. u. *Kerstiens-Koeberle, E.:* Räumliche Auswirkungen der Stadt-Rand-Wanderung. Sozio-ökonomische Strukturmuster und aktivitätsräumliche Verhaltensweisen im Westen von München. Bd. 129 der Forschungs- u. Sitzungsberichte der Akad. für Raumforschung u. Landesplanung. Hannover 1979

Maier, J. u. *Weber, J.:* Räumliches Unternehmerverhalten im ländlichen Raum, ein Beitrag zur industriegeographischen Strukturforschung. In: G.R., H. 3, 1979.

Maier, J. u. *Weber, J.:* Räumliche Aktivitäten von Unternehmern im ländlichen Raum. In: G.R., H. 3, 1979.

Maier, J. u. *Weber, J.:* Räumliche Aktivitäten von Unternehmen im ländlichen Bereich. Ein Beitrag zur industriegeographischen Strukturforschung. G.R., H. 3, 1979, S. 90 ff.

Maier, J. u. *Weber, J.:* Erfassung und Darstellung regionaler Multiplikatorwirkungen – das Beispiel BMW-Dingolfing. Unveröffentl. Bericht zum Gelände-Praktikum im SS 1981. Bayreuth 1982.

Maier, J., *Petzschner, E.*, *Pfaller, G.*, *v. Wahl, D.* u. *Weber, J.:* Überlegungen zu einer raumordnungspolitischen Konzeption für periphere Räume – das Beispiel Oberfranken. Sonderheft 1 der Arbeitsmaterialien zur Raumordnung und Raumplanung. Bayreuth 1982.

Malézieux, J.: Crise et restructuration de la sidérurgie française, le groupe Usinor. In: L'Espace Géographique, H. 3. Paris 1980.

Marandon, J. C.: Ausländische Industrieansiedlungen in Grenzgebieten. Ein Vergleich Baden – Elsaß. In: Berichte zur deutschen Landeskunde, 51. Jg., 1977.

Marandon, J.-C.: Die industrielle Flächenplanung im technologisch-organisatorischen Prozeß der Industrieentwicklung. In: Mannheimer Geogr. Arbeiten. Mannheim H. 7 1980, S. 53–66.

Matthies, V.: Neue Weltwirtschaftsordnung, Hintergründe – Positionen – Argumente. Opladen 1980.

Matznetter, J.: Neue Industrien in Moçambique. In: G.R., H. 3, 1971.

Mettler-Meibohm, B.: Internationalisierung der Produktion und Regionalentwicklung. Elsaß und Lothringen als Beispiele. New York/Frankfurt 1979.

Meusburger, P.: Die regionale Verbreitung von Arbeitsplätzen für weibliche und männliche Berufstätige nach dem Ausbildungsniveau. Schriftenreihe zur sozialen und beruflichen Stellung der Frau, H. 10. Wien 1979.

Meyen, J.: Mobilität der Industriebeschäftigten des Agglomerationsraumes von Lagos (Nigeria). In: Die Erde, H. 4, 1977.

Meyer-Lindemann, H. U.: Typologie der Theorien des Industriestandortes. Bremen 1951.

Michel, H. u. *Ochel, W.:* Ländliche Industrialisierung in Entwicklungsländern; ein Konzept mit Zukunft. ifo-Schnelldienst. Nr. 3, 1977.

Mikus, W.: Beispiele zu räumlichen Interaktionssystemen in der Nahrungswirtschaft der Bundesrepublik Deutschland. In: Berichte zur Deutschen Landeskunde, Bd. 46, H. 2, 1972.

Mikus, W.: Industriegeographie – Themen der allgemeinen Industrieraumlehre. Erträge der Forschung, Bd. 104. Darmstadt 1978.

Mikus, W. unter Mitwirkung von *G. Kost*, *G. Lamche*, *H. Musall:* Industrielle Verbundsysteme. Studien zur räumlichen Organisation in der Industrie am Beispiel von Mehrwerksunternehmen in Südwestdeutschland, der Schweiz und Oberitalien. Heidelberger Geographische Arbeiten, Heft 57. Heidelberg 1979.

Mikus, W.: Zur Bedeutung der Zweigwerksindustrialisierung. In: DISP, Nr. 66. 1982.

Mock, H. R. u. *Kundt, J.:* Steuerungsmöglichkeiten der industriellen Standortwahl. Arbeitsberichte zur Orts-, Regional- und Landesplanung. Nr. 12. Zürich 1970.

Mohs, G. u. *Hermann, U.:* Die territoriale Industriestruktur der Deutschen Demokratischen Republik. Zur Karte „Industrie-Übersicht im Atlas DDR". In: Geographische Berichte 92 1979, S. 155–168.

Muske, G.: Theoretische Arbeitsmarktforschung in der Entwicklung: Ein forschungsstrategisches Angebot aus einer sozialgeographischen Perspektive. In: Raumforschung und Raumordnung. 38. Jg., H. 3. 1980.

Myrdal, G.: Ökonomische Theorie und unterentwickelte Regionen. Frankfurt/Main 1974.

Niesmann, F. u. *H.:* Perspektiven gegenwärtiger Entwicklungspolitik. In: G.R., H. 11, 1981.

Obst, E.: Allgemeine Wirtschafts- und Verkehrsgeographie. Berlin 1965.

Ochel, W.: Die Industrialisierung der arabischen OPEC-Länder und des Iran. Erdöl und Erdgas im Industrialisierungsprozeß. Ifo-Studien zur Entwicklungsforschung, H. 5. München 1978.

Ossenbrügge, J.: Industrieansiedlung und Flächennutzungsplan in Stade-Bützfleth und

Drochtersen – Lokale Interessen und Politik-verflechtung im kommunalen Entschei-dungsprozeß. In: Arbeitsberichte und Ergeb-nisse zur wirtschafts- und sozialgeographi-schen Regionalforschung. Hamburg 1982.

Otremba, E.: Allgemeine Agrar- und Industrie-geographie. Stuttgart ²1960.

Otremba, E.: Einführung in die Vortragssit-zung „Industriegeographie". In: Tagungsbe-richte und wiss. Abhandl. des Dt. Geogra-phentages Innsbruck 1975. Wiesbaden 1976.

Paterson, J. H.: Land, Work and Resources. An Introduction to Economic Geography. Lon-don ²1976.

Patt, R.: Wege des Modelldenkens in der Wirt-schaftsgeographie. Frankfurter Wirtschafts- und Sozialgeograph. Schriften, H. 25. Frank-furt 1976.

Pemöller A.: Wörth am Rhein – ein neuer Indu-strieschwerpunkt der Pfalz. In: G.R., H. 4, 1972, S. 135–141.

Perroux, F.: Note sur la nation de póle de croissance. In: L'Economie du XXième siècle. Paris 1964.

Pietrusky, U.: Die industriegeographischen Prozesse in Niederbayern als Ergebnis des Wechselspiels von freier unternehmerischer Entfaltung, Marktverhalten und raumwirksa-mer Tätigkeit des Staates. In: Niederbayern, Zur Bevölkerungs- und Wirtschaftsgeogra-phie eines unbekannten Raumes. Passau 1980.

Polivka, H.: Die chemische Industrie im Raume von Basel. H. 16 der Basler Beiträge zur Geo-graphie. Basel 1974.

Predöhl, A.: Das Ende der Weltwirtschaftskri-se. Hamburg 1962.

Predöhl, A.: Industrialisierung der Entwick-lungsländer. In: Nürnberger Abhandlungen zu den Wirtschafts- und Sozialwissenschaf-ten, H. 21, Berlin 1963.

Quasten, H.: Die Wirtschaftsformation der Lu-xemburger Minette. Saarbrücken 1970.

Quasten, H.: Industrielle Umweltbelastung – Belastungswahrnehmung – Wahrneh-mungsgesteuerte raumwirksame Reaktio-nen. In: Mannheimer Geographische Arbei-ten. H. 7. Mannheim 1980.

Quasten, H.: Industrielle Umweltbelastung – Belastungswahrnehmung – Wahrneh-mungsgesteuerte raumwirksame Reaktio-nen. In: Mannheimer Geogr. Arb., H. 7. Mannheim 1980, S. 129–151.

Quasten, H. u. Soyez, D.: Erfassung und Typi-sierung industriell bewirkter Flächennut-zungskonkurrenzen. In: Berichte und wis-senschaftliche Abhandlungen des Deut-schen Geographentages Innsbruck 1975. Wiesbaden 1976.

Quasten, H. u. Soyez, D.: Völklingen-Fenne: Probleme industrieller Expansion in Wohn-siedlungsnähe. In: Berichte zur dt. Landes-kunde. Bd. 50, 1976.

Rachor, E.: Meeresverschmutzung und ihre Auswirkungen in der Nordsee. In: G.R., H. 6 1983, S. 292–299.

Rauch, Th.: Das nigerianische Industrialisie-rungsmuster und seine Implikationen für die Entwicklung peripherer Räume. Hamburger Beiträge zur Afrika-Kunde. Bd. 24. Hamburg 1981.

Richardson, H. W.: Regional Growth Theory. London 1973.

Rieker, K.: Industrieland Bundesrepublik. Grundwissen u. Zahlen zur industriellen Ent-wicklung. Köln 1972.

Riley, R. C.: Industrial geography. London 1973.

Ritter, G. u. Hajdu, J.: Die deutsch-deutsche Grenze. Bonn–Köln 1982.

Ritter, U. P.: Die wirtschaftliche und raumord-nerische Bedeutung der Industrial Parks in den USA. In: Forschungs- und Sitzungsbe-richte der Akademie für Raumforschung und Landesplanung, Bd. 27. Hannover 1961.

Rödel, J.: Raumrelevantes Entscheidungsver-halten. In: Praxis Geographie. H. 7, 1980

von Rohr, H.-G.: Industriestandortverlagerun-gen im Hamburger Raum. Hamburger Geo-graphische Studien. H. 25. Hamburg 1971.

Rohr, G. v.: Der Prozeß der Industriesuburba-nisierung – Ausprägung, Ursachen und Wir-kung auf die Entwicklung des suburbanen Raumes. Akademie f. Raumforschung u. Landesplanung. Forschungs- und Sitzungs-berichte Bd. 102. Hannover 1975, S. 95–121.

Rönick G.: Über Langzeitwirkungen von Luft-verunreinigungen. In: Probleme der Nutzung und Erhaltung der Biosphäre, hrsg. v. d. Dt. UNESCO-Kommission. Köln 1969.

Roth, D.: Der Handwerkerhof in München. In: Bayerland, H. 8, 1974.

Rübberdt, R.: Geschichte der Industrialisie-rung. München 1972.

Ruppert, K., Thürauf, G. u. Rosenhauer, G.: Der „Euro-Industriepark" München-Nord, eine neue Form städtischer Funktionsent-flechtung. In: Informationen, H. 22, 1968.

Schaffer, F.: Zur Entwicklung der Stadt Penz-berg. In: Festschrift der Stadt Penzberg. Penzberg 1972.

Schamp, E. W.: Industrialisierung in Schwarz-afrika. Loutété und Maronna-Salak, zwei neue Industriestandorte. In: G.R., H. 2, 1970.

Schamp, E. W.: Unternehmensinterne Ent-scheidungsprozesse zur Standortwahl in Übersee am Beispiel eines deutschen che-mischen Unternehmens. In: Geogr. Zschr. 66. Jg., H. 1, 1978.

Schamp, E. W.: Industrialisierung in Äquato-rialafrika. Zur raumwirksamen Steuerung des Industrialisierungsprozesses in den Kü-stenstaaten Kamerun, Gabun und Kongo. München 1978.

Schamp, E. W.: Unternehmensinterne Ent-scheidungsprozesse zur Standortwahl in

360

Übersee am Beispiel eines deutschen chemischen Unternehmens. In: GZ 66, 1978, S. 38–60.

Schamp, E. W.: Unternehmenstypen und räumliche Industrialisierung in Entwicklungsländern. G.R. 1979, H. 3, S. 103–109.

Schamp, E. W.: Unternehmenstypen und räumliche Industrialisierung in Entwicklungsländern, am Beispiel Kameruns. In: G.R., H. 3, 1979.

Schamp, E. W.: Industrie im peripheren Raum der Dritten Welt. Räumliche Wirkungen der industriellen Wachstumszentrenstrategie am Beispiel von Garoua/Nordkamerun. In: Die Erde, 1982.

Schätzl, L.: Räumliche Industrialisierungsprozesse in Nigeria. In: Giessener Geogr. Schriften, H. 31. Giessen 1973.

Schätzl, L.: Wirtschaftsgeographie 1. UTB 782. Paderborn 1978.

Schätzl, L.: Regionale Wachstums- und Entwicklungstheorien. In: G.R., H. 7, 1983.

Schliebe, K.: Zur regionalen Verteilung höherwertiger Unternehmensfunktionen und Arbeitskräftereserven. In: Informationen zur Raumentwicklung 1978, 7, S. 545–554.

Schliebe, K. u. Hillesheim, D.: Das Standortverhalten neuerrichteter und verlagerter Industriebetriebe im Zeitraum von 1970–1979. In: Informationen zur Raumentwicklung, H. 11, 1980.

Schlipköter, H.-W.: Industrieansiedlung und Umweltschutz. In: Raumforschung und Raumordnung. H. 4, 1972.

Schmidt, H.: Die Industriestruktur des Ballungsgebietes Halle-Leipzig. In: Hallesches Jahrbuch für Geowissenschaften, Bd. 1. Gotha/Leipzig 1977.

Schmidt, K.-H. u. Flick, A.: Die wirtschaftliche Stellung des Handwerks in den Stadtregionen. In: Raumforschung und Raumordnung, 28. Jg., H. 1, 1970.

Schmithüsen, J.: Was verstehen wir unter Landschaftsökologie? In: Verhandlungen u. wissenschaftl. Berichte des Dt. Geographentages 1972. Wiesbaden 1974.

Schrader, M.: Die Eisen- und Stahlindustrie im Raum Salzgitter. In: Die Erde. H. 1–2, 1981.

Schrettenbrunner, H.: Die Wanderbewegung von Fremdarbeitern am Beispiel einer Gemeinde Kalabriens. In: G.R., H. 10, 1969.

Schweiger, M.: Die räumlichen Auswirkungen eines Industrieunternehmens, dargestellt am Beispiel der Firma Fendt und des Raumes Marktoberdorf. Unveröff. Zul.-Arbeit am Wirtschaftsgeographischen Institut der Universität München (Betreuung: Prof. Dr. J. Maier). München 1978.

Schwonke, M. u. Herlyn, U.: Soziologische Analyse einer jungen Industriestadt. Göttinger Abhandlungen zur Soziologie und ihrer Grenzgebiete. Stuttgart 1967.

Schulz, O.: Die neuen Städte und Gemeinden

in Bayern. Bd. 48 der Abhandl. der Akademie f. Raumforschung u. Landesplanung. Hannover 1967.

Sedlacek, P.: Industrialisierung und Raumentwicklung. In: Raum und Gesellschaft. Braunschweig 1975.

Seibel, H. D.: Industriearbeit und Kulturwandel in Nigeria. Köln und Opladen 1968.

Spehl, H., Töpfer, P.: Folgewirkungen von Industrieansiedlungen. Bd. 3 der Schriftenreihe der Gesellschaft für Regionale Strukturentwicklung. Bonn 1975.

Spehl, H., Töpfer, K. u. P.: Folgewirkungen von Industrieansiedlungen. Schriftenreihe der Gesellschaft für regionale Strukturentwicklung. Bd. 3. Bonn 1975.

Sprenger, R.-U.: Umweltschutz und Beschäftigung. In: Ifo-Schnelldienst, 32. Jg., H. 24, 1979.

Stadelmaier, H.: Das Industriegebiet von West-Yorkshire. Tübinger Geographische Studien. Tübingen 1976.

Strauss, R.: Modelluntersuchung über die Belastbarkeit des Raumes Ingolstadt-Neustadt durch Schwefeldioxid. In: Luftreinhaltung, H. 7, 1975.

Thiele, A.: Luftverunreinigung und Stadtklima im Großraum München, insbes. in ihren Auswirkungen auf epixyle Testflechten. Bonner Geographische Abhandlungen, H. 49. Bonn 1974.

Thomas, W.: Entwicklung eines Immissions-Meßsystems für PCA, Chlorkohlenwasserstoffe und Spurenmetalle mittels epiphytischer Moose – angewandt auch im Raum Bayern. Bayreuther Geowissenschaftl. Arbeiten. H. 4 Bayreuth 1981.

Thürauf, G.: Industriestandorte in der Region München. Geographische Aspekte des Wandels industrieller Strukturen. München 1975. Münchener Studien zur Soz. u. Wirt.geogr., Bd. 16.

Thuringia-Studie: Die Selbständigen im Mittelstand. Köln 1974.

Tietze, W. (Hrsg.): Stichwort Industrie. In: Westermann Lexikon der Geographie, Bd. II. Braunschweig 1969.

Timmermann, M.: Standort-Diversifikation als Instrument der Unternehmenspolitik. In: Die Unternehmung. Zschr. für Betriebswirtschaft und Organisation, 27. Jg. Bern 1973.

Toyne, P.: Organization, location and behaviour Decision making in economic geography. London 1974.

Troll, C.: Landschaftsökologie als geographisch-synoptische Naturbetrachtung. In: Ökologische Landschaftsforschung und vergleichende Hochgebirgsforschung. Erdkundliches Wissen, H. 11. Wiesbaden 1966.

Uhlig, H.: Organisationsplan und System der Geographie. In: Geoforum, H. 1. Braunschweig 1970.

Vogel, J.: Steinkohlenbergmann – Braunkohlenarbeiter. Eine sozialgeographische Studie. In: Berichte zur deutschen Landeskunde, Bd. 23, 1959.

Voppel, G.: Wirtschaftsgeographie. Stuttgart 1970.

Wagner, G.: Neue Strategien zum Abbau regionaler Disparitäten in der Bundesrepublik Deutschland. G.R., H. 6 1978, S. 228–233.

Wagner, H.-G.: Industrialisierung in Süditalien – Wachstumspolitik ohne Entwicklungsstrategie? In: Marburger Geographische Schriften, H. 73. Marburg 1977.

Wagner, H.-G.: Wirtschaftsgeographie. Das Geographische Seminar. Braunschweig 1981.

Weber, A.: Über den Standort der Industrien: 1. Reine Theorie des Standorts. Tübingen 1909.

Weber, J.: Der Unternehmer als Entscheidungsträger regionaler Arbeitsmärkte. Bd. 2 der Bayreuther Geowissenschaftlichen Arbeiten. Bayreuth 1981.

Weber, J.: Die Funktionen von Zweigbetrieben auf regionale Arbeitsmärkte – eine Analyse am Beispiel Oberfrankens. In: Forschungs- und Sitzungsberichte der Akademie für Raumforschung und Landesplanung. Hannover 1983.

Weber, P. (Hrsg.): Periphere Räume, Strukturen und Entwicklungen in europäischen Problemgebieten. Münstersche Geogr. Arbeiten. H. 4. Paderborn 1979.

Welzel, F.: Die Elektroindustrie in der Bundesrepublik Deutschland. Diss. Universität Köln, 1974.

Wiese, B.: Das Wallonische Industriegebiet – Wirtschafts- und sozialgeographische Wandlungen seit der Steinkohlenkrise (1958/60–1978/79). G.R., H. 6 1980, S. 282–288.

Winkelmeyer, G.: Wandlungen des Unternehmertyps. In: Beiträge zur Wirtschaftsforschung, 1951.

Wirth, E. (Hrsg.): Wirtschaftsgeographie. Darmstadt 1969.

Wirth, E.: Theoretische Geographie. Stuttgart 1979.

Wittenberg, W.: Neuerrichtete Industriebetriebe in der Bundesrepublik Deutschland 1955–1971. Giessener Geographische Schriften, H. 44. Giessen 1978.

Wöhe, G.: Einführung in die Allgemeine Betriebswirtschaftslehre. Berlin–Frankfurt [4]1962.

Wroz, W.: Das Dollarthafenprojekt. G.R., H. 10 1978, S. 384–390.

Wunderlich, H.-J.: Die Entwicklung der Schwarzmetallurgie der DDR. In: Zschr. für den Erdkundeunterricht. H. 4, 1974.

Ziegler, H.: Die Beschäftigten-Einzugsbereiche der Großbetriebe in München. Münchner Geogr. Hefte, H. 25. Kallmünz 1964.

Politische Geographie

Albrecht, V.: Der Einfluß der deutsch-französischen Grenze auf die Gestaltung der Kulturlandschaft im Südlichen Oberrheingebiet. Freiburger Geogr. Hefte, H. 14, 1974.

Ante, U.: Politische Geographie. Braunschweig 1981.

Archer, A. A. und *Beazley, P. B.:* The Geographical Implications of the Law of the Sea Conference. In Geogr. Journal 141, 1975, S. 1–13.

Blacksell, M.: Post-War Europe. A Political Geography. Folkestone 1977.

de Blij, H. J.: Systematic Political Geography. New York 1967.

Boesler, K.-A.: Kulturlandschaftswandel durch raumwirksame Staatätigkeit. Abhandl. des Geogr. Inst. der FU Berlin, Bd. 12, 1969.

Boesler, K.-A.: Gedanken zum Konzept der politischen Geographie. In: Die Erde 105, 1974, S. 7–33.

Boesler, K.-A.: Politische Geographie. Stuttgart 1983.

Borcherdt, Ch.: Die Veränderung in der Kulturlandschaft beiderseits der saarländisch-lothringischen Grenze. In: Dt. Geographentag, Heidelberg 1963, Tagungsberichte u. Wiss.

Abhandl. Bd. 34, Wiesbaden 1965, S. 335–348.

Brand, U.: Die Entwicklung der Industrie in den Südstaaten der USA. Marburger Geogr. Schriften, H. 36, 1968.

Brawer, M.: The impact of boundaries on patterns of rural settlement: the case of Samaria. In: Geo Journal 26, 1978, S. 539–547.

Buchholz, H. J.: Fischerei- und Wirtschaftszonen im Südpazifik. In: Erdkunde 37, 1983(a), S. 60–70.

Buchholz, H. J.: Die seerechtliche Regionalisierung der Nordsee. In: Geogr. Rdsch. 35, 1983(b), S. 274–280.

Bundesminister für Arbeit u. Sozialordnung (Hrsg.): Wirtschaftlicher und sozialer Wandel in der Bundesrepublik Deutschland. Gutachten der Kommission für wirtschaftlichen u. sozialen Wandel. Göttingen 1977.

Büsching, A. F.: Vorbereitung zur gründlichen und nützlichen Kenntnis der geographischen Beschaffenheit und Staatsverfassung der Europäischen Reiche und Republiken. Hamburg 1758.

Christmann, H.: Kolonialgeschichte. München 1975.

362

Couper, A. D.: The Law of the Sea. London 1978.

Cox, K. R.: Location and Public Problems. A Political Geography of the Contemporary World. Oxford 1979.

Degn, Chr. und Muuß, U.: Topographischer Atlas Schleswig-Holstein. Hrsg. v. Landesvermessungsamt Schleswig-Holstein. Neumünster 1963.

Degn, Chr. und Muuß, U.: Luftbildatlas Schleswig-Holstein. Neumünster 1965.

Dillmann, C. D.: Maquiladoras in Mexiko's Northern Border Communities and the Border Industrialization Program. In: Tijdschr. voor Econom, en Social Geogr. 67, 1976, S. 138–150.

Felkel, K.: Die Wechselbeziehungen zwischen der Morphogenese und dem Ausbau des Oberrheins. In: Jahresberichte u. Mitt. des oberrhein. geolog. Vereins N. F. 54, 1972, S. 23–44.

Fisher, Ch. A. (Hrsg.): Essays in Political Geography. London 1968.

Franz, Fr. Chr.: Kleine Geographie von Wirtemberg. Stuttgart 1784.

Gierloff-Emden, H.-G.: Geographie des Meeres; Ozeane und Küsten. Lehrbuch der Allgemeinen Geogr. Bd. 5, 2 Teile. Berlin 1980.

Grabowsky, A.: Raum, Staat und Geschichte. Grundlegung der Geopolitik. Köln/Berlin 1960.

Hagel, J.: Auswirkungen der Teilung Deutschlands auf die deutschen Seehäfen. Marburger Geogr. Schriften. H. 9, 1957.

Hartshorne, R.: The Functional Approach in Political Geography. In: Ann. of the Association American Geogr. 40, 1950, S. 95–130. (Nachdruck in: de Blij 1967, S. 159–194).

Hassinger, H.: Der Staat als Landschaftsgestalter. In: Zschr. für Geopolitik; H. 9, 1932, S. 117–122 u. 182–187.

Haushofer, A.: Allgemeine Politische Geographie und Geopolitik, 1. Bd. Heidelberg 1951.

Haushofer, K., Obst, E., Lautensach, H. und Maull, O.: Bausteine zur Geopolitik. Berlin 1928.

Hennig, R.: Geopolitik. Die Lehre vom Staat als Lebewesen. Leipzig/Berlin 1928.

Herold, D.: Die weltweite Vergroßstädterung. Ihre Ursachen und Folgen aus der Sicht der Politischen Geographie. Abhandl. des Geogr. Inst. der FU Berlin, Bd. 19, 1972.

Herold, D.: Politische Geographie und Geopolitik am Beispiel der Vergroßstädterung. In: „Aus Politik und Zeitgeschichte", Beilage zur Wochenzeitung „Das Parlament", Bd. 12/73, 1973.

Herold, D.: „Political Geography" und „Geopolitics". In: Die Erde 105, 1974, S. 200–213.

Herold, D.: Die Dritte Seerechtskonferenz der Vereinten Nationen. In: Die Erde 106, 1975, S. 277–290.

Honsell, M.: Die Korrektion des Oberrheins von der Schweizer Grenze unterhalb Basel bis zur großherzoglich-hessischen Grenze unterhalb Mannheim. Mit Atlas. Berichte zur Hydrographie des Großherzogtums Baden, Bd. 3, 1885.

Hügin, G.: Wesen und Wandlung der Landschaft am Oberrhein. Beiträge zur Landespflege. In: Festschr. für H. F. Wiepking, Hrsg. v. K. Buchwald, W. Lendholt und K. Meyer, Stuttgart 1963, S. 185–250.

Huttenlocher, F.: Die ehemaligen Territorien des Deutschen Reiches in ihrer kulturlandschaftlichen Bedeutung. In: Erdkunde 11, 1957, S. 95–106.

Internationales Symposium Grenze und Kulturlandschaft. Basel 1981 Regio Basiliensis, XXII. Basel 1981.

Jenny, J. F.: Beziehungen der Stadt Basel zu ihrem ausländischen Umland. Basler Beiträge zur Geogr., H. 10, 1969.

Jochimsen, R. u. a.: Grundfragen einer Zusammenfassenden Darstellung raumbedeutsamer Planungen und Maßnahmen gemäß § 4, Abs. 1 des Raumordnungsgesetzes vom 8. April 1965. In: Mitteilungen aus dem Inst. für Raumordnung, H. 76, Bonn 1972.

Johnston, R. J.: Political Geography without politics. In: Progress in human Geogr. 4, 1980, S. 439–446.

Keeble, D. E.: Models of Economic Development. In: R. J. Chorley u. P. Haggett (Hrsg.): Models in Geography. London 1967.

Kötter, H.: Die Textilindustrie des deutsch-niederländischen Grenzgebiets in ihrer wirtschaftsgeographischen Verflechtung. Arbeiten zur Rhein. Landeskunde, H. 2. Bonn 1952.

Lautensach, H.: Maurische Züge im geographischen Bild des Iberischen Halbinsel. Bonner Geogr. Abhandlungen, H. 28, Bonn 1960.

Lechleitner, H.: Die Rolle des Staates in der wirtschaftlichen und sozialen Entwicklung Libanons. Wiener Geogr. Schriften, Heft 36/37, 1972.

Leupold, W. u. Rutz, W. (Hrsg.): Der Staat und sein Territorium. Beiträge zur raumwirksamen Tätigkeit der Staaten. Wiesbaden 1976.

Litzelmann, E.: Rheinkorrektion und Rheinseitenkanal. Auswirkungen auf das Vegetationsbild der Stromlandschaft. In: Umschau in Wiss. und Technik 57, 1957, S. 129–132.

Mahnke, H.-P.: Die Hauptstädte und die führenden Städte der USA. Stuttgarter Geogr. Studien, Bd. 78, 1970.

Marandon, J.-C.: Ausländische Industrieansiedlungen in Grenzgebieten. Ein Vergleich Baden–Elsaß. In: Berichte zur dt. Landeskunde 51, 1977, S. 173–203.

Matley, I. M.: Defense manufactures of St. Petersburg 1703–1730. In: Geogr. Review 71, 1981, S. 411–426.

Matznetter, J.: Politische Geographie. Wege der Forschung CCCCXXXI. Darmstadt 1977.

Maull, O.: Politische Geographie. Berlin 1925.

Maull, O.: Politische Geographie und Geopolitik. In: Geogr. Anzeiger, Bd. 27, 1926, S. 245–253.

Maull, O.: Das Wesen der Geopolitik. Leipzig/Berlin ²1939.

Maull, O.: Politische Geographie, Berlin 1956.

Mensching, H.: Tunesien. Eine geographische Landeskunde. Darmstadt 1968.

Metz, Fr.: Ländergrenzen im Südwesten. Forschungen zur dt. Landeskunde, Bd. 60. Remagen 1951.

Meusburger, P.: Die Auswirkungen der österreichisch-schweizerischen Staatsgrenze auf die Wirtschafts- und Bevölkerungsstruktur der beiden Rheintalhälften. In: Mitteilungen der Österr. Geogr. Gesellschaft. Bd. 117, 1975, S. 302–333.

Meusburger, P.: Vorarlberg. In: *A. Leidlmair* (Hrsg.): Landeskunde Österreich. München 1983, S. 94–109.

Mitchell, B.: Politics, Fish, and International Resource Management: The British-Icelandic Cod War. In: Geographical Review, 66, 1976, S. 127–138.

Mrohs, E. und *Heukels, J. M.:* Die Grenze. Trennung und Begegnung. Eine Untersuchung über die Bedeutung der Grenze und der Grenzverwischung im deutsch-niederländischen Grenzraum Achterhoek und Borken/Bocholt. 2 Teile. Den Haag 1970.

Muir, R.: Modern political geography. London 1975.

Overbeck, H.: Das politisch-geographische Lehrgebäude von Friedrich Ratzel in der Sicht unserer Zeit. In: Die Erde 88, 1957, S. 169–192.

Platzöder, R.: Deep Seabed Mining and the Law of the Sea. In: The Mineral Resources Potential of the Earth, hrsg. v. *F. Bender.* Stuttgart 1979, S. 118–131.

Pounds, N. J. G.: Political Geography. New York 1963.

Prescott, J. R. V.: Einführung in die Politische Geographie. München 1975 (a).

Prescott, J. R. V.: The Political Geography of the Oceans. Newton Abbot 1975 (b).

Ratzel, F.: Politische Geographie. 1. Aufl. 1897, 2. Aufl. 1903, 3. Aufl. München/Berlin 1923.

Reinhard, E.: Die Veränderung der Kulturlandschaft durch die Rheinkorrektion seit 1817. Beiwort zu den Karten IV, 18–19. In: Historischer Atlas von Baden-Württemberg, Erläuterungen, 3. Lieferung. Stuttgart 1974.

Ritter, G. u. *Hajdu, J.:* Die innerdeutsche Grenze. Analyse ihrer räumlichen Auswirkungen und der raumwirksamen Staatstätigkeit in den Grenzgebieten. Köln 1982.

Ritter, W.: Für eine angewandte Staatengeographie. In: *W. Leupold* u. *W. Rutz* (Hrsg.): Der Staat und sein Territorium. Wiesbaden 1976, S. 229–244.

Rolle, Th.: Europäische Zusammenschlüsse. Paderborn/München 1971.

Sandner, G.: Politisch-geographische Raumstruktur und Geopolitik im Karibischen Raum. In: Geogr. Zeitschrift 69, 1981, S. 34–56.

Sanguin, A.-L.: L'evolution et le renouveau de la géographie politique. In: Annales de Géogr. 84, 1975, S. 275–296.

Sauerwein, F.: Spannungsfeld Ägäis. Frankfurt 1980.

Schäfer, W.: Kranker Oberrhein – Maßnahmen zu seiner Gesundung. In: Umschau in Wiss. u. Technik 74, 1974, S. 37–41.

Schöller, P.: Wege und Irrwege der Politischen Geographie und Geopolitik. In: Erdkunde 11, 1957, S. 1–20.

Schöttli, H. E.: Einfluß der Landesgrenze auf die Wirtschaftsstruktur der Grenzgebiete, untersucht am Beispiel von Reiat und Hegau. Zürich 1968.

Schwind, M.: Landschaft und Grenze. Geographische Betrachtungen zur deutsch-niederländischen Grenze. Bielefeld 1950.

Schwind, M.: Allgemeine Staatengeographie. Berlin 1972.

Stephenson, G. V.: The Impact of International Economic Sanctions on the Internal Viability of Rhodesia. In: Geogr. Rev. 65, 1975, S. 377–389.

Trittel, G. J.: Die Bodenreform – ein Beitrag der Besatzungsmächte zur gesellschaftlichen Strukturreform Nachkriegsdeutschlands 1945–1949. In: Z. für Agrargeschichte u. Agrarsoziologie, Bd. 30, 1982, S. 28–47.

Tulla, J. G.: Über die zweckmäßigste Behandlung des Rheins. Karlsruhe 1822.

Uthoff, D.: Seerechtsentwicklung und Fischwirtschaft. In: Die Erde 114, 1983, S. 29–48.

Vigener, W.: Die Auswirkungen der EWG, EFTA und des GATT auf die westdeutsche Industrie, dargestellt am Beispiel Nordhessen. In: Veröffentlichungen der Akademie für Raumforschung. Forschungs- u. Sitzungsberichte H. 34, 1966, S. 31–42.

Vitzthum, W. Graf (Hrsg.): Die Plünderung der Meere. Fischer Taschenbuch 4248. Frankfurt 1981.

Woolmington, E. R.: Political Aspects. In: Studies in Australian Geography, hrsg. v. G. H. Dury und M. I. Logan. Melbourne 1968, S. 329–351.

Zeidler, J. K.: Die Auswirkungen der EWG und EFTA auf den Hafen und die Industriestruktur Hamburgs. In: Veröffentlichungen der Akademie für Raumforschung und Landesplanung. Forschungs- und Sitzungsberichte H. 34, 1966, S. 15–29.

Sach- und Namenregister

Die Seitenzahlen verweisen auf die Abhandlung des betreffenden Stichwortes.
T 5 ist ein Abbildungshinweis auf Tafel 5.

370